袁宾久 ◎ 编著

胶澳门户
青岛口

JIAOAO MENHU QINGDAOKOU

中国海洋大学出版社
·青岛·

图书在版编目（CIP）数据

胶澳门户青岛口 / 袁宾久编著. －－青岛 ： 中国海洋
大学出版社，2025．6． －－ ISBN 978-7-5670-4204-9

Ⅰ. K295.23

中国国家版本馆CIP数据核字第 20255YN725 号

JIAOAO MENHU QINGDAOKOU

胶澳门户青岛口

出版发行	中国海洋大学出版社	
社　　址	青岛市香港东路23号	邮政编码　266071
网　　址	http://pub.ouc.edu.cn	
出 版 人	刘文菁	
责任编辑	张跃飞	电　　话　0532-85901984
电子信箱	flyleap@126.com	
订购电话	0532-82032573（传真）	
印　　制	青岛海蓝印刷有限责任公司	
版　　次	2025 年 6 月第 1 版	
印　　次	2025 年 6 月第 1 次印刷	
成品尺寸	185 mm×260 mm	
印　　张	33	
字　　数	641 千	
印　　数	1 ~ 1 000	
审 图 号	GS（2025）0947 号	
定　　价	398.00 元	

发现印装质量问题，请致电 0532-88786655，由印刷厂负责调换。

序一

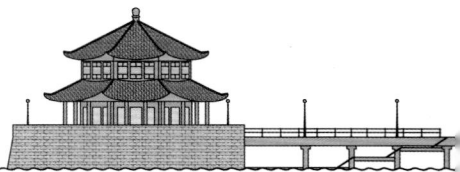

宾久嘱我为《胶澳门户青岛口》一书写序。粗读之后，感慨良多，遂欣然从命。原因有二。

第一，青岛地区虽历史悠久，但城市化历程不过百年有余，它的前世今生如何，《胶澳门户青岛口》一书做了一个小小回答。该书未必完备，或许还有种种欠缺；但它追求的是探索和讲述，而非论断。这不光对生于斯、长于斯的青岛"土著"后代，就是对后来"涌入"的新老移民，了解和认知青岛之源，都颇富启发性。即使对专业学者，这本书也不无助益。

第二，作为一个并非专业的历史研究者，宾久对青岛口有极大兴趣，甚至不惜花费近20年时间，去搜集和整理有关史料，几乎把全部业余时间都奉献于此，这种用心和精神难能可贵。

这本书又一次使我们感受到了勤奋和匠心。有志者，事竟成。

书讲的是旧事，我们面临的是伟大的新时代。温故知新。让我们奋进！

夏树忱

二○二二年六月

约 1912 年青岛口风貌铅笔画（作者手绘）

序二

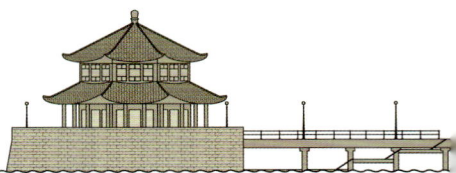

　　"羲鞭在日驭，鲁戈讵能回。"与宾久兄相交甚久，深知他平时为人谦和低调，少露峥嵘。但他在地方历史文化研究领域用功用力之勤之深，罕有其匹。前些年出版的三部著作，至今好评如潮，现在仍有很多德国友人托我打听哪里能买到他的著作。八年前，宾久兄正式退休后，一直闭门谢客，沉潜于自己感兴趣的领域。最近，宾久兄突然嘱我为其新书作序。当他把厚厚一沓书稿放在面前时，我还是被吓了一跳。原来这几年屏气敛声，潜心磨剑，是有所"图谋"啊！

　　有关青岛城市历史，开埠之后各时期的研究可谓汗牛充栋，佳作频出。但有关清末青岛设防，前贤虽有一些研究成果，但相较之后的时段，可谓少之又少。对于胶澳驻兵设防、建衙备垒等细节，一般情况下都只能大而化之地进行描述；至于与旅顺、威海两大海军要隘的关系，能辨扯清楚的则更少。推其缘由，盖因胶澳虽属北洋海防体系的一部分，但与旅顺、威海两地在全国海防棋局中的地位相比，乃处于国家海防体系的边缘。清廷档案文献中所涉及的这一史实往往漫散无稽，且史料多庋藏于北京、上海、天津、台湾等地，乃至日本、德国，但青岛本地该方面史

料几乎为零。材料之分散，整合之困难，非一般人所愿为。如不犁剔爬梳、发微抉隐，恐难觅其踪。由此研究胶澳设防成为一件出力未必讨好的苦差事！但宾久兄不避艰辛，一头扎进故纸堆，倾力搜罗钩沉史料。更难能可贵的是，宾久兄在研究过程中还用脚步丈量青岛，足迹几乎遍及老城的每寸土地，甚至犄角旮旯也不放过，正所谓"取地下之实物与纸上之遗文互相释证……取异族之故书与吾国之旧籍互相补正"（陈寅恪语）。有时为了一小段史料，甚至不吝长途奔波。宾久兄还充分发挥自己精于绘画和摄影的特长，手绘地图、建筑、景观，很多消逝的风物在其妙手之下栩栩重现，引领读者完成一次时光"穿越"之旅，艺术功底在书中大放异彩，使本书增色不少。八年潜研，终见成果，良可钦佩！

胶澳一区向为中国南北海运必经之地，地理位置冲要，唐宋时期一度成为北方最重要的出海门户。北宋时，胶州湾内的板桥镇更成为直达宋都汴京、进出中原腹地的门户。明代胶州城有"海表名邦"之谚。清康熙十二年（1673），胶州知州孙蕴韬谓"胶虽弹丸，孤擎海口，上绾天津之锁钥，下扼江淮之咽吭"，对胶州湾战略位置的认识何其到位！只是延至清后期，随着闭关锁国和政治的腐败内卷，这一海口要地逐渐寂寂无闻。若非西方殖民者对胶州湾的踏勘、觊觎，"天生丽质"之区恐怕还要沉寂下去。更大差距还在于外国殖民者从海洋望向陆地，不仅看到了胶澳一区的军事价值，更认识到它的经济发展潜力和对腹地经济开发的价值；闭目塞听的清政府则只看到了它的军事价值。这种认识水平的差距体现出来的乃是中西方之间在工业化和科学发展水平上的差距。高度决定深度，格局决定结局，清政府对胶澳的认知影响了一座城市的命运。

胶澳设防源于清末北洋海军基地选址之争。1885年，中法战争中清军福建水师的惨败，清政府痛感"大治水师"的重要，为此战后在全国范围内开展"惩前毖后，自以大治水师为主"的大讨论。自忖筹建三洋水师实力未逮，最终确定集中力量

Panorama von Tsingtau, von der Arkona-Insel aus gesehen.

先建北洋水师，确保京畿安全。建设海军，不能不牵扯到基地选址问题。北洋地域辽阔，良港甚多，有旅顺、烟台、威海、胶澳、营口可供海军基地之选。作为北洋实力派人物的李鸿章力主经营旅顺，但同一时期的德国远东海军司令诺尔、英国驻华代办格维讷及英国中国舰队官员，甚至包括北洋水师总教习、英国人琅威理都认为旅顺作为海军基地的条件远比威海和青岛逊色得多。在中国官员之中，争论最激烈的也是"胶澳问题"。但最终还是选择了旅顺和威海两口，形成所谓犄角防御之势。选择旅顺、威海为了向内防卫渤海、拱卫京师；选择胶州湾却能向外控驭黄、渤海，威慑来自帝国主义国家的海上威胁。晚清的保守政治决定了即便各种条件比较下胶澳作为海军基地更优，最终却是远不如胶澳的威海、旅顺两口胜出，直接导致了这一天然良港落于更有侵略眼光的德国人手里。至于1891年李鸿章提出的"胶澳设防实为要图"，已与5年前拟选胶澳作为北洋水师基地来经营的提议不可同日而语，青岛在国家海防体系的版图上彻底被边缘化了。1891年的胶澳设防，宗旨是杜西人觊觎之心，即李鸿章宣示的"本无驰骋域外之意，不过以守疆土、保和局而已"。与琅威理的军港建设计划相比，其规模、布局、功能已大打折扣。作为北洋的关键人物，李鸿章秉持近海消极防御的海军建设思想，设防主张不外乎是修筑炮台、防止敌人入侵，思想深处仍然是一个"守"字，要害是消极避战。实际上，自近代国门洞开以来，历届旧政权均未在整体上建立起真正的海陆平衡体系，往往习惯于大地的稳定性，而漠视海洋的创造性，囿于陆权意识而忽略海权思想，致使海洋文化精神周期性迷失，乃至于天地之中唯我独尊的天朝观念造成了近代神州陆沉的惨痛悲剧。这一历史遗憾在宾久兄耗神耗力搜罗的西方调查胶州湾的文献对比中毕露无遗。

　　虽与纳入国家海防体系核心失之交臂，但不意味着青岛一无所获，经此讨论，胶澳与作为水师基地的威海、旅顺一道为世人所知，战略地位也因之得到提升。清

政府的设防驻军拉开了青岛地区城市化、近代化的序幕，某种程度上奠定了青岛城市兴起与发展的基础。宾久兄用大量文献资料（包括照片、图纸）及手绘几乎全景式地呈现了清军衙署、兵营、炮台及其军事基础设施的建设情况，内容之翔实，令人叹为观止；而且通过细致考据，发掘出许多鲜为人知的事实，匡正了很多民间流传多年的谬误，丰富深化了青岛早期的历史研究，为讲好青岛故事、宣传青岛提供了不可多得的素材。

　　"著书非为稻粱谋"，也正是宾久兄这位"老青岛"的多年夙愿！古人曰："著得一部新书，便是千秋大业；注得一部古书，允为万世宏功！"宾久兄著作此书，窃以为堪当此誉。

周兆利

二〇二五年四月

目录

第一章
天造胶州湾　地设青岛口

一、天成一湾胶州澳

山东半岛，北拥渤海，东、南有黄海围绕，三面环海，一面连陆，既是我国最大的半岛，也是我国重要的农产区。域内，东、南部多山地与丘陵地形，北部则以平原为主，沿海地区海岸线曲折而绵长。东南部自然天成一处伸入内陆半封闭性的，旧有守风湾、少海、胶州澳①之称的胶州湾。拥有4 500多年历史的胶州，至今仍保留有新石器时代集大汶口文化、龙山文化于一体的三里河文化遗址。胶州湾口窄内宽，东西宽15海里，南北长18海里（低潮位时），面积近500平方千米。胶州湾港阔水深，不淤不冻，是中国北方一处优良的天然港湾。海湾内外，古有塔埠头、女姑口、金口、青岛口等多个港口商埠。

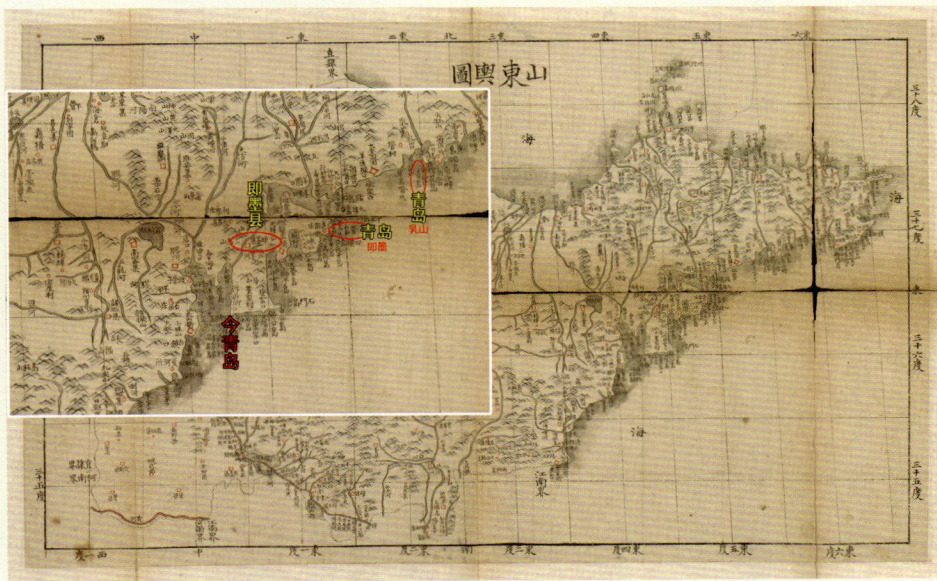

图1-1　康熙六十年（1721）《皇舆全览分省图》之《山东舆图》

① 澳指海边弯曲的可停船之所，胶州湾则因临近古城胶州而得名。

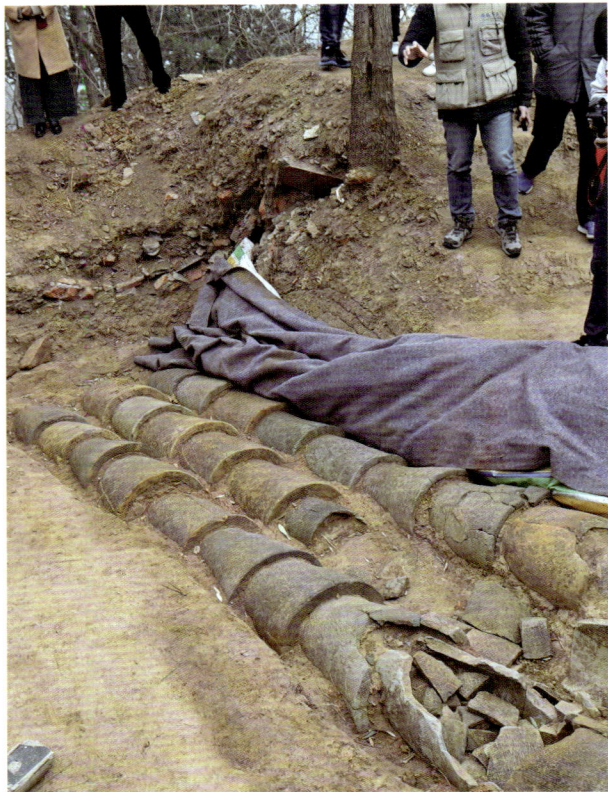

图1-2　2019年琅琊台出土的秦汉时期的陶制排水管道

环胶州湾地区早在新石器时代，便有东夷人在此繁衍生息。春秋战国时期，便建立了山东地区第二大市镇——即墨城[①]和历史上具有影响的军事防线之一的齐长城[②]。秦始皇统一中国后，曾三登琅琊（台）[③]。唐宋时期，胶州湾作为衔接南北航运的"中转站"成为我国北方重要的贸易口岸。宋时，板桥镇（今胶州市境内）设市舶司专司对外贸易。元世祖至元十六年（1279），世界上最早的一条130千米长的"海—陆—海"人工运河——胶莱运河[④]开通，连通了胶州湾与莱州湾，极大缩短了黄、渤海航路。其漕运量曾一度达到当时全国总漕运量的60%。

清雍正时期以后，"山东沿海大小'海口四十一处''各海口皆有商船往来。惟闽广、江浙之船在莱阳、胶州进口为多'"[⑤]。

咸丰三年（1853），清政府开征厘金；咸丰九年（1859），为加强对山东沿海贸易管理，于山东各海口设税局六局，青岛口设厘税分局；同治四年（1865），又在青岛口设立了隶属于烟台东海常关的海关分卡。

旧有"淮子口"之称的胶州湾口，其东、北岸多处海湾山水相连。乾隆五年

① 即墨故城遗址位于今山东省平度市古岘镇大朱毛村。平度市，山东省面积最大的县级市，由青岛市代管。西汉时置平度县。
② 长68.1千米的青岛齐长城遗址位于山东省青岛市黄岛区境内，自西而东，经大村、六汪、铁山、隐珠、王台、灵山卫6个镇、街道，逾小珠山余脉睄候山进入长江路街道东，于家河社区东北入海。
③ 琅琊台位于今山东省青岛市黄岛区琅琊镇。
④ 康熙《皇舆全览图·山东舆图》中称胶莱运河为"胶河"。
⑤《中国海洋文化》编委会编：《中国海洋文化·山东卷》，北京：海洋出版社，2016年，第155页。

（1740）为加强"淮子口"一带航海的安全性，减少海难发生，水师营把总廖际遇"乘小舟，度礁远近，立石柱于郭五、六礁前，出水面丈余，舟人望而知备"[1]，胶州湾出现了航标记载。口门外的青岛口，由于气候风向、淡水补给、船货装卸买卖等，自古就是一个重要海口。而青岛口自明代建有的天后宫（时称天妃宫），几百年里一直庙会隆盛。

山东半岛既是我国重要的农产区，又是北方海上贸易枢纽，同时还具有控制整个北方地区与海疆形势的战略地位，成为历代的"海上国门"。元朝末年，山东半岛频遭倭寇袭扰。明洪武初在今青岛地区设立有下辖胶州所、夏河崖所、石臼所的灵山卫和下辖浮山所、雄崖所的鳌山卫等。清朝继承了前朝衣钵，雍正《山东通志》卷一六《兵防志》记载："胶州营驻扎本州……分防登窑口等汛（本口千总一员、马兵叁名、步兵肆拾捌名，青岛口外委把总一员、马兵贰名、步兵壹拾肆名）。"[2] 又于乾隆五年（1740）、乾隆四十六年（1781）在青岛口设立炮台。备受历代重视的胶州湾，还屡受英、法、德、日、美、俄等列强觊觎。

1869年，李希霍芬[3] 重点考察了山东的矿产资源分布情况及地理特征，他虽然没有亲自到过胶州湾，但凭借对山东的了解，认定胶州湾具备作为一流港口的条件，是"华北最大和最好的港口""是进入整个中国市场的一扇门户"，认为胶州湾是德国在东亚最理想的据点……

1887年，美国传教士方法敛[4] 在潍县乐道院任教，借传教到青岛考察后，于1890年撰文发表于上海印字馆，称曰："青岛之外，势雄壮而优雅，内容严密而坚固。东有崂峰之朝云，西有珠山之夕霭。双山峡淮子口以伸内港，可容世界之大军舰五十余艘。薛家岛障于南，屏田岛（团岛）伏于北，故恰似地中海之直布罗陀海峡。一炮当关，万舰莫进之概。黄岛可敷水雷，阴岛可制军舰。诚山东之形势，中国之巍观也。"[5]

---

① 《中国海洋文化》编委会编：《中国海洋文化·山东卷》，北京：海洋出版社，2016年，第217页。

② 雍正《山东通志》卷一六《兵防志·胶州营》，文渊阁《四库全书》影印本，台北：台湾商务印书馆，1990年，第208页。

③ 费迪南·冯·李希霍芬（Ferdinand von Richthofen，1833—1905），德国地理学家、地质学家。

④ 方法敛（Frank Herring Chalfant，1862—1914），美国匹兹堡人。1887年，由美国基督教长老会派遣到山东潍县传教。

⑤ 《中国海洋文化》编委会编：《中国海洋文化·山东卷》，北京：海洋出版社，2016年，第226页。

二、青岛开创

窃闻青岛开创以来，百有余年矣。迄今旅客商人鳞集而至……

清同治四年（1865），这一段记有坊传"青岛"开创年代的文字，作为青岛天后宫《天后圣母——重修天后宫石碑》碑文的首语，被刻在了这座始建于明成化三年（1467）的宫观里：

墨邑青岛口旧有天后行宫，以妥神灵，不过粗具规模而未足以壮观。

同治十三年（1874），"青岛口"之名称镌刻在了天后宫重修、扩建修庙碑上。而《崂山太清宫志》里则留下了建筑天后宫的动因、年代和参与者的明确记载：

青岛天后宫，在市区前海岸，创始于明成化三年丁亥（1467）。当时往来商船停泊其处，祭祷无地，乃有胡家庄胡善士捐施地皮数亩，以作庙基地，倡诸同善建筑天后圣母庙三间，并龙王、财神两配殿，及东西住室、门楼、院墙。[①]

图 1-3　青岛天后宫

图 1-4　天后宫二进院山门

图 1-5　天后宫内同治四年（1865）的重修天后宫石碑（右）与同治
十三年（1865）的修庙碑（左）

---

① 周宗颐编撰：《崂山太清宫志校注》，寿杨宾校注，青岛：中国海洋大学出版社，2017年，第134页。圣母庙三间，三间所指为面阔（宽）三间的建筑等级，笔者注。

《德国侵占胶州湾史料选编（1897—1898）》一书中的《海云堂随记（摘录）》，收录了胡存约于清光绪二十二年正月十三日（1896 年 2 月 16 日）至光绪二十三年三月十五日（1897 年 4 月 16 日）所作随记存世残稿 12 篇。

胡存约（1859—1916），字规臣，世居青岛上庄[①]，开办的"瑞泰协"商号经营土产杂品兼营"航运货载"是"口上最大的商户之一"。德国租借胶澳后，曾任青岛中华商公局董事、胶澳参议督署董事，被认为是华人中敢于与德署"争华人利益"的主要人物。[②]

《海云堂随记》虽然记述的不过是一些琐屑杂事，但是由于他是一个地道的青岛老商户，又是青岛口早期主要绅董之一，他的记述几乎每一篇都对青岛地区当时的情况有所反映，例如对当时的商铺、税收、地方习俗以及衙门的横霸，都有较具体的描述，对了解当时青岛的经济、政治状况是有一定参考价值的。

图 1-6　胡存约（照片由青岛村胡氏家族第十七代传人、国家语保工程青岛方言发音人、青岛市当代文学创作研究会会员胡延竹先生提供）

光绪廿二年二月十七日（1896 年 3 月 22 日）记：

　　吾胡氏原籍云南，明洪武[③]迁东鲁，居于是乡，繁衍□□，结为上庄、下庄，□□□□，□□□□□，濒近海隅，航运通达，□□往来极盛。昔增瑞公先为元昌协代营土产南货，□□□□，转运它口。（下缺）迨年高体衰，自设瑞茂酒馆，勤于[④]经营，由是粗具规模。至平度□□□□□兰底万家祥泰号，张家元昌协号与瑞茂合资一万三千吊，设瑞泰协，广绍徕，□□□□（下缺）各口商家咸乐为交易。□□□□，北为牛庄，西为安东卫、石臼所、胶州、海州，南则江淮闽浙广粤，再北为高丽各处，贸

[①] 青岛口上庄位于今青岛市市南区黄县路东段一带，青岛口下庄位于今青岛市市南区大学路人民会堂一带。

[②] 青岛市博物馆、中国第一历史档案馆、青岛市社会科学研究所编：《德国侵占胶州湾史料选编（1897—1898）》，济南：山东人民出版社，1987 年，第 21 页。

[③] 明太祖朱元璋立洪武年号，自洪武元年至洪武三十一年（1368—1398）共 31 年。

[④] "勤于"，原作"勤予"，据中共青岛市委党史资料征委会办公室、青岛市档案馆编：《青岛党史资料》（第一辑）收录《海云堂随记（节选）》（青岛：青岛市出版局，1987 年，第 310 页）改。

易悉通，船舶□□（下缺）。①

在《海云堂随记》中涉及本地地名时皆使用的是"口上""本口""口内""来口"，结合胡氏"世居青岛上庄"之实，文中之"口"所指应为旧有"青岛口"之称的今青岛湾及其后岸一域。

青岛天后宫，这座与青岛历史紧密相连、现存最古老的建筑，自建成至今的550余年里，见证了山海间的青岛口从一个古代贸易港口发展成为一座现代化城市的沧桑巨变。刻在碑石上的"百有余年"则给我们留下了19世纪中叶青岛开创的启示，也为探视"青岛"这个使人联想着青山碧海的美丽名字的来源留下了一扇窗户。

三、探寻青岛得名之路

近年，青岛名字由来广为流传的有：万历《即墨志·地方事宜议·海防》中的"曰青"；明代《广志绎》中的"青岛"；因小青岛而得名以及德皇命名等说。这几种缺乏统一性的说法，哪一种更为贴近史实？从史料中追根溯源寻求答案，今日"青岛"的来路并非无迹可寻。在对多部史志和典籍中的青岛、青岛口、青岛炮台、小青岛几个地名梳理后方见，"青岛"在被刻在天后宫石碑之前，在山东沿海多地皆已有使用，青岛得名之路径了然可见。

1. 青岛（1583）、青岛口（1735）

成书于万历十一年（1583）的万历《即墨志》卷二《地理》载：

> 海岛十三：田横岛（相传田横所居。旧有田横庙，今圮）、管岛（有大管、小管）、福岛，以上三岛常有辽人聚集为患；巘山岛、颜武岛、白马岛（有白马庙）、青岛、竹槎岛，俱在县东海中；香花岛、塔沙岛、谷积岛、车牛岛、阴岛，俱在县南海中。②

> 海口十四：孟家湾、董家湾（俱在山南九十里……）、天井湾（在县南六十里）、徐家湾（在县西南七十里）、金家口（在县西南四十里，于此泊商船）、大任、陈家夼，俱在县东五十里；鹅峡湾（县东九十里）、栲栳岛、颜武，俱在县东北一百里；周疃（在县东七十里）、松林浦（在县东南七十里）、青岛（在县东一百里）、宋家庄（在县南四十里）。以上海口俱临近居民捕鱼煎盐之所。③

---

① （清）胡存约：《海云堂随纪（节选）》，青岛市博物馆、中国第一历史档案馆、青岛市社会科学研究所编：《德国侵占胶州湾史料选编（1897—1898）》，济南：山东人民出版社，1987年，第22页。

② 万历《即墨志》卷二《地理·海岛》，万历十一年（1583）刻本，第13页b。

③ 万历《即墨志》卷二《地理·海口》，万历十一年（1583）刻本，第13页b—14页a。

万历《即墨志》卷一〇《艺文·地方事宜议·海防》载：

> 本县东南滨海即中国东界，望之了无津涯，惟岛屿罗峙其间。岛之可
> 人居者，曰青，曰福，曰管，曰白马，曰香花，曰田横，曰颜武。[1]

今青岛前身——青岛口，位于今青岛湾一带，相对于今即墨古城方位为西南；而志书中所列海岛和海口中的"青岛"，指明方位为"本县东南滨海"。两地的实际方位相悖。文中所列诸岛，实为今青岛市即墨区东部近海岛屿，所提及的青岛，则为曾有青岛之名的今"三平岛"。

今三平岛隶属于山东省青岛市即墨区，位于北纬36°29′、东经120°59′，与陆地最近距离约2.3千米，面积约0.18平方千米。退潮时，岛民可以在海岛之间行走，涨潮后三平岛则被海水分隔成三个岛。三个岛自西至东分别为大岛、二岛、三岛。大岛西部为农作区，有耕地约70亩，有可供30人饮用的水井一眼。大岛东部和二岛上草木繁茂，望之青翠，故名青岛。1929年青岛特别市正式定名后，改名为"小青岛"，1984年海岛普查时，正式被定名为"三平岛"。

王士性《广志绎》载：

> 胶莱河与海运相表里，若从淮口起运至麻湾而迳度海仓口，则免开洋
> 转登、莱一千五六百里，其间田横岛、青岛、黄岛、元真岛、竹岛、宫家
> 岛、青鸡岛、刘公岛、芝罘岛、八角岛、长山岛、沙门岛、三山岛，此皆
> 礁石如戟，白浪滔天，其余小岛尚不可计数，于此得避，岂不为佳？[2]

这里提及的"青岛"，与万历《即墨志·地方事宜议·海防》中的"曰青"的岛同是今田横岛东北的三平岛。

清康熙六十年（1721），同时标注有两个"青岛"的《皇舆全览分省图》之《山东舆图》问世。这两处相距不远的青岛，一处是即墨县以东田横岛一旁、万历《即墨志》中所述"曰青"之青岛，另一处则是乳山口外的青岛。而在今青岛市周围仅有梅岛（今麦岛）、浮山所、淮子口、竹岔岛、黄岛、阴岛（今红岛）等，唯独不见青岛（图1-1）。

成书于雍正十三年（1735）的雍正《山东通志》卷一六《兵防志》记载：

> 胶州营驻扎本州……分防登窑口口等汛（本口千总一员、马兵叁名、
> 步兵肆拾捌名，青岛口外委把总一员、马兵贰名、步兵壹拾肆名）。[3]

---

① 万历《即墨志》卷一〇《艺文·地方事宜议·海防》，万历十一年（1583）刻本，第11a。

② （明）王士性撰：《广志绎》卷三《江北四省》，吕景琳点校，北京：中华书局，1981年，第59页。

③ 雍正《山东通志》卷一六《兵防志·胶州营》，文渊阁《四库全书》影印本，台北：台湾商务印书馆，1990年，第208页。

文中所记胶州营分防之青岛口应为今日青岛，此时不仅"青岛口"之名出现，而且也已派驻有把总[1]1人和骑兵2名、步兵14名，青岛口被纳入了军事防御体系中。管辖今青岛地区的即墨县，雍正年间（1723—1735）还隶属于莱州府下辖胶州，至乾隆时期（1736—1795）方才"不领于胶，直隶莱州"[2]。

成书于乾隆五年（1740）的乾隆《莱州府志》中的《即墨县图》，在今青岛市位置上由东往西分别标注有"浮山""浮山巡司"和"青山口炮台"3个地名名称。[3]图中，画有旗楼的青山口炮台、浮山、浮山巡司的位置关系与今三者相对位置关系吻合。'青山口炮台"与"青岛口炮台"有一字之差，在此之后的方志中再没有出现，这或许是绘图时的笔误，也或许是地名的变化，又或许此地太微不足道未予以足够的重视。何出此名，今已无考。

在以胶州为中心的清乾隆十七年（1752）《胶州舆图》中，青岛

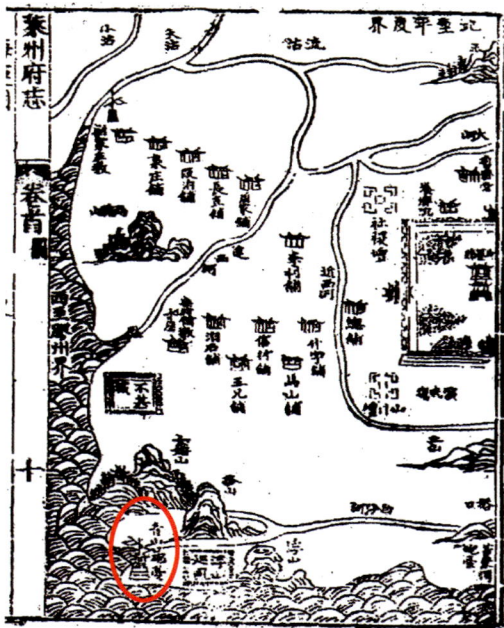

图1-7　乾隆《莱州府志》中的《即墨县图（局部）》

虽偏于一角，但胶州湾口几处主要地名——鼓子洋、淮子口、陈家岛、薛家岛、黄岛、阴岛还是逐一尽列其上，图中今胶州湾名为"守风湾"。[4]

成书于乾隆二十九年（1764）的乾隆《即墨县志》有"青岛口，县东百里"[5]"阴岛，县西南九十里。青岛，县西南百里"[6]等语，从方位上"青岛口"仿佛位于田横岛一带，而阴岛（今红岛）、青岛的方位与距离与今日的相符。雍正《山东通志》卷二〇《海疆志》载青岛口炮台：

青岛口炮台，东三十里至野鸡台墩，又东三十里至石老人墩，皆旧设

---

①把总：正七品武官，低于千总，领兵400人。
②同治《即墨县志》卷一《方舆志·沿革》，台北：成文出版社，1976年，第100页。
③乾隆《莱州府志》卷首《图·即墨县图》，南京：凤凰出版社，2004年，第16页上栏。
④青岛市档案馆编著：《图说老青岛》，青岛：青岛出版社，2016年，第7页。
⑤乾隆《即墨县志》卷四《武备·营汛》，北京：中国和平出版社，2005年，第65页。
⑥乾隆《即墨县志》卷二《方舆·山川》，北京：中国和平出版社，2005年，第22页。

炮台。又南一十五里至董家湾。①

雍正《山东通志》卷二〇《海疆志》记小青岛之一云：

> 淮子口在陈家岛之东头黄庵山下，有露明石、大仙桥、小仙桥之险，商船多坏于此。非长年水手不敢轻入，从大洋至胶州更无别路可通。小青岛在淮子口对岸，入海者必由之道。②

雍正《山东通志》卷二〇《海疆志·海岛》记小青岛之二云：

> ……小青岛，以上俱胶州南海中……青岛、白马岛，以上俱即墨县南海中……小青岛、竹岛、塔岛、黄岛、宫家岛，以上俱宁海州（今烟台市牟平区）南海中。③

雍正《山东通志》中，青岛口、青岛炮台、即墨田横岛之青岛、今青岛之小青岛和今烟台市牟平区之小青岛同时出现，而唯独不见的是今日的"青岛"。也就是在此之后，青岛口、青岛口炮台、小青岛以及青岛，才开始频频出现于典籍里和地图上。

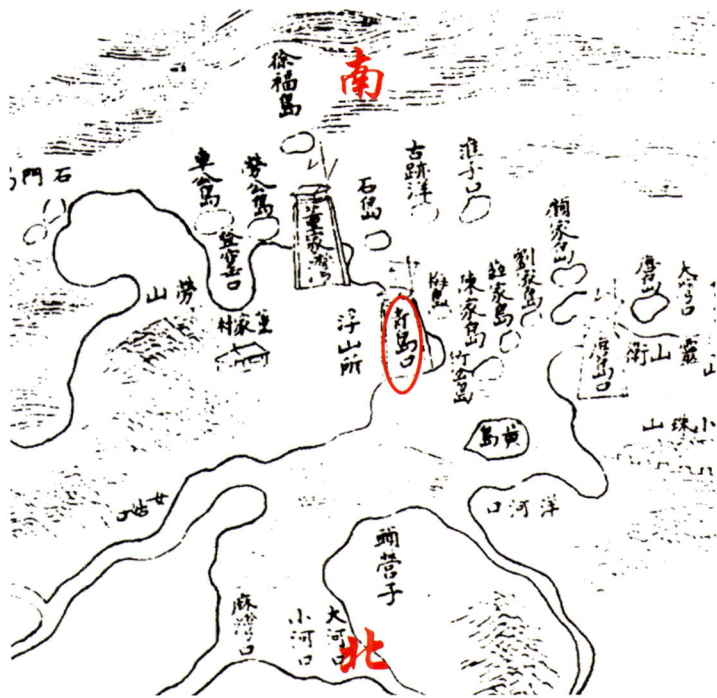

图1-8　雍正《山东通志》中《海疆图》的今青岛位置上带有旗楼的"青岛口"

---

① 雍正《山东通志》卷二〇《海疆志·墩台》，文渊阁《四库全书》影印本，台北：台湾商务印书馆，1990年，第370页下栏。

② 雍正《山东通志》卷二〇《海疆志·防汛》，文渊阁《四库全书》影印本，台北：台湾商务印书馆，1990年，第373页下栏。

③ 雍正《山东通志》卷二〇《海疆志·岛屿》，文渊阁《四库全书》影印本，台北：台湾商务印书馆，1990年，第371页下栏。

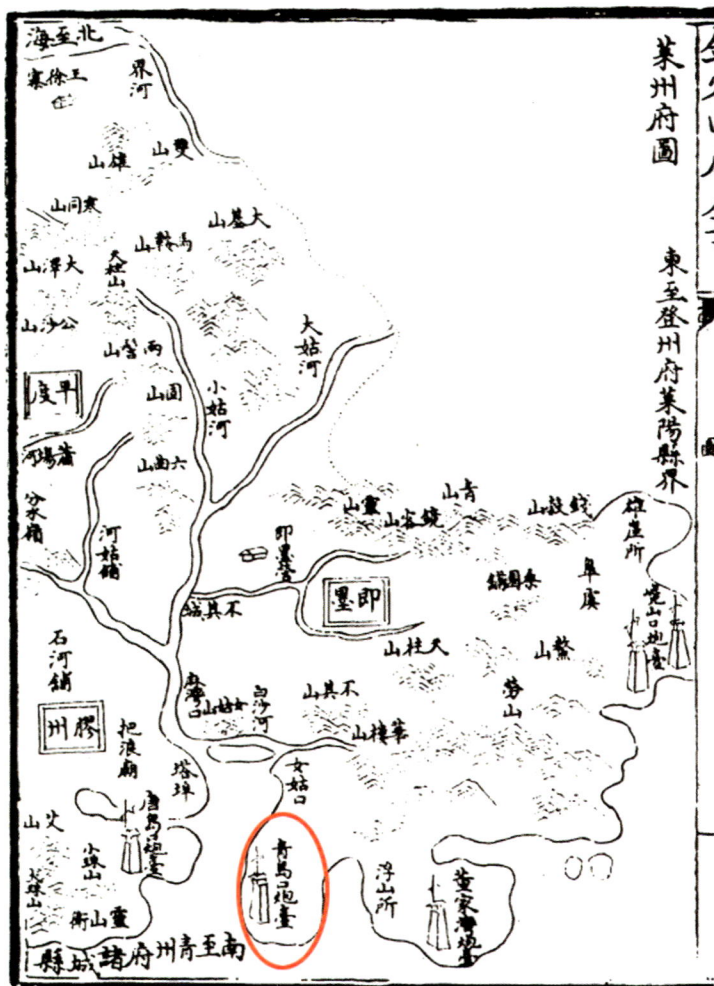

图1-9　雍正《山东通志》中《莱州府图》中的"青岛口炮台"

　　乾隆年间（1736—1795）的《山东海疆图记》中也存有浮山所附近、隶属于登窑口汛的"青岛口"（记载有驻军人数）和古称少海、守风湾的今胶州湾，以及宁海州（今烟台市牟平区、莱山区、芝罘区部分地区及乳山市部分地区）的"青岛""小青岛"的记载：

　　……又西南经鳌山卫东南，又南经县东南境劳山东登窑口。又折而西经浮山所南，有青岛口。又折而北至县西南之女姑口，墨水河注之。[①]

　　船至劳山下清宫一更（不可泊船）。船至登窑口一更（可泊战船）。船至浮山所一更。船至青岛口一更。船至胶州头营子二更。船至唐岛口二

———————————

①（清）胡德琳：《山东海疆图记》卷一《地利部·水口志》，李伟刚、郭学东、谭汗青主编：《山东海洋文化古籍选编》，青岛：中国海洋大学出版社，2022年，第121页。

更（以上诸口，皆可泊船、寄锚，取薪、水）。①

按省、府诸志记载，现存炮台……曰青岛口（属登窑口汛，有马兵二名，守兵十四名）……②

……二营子（距胶州四十余里，东接麻湾口，西抵守风湾，胶州海尽于此。欲用守兵，则离水三里无可守。欲用哨兵，则已面前无容哨，故谓之散）……③

山东，固表海之国也。东北、正东、东南凡三滨海，经武定、莱州、登州、青州、沂州五府，于汉郡国时为渤海、北海、东海之地古，称小海，又曰少海。④

靖海卫⑤，避东南、正北、东北风。宫家岛，避飓风。小竹岛，避西南风。小青岛，避南风（一云可避正北东北风）。塔岛，避飓风。乳山岛口，避飓风。田横岛，避东北风。劳公岛，避飓风。辉村岛、青岛避东北、西北、正北风。黄岛，避东风。唐岛，避东风、东北、西北风。⑥

1845年，胶州知州张同声主修了胶州历史上第四部《胶州志》（道光《重修胶州志》）⑦。在其中的《广轮分率开方总图》《灵山卫建置图》《海疆道里图》等图中均对"青岛"予以有明确标注。此时的胶州湾从中部由南至北一分为二，东部归即墨县管辖，西部归胶州管辖，故道光《重修胶州志》对辖区之外仅是一带而过，未做详细描述。

《广轮分率开方总图》中将胶州辖区内的胶州湾标注有"少海""守风湾"。⑧

---

①（清）胡德琳：《山东海疆图记》卷三《地利部·道里志》，李伟刚、郭学东、谭汗青主编：《山东海洋文化古籍选编》，青岛：中国海洋大学出版社，2022年，第155页。

②（清）胡德琳：《山东海疆图记》卷六《人事部·城寨墩台志》，李伟刚、郭学东、谭汗青主编：《山东海洋文化古籍选编》，青岛：中国海洋大学出版社,2022年，第201—202页。

③（清）胡德琳：《山东海疆图记》卷七《人事部·操防》，李伟刚、郭学东、谭汗青主编：《山东海洋文化古籍选编》，青岛：中国海洋大学出版社，2022年，第174页。

④（清）胡德琳：《山东海疆图记》卷一《地利部·水口志》，李伟刚、郭学东、谭汗青主编：《山东海洋文化古籍选编》，青岛：中国海洋大学出版社，2022年，第118页。

⑤靖海卫位于今荣成市人和镇靖海卫村。

⑥（清）胡德琳：《山东海疆图记》卷四《天时部·风信》，李伟刚、郭学东、谭汗青主编：《山东海洋文化古籍选编》，青岛：中国海洋大学出版社，2022年，第174页。

⑦明万历十九年（1591），胶州知州余帮辅主修的第一部《胶州志》，现已失传。清康熙十二年（1673），胶州知州孙蕴韬主修第二部《胶州志》。乾隆十七年（1752），胶州知州周于智和宋文锦主修第三部《胶州志》。道光二十五年（1845），胶州知州张同声主修第四部《胶州志》。

⑧道光《重修胶州志》卷一《图全·广轮分率开方总图》，台北：成文出版社,1976年，第13页上栏。

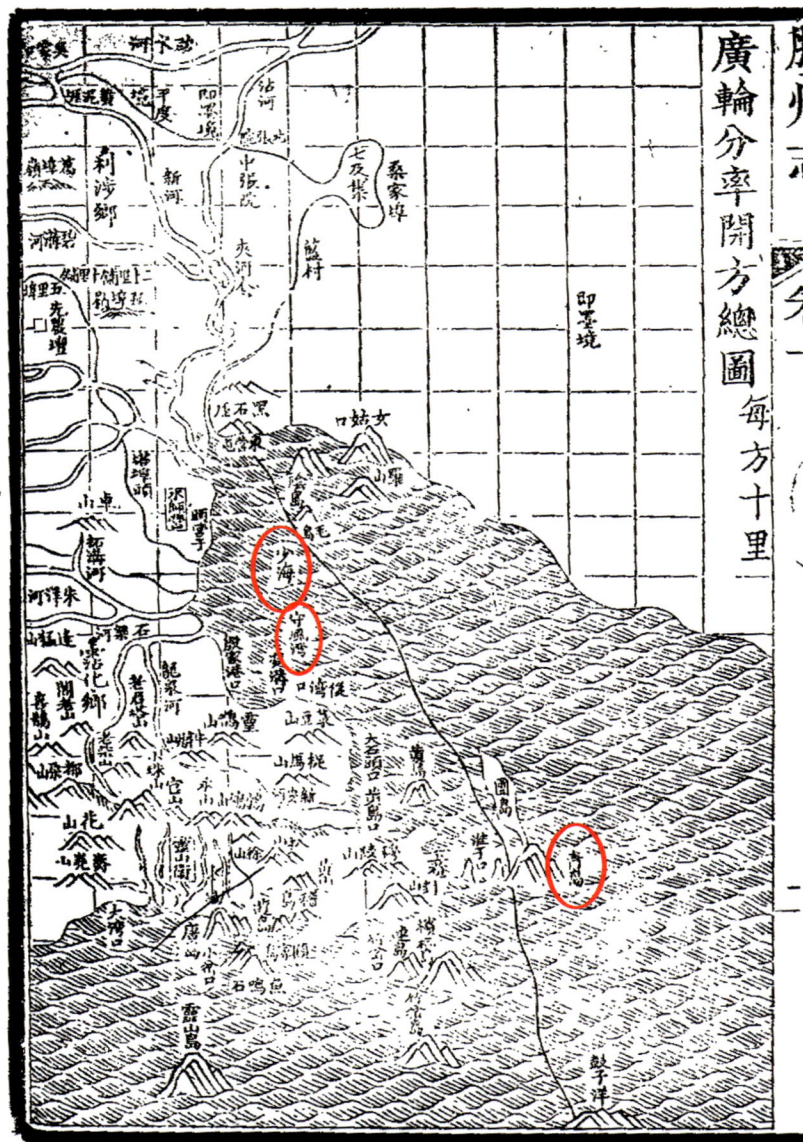

图 1-10　道光《重修胶州志》中的《广轮分率开方总图》(局部)

《灵山卫建置图》（图1-11）中标出了淮子口、青岛、即墨团岛、即墨炮台等与今日名称、位置相同的地名。[①]

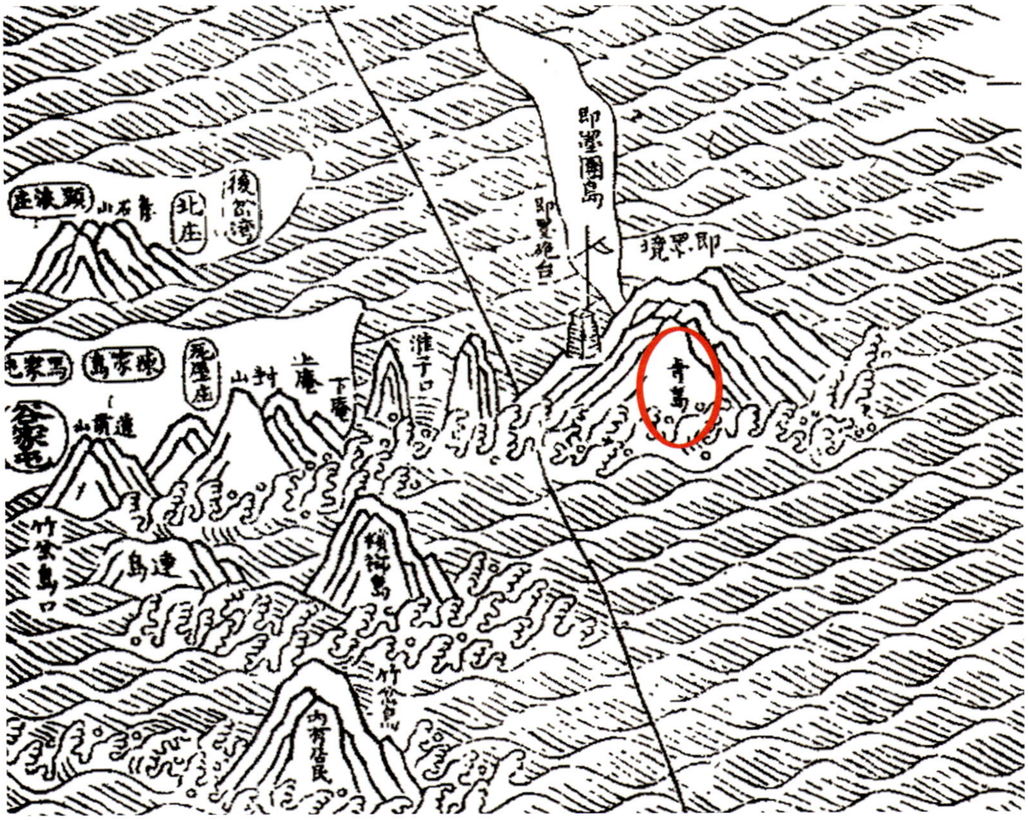

图1-11　道光《重修胶州志》中的《灵山卫建置图》（局部）

《海疆道里图》（图1-12）中的青岛是一座高山，并注明"内有居民"。鳌山卫、劳山（崂山）头、即墨县、登窑口、浮山所、青岛、淮子口、陈家岛（今薛家岛一部分）、黄岛、阴岛（今红岛）、女姑口等地名和位置关系与今完全相同，并注释有"自胶州头营口起东南一百二十里至青岛""自青岛东北六十里至浮山所"等。[②]

　　① 道光《重修胶州志》卷一《图全·历代城池建制图·灵山卫建置图》，台北：成文出版社，1976年，第22页。
　　② 道光《重修胶州志》卷一《图全·海疆道里图》，台北：成文出版社，1976年，第27页上栏—28页上栏。

图 1-12　道光《重修胶州志》中的《海疆道里图》（局部）

　　清咸丰五年（1855）《直隶山东两省地舆全图》，在今乳山市和荣成市两地各有一处名为"青岛"的地方[①]。至此，在清代的胶东地区已经有三地名为青岛了。时至今日，乳山市仍有一座小岛以"小青岛"为名。

_____

　　① 日本国会图书馆馆藏《直隶山东两省地舆全图》。

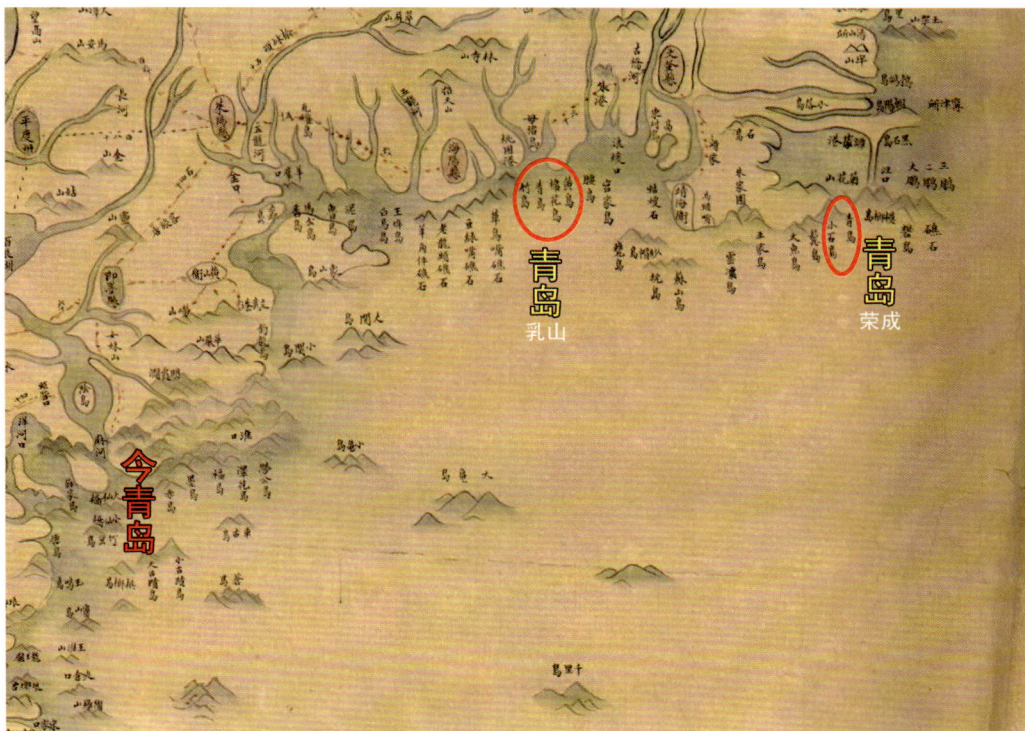

图 1-13　清咸丰五年（1855）《直隶山东两省地舆全图》（局部）

曾于 1875—1878 年出任驻英公使、兼任驻法使臣的郭嵩焘，在 1859 年 10 月 28 日的日记① 中，记下了即墨县附近两处含有"青岛"的地名。

> 金家口与莱阳诸海口同一海汊，地势稍折而东，香岛、青岛、白马岛横蔽其南……自登窑口横度而西七十里，曰青岛口。又迤西北五十里，曰女姑口……青岛口、女姑口两处皆有税局。②

2. "望洋兴叹"

"尺板不得出海"，起始自明代的海禁政策也被清王朝沿用了下来，本意为消灭反叛势力、打击海盗及走私、限制通商的"闭关锁国"政策也使国家的对外贸易、工商渔业皆遭受打击。康熙十九年（1680），康熙皇帝平定三藩之乱、退守台湾的前明郑氏集团成强弩之末时，远离东南沿海的山东率先开了海禁。

海禁政策使得中国在整个 18、19 世纪落后于世界大潮。1840 年"康乾盛世"

---

①《郭嵩焘日记》起自 1855 年，止于 1891 年郭嵩焘去世前一日，中间缺三段，约 39 个月，首尾 37 年，记载当时内政外交、社会状况和学术艺文等，尤以出使英法时期所记西方政情、风俗、宗教、科技、工业与西洋文明等内容最为宏富，是研究中国近代史的重要资料。

② 郭嵩焘：《郭嵩焘日记》第一卷，长沙：湖南人民出版社，1981 年，第 266 页。

的余热也已慢慢消散。英国为扭转对华贸易逆差向中国大量输入鸦片，为打开中国市场大门，又以 1839 年 6 月林则徐的虎门销烟为借口，发动了第一次鸦片战争，使中国开始沦为半殖民地半封建社会。从此，列强们的军舰时常如入无人之境般地进入中国领海，对沿海地区进行海域与内陆的测绘与勘探，而已从"盛世"顶峰跌落下来清朝能做的只有"望洋兴叹"。

1863 年，英国皇家海军开始测绘《山东省胶州湾的中国东部沿海图》（*COTE ORIENTALE DE LA CHINE*，*BAIE KYAU-CHAU*，*PROVINCE DE CHANTUNG*）。

该图由英国皇家海军军舰"燕子（Swallow）"号指挥官 Wirds 始绘于 1863 年，完成于 1866 年。1867 年呈交英国皇家海军的这幅地图将今青岛湾以"青岛口（Ching-tau-kau）"标注，岸上注明有"村庄海关（Village and Douane）"以及"游内山（Yu-nui-san）"等地名。海岸线和胶州湾内外水深标画清晰，是目前所见到的最早的和准确的地图。图中还对区域内的几座高山进行了标高。在今市内区域内仅对一座山加注有"145"的标高，从这座山的位置上看即今青岛山，这一高度数值与德占胶澳后德国人测绘出的"132.6"的数值仅存在 12.4 米的偏差。今黄岛（Chi-po-san）北部最高点标为 54，今薛家岛（Wan-king-shan）中部最高点标为 171，等等。

图 1-14　《山东省胶州湾的中国东部沿海图》（局部）

此图在 23 年后的 1890 年被窥探清北洋水师防御布置的日本人用来绘制《支那山东省军港胶州湾兵备图》[①]，也被 30 年后占领青岛的德国海军使用。

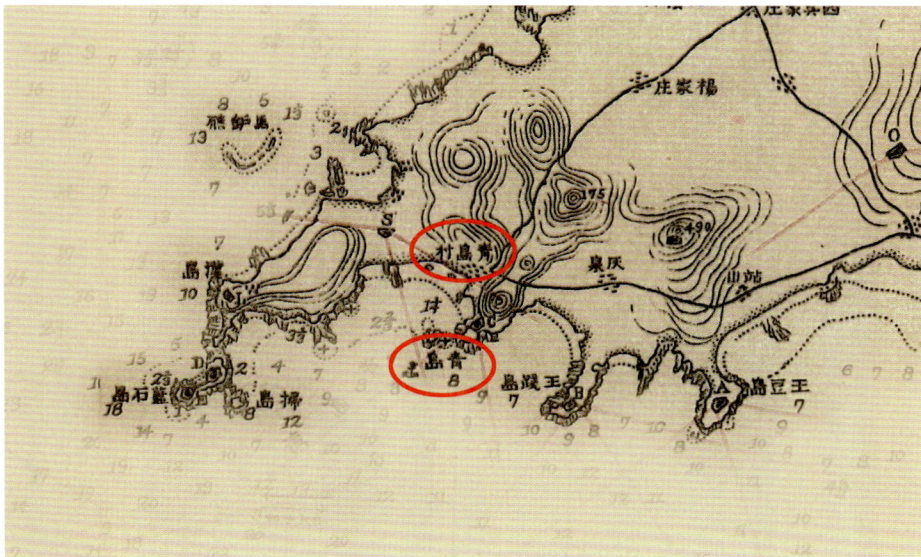

图 1-15　《支那山东省军港胶州湾兵备图》（局部）

1897 年 11 月 14 日占领青岛的德军指挥官迪德里希[②]在其《1897 年 11 月 14 日占领青岛（胶澳地区）手记》中毫无掩饰地提到了这张地图的作用：

　　我们在到达后立即受到了驻守青岛口（在英国地图上被称作青岛）中国总兵的一位使者的迎接。[③]

3. 神听和平

1865 年，青岛口商贾或许在多年经营的港口贸易中积累了财富，富足后的商家与航运界从开始的"风平浪静"的祈求提升到对精神生活的更高追求。在天后宫旧戏楼消失多年后南北客商又集资建起了一座兼做天后宫门楼的新戏楼。

据 1897 年德军占领青岛后拍摄的照片显示，天后宫门楼大戏楼坐北面南，临街是楼高两层、面阔三间的门楼，北部后出抱厦、正对山门的是面阔小于南部门楼的戏楼，整体建筑平面呈"凸"字形。大戏楼进深两间，面阔三间，歇山屋面，高

---

①《支那山东省军港胶州湾兵备图》，日本东京大学东洋文化研究所〈10〉6470305118。另见，青岛市档案馆编：《图说老青岛·建置篇》，青岛：青岛出版社，2018 年，第 169 页。

②奥托·冯·迪德里希（1843—1918），德国东亚巡洋舰分舰队第三任司令，1897 年占领青岛时为海军少将。

③原青岛中德关系研究会秘书长、研究员夏树忱先生译自《1897 年 11 月 14 日占领青岛（胶澳地区）手记》。本书所引该文皆出于此，不再标注。

飞檐，正脊与垂脊脊端设望兽，戗脊立脊兽。戏台高架于台基之上，檐部与门楼齐平，檐下高悬"神听和平"①匾额。这座将南面的庙门和北面的戏楼搭接成一个多用途的庙门大戏楼，充分体现了能工巧匠在建筑设计中的匠心独具。

图 1-16　德占胶澳后青岛天后宫全貌照片（李文彬先生提供）

图 1-17　德占胶澳后青岛天后宫庙门大戏楼之戏楼内侧铅笔画

① 神听和平出自《诗经·小雅·伐木》："神之听之，终和且平。"

青岛天后宫庙门大戏楼，这座鹤立鸡群的玲珑楼阁，在建成之时无疑是青岛口一带最为夺目的地标建筑，并无可置疑成为青岛历史上首座戏楼。而第二座以"和声鸣盛"为题的戏楼，则出现在德占时期的大鲍岛区内、于1907年建成的三江会馆内。当初为纪念天后宫庙门大戏楼建造，工程竣工后立"天后圣母－重修天后宫石碑"一座，刻在石头上的碑文在记录一项工程的同时也留下了一个时间和地名的记号：

窃闻青岛开创以来，百有余年矣。迄今旅客商人鳞集而至于湖下者，实难枚举。日人力全赖神明之默佑，爰有天后圣母，慈悲普渡，风婆不能肆其权；神灵广护，水伯莫能逞其凶。波涛顿息，咸庆□之稳；狂澜不扬，悉泯滔溺之惊。第天后殿前，旧有戏楼遗址，而栋宇全无，不堪适观。一时游玩其间者，莫不指为缺限，曰以答神明于万一也。故旧春，诸公捐资胜举，募建戏楼一座。虽无巍焕之观，而乐子弟演于其上者，庶几可免吞风饮雨之患耳。今将南北客商捐金者并董事诸悉勒于石，永垂不朽。

领袖 纪寿司 王禄仕 张殿科 陈作孔 周泰文

大清同治肆年六月 毂旦[1]

图 1-18　1907 年建成的三江会馆戏楼
［来源：《胶澳发展备忘录（1906 年 10 月至 1907 年 10 月）》附录 4《大戏台》］

---

[1] 清同治四年（1865）"天后圣母－重修天后宫石碑"碑记。

　　"天后圣母—重修天后宫石碑"花岗岩石质，高 273 厘米、宽 74 厘米、厚 26 厘米。现存 219 个文字的碑记，不仅记载着天后宫的用途和当时略显颓废的现状，同时"窃闻青岛开创以来百有余年"一语，虽然出于传闻，但还是明确记录了"青岛"这一名称和指出了青岛开创的大致年代。从同治四年（1865）前推 100 年为乾隆三十年（1765），而"余年"两字又将时间向前推了几年。在澳门大学发布的乾隆三十一年（1766）大清地图上，胶州湾以东，除浮山所和董家村外再无其他名称了，而此时的"青岛"依然还在田横岛一旁。或许，这一新开创的"小地方"还没有足够的分量被标注于大清全境地图上。前引乾隆《即墨县志》中的"青岛，县西南百里"一语，使"青岛开创以来百有余年"的记载不是孤证。

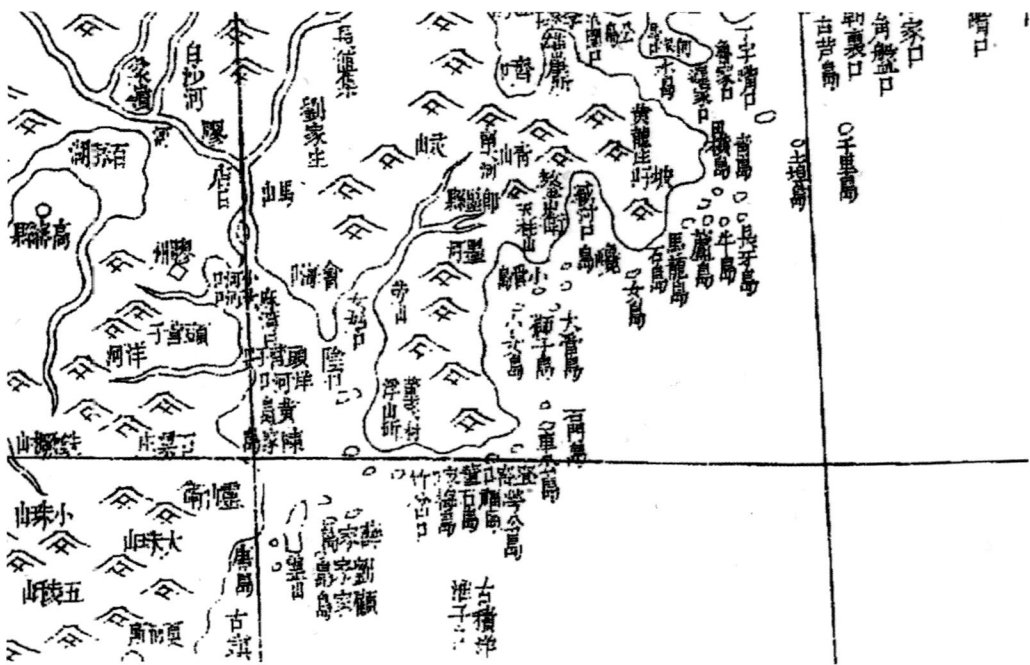

图 1-19　乾隆三十一年（1766）大清地图局部（澳门大学发布）

图 1–20　同治四年（1865）天后宫"天后圣母 – 重修天后宫石碑"

4. 同治中兴

1862 年，清朝第十位皇帝，也是清朝定都北京后第八位皇帝，6 岁的爱新觉罗载淳登基，年号同治。同年十月实行两宫皇太后"垂帘听政"。1873 年，同治帝亲政。同治在位 13 年间镇压太平天国起义和西、东捻军，平定陕甘回民起义，并兴办了史称"同治中兴"的洋务新政。

青岛口商、航、农、渔者心之倚重的天后宫的建成，即昭示着一座商贸口岸的兴起。1865 年，清廷在青岛口设立了东海关分关，更是明确了这处贸易港口和市镇的定位。天后宫大戏楼，重建以后至光绪时期，是青岛口居民们的一处文娱场所。每年的农历正月初一、十五以及三月十五，人们都要在天后宫上香叩拜，此时庙中香火最盛，设台唱戏的"新正庙会"聚拢着本地和周边乡民。

光绪二十二年正月十六日（1896年2月28日）《海云堂随记》：

> 新正赌风极盛，称谓"耍春"。口上商民玩叶戏、扑老鸡、掷升官图、打满地锦者，在在皆是，官衙皆然，概不加禁，称为"公赌"。至有设场于肆街以广招泛诱，□□□□，倾家折产，富有之家，瞬成穷棍。
>
> □□□□□伯云：官不加禁，以其与共利也。[①]

新建戏楼九年后的1874年，天后宫再次修缮。"青岛""青岛口"名字除再次刻于碑记外，也更加频繁地出现在了这一时期的志书与地图里。

1874年《天后宫修庙碑记》云：

> 盖闻天后以孝成神，以慈爱民，仁护海国，泽洽波臣。而旅客商人云集于此者，尤赖其鸿波不扬，惊涛顿息。故无不念以酬圣德焉。墨邑青岛口，旧有天后行宫以妥神灵，不过粗具规模，而未足以壮观耳。迩来仗圣母宝筏广济之恩，慈杭普渡之力，宏舸连舳，巨舰接舻。乃增其旧制，敞之以庭堂，峻之以陛级，节梲耀彩，金碧腾辉。可谓威镇四海，庙崇千古也已矣。今将众商捐资、诸船施助并督理之□于石，以垂永远，以望后之首善者。

图1-21　1874年天后宫修庙碑

> 领袖：福泰、晋昌、永豫、东海关、意诚、隆盛、县局、聚和、诚□、益兴、和丰、大□。
>
> 监修：陈作孔、江存仁、薛岳甫。
>
> 住持
>
> 大清同治拾叁年岁次甲戌叁月

修缮后，设台唱戏、上香叩拜与随之而来的商家聚集，使得天后宫逐渐成为周边居民的一处文娱场所。市场的繁盛等迹象表明，这一时期青岛口的港口贸易已粗具规模。

成书于1872年的同治《即墨县志》是一份记有青岛地名的重要史料。其中的

---

①（清）胡存约：《海云堂随记（摘录）》，青岛市博物馆、中国第一历史档案馆、青岛市社会科学研究所编：《德国侵占胶州湾史料选编（1897—1898）》，济南：山东人民出版，1987年，第22页。

《仁化乡图》（图1-22）中，青岛及其近郊的康家庄、仲家洼、杨家村、包岛、会全、小泥洼等百余座村庄加以线框进行了标注。[①] 唯有"青岛"使用了与众多村庄不同，是一个地理名称（岛屿）的标注。

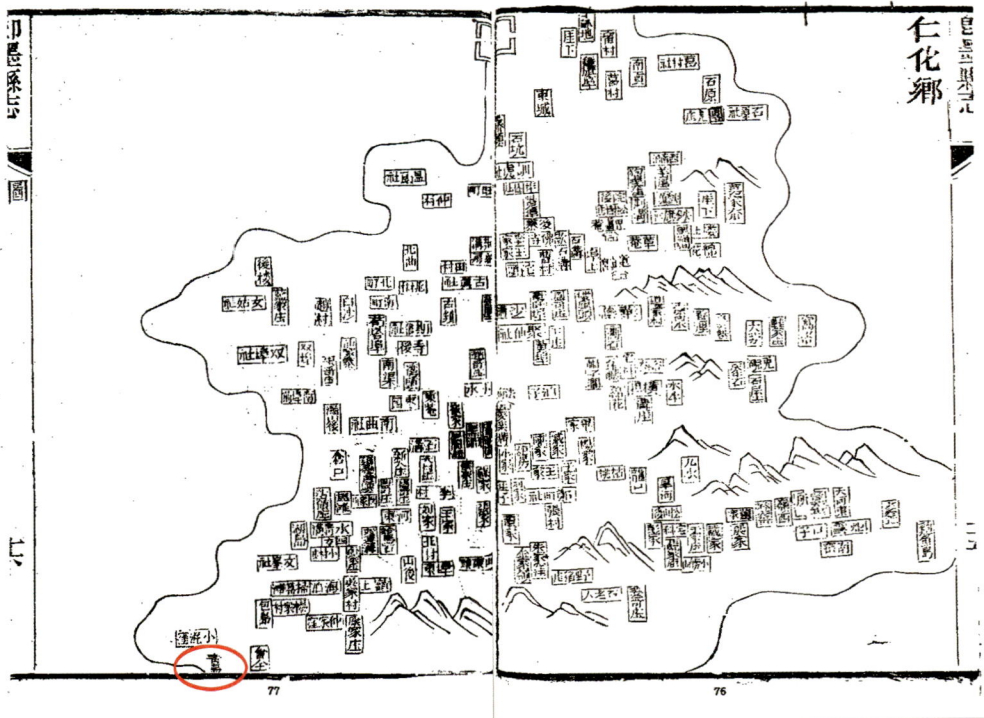

图1-22　同治《即墨县志》中《仁化乡图》中的"青岛"

卷一二《杂稽志·寺观》所记载青岛口的天后宫与即墨县的位置关系明确：

天后宫三：一在县东北九十里金家口，一在县西南五十里女姑口，一在县西南九十里青岛口[②]

在《山川脉络图》和《海口图》中，"青岛""青岛口"名称标注明确。[③] 前者专述的是山川脉络，以地名为主，此图上的青岛应为地名；后者分列了县境内各海口。两图中出现了两种名称同时出现于同一地区的少见情况。不仅如此，在卷一二《杂稽志·海程》中的"小青岛在淮子口对岸入海者必由之道"[④] 一语，与雍正《山东通志》卷二〇《海疆志》中对小青岛所在位置的描述只字不差。

---

① 同治《即墨县志·图·仁化乡图》，台北：成文出版社，1976年，第76—77页。

② 同治《即墨县志》卷一二《杂稽·寺观》，台北：成文出版社，1976年，第1188页。

③ 同治《即墨县志·图·山川脉络图》，台北：成文出版社，1976年，第52—53页；同治《即墨县志·图·海口图》，台北：成文出版社，1976年，第92—93页。

④ 同治《即墨县志》卷一二《杂稽·海程》，台北：成文出版社，1976年，第1212页。

《海口图》中将县境内的各逐一海口进行了详尽标注，各地名均以某某口为记。图中，由东向西有金家口、颜武岛口、栲栳岛口、巉山岛口、鳌山卫口、登窑口、沙子口、石老人口、浮山所口、青岛口（今青岛）、沧口、女姑口、金口、汇海口、徐家庄口、麻湾口。[①]

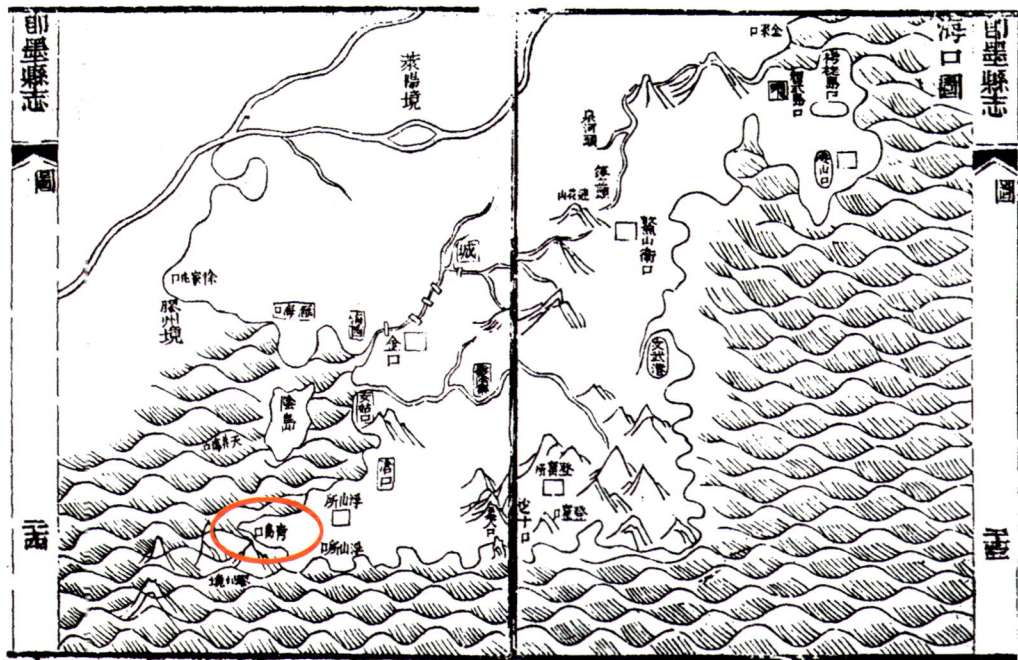

图 1-23　同治《即墨县志》中《海口图》中的"青岛口"

《七乡村庄图》将境内的所有村庄详尽标注，此图因地域广阔、涉及村庄较多，而分为了 9 页才得以尽表。只有将这 9 页进行拼接，一幅完整的《七乡村庄图》才得以呈现。图中，即墨县东南海岸的青岛和胶州湾入口处的青岛均有标注。村庄名称皆加方框以与非村庄地名进行区别，今青岛附近村庄自东向西北有大窑、小窑、辛家庄、田家庄、浮山所、斩山、会全、行街、豹岛、仲家洼、杨家村、扫帚滩、海滩、小村庄、四方、湖岛子等。地理名称有燕儿岛、会全岛、青岛、团岛、双山、孤山等。四方村、湖岛子村西侧近海中的一处小岛或暗礁标注为"蔓青岛"。[②]

---

① 司治《即墨县志·图·海口图》，台北：成文出版社，1976 年，第 92—93 页。
② 司治《即墨县志·图·七乡村庄图》，台北：成文出版社，1976 年，第 64—72 页。

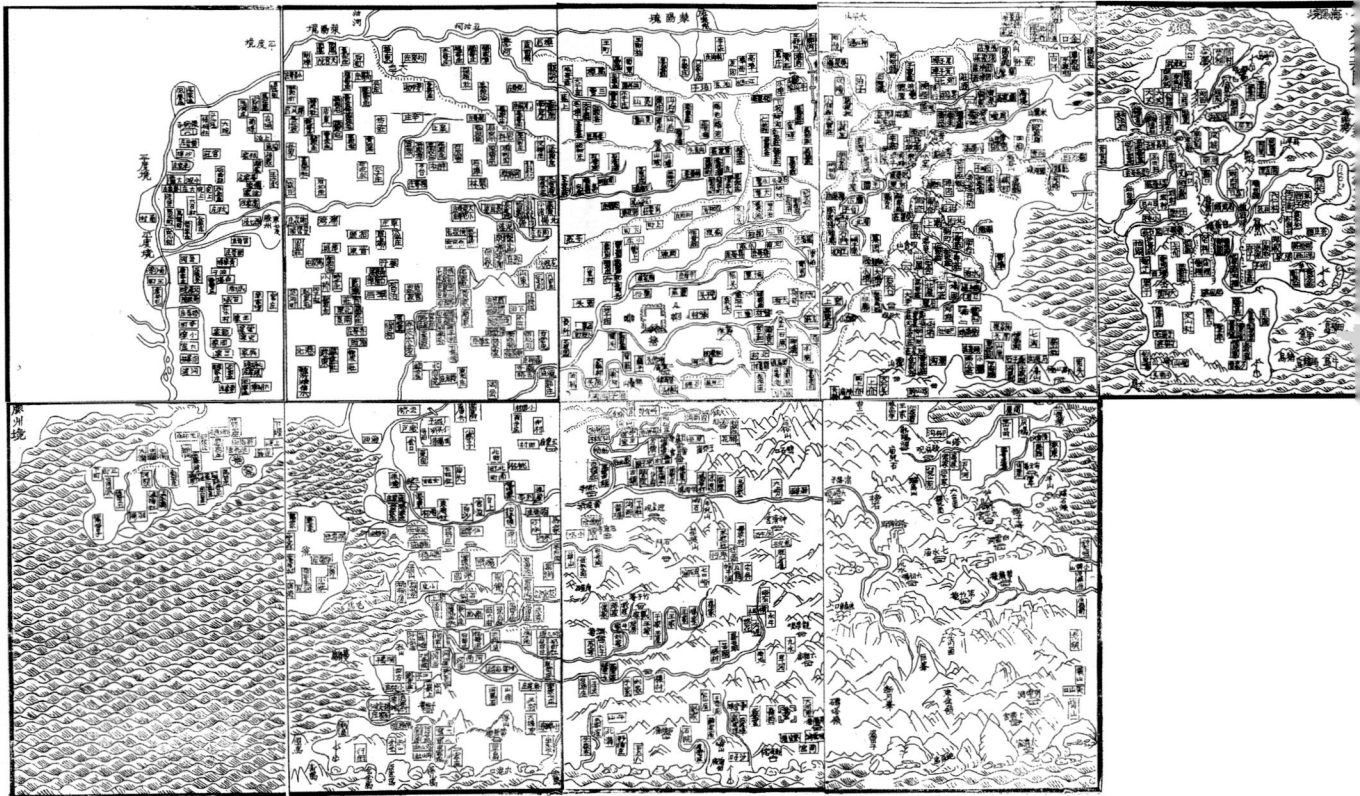

图 1-24　同治《即墨县志》中的《七乡村庄图》

卷一《方舆志·岛屿》有"青岛，县西南百里"[①]一语。这一方位的定位与明代许铤的"县东南曰青"完全相反，但与今天的青岛与即墨古城的方位关系相同，此青岛为现在的青岛无疑。

卷四《武备志·海口》有"青岛口，县西南百里"[②]的记载。在卷五《赋役·榷税》有"青岛口"[③]的记载。

卷四《武备志·墩堡》"中有"青岛口炮台，在县境属胶州营，董家口同"[④]的记载。

卷四《武备志·营汛》又有 3 处"青岛"出现：

青岛西圈可容船十余只，黄岛西南滩可容船十余只，宫家岛可容船三四十只。

---

① 同治《即墨县志》卷一《方舆志·岛屿》，台北：成文出版社，1976 年，第 142 页。
② 同治《即墨县志》卷四《武备志·海口》，台北：成文出版社，1976 年，第 288 页。
③ 同治《即墨县志》卷五《赋役志·榷税》，台北：成文出版社，1976 年，第 333 页。
④ 同治《即墨县志》卷四《武备志·墩堡》，台北：成文出版社，1976 年，第 284 页。

海口内外洋界址，自胶州塔埠头口为女姑口，入即墨界，俱内洋。即墨西会岛口为胶即接界。其西为阴岛，为豹岛（即槟榔屿），为芥荠岛，为青岛，俱内洋……东北为赭岛，为青岛，外洋。①

这3处"青岛"解析如下。

（1）"青岛西圈可容船十余只"，此处"青岛"为乳山之青岛。

（2）"为阴岛，为豹岛（即槟榔屿），为芥荠岛，为青岛"，此处"青岛"为今小青岛。

（3）"东北为赭岛，为青岛，外洋"，此处"青岛"为今田横岛一旁的三平岛。

1855年9月20日，清政府于上海成立了江南机器制造总局。江南机器制造总局简称为江南制造局、江南制造总局、上海机器局，是晚清中国最重要的军工厂。为介绍西方知识，培养科技人才，江南机器制造总局除了机械制造之外，还另附设有翻译馆以及工艺学堂等。其翻译馆在1868—1907年译书达160种，涉及军事科技、地理、经济、政治、历史等多个方面。

1874年，由江南机器制造总局英国人金约翰辑，英国人傅兰雅口译、王德钧笔述的地理类书籍《海道图说》成书。此书为一本中国其周边海域航海资料，所涉地域北起辽东，南至海南岛，并涵盖了日本、朝鲜等国海域。

胶州湾：距挨勿林头西北二里，有海口，阔约二里，内有大澳为胶州湾，东面有低石角，石角西界南面有草面小石岛，自石角西界海岸曲折句北东北而成大湾澳口西面有陆地前伸如舌，近南面有长石行，东面有少无石长约二里，尚便行舟，澳口南面最外之角为曹家嘴，上有双峰山。海岸自此曲折向西数里复折转向北而成大湾，湾北面有舌形陆地，分为东西二澳，又舌形陆地南角有山之处曰宝头或是阴岛二澳北面各有河口。

西澳西北面有小河口，可达胶州，为山东沿海巨埠，距胶州东面二十四里为即墨县，有通东澳河口，为商贾屯集之区，凡行至胶州湾口，尚不能见宝头与湾首之西北岸，缘相距尚有二十里也，湾首甚浅，湾口外西面近岸处有长石行，故华船恒有挨勿林头经过。

琴头镇：胶州湾东面有长山向东偏北，远伸如舌，至腰岛头而止，自南面计之，约长二十三里，南面多小浅澳近岸多小岛与石行，澳首有城者为浮山所，距胶州湾东面二里有小澳，又距挨勿林头北面小澳首有琴头

---

① 同治《即墨县志》卷四《武备志·营汛》，台北：成文出版社，1976年，第278页。

镇，维度距赤道北三十六度五分，经度偏东约为三度四十九分，原图偏东一百二十度一十七分，镇内居民甚少，附近有大沙澳。

泊船处：琴头澳东南面无护风处，澳内有数小岛，北面深二拓至三拓之处恒多华船停泊，咸丰十一年间得富兵于澳外距镇一里半水深九拓之处停泊虽风自岸来，海浪激力甚猛而此泊船处无论何时尚称稳便，若东南与南面各方风力轻时，除胶州湾以外无障避之处。①

是文将胶州湾海口、周围地势、河口以及胶州和即墨都逐一予以描述，胶州湾一名也从此开始出现。琴头镇一节中所述"浮山所""长山（崂山）"等地之方位关系，与今日青岛情况无异，其所记经纬度，也与今日青岛的相差无几。而"距挨勿林头西北二里，有海口""湾口外西面近岸处有长石行，故华船恒有挨勿林头经过""又距挨勿林头北面小澳首有琴头镇"，这里的"挨勿林"所指即是在 1866 年英国皇家海军《山东省胶州湾的中国东部沿海图》中的"伊芙琳角"②，也是在 1890 年日本人绘制的《支那山东省军港胶州湾兵备图》中的"威林岬"。到 1898 年，德国人以第二任胶澳总督叶世克之名改称为"叶世克角（Cape Jaeschke）"。③ 而今天这处与团岛隔海相望的海岬则以"象头"为名。

5. 青岛"高四十七八丈"

1881—1884 年，日本人山根武亮以"旅行"为名遍查胶州湾，并以 1866 年英国皇家海军的《山东省胶州湾的中国东部沿海图》为蓝本，绘制了《清国山东省即墨、胶州、胶州湾地图》，将胶州湾周边地区英国人未曾标注的村镇逐一细细填画。图中，四方被标注为"四房"，青岛口以日文音译被标注为"琴头口"。

1886 年 3 月上旬，李鸿章派刘含芳④与琅威理⑤到胶州湾进行勘测。同年 7 月，《刘含芳查勘胶州湾条陈》云：

胶州澳居山东之南海，自登州府文登县之威海卫开轮，由西向东

---

① ［英］金约翰辑：《海道图说》卷七《扬子江口至山东、直隶水道》，［英］傅兰雅口译，王德钧笔述，上海：江南机器制造总局，清同治十三年（1874），第 9b—11a。

② 此地在不同时期的地图中曾有伊芙琳角、挨勿林、威林岬、叶世克角多个名称。

③ 青岛档案馆编：《青岛地图通鉴》，济南：山东省地图出版社，2002 年第 12 页。

④ 刘含芳（1840—1898），字芗林，安徽省贵池县（今安徽省池州市贵池区）人。通晓法文，曾任淮军前敌营任事，后授二品衔直隶候补道员在北洋沿海陆前敌营务处、天津海关供职。

⑤ 琅威理（William M. Lang，1843—1906），英国海军军官。1882 年秋天，他来中国任北洋水师总查职，负责北洋水师的组织、操演、教育和训练。

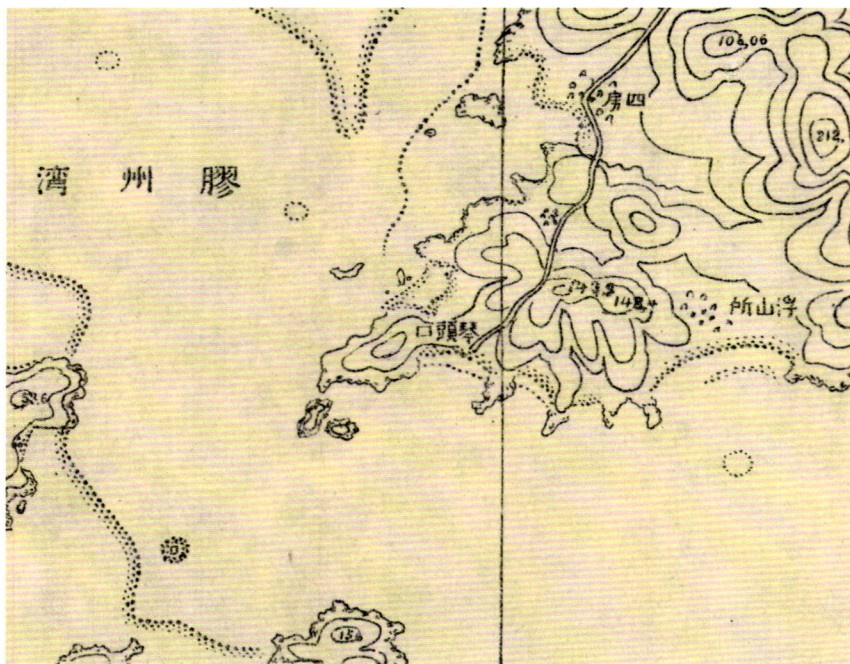

图1-25　1884年日本人绘制的《清国山东省即墨、胶州、胶州湾地图》中的"四房"与"琴头口"

六十里之成山，绕山之后折向西五百四十余里至胶州澳口。口东青岛，高四十七八丈，有市有关，地属即墨，山脉来自劳山……①

《琅威理布置胶澳说帖》云：

山东胶州澳在北纬三十六度三分，东经一百二十度十四分……口门环抱，外口以陈家岛为南，青岛为北……②

从中可见，"胶州澳""青岛"已经作为正式名被使用。

同月13日，出使德国大臣许景澄提出"山东之胶州湾宜及时相度为海军屯埠也"③的主张。同月16日，直隶总督李鸿章的《直隶总督李鸿章筹议胶澳公函》云："至山东胶州湾宜为海军屯埠一节，规画远大，尤关紧要。"④

①〔清〕刘含芳：《刘含芳查勘胶州湾条陈》，青岛市档案馆、中国第一历史档案馆编：《胶州湾事件档案史料汇编》（上册），青岛：青岛出版社，2011年，第4—5页。
②〔英〕琅威理：《琅威理布置胶澳说帖》，青岛市档案馆、中国第一历史档案馆编：《胶州湾事件档案史料汇编》（上册），青岛：青岛出版社，2011年，第6页。
③〔清〕许景澄：《出使德国大臣许景澄折》，青岛市档案馆、中国第一历史档案馆编：《胶州湾事件档案史料汇编》（上册），青岛：青岛出版社，2011年，第1页。
④〔清〕李鸿章：《直隶总督李鸿章筹议胶澳公函》，青岛市档案馆、中国第一历史档案馆编：《胶州湾事件档案史料汇编》（上册），青岛：青岛出版社，2011年，第3页。

　　从上述资料可见，胶州湾、青岛地名已被列在了官方文件中，而刘含芳的《查勘胶州湾条陈》与琅威理的《布置胶澳说帖》是清代胶州湾和青岛一带最为详细的两份调查报告。两份报告中详细陈述了区域内的山、海、湾以及各处地名等关系。其中，对青岛既有"外口以陈家岛为南，青岛为北"的位置描述，又留下了"高四十七八丈"的高度记述。

　　清代有 1 尺约合今 0.32 米的用在建筑方面的营造尺，有 1 尺约合今 34.5 厘米的土地量地尺，还有 1 尺约合今 35.5 厘米的裁衣尺。依照量地尺计，"四十七八丈"的山高约合今 165.6 米。

　　"高四十七八丈"的青岛不仅出现在刘含芳查勘胶州湾条陈中，还被日本人抄录于《胶州湾防御设计之呈文》中："北岸青岛山高四十八丈，凭临大海，其势甚雄，此山设台，既能远击海面，又能捍卫外口，岛后山势向西，折伸而南……"[1]

　　日本东邦协会杂志《外交报》168 期刊登有《德国人占据胶州湾纪略》一文，文中详细描述了胶州湾口南北的地势、名称以及青岛〔山〕的高程：

　　　　胶州湾距山东胶州府城八英里，湾口为黄海西岸，当北纬三十六度二分，东经百二十度十八分；湾内水面积在涨潮最高时，约一百四十方里，其淀泊处四周陆地环绕之，中国东方海岸内避风浪最安稳之船澳且最广阔者，胶州湾是也…………

　　　　湾口宽幅一英里四分之三（约 1.37 千米），其南岸一岬曰伊威林[2]。中国舆图，有称为堆垒角者。岬之角，斗出海面者三英里（约 4.8 千米），而成南方之屏障，岬上有梯坦山，高五百十八英尺（约 157.8 米）[3]，自山而南，岗峦起伏，作波涛汹涌状，其最南端，高四百英尺（约 121.9 米），海面望之如圆锥形。

　　　　入湾口内西北三英里处有梯朴森岛（黄岛），脉向东北正北，长二英里半，宽幅平均四千五百英尺（即一英里四分之三），岛内三数村落，炊烟缕缕如飞丝。岛北部之最高山，高一百七十七英尺[4]（约 53.9 米），华人称曰青岛〔山〕。其称湾口为青岛海口者，即为此。[5]

　　① 青岛市档案馆编：《图说老青岛·建置篇》，青岛：青岛出版社，2018 年第 115 页图 1。
　　② 1890 年《胶州湾兵备图》标注为"威林岬"。
　　③ 梯坦山名称与 1866 年《胶州湾地图》"Ti-tung-shan"相似。
　　④ 177 英尺≈53.9 米，与德租时期地图中 55 米的"青岛炮台山"高程接近。
　　⑤〔日〕佚名：《德国人占据胶州湾纪略》，青岛市博物馆、中国第一历史档案馆、青岛市社会科学研究所编：《德国侵占胶州湾史料选编（1897—1898）》，济南：山东人民出版社，1987 年，第 491—492 页。

　　百余年前围绕在青岛口周围最近的是东岸海拔 55 米的"青岛炮台山"（今小鱼山西麓）和北部海拔 98 米的今信号山，而稍远一些的则是海拔 79 米的今观象山、海拔 82.4 米的今八关山和海拔 128.5 米的今青岛山。但这几座山的高度无一与"四十七八丈"、约合今 165.6 米的高度接近。而"高一百七十七英尺华人称曰青岛〔山〕"所指应为青岛口东岸的"青岛炮台山"。此山既紧邻青岛海口又"凭临大海"，也正因如此，1891 年清军在青岛设防后，将总兵指挥所"大衙门"设在其身后，于山上建造了一座以青岛冠名的"青岛炮台"。但此山海拔 55 米的高度与"高四十七八丈"又相去甚远。

　　1891 年 6 月，值北洋水师成军 3 年之际，北洋海军举行了首次"海军大阅"。最南部的胶州湾也被划定在了"大阅"范围，李鸿章第一次对胶州湾和青岛进行了实地查看。

　　1891 年 6 月 13 日《直隶总督李鸿章等奏折》载：

　　　　（光绪十七年四月）二十九日开赴胶州，次日由黑水洋抵澳，详阅形
　　势。轮船进口系向西行，青岛在北，陈家岛在南，相距六里[①]。

　　1891 年 6 月 14 日，在李鸿章上奏的次日，清廷内阁明发上谕，准予青岛设防。胶州、青岛、胶州湾、胶澳，在李鸿章的首次胶州之行后也被光绪皇帝知晓。青岛这一地理名称开始在公文和报端中使用。《申报》1892 年 12 月 5 日时刊：

　　　　"登州镇章军门曾在胶州青岛地方监修炮台"[②]。

　　1894 年 5 月，北洋海军又进行了第二次"海军大阅"。其间，李鸿章第二次来到青岛。于 5 月 29 日再次将胶州澳、青岛为正式名称书于奏报光绪皇帝的《直隶总督李鸿章等奏折》中：

　　　　（光绪二十年四月）十九日至胶州澳……至胶州澳口，原拟于北岸之
　　青岛、坦岛、团岛各设炮台一座……[③]

也就是在为此次海军大阅绘制的《北洋水师航路图》中，今青岛市市南区金口二路后部的青岛炮台山和今青岛山一带分别标注为"青岛"和"青岛高四十七丈五尺"。

　　日本对中国的觊觎由来已久，晚清时期，其间谍对青岛以及山东等地的侦察更是"无处不达"，直至德国占领青岛后也未停止，其掌握的情报和细密程度甚至远远超过了清军。其中，尤以日本步兵第七联队陆军步兵中尉河上清吉和日本步兵

　　①（清）李鸿章等：《直隶总督李鸿章等奏折》，青岛市档案馆、中国第一历史档案馆编：《胶州湾事件档案史料汇编》（上册），青岛：青岛出版社，2011 年，第 10 页。
　　②佚名：《登州海市》，《申报》1892 年 12 月 5 日第 2 版。
　　③（清）李鸿章等：《直隶总督李鸿章等奏折》，青岛市档案馆、中国第一历史档案馆编：《胶州湾事件档案史料汇编》（上册），青岛：青岛出版社，2011 年，第 13—14 页。

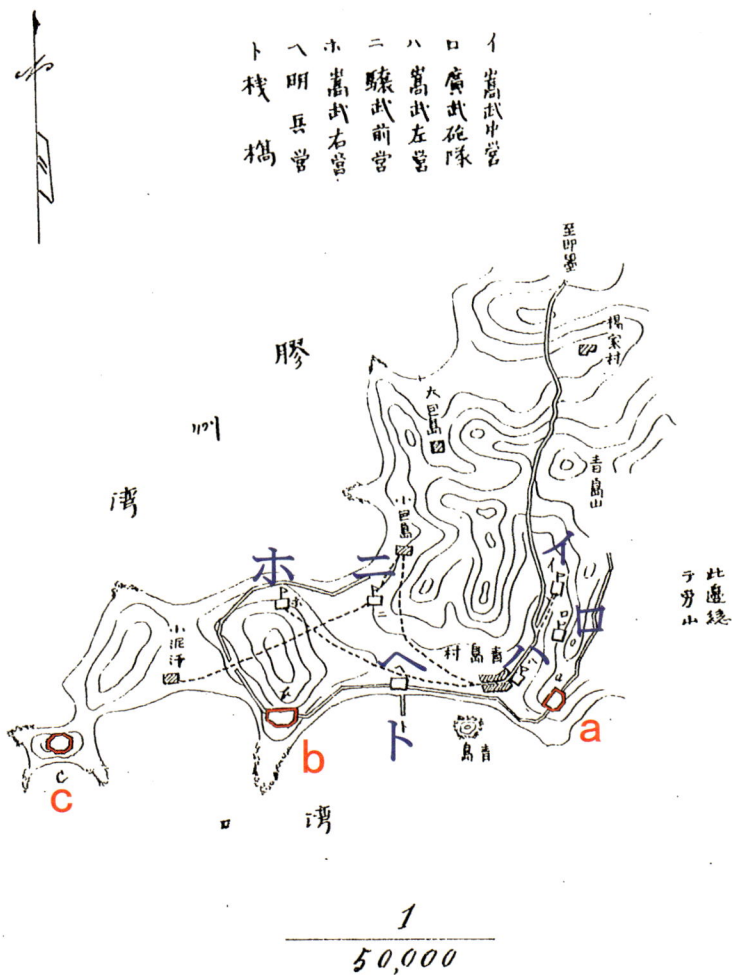

图 1-26　1897 年 9 月日本人绘制的青岛附近地图——《青岛之图》(《青嶋之圖》)
a. 青岛炮台；b. "西顶"炮台；c. 团岛

第十九联队陆军步兵中尉桥本仙作写于 1897 年 9—11 月的两份"旅行报告"最为详细。

1897 年 9 月，在桥本仙作《清国胶州湾地区旅行报告》的附图中对"青岛村"和"青岛山"进行了标注，并在今小青岛下部标注有"青岛"。

即使在青岛被德国海军占领之后，日本人也未放弃侦察活动。1897 年 11 月 27 日，日本人绘制出《电报解译用的山东省略图》(《電報解譯ノ為〆山東省略図》)。图中除记有莱州、平度、即墨、胶州之间的距离里程和胶州湾、女姑山、青岛口地名外，还另用红色和蓝色标线以及文字说明做了"备考"，标出了清兵（清军）和独兵（德军）所在的位置。

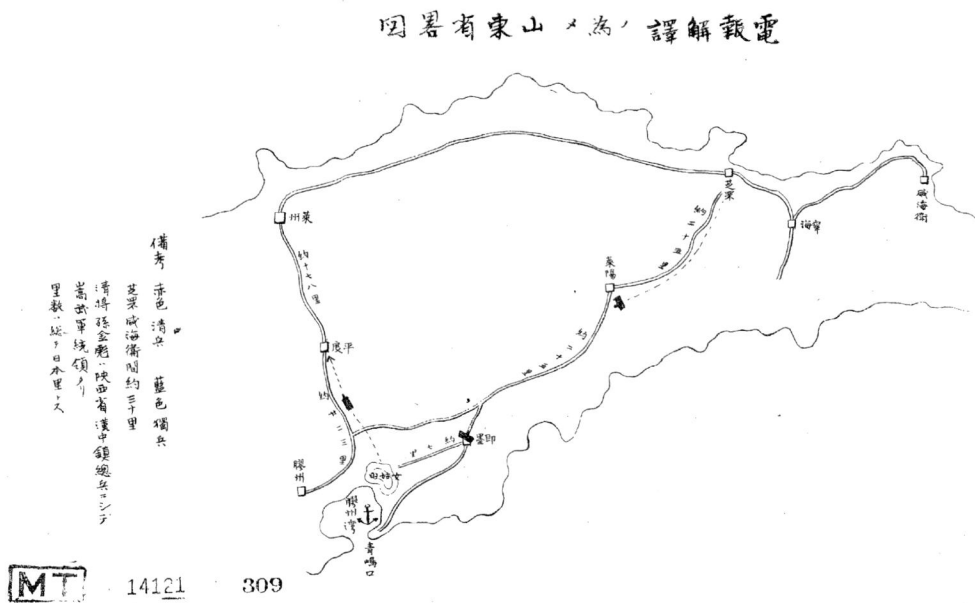

图1-27　1897年11月27日日本人绘制的《电报解译用的山东省略图》

1898年3月6日德租胶澳后，在先后于同年和次年推出的两版城市规划图中，青岛口及附近的大鲍岛（Tapautau）、孟家沟〔Ming dschia kau（1898）、Meng tschia kau（1899）〕等几座村庄都沿用了原有名称。同年，德国人海因里希·谋乐（Heinrich Mootz，中文名慕兴立），在对其"租借地"村庄的名称、分布、人口等进行了全面梳理后编撰出了一部《山东德邑村镇志》，文中对小青岛和青岛口描述如下：

1. 青岛

青岛，按这两个汉字的意思是"绿色的岛"。这个位于胶州湾入口北侧的岛，在春天时，当周围的山坡和耕种的田地仍荒凉和枯黄时，它却披着一身很显眼的绿色长袍，这个岛如少妇一般炫耀着鲜绿的色彩的原因在于它无人居住。

如果我们在入口的南侧再稍向远处往里看，位于海湾中的岛屿黄岛"黄色的岛"，则也会理解这个恰当的名字……

北面环绕着"绿色的岛"（即小青岛）连着陆地的海湾是青岛口，即这个青岛旁的港口。"口"这个字的意思是嘴、入海口、港口。而且海边的居民点也叫作青岛口。于是港口作为大帆船的停泊地和环抱这个停泊地的陆地（有商号、货栈等），从护圈这个海湾的岛得到了这个名称。

是的，这个岛的名称也延伸到远处高地山谷低洼处形成的农村。浮山所城的官员把中国（制式的）地图划分为商业地盘青岛口和村庄青岛村（这后一个汉字也写成岗）。

德国人把青岛口称为下村、下青岛，把通过一山谷和几块天地区分开的青岛村称为上村、上青岛。

当这个地方受到德国保护时，在下村的是中国军队的"衙门"、总兵和其他军官的住房、小商贩和商人们的房子以及一座建得很好的庙宇（天后宫）。

…………

2. 大鲍岛

……"鲍"这个汉字的意思是经干燥腌制的海中动物，鱼、牡蛎等。另外一个汉字也是在中国地图上找到的，称之为豹，就是豹子、豹猫。岛是岛屿之意。而更可能是居住区。豹岛同样是在海湾中离村子不远的一个岛。[1]

在德占胶澳初期德国人约阿希姆·昆德勒[2]（Joachim Kundler）撰写的《和家乡的联系——在胶州地区的德国邮政》就青岛的名称记述如下：

1898 年 1 月 26 日，一封来自"青坦佛特（Tsintanfort）"的电报送达帝国邮政总监，其中通知海军战地邮政局于当天开始营业。在邮政所开始工作时存在关于这个地方名字的正确写法的一些误会，由于电报所正式名册中的一个印刷错误，青岛被称为"青坦（Tsintan）"，从 1898 年 3 月 30 日始被称为"琴岛（Tsintau）"。……[3]

尽管 1898 年时在青岛的德国人对"青岛"之名的认知还处于模糊中，但 1899 年 10 月 12 日，在德国皇帝兼普鲁士国王威廉二世的首肯下以青岛口原有地名确定为"青岛（Tsingtau）"（图 1-28）。[4] 原本于 1898 年 9 月 2 日推出的第一份城市规

---

[1]［德］海因里希·谋乐编：《山东德邑村镇志》，青岛档案馆编：《胶澳租借地经济与社会发展——1897—1914 年档案史料选编》，北京：中国文史出版社，2004 年，第 373—375 页。

[2] 约阿希姆·昆德勒博士，1953 年出生，柏林邮政和通讯博物馆集邮部负责人。

[3]［德］约阿希姆·昆德勒：《和家乡的联系——在胶州地区的德国邮政》，［德］汉斯－马丁·辛茨、［德］克里斯托夫·林德编著：《青岛——德国殖民地历史之中国篇（1897—1914）》，［德］贡杜拉·亨克尔、景岱灵译，青岛：青岛出版社，2011 年，第 156 页。

[4] 弗里德里希·谋乐（胶澳督署翻译官，1912 年《青岛全书》作者）编写的《胶澳保护区手册》记，见 1899 年 10 月 12 日《对胶澳保护区新城区命名》图。

划图——《拟建新城市的开发规划图》[①]上的"琴岛（TSINTAU）"（图1-29），也在1899年10月发布的第二份城市规划图《青岛市城市建设平面图》[②]上随之修改为了"青岛（TSINGTAU）"（图1-30）。而在岸上的各村庄依旧使用原名之下，青岛湾里的"小青岛"以"阿尔柯纳岛（Arcona Insel）"作为正式名称用在了首份规划图以及之后的各种图文中直至1914年。

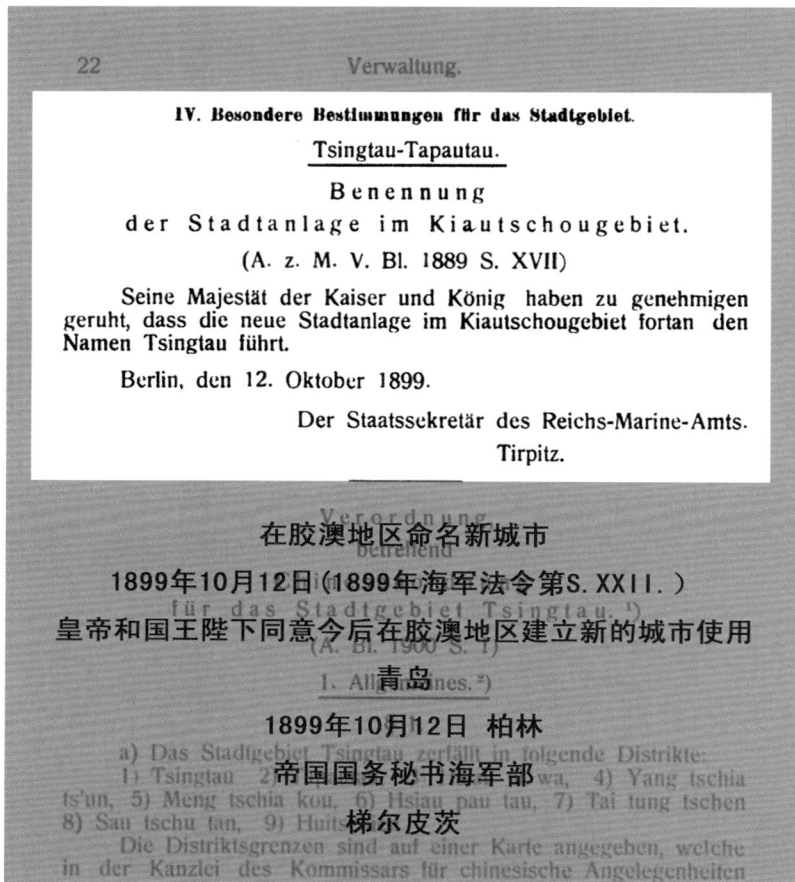

22　　　　　Verwaltung.

IV. Besondere Bestimmungen für das Stadtgebiet.

Tsingtau-Tapautau.

B e n e n n u n g
der Stadtanlage im Kiautschougebiet.

(A. z. M. V. Bl. 1889 S. XVII)

Seine Majestät der Kaiser und König haben zu genehmigen geruht, dass die neue Stadtanlage im Kiautschougebiet fortan den Namen Tsingtau führt.

Berlin, den 12. Oktober 1899.

Der Staatssekretär des Reichs-Marine-Amts.
Tirpitz.

在胶澳地区命名新城市
1899年10月12日（1899年海军法令第S. XXII.）
皇帝和国王陛下同意今后在胶澳地区建立新的城市使用
青岛
1899年10月12日　柏林
帝国国务秘书海军部
梯尔皮茨

图1-28　1899年10月12日威廉二世对"胶澳保护区新城区"的定名

①《拟建新城市的开发规划图》见《胶澳发展备忘录（截止到1898年10月）》附录2，青岛档案馆编：《青岛开埠十七年——〈胶澳发展备忘录〉全译》，北京：中国档案出版社，2007年，第22页；另见青岛档案馆编：《青岛地图通鉴》，济南：山东省地图出版社，2002年，第53页；［德］盖特·卡斯特：《青岛鸟瞰图（1898—1912）》，青岛市档案馆编译，青岛：青岛出版社，2017年，第28页。

②《青岛市城市建设平面图》见《胶澳发展备忘录（1898年10月至1899年10月）》附录6，青岛档案馆编：《青岛开埠十七年——〈胶澳发展备忘录〉全译》，北京：中国档案出版社，2007年，第70页；另见［德］盖特·卡斯特：《青岛鸟瞰图（1898—1912）》，青岛市档案馆编译，青岛：青岛出版社，2017年，第31页。

图1-29　1898年9月2日《拟建新城市的开发规划图》中
的"琴岛"等名称与位置标注示意图

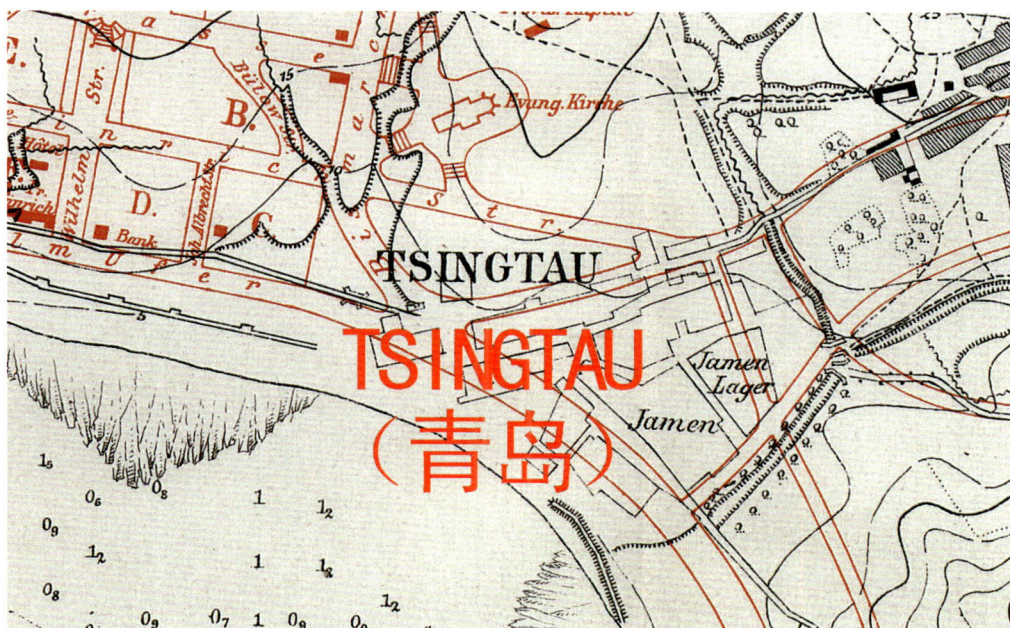

图1-30　1899年10月《青岛市城市建设平面图》中的"青岛"名称标注示意图

19□4年，日本和德国在青岛进行了一场以德国战败而告终的"日德青岛之战"。日占青岛后，阿尔柯纳岛改名为了"加藤岛"。

1922年，中国政府收回了被日本占据了8年之久的青岛，遂将其开辟为供各国商民交易之商埠。同年11月18日发布的《胶澳商埠暂行章程》第四条规定："市定名为青岛市，以青岛市街、台东镇及台西镇之界址为区域。"① 为纪念青岛回归，1922年12月10日，由班鹏志完成《接收青岛纪念写真》，并于1924年出版，其中对青岛之名的由来表述如下：

> 青岛之名称，原系在前海之一小岛名，日人改称加藤岛。后人不察，多以青岛名胶澳全区。相沿即久，人遂多不知真正之青岛所在矣。②

成书于1928年的《胶澳志》载：

> 青岛在青岛湾内距岸不足一海里，旧隶即墨，德占胶澳后遂著名，于日人改名加藤岛，我国接收仍名青岛。山岩丛秀，林木蓊倩。德建灯塔于其巅，每于夕阳斜照时，与四围之水光山色映射于暮霭苍茫中，诚为天然画图。③

> 青岛为近市之小岛，山岩丛秀，林木蓊倩。每当斜阳夕照。山光水色相映增辉。距栈桥二三里，小艇一叶可渡。有时波涛汹涌，移泊维艰，游览者多徘徊于栈桥，亦如蓬莱之可及也。④

推测，天后宫碑记中，于乾隆年间（1736—1795）"开创"时的青岛，不会放弃山海之间的土地与避风港而选择波光粼粼中一座既无水源又无人居住的荒凉小岛。况且，德占初期照片中的小青岛也并非"绿树成荫，终年郁郁葱葱"。在沿用了"青岛""大鲍岛""小泥洼"等原有地名之后，德国人唯独给小青岛起了一个别样的德文名。

---

① 《胶澳商埠暂行章程》，青岛市档案馆《胶澳商埠档案史料选编（一）》，青岛：青岛出版社，2013年，第2页。

② 班鹏志：《接收青岛纪念写真》，上海：商务印书馆，1924年，第1页。

③ 赵琪修、袁荣叟等撰：《胶澳志》卷二《方舆志四·岛屿》，青岛：胶澳商埠局，第15页a。

④ 赵琪修，袁荣叟等撰：《胶澳志》卷三《社民志十二·游览》，青岛：胶澳商埠局，第125页a—126页b。

图 1-31　德占初期不同角度的小青岛（杨明海先生提供）

　　青岛口因绿色的山、蓝色的海而得名，中国北方海岸上这一处平常的海湾被赋予了一个普通的名字。清末，在清军、德军和日本人笔下的这个正式地名，是对一个海陆区域的泛指。青岛、小青岛也在不同的历史时期被不同的地方和不同的人使用。今日青岛，自 1891 年清军设防开始成名，历经 1897—1914 年德国占租，1914年第一次世界大战中的日德青岛之战，1914—1922 年日本占领和 1922 年的回归等几番大事件，名声屡屡抬升，被世人广为周知。当零星的时间片段串成一条时间线后，青岛成名之路本末相顺、终始相应。往事已经远去，但与青岛相伴了 550 余年，见证过青岛的开创、设立要塞和进入城市化的青岛天后宫还依然继续它的守望。

　　借上述清代史料来追本溯源，从地名与口岸中看青岛：首先是 1723 年清雍正时期的"青岛口"，其次是 1752 年乾隆时期的"青岛"，然后再是 1781 年乾隆时期出现的"小青岛"。

　　然后从海疆要隘中看青岛：在 1740 年、1781 年的清乾隆时期，"青山口炮台、青岛口炮台"已被纳入海防要塞。

再从《海云堂随记》："吾胡氏原籍云南，明洪武迁东鲁，居于是乡，繁衍□□，结为上庄、下庄"[1]中看青岛：在明洪武年间（1368—1398）这里已建立起村庄和聚落。

然而，最具说服力的还是清北洋海军在1894年5月为第二次海军大阅绘制的《北洋水师航路图》中的"青岛"和"青岛高四十七丈五尺"的标注。

古、近代部分中外史籍记青岛、胶澳等名称一览

周边地区		青岛区域
	1928年	青岛市　青岛（小青岛）　胶州湾
	1923年	胶澳商埠、青岛市　小青岛、青岛　胶澳（胶州湾）
	1915年	青岛　青岛口、青岛湾　加藤岛　胶州湾（日）
	1899年	TSINGTAU 青岛　Arcona Insel 阿尔柯纳岛　Ober Tsingtau 上青岛（德）
	1898年	TSINTAU STADT 琴岛　Arcona Insel 阿尔柯纳岛　Kiautschou-bai 胶州湾（德）
	1897年	青岛　青岛口　青岛（小青岛）　青岛村　胶州湾
	1894年	青岛　胶州澳（胶州湾）
	1891年	青岛　胶州湾、胶澳（胶州湾）
	1890年	青岛　青岛湾　青岛村（日）
	1886年	青岛　胶州湾、胶澳、胶州澳
	1885年	Tsingtau（德）　Kiautschou bay（德）
	1884年	琴头口（日）　胶州湾
	1874年	琴头镇　青岛口　胶州湾
青岛（乳山）　青岛（荣成）	1872年	青岛　青岛口　青岛口炮台　小青岛
	1865年	青岛　天后宫-"窃闻青岛开创以来百有余年"
	1863年	Ching-tau-kau（英）
青岛（田横岛）	1859年	青岛口
青岛（乳山）　青岛（荣成）	1855年	
	1845年	青岛　少海、守风湾（胶州湾）
小青岛（宁海）　青岛（田横岛）	1781年	青岛　青岛口炮台　小青岛
	1752年	青岛　守风湾（胶州湾）
	1740年	青山口炮台（青岛）
	1729年	青岛（汉建炮台）
青岛（田横岛）	1726年	
	1723年	青岛口
青岛（乳山）　青岛（田横岛）	1721年	
青岛（田横岛）	1597年	
青岛口、青岛"曰青"（田横岛）	1579年	
	1467年	胡家庄　天后宫
	1368-1398年	上庄、下庄（青岛）

图1-32　青岛得名之路时间线——古、近代部分中外史籍记青岛、胶澳等名称一览

---

[1]（清）胡存约：《海云堂随记（摘录）》青岛市博物馆、中国第一历史档案馆、青岛市社会科学研究所编：《德国侵占胶州湾史料选编（1897—1898）》，济南：山东人民出版，1987年，第22—23页。

四、青岛口上上下下

青岛口胡氏一族自明洪武年间由云南迁此定居，在此开辟了以居住为主的上庄和以口岸贸易为生的下庄两处聚落，至清光绪二十二年（1896）已在此生息 400 余年。下庄"自设瑞茂酒馆"与"元昌协号合资瑞泰协"酒肆与商号，"航运通达"，"南则江淮闽浙广粤，再北为高丽各处"，而"往来极盛"。枕山襟海的青岛口，丘陵起伏、耕地稀贫，水资源贫乏，离居住地最近的杨家村河也远在约 3 000 千米之外。胡氏一族结庐于此，借助地利开办酒肆与商号并涉足航运，不失为明智之举。而今，在德租胶澳后遭德国人悉数拆除的青岛口上、下两庄，其浮光掠影与市井百态也唯有从《海云堂随记》的零星记载和 1866 年英国人绘制的《胶州湾地图》、1898 年德国人的城市规划图以及老照片等中可得一窥。

光绪二十二年（1896）三月初一日、三月十四日、三月十五日《海云堂随记》分别记录：

> 今本口与女姑、仓口计三百七十余船，阴岛百二十余，鱼只青鱼、乌鱼、丁鱼、白鱼、带鱼而已，余则有花鱼或蛤贝蛎蟹之属，仙家寨陈氏，去春佣工网捕，以利薄而止。[①]

> 商董首事集议本口禀县商铺数目。除新近由即墨、平度、金口、海阳来此赁屋暂营者六家外，计车马、旅店七，洪炉一，成衣、估衣、雉发三，油坊、磨坊、染坊六，杂货、竹席、瓷器店铺五，药铺二，当铺一，织网、麻、草、油篓木材八，肉鱼盐铺行六，鞋帽、皮货各一，纱布绸店、广洋杂货店三，酒馆、饭铺九，酱园、豆腐坊各一，糕点茶食三，计六十五家，航载写船多由广洋、杂货木材诸店号兼业。[②]

> □□□□□□，出口以披猪、花生、生油、豆油、豆饼、白蜡、青梨等为最，进口以广洋杂货、细白棉布、棉纱、绸缎、糖、桐油、竹木材。本口去春瑞顺、协昌福、庆泰进细白棉纱百二十七件，今春进二百六十一件，余者为靛兰（蓝）、洋红均行销畅利。惟本地所产纱布行情仍极滞缓，潍县平度销路尤滞。（下缺）[③]

[①]（清）胡存约：《海云堂随记（摘录）》青岛市博物馆、中国第一历史档案馆、青岛市社会科学研究所编：《德国侵占胶州湾史料选编（1897—1898）》，济南：山东人民出版，1987 年，第 23 页。

[②]（清）胡存约：《海云堂随记（摘录）》青岛市博物馆、中国第一历史档案馆、青岛市社会科学研究所编：《德国侵占胶州湾史料选编（1897—1898）》，济南：山东人民出版，1987 年，第 25 页。

[③]（清）胡存约：《海云堂随记（摘录）》青岛市博物馆、中国第一历史档案馆、青岛市社会科学研究所编：《德国侵占胶州湾史料选编（1897—1898）》，济南：山东人民出版，1987 年，第 25 页。

青岛口上、下两庄，由一条蜿蜒曲折、被雨水冲刷而成的沟壑（今青岛市市南区龙口路）横隔其间，形成既分离又相邻的两个聚落。两庄中的建筑，也因使用功能的不同而形成不同的形式（见图1-14、图1-29）。

青岛口上庄位于今青岛市市南区大学路、龙江路、黄县路、黄县支路区域，背靠信号山，依面南的山坡而建。村庄顺山就势，层叠错落，庄内道路曲折起伏，于整体中看不出有序规划的痕迹。符合规制的重门深宅也寥寥无几，村舍建筑及各家围墙多以花岗石筑壁，屋顶覆草为面，建筑特征呈现的是居住功能，村庄周边坡地上，顺山就势开垦有小块农田。由雨水冲刷而成的两条季节性"山溪"依傍着村庄的东、南两侧（后人俗称为掖县路大沟、龙口路大沟）。

青岛口下庄位于今青岛市市南区大学路、龙口路、广西路、江苏路合围区内。区域内地势平坦，南邻青岛湾。明代的天后宫和清同治时期设立的东海关分关坐落于村庄西南一角。清光绪年移防青岛口的清军镇守衙门（大衙门）和左营兵营，坐

图 1-33　1898 年青岛口上庄远眺（今青岛市市南区龙口路、黄县路一带）（云志艺术馆提供）

落于东南一侧。一条宽阔的、大致呈东西走向的市场街贯穿村庄。在下庄的建筑中除官、军和宗教建筑外也有几处富庶民居建筑，但较多的还是沿街的商铺和仓储建筑。德租胶澳后，青岛口上、下两庄分别被德国人改称为"上青岛""下青岛"。

图 1-34 青岛口下庄街景（今青岛市市南区常州路一带）（李文彬先生提供）

图 1-35 德占青岛后的东海关分关铅笔画

图 1-36 青岛口下庄的大衙门与天后宫、东海关分关远眺（云志艺术馆提供）

五、天后默佑波涛顿息

从明代青岛天后宫的兴建和清时不间断的重修与扩建上所看到的是青岛口发展的缩影。古语"行船走马三分命",是说海上作业与航运具有危险性,"风平浪静、顺风顺水"是从业者永远的愿望。

天后宫中的"天后"史料记载是福建省莆田县湄洲屿林愿的第六个女儿。据《莆田县志》载,天后为五代闽王时期都巡检林愿的第六个女儿,母王氏,生时"地变紫,有祥云异香"。她成为"天后",被渔航业"奉祀维谨",有一段传说。相传她11岁时,遇到一个名叫玄通的道士,向她传授秘法而得道成仙,被人尊为神姑。她为救父寻兄而遇难,乡人为其立祠奉祀。不久,黑夜中一商船突遇风浪,覆舟在即。倏忽,船前升起一缕红光,为之导航脱险。舟人寻光而至,方知红光来自神姑祠。宋徽宗宣和四年(1122)为神姑立庙,并封之为护航神。清代又封其为"天后",沿海渔民于各地广设"天后宫"。[①]

起自湄洲对护佑女神——妈祖的信仰,南到广东、台湾、东南亚,北至山东、辽宁,东北达台湾、朝鲜半岛和日本列岛,很快便开始沿海路传播,日渐兴盛。帝王给予的封号也从"夫人"不断升格为"妃""天妃""天后"。从南到北,多地多处沿海而建的"天后宫"便是渔、航业者的心之倚重和家人们的精神寄托。

山东海岸线曲折而绵长,港口众多,因此很早就先后建有"夫人庙""神妃祠""天妃宫""天后宫",民间多称之为"娘娘庙"。

相传,山东较早的"娘娘庙"在庙岛群岛[②]中的庙岛上,建于宋徽宗宣和四年(1122)。宋元时期,庙岛叫"沙门岛"。自从为神妃建庙之后,也叫"庙岛",后来"庙岛"越叫越普遍,"沙门"也就逐渐被遗忘。[③]

明清时期,东、南濒临黄海,隔海与朝鲜半岛相望;北上可抵渤海,南下更可远达东海的青岛口已然成为一处海港,渔、航业已具规模。同治《即墨县志》载:"天后宫……在县西南五十里女姑口,一在县西南九十里青岛口。"[④]文中位于"县西南九十里"的青岛口天后宫此时已存世400年了。立柱架梁、围屋造殿,几百年中这里馨香祷祝、曲声袅袅。1891年,清朝从睡眼惺忪中看到了胶州湾并议

---

① 青岛市人民政府宗教事务局:《崂山太清宫志》,青岛:青岛市人民政府宗教事务局,1987年,第38—41页。

② 庙岛群岛,又称长山列岛,古称沙门岛,隶属于山东省烟台市蓬莱区,位于渤海、黄海交汇处,胶东半岛和辽东半岛之间。

③《中国海洋文化》编委会编:《中国海洋文化——山东卷》,北京:海洋出版社,2016年,第96页。

④ 同治《即墨县志》卷一二《杂稽·寺观》,台北:成文出版社,1976年,第1188页。

决在青岛口设防。1892 年，清军镇守部队的进驻。之后，青岛口下庄、天后宫，更加帆樯不绝、车水马龙、香烟缭绕。光绪二十二年正月十三日（1896 年 2 月 15 日），胡存约将春节期间青岛口、天后宫的喜庆祥和与入春后的港口贸易等日常统统记录在了《海云堂随记》中。这则不经意的随记，使得百年前天后宫里里外外的景象和营生得以再现。

年除日、正月十五、三月十五，口上商家循例至天后庙上香。叩拜财神、天后、观音、吕祖诸神佛，此时庙中香火最盛，四乡村镇民妇等来者亦多。天后庙则设台耍景。或一台，间或两台，多时亦常设于总镇衙门南侧。至三月初，渔航各船云集口内，许愿奉戏，尝延至四月或端午……①

丙申三月初一日（1896 年 4 月 13 日）条载：

披猪为附近各口出销大宗，多销往闽浙各口。入冬，以原公购价过低，不易得手，公议提增，询之税关阎二师爷，不允。然均由各商私行商购，价暗增矣。②

丙申十月二十五日（1896 年 11 月 29 日）条载：

议增各庙使费。往昔新年、元宵、端午、上元、中秋各节，行贩摊铺概无使费，今仪大摊收十七文、小十文；座商铺店照原公议例增收十之一。本口原有商铺四十九，今为六十一家……天后庙地十九亩丰，山林三处，当……③

　　①（清）胡存约：《海云堂随记（摘录）》青岛市博物馆、中国第一历史档案馆、青岛市社会科学研究所编：《德国侵占胶州湾史料选编（1897—1898）》，济南：山东人民出版，1987 年，第 22 页。

　　②（清）胡存约：《海云堂随记（摘录）》青岛市博物馆、中国第一历史档案馆、青岛市社会科学研究所编：《德国侵占胶州湾史料选编（1897—1898）》，济南：山东人民出版，1987 年，第 22 页。

　　③（清）胡存约：《海云堂随记（摘录）》青岛市博物馆、中国第一历史档案馆、青岛市社会科学研究所编：《德国侵占胶州湾史料选编（1897—1898）》，济南：山东人民出版，1987 年，第 24 页。

图 1-37　德占时期青岛天后宫门前小市场
[裴林（Gerlinde Pehlken）女士提供]

图 1-38　德占时期青岛天后宫门前的民间集会（杨明海先生提供）

至 1896 年时，与崂山太清宫同属一派、以太清宫道人为住持的青岛天后宫已有"庙地十九亩丰，山林三处"。1944 年，崂山太清宫道士改写的《崂山太清宫志》（草本），详列青岛天后宫的来龙去脉：

> 青岛天后宫是太清宫下院，位于青岛前海岸，建于明成化三年（1467）。据记载，当时即墨县将青岛村开辟为海上贸易港口，往来商船停泊，祭祷无地，乃有胡家庄的"胡善士"捐施土地，建成天后圣母殿三间和龙王、财神两配殿及东西住室，遂招崂山太清宫道士葛全忠、付真清等，来庙住持。到崇祯末年，又有住持宿义明募集款项进行初次维修和扩建。雍正年间，又进行了第二次重修。相传，天后宫后进大殿是这次重修时所建。院中两株银杏树，据考证，树龄在三百年左右，亦为当时明末清初时所植……这一年（公元一八六五年）六月，又一次重修天后宫，并重建了"戏楼"。在《募捐戏楼碑记》[①]中写有"窃闻青岛开创以来，百有余年矣，迄今旅客商人鳞集而至……天后殿前旧有戏楼遗址，而栋宇全无，不堪适观"。天后宫戏楼的重建，成了青岛口民众的一处文娱场所。同治十三年，再次重修。到光绪年间天后宫又曾重修。据记载，德帝占领青岛前一年（公元一八九六年），青岛已有商店、作坊六十余家，春节时天后宫同时有三台戏演出，一直到元宵节每天有戏。

> 一八九七年，德帝侵占青岛后，周围村庄尽被拆除，只保留有原总兵衙门以作办公之用。当欲拆除天后宫时，青岛的中国群众代表向德国总督提出，中国的船员、渔民最信仰天后，如果拆除了天后宫，将没有海船前来青岛，青岛将成为"死港"。德国统治当局于是决定将天后宫从欧洲人居住的青岛区迁往中国人居住的鲍岛区，并在馆陶路拨给地皮。但是，未俟天后宫迁徙，德日易帜，日本帝国主义占领了青岛，再没有提及天后宫迁徙。于是中国人在馆陶路路拨地皮上建了"齐燕会馆"，成了中国人聚会的三大场所之一。

> …………

> 一九三六年天后宫再次扩建，在临太平路一边新建了一座大戏楼，解放后又曾维修过。现在，天后宫有正殿三间、东殿三间、西殿三间、殡仪馆四间、钟鼓楼二间、戏楼一座，土地祠、天后圣母殿各三间，此外，尚有东西配房六十一间。该庙神像于"文化大革命"前夕被毁，房屋尚完好，但屋顶被改造得不伦不类，现有青岛市市南区文化馆、少年宫等七个

[①] 青岛天后宫现存同治四年"天后圣母 - 重修天后宫石碑"。

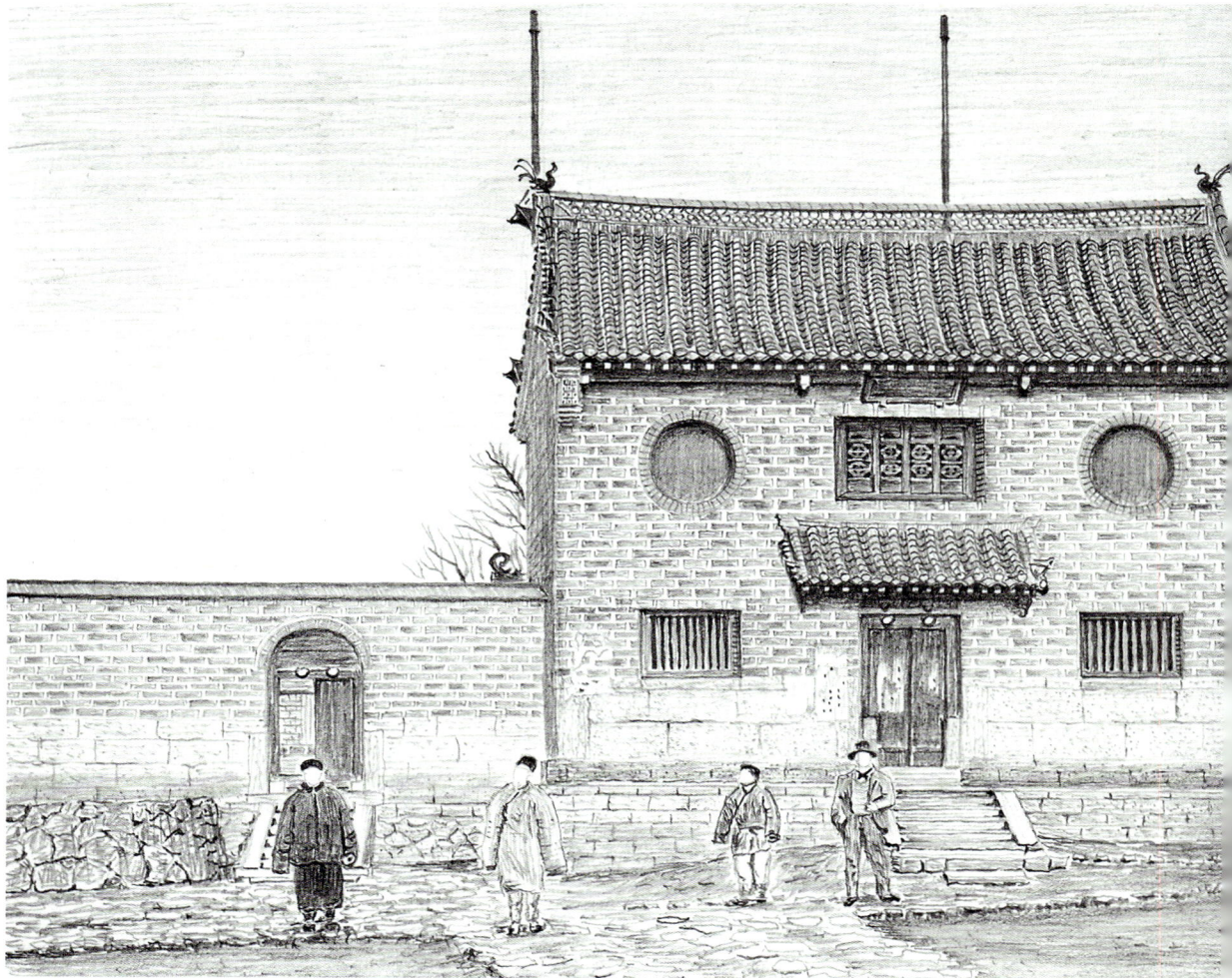

图 1-39　德占后的青岛天后宫庙门铅笔画（左）与大戏楼南北立面（右）

［收藏家汉斯·克利斯托夫（Henz Christof）先生提供］

单位使用。一九八二年十二月列为市级重点文物保护单位。[①]

1. 起椽起台架殿宇

位于今青岛市市南区太平路 19 号的青岛天后宫，坐北朝南，它是青岛老市区里现存的唯一一座始建于明代的中国传统砖木结构建筑。坐落于青岛口岸边小高地上的这座北方合院式建筑，自明成化三年（1467）建成至今的 550 多年里，在明、清、民国各时代历经过多次修缮、扩建，其占地面积较初始扩大了近三倍，院落也从最初的四合大院变成了带有跨院的二进院落的建筑群。二进院里青砖灰瓦的"老

---

① 青岛市人民政府宗教事务局：《崂山太清宫志》，青岛：青岛市人民政府宗教事务局，1987 年，第 38—41 页。

天后宫"也仍旧保持着原有的格局，明清时期的建筑印记也依稀可辨。青岛天后宫其规模虽远小于显应宫，但设有山门、戏楼、大殿的两进四合大院，还是一脉相承地遵循着北方天后宫的建筑形制。

德占胶澳后的历史照片显示，此时的青岛天后宫庙门，楼高两层，面阔三间，一层中部设主入口，门下设五级垂带踏步，门边设方抱鼓石，大门上部设挑檐，两侧各设方窗一面。二层中部设花格方窗，东西两侧设圆窗。两侧硬山墙上设排山勾滴，正脊两端各设望兽，垂脊设脊兽，挑檐石上设墀头，前后檐口高低错落，使博风板长短不一，山墙呈不等角三角形。高屋飞檐的门楼东西两侧建有院墙，并各开设券式便门一处。

庙门大戏楼之后是一个与旧天后宫面积相当的一进院，这里是为观看戏曲演出设立的一个公共空间。院中，大戏楼与天后宫山门相望，山门外东西两侧竖立着两座吊斗旗杆。这处"一进前院"依《崂山太清宫志》记载，或许是同治四年（1865）

重建戏楼时所为，山门成为二进院的院门，原本立于山门外的吊斗旗杆也从此被圈在院墙之内，留下了旗杆置于庙门后院这一奇特景观。

天后宫山门为一座歇山单檐门楼，两根高大的门柱和两对抱鼓石均由花岗岩整体打造，彩绘额坊上高悬"泽被海国"匾额，屋面覆以灰瓦、正脊与垂脊上分设望兽和脊兽，山门两侧各设四开间耳室一栋。入得山门，院内东西两侧分立同治四年（1865）"募建戏楼碑"和同治十三年（1874）的"修庙碑"。迎面则为面阔三间、进深三间、单檐硬山的圣母大殿。大殿屋面覆以板瓦，正脊龙纹砖雕，脊端设望兽、垂脊立脊兽。檐廊檐两端设木制檐柱，中部明间设花岗石檐柱，柱上设斗拱，柱间设木构挂落与雀替。檐下高悬有"海天清晏"匾额。正殿两侧配殿东为龙王殿、西为财神殿。院中植有雌雄银杏树两株，住室则分设两厢。

图 1-40　德占后的青岛天后宫山门铅笔画

图 1-41 下方照片，是 1897 年德国人拍摄的天后宫正殿。照片中有三名身着冬装的德军军官与两名着便装的德国人和一位身着棉袍的中国道人。或许，照片中来自两种文明的人物都是第一次碰面，互相之间保持着安全距离。几个初来乍到的欧洲人，似乎还未完全从不同于高直的哥特式石头建筑的氛围中清醒过来；久居于此的太清宫道人，面对高鼻深目和西装革履也更是茫然。

1906 年，身为法官和摄影师的德国人弗里德里希·贝麦（Dr. Fr. Behme）的第二版《青岛及其周边地区导游手册》对青岛天后宫描述如下：

> 被称为"青岛大庙"的这座庙，是一座道家庙，在德国占领青岛前隶属二崂山太清宫。建庙年代不十分清楚，大约在 18 世纪末，但可以肯定

图 1-41　德占后的青岛天后宫正殿（下图）与 1901 年的"圣旨"碑（上图右一）

其各个建筑并非同时建成。这座庙系为"天后"所建。这位女神不仅受到海上航行的人们，而且也为陆地老百姓所敬仰。按照民间传说，她原是一位占卜者，在她父亲突然去世时，她由于极度悲伤而投海。早在她生前她便作为灵验的预言家广受人们尊敬，在其不幸死去之后，人们在她死去的地方为她建了一座庙来纪念她。传说之后不久，在黑夜的大浪中，一乘船的商人在庙附近，就在船要沉没之前获救；天空照亮的一盏灯指给了他一条穿过礁石的路。这盏灯从这位女预言家的庙照亮了他。从那个时候起她就成为海上航行人们的保护神，广为人们敬仰。人们相信，她会在尤其是狂风骇浪的深夜在天空为人点亮一盏灯，使乘船的人免于危险。

在庙大门的正上方挂有两块匾，上边的一块书有"环海慈云"，意思是在大海各处她①都能给予（人们）慈祥的云；下匾书有"护国佑民"，意即保护国家，利于人民。两块匾均为青岛口的商人分别于1864年和1843年所献。

进入庙的第一进院，在进入者的背后有一在专门时候用作唱戏的戏台，进入第二进院子，门的左、右方是观众间。

之后可通过另一门进入第二个内院，此时面前看到的是主殿，殿中心是天后圣坛。这个殿的右边是水神和财神的朝拜殿。

在天后庙中，主祭坛的后面是天后本人的巨大塑像。她的两旁是两尊大的男神像：一尊是眼观六路的神②，另一尊则是耳听八方的神③。

天后的右方供着一个小祭坛是慈悲女神观音的，无论是中国的道教还是印度的佛教我们都能看到对观音的崇拜……

观音祭坛右边的小祭坛同样是这位女神的。在祭坛顶上书有普门大士即崇高的观音之意④。天后祭坛左边的祭坛是用来供奉万人敬仰的中国药神吕洞宾的。他当年曾是一位大官，很喜欢医学并终于如愿以偿地发明了一种长生不老的仙药。由于他的功绩，宋朝时称他为万圣人，后被归入"八仙"，至今他在老百姓心中仍受到极高的敬仰。

在通往主庙入口右方的水神庙入口的上方，有一块书有"水晶宫"三个字的匾。水神庙的墙壁于1855年由前即墨县县令李德诚提议并出钱，多次做了艺术彩绘。右墙画的是水神和他的一行人在陆地出巡，结果就是大地的一场滂沱大雨；左边则绘的是水神回到海里。中间的祭坛是新修的。祭坛顶上书有"龙王大帝"四字。

在西耳児，即主庙的西部分，有一尊最受老百姓喜爱的民间神祇财神坐在那里。在七月他的生日时，他的供桌上摆满了敬神者供奉的食品。庙里这位神的布置其他方面没有什么不同之处。

庙主建筑的右侧是道士们的宿舍，左边的房子则用作大鲍岛中国商人

---

① 即天后。
② 千里眼。
③ 顺风耳。
④ 普门为观音女神的别名。

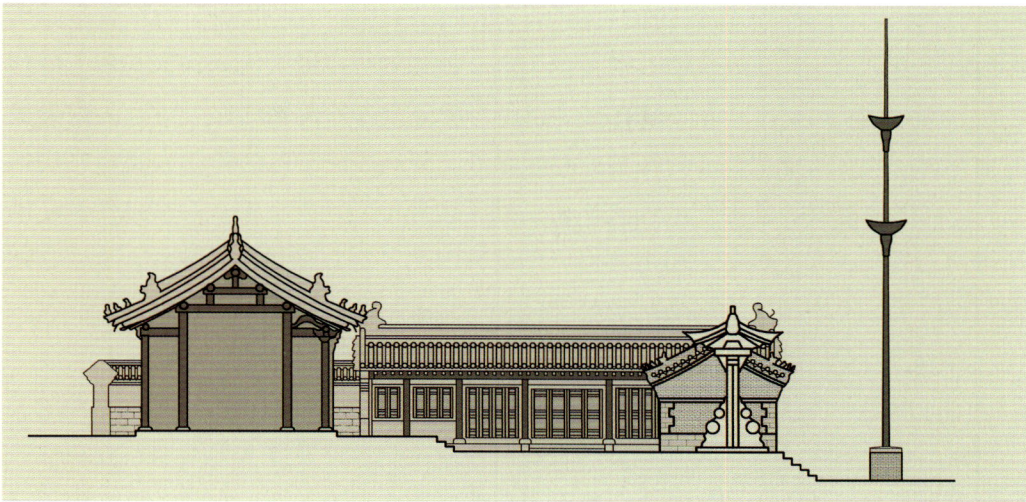

图 1-42　天后宫与吊斗旗杆图解

的集会场所……①

2. 天后宫拆迁风云

光绪二十三年正月初五日（1897 年 2 月 6 日）《海云堂随记》：

> 每届新正②，群集天后庙，焚香祝祷，年复一年，代代如此，已成积俗。自元旦至元宵，日日人群络绎，杂耍、小场、大书、兆姑、梆柳、秧歌、江湖把式无所不有……惟例须至浮山汛挂号纳银，方得设场。
>
> 商家最重初五日，晨起迎拜财神，燃放鞭炮，谓之"满堂红"，饮酒煮饺子，盛于盆，称为"聚宝盆"。焚香礼拜财神，并于店铺门首悬挂红彩，以志"红彩盈门"。③

1897 年 11 月 14 日德军占领青岛时，天后宫已与青岛口下庄融为一体，门前与东侧是德国人所称的市场大街、衙门和邮政局，西侧则是中国海关和沙滩宾馆。时下，青岛口与天后宫并存的还有其他村庄的村庙。"作为村庙公有财产以及作为祭祀场所的庙，是村庄一个不可缺少的组成部分，村民一心一意地仰赖这些庙而不能没有它们。它们是人民信仰生活的中心；宫观则全然被放在一边。"④

---

① 原青岛中德关系研究会秘书长夏树忱研究员译自贝麦、克里格《青岛及其周边旅游指南（1906 年）》。本书所引该书，均源于此，不再标注。

② 每年正月里在天后宫举办的新正庙会。

③（清）胡存约：《海云堂随记（摘录）》青岛市博物馆、中国第一历史档案馆、青岛市社会科学研究所编：《德国侵占胶州湾史料选编（1897—1898）》，济南：山东人民出版，1987 年，第 24 页。

④《胶澳发展备忘录（1903 年 10 月至 1904 年 1 月）》，青岛市档案馆编：《青岛开埠十七年——〈胶澳发展备忘录〉全译》，北京：中国档案出版社，2007 年，第 324 页。

1898 年 3 月 6 日，德国租借胶澳后，将青岛口作为"租借地"的军政中心所在地，以青岛口上、下庄为新建城市的中心，并规划分出欧洲人居住区与华人居住区。1900 年 6 月 14 日，华洋分治的《德属之境分为内外两界章程》出台，内界里的中国村庄均在拆除之列，村民被迁移至界外。曾经居住于此的青岛人变为"局外人"，再来此地就是进入"欧人区"了。处于内界中心地带上的天后宫自然也在拆迁之列，后在青岛乡绅的力阻下才得以保留，因此"在青岛村被拆除后，天后宫和衙门作为唯一的中国建筑保留在欧人区的中心区域"[1]。

1901 年，天后宫里新竖立了一面"圣旨"碑：

> 盖以一人之善化及众人，其善大；即以众人之善归于一人，其善为尤大。以一人之善化及外洋，并以外洋之善归于一人，其善又何如哉？青岛有天后宫，为善同归之地也。于王阁已属重修至同治四年。先修戏楼以壮外观，闻数年而大殿始成，东侧修神，西侧续修督财府焉。或取诸海客之捐，或取诸市门之积累，盖竭数十事善人之力始见斯胜境也。中门左右尚宜间工点缀，来游者或坐石，不之尽善之难也。后二十余年，西两厅落成。作厅者皆道人劝善也。道人俗姓　，安徽人，道号　壮岁从戎，常奋不顾身之义。乃看破红尘然入道，所谓"放下屠刀，佛不方丈"。北游燕赵间，所遇多慷慨悲歌之士。而善以及墙垣修葺，厅宇一新，鸠工成洞府，水色别有地天也。近合约已成不分界域，重楼叠阁，辉映海疆，而庙貌倍增。其又公多方化导，中外倾心，洋款筑施，成盛举渐，及包岛洋行海面善心所向，其又可限量哉？勉竭鄙浅勒诸贞珉庶使众善奉行同归怠教之，普渡云尔
>
> 领袖　都昌贡　举人　撰并沐手书丹
>
> 大清光绪贰拾柒年玖月　石工
>
> 大德壹千玖佰壹年拾壹月　毂旦

无论是 1897 年 11 月 14 日德国占领青岛之后，还是 1898 年 3 月 6 日"胶澳租借地"划定之后，这座位于青岛口中心的中式建筑，德国人有拆除的理由，也有拆除的条件。但天后宫最终还是躲过了此劫，稳稳安坐于被规划红线环绕的小高地上，这实属幸事。1914 年日占青岛后，日本人将天后宫改成了"妙心寺"。戏楼门楼则改成了"忠灵殿"。1922 年中国政府收回青岛主权前，天后宫西侧墙外，还曾有一处为汇泉跑马场竞马比赛热身而建的长 60.10 米、宽 30.20 米的小型跑马场。老戏楼西南角墙外，建有一座小土地庙。

---

[1] ［德］托尔斯藤·华纳：《近代青岛的城市规划与建设》，青岛档案馆编译，南京：东南大学出版社，2011 年，第 108 页。

Tsingtau　　　　Altar des Chinesen-Tempels

图 1-43　德占时期天后宫大殿内景照片（李文彬先生提供）

3. 魂牵梦绕斗拱间

天后宫建成至今的 550 多年中，一直是青岛及其附近商民们的精神家园，人们将最具牵绊的精神寄托倾注于此。历朝历代大殿里的顶礼膜拜，促使了不间断的修缮和增建；几百年里戏台上的袅袅曲声，使它长立于青岛湾畔。

《崂山太清宫志》记载，天后宫自明崇祯（1628—1644）末年至 1944 年历经过的几次较大规模的修缮与扩建。

崇祯（1628—1644）末年，住持宿义明募，同庙主胡公，集款项募捐修建戏楼、钟楼，进行初次维修和扩建。清雍正年间，又进行了第二次重修。

清同治四年（1865）年六月，又一次重修天后宫，并重建了戏楼。

同治十三年（1874 年），主持道人徐裕福字清泉等，募捐重修了殿宇。清光绪年间，又重修。

宣统三年（1911 年），住持道人闻贤昶，募捐修建中门及左右两厢。

1936 年，再次扩建，在临太平路一边新建了一座大戏楼。

1938 年，赵长老弟子张宗岫与新旧庙董广募集资，改建戏楼、钟鼓楼、土地祠、仙姑堂、东西配房、讽经殿、后客厅、厨房等，并添建殡仪馆。

另据档案资料显示，距今最大的一次大型扩建工程的竣工年份是 1940 年，从此至今，天后宫的格局再未作较大改动。

1935 年，由建筑工程师王德昌设计的《天后宫增造大门楼及太平门平房风墙等图》中，曾计划在不改动原有建筑仅拆除南侧和西侧围墙的基础上，在原戏楼前向南扩出约 35 米，向西扩出约 10 米，并增筑单檐歇山顶大门楼、两侧太平门及围墙，墙内东西两侧各增筑一座钟楼，原戏楼两侧增筑男、女便所。从图中看到，此次改造虽可使其占地面积增加近一倍，但由于扩增地域西移，使得新建大门西移，偏离了建筑群中轴线。

图 1-44　1940 年"天后宫庙门大戏楼落成碑"

1939 年 5 月，从建筑工程师潘荆三设计绘制的《天后宫主持赵泰昌改筑戏楼配置图》《天后宫主持赵泰昌增筑殡仪室配置图》中可见，此次改建拆除了天后宫原戏楼，于临太平路新建了青岛第三座大戏楼，正院内设地祠，西院设殡仪馆，后院设客厅、董事室、斋堂房、厨房等。此次重建中，新建的庙门大戏楼仍置于天后宫的中轴线上，两侧增设太平门，一对旗杆也移至庙门外两侧，形成今日之规模。

此次工程于 1940 年 10 月竣工，并立"天后宫庙门大戏楼落成碑"纪念，石碑大约在 20 世纪损毁并另作他用。2010 年 10 月，残碑重回天后宫。

石碑与碑文虽然残缺，但还是留下了"庙门大戏楼落成"主持道人赵泰昌、监修王萧臣以及与施工设计图上完全一致的技师潘荆三等人的清晰记载。

20 世纪 50 年代，天后宫为文博单位管理使用。20 世纪 70 年代，部分建筑损坏。1982 年，青岛市政府将天后宫列为首批市级文物保护单位。1996 年，青岛市第十一届人大四次会议通过一号议案《尽快修复并合理利用天后宫》。仍保持明清时期建筑风格的修复工程 1997 年 2 月 26 日动工，主体工程年底竣工。

1998 年《重修青岛天后宫记》：

天后宫始建自明代成化三年（公元一四六七年），迄今五百三十年余。

期［其］间，明崇祯，清雍正、同治、光绪年间，几经增盖，蔚成大观。时宫前舟楫云集，商贾辐辏，实乃今日青岛业轫之所也。德占胶澳后，曾欲毁之。吾国商民群起抗争，幸得保留。十年浩劫，文物毁尽，天后宫亦遭严重破坏，昔日之殿堂、楼阁均已破败不堪矣。鉴于其人文历史价值，一九八二年改革开放之初，市政府即将其列为文物保护单位。一九九四年青岛列为国家历史文化名城后，社会各界数次倡议修复。一九九六年三月，市人民代表大会通过一号议案，建议重修并妥为利用，以弘扬民族文化，服务于精神文明建设。市政府旋列为重点工程，授命市建委文化局、文物局等部门规划实施。文化局迅即设立天后宫修复办公室，悉心考证，史料博征，修复方案聘国内著名古建筑专家严格勘测、精心设计，庀良材，鸠巧匠，于一九九七年初春动工，历一度寒暑而大功告成。文物重光，天后宫异彩重放，以其古朴典雅之建筑、渊博丰厚之内蕴，而为岛城游览之胜景、海洋文化之典证。盛世之举，顺应民意，故勒石以记之。

　　青岛市人民政府　一九九八年六月　孟庆泰书丹[1]

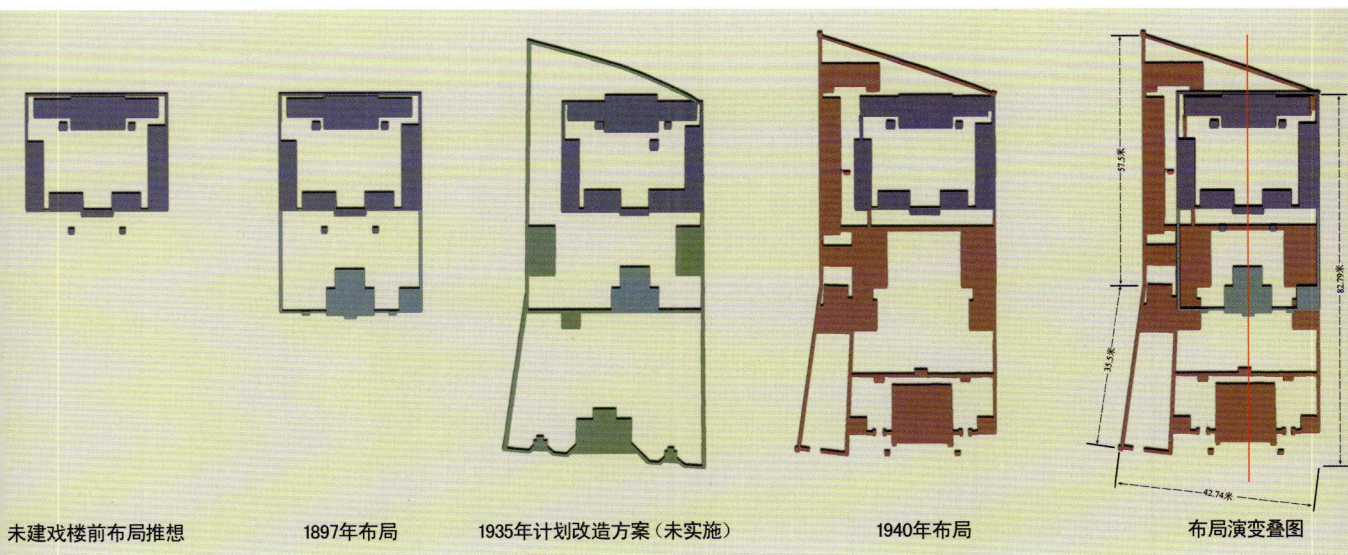

未建戏楼前布局推想　　1897年布局　　1935年计划改造方案（未实施）　　1940年布局　　布局演变叠图

图 1-45　天后宫增改建演进图解

　　今青岛天后宫占地面积近 4 000 平方米，殿宇共计 16 栋 80 余间。楼高两层，重檐歇山琉璃瓦顶的门楼——大戏楼大门上悬挂着的"天后宫"与"慈云普被"匾额分别为 2004 年台湾台中大甲镇澜宫董事会董事长颜清标、副董事长郑铭坤敬献与

———————————

[1] 天后宫内现存《1998 年重修青岛天后宫记》碑刻。

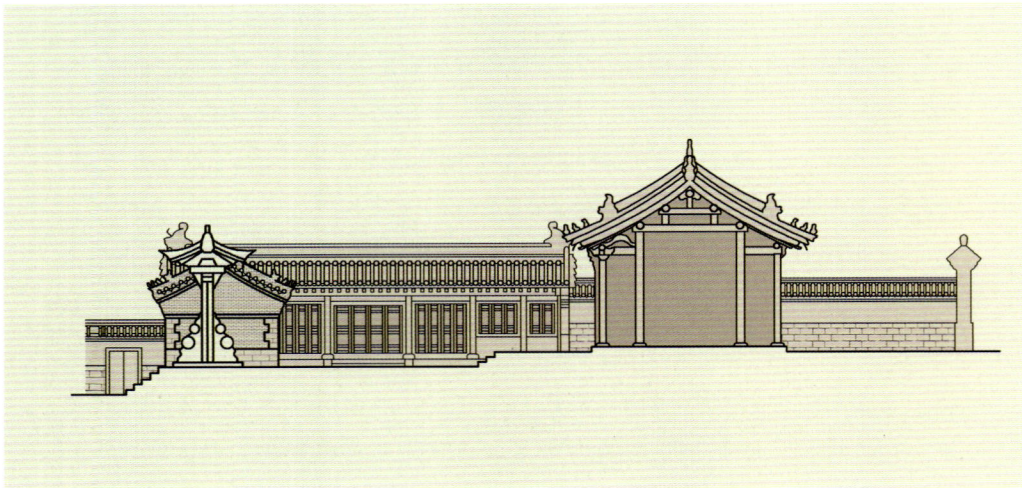

图 1-46　天后宫二进院立面图解

1940 年大盐商丁敬臣所置。门楼东西两侧为钟、鼓楼，宫内建筑物皆青砖、青瓦、彩绘栋梁。一进院西厢设药王殿，东厢设送子娘娘殿；庭院中植两株因花开朱红而被称作"朱砂桂"的大桂花树，每至中秋节前后满院桂花飘香。

图 1-47　今天后宫大戏楼

二进院落山门上悬"神明默佑"匾额（见图 1-4），花岗石门柱、柱础、抱鼓石榫卯连接处垫塞有锈蚀后膨胀的铁衬，还依旧保持着明清时期的建筑工艺。山门

056

之后东西对立着同治四年（1856）的"重修天后宫石碑"和同治十三年（1874）的
"修庙碑"。院内迎面为供奉着天后的大殿，东西配殿各为龙王殿和督财府，两侧
设厢房及耳房。

图 1-48　明清风格的山门门枕及石鼓

图 1-49　今天后宫大殿

　　天后宫大殿，面阔三间，有着单檐硬山顶和七架卷棚式前檐廊，此砖木结构的
建筑仍保持着百年前的样貌。檐下悬挂 1997 年由孟庆泰所书"慈云常护"匾，明
间廊上悬挂有雍正四年（1726）"神昭海表"御笔匾额。殿内中央天后端坐，两侧
各为千里眼和顺风耳两护将。1998 年从其祖籍分灵而来、通高 2.8 米的天后坐像，
由整根香樟木雕刻而成。

图 1-50　雍正四年"神昭海表"御笔匾额

图 1-51　大殿内彩绘梁架

大殿东侧配殿里供奉的是"东海沧宁德王敖广"。"四海龙王"之说始于唐代，它们居住在海洋，职司雨旱丰歉。

图 1-52　天后宫东配殿

大殿西侧配殿里供奉着财神。文财神比干，商纣王的叔父，因劝谏荒淫暴虐的纣王被挖去心肝。后人因其纯正、率直无私，奉其为文财神。武财神关羽，汉末蜀大将，被迫降曹后，不被金钱、高官所动，又回到刘备阵营，被视为"千古忠义第一人"，死后被尊崇为武财神。① 院内相传清代雍正十一年（1733）所植一雌一雄两株银杏树，雄高雌低，枝繁叶茂。

图 1-53　后宫西配殿

---

① 见天后宫内各殿简介。

2 第二章
口上治垒备守大澳

一、胶澳之门户

1913 年日本"日日新闻社"刊发田原天南撰写的《胶州湾》一文:

> 熟悉山东省地文的故李希霍芬氏,在其所著《山东及其门户胶州》一书中,已详细地叙述了胶州的历史及地质……我们不知李氏所说是否当真如此,姑暂介绍之,以待博学之士察知。

> 山东半岛在唐代曾是对外征讨的根据地。至明代,半岛的港湾常遭倭寇[①]侵袭,故在芝罘设置防倭都指挥的官员,以掌沿海防御之事,才使胶州湾避免为倭寇所占据。[②]

《在"模范殖民地"胶州湾的统治与抵抗——1897—1914 年中国与德国的相互作用》一书记:

> 19 世纪时,胶州因为河流带来的泥沙淤积不再靠近海湾了。船只必须在距胶州大约 9 公里外新形成的海港塔埠头停泊。另一个在 19 世纪对胶州作为海港的发展产生不利影响的因素是芝罘对外国贸易的开放[③]。它使与东南亚的国际贸易从胶澳湾转移出去……

> 塔埠头岛 19 世纪末成为海湾边最重要的港口。胶州湾整个商业贸易的一半要经过这个地方。这里还设有一个中国关税站。塔埠头的旁边还散落着几个小港口,如女姑口和沧口,它们主要作为即墨的港口而发挥

[①] 倭寇:14—16 世纪起由日本武士、浪人和不法商人等同中国豪富、地主、奸商勾结,以沿海岛屿为巢穴进行走私,对中国和朝鲜沿海地区进行武装掠夺的海盗集团。抗日战争期间,我国人民亦用倭寇称日本侵略者。

[②] [日]田原天南:《德国占领前的胶州湾(摘译)》,青岛市博物馆、中国第一历史档案馆、青岛市社会科学研究所编:《德国侵占胶州湾史料选编(1897—1898)》,济南:山东人民出版,1987 年,第 18 页。

[③] 指山东烟台开埠。

作用。①

胶州湾入口，薛家岛（陈家岛）②、团岛对峙，宽约3 000米，旧称"淮子口"，口内为胶州湾，口外为黄海。胶州湾内，又有自然天成的黄岛、阴岛（今红岛）两岛。口外南部和东部，海湾、海岛星罗棋布。

德国地理学家、地质学家费迪南·冯·李希霍芬曾以《山东及其门户胶州》为名著书。从书名上他已将古城胶州看作了山东的门户。那么，胶州前面的胶州湾自然是从海上接近胶州的门户；那么，再向前看，胶州湾口上的团岛口则是胶州湾的大门；口外以东约4千米的青岛口，又是从海上进入胶州湾的门户，也自然被列入守卫胶州湾的海防要塞。

清光绪时的青岛口，除上庄和下庄两个村庄外，附近还有小泥洼、大鲍岛、孟家沟、小鲍岛、扫帚滩、杨家村、海泊村、汇泉村③等村庄。向东又有浮山所、梅岛（麦岛）、董家村、董家口、登窑口等多个村镇。

1899年，德国人海因里希·谋乐（中文名慕兴立，Heinrich Mootz），在其编撰的《山东德邑村镇志》就青岛叙述如下：

> 1890年中国政府把注意力放到了青岛和胶州，视其为"中国最重要的防卫点和交通港口"。并在1891年春派总兵章（高元）带兵驻扎这里。修建了衙门，为其士兵修了四个兵营和栈桥，栈桥尚未完工。
>
> 从这时起，外国列强的军舰经常访问这个地方。1897年11月14日青岛由德国占领……④

二、西船测量无处不达

古城胶州虽久有驻军，但历朝着眼于城防，对城外的胶州大澳关注甚微。1884年中法战争爆发后⑤，清朝获悉法国人预备由胶州北犯的企图时才派丁汝昌和琅威理赴胶州湾"详细审度具复"，但殊不知早在20年前胶州湾即已被欧洲和日本人全

---

① ［德］余凯思：《在"模范殖民地"胶州湾的统治与抵抗——1897—1914年中国与德国的相互作用》，孙立新译，济南：山东大学出版社2005年，第54—55页。

② 今薛家岛一带在过去，因半岛、海湾与未连成片的村庄较多，故名称亦较多。陈家岛在清末多份叙述胶州湾的史料中出现，但时至今日"陈家岛"的确切位置已经难以确定，这一带较多原有地名均被"薛家岛"所涵盖。

③ 旧有"会前、灰泉"之称。

④ ［德］海因里希·谋乐：《山东德邑村镇志》，青岛档案馆编：《胶澳租借地经济与社会发展——1897—1914年档案史料选编》，北京：中国文史出版社，2004年，第375页。

⑤ 中法战争：1883年12月—1885年4月，由于法国侵略中国和越南而引起的一次战争。第一阶段战场在越南北部，第二阶段扩大到中国东南沿海。

面侦测过。

1863 年，英国皇家海军"燕子"号军舰开始对清朝海域进行勘测。三年后的 1866 年绘制出《山东省胶州湾的中国东部沿海图》[1]，于 1867 年交皇家海军使用。

此图较为准确地标画出今胶州湾南部大部海域海岸线和今红岛（Potato）、黄岛（Chi-po-san）、薛家岛（Wan-king-shan）、团岛湾、青岛湾、汇泉湾、太平湾、浮山湾直至崂山区域的海岛、水深等地理信息。同时还对陆地近岸处的山高和村庄进行了点画，对锚地（Mouillage de jonques）、青岛口（Ching-tau-kau）、村庄和海关（Village and Douane）等重要地点则用法文给以标注。

自《山东省胶州湾的中国东部沿海图》产生后，胶州湾及其周边不仅被英国人熟知，还在 1890 年被日本人用作绘制了清军的《山东省胶州湾的中国东部沿海图》。1896 年与 1897 年，《山东省胶州湾的中国东部沿海图》两度被德国人用于对胶州湾的秘密调查中。甚至 1897 年德国海军占领青岛时，指挥着整个登陆部队的蔡厄上校"也是按英国海图绘制了地形草图"[2]。1898 年德占胶澳初期，德国人以此图为基础进行了补录和标注，绘制出了港口初期规划和防御工事建设计划。

胶州湾也引起了德国人的重视：早在 1860—1861 年间属于普鲁士使团的地理学家费迪南德·冯·李希霍芬就唤起了德国对山东和胶州湾的注意，他在 1868—1872 年间所做的 7 次旅行中共游历了中国 18 个省中的 13 个。

尽管李希霍芬本人没到过胶州湾，但是他了解山东，建议德国在这个海湾建立港口和殖民地城市。[3]

李希霍芬所绘制的山东地图和他 1898 年完成的关于山东的著作有关。他分别发表的比例尺为 1∶1 000 000 的山东省地形和地理图，基于他自己在 1869 年的绘制工作。[4]

图 2-1　费迪南德·冯·李希霍芬

---

① 见图 1-14。

②《1897 年 11 月 14 日占领青岛（胶澳地区）手记》。

③［德］伯恩料·埃伯斯泰因：《综述展览中的各个主题》，［德］汉斯－马丁·辛茨、［德］克里斯托夫·林德编著：《青岛——德国殖民地历史之中国篇（1897—1914）》，［德］贡杜拉·亨克尔、景岱灵译，青岛：青岛出版社，2011 年，第 22 页。

④［德］伯恩料·埃伯斯泰因：《综述展览中的各个主题》，［德］汉斯－马丁·辛茨、［德］克里斯托夫·林德编著：《青岛——德国殖民地历史之中国篇（1897—1914）》，［德］贡杜拉·亨克尔、景岱灵译，青岛：青岛出版社，2011 年，第 90 页。

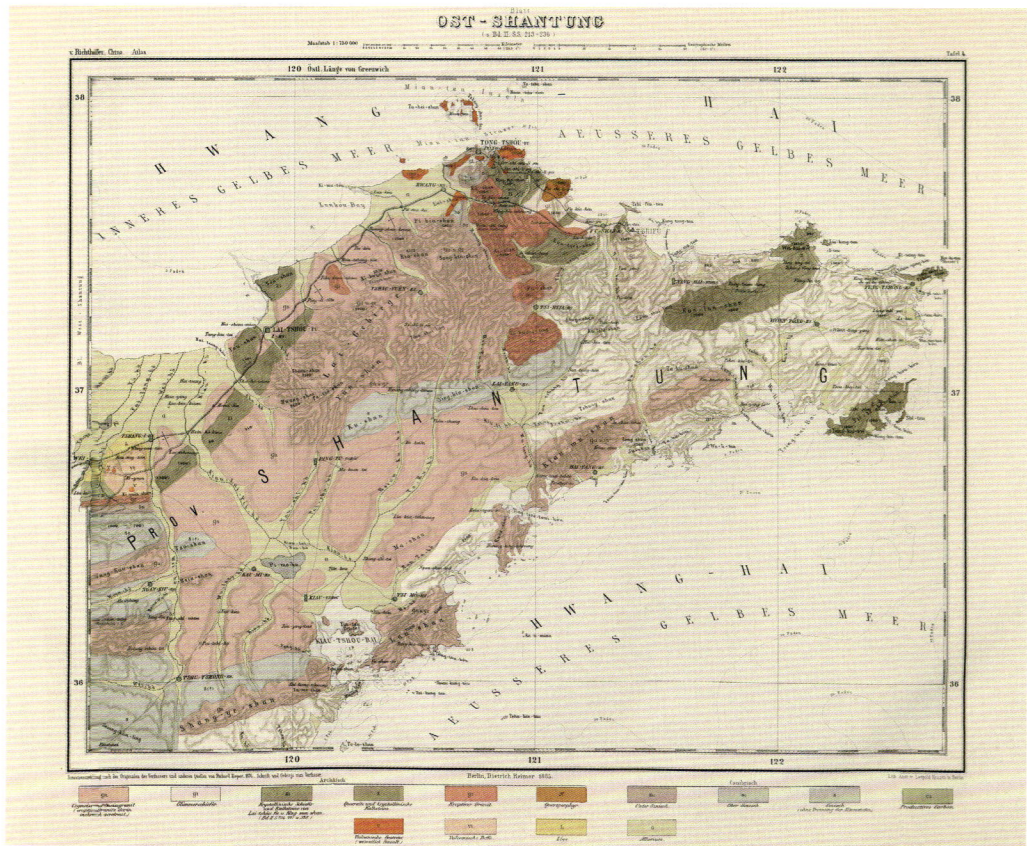

图 2-2　李希霍芬绘制的《山东地图》(Berlin：Dietrich Reimer，1885；另见青岛市档案馆编：
《图说老青岛·建置篇》，青岛：青岛出版社，2018 年，第 10 页)

　　这本"关于山东的著作"即 1898 年 5 月在德国柏林出版的《山东及其门户胶州》。李希霍芬在此书序中所说：

　　　　……我在近 30 年前曾出于考察目的游历山东并写下了一些东西，其中也特别谈及那时几乎尚不为人注意的胶州湾潜在的重要性。[1]

　　　　本书中有些内容摘自我前面提及的大部头著作，即 1877 年和 1882 年首印的两卷本《中国》……[2]

　　《山东及其门户胶州》共分为《从上海到山东边界》《山东的自然风貌》《居民和经济》《从沂州府到济南府》《从济南府到芝罘》《山东的传教会及其活动》《胶

　　　　───────

[1]［德］费迪南·冯·李希霍芬：《山东及其门户胶州·序》，青岛市档案馆编译，青岛：青岛出版社，2014 年，第 5 页。

[2]［德］费迪南·冯·李希霍芬：《山东及其门户胶州·序》，青岛市档案馆编译，青岛：青岛出版社，2014 年，第 6 页。

州——山东和华北的海上门户》七章。其中的第七章又细分了《山东在沿海省份中的地位》《胶州和芝罘迄今的重要性》《选择胶州作为德国舰船的泊地》《胶州海港和在此建立德国殖民地》《经济目标》《山东煤矿的开发利用》《胶州的辽阔腹地》和《该地区经济的提升》八节加以详述。

李希霍芬深知在东亚选择一个既可躲避风浪，又容易防守，还要保护贸易的母港和海军基地，而所选地将来还会发展成为一个大城市，是德国久已拥有早有的愿望。李希霍芬在书中毫不避讳地写道：

在这里，一个可以满足所有这些条件的地方，该是很容易找到的。然而，事实证明，只有一个，就是胶州。①

这道山在西面的尽头是一条余脉，上面有很多小山头，在那里的海边有一个村子，就叫青岛。这里的海中有一处锚地，可以躲避冬季的季风，同时又可躲避夏季来自南方的大浪。②

1883年12月，法国侵犯清朝藩属国越南，继而侵入中国，中法战争爆发。战争从越南北部扩大到了中国东南沿海。随战争的扩大，法军声称将沿海岸线而上，由胶州进图北犯，使清朝堂震惊。虽然法军没有付之于实际行动，1885年，李鸿章还是奉旨速命山东巡抚筹防，令北洋水师统领丁汝昌与总兵琅威理带铁舰、快船急赴胶州湾实地考察。1886年，清廷再次睡眼惺忪地向胶州湾望了一眼，3月上中旬，李鸿章又遣刘含芳与琅威理勘测胶州湾、绘图呈览，并具说贴。

图2-3 李鸿章（云志艺术馆提供）

① ［德］费迪南·冯·李希霍芬：《山东及其门户胶州》，青岛市档案馆编译，青岛：青岛出版社，2014年，第172页。
② ［德］费迪南·冯·李希霍芬：《山东及其门户胶州》，青岛市档案馆编译，青岛：青岛出版社，2014年，第174页。

图 2-4　丁汝昌

图 2-5　琅威理

图 2-6　刘含芳

　　许景澄自 1880 年开始外交生涯，1884 年曾任驻法、德、意、荷、奥公使，1885 年又兼任驻比利时公使。1890 年，再任出使俄、德、奥、荷四国大臣。这位多年身在欧洲腹地的清廷使臣，早已洞察到了身边那些高鼻深目绅士门那眈眈逐逐窥视着中国的目光。光绪十二年二月初八日（1886 年 3 月 13 日）《出使德国大臣许景澄折》云：

　　　　出使大臣二品顶戴翰林院侍讲臣许景澄跪奏。为海军制胜，船炮为先，谨条陈应办事宜……

　　　　……………

图 2-7　许景澄

　　　　……山东之胶州湾宜及时相度为海军屯埠也……西国兵船测量中国海岸，无处不达，每艳称胶州一湾为屯船第一善埠。查该处为大小沽河，胶莱商河会留入海之处。前明于此设立卫所，东曰浮山所，西曰灵山卫，以资控扼。其外群山环抱，门口狭仅三四里，口内有岛中峙，实为天然门户……应请由南北洋大臣全国查看，渐次经营，期于十年而成巨镇。[①]

　　时隔几月，另一位有识之士，陕西道监察御史朱一新把提议将胶州建成海军基地、于闽粤添置水陆学堂的《敬陈海军事宜疏》，上呈了朝廷。光绪十二年六月初八日（1886 年 7 月 9 日）《陕西道监察御史朱一新条陈》云：

　　　　陕西道监察御史朱一新跪奏。为敬陈海军事宜，以备采择事……

　　　　南北洋地势辽远，宜建胶州为重镇，以资联络，兼以屏障北洋也……

　　　　臣愚以为欲固旅顺、威海卫，则莫如先固胶州。胶州海口宽二三里，内有

────────────

　　①（清）许景澄：《出使德国大臣许景澄折》，青岛市档案馆、中国第一历史档案馆编：《胶州湾事件档案史料汇编》（上册），青岛：青岛出版社，2011 年，第 1 页。

大澳可容群舰，其外地形盘互，岛屿林立，薛家、陈家诸岛横石隐伏，号称天险，最南为曹家嘴，又南则灵山，距江南之鹰游门三百余里，上可蔽登、莱，下可控江、浙，盖形胜必争之地也。[①]

图 2-8　朱一新画像

许景澄和朱一新的这两份奏折比英国人调查胶州湾晚了 20 年。尽数了胶州湾在军事防御上重要性的呈文，也许或多或少震动了一下朝廷和李鸿章，但胶州湾设防终因其地位还不能与渤海湾的要塞建设相提并论。出于先行建设旅顺、大沽的需要，胶州湾防务终被搁置。许景澄和朱一新这远处传来的微弱之音最终被朝堂上"老佛爷"面前的声声问安淹没。光绪十二年六月十五日（1886 年 7 月 16 日）李鸿章就朱一新条陈给予了振振有词的回复：

> 钞寄御史朱一新条陈海军折，嘱即核复，等因。查该御史所陈胶州设重镇一条，与许（许景澄）奏相同，前函已详晰剖论，毋庸再赘……彼不过欲先固胶州，故为抑扬失当之论。殊不知胶距天津一千三百余里，实属鞭长莫及，且胶澳僻在登、莱背后，距黑水洋[②]至成山头行船正道尚远三百余里，敌船可扬舲直北，不必旁趋。若以全力营胶州，而置旅顺于不顾，彼谓堂澳得以晏知者，实未敢信，书生逞臆妄谈无足怪也。[③]

《直隶总督李鸿章筹议胶澳公函》云：

> ……至山东胶州湾宜为海军屯埠一节，规画远大，尤关紧要。该处居山东之南海滨，为南、北洋适中之地。本年正月杪，曾饬管理鱼雷营刘道含芳带兵轮前往查勘测量，绘图呈览，并具说贴，大至谓："口门小于威海，而不如旅顺口之紧固，水比威、旅加深，守土者宜设防，免为外人占据。若为海军屯埠，如修船坞，设炮台，所费不赀；转运煤、粮、军需各物，道远则耗费尤重。又地处偏僻，距墨水洋船路尚三百余里，并不能扼

---

① （清）朱一新：《陕西道监察御史朱一新条陈》，青岛市档案馆、中国第一历史档案馆编：《胶州湾事件档案史料汇编》（上册），青岛：青岛出版社，2011 年，第 2 页。

② 宋元以来，我国航海者称今黄海为黄水洋、青水洋、黑水洋、墨水洋。

③ （清）李鸿章：《李鸿章议复朱一新折》，青岛市博物馆、中国第一历史档案馆、青岛市社会科学研究所编：《德国侵占胶州湾史料选编（1897—1898）》，济南：山东人民出版，1987 年，第 33 页。

断末路，似目前尚难筹办。"然许星使折称"西人绝称胶州湾为屯船第一善埠"，鸿章亦久闻是说。上年法、越衅起，法人屡次声计将由胶州进图北汜，曾奉旨饬东抚筹防，是其地洵称扼要。因饬水师统领丁汝昌同总兵琅威理带铁舰、快船赴该处再行详细审度具复，前已函报在案。倾据丁、琅另具图说呈复各节，均系琅威理之议。所称"得海军地利，为南、北水师总汇之区"，与许星使所拟及刘含芳勘度情形大略相同。自来设防之法，先近后远。旅顺与大沽犄角对峙，形势所在，必须先行下手，俟旅顺防务就绪，如有余力，方可议办距直（直隶）千三百余里之胶州。

…………

附录：

（一）刘含芳查勘胶州湾条陈 ①

胶州澳居山东之南海，自登州府文登县之威海卫开轮，由西向东六十里之成山，绕山之后折向西五百四十余里至胶州澳口。口东青岛，高四十七八丈，有市有关，地属即墨，山脉来自劳山；口西陈家岛，高三十六七丈，岛前有庙，居民甚少；西南大山起伏，地接琅琊；此口外群山远望之势也。青岛、陈家岛为外口门户，相去八里，中间水深十余丈、八九丈不等。再行口内至青岛西角小梅坞，平岗七里，向西直伸，断续相连，直接玉皇小岛，岗岛，皆低岗如堤，而岛如阜；海外口内遥遥相见，无可遮蔽，故入口之船必须向西行，方进口内。而正西有黄岛，高十七八丈，与玉皇岛相对。口内水势，深浅不一，与外口相等。在内口中流四望，则陈家岛又居南，青岛居东，黄岛居西，青、黄东西相距十二里，故外口之水流向东南，此口内之水深山势也。澳内地周百余里，东北皆水，一望无际；西北至胶州百里；东至即墨县九十里；西南多山，间有湾澳，皆属淤滩，宽三五里、十余里不等；向北水深能行大船之处，仅十二里，以镇边跑船（吃水九尺）自黄岛向内开行，至十八里而止，再远则淤滩愈多，而水更浅矣。此西北面之水，虽有十余里能泊大船，而有事之时，内外相望，无可遮护。向东一面，淤滩相等。仅止青岛北面山能遮蔽之处，有溪水一条，宽约二里，直通即墨之女姑镇，能行大舰，自三五丈以至十丈者，仅长十里，沿边淤滩暗礁，一、二、三里不等。再东又浅，去女姑镇尚有十五里，可望而不可及。以全澳之论，地虽宽广，而能泊大舰有屏

① 刘含芳于光绪十二年正月（1886年2月4日—3月5日）查勘胶州湾后的条陈，略早于光绪十二年二月初八日（1886年3月13日）的《出使德国大臣许景澄折》。

障之处，仅此青岛；北面深水一条，宽约二里，长仅十里，此全澳之水势也。

　　…………

　　（二）琅威理布置胶澳说帖

　　谨按：山东胶州澳在北纬三十六度三分，东经一百二十度十四分，地气平和，口外东边山势崔嵬，无沙石之险，大小船只可以离岸百码[1]行驶无虞。口门环抱，外口以陈家岛为南，青岛为北，偏东取准为八里，有以陈家岛为南，坦岛为北，取准约六里，为此口至狭处，内口以青〔黄〕岛为西，坦岛为东，取准为七里。澳内水面广大如湖，虽水之深浅不一，可以按船之吃水之尺寸分别行驶驻泊，即比之欧洲最盛之水师两军之船，均可容泊，东边大山可以屏蔽。由外口驶进，过陈家岛正西偏南，有暗虎石湖涧略露；转进内口，近坦岛之北偏东，有浪汤石湖涧亦见，均无碍于船之行止。内、外口无论潮之涨落，吃水最深之船可以随时出进，实为海军之地利，南、北洋水师总汇之区也。除摹绘胶州澳图注明水尺、礁沙、岛口名目外，应将布置各节详细呈明于左：

　　一、口门外南岸陈家岛宜设炮台三座，一在张驼山，一在佐壁，一在凤凰山北岸；又宜设炮台二座，一在小梅洼，一在坦岛；内口西岸黄岛宜设炮台一座；均用三合土建筑……

　　…………[2]

　　清朝北洋水师细心筹划的这套胶州湾防御计划，从未躲过东邻时刻窥视中国军事、经济、商贸等事态动向的目光。明治二十三年（1890），这套防御计划被日本人完整窃取，并绘制了《支那山东省军港胶州湾兵备图》。

三、胶澳设防间不容息

　　1891年5月23日，正值清北洋水师成军三年之际，李鸿章率要员，由旅顺、大连、烟台、威海一路驶舰，浩浩荡荡南下至胶州湾，举行了北洋海军首次校阅。此次李鸿章沿途"查勘各海口台坞工程"，在6月5日的首次胶州湾之行，目睹了这里的"环山蔽海，形势天成"后，随即确立了这处"大澳"的海疆要隘地位，也为一座海防与未来的海港城市——青岛，奠定了基础。

　　1891年6月11日《李鸿章奏巡阅海军事竣折》云：

　　窃北洋海军自光绪十四年成军以后，现届三年，系第一次校阅之期，

---

　　① 码：英制长度单位，1码 = 3英尺（0.914 4米）；1英里 =1 760码。

　　②（清）李鸿章：《直隶总督李鸿章筹议胶澳公函》，青岛市档案馆、中国第一历史档案馆编：《胶州湾事件档案史料汇编》（上册），青岛：青岛出版社，2011年，第3—7页。

特蒙简派臣鸿章、臣曜认真会校，当将起程日期先后各奏明在案。

臣鸿章即于四月十六日，率同水陆营务处直隶枲司周馥、津海关道刘汝翼等，由大沽乘轮出海。北洋海军丁汝昌统帅所部"定远""镇远""济远""致远""靖远""经远""来远""超勇""扬威""平远""康济""威远""广甲"各舰及南洋统领前寿春镇总兵郭保昌所带之"寰泰""南琛""开济""镜清""南瑞""保民"六艘，随同放洋。

十七日驶抵旅顺……

十九日查看新建大石坞……

连日阅看东西两岸各炮台……

二十一日开赴大连湾……

连日察看河北镇总兵刘盛休所部新筑和尚岛、老龙头、黄山、徐家山各处炮台六座……

二十五日开赴威海卫……

二十九日开赴胶州，次日由黑水洋抵澳，详阅形势。轮船进口，系向西行，青岛在北，陈家岛在南，相距六里。既进口，转向北行，坦岛在东，黄岛在西，相距七里。澳内周围百里，可泊大队兵舰。口门系属湾形，从东至北，环山蔽海，形势天成，实为旅顺、威海以南一大要隘。臣等筹商办法，已于另片具陈。

五月初一日，臣曜即于胶州登陆，取道青州回省。臣鸿章仍由海道于初二日北驶烟台……

初三日驶回大沽……①

1891 年 6 月 13 日《直隶总督李鸿章等片》云：

再，胶州湾海澳宽深、口门紧曲，昔年英、法兵舰犯津，皆在威海、大连湾停顿。现在威、大各口修筑炮台，水师相依，俱成海防重镇。若有敌舰远来，必求一深水船澳停驻之处。至于称隙登岸陆路内犯之说，尤可虑也，是胶澳设防实为要图。光绪十二年臣鸿章随同醇贤亲王阅海，曾论及胶州必应置守，惟经费支绌，拟俟威、大事竣，赶筹续办。此次臣等会同前往详审勘度形势，自应预为经画，未可再缓。

又……北洋为京畿门户，海防一日不密，臣心一日不安。

现与臣曜等筹计再四，拟将烟台、胶州口炮台择定基址，酌量建

---

① （清）李鸿章：《李鸿章奏巡阅海军事竣折》，张侠、杨志本、罗澍伟等编：《清末海军史料》，北京：海洋出版社，1982 年，第 272—275 页。

筑……所需布扎营队，拟就山东现有各营抽拔，毋庸添募，以节经费。是
否有当，谨合词附片具陈。

　　光绪十七年五月七日奉朱批：另有旨。钦此。[①]

1891 年 6 月 14 日，由内阁所奉"上谕"也迅疾下达，胶州湾被正式划入清
朝的海防体系。为御敌于胶州湾之外，择址于胶州湾口外东岸的青岛口为屯军驻防
地，并择要地建炮台、水道，布置水雷营等。

1891 年 6 月 14 日内阁明发上谕：

　　光绪十七年五月初八日内阁奉上谕：李鸿章、张曜奏，会同校阅海军
并勘查各海口台坞工程市竣一折，览奏均系。该大臣等周历旅顺等处，调
集南北洋轮船会齐合操，并将水陆各营以次校阅，技艺均尚纯熟，行阵亦
属整齐，各海口炮台船坞等工俱称坚固。李鸿章尽心筹画，连年布置，渐
臻周密，洵堪嘉许，著交部从优议叙；张曜会同筹办，着交部议叙；各将
领训练士卒，修建台坞，不无微劳足录，著准其择优保奏，以示鼓励。海
军关系至重，必须精益求精，仍着李鸿章、张曜切实讲求，督饬提镇各员
认真经理，以期历久不懈，日起有功。另片奏拟在胶州、烟台各海口添筑
炮台等语，著照所请，行该衙门知道。钦此。[②]

1891 年 6 月 14 日的"明发上谕"，成为青岛历史进程中一个重要的转折点。
1990 年 7 月，青岛市十届人大常委会批准市政府的建议，将这一天确定为青岛市建
置之日。

清末胶州湾的防御布置也在李鸿章派员实地考察后开展。青岛文史研究者谷青
先生提供了一幅出自上海图书馆，与 1890 年日本海军参谋部所绘制《支那山东省
军港胶州湾兵备图》极其相似的《胶州湾防御布置图》。两图中，铁路和炮台的标
注基本一致，但与日人绘图所不同的则是，《胶州湾防御布置图》对胶州湾口东、
西、南三面沿岸各主要地名以汉字将逐一予以了清晰的标注。就此图的内容来看，
其产生时间应当距《支那山东省军港胶州湾兵备图》不远。图中胶州湾处标注的
"康济曾泊此处"意为清北洋海军的康济炮舰曾在此停泊过。

"康济"舰是清末北洋海军的一艘铁胁木壳军舰，由福州船政建造，1888 年作
为练习舰调配给北洋水师。在 1894 年的甲午战争期间，因火力较弱、航速较慢而
没有参加黄海海战，战后被日军解除武装后交还清廷，成为北洋水师甲午海战后唯

　　①（清）李鸿章等：《直隶总督李鸿章等片》，青岛市档案馆、中国第一历史档案馆编：
《胶州湾事件档案史料汇编》（上册），青岛：青岛出版社，2011 年，第 9—10 页。
　　②《内阁明发上谕》，青岛市档案馆、中国第一历史档案馆编：《胶州湾事件档案史料
汇编》（上册），青岛：青岛出版社，2011 年，第 10 页。

一幸存的军舰。1895 年 2 月 17 日，该舰载丁汝昌等北洋将领的棺柩驶离了威海卫。1896 年，在清廷准备重建北洋水师时将该舰改名为"复济"。

图 2-9 "康济"舰

四、修堑治垒以备守御

1892 年 8 月，北洋水师在经过了一年的调兵遣将和系列相关事宜后，两营广武军和两营嵩武军，共四营胶防营清军在登州镇总兵章高元的率领下旌旗猎猎地进入胶州湾东岸的青岛口。自此，青岛历史上一次大规模的军事要塞建设启动，章高元这个荣辱起伏的名字也由此与青岛联系在了一起。

1892 年 8 月 2 日《山东巡抚福润片》云：

再，上年五月北洋大臣直隶督臣李鸿章，会同前抚臣张曜查勘海口，奏请于胶州、烟台两处建筑炮台，所需经费将山东新海防捐款应用，钦奉谕旨允准……并令会同统领嵩武军陕西汉中镇总兵孙金彪、登州镇总兵章高元，估计工费，次第兴办。该员等秉承李鸿章指示机宜，悉心经画，现已择定基址，将两处应筑炮台，分别兴工，需用大小炮位已向外洋订购……至购炮建台等事，亦令宣怀照旧会同孙金彪、章高元等妥为筹办……谨奏。

光绪十八年闰六月初十奉朱批：知道了。钦此。[1]

对于胶澳设防这样的军事部署，当时影响最大的《申报》也不失时机地予以了报道。这份原全称《申江新报》，初由英商安纳斯·美查（Ernest Major）等人集资创办于上海的报纸，从 1872 年 4 月 30 日创刊，至 1949 年 5 月 27 日停刊，前后办

---

[1]（清）福润：《山东巡抚福润片》，青岛市档案馆、中国第一历史档案馆编：《胶州湾事件档案史料汇编》（上册），青岛：青岛出版社，2011 年，第 10—11 页。

了 77 年，共出版 25 600 号。清代的《申报》所报道的内容涉及面极广，对清朝在军事上的调动的报道也尽显无遗。也正因如此，今天再看《申报》，它已经成为一份不可多得的历史档案。

《申报》1891 年 7 月 23 日、1892 年 9 月 13 日分别刊：

> 胶州口自经抚宪勘验后，闻将修筑炮台果尔，则东海又多一重镇矣。①

> 胶州口拟筑炮台日，内有嵩武军二营移往驻扎。月初，又有登州广武营炮队若干名，由章军门督率前往，军容荼火，顿觉壁垒一新。②

约 2 000 人的四营清军到来，为青岛口拉开了海防建设的帷幕，海防军事设施相继诞生和逐步完备，青岛历史上一次有计划的要塞建设在紧锣密鼓地进行着。从 1892 年 8 月到 1897 年 11 月德占青岛前五年的时间里，清朝黄龙旗下的青岛口，不仅修筑了兵营、炮台、海军铁码头、海岸防御墙、弹药库、训练场，还修通了连接胶州和即墨的道路，并架通了有线电报线路。这些军事设施的出现，显示着这一地区军事力量的存在，而最能彰显存在意义的还是北洋水师在这一地区最高权力的代表——胶防营指挥部的"大衙门"。单纯从青岛口这一个地区来看，北洋水师的作为还是可圈可点的，但再从海防要塞的角度来衡量，尤其是在外国人的眼中，这些防御力量还太薄弱。约翰·E. 施瑞克在其《胶州湾战略的潜能与价值》一文中有如是评价：

> 章高元把他的部队驻扎在半岛的东南端，北面即胶州湾。在那里他建兵营，铺电话线，开始修筑了 3 个炮台。修建炮台的工作进行得特别缓慢，到 1897 年，章只完成了一个炮台和另一个的一部分，因而，这个海湾仍然是基本上没有什么防御力量的。③

但无论如何，随着清军大队人马、家眷以及各地多种工匠的涌入，青岛山下、青岛口上的各色商号相继开张，天后宫里的香火比以往更旺，久设于此的东海关常关也不再显得那么孤单。《海云堂随记》光绪二十三年（1897）三月十四日所记即青岛口这一时期的真实写照：

> 计车马、旅店七……计六十五家，航载写船多由广洋、杂货木材诸店号兼业。④

① 佚名：《烟台拾零》，《申报》1891 年 7 月 23 日第 2 版。
② 佚名：《芝罘客述》，《申报》1892 年 9 月 13 日第 2 版。
③ ［德］约翰·E. 施瑞克：《胶州湾战略的潜能与价值》，秋实译，刘善章、周荃主编：《中德关系史译文集》，青岛：青岛出版社，1992 年，第 71 页。
④（清）胡存约：《海云堂随记（摘录）》，青岛市博物馆、中国第一历史档案馆、青岛市社会科学研究所编：《德国侵占胶州湾史料选编（1897—1898）》，济南：山东人民出版，1987 年，第 25 页。

图 2-10 为德占青岛之后不久拍摄的青岛口全貌。此时下庄里的衙门、兵营、商街、宫观，青岛湾中的铁码头、水雷营，以及上庄里的村舍等目及之处，还依然是历经北洋水师五年打造的那个青岛口要塞。唯有铁码头后岸上的德军临时野战医院和大衙门照壁上飘扬着的德军军旗，在提醒人们，此时此刻的此地已为外人所占。

图 2-10　约 1897 年底至 1898 年初，德占青岛之后不久拍摄的青岛口全貌（云志艺术馆提供）

第三章
重门叠户大衙门

一、大衙门钩沉

1892 年清军进驻青岛口后设立的军事指挥部——大衙门，还没用几年就被德国人占用了，17 年后又落入日本人之手，直到 1922 年中国政府收回青岛后方物归原主。在时任胶澳中国青年会美术干事的班鹏志经一年多的资料搜集和照片拍摄后，于 1924 年 4 月出版的《接收青岛纪念写真》里《中国初设之总兵衙门及未开辟之青岛》中的文字，或许是自它建成后首次由中国人自己书写的一份介绍：

> 前清光绪十七年，政府开始训练海军，以青岛有军事上之价值，派总兵章高元率兵六营来青驻扎，建筑炮台、栈桥、兵营，并于前海崖东首立总兵衙门（俗名老衙门）。及光绪二十三年，曹州杀害德教士，德政府命东洋舰队提督率兵将青岛实行占领。次年，结租借之契约。经德人之锐意经营，将荒凉之渔村变为繁华之都市。当德人着手建设时，凡青岛之原有房屋，悉被拆毁，惟此总兵衙门保存无恙。日本占领青岛后，以之为《青岛新报》社之宿舍。及青岛交还中国，此房仍物归原主。吾人于数十年后犹获睹此。[①]

1948 年 8 月 2 日，《青岛公报》刊登绍贤《青岛总兵衙门记》：

> 青岛位于胶州湾口之东岸，旧称胶澳，清末设海防于此。其衙门在今之市南区大学路西首，古老建筑屹然犹存也。
>
> …………
>
> 总兵衙门，俗称老衙门，而今依然建在。大门前百砖砌粉色大照壁高两丈余，大门两旁有配房，门内木屏风横遮内院，有大厅两幢，群廊奥室共四十余间。西院、北院旷约三四亩。据云西院为当日仓库所在，今已无迹可寻，惟有冬青、银杏、杂树葱茏绿荫遮天。树多为后人所值者，惟傍南墙之老冬青，干枯欲倒，枝叶尤茂，似为四五十年前之古物。全部厅舍

---

① 班鹏志：《接收青岛纪念写真》，长沙：商务印书馆，1924 年，第 159 页。

老瓦生苔，高厦栖雀，鸥檐、鸥脊规模古奥。门楣、窗额嵌缀花板，雕刻精致，透剔玲珑，丹彩虽凋而原工完好。楹柱石鼓亦巩固如新。后厅遮下有石匾一页，上镌"嵩武中营"四字。字迹端正，大可方尺。此盖当日营门之额，后人移此而保存者。

"七七"事变，日寇占青岛，以老衙门办东文书院，作文化侵略之最高学府，抗战胜利后，按政府接受规定，仍归办学之用，于是劳山中学遂开办于此。五十年前，老衙门为岛上最壮丽之建筑；而今岛上繁华，洋楼嵯峨，罗列全市，则老衙门又为岛上最古老之建筑。

劳山中学初创时余即于此任课，每日登堂入室，睹物生感。因想夫李合肥曾于此谈兵也，张巡抚曾于此集会也，章总兵曾于此鞠案也，大枪弓箭之士兵曾守卫于斯门也，双眼花翎黄马褂之官员曾出入于此庭也。老衙门古貌依然，阅人多矣。五十余年以来，青岛一沦于德，两沦于日，而今虽云收复，然民生涂炭较清末为更甚，国运之衰败较清末尤弗如。世事沧桑，几经变幻，而灵光殿岿然独存，余得寓此，亦一幸也。因为文以志之。①

青岛这处"总兵衙门"修筑起始今已无考，从现存史料中推测，可能建于1892—1897年。绍贤《青岛总兵衙门记》是对这处建筑予以综合介绍的一篇不可多得的文章。从文中可以看出，作者应当是这一时期在此中学任教的老师。作者身处这座建筑中，以眼见和感受而发文，为今天的我们留下了一份了解这座衙门的宝贵资料。

二、衙门由来与规制

据清代赵翼的考史著作《陔馀丛考》等书籍记载，衙门本是从"牙门"二字讹误而来。先秦时巡狩兵车的旗帜两边，刻绘的纹饰如同牙的形状，因此将这种旗帜称为牙旗。军营前面都插有牙旗，军中听令，必须到牙旗之下。后世遂将营门称作牙门。后来，称公府为公牙，府门为牙门。由此可见，牙门最初只是军旅中的称谓，后来逐渐移到朝署。在严格的等级制下，衙门从布局到结构甚至油漆彩绘，都因官级、职能的不同而各有标准。文武官员的衙门，议事之所为大堂、二堂。堂前为大门、仪门。堂后之所为内室、群室。堂外吏攒办事之所为科房。官大者规制具备，官小者依次而减。通常情况下，建制完善的衙署同时要满足各种办公、居住等需要。大堂、二堂等作为主建筑位于中轴线上，此外，衙署内还有架阁库用来保存

---

① 绍贤：《青岛总兵衙门记》，《青岛公报》1948年8月2日第4版。

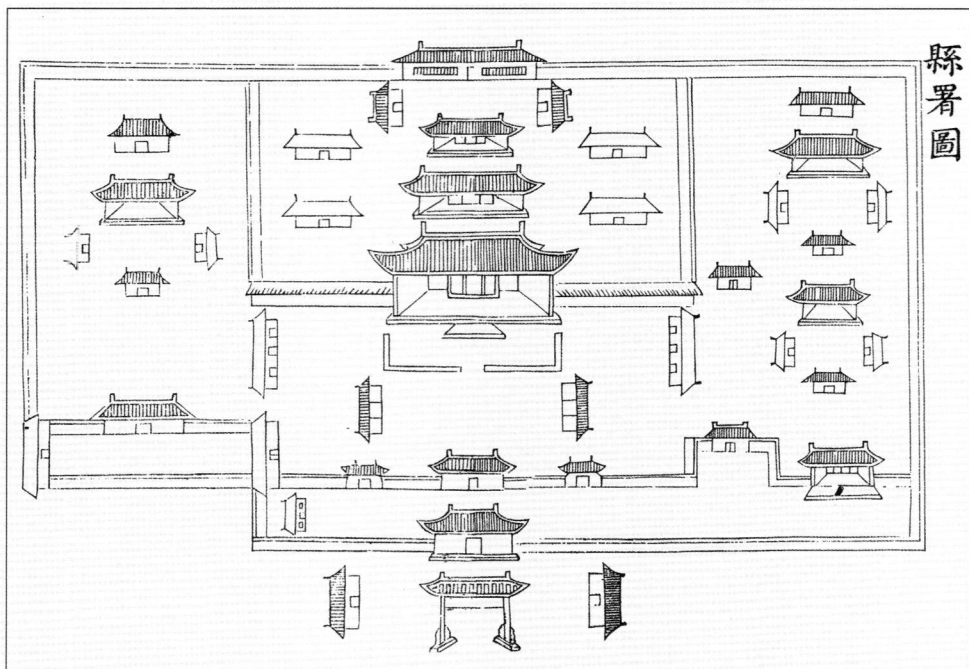

縣署圖

图3-1 即墨县署图

文牍、当案,而仓库、军器库、监狱等设置也必不可少。绝大多数地方衙署还附设官邸,以供官员及其眷属居住。

中国古代的城市建设,大多根据《周礼·考工记》的设计思想进行布局,同时受风水观念影响。衙门是一方政治中心,按照风水观念,衙署通常都位于城市中央,即所谓"正穴"之所在,穴是聚气的焦点,南向为正,居中为尊,有"居中而治"之意。故又有"衙门口朝南开"的俗谚。这种坐北朝南、居中而治的设计思想,要求主体建筑必须集中在一条南北中轴线上,自南而北依次为照壁、大门、仪门、戒石亭以及其左右的六房。主体建筑由大堂、二堂、三堂等构成长官及其所属人员办公处所。下级官的办公处所则不可位于中轴线上,而只能居于东西副线上。此外,衙署建筑还要体现"文左武右""前衙后邸"等设计思想。按照"吉地不可无水"的观念,衙门还要接山近水。

衙门口大门正前方通常建有一座绘有"贪"兽的照壁,照壁和大门之间自然形成一段东西向通道,通道两端也有了东西辕门的设置。文武官员在此下马落骄,穿过辕门,转向面对通常为三开间和绘有门神的正门。[1]

中国古代建筑的屋顶瑰丽多姿,为建筑平添了神韵。而在封建社会中,屋顶,

---

[1] 水乾:《清代衙门图说》,北京:中华书局,2006年,第12页。

也有着严格的等级化规定。屋顶的形式、高度，脊饰的形象、尺度、数目、颜色必须根据建筑的等级而定，不得僭越。作为古代建筑造型中最主要的部分，屋顶一般呈曲线，由不同形式的梁架结构组成。重要的建筑都以斗栱挑出檐口，在屋檐转角处形成翼角起翘。屋顶有五种基本形式，即悬山顶、硬山顶、庑殿顶、歇山顶、攒尖顶，这五种屋顶根据其本身的造型特点，分别用于不同的场合。

第一位：重檐庑殿顶，用于重要的佛殿、皇宫的主殿，象征尊贵。

第二位：重檐歇山顶，用于宫殿、园林、坛庙式建筑。

第三位：单檐庑殿顶，用于重要的建筑。

第四位：单檐歇山顶，用于重要的建筑。

第五位：悬山顶，用于民居、神橱、神库。

第六位：硬山顶，用于民居。

第七位：卷棚顶，用于民间建筑。

无等级：攒尖顶，用于亭台楼阁。

明清时期各级衙门严格按规制建造。明洪武二十六年（1393）定制，官员营造房屋不许用歇山转角、重檐重栱及绘藻井图案，唯楼房不禁。一、二品官厅堂五间九架，许用瓦兽，梁栋、斗栱等木构件青碧绘饰，门三间，绿油兽面锡环；三至五品官，厅堂五间七架，许用瓦兽，木构件青碧绘饰，门三间，黑油锡环；六至九品官，厅堂三间七架，梁栋饰以土黄，门一间，黑油铁环。

清末在青岛口设立的大衙门，既是驻胶澳守军指挥部所在，又兼最高军事长官寓所。然而，这处官署建筑的正式名称，迄今未见正史记载。故在清代之后的各类文章中多将此衙门冠以"总兵衙门"之称。

三、登州镇与章高元

明永乐七年（1409），设立了登州备倭都指挥使司（简称备倭都司），总督山东沿海诸路兵马，莱州卫、登州卫、宁海卫、威海卫、成山卫、靖海卫、大嵩卫、鳌山卫、灵山卫等各卫指挥使司均归其管理。嘉靖四十一年（1562），专设登州巡察海防道，管理登、莱两州海防军务。万历二十一年（1593），日本权臣丰臣秀吉发动"壬辰战争"，率军入侵朝鲜，朝廷调集南北陆水官兵加强海防，在登州增设副总兵，与巡察海防道分掌陆水各营，归山东巡抚节制。万历二十四年（1596），撤销都指挥使，改设总兵，号总镇。登州备倭都指挥司署改为登州总镇府。天启二年（1622），设登莱总兵，归登莱巡抚节制，统辖山东沿海陆水12营，总兵署设在登州府城内。崇祯二年（1629），裁登州总镇。崇祯七年（1634）复设登州总镇。崇祯十一年（1638），撤销登莱总兵，登州总镇并于临清，登州改设城守营。

清顺治十八年（1661），移临清镇于登州，改为登州镇，属绿营建制，以总兵领之，归山东提督节制，辖左、中、右3营及文登营。康熙六年（1667），拨左营守备为水师营。康熙十九年（1680）设宁福营。康熙二十二年（1683），改山东两镇之一的胶州镇为胶州营，属登州镇。至此，山东全省陆水27营全部归登州镇统辖。雍正二年（1724），新设兖州镇，与登州镇分辖山东诸营。此后，登州镇直辖本标中、右二营，兼辖济南、青州、即墨、莱州、武定、安东（今属日照）、寿乐、胶州、宁福、文登10营，加水师营共13营。乾隆八年（1743），登州镇归山东巡抚兼提督节制。嘉庆二年（1815），登州镇兼辖的济南、武定、安东3营拨归兖州镇管辖。道光三十年（1850），登州镇总兵改为水师总兵，兼辖陆路。同治十二年（1873）起，凡水师均归抚标，登州镇仅辖陆路九营，总兵亦由水师总兵兼辖陆路改为陆路总兵。此后，随着营制的变更，兵员屡经裁调，至清末编练新军，登州镇随绿营制而名存实亡。清道光二十年（1840）至民国成立（1912），登州镇总兵官历24任。早年投身于淮军刘铭传麾下，后成为淮军三名将之一的章高元位列第19任。

图3-2　清咸丰五年（1855）《直隶山东两省地舆全图》中的登州府

寂照《章鼎丞（臣）先生行述》云：

寂照曰：前清甲申中法之役，外交虽甚失败，至割安南与法。然军事上除用张佩纶为大帅熸海军于马江外，其余陆战者皆胜绩可言，尤以皖中二名将之功为最。二名将者，一为王孝祺君以北海镇兵大奏镇南关谅山之捷（王君之功，在冯子材上。张南皮尝亲口道之，见予所为淮军三名将传，往岁会登诸《民立报》）；一即章高元君大胜法兵于基隆，使台湾危而复安。此皆近代战史中卓有声誉之战也。章君讳高元，字鼎丞（臣），原籍安徽

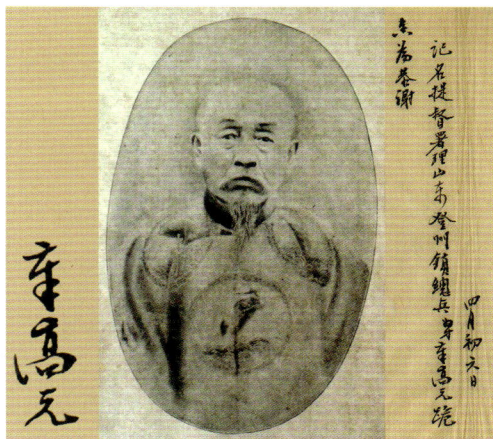

图 3-3　晚年章高元肖像照（1893 年，章高元 50 岁。是年，慈禧赏赐"寿"字一幅。1894 年，章高元在其《谢赏寿字等》谢恩折中留有"记名提督署理山东登州镇总兵奴才章高元跪奏为恭谢"的亲笔签名）

和州，移居合肥。先世多为寿春镇标武弁。章君年未弱冠，以报父兄之仇，自募一军，张白徽帜，屡战屡捷，声威突振，为前清故相李鸿章所依赖。甲申中法之投（役），君从刘铭传渡台湾。适基隆守将选懦，要塞为法兵袭掳。君闻之，则投戈跃起，袒臂一呼，得死士数百，乘夜往攻法兵。临发号于众曰："吾必灭此敌而后朝也。"即率所部死士蹈入敌垒，短兵肉搏，锋厉无前。法兵当者死伤山积，余众凫水逃遁。法舰见不可乘，亦即引去。君竟以是克复基隆要塞。至今，基隆赫然有京观。在前年，本埠某西报尝记法国议院筹款若干万佛郎①，托日本台湾总督代修斯墓，修缮即竟并遣法员往台举行战死者二十五年大祭。即君当年所杀之敌殆不下数千也。当是时，君之威名名震中外，然君处之殊拗谦，不欲言功，以重守将失陷要塞之罪闻前清。是时，法犹严，失陷要塞死无幸故也。君能自抑其功续他人命，故军士益感激乐为效死。其后清廷闻君守台功，最终颁奇车博巴图鲁勇号，彰君奇绩。此役，台湾遂以君之勇略得全旋。任挂印澎湖总兵，锐意欲避番界，筚路蓝缕，颇奏肤功。后调登莱青总镇。值甲午中东战起，前军屡败，自朝鲜牙山、平壤寖寖退守奉境，敌兵且大深入。君于甲午冬间奉命渡辽，扼守盖平，与日本乃木希典（即世所称乃木大将）所率之一师团全军相遇。君所将为偏师少于乃木所部五六倍，以

---

① 佛郎，即法郎。

能得士心，交绥之顷，颇获胜利。乃木窥君所将无多，阴用包围之法陷君围中。君与所部环起应敌，曾无退志。大战五六日，夜不得少休，卧雪不寒，抚创不痛，咸奋力致死，欲摧强敌。弹罄粮竭，复以短兵相接，所部十死七八，乃始突围而出。是时，宋庆拥重兵为主帅，忌君能战，坐视不救，故君底于败，平日厚养之精锐，尽于此役矣。是役也，虽败犹荣。日本参谋本部所编之《日清战史》盛称君之勇敢，盖中日之役堪称战者，惟此而已。

君有旧部胡某者，愤宋庆不顾大局、贻祸国家，方从重围冲出，即欲刺宋除害。君力诫而止，谓临敌而自伤主将，其如国家何也？胡由是愤懑成疾，颈上现一赘瘤，大如石瓞，亦终身相依不忍去。每酒酣耳热为人述盖平战事，闻者未尝不叹息、沾襟也。嗣后，调镇登莱，驻守胶州。适丁酉秋兖州土匪戕德国二教士，德使方向总理衙门索偿。遘于冬，闻有德舰三艘径趋胶州海面游弋。一日晨，与君方在操场简练，德兵忽登岸，其主将先赍文来，略言："此事已在总署交涉，与贵军无干，请相约两军皆不侵犯。"君以值守所在，不之许顾。其时，火药、子弹悉罄。盖李秉衡时为鲁抚，专以苛剋为政。凡秋季应领火药、子弹必迟至冬尽始发，无论冬季已。君以所部勤于操演，故子药早空，且兖案及德图胶之谋皆早发露，而事前京省皆未有文牍通知，其疏忽至此。故君当时直觉德兵之突如其来，蘧不知其用意所在，乃急通电询问，且请发弹药备战。而电线已被德兵割断，不得已，遣卒走百里外，分电北洋、山东请命。北洋大臣王文韶覆电力禁开战。清故慈禧太后知君猛将，恐君因值守遽战也，更由北洋径下特旨，调君离开胶州百里。从此胶州遂为德所租借矣。君一腔热血，屡请一战，卒末由达。振跃叱咤，无可发舒，两耳由是遂永失聪矣。预知清廷前途无幸，浩然有归志矣。其后虽尝出统自强军，且为李鸿章调赴北洋，皆不久即去。又起为重庆镇总兵[①]。时岑春煊督蜀，方事剿匪川东，一路倚君为长城，绝无乱萌。未几，终告归。归之日，行抵汉口，资斧即竭贷于旅舍，然后成行。盖君生平绝不爱钱，所得官俸皆以豢养战士，所施不可亿计；有余则捐诸地方，修治河渠、道路。所至皆如此。故治军四五十年，在他人善自营者往往拥资百万，而军竟一钱莫名。此其廉洁、寡欲之性，尤有古名将风矣。嗣是息影金陵，蛰居一室，不与外物接触。

---

① 参阅（清）缪荃孙：《重庆镇总兵章公鼎臣别传》，闵尔昌编：《碑传集补》卷三〇《武臣二》，《清代传记丛刊》本，台北：文明书局，1985年，第789—792页。

往岁避地沪渎，赁居新闸路仁济里一千七百号房舍，屡致断炊。近月，遘肝疾，常觉腹痛，终至不起。临危之日，有劝以少进阿片冀可自宁者，呵止之曰："吾生七十一年，未尝吸此，讵可临死败素操乎？"其自治力之崇深又如此。以民国三年某月十二日子时卒。有子二人能继父志，以十九日扶柩回籍卜葬云。[①]

四、口上设"衙"

梁、柱与人字屋面，土、石与木头的组合构建出可遮风挡雨的房屋。人立柱架梁，以木造屋并围屋而居。人建造了房屋，房屋给人以庇护。人因不同的需求赋予了建筑不同的功能，建筑彰显着主人的地位与喜好。丰富的资源让中国人选择了以木头搭建房屋。柔韧可塑、温润挺拔的木头，也更符合中国人的精神气质，中国人将最具牵绊的精神寄托跃然于画栋雕梁。在等级和规制森严的古代中国，架梁建屋，插椽起台，有着不可逾越的严格规定。雍正十二年（1734）刊行的清工部《工程做法》，便是一部官式建筑的标准与规范。《工程做法》又名为《工程做法则例》，共 74 卷，是继宋代《营造法式》之后官方颁布的又一部建筑标准。与此标准相辅的还有《清会典·工部门·营建房屋规则》。这些俗称为"工部律"的规章制度，在清代的建筑建造中起到了有效的规范作用。著名建筑学家梁思成先生在对《工程做法》进行了系统研究后，于 1932 年，用近代科学的工程制图法绘制完成了 74 卷中 1～27 卷的图解，为人们留下了认识和了解清代建筑的"清工部工程做法则例"图解和《清式营造则例》等专著。

清式建筑因房屋等级与规模、木构架、彩绘、屋顶瓦作以及用途等有大式和小式之分，建筑的间数更是身份和地位的标志。前后左右相邻的四柱之间称为一间，前后两柱又称为进深。开间数较多采用奇数，极少使用双数。皇家宫殿建筑以九五为尊，如康熙三十四年（1695 年）重建的今故宫太和殿，十一间的开间位列顶端，普通民居通常为三开间的一正两厢。各间房屋也都有各自的名称："普通居中开门的一间叫做明间，明间两旁为次间，次间之外为梢间，梢间之外为尽间，全建筑物的四周或前后还可以有廊子，左右还可以加套间。"[②]各房屋多以明间最大，次间、梢间依次递减，也有各间使用了同一尺寸。柱子之所以在建筑中有着如此重要的决定性作用，这是因为中国古代建筑以木梁架为建筑结构的主体，屋面以柱子和梁架支撑，墙体是在立柱之后填筑上的，只起到隔断的作用，其自身并不承重。

---

① 寂照《章鼎丞先生行述》，王瀛洲辑：《清代名人轶事》，上海：交通书馆，1917 年，第 110—112 页。青岛文史研究者刘逸忱先生提供。

② 梁思成：《清式营造则例》，北京：清华大学出版社，2006 年，第 23 页。

因此，中国古代建筑素也有"墙倒房不倒"之俗语。

清朝官员分"九品十八级"，每等有正从之别。正二品：文职京官，太子少师、太子少傅、太子少保、各部院左右侍郎、内务府总管；文职外官，各省总督；武职京官，左右翼前锋营统领、八旗护军统领、銮仪使；武职外官，副都统、总兵。从二品：文职京官，内阁学士、翰林院掌院学士；文职外官，巡抚、布政使司布政使；武职京官，散秩大臣；武职外官，副将。

驻防青岛时期登州镇总兵章高元为正二品武官。为表示尊敬，日常中，通常称总兵一职为"总镇""镇台""军门"。这也解释了在章高元驻防青岛期间青岛乡绅胡存约在《海云堂随记》中使用"总镇衙门"这一名称之原因。

位于青岛市市南区太平路人民会堂东南角一带的青岛口大衙门，从1896年的《海云堂随记》"年除夕、正月十五、三月十五，天后宫前设台耍景，或一台，间或两台，多时亦常设于总镇衙门南侧"来看，这座建筑在光绪二十二年已经存在。但从多份清末史料中均未见到这座衙署确切的建造和名称信息，甚至从德占青岛初期所拍摄的多幅照片中也未见其门匾。而它的名称则在1896年的《海云堂随记》中为"总镇衙门"，在1901年的《山东德邑村镇志》中为"衙门"，在《青岛及其周围旅游指南（1906年）》与1909年手绘《青岛全图》中为"大衙门"，在1923年的《接收青岛纪念写真》中为"老衙门"，在1948年的《青岛总兵衙门记》中为"总兵衙门"，这座建筑在不同的时期和不同人的笔下被给予了不同的名称。

图 3-4　德占后约 1897 年底至 1898 年初时期的大衙门（云志艺术馆提供）

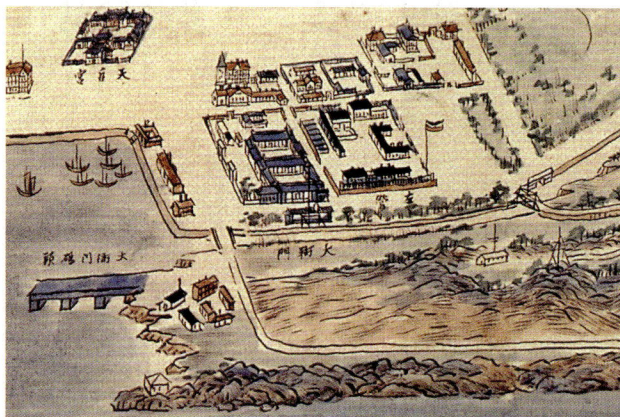

图 3-5　1909 年手绘《青岛全图》上的大衙门

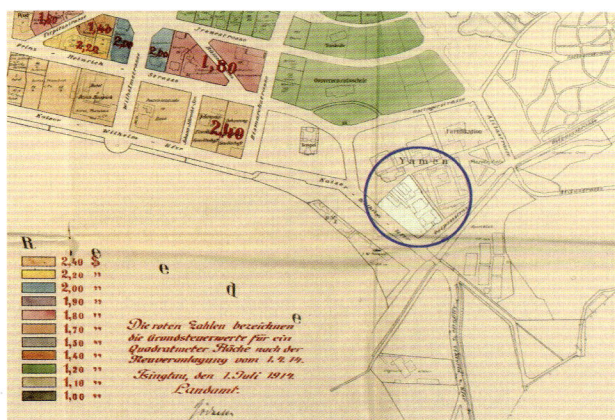

图 3-6　1914 年《青岛地籍图》中的大衙门位置

图 3-7　大衙门位置图（1914 年青岛地图与 2014 年实景地图合成）

　　1892 年，章高元率军移驻青岛时，朝廷并未委以他新的职务，而是继以"登州镇总兵"之职。因而，这位登州镇总兵的"总兵衙门"顺理应该设在他任职之原地——登州镇。那么，在青岛口设立的这处衙署的官方名称是什么？或者说它到底是不是"总兵衙门"？后文中暂且以早期应用较为普遍的"大衙门"代称。

　　德占胶澳后，青岛口上、下两庄和大衙门一带的史料并不缺乏。1898 年 5 月，德军一支 50 人的测绘分队着手测绘工作。首先集中测量较为狭小的市区，以制定建设规划并拍卖地皮，开始建造商用房和住宅。在 1897 年至 1914 年期间，德国人绘制了多份地图并拍摄了照片，还留下了游记、指南、官报、备忘录等文献，在有意和无意间将这座一直被当作胶澳督署（总督府）使用至 1906 年的"大衙门"记录在案。时至今日，它们都在无声地讲述着大衙门曾经的过往。德国人以当时所掌握着的"平板仪测绘"等技术对青岛进行了全面的测绘，将当时青岛口的中心地带细致地描绘了下来。如 1898 年《手绘青岛现状图》、1898 年《青岛鸟瞰图》、1899 年《青岛：连接欧洲城市》（*Tsintau：Iinks Europäerstadt*）、1898 年 9 月 2 日和 1899 年 10 月总督府推出的规划图、1914 年《青岛地籍图》等，甚至到 20 世纪 30 年代的青岛地图，也偶有这大衙门区域的标绘。从这些史料中不难看出大衙门的样貌。但大衙门建筑群平面总体布局资料罕见。直到 2014 年，笔者在青岛城市建设档案馆提供的均为 1940 年 3 月 21 日由青岛特别市公署建设局营造科绘制、比例为 1：200 的《大学路官产（老衙门）修改房舍工程——测量平面配置图》和《私立东文书院中学校校舍略图》后，大衙门往日的画貌，始得清晰。

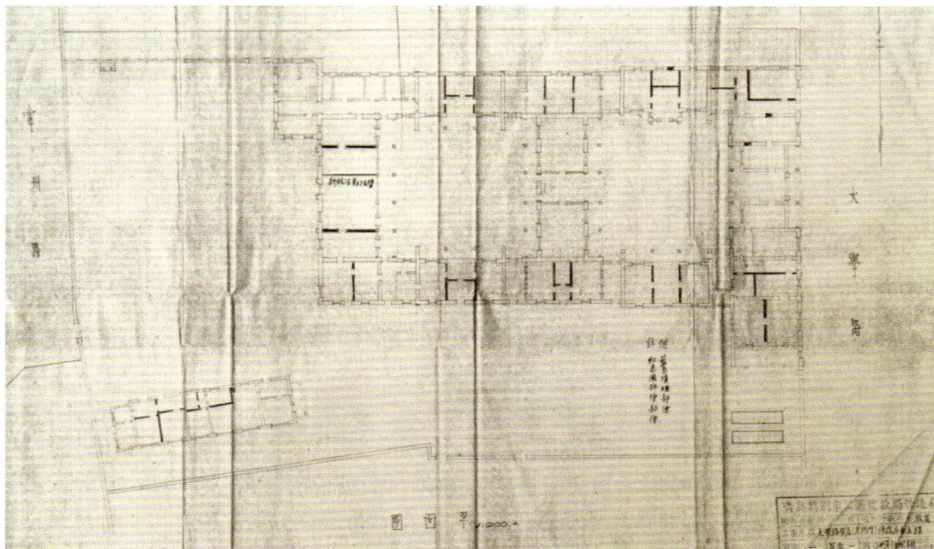

图 3-8　1940 年《大学路官产（老衙门）修改房舍工程测量平面配置图》
（青岛城市建设档案馆提供）

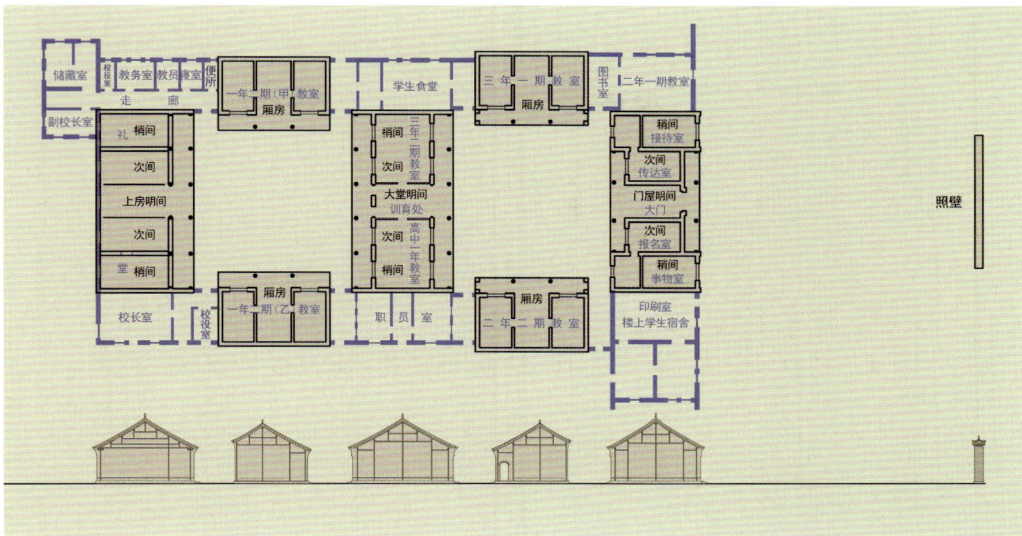

图 3-9　以青岛城市建设档案馆提供的《1940 年私立东文书院中学校校舍略图》为蓝本
临绘的大衙门原有建筑及增建建筑示意图

　　两图中，前者是一份细致的测绘图，后者则是当时该学校各室分布图。虽然图纸是在大衙门建成近 50 年后绘制的，近半百年中也有少许的改动和增建，但其原有的建筑主体仍一如当初。因此，参考价值极高。再配以 1948 年 8 月 2 日《青岛公报》中《青岛总兵衙门记》的文字描述，我们在阅图和读文的同时，仿佛亲身在大衙门细细欣赏。在将《大学路官产（老衙门）修改房舍工程测量平面配置图》与德占时期的照片和中国传统的建筑《营造法式》之方圆图叠加在一起后，历史尘埃中的大衙门跃然纸上。

　　《营造法式》全书共 36 卷，是宋徽宗崇宁二年（1103 年）由李诫编撰、官方颁布的一部建筑设计、施工规范，是当时建筑设计与施工经验的总结，也是一部对后世产生深远影响的古代营造经典。《营造法式》集我国古代建筑科学与艺术巅峰状态之大成，详细记录了宋代建筑方面的制度、做法、用工、图样等资料。《营造法式》图样部分的第一图，即以约成书于公元前 1 世纪的《周髀算经》[①]中的《圆方方圆图》。[②]《周髀算经》云：

　　　　万物周事而圆方用焉，大匠造制而规矩设焉。或毁方而为圆，或破圆

————————

　　①《周髀算经》原名《周髀》，算经的十书之一，是中国最古老的天文学和数学著作，约成书于公元前 1 世纪，主要阐明当时的盖天说和四分历法。唐初规定它为国子监明算科的教材之一，故改名《周髀算经》。

　　②（宋）李诫撰：《营造法式》卷二九《总例图样·圆方方圆图》，上海：商务印书馆，1933 年，第 137 页。

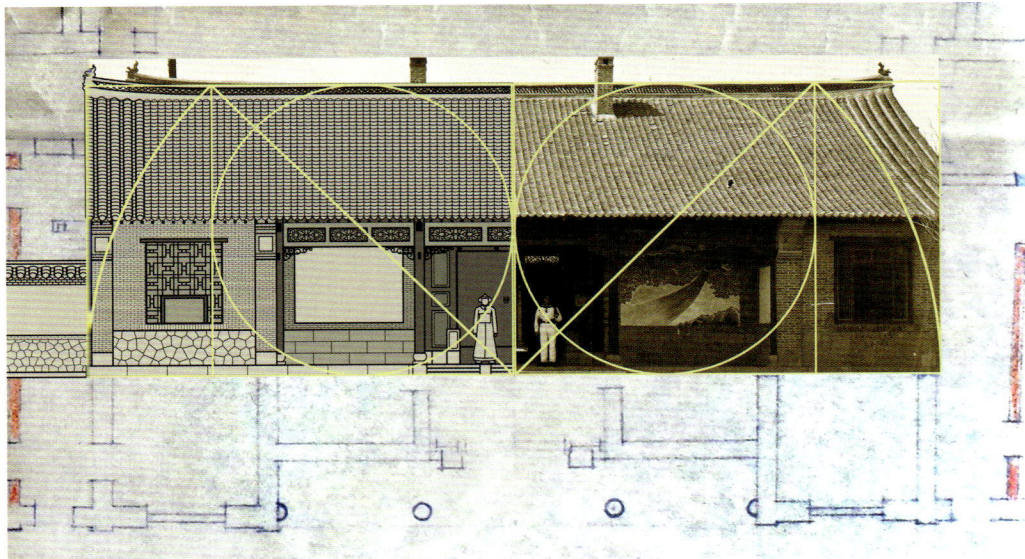

图 3-1C　以青岛城市建设档案馆提供的 1940 年《大学路官产（老衙门）修改房舍工程测量平面配置图》与大衙门老照片和方圆图绘制的大衙门门屋立面比例推测示意图

而为方。方中为圆者，谓之圆方；圆中为方者，谓之方圆也。[①]

圆方方圆图是中国古代建筑营造的密码。简而言之，中国古代匠师在设计建筑的宽高之比时，以正方形四角得圆或以圆外正切得方，以正方为高，正方对角长度则为宽，以此简单的方圆作图获得建筑整体及各部最佳的长宽比例构图。圆方方圆图在我国古代的设计和建筑领域有着广泛的应用，典型的如我国山西建于辽道宗清宁二年（宋仁宗嘉祐元年，1056），于金章宗明昌六年（宋宁宗庆元元年，1195）增修完毕，现存最古老、最高大的楼阁式纯木结构建筑——应县木塔，以及重建于唐宣宗大中十一年（857）的五台山佛光寺。

在《营造法式》成书后不久的 1163 年，远在西方万里之遥的法国巴黎，一座著名的大教堂——巴黎圣母院[②]开始了建造，崇尚人体美的西方设计师们也把源自古希腊的黄金分割和复杂的几何学应用于这座建筑。同一时代，东西方风格上截然不同的建筑，在对建筑的比例审美上却异曲同工。几百年后，西方这种建筑审美理念，也被租借胶澳的德国人带到了青岛，并多有具体的体现，如 1906 年启用的胶澳督署（总督府）大楼也在有意与无意间运用着这些建筑比例的密码。

青岛口大衙门这座官署建筑的营造保持了传统。"方圆图""周三径一""方五

---

① 佚名：《周髀算经》卷上，北京：文物出版社，1981 年，第 28 页 b.
② 巴黎圣母院始建于 1163 年 3 月 24 日。建筑比例图见［德］伯恩德·艾弗森：《建筑理论：从文艺复兴至今》，唐韵等译，北京：北京美术摄影出版社，2018 年，第 490、697 页。

斜七"这些从千百年的实践中总结出来的营造比例法则，为这幅大衙门平面测绘图提供了立面的参考。两份测绘图的发现，也使得这处消失已久的中式传统建筑群落的平面形状和尺度不再仅存在于想象中。

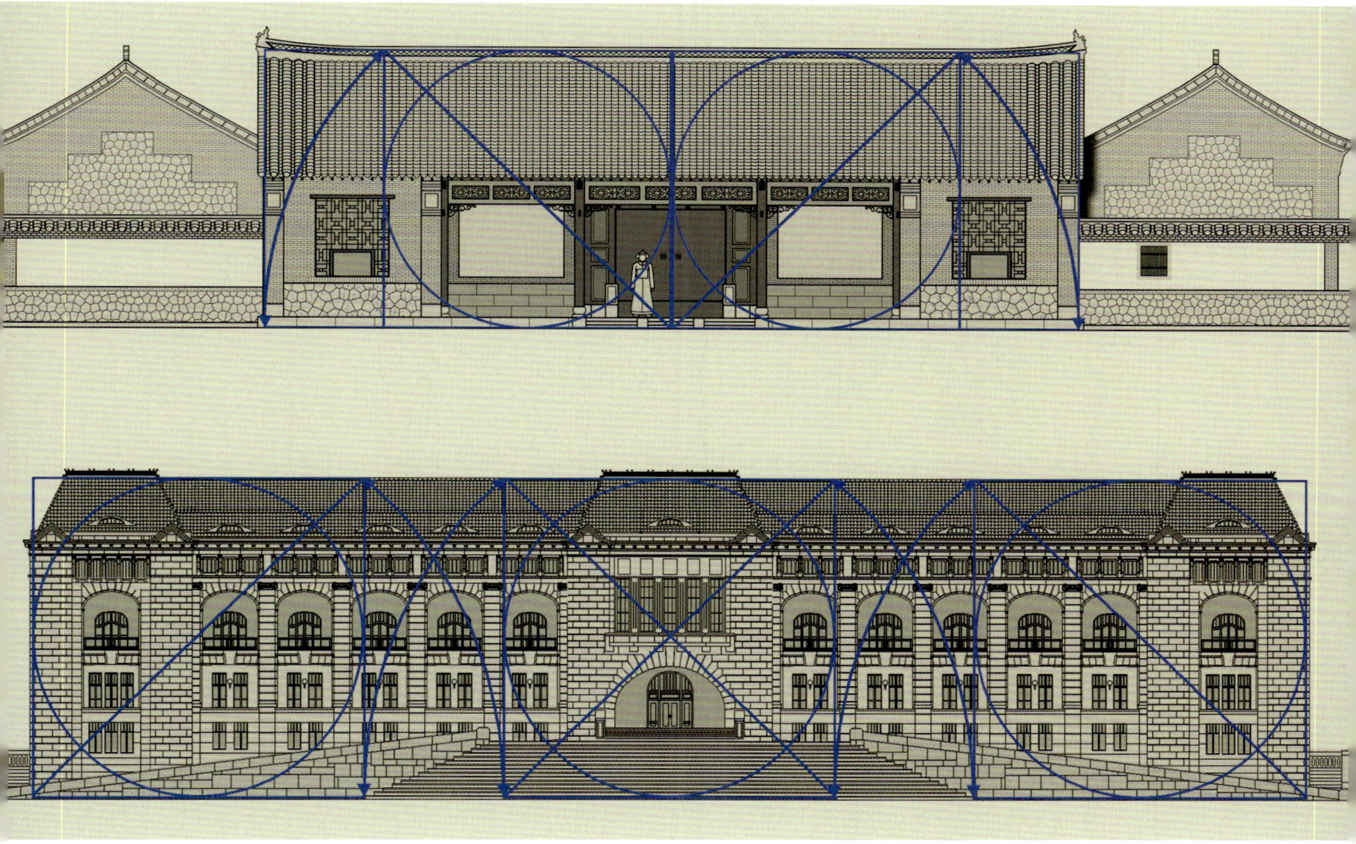

图 3-11　大衙门与总督府方圆图

五、衙立山海间

大衙门面向东南临海而建，坐落于地势较低的青岛口下庄东端一个呈逆时针旋转约 45° 的"L"形街坊的东南角上。正面面对今小鱼山；南侧百米之外即为青岛湾海岸；西面地势平缓，各类商铺、货栈以及民居、海关（清东海关青岛口分关）、庙宇（天后宫）分布；北面有今观海山、信号山、青岛山、八关山等山岭和设立其间的几座兵营。择址于山海间的大衙门，无疑是当时青岛口的最佳地段。这里，依山临海，也是军事中枢的不二之选。

中国古代对方位以及房屋的朝向极其重视，将南向视为至尊，北向则象征失败与臣服。在严格的封建等级制度下，除宫殿和庙宇坐北朝南外，其他房屋建筑都或多或少地偏离于正南正北的子午线。除南尊北卑之外，古人在东、西两向上，又以

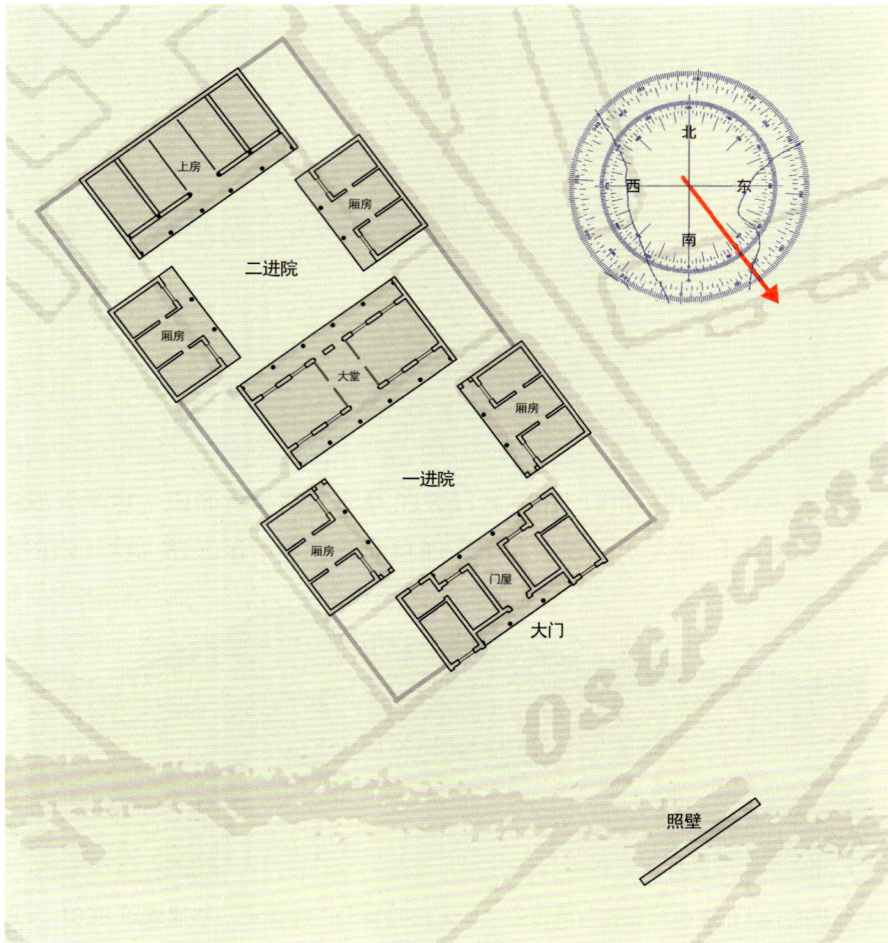

图 3-12   依照 1914 年《青岛地籍图》与 1940 年《大学路官产（老衙门）修改房舍工程测量平面配置图》临绘的大衙门格局及位置朝向示意图

东为主，以西为次。章高元在建造这座胶防公所衙门时，也一定不会违背这些根深蒂固的传统和规制。恰巧，此地有一条走向为东北至西南的天然冲沟。这些诸多因素凑在一起，才有了这座非坐北朝南而是面向东南 37°～38° 而立的大衙门。

　　大衙门东北侧，一墙之隔的是清军的"嵩武左营"兵营（今人民会堂中后部），这座兵营在 1897 年德占青岛后，被德人称为"衙门营"，营墙外操场，称为"号令广场（Paroleplatz）①"。大衙门大门、左营营门和左营操场三者，由南至东北一字排开。门前形成一条呈东北至西南走向宽窄不等的道路，德租后被德人称为"衙门街"。街道一侧正对大门的是一面按惯例设立于衙署门前并绘有"贪"的照壁，照壁之后则是一条通海的天然冲沟。

_____

　　① "Paroleplatz"另译为标语广场，即现已拆除的原东方饭店原址一带。

　　大衙门西北（衙门后部）为多栋与大衙门高大雄伟的殿宇式建筑形成鲜明对照、呈 90° 排布的低矮的平房建筑院落。院落之外，是一条"L"形通往被德人称为"市场街"的街道。

　　大衙门西南院墙之外另围建出一个无任何建筑物的大院，于围墙一角设角门，围墙之外则是一条因德国人设立有"战地邮局"而得名的"邮政街（Post strasse）"。

　　大衙门平面布局为"日"字形，这是一组以中轴线贯穿中心，左右对称和由前置大照壁组成的两进院落的合院式建筑群。其总长度约 65 米，宽约 34 米，占地面积约 2 200 余平方米。大衙门的一进院略宽于二进院，建筑群以两院中的四座厢房外壁为界建有围墙。"日"字的下方，中轴线的末端即面对衙门大门的大照壁。

1. 大衙门照壁

　　照壁是一堵设在大门之外、两面施以寓意深厚的图案装饰且相对独立的墙体建筑。照壁墙，是中国古代传统合院式建筑的组成部分，更是官府建筑中必不可少的一部分。既要遮挡视线，又不能予以封闭，古人或许出于对其宅院的私密性、防御性的考虑及受风水学的影响而创造出了这一独特的建筑。下至县衙，上到皇宫，照壁在官署建筑中广泛使用。其中，最著名的莫过于北京北海公园与故宫著名的"九龙壁"了。

图 3-13　德占胶澳后的大衙门与大照壁（云志艺术馆提供）

照壁通常由顶、身、座三部分组成，取材有琉璃、石、砖、木等。壁身上的壁心是照壁的主体，寓意吉祥的或符合建筑功能的图案、纹样或绘制或雕刻于其上。照壁的平面形状有一字形、八字形等，较多为砖砌。照壁的立面形状也与房屋屋顶一样，有四面坡庑殿顶、歇山顶、悬山顶、硬山顶等多种式样。照壁的建造级别体现其主人的身份与地位以及建筑功能。在时代背景中的青岛口大衙门大照壁，也循规蹈矩地按照其建筑规制建造。

大衙门照壁立于衙门大门前约 30 米处，宽约 15 米，高约 6 米，石基，砖体。照壁顶部为四面坡的庑殿式，上铺琉璃瓦，中央高起镂空正脊，两端顺势垂脊，正脊两端有正吻，垂脊四角飞翘。为保护壁身，檐口探出壁身，檐下三层砖砌仿滴水①多菱角牙子叠涩出梢②，由壁身自下而上逐层递增直至檐部。背面壁芯上以云纹简单绘就，整座大照壁既简洁大方又不失威严。大衙门照壁底部，为单层花岗岩石砌基座，并未采用须弥座等其他变异形式。在这堵"墙"上，用于房屋上的各种建筑装饰要素一应俱全。照壁壁身为清水砖砌筑外框架，框芯中间留大面积的部分则是粉墙，这里便是用来进行各种装饰的主体部位，粉墙上绘着传统"贪"兽和插有三支戟的花瓶等图案。"贪"兽用以警示在此的官员为官要清廉，不可贪赃枉法；插有三支戟的花瓶寓意官运"平升三级"。从 1897 年至 1914 年的多幅老照片上看，衙门照壁上的"贪"兽图，从精到简，进行过几番补绘和重绘。

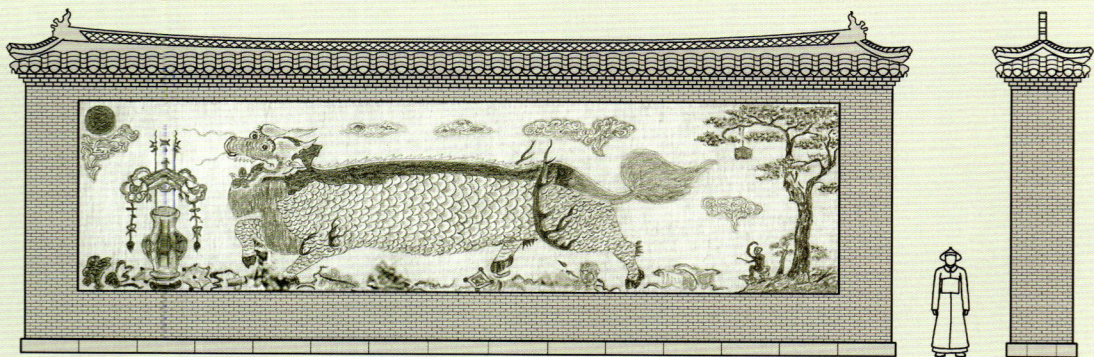

图 3-14　大照壁前、侧立面图解

---

① 瓦当之间呈倒三角形的瓦构件。
② 俗称狼牙砖。俗语"前出狼牙后出梢"，即前后出尖之意。

Tsingtau　　Mauer vor dem alten Jamen

Heidenmauer vor dem alten Jamen in Tsingtau.

图 3-15　1897—1906 年，背面未建临时信号台、建成信号台和拆除信号台后历经多次重绘过
"贪"兽彩绘的大照壁（自下而上）

这座绘有"贪"兽的大照壁，不仅震慑着清朝官员，对于德占青岛后的德国人也同样震撼着他们的心灵。

海因里希·谋乐在其《山东德邑村镇志》中对衙门照壁也予以如下介绍：

当这个地方受到德国保护时，在下村的是中国军队的"衙门"、总兵和其他军官的住房、小商贩和商人们的房子以及一座建得很好的庙宇（天后宫）。

在官府的门前，约30米处，立着"防护墙"，如同德国占有土地者给予了这个居民点中国主权的标志。在这个"背影墙"上，按照中国的说法可以挡住通过衙门大门的所有邪恶影响，画着獬豸的画。这是一个有着龙头的丑陋的巨兽。眼珠突出的难看的眼睛和不自然张开的伸向画着太阳的大嘴。可怕的头后，由带着利爪的腿支撑着的是有狮子尾巴的一个长长的鱼鳞的身躯。

獬豸这个动物是欲望的象征。通过衙门打开的门的官员，在看到这贪婪的本性象征时应该想到，这个本性意味着对荣誉和尊严的贪欲，贪污腐化连同追求财富是不正常的，会促使一个官员试图逼迫其皇帝下台，以取代其位。从这个动物身上可以看到，它身处名山，是凶猛之兽；它日行千里，一直到世界的尽头；他迅疾如风，它贪得无厌，不知疲倦。它可以升到崇高的天空，并尝试着吞下太阳。[1]

1898年的夏季，在布鲁塞尔、巴黎和中国担任《法兰克福报》记者的德国人保罗·戈德曼（Paul Goldmann）来中国进行游历和采访。在对青岛的采访中，以一个欧洲人看中国传统艺术的视角绘声绘色地对大照壁进行了富有喜剧性的解读：

衙门口对面的空地上是一个耸立的墙面，上面被画着和青岛有关的画作，其中也是带有一些寓意的。人们只要能够意识到这里面蕴藏了许多中国智慧即可。画中的主角当然是一只龙，想要表达中国人的智慧时，怎么可以少了龙呢？这只龙几乎快要跟墙一样宽了，上半身的背是绿色的，长了鳞的下半身是蓝色的，脚上有夸张的爪子，就像蛇一样蠕动至左边的角落里。夺取龙注意的物品是一块红色的板子，板子上的画看起来可能是一颗光滑的桌球，又或者是荷兰的奶酪，其实是一个红色的太阳。龙会这样故意地绕着太阳转，最后吞噬它也是毋庸置疑的。人们可以想象，一只已经挨饿很久的龙，能造成什么样的伤害呢？画里的人完全没有阻止龙做出

---

① 青岛档案馆编：《胶澳租借地经济与社会发展——1897—1914年档案史料选编》，北京：中国文史出版社，2004年，第374—375页。

罪大恶极的事。右边可以看到一棵树和爬在树上的猴子，一只猴子正想办法要抓取外形像黄色旅行袋的水果（桃子），另一只猴子则坐在树下背靠着树干，看着树上的猴子尽情玩乐。为了让这只猴子方便观赏，画家干脆把它的头翻转过来，画中它的脸朝向后方。这幅画作远方的背景里还有一只绿色的花瓶，里头竟然插着战戟，就好比被利箭穿心一样。这肯定有其他的寓意，每个能够理解为什么一只想吞噬太阳的龙，身边还要摆一个插着战戟的绿色花瓶的人，也一定能够轻易地理解整张画作的意义。

在最近期的风景明信片上，这面墙被称为"异教徒墙"。这名字取得奇差无比，但又好像是为历史定案的记录，因为，风景明信片在现今社会有时候等同于世界历史。城墙的中间突起一根带着索具的桅杆，顶端有德国的国旗在空中飘扬着，上头还可以看见黑色的雄鹰，就在黑白红三色条纹之中。后方的墙边则立了一个小平台，旁边是白色的岗楼，前面有德国海军在站岗。①

这座广受瞩目的大照壁，同样也被德国人贝麦、克里格收录进了《青岛及其周边旅游指南（1906 年）》：

老衙门的大门在东南边。对着大门的是在中国衙门通常所见的一堵墙。这堵墙冲着衙门的一面装饰有"贪"的像，它是一个貌似鳄鱼的巨兽，长有大眼并张开大口。这个动物的躯干覆盖有密密的鳞甲，尾巴似牛，头则冲着画中所绘的升起的太阳。这种动物是贪婪的象征，将其绘在大墙上是在告诫每天在此经过的官员不要贪婪。

照壁与大衙门之间的空间自然形成了一个宽阔的区域，依惯例，应从照壁左右两侧分别向外延伸一段后再转向至衙门外墙，或以砖石砌墙，或以架木为栏，将这一区域加以封闭，仅在两端各留有一座辕门，并于照壁两侧，各竖立一支吊斗旗杆。在青岛口大衙门与照壁之间，却不见了两座辕门和吊斗旗杆的踪影，与自周代在照壁前"树旗表门"兴起"牙旗为门"的仪仗之制不符。约 30 米的空间内越发显得空荡，是因为还未来得及进行建造，还是因其他缘故，今已无考了，给后人留下的也只是想象的空间。已知的旗杆是在 1897 年德占青岛后，德军在大照壁背面搭建临时信号台时，在台子上竖立起的那只高大的十字形船桅旗杆。而此时大照壁背面粉墙上，依稀可见绘着几朵稀疏的云纹与海纹以及一轮初升的太阳，影影绰绰间显示出这是一幅在清代各级衙门常见的、寓意皇权如日中天和光明正大、被称作"江牙山海图"的未完成画作。

---

① ［德］保罗·戈德曼：《1898 年的夏日：一个德国记者的中国观察》，吴伟栗译，北京：人民文学出版社，2022 年，第 259 页。

图 3-16　大照壁背面"江牙山海图"彩绘及德军建造中（左）和完工后（右）的临时信号台

图 3-17　1924 年《青岛井户图》上的第 49 号井与 2007 年 5 月的取水机（栈桥夜泊摄）

　　大照壁的一侧立有木牌一面。这面木牌，由两根侧立柱支撑，背面设斜支撑，顶部前方出檐，无疑，它是一个用来张贴告示的告示牌。大照壁另一侧是一口安装有手摇辘轳的水井，带雨棚的人字形辘轳架立于井口之上。这口井在1924年的《青岛井户图》上标注为第49号井。后来，由于道路的改道，这口井处于人民会堂外人行道边。或许是出于对人行安全的考虑，将井口予以了封闭，在其上安装了一个手压往复泵。这个带有标记性的手压泵直到十年前才从大学路上消失，同时消失的还有这口老井。大照壁背后则是一条与其平行的、通海的冲沟。

　　百余年前，丘陵地形的青岛口下庄，三面环海，周边山岭因植被稀少而导致水土流失严重，雨季里突发的山水肆意横流，流经之处将山坡冲刷得状如刀锋，低洼处则大小沟壑遍布。1898年，德国人在绘制《青岛村庄分布图及沟壑图》中不仅将各个村庄予以标注，同时也标画上了分布于青岛各处的沟壑。图中，最宽阔的是海泊河，而最南部唯一被标画的河流，则是了今位于昌乐路下的杨家村河。

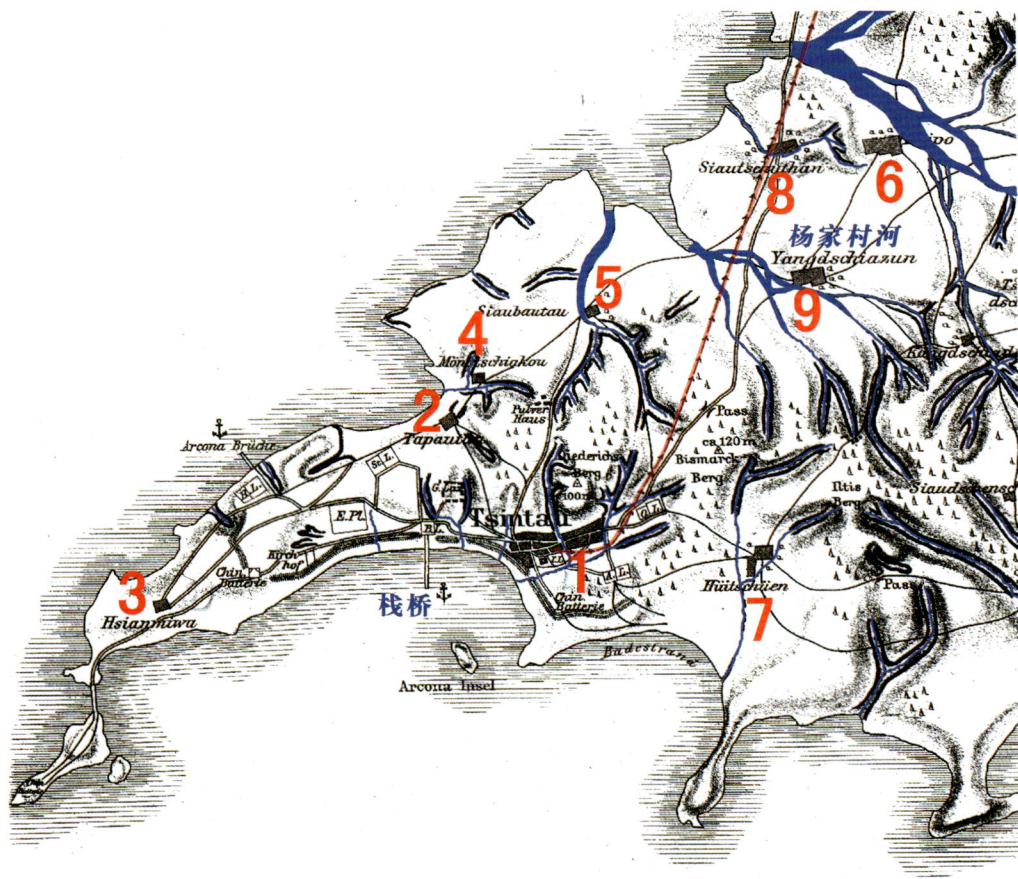

图3-18　1898年青岛村庄分布（青岛村庄分布图及沟壑，红线为通往胶州的电报线路）

1.青岛上下庄；2.大鲍岛；3.小泥洼；4.孟家沟；5.小鲍岛；6.-海泊；7.汇泉；8.扫帚滩；9.杨家村

大衙门前方这条与青岛其他自然冲沟、泄水道无别的天然河沟，是大衙门以北和东部山岭之间的今龙口路、大学路两条冲沟在这里的交会。这两条再平常不过河沟在青岛历史上没有正式的名称，仅在民间分别留下了"龙口路大沟""掖县路大沟"的俗称，从汇聚点到青岛湾的这一段，被俗称为"南沟"。德占后，"掖县路大沟"一段，因紧邻德军的"俾斯麦兵营"和"总督官邸"，被德国人建坝蓄水，建造了几处人工水景和小公园。时至今日，曾经的冲沟已变道路，唯一可见的仅黄县支路一段。

图 3-19 德占后的大衙门门前的水井与"南沟"和东北侧的嵩武左营营门（杨明海先生提供）

1960 年 1 月，"南沟"被覆盖成道路，变地上明渠为长 103 米、宽 11.8 米的地下暗渠，这一段道路也由向东偏离出原来的衙门街，使得原本经衙门街至太平路的这一段大学路，在鱼山路、龙口路交口变向、变宽。1986 年 10 月，"南沟"临青岛第二中学自太平路入海一段也被覆盖后建操场。2008 年 6 月，因 20 世纪 60 年代初期鱼山路至太平路一段铺设的花岗岩条石，随着现代车辆自重的加重而出现局部断裂，影响行车安全，青岛市决定以钢筋混凝土替换陈旧的石板。在工程施工时，这条被覆盖于马路之下近 50 年的"南沟"，在短暂的几日重见天日后又再次隐于地下。

2. 大衙门门屋

照壁遥对着的大衙门是青岛口有目共睹的威严之所在，位于建筑群前列的是高脊深广的大衙门门屋。清军驻守时大门内有花翎顶珠、狮兽补服坐堂，大门外有旌旗卷舒、仪仗卫护。青砖灰瓦与翘脊望兽隔离着的更是高爵丰禄与布衣芒屏。

登州镇总兵章高元为正二品武官，可使用的建筑等级为"官厅堂五间九架，许

图 3-20　德占后今大学路、黄县路一带正在建设中的水景工程

图 3-21　今黄县支路的原貌（下图）与建成后的水景景观（上图）

图 3-22　2008 年维修大学路时重见天日的"南沟"，石砌沟壁完好如初

用瓦兽，梁栋、斗栱等木构件青碧绘饰，门三间，绿油兽面锡环"。依据梁思成先生所著《清式营造则例》《清工部〈工程做法则例〉图解》以及《1940 年大衙门平面测绘图》和多幅老照片推测，大衙门建筑群三大四小七栋房屋均为带山柱和中柱的硬山式梁架结构建筑。其中，门屋和大堂的构架结构从图纸上标明的立柱位置与关系上看清晰明确，可能均为清式规矩的"五间七架前后廊"形式。但二进院中上房的梁架结构似乎是"前廊"式。两院中，四座厢房或为"三间六架前廊"。

　　1897 年 11 月 14 日，德国军队从海上登陆占领了青岛，这一年距离 1892 年 8 月，章高元率队移防青岛和在青岛开始建造军事防御设施的时间仅过去了五年，此时的大衙门还应该是"新的"。德占后，当时青岛口的现状，被德国人频频摄入镜头。引人注目的大衙门作为清军驻守军的最高机构所在地，自然成为视觉中心，屡屡出现在德国人的明信片和书籍中。其中，大衙门门屋的出镜率最高。时至今日，这些流传下来的图像资料，为我们了解百年前的青岛和大衙门的原始样貌提供了可视的依据。

　　大衙门门屋为硬山式，面阔五间，进深四间，左右对称、内外对称。通面阔约 21 米，通进深约 10 米，通高 7 ~ 8 米。于中部明间，开设宽约 4.2 米的凹入式"将军门"大门。门上两只门钹为似狮如虎的兽面"辅首"[1]，门上中槛安设门簪四个，

①《明会典》记载，洪武二十六年定：王府、公侯、一品、二品府第大门可用兽面及摆锡环；三品至五品官大门不可用兽面，只许用摆锡环；六品至九品官大门只许用铁环。

下槛设高门槛，两侧各设箱型抱鼓石门枕。明间两侧的次间略小，面阔约3.6米。次间外侧的梢间面阔较大，约为4.5米。遗憾的是，在迄今发现的众多老照片中，大衙门大门门簪之上未见匾额踪影，文书中也无有关匾额的记载，使得这座衙署的官方名称至今成谜。

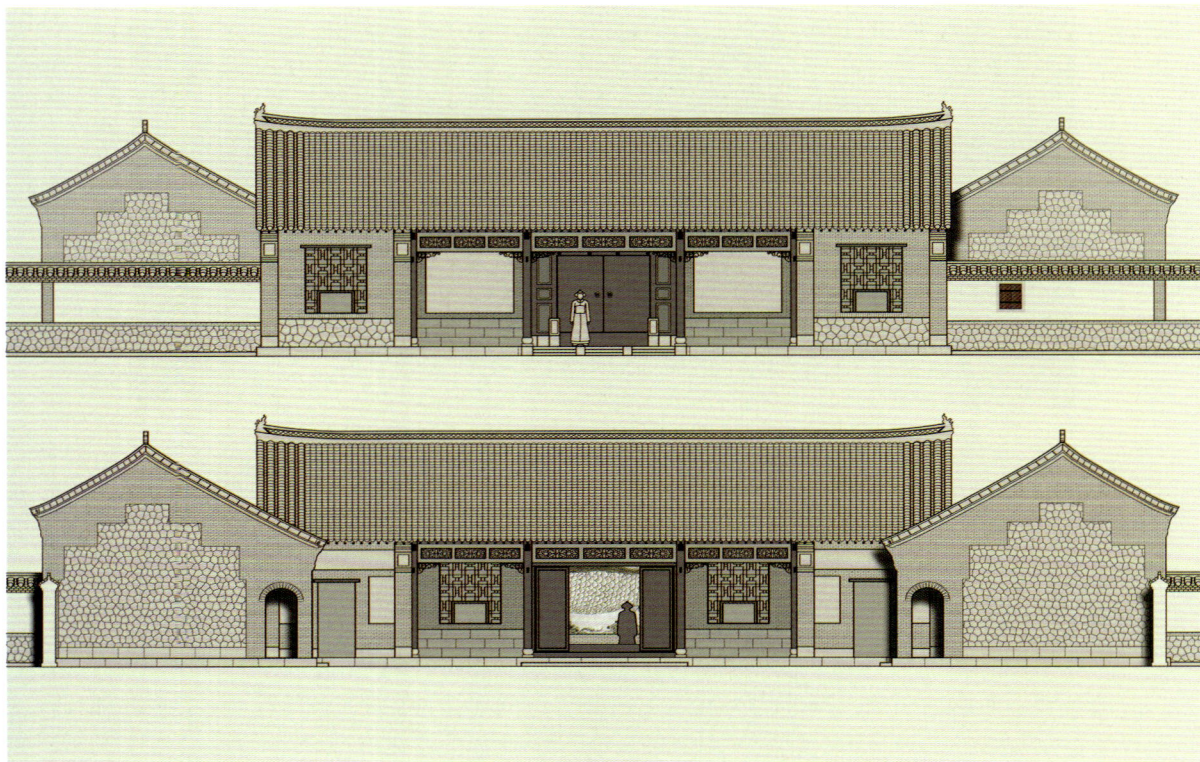

图 3-23 大衙门门屋前、后立面及一进院厢房示意图

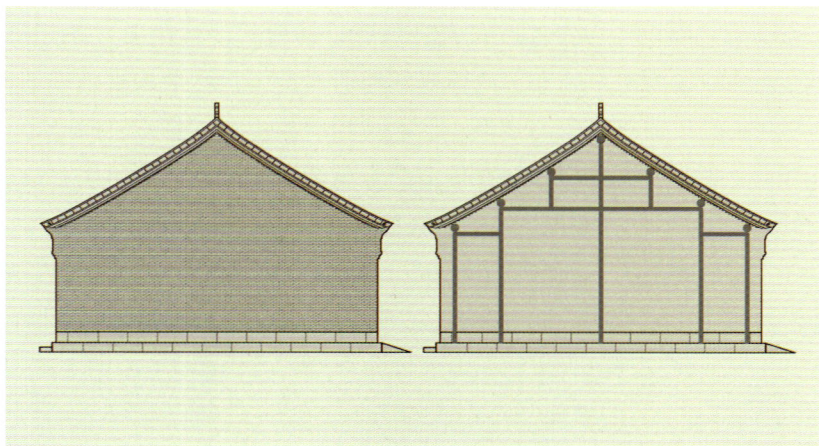

图 3-24 大衙门门屋侧立面及梁架结构推想图

　　门屋的明间与左右次间两间，凹进成面阔三间，进深一间的檐廊。檐下立黑漆檐柱四根，檐柱上部为卷草纹透雕檐坊，坊下有卷草纹花牙子雀替，底部设鼓形柱础。门屋台基及檐廊地面高于外部地面，大门前设带有四条垂带的三级踏阶。进深1米余的檐廊，后部及两侧槛墙之上留有以青砖为框、白粉抹面廊墙四处。德占后的某一天，不知是谁人授意，在大衙门大门左右原本留白的檐墙上绘制了通常用于中国道观山门、象征方位的青龙、白虎。这两幅装饰画绘制的确切时间现已较难考证，但从1898年5月5日来青岛的普鲁士亲王海因里希在大衙门的照片上看，此时的廊壁上还是空空如也。

图 3-25　德占胶澳后大衙门檐壁上增绘的青龙、白虎（老照片收藏家邹德怀先生提供）

图 3-26　海因里希亲王在大衙门照片（李文彬先生提供）

图 3-27　海因里希亲王访问政府（德胶澳政府）衙门

1.海因旦希亲王；2.海军上校罗森达尔；3.海军上校普拉特；4.冯·戈尔茨男爵。从开启着的大门一侧能可见大衙门外照壁

次间外侧的两梢间，外立面齐檐，宽约 4.5 米，中间设花格与玻璃的支摘窗一面，于窗外栽植楸树[①]一株。梢间两端檐下各设墀头。前立面上的这一形式，既彰显了二品官员的"五间"等级，又似乎隐喻了传统衙门两侧八字墙的存在。门屋山墙，下碱以细石砌筑，上部墙体砌以青砖。屋面中部较大面积以小式凹形板瓦仰覆。两端自垂脊向中部则改用了五垄大式，以筒瓦骑缝的仰合瓦，示与板瓦部分的区别。正脊则为三层凹形板瓦叠错搭连而成的透空清水脊，两端起翘，并各立吻兽一只。垂脊上则无脊兽。

1898 年夏季来到青岛口的保罗·戈德曼（PauI Goldmann）笔下大衙门的色彩与檐壁上的青龙、白虎图如下：

> 这个位于中国青岛的德国衙门，肯定是中国最美丽的衙门之一了。入口处的大门有雕刻，绿色的门扇如画般秀丽。小门儿的两侧都是由中国艺术家画上的壁画，由于他并没有被指定要画什么，所以，可以充分借由他的想象来作画。壁画上那灰色怪兽的头，仔细一看其实是一只贵宾犬，但却又有着白色的角，为的是要保有怪兽的神秘特质。除此之外，它的嘴里还吐出一团灰色的、像是彗星的东西，据说其实画的是大雷雨。就在画家

---

① 楸树花冠粉红色或略带白色，冠内有毛，耐烟尘，抗有害气体能力强，寿命长。树冠狭长到卵形。树干通直，主枝开阔伸展。在中国的树木园中，唯其"材"貌双全，素有"木王"之美称。自古以来楸树就广泛栽植于皇宫庭院，胜景名园之中。从风水角度上来讲，楸树一般种植于青龙位置。

把灰色的颜料都用于右边的画上之后，左边的画就明显只剩下一桶黄色的颜料可以使用了。由于世界上没有任何一样东西可以像老虎一样黄，所以，画家就在左边的门上画了一只老虎，一只特别庞大而且长着黑色双眼的老虎，眼神中没有一丝仁慈。也许中国画家在德国总督住所里所作的画都是带有寓意的，就像老虎可以代表着权力和强势一样，只是，大雷雨的那幅图便不知道该如何解释了，因为完全想象不到总督和坏天气之间的关系是什么。大门左边是一处黑白红三色的德国岗楼，它和这只中国大老虎保持着友好的邻居关系。①

由大门穿堂而过，迎面的建筑应为用于日常公事的衙门大堂，其左右两侧为厢房，四座房屋合围成的院落，组成了大衙门的一进院，也称为首进院。

图 3-28　大衙门一、二进院厢房西南立面（云志艺术馆提供）

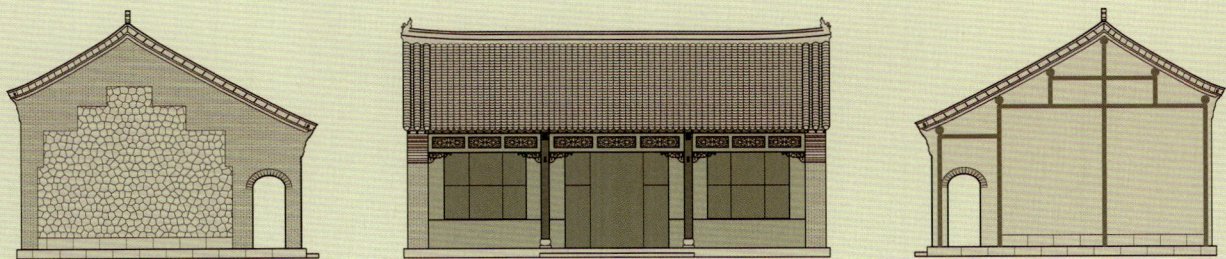

图 3-29　大衙门一进院厢房立面示意及梁架结构推想图

①［德］保罗·戈德曼：《1898 年的夏日：一个德国记者的中国观察》，吴伟栗译，北京：人民文学出版社，2022 年，第 258 页。

门屋背面开间与面阔与正面相同，立面中部三间的檐廊也与正面一致，左、右两间次间和檐墙上开设有支摘窗，而两端的梢间将正面的支摘窗变为了开门。此设置显然是因方便内部人员值守等使用需要而为。明间檐下增装有木门，这四扇隔扇门大门仅遮挡了进出衙门的正面，而两侧檐廊则留有敞开的通道。笔者推测，两侧侧向通道为平时人员进出的通道，中间的大门则是平时不开启的官员专用通道，而且还是随着官员品级的高低而全开或半开。这面内檐下的大门，同时也起到了院内照壁的作用，符合中国建筑的基本原则。

3. 大衙门大堂

一进院中最显著的建筑是大堂。位于建筑群的中心位置上的大堂将大衙门分割成了宽约 18 米、深约 17 米、面积约 300 平方米的一进院和宽约 16 米、深约 17 米、面积约为 270 平方米的二进院两个院落。

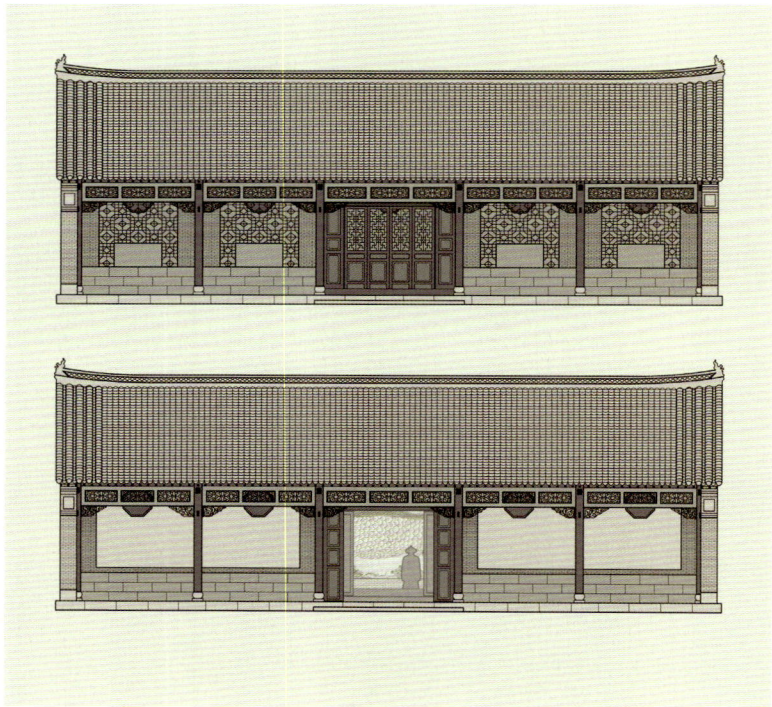

图 3-30　大衙门大堂前、后立面示意图

大衙门大堂屋面形式与门屋相同，同为面阔五间，进深四间，左右对称、前后对称，通面阔也与门屋一致，而通进深则略大于门屋，约为 11 米，形制为标准的清式五间七架前后廊硬山式。大堂前、后檐廊的开间与仅有三个开间檐廊的门屋不同，为五间六柱，进深也大于门屋檐廊，约为 1.4 米。前、后檐下设有檐柱六根和金柱六根，檐柱下部设鼓形柱础，上部设雀替，雀替之上仍设透雕檐坊。大堂前立

面明间檐下两金柱之间，开设有与门屋院门面阔相当，两侧设束腰大边的四扇隔扇门大门，格心为"万字纹窗棂格"，门上悬挂有四字匾额一面。两侧的次间、梢间面阔略小于明间，且四间面阔相同，约为3.8米。檐墙上各开设下部镶玻璃支摘窗一面，格心为"龟背锦窗棂格"。

大堂后立面，明间设通二进院的大门。按清律，这处大门之内，应设有一面"扇面墙"之类的隔断，官员的公案即设于之前，官员公干时面对大门背墙而坐，各类公事活动均在明间里进行。绍贤在《青岛总兵衙门记》一文中的"门内木屏风横遮内院"一语，所指或许即为此处。大堂背面廊下次间，梢间檐墙上端各设有便于通风的八角形空窗一扇。德占后照片显示，檐墙上绘制有中国画山水图。在清代官府建筑中，鲜有在檐下粉墙上绘画的做法，估计此做法和门屋檐墙上"青龙、白虎"出于同一目的，德占后增绘的可能性较大。

大堂前左右两侧，各建有厢房一栋。这两座面阔三间，进深二或三间建筑体量虽小于门屋、大堂等主体建筑，但仍在彰显出主人的官威。

"三间六架前廊"硬山式的两栋厢房，应该是供公务人员日常办公用的"科房"。其屋面敷瓦与主体建筑虽雷同，但建筑等级略低，中部大面积用小式凹形板瓦仰覆，两端自垂脊向中部则用三垄大式筒瓦骑缝。正脊同为三层凹形板瓦叠错搭连而成的透空清水脊，两端起翘，也各立吻兽，垂脊无脊兽。檐下三开间的檐廊，仅在明间设立柱两根承托檐坊，两端则直接与檐墙搭连（可能檐墙内包柱），柱间设挂落式透雕檐坊和雀替。檐廊进深约1.4米，两端檐墙上各开设券门一面。这两栋厢房的房门、窗扇为何种式样，因其图像资料少之又少，今已难考。

4. 大衙门上房

大衙门建筑群中最为华美的建筑当属第二进院里的"上房"，这个院子极有可能是总兵及其家眷的住所。在衙署中附设官邸，供官员及其眷属居住，是符合清代"前衙后邸"建筑规制的。况且，章高元还身居正二品，家眷随军也合乎常理。另外，从占领青岛德国海军将领迪德里希撰写的《1897年11月14日占领青岛（胶澳地区）手记》也得到了章高元住所的相关信息：

总兵章高元声称要留在青岛，并要帮助处理政治情况。第二天早上我得知，他已经把住有其家眷的衙门后院腾了出来。

这似乎也在说明着大衙门中"总兵官邸"的存在，而且在"手记"接下来的陈述中，似乎迪德里希也是在此居住的：

我自己先到衙门，以监督命令的实施和等待着占领各营房。在想到为自己安排下榻之前，我们的人必须从住房中清除的垃圾非常多，臭味刺鼻。

大衙门无论从地段还是建筑体量与形式，都是当时青岛口最为显著的中心建筑。故，德占青岛后也将其军政中枢设立于此。在 1906 年，位于今沂水路上的胶澳督署大楼建成启用前，大衙门一直是德军司令部和几任胶澳总督的官署所在地，并且直到 1914 年日本取代德国占领青岛之时，这里仍是其行政管理和法院的所在地，由德国前来青岛的要员也均无例外地踏足这座大衙门。一幅拍摄于 1897 年德占早期有夏礼辅[①]、迪德里希、单维廉[②]等人在大衙门二进院中的合影照片（图 3-31）真实记录下了还未进行改动过的大衙门内院真实的相貌。

图 3-31　1897 年，夏礼辅（左三）、迪德里希（左四）、单维廉（左五）等在大衙门上房前的合影（杨明海先生提供）

1893 年 4 月 16 日的《伦敦新闻画报》刊登了一幅由该报社特派画师梅尔顿·普莱尔绘制的，题为《中国问题——德国占领胶州，德国军官在青岛衙门举行音乐会》[③]的图（图 3-32）。这幅作为新闻图片使用的画作，画法虽近似速写，但画工较为细致，除了人物外还对周围的环境予以了刻画，记录下了厢房的面貌。图 3-31、图 3-32 最重要的信息是大衙门上房带有"斗拱"，这对确定大衙门的建筑式样和等级起到了关键作用。大衙门大堂背面与两座厢房合围成了大衙门的二进院，位于建筑群中轴线的后端。

---

① 夏礼辅（克莱普斯，E.Krebs），德国翻译、德国驻华公使馆参赞。
② 单维廉博士（Dr. W. Schrameier），德国海军枢密顾问、皇家胶澳地区名誉专员、华人事务专员。
③ 万国报馆编著：《甲午：120 年前的西方媒体观察》，北京：生活·读书·新知三联书店，2014 年，第 298 页。

图 3-32　1898 年，德国军官在青岛衙门举行音乐会［裴林（Gerlinde Pehlken）女士提供］

　　硬山式的大衙门上房，面阔五间，屋面与面前的大堂和门屋一致，同为中部较大面积以小式凹形板瓦仰覆，两端以五垄大式筒瓦骑缝。正脊为三层凹形板瓦叠错搭连而成的透空清水脊，两端起翘，各立吻兽，垂脊无脊兽。两侧的厢房建筑规模和形制与一进院中的两厢基本一致。较为明显的区别是减除了檐廊两端檐墙上的券门，两厢的间距略小于前院，因此二进院的院内面积小于一进院。这两栋建筑既可以当作公事科房使用，也可以当作居住的群室使用。

　　再从 1940 年测绘图（图 3-8）上看，正房通面阔与门屋及大堂一致，通进深与大堂一致。明间面阔约为 4 米，两侧次间和梢间面阔相等，约为 3.8 米。与前面两栋"五间七架前后廊"的大堂和门屋不同，正房为独特的单"前廊"式，可能是"七架前廊"，也可能是"九架前廊"等。

　　檐下设檐柱六柱，两端檐柱半包山墙内。檐柱下设枕鼓形柱础，上部暴露在外的木结构是各种装饰艺术的载体，设带有仙鹤、蝙蝠纹样的雀替，雀替之上为透雕檐坊，檐坊之上设有斗拱挑檐，檐柱上穿搭端部刻有寿字的挑尖梁。六根檐柱和檐墙上的六根金柱，合围出进深为 1.8 ~ 2 米的超常檐廊。从德国人拍摄的一张时任驻胶澳德军司令都沛禄与单维廉等人的合影照片上，不仅可以看出上房檐廊的深度，也可见上房大门的原貌。再者，从 1899 年 2 月—1901 年 1 月保罗·叶世克（Paul Jäschke）任胶澳总督期间的一张合影照片看，此时上房明间大门之外已增建了门厅。透过大门，后墙上的八角窗也显露了出来。

图 3-33　驻胶澳德军司令都沛禄与单维廉等人在大衙门
上房门外的合影

图 3-34　胶澳总督叶世克（穿白制服军人）同两位副
官及利连克男爵夫人在加装门厅后的上房门前的合影

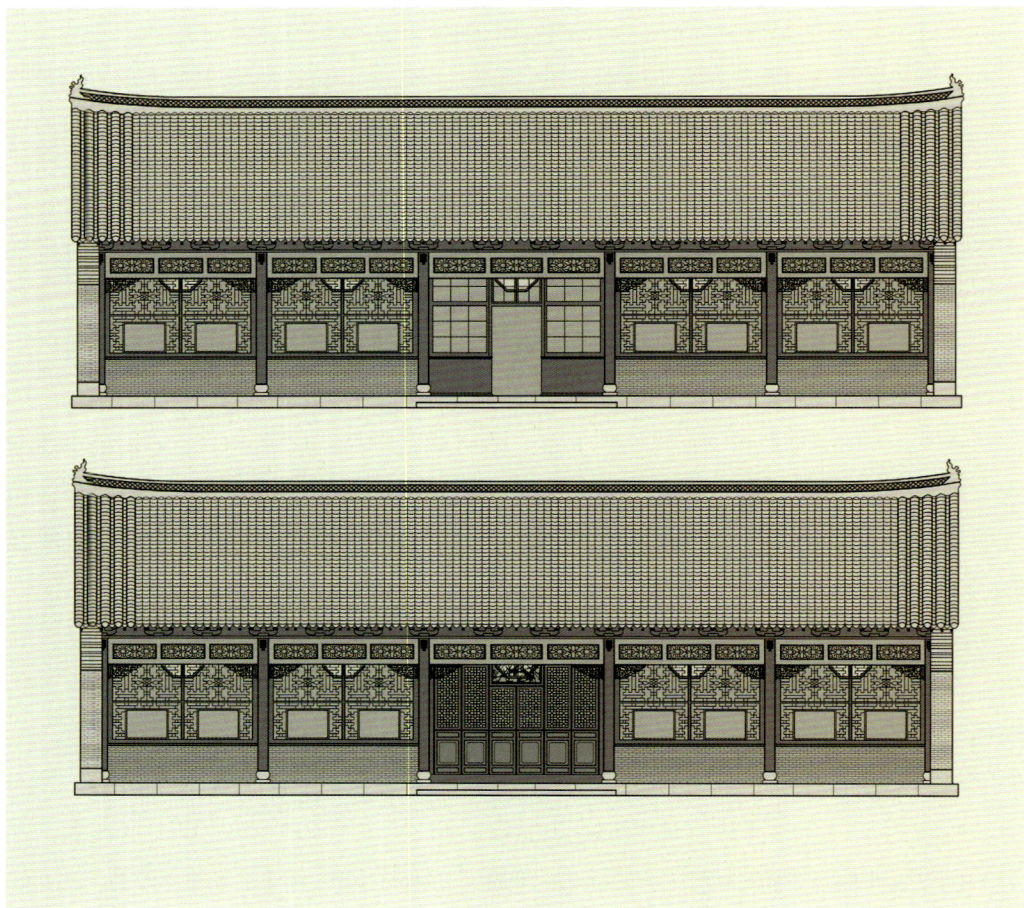

图 3-35　大衙门上房前立面图原貌（下图）与经德国人改造后的面貌示意图（上图）

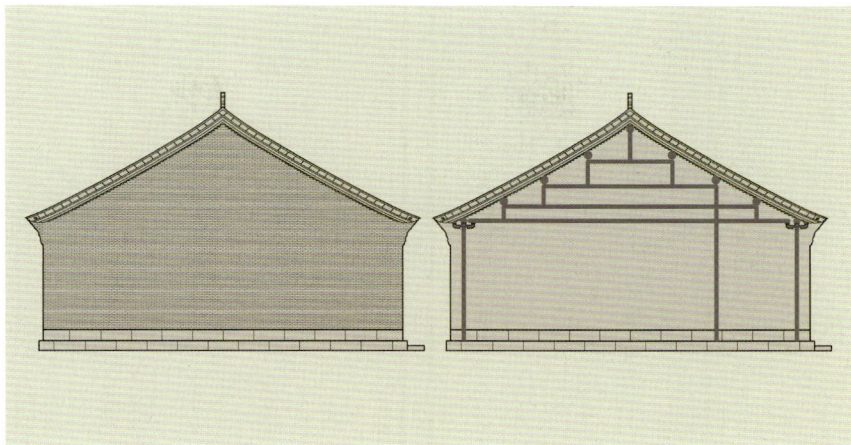

图 3-36　大衙门上房侧立面梁架结构推想图

　　大衙门上房明间开间设的扇格心为"龟背锦窗棂格"的"三关六扇门"，中间两扇高度降低，上部另设竹叶纹格心。正门之上这个部位正是通常悬挂门匾之处。在梅尔顿·普莱尔的绘画中，这里的确有一块匾额。但遗憾的是，这位不懂汉语的英国记者画虎类犬，致使匾额上含有重要信息的四个汉字无法辨识。

　　上房明间两侧四间次间、梢间，各开设多在住宅中使用的支摘窗一面，支摘窗下扇中部横置镶嵌矩形玻璃，上扇格心中间饰以"S"形盘长纹，两扇边框均以卍纹装饰。梅尔顿·普莱尔绘制的一幅表现首任胶澳总督罗森达尔（Rosendahl）在大衙门上房里的办公室内的绘画（图 3-37）清晰展现了正房支摘窗的完整样貌。

图 3-37　首任胶澳总督罗森达尔在大衙门上房里的办公室内景

图 3-38　三江会馆旧址至今保存完整的带有木雕装饰的梁架

上方建筑上的竹子雕饰，有着坚韧不拔、高风亮节的寓意。福寿、仙鹤、蝙蝠、龟背锦窗棂格、连绵不断的盘长纹、"卍"字纹、蔓草回纹，这些广泛使用于建筑中的中国古代传统吉祥图案，寓意着福寿吉祥，传达了房屋主人希望生活得更加安定美满的心愿。这些精雕细刻的生活类木雕艺术品似乎暗示着大衙门二进院的功能。

精美华丽的大衙门建筑，在承载着其主人心愿的同时也彰显着主人的身份与地位。德占胶澳时期，在红瓦白墙环绕中能与之相媲美的中式传统建筑还有 1907 年在大鲍岛建成的三江会馆。时至今日，在与章高元荣辱与共的大衙门退出历史舞台后，三江会馆建筑梁坊上的木雕纹样，为我们回望大衙门留下了一扇窗口。

在 1924 年的《青岛井户图》中，于二进院的正房前的大概位置上标注有 45 号水井一处。如果能确认这是百年前大衙门里的水井，更能说明二进院曾经所具有的居住功能。这些在有意和无意间保留到今天的百年前影像，为解读大衙门这座青岛历史建筑提供了帮助，当将这些星星点点的片段连接在一起时，这座建筑的本来面目逐渐清晰了起来。

六、孤军薄旅大衙门

19 世纪后期的清末，已经走过了烽台瞭敌、狼烟传信的时代。《胶澳志·交通志二》记载："我国于千八百九十年春始设邮局于青岛，兼辖青、莱、沂、胶境内

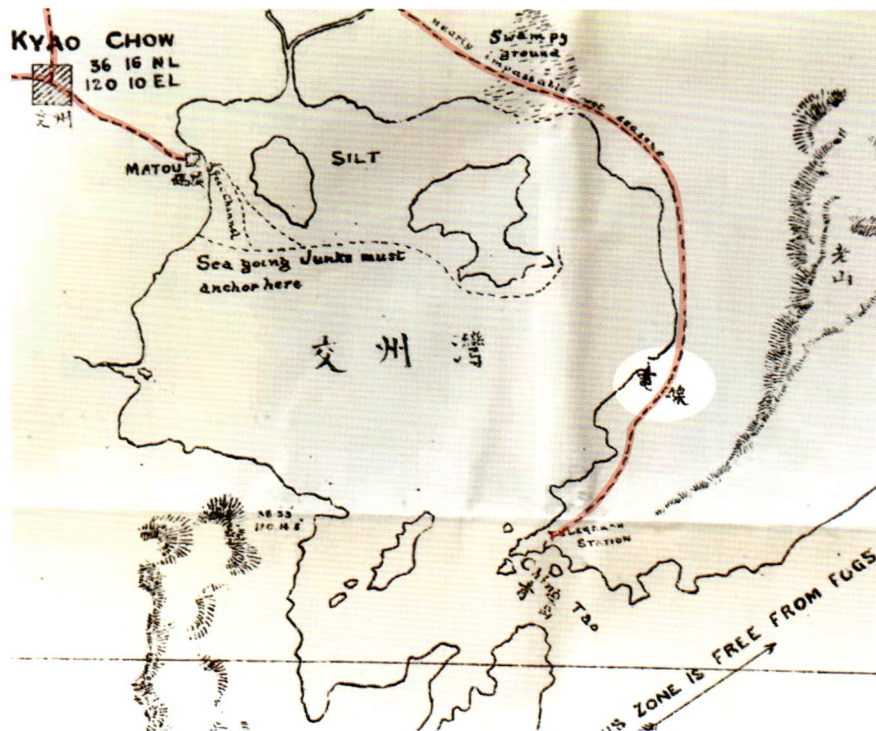

图 3-39　1895 年 11 月 5 日英国人莫蒂莫尔·奥沙利文（Mortimore O'Sullivan）绘制的胶州湾地图中的电线（有线电报）线路（裴林女士提供）

之十二分局，雇用邮差分班走递。"① 于19世纪30年代发明的有线电报此时也已经为清军所配备。1897年11月14日，德军在青岛口登陆时，章高元与天津督署、山东巡抚以及即墨、胶州等官署间的有线电报早已连线，德军占领青岛的消息和章高元求援的电报是由这里发送的。

托尔斯藤·华纳在《近代青岛的城市规划与建设》一书中提及的大衙门与电报站房：

在青岛村南边坐落着中国总兵府——衙门。紧靠衙门是中国驻军与省城济南府进行通信联系的电报站……②

迪德里希《1897年11月14日占领青岛（胶澳地区）手记》载：

我的计划是，在占领所有控制兵营和弹药库的位置并切断电报线路后，要求衙门中的总兵将其部队撤离和退出（青岛）。

8时45分，切断电报线路的信号报告才到达③……

命令通过信号发送进营房并使电报线路恢复。这时已经12点了。一位董电报业务的士官随警卫被派进衙门，以监督中国报务员。

…………

当我3时左右回到衙门时，我看到报务员在电报机旁工作，而且得到了正好电流又接通的消息并收到了一份来自上海的电报……

1897年11月16日（光绪二十三年十月二十二日），登州镇总兵章高元致山东巡抚李秉衡电：

现在青岛电线德人砍断后，旋经修好，据为己用。④

① 青岛市博物馆、中国第一历史档案馆、青岛市社会科学研究所编：《德国侵占胶州湾史料选编（1897—1898）》，济南：山东人民出版社1987年，第9页。
② ［德］托尔斯藤·华纳：《近代青岛的城市规划与建设》，青岛档案馆编译，南京：东南大学出版社，2011年，第108页。
③ 登陆后的德军首先切断了清军大衙门与外部联系的有线电报线路。后来，在德军控制电报房后这条有线电报线路又重新接通。
④ （清）章高元：《登州镇总兵章高元致山东巡抚李秉衡电》，青岛市博物馆、中国第一历史档案馆、青岛市社会科学研究所编：《德国侵占胶州湾史料选编（1897—1898）》，济南：山东人民出版社，1987年，第250页。

图 3-40　1898 年《手绘青岛鸟瞰图》中从大衙门二进院东厢房引出的电报线路

　　青岛口大衙门里的"电报房"具体所在房间和所使用的又是哪种类型发报设备，因史料的缺乏已经难以考明。在德国波恩大学教授马维立[①]先生提供的一幅约绘于 1898 年的手绘图中，大衙门二进院东侧的厢房后部，有一条线从这里引出，在一连串高架杆的抬举下，先是穿过左营、过上庄，再经嵩武中营（今中国海洋大学鱼山校区）西侧，又沿着今大学路一带的山道一路向东北翻山而去。这条线路图还不仅现于这幅图画中，在 1897 年德军绘制的《占领青岛海上攻击图》上，从"衙门营（Yamen Lager）[②]"开始向东北同有一条独特的以点与线标识的"通往胶州的干道（Hauptweg nach Kiautschau）"，并在"东营[③]（Ostlager）"和"石头山（Nubble Hiu）"两处，以德文"电报（Telegramm）"的首字母"T"予以了特别的标注。

　　另有一张照片拍摄于德占青岛初期，原大衙门东侧，清军左营大门尚未改造前。这张有德军和中国工人的照片中，从工人手里的白瓷绝缘子、肩上的电线以及身前的电线杆、身后的木梯等器材上看，这显然是一支由德军率领的"架线小队"出发前的合照。也就在德军占领青岛不久的 1898 年 1 月 26 日，德国人在大衙门西

---

　　① 马维立，本名威廉·马扎特（Wilhelm Matzat，1930 年 10 月 19 日—2016 年 10 月 21 日）德国波恩大学教授，马维立为其中文名。
　　② 衙门营即与大衙门一墙之隔的清军左营。
　　③ 东营即清军的嵩武中营。

图 3-41　1898 年左营门前的电报架线小队

南侧开设的"战地邮局"开始营业，电报也与中国的内地线路相连接，可见德国人对外的通信联系的急切需求。

七、衙耶？署耶？所耶？

青岛口上曾经的这座平面布局呈矩形、面向东南的官署建筑群与其他地方的县衙迥然不同。它既没有坐北面南，也没有完全遵循由外至内依次为照壁、东西辕门、大门、仪门、戒石坊、大堂、二堂、三堂、跨院，以及监狱设在大堂西南仪门之外，土地庙设在东南等通常性衙门的建筑规制来建设，且大衙门又不见匾额踪影。遍查史料，此"大衙门"非普通意义上的衙门，而应当是清北洋海军辖下的诸如刘公岛"海军公所"之类的军事机构。

《胶澳专档（光绪二十三年—民国元年）》[1]记有光绪二十三年十月二十六日（1897 年 11 月 20 日）德占青岛口后，章高元与北洋大臣王文韶的军情电文，其中有这样的述语：

> 喝令将亲兵戈什所有洋枪刀械尽数搜去，并将办公处所严守不放出入……

---

① 《胶澳专档（光绪二十三年—民国元年）》系根据清总理各国事务衙门、外务部清档及外交部原档中之有关胶澳专案部分编纂而成。

再，公所现洋人把守，恐设法送电迟滞……①

在当时，青岛口各个兵营都有各自的名称，章高元在电文中所称"公所"不会另有别处了，此公所无疑即"大衙门"。但遗憾的是，在目前可寻的史料中，章高元对自己的"公所"仅使用了简称，没有完整的表述。在光绪二十三年十一月初五日（1897年11月28日），章高元致直隶总督兼北洋大臣王文韶、宰相李鸿章和山东巡抚李秉衡电报中，对大衙门又使用了"衙署"之称。再结合驻青清军的"胶防营"之名称，猜测这所大衙门正式名称为"胶防公所""青岛公所"或"胶防公署"等。

大衙门建筑群的蹊跷之处也正如绍贤在《青岛总兵衙门记》所述那样："西院（临今太平路一侧）北院（临今常州路一侧）旷约三四亩，据云西院为当日仓库所在"。大衙门右侧这处带有围墙和角门的西院，一直就那么空荡闲置着，直到20世纪20—30年代，西院与太平路之间才建起了几座私人别墅。

北院即大衙门建筑群的背后，由于有高大的大衙门建筑群的遮挡，这一带的建筑情况极难了解。仅从几张德占早期的远景照片和几幅手绘地图上看，这处可以作为内宅后花园的位置，仅有几栋低矮的且与衙门坐落朝向成直角、与商业或货栈用房相似的平房。这实难与一位二品大员的"内宅"联系在一起。

东院（大衙门东北侧）与大衙门建筑群一墙之隔的是驻青清军的嵩武左营。左营也是面向东南，但左营大门与大衙门大门既不在一个平面上又不是完全相同的朝向，大衙门东北的围墙竟然将左营营墙的一角倾斜着包围，使得左营营门斜对着大衙门的大照壁。两组矩形的建筑群就那么别扭又亲密地靠在一起。两座歪斜着的大门门前就是一条宽阔的、被德国人称为"衙门街"的大路。这条路的一端连接着今太平路，另一端则笔直地连接着今大学路。直到"南沟"被覆盖改造成暗渠后，大衙门门前这一段"大学路"才改道于暗渠之上，也使得原本取直的大学路在此东移转向。

章高元于1892年8月首先率广武军两营进驻青岛口，随后又有嵩武军两营进驻。此时的青岛即将入秋，进驻的四营清军首先要解决越冬问题。因此，首先建造的不应该是大衙门，而是几千清军及随军家眷的住房。至1897年11月14日德占青岛时，共建有衙门一处、兵营六处、子（弹）药库一处、训练场一处，码头一座、炮台一座和沿海约4.5千米的防御墙。章高元在青岛总共仅有六年的时间，而且在这期间又有近两年因驰援辽东中日甲午战争陆上战斗而使得在青岛口的工程停

---

① （清）王文韶：《总署收北洋大臣王文韶电》，青岛市档案馆、中国第一历史档案馆编：《胶州湾事件档案史料汇编》（下册），青岛：青岛出版社，2011年，第8页。

滞。德占之后的照片显示，大衙门一带更像是一处未完全完工的建筑群。这似乎也符合章高元品级。在青岛驻留的时间，大衙门的竣工或许是章高元一个未尽的心愿。1906年左右，德国人按照大衙门的样式，在大衙门门屋南侧进行了增建，将大衙门门垦加宽了约1/3。百余年前建造的这处曾有清朝二品官员，德国东亚舰队司令、普鲁士亲王、胶澳总督，日本人，等中外各色人物出入的大衙门，在其存世的60余年中几经易主。虽然不同时期的使用者都按照各自的使用习惯进行过增改建，但直至它完成历史使命时，其建筑主体基本未变。

图3-42　德占胶澳后1906年左右在大衙门门屋南侧进行了增建

八、回望大衙门

《青岛早报》于2003年10月7日在《青岛大院故事》连载栏目中刊登有傅守礼先生的《老衙门（上）》一文。傅先生的文章回溯并记录下了大衙门在消失前最后一段时光里的人和事：

> 要说青岛最早的大院，那就要算“老衙门”了。要说在青岛的发展过程中，消失最早的大院，大概也要算“老衙门”了。自1891年清政府在青岛村设总兵衙门，就有了后来称之为“老衙门”的居民大院建筑。1959年开始建设青岛市人民会堂的时候，总兵衙门和“老衙门”大院就消失了。建会堂之前，总兵衙门是青岛二中分院，门牌号是大学路二号；“老衙门”大院门牌号是大学路四号，它们是一组建筑群。
>
> 总兵衙门是官府，在大学路对面有一个大照壁与官府大门相对，衙门有三进（应为二进）大院，靠常州路这一边是一个有很多银杏树的大后

院，这里还有一个小后门。在西厢房的西面也是大院子，与后院相连。东厢房的东面是驻兵大院，就是这个大院成了以后的居民院（原清军左营），跟总兵衙门"沾光"，附近的老百姓就称它为"老衙门"了。

1897年德军侵占青岛后，拆除了清军的其他四处营房，只保留了总兵衙门。1922年，北洋政府接收青岛，胶防司令部也驻在这总兵衙门。1929年，南京国民政府接管青岛就不再在此驻军，逐渐改作他用，解放前，这里曾是东文书院。解放后，这里改为青岛二中分院。东侧的驻兵大院与总兵衙门有院墙相隔，也改作居民大院了。

大院内建筑布局颇像"仁"字。这一竖是面向大学路的一排砖木结构平房，坐北向南，是院里较适合居住的房屋。上面那一横，也是一趟平房，沿屋脊一条纵墙将房屋分成东西，两面都住着居民，里面的居室没有穿堂风，夏天是很热的，平房的东侧有木结构柱廊面向内院。"仁"字的下面一横，是一趟"E"字形砖木结构平房，突出的房屋向东，这趟房也是东西两面住人，有的是三间住两户，两户公用堂屋，左右各住一户，是青岛俗称的对面房。向东突出的房屋房间都很大，在住居民前都改造成较小的房间了。这三趟平房围成一个大院子，真像是一个跑马演兵的大校场。在那一撇的上端靠院墙有一座公厕，下面一横的右端也有一座公厕。这边的院子里还有一口水井，井台很大，有一丈见方，高有二尺（市尺），是砖砌抹水泥面的，洗衣、冲厕、浇地都用这井水。再说那一撇，这是在东方市场外面广场上摆摊卖菜、卖饭的小贩们搭建的简易住房。全院住着70户左右的居民，带柱廊的那趟房住户多是市政系统的职工。在"仁"字的一竖两横之间是院中大道通大院东侧的三柱式大门，大门可进出车辆，平时只开小门供居民出入。

大门外是广场，靠地方市场和龙口路一面是小贩摆摊的市场，靠大学路这面常有杂技团和魔术表演，德州杂技团、"王傻子"的传统戏法"小天一"的西方魔术等都在此开场表演过。后来。这个小广场上建起了现在的东方饭店。
..............①

① 傅守礼编撰：《老衙门（上）》，《青岛早报》2003年10月7日A24版。

图 3-43　1960 年的大衙门门屋与大会堂坐落位置示意图。带三个老虎窗与烟囱部分为约 1906 年德占时期增建建筑，近会堂一间为原大衙门一部分（张秉山先生摄于 1958 年，张岩先生提供）

图 3-44　"大衙门"区域之变迁（张秉山先生摄，张岩先生提供）

4

第四章
龙盘虎踞生大将威风

一、龙旗下的青岛口

清末的胶州湾内外，有唐岛口、洋河口、大河口、小河口、麻湾口、金口、女姑口、沧口、青岛口、浮山所口、石老人口、沙子口、登窑口……[①] 在这众多的"海口"当中，处于湾口东侧的青岛口是进出胶州湾的必经之路，此处设立海防炮台和要塞兵营，既能控制胶州湾以外，又可扼守胶州之湾内，是守卫胶州湾的不二之选。

"イ、嵩武中營。ロ、廣武砲隊。ハ、嵩武左營。二、驤武前營。ホ、嵩武右營。ヘ、明兵營。卜、棧橋。"这些名称是日本步兵第十九联队附陆军步兵中尉桥本仙作于 1897 年 9 月至 11 月间，在对青岛口清军的布防侦查过后，绘制在《青岛之图》（《青嶋之圖》）上的军事设施名。图中除六座兵营和栈桥外，还有三座炮台。同年，就在德占青岛后的 1897 年 11 月 27 日，日本人又绘制了《电报解译用的山东省略图》（《電報解譯ノ為メ山東省略図》）对占领青岛的德军和青岛外围清军驻地以及里程予以了侦查和详细记录。（见图 1-27、图 1-28）

东营（Ostlagcr）、炮兵营（Artillerie-Lager）、衙门营（Jamen Lager）、沙滩营房（Strandlager）、高地营（H öhenlager）、桥营（Brückenlager）、登陆桥（Landungs-Brücke）[②]，这些名字是在 1897 年 11 月，德占青岛口之后德国人给予上述兵营和码头的名称。

虽然这些在当年由日本人和德国人记录下来的兵营名称有所不同，但两相对照，清军的六座陆海军兵营和码头清晰可辨。在德占青岛口后的照片和文字资料中，除兵营之外，大衙门、子药库、演兵场和一条约 4.5 千米长的海岸防御墙，以

---

① 雍正《山东通志》卷一六《兵防志·胶州营》，文渊阁《四库全书》影印本，台北：台湾商务印书馆，1990 年，第 208 页下栏。同治《即墨县志·图·海口图》，台北：成文出版社，1976 年，第 23 页下栏—24 页上栏。

② 参见 1898 年德军《占领青岛海上攻击图》。

图 4-1　黄龙旗

及与通往胶州和即墨的道路、沿路架设的有线电报线路等其他的军事设施也都一一对应。此时，在 1892 年章高元率军进驻青岛口的五年后，在清朝黄龙旗①下的海疆塞防建设虽未按原计划全面完工，但也已经是粗具规模。

1872 年创刊于上海、发行了 77 年的《申报》，不仅仅是这一历史时期影响最广的报纸，也因为其中记录了从清末到民国近八十年间的政治、军事、经济、文化、社会各方面的情况，而被称为"近现代史的百科全书"。在它发表的包罗万象的内容里，不可思议地把当时清军的布防、军事调动等情况事无巨细地予以了公开，对胶州湾设防和建设也作为"新闻"进行了连年持续的报道。仅仅在 1891 年 6 月 14 日内阁明发上谕胶澳设防后月余的 7 月 23 日，《申报》即刊登了"胶州口自经抚、宪勘验后，闻将修筑炮台。果尔，则东海又多一重镇矣"②的消息，虽然只是一则简短的报道，却将清军的军事计划和新开辟的设防地明明白白地告知于天下。

转年 1892 年 1 月 4 日、7 月 26 日、9 月 13 日、10 月 29 日等多日《申报》再报：

山东各海口为南、北洋适中之地，封疆锁钥诚宜加意防维。③

六月初五日，登州镇章镇军由任所至烟台商办公务，随于某日回辕。④

盛杏荪观察于交卸之顷，会同登州镇章镇军、嵩武营统领孙军门赴胶州验看海口，拟将修筑炮台意者，临别时尚不容膜视乎。⑤

胶州口拟筑炮台，日内有嵩武军二营移往驻扎，月初又有登州广武营炮队若干名，由章军门督率前往，军容茶火，顿觉壁垒一新。⑥

胶州口创修炮台业已开工兴办。日前，有委员来烟在道署领银万余两押解前往，以济工需。⑦

---

① 黄龙旗初为北洋水师军旗，1888 年《北洋海军章程》颁布，确定以原为海军军旗的"黄底蓝龙戏红珠图"为清朝长方形国旗。

② 佚名：《烟台零拾》，《申报》1891 年 7 月 23 日第 2 版。

③ 佚名：《烟台腊鼓》，《申报》1892 年 1 月 4 日第 2 版。

④ 佚名：《芝罘闲话》，《申报》1892 年 7 月 26 日第 2 版。

⑤ 佚名：《芝罘闲话》，《申报》1897 年 7 月 26 日第 2 版。

⑥ 佚名：《芝罘客述》，《申报》1892 年 9 月 13 日第 2 版。

⑦ 佚名：《烟台胜录》，《申报》1892 年 10 月 29 日第 2 版。

1892 年，是青岛历史上的一个转折点。在清军正式进驻之前，登莱青道盛宣怀与统带烟台防营的嵩武军汉中镇总兵孙金彪、统带广武营的登州镇总兵章高元，先期已对青岛进行了实地勘查。随后才是"嵩武军二营和登州广武营炮队若干名"的步、炮兵声势浩大的进驻，以及随之而来的各路工匠。在黄羽纱底、蓝羽纱青龙和红日的清朝黄龙旗下，青岛口迎来了历史上一次有计划的海防要塞建设。大幕正在拉开，历史人物也已登台。清军驻青的第一个冬天过后，从 1893 的开春至 1894 年 8 月的青岛口，海上"雇船运载，络绎如梭"，陆上"开劈山路，填筑台基"，一定是一个热火朝天的建筑工地。1893 年 7 月 22 日《申报》刊文：

> 东海一隅土薄山多，取石甚便荣成石岛一带。所出之石更属坚固。从前，旅顺口大凌湾筑造炮台皆取石于此。今胶州青岛亦取此处之石筑炮台，雇船运载络绎如梭。[①]

北洋水师秉承了旅顺和烟台两地建造炮台的做法，从山东荣成的石岛开采出石料海运至青岛口，用以建造炮台和兵营。年末，章高元怀揣着业绩，面见了新任东海关监督、登莱青道刘含芳，并就工程的继续进行了商讨。随后，青岛口上的各项工事按部就班、热火朝天地继续着。12 月 16 日，章高元之母何氏不幸病故。按清律，章高元应"扶柩回籍治丧"丁忧三年，但因工程紧要又不失孝道，清廷改章高元为署理留青督工。

1894 年，北洋海军正在按照李鸿章的规划向前走着，北边旅威已经布置妥当，南边胶州湾的营垒和海军码头业已初具，三年一循的"海军大阅"也已为时。但殊不知，这一年无论是对清廷还是对李鸿章，抑或是对章高元而言，都将是痛彻心扉与惊心动魄的。在辉煌与坦途中，一场未曾预料到的狂风暴雨正在逼近。7 月 25 日，以丰岛海战为起点，中日甲午战争爆发，最终的结果是北洋海军的全军覆没和《马关条约》的签订。

二、甲午，甲午!

《申报》1894 年 1 月 2 日发文：

> 福润片：再，记名提督登州镇总兵章高元于光绪十三年十月莅任，扣至本年十月二次三年期满，例应奏请陛见。惟该镇前经奴才会同北洋大臣李鸿章札委督率防营建筑胶澳炮台。现在开劈山路，填筑台基，正工程吃紧之际。该镇在任年久，熟悉情形，措置悉合机宜，遇事不辞劳。瘁似未便，遽易生手，致滋贻误。可否吁恳天恩俯准，该镇暂缓陛见。俟台垒规

---

① 佚名：《登州海市》，《申报》1893 年 7 月 22 日第 3 版。

模粗就，工作稍松，再行奏请。出自慈施理合，会同北洋大臣直隶总督臣李鸿章附片，具陈伏乞圣鉴训示。谨奏。奉朱批著照所请。钦此。①

1894年3月26日《申报》刊文：

尚书衔山东巡抚奴才福润跪奏：为总兵丁忧，因督建胶澳台工紧要，吁恳天恩，给假治丧，改为署理，以重要工恭折。仰祈圣鉴，事窃准记，名提督登州镇总兵臣章高元咨称亲母何氏曾迎养在署，于光绪十九年十一月初九日病故。该镇系属亲子，例应丁忧开缺，扶柩回籍守制，请即具奏等因自应准如所请。该镇久历戎行，声威素著。抵任以来，营制防务周不实力讲求。前经奴才会同北洋大臣直隶总督臣李鸿章派委督建胶州海口炮台，经营已逾一载。胶澳与烟台皆为北洋门户，拱卫畿疆，炮台关系至重。该镇屡赴外洋，亲历各岛，悉心相度形势，劈路开山，事事悉合机宜。现在订置炮位，购备料物，督率各营弁勇建立台基，填筑营盘，工程正级吃紧，似未便骤易生手，致滋贻误。奴才与臣鸿章往返电商，意见相同。查现任宁夏镇总兵卫汝贵前在海防军营丁忧，因会统北洋防军督队开挖天津河道、沟渠，工程紧要，经臣鸿章奏，奉谕旨改为署理，留统防军。该镇事同一律可否吁恳天恩俯准，将登州镇总兵章高元改为署理，并赏假百日，扶柩回籍治丧。假满即回署任，仍责成建筑胶澳炮台，以重要工。出自慈施，谨会同北洋大臣直隶总督臣李鸿章恭折具奏，伏乞皇上圣鉴训示。谨奏。奉朱批章高元著改为署任，余依议该部知道。钦此。②

1894年5月7日至5月30日，北洋海军举行了成军后的第二次"海军大阅"。李鸿章率要员、舰只由旅顺驭舰启程，一路浩浩荡荡南下巡视。

《海军大阅章程》记：

光绪二十年四月初三日（1894年5月7日）启节，登"海晏"轮船，至咸水沽上岸，赴小站。

初四日，看操。初五日，赴大沽。初六日，看操毕，回船。初七日，趁潮出海。初八日，抵旅顺口。初九日、初十日、十一日，看操。十二日，赴大连湾。十三日、十四日，看铭军操。十五日，登舟，上午看水师大炮打靶，下午看水师各舰、雷艇、鱼雷打靶。夜间九点展轮赴威海。十六日，早晨六点钟抵威海。十六日、十七日，看操。十九日，上午展轮赴胶州。二十日，早晨抵胶州，看炮台基。二十一日，早晨展轮赴烟台

① 佚名：《光绪十九年十一月初九日京报接录》，《申报》1894年1月2日第12版。
② 佚名：《光绪二十年二月十一日京报接录》，《申报》1894年3月26日第12版。

二十二日，抵烟台，看炮台。晚间六点钟展轮慢车赴山海关。二十三日，早晨九点钟抵山海关。二十四、二十五日，看操。二十六日，上轮车启程，过滦河看铁桥，回津。[①]

李鸿章此番的第二次青岛之行，看待青岛口的目光已与三年前截然不同了，青岛口上的景象也已有了较大改观。李鸿章在 5 月 29 日的奏折中如是禀奏：

> 至胶州澳口，原拟于北岸之青岛、坦岛、团岛各设炮台一座，臣等逐处察勘，登州镇总兵章高元，承办各台基址已具，所拟安设炮位处所，尚得形胜。惟团岛适当海口来路，一台尚嫌单薄，拟于岛左添筑炮台一座，分置二十四生特长钢炮三尊、十二生特长块炮两尊，均用新式磨盘架，四面环击。道员龚照玙又于青岛前建设大铁码头一座，现拟于铁码头后建造水雷营，紧扼口门。章高元原带仅止广武两营，前经山东抚臣福润奏调嵩武两营归其节制调遣，当饬该镇督率四营将弁，认真合力工作，已期早日告成。[②]

时刻跟进的《申报》也在 1894 年 6 月 2 日"及时"刊发了消息：

> 十八日卯刻，帅节乘快马轮船至石岛一带炮台看打靶及水雷营演放水雷，十二句钟回船，即鼓轮"丰顺"及"定远"等六兵舰赴胶州。以遇风故，海晏开快车，十九日早一句半钟抵胶州，泊青岛。五句钟时，"丰顺"及六兵舰相继驶至。帅节于七句钟乘"遇顺"轮船登岸看广武、嵩武等四营操及炮台打靶。十一句钟时，帅节乘小杉板至"丰顺"晤定钦差。坐谈片刻回舟同，时鼓轮赴烟台。二十日八句钟抵烟台之通伸岗。[③]

1886 年，由清朝的"镇远""定远""威远""济远"四艘铁甲舰组成的舰队，首次访问了日本长崎。仰望着定远巨舰上飘扬着的龙旗，日本人也首次见到了远超自身的清朝军舰。舰队访问期间，中国水兵与日本警察发生冲突（"长崎事件"），使得原本就以北洋水师为惧的日本借机散布"大清威胁论"，"击沉'定远'舰"成为目标。1887 年 2 月，日本拟定了《征讨清国策案》，构想用五年的时间完成作战准备，之后攻陷北京，擒拿清帝，将清朝分割成六块。其中特别指出了"压制海上为第一步"的战略目标，先吞并琉球、朝鲜，再灭亡清朝。1888 年清北洋水师的建立，使得日本已经发红的眼睛更加血红。清朝和日本，一个是以拱卫京畿门户安

① 《海军大阅章程》，张侠、杨志本、罗伟等编：《清末海军史料》，北京：海洋出版社，1982 年，第 506—507 页。

② （清）李鸿章等：《直隶总督李鸿章等奏折》，青岛市档案馆、中国第一历史档案馆编：《胶州湾事件档案史料汇编》（上册），青岛：青岛出版社，2011 年，第 13—15 页。

③ 佚名：《海防大阅续记》，《申报》1894 年 6 月 2 日第 2 版。

全的海防、塞防等自卫性防御为宗旨，一个是以灭亡他国而来的攻击为宗旨；一个是以建设东亚最强海军为宗旨，一个则是以打败东亚最强海军为宗旨；一个在挪用海军军费建造皇家园林，一个在从欧洲购舰制炮。日本的扩军备战在疯狂提速。至甲午战争前夕，两国的海军力量已经接近。在速射舰炮、新式鱼雷等武器的列装方面，后来者居上，其海军力量已在清朝之上了。

图 4-2 "致远"舰军官战前合影
中立者左为"致远"舰管带（舰长）、民族英雄邓世昌，右为北洋海军英籍总兵琅威理

1894 年 7 月 25 日，日本不宣而战，在朝鲜丰岛海面袭击了清军增援朝鲜政府军镇压朝鲜东学党起义的运兵船"济远"舰、"广乙"舰。8 月 1 日，中日双方正式宣战，日本为侵略中国而蓄谋已久的"甲午战争"爆发。战争打响后，驻青岛口驻军受命驰援辽东陆上战场，致使青岛口的防务工程完全停滞，青岛口成为一个没有防御的市镇。

1894 年 8 月 4 日《山东巡抚福润折》云：

······惟胶澳台工未竣，炮位未齐，现亦电商李鸿章，饬令暂行停工，其工作之嵩武、广武四营，专事巡操，庶期有备无患······[1]

---

[1]（清）福润：《山东巡抚福润折》，青岛市档案馆、中国第一历史档案馆编：《胶州湾事件档案史料汇编》（上册），青岛：青岛出版社，2011 年，第 15 页。

光绪二十年八月十五日（1894年9月14日），清廷调李秉衡接任山东巡抚。
1894年11月9日，山东巡抚李秉衡《奏报驰抵烟台一带筹办海防折》云：

> 查山东海防，以威海、登州为最吃重，烟台次之，胶澳又次之……
> 胶州偏在沿海西南一面，距烟台六百余里，先有登州镇总兵章高元统带广
> 武、嵩武四营驻扎青岛。臣本拟初六日赴该处查看，因迭奉电旨，饬令拔
> 营往援旅顺。体察各处情势，惟胶澳防务稍松，因酌调章高元统带所部四
> 营，并拔原驻登州四营东渡援旅……"。[1]

光绪二十年十月十六日（1894年11月13日），山东巡抚李秉衡《奏新募各营
成军日期折》云：

> 一面电咨登州镇总兵章高元就近招勇二营，并将修筑胶州炮台之广
> 武、嵩武二营停止工作，即归章高元调遣……奉朱批：该部知道。钦此。
> 旋准统带广武、嵩武军署登州镇总兵章高元咨报，募勇一千人，编为福字
> 中军左、右营，于七月二十三日成军。[2]

图4-3　1894年9月8日《伦敦新闻画报》中日甲午战争一景——李鸿章麾下由欧洲教习训练
出来的一支炮兵正在向敌人开火（局部）[3]，图中清军使用的火炮与驻青岛口广武炮队营所配备的
火炮相似

---

①（清）李秉衡：《奏报驰抵烟台一带筹办海防折》，戚其章辑校：《李秉衡集》，北
京：中华书局，2013年，第219页。

②（清）李秉衡：《奏新募各营成军日期折》，戚其章辑校：《李秉衡集》，北京：中华
书局，2013年，第225页。

③ 万国报馆编著：《甲午：120年前的西方媒体观察》，北京：生活·读书·新知三联
书店，2014年，第172页。

1894 年 10 月 20 日《申报》载：

> 海防兵力已厚，近又由省垣派出练勇三营一营拨守胶州口之炮台，其二营则于十五日由烟台经过迳赴威海驻扎。[①]

章高元奉调率胶防营所部嵩武军、广武军四营，与夏辛西登防营所部之嵩武军两营以及新招募的福字中军两营，共八营陆军秣马厉兵奔赴辽东守卫盖平（今辽宁省盖州市）。1895 年 1 月 10 日，与日军乃木希典旅团血战盖平。这场阻击战虽然战败，但章高元所部的英勇作战也获得了客观的评论："是役也，为中日战争中第一恶战，日本军人尝称之。" 1895 年 1 月 9 日、10 日、13 日、17 日，李秉衡致电章高元：

> 营口送盖平章鼎臣镇军鉴：盖城腹背受敌，公与张军力不厚，赖公忠勇，必能激励将士，力保危城。翘盼无已。衡。感。

> 营口送盖平章鼎臣镇军鉴：来电慰悉。贵部与张军毙敌数十名，兼毙贼目，佩慰之至。徐军再到，声威可当更振。仍望随时电示捷音。衡。翰。

> 营口章鼎臣镇军鉴：来电敬悉。此番血战，杨、李统领带诸公力战捐躯，可敬可悯。宋帅必已电奏。盖平能保否？徐、张二军是否与贵部合队？统希电示。衡。啸。

> 营口章鼎臣镇军鉴：来电敬悉。麾下力战无援，又奉严议，自深忧愦。惟盖平已失，宋帅自请治罪，既经奉旨分别优恤议处，似难奏请派查。乞坚忍图功为盼！谢恩赏折已代办，于廿一日拜发矣。[②]

自 1894 年 8 月 1 日宣战，至 1895 年 4 月 17 日结束的甲午战争，日本方面是蓄谋已久的有备而战，而清朝则是在被动中仓皇迎战。结果是北洋水师覆没，千余将士捐躯海疆，百多营六万余大军全线溃退，清朝战败。

1895 年 4 月 17 日，李鸿章代表清政府与日本签订了《马关条约》。条约规定：中国割让辽东半岛、台湾岛及其附属各岛屿、澎湖列岛给日本，赔偿白银 2 亿两。增开多地为商埠，允许日本在通商口岸办厂。其中的割让辽东半岛一项，因 1895 年 4 月 23 日，在俄国、德国和法国三国"友善"面孔下包藏有更大野心的"三国干预还辽"而搁浅，但贪婪的日本转而又向清朝索要了 3 000 万两白银的"赔款"。而就在我、德、法三位清朝的"朋友"劝告日本还辽东给中国后，1898 年 3 月 27 日，俄、日与清政府签订了为期 25 年的《旅大租地条约》。

1899 年 11 月 16 日，法国与清政府签订了为期 99 年的《中法互订广州湾租界

① 佚名：《烟台防务》，《申报》1894 年 10 月 20 日第 2 版
② （清）李秉衡：《至盖平章镇军电》，戚其章辑校：《李秉衡集》，北京：中华书局，2013 年，第 874、877、880 页。

条约》。

1897 年 11 月 14 日，德国以武力占领了青岛，于 1898 年 3 月 6 日与清政府签订了为期 99 年的《胶澳租借条约》。

三、章高元禀

章高元参加的盖平之战，是甲午战争中的一次重要战役。从事中国古代史、中国近代史，专事甲午战争史研究的戚其章先生，在所著《习史思辩录》一书收录有章高元在盖平之战后撰写的《章高元禀》。《章高元禀》详述盖平之战的过程，对本人的战绩只字不提，对部将的英勇和爱国精神则给予了充分肯定。这一份极具价值的史料，为我们了解这场恶战和章高元其人提供了一手资料。《章高元禀》全文如下：

窃盖平南通金、旅，北界海域，东接岫岩，三面受敌。冬月十七至廿一等日，岫岩贼数千连日扑犯盖东卅里之牵马岭，均经标下督同杨寿山、李仁党等设伏迎剿，屡有斩获。时当冰雪在地，该将领等不避严寒，与士卒露宿山顶十余夜。营官副将衔补用参将张奉先独挡山口，昼夜严防，尤为辛苦。贼伎无施，历旬余而退。

至十二月十三日（1895 年 1 月 8 日），南路大段五六千人猛扑我军。寿山、仁党等随同标下，与贼力战三昼夜，不能收队。

十五日（1 月 10 日）丑时，贼分数路进攻，寿山等均能奋不顾身，誓灭此寇。战至卯初，殄灭千余人，精神百倍，督战有力。忽岫、海贼亦五六千人，由盖东槐树沟突出，亦分数路猛攻。标下自御南路大股，即饬

图 4-4　甲午战争后的盖平城

寿山、仁党等分队迎剿。寿山自率奋勇二百余人，透过贼队，毙敌数十人，不能归队。张奉先带队接应，与寿山前后夹击。寿山冲出重围，又为南路贼截断，奉先回救，中弹，陷于阵中。仁党与游击李世鸿、贾君廉、都司张世保，各带奋勇二百余名，分数路抄击，殄贼千余人，贼势稍退。寿山步行闯出，血渍襟袖皆赤。

战至巳出，东南两路贼调行炮数十尊，排列轰击。寿山正在指挥，忽一飞子洞胸而入，仆地气绝。诸将士尤奋勇争先，齐呼杀贼。战至巳正，仁党、世鸿、君廉、世宝等皆中子殒命。八营哨官差弁都司衔守备王正中、守备高德胜、千总汪国柱、欧邦书、把总欧阳山、颜家新、张光万、外委张维隆、朱天寿、蔡得开、王九治、王德胜、刘殿顾、杨鸿举、六品顶戴辛长得第二名，均因伤身故。勇丁共伤亡七百余名。

标下伏查：寿山于同治初年随前任山东巡抚院张勤果公，在河南、新疆等处带队多年，屡立战功，素称骁勇。自去冬拔队启行，过其寓而不入，其养子叩马坚请一部署家务，寿山曰："此何时，尚暇顾家？"即扬鞭径去。部曲为之感泣。奉先亦勤果部将，忠勇性成，素尚气节，于回救寿山时中弹陷阵，必无生理。仁党向随前任山东巡抚陈士杰在广西军营，每战身先士卒，所向有功。世鸿、世宝向随标下剿匪剿捻，转战数省。同治十三年及光绪十年，两次随标下渡台平番剿夷，不避矢石，均由更目荐保今职。去年十月间由登州上船北渡，正倭船游弋海面，该将官等均能勇往直前，毫无顾忌。此次交绥，径以八营之众而当金旅、岫海两路一万余贼　腹背受敌，尤能勠力同心，血战三日而无懈色。非平时深明大义，讵能临阵当先，效其死命？

标下今复奉调回驻山东垤子口，近隶节麾，自应遵旨将阵亡各员弁查明开单具禀，仰垦宪台据情奏请恩典，于盖平并原籍地方建立提督杨寿山、副将李仁党专祠。并请将该员生平事迹宣付史馆，予谥赐荫，以昭忠荩而示激励。所有张奉先以下二十三员皆因督队死事，实足振拔士气，一并仰恳奏请优恤，以慰忠魂，不胜公便。除禀北洋大臣李、署直督部堂王并山东巡抚提部院外，理合开折禀请。肃此，敬请崇绥，伏乞鉴核。[1]

章高元所部盖平一役失利后，清军对其八营进行了编撤，余部分别调驻山东海丰之垤子口（今山东省东营市河口区）和青岛口。光绪二十一年正月十五日（1895

---

① (清) 章高元：《章高元禀》，戚其章辑校：《习史思辩录》，北京：中华书局，2013年，第 323—335 页。

年2月9日），时任山东巡抚李秉衡致电章高元：

　　致章镇军电——山海关留呈章镇军鼎臣兄鉴：来电敬悉。贵部十五日拔队入关，慰甚。请以两营径趋胶州防守，以六营驻城（埕）子口。谢恩折当即代办。衡。咸。①

1895年3月17日《申报》载：

　　章鼎臣军门统广武、福字等营奉调进关驻防山东海丰之城（埕）子口；聂功亭军门久驻大高岭，劳苦功高，亦调进关内，以老湘营填扎；马丽生副戎本归聂帅统率，现亦随节进关。②

1895年5月4日，山东巡抚李秉衡电：

　　奏东省添募勇营分别起支薪粮津贴折——驻守青岛炮台业经奏报成军之勇一百名，共五百名，编为东字练军一营。③

1895年11月，章高元率嵩武军四营、广武军二营，重返青岛口。《申报》1896年3月15日载：

　　革职留任记名提督署、理山东登州镇总兵、奴才章高元跪奏：为恭报回任接篆日期，叩谢天恩，仰祈圣鉴事。窃奴才在天津新城防营准山东抚臣李秉衡咨会。本年九月二十二日（1895年11月8日），钦奉电旨：李秉衡电奏已悉，章高元所部嵩武四营、广武二营著即带回山东，新募之二营一哨即行裁撤，钦此。钦遵咨会前来。奴才随将新募福字二营一哨弁勇均于十月初七、初八（11月23日、24日）等日一律遣散回籍，其嵩武广武等六营即于十月十三日（11月29日）由新城拔队回东。奴才绕道至济南，面晤抚臣，会商地方营务事宜，旋准抚臣咨会，应即赴任供职，仍遵钦奉谕旨驻扎胶州青岛以资镇。奴才随即赶回侠州接篆后，再赴胶州青岛驻扎。兹于光绪二十一年十一月十二日（1895年12月27日），准镇署中军游击刘魁将登州镇总兵关防颗并文卷等项委员属迹前来。奴才当即恭设香案，望阙叩头谢恩，祗领任事。伏查登州为又东滨海之区，总兵有专阃统驭之责。值此训练、巡防在在，均关紧要。抚躬循省，兢惕弥深。惟有勉竭愚诚、倍矢勤慎，督率在防官弁、勇丁认真操练，实力讲求，务使成劲旅，以期仰答高厚鸿慈于万一。除恭疏题报外，所有奴才回任接篆日

　　①（清）李秉衡：《至章镇军电》，戚其章辑校：《李秉衡集》北京：中华书局，2013年，第975页。
　　②佚名：《辽沈军情》，《申报》1895年3月17日第2版。
　　③（清）李秉衡：《至章鼎臣镇军电》，戚其章辑校：《李秉衡集》北京：中华书局，2013年，第995页。

期并感激下忱，理合恭折叩谢天恩，伏乞皇上圣鉴。谨奏。奉朱批：知道了，钦此。[①]

四、重回青岛口

1895 年 11 月，章高元带回青岛口的军队，已经不是 1892 年 9 月首次进驻时的嵩武军二营、广武军二营共四营，也不是 1894 年 11 月出征辽东时的嵩武军四营、广武军二营、福字中军二营共八营，而是"嵩武、广武等六营"。因战事停滞了的胶澳防御工事建造方得继续。为母服丧而暂就"署理"之位的章高元，也在第二年的三月初四日（1896 年 4 月 16 日）奉上谕恢复了登州镇总兵之职。

1896 年 5 月 17 日《申报》载：

降二级留任又降二级留任山东巡抚臣李秉衡跪奏：为总兵先因丁忧改为署理，现已服满，吁恳天恩仍准授为实缺，以资整顿，恭折仰祈圣鉴事窃。记名提督、登州镇总兵臣章高元于光绪十九年十一月初九日（1893 年 12 月 16 日）因亲母何氏在登镇署内病故，系属亲子，例应丁忧开缺，回籍守制。当经调任抚臣福润因该镇督建胶澳炮台工程紧要，会同大学士、前任北洋大臣、直隶督臣李鸿章奏请，改为署理，在任守制。于光绪十九年十一月二十九日钦奉朱批，章高元著改为署任，余依议。该部知道，钦此。钦遵转咨在案。兹该镇自光绪十九年十一月初九丁忧之日起，不计闰扣至二十二年二月初九日（1896 年 3 月 22 日）二十七个月服满，咨报前来。臣查该镇章高元久历戎行，治军严整，为提镇出色之员。上年统领嵩武军广武等营调援出关，嗣撤防回东驻扎青岛一带布置巡防，深资得力，且在东年久，于沿海情形尤为熟悉，现即咨报服满合无，吁恳天恩俯准，将章高元销去署理字样，仍实授登州镇总兵，洵于防务地方，均有裨益。除咨部查照外，谨会同北洋大臣、直隶总督臣王文韶全词恭折具奏，伏乞皇上圣鉴训示。谨奏奉朱批，另有旨，钦此。[②]

与此同时，时刻窥视着清朝军事动向的日本，也在明治三十一年二月（1897）东邦协会杂志《外交报》中，对北洋海军和章高元以及青岛口防务等予以了登载：

明治（二十七年，1894 年）春，演习北洋舰队并大阅沿海各要塞炮台戍卫等兵，李文忠（李鸿章）公躬乘军舰，行大阅之礼，便道考察青岛胶州及即墨县各处形势，于是拟设船渠（船坞）于湾内，并拟兴筑铁路，

---

① 佚名：《光绪二十二年正月十六十七日京报全录》，《申报》1896 年 3 月 17 日第 12 版。
② 佚名：《光绪二十二年三月二十六日京报全录》，《申报》1896 年 5 月 17 日第 12 版。

以辟湾内至山东内地之交通焉。

未几中、日开衅，章高元奉命率师往辽东赴援，胶州湾防务工程于是中止。

明年即光绪二十一年（1895年）乙未，中、日和约成，章高元率所部重归莱胶，虽屯驻湾口附近，然中国政府以两年战役累遭败衄：且须出巨额金资以偿日本，国库匮乏，司农仰屋，故炮台工程，一蹶不可复振，听其中止而休焉。[①]

日本，这个自14世纪初叶即屡扰中国东南沿海的岛国，从未停歇过对邻居的抵近侦察。尤其是甲午战争取胜后，其野心日益膨胀。除通过驻山东各地领事馆从官方渠道获取情报信息外，还多次派遣日本军事人员乔装侦察，对胶州湾及其周边地区，上至政商军事，下至风俗民情进行调查，甚至在德占青岛之后也未停止，其缜密与细致令人咋舌。

1896年1月29日至2月3日，日本驻芝罘领事馆派人对胶州湾一带进行所谓"巡视"。

胶州湾视察：（明治）二十九年（1896）1月29日起至2月3日共计六天，从胶州城到港湾左岸一带之地即吉沽滩（棘洪滩）、沧口以及青岛附近，约一百四十清里之巡视，是为探查俄国舰队来停泊之情况，并同湾内舰队于当年来泊之行踪。左岸被称作青岛之处，一只俄舰曾前后两次在此停泊之事实。第一次是清历9月27日起停泊五天，并于同岛进行海岸潮尺测量与陆地测量后起锚。第二次为10月16日左右临时停泊，两次皆无有异常之举。在此之后至今，也无再次进港或登陆建造工事之状。同湾周围之海面多为浅海，舰船虽可近前停泊单周遭一带实为极度贫乏之地，不见一处豪宅。

距离胶州城17清里处有一埠头，不过仅停有清舰船大小十八只。皆是将该地方之物产豆饼落花生等运往南方之所用。湾之左岸吉沽滩（棘洪滩）到沧口附近40清里各处都散落停着清船，这一带浅海从岸边3清里到五清里之间结冰，任其冰封如陆地之汉船。此40清里沿岸之土地盐田极多，沧口在距青岛35清里往北之地，海稍深沿岸结冰较多。人家四十余户，嵩武军副中营在此驻扎。又有厘金局在此设立，船舶时常进出，眼下停有十余只船。

---

① 佚名：《德人占据胶州湾纪略》，青岛市博物馆、中国第一历史档案馆、青岛市社会科学研究所编：《德国侵占胶州湾史料选编（1897—1898）》，济南：山东人民出版，1987年，第491—492页。

　　青岛海底较深，舰船等都可近岸而停。同岛（半岛）有人家五十余户，东南三处有嵩武军三营，故岛内人家过半为军营驻兵之妻子。海湾西岸绵延筑有炮台各有一炮，但基本被破坏，南方山上炮台有稍加修理，西岸炮台在北边稍稍突出的地方。架有栈桥，并有一处税关。

　　如上所述，湾内眼下所见便是岸上一众贫村，数只军舰偶尔来泊，长久停靠极难。湾内风波极大，大舰队恐怕难以停泊。[①]

　　1897 年 9 月 21 日至 11 月 25 日，日本步兵第十九联队附陆军步兵中尉桥本仙作进入青岛口进行侦察。在其随后所做的《清国胶州湾地区旅行报告》中，详细记录了驻青清军的布防、人员甚至是枪支的使用与保养情况：

　　胶州湾防备：湾上设防非常薄弱，只在（胶州湾）左侧的青岛，有防卫军队。

　　嵩武中营　一营（嵩武中营一营）
　　同　左营　　同（嵩武左营一营）
　　同　右营　　同（嵩武右营一营）
　　骧武前营　　同（骧武前营一营）

　　以上四营一共有步兵八百人。广武炮队和野炮（野战炮）兵一共二百人。

　　一营：定员战时五百人平时二百五十人，根据我目击到的估算一营实员超二百人。

　　步兵：携带旧式毛瑟枪，炮兵有十六门七珊口径的克虏伯野战炮。兵器衣服皆有配发，有疑似仓库的建筑一座。

　　炮兵：军官乘用马三头。其他骡马，拉车、驮运的各一头。

　　练兵：是独逸式（德国式），各军营除星期日之外，必定进行上午两个小时与下午一小时三十分钟的训练。

　　通过观看步兵的各个教练过程与小部队的教练过程，其训练形式与我国大同小异。

　　兵营：设有坚固的土质围墙，营门前约百米设立的练兵场，且唯有也设立了同样的土质围墙。

　　射击场：距离一百五十米有一个靶子，应该让士兵实施在两百米以外的射击。

　　我看到一个小兵的手枪上都生了锈。自由活动的时候试着问他，你这

---

① 失名：《胶州湾视察》，芝罘：日本驻芝罘领事馆，1896 年，第 70—72 页。

枪是作何之用。他也答不出作何之用。可以说是无用之物好了。

200 米以上的射击场没有。

这些兵有很多是经历明治二十七八年旅顺盖平等战斗，在战争时俘虏被关押在日本高崎和佐仓的俘虏营过，他们都深感我帝国的洪恩。

青岛军门及各营的长官如下：

头品顶戴军门镇守山东登莱青总镇都督巴图鲁章高元。

海岸炮台：如附图所示的三处，如今动工不久后，工事就停止了，各配有三门炮。动工后却不见与炮相符的炮台与炮座。

炮垒之间的联络，建稍坚固的高二米厚二米的土壁，炮垒间根据野战炮的配置，建造了十四个炮位……[1]

《青岛之图》(《青嶋之圖》)上的这六处兵营，与《申报》中记载 1895 年重返青岛口的部队的数目是一致的。驻防青岛口的这支军队自进驻青岛，到甲午参战，再到重返青岛口的这几年里，经过了调遣、扩编、裁撤几番变化，甚至直到 1897 年的 7 月还在调整。1897 年 7 月 15 日，山东巡抚李秉衡上《奏明豫省请裁驻东嵩武三营折》。其云："不得已将胶澳、烟台、登州三处各裁去嵩武一营，照豫抚臣原奏共裁三营。一面将宁海州、上庄等处所驻东字副军三营，分调胶澳、烟台、登州三处，填补嵩武三军之缺，以重防务。"[2]

因此，这张于胶州湾事件（德国占领青岛）发生前不久绘制的青岛地图上所标注的六处兵营、一处码头（栈桥）、三处炮台的位置和名称，反映出的是清军在青岛军事布置的最后状态。此图出自日本专业谍报人员之手，其真实度应当较高，但将"水雷营"标注为"明兵营"，其中或许另有隐情。

另从德租胶澳后多份地图和照片中可以清晰地看出，青岛口六座兵营中的嵩武中营、嵩武右营、骧武前营、广武炮队营，这四座兵营均面向西南开设营门，其形制与建筑规模基本相同。而水雷营（明兵营）和嵩武左营这两座兵营，面向东南开设营门，在建筑规模、形制以及布局和坐落朝向上自成一体，与其他四座兵营存在着较大的差异。在青岛口北部还有第七座兵营，即位于沧口的"嵩武副中营"。遗憾的是，关于这处兵营的资料太少太少！

---

①［日］桥本仙作：《清国胶州湾地方旅行报告》，1917 年，防卫省防卫研究所馆藏档案号：陆军省－雑－M31-7-95。中文为徐畅先生翻译。

②（清）李秉衡：《奏明豫省请裁驻东嵩武三营折》，戚其章辑校：《李秉衡集》，北京：中华书局，2013 年，第 660 页。

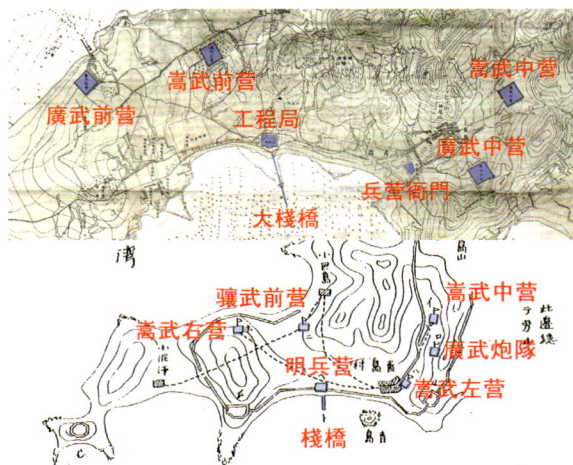

图4-5　从1915年日军补绘的《青岛在德占以前地形及初步都市计划一览图》（上图）与
1897年9月桥本仙作绘制的《青岛之图》（下图）中的青岛口清军六处兵营与栈桥示意图

五、岸边的营垒

德国学者华纳在《近代青岛的城市规划与建设》一书中就德占青岛后的清军兵营描述如下：

中国兵营的形状几乎都是方形的，围墙的边长各为约 120 米。兵营的安排不似中国的城市建设遵循着四个方位，而是沿着海岸的走向或按照地形布置。营房围有 4 米高的黏土墙，具有梯形截面，即黏土墙底部明显比顶部宽，营房的大门建筑都有一个拱门。①

1914 年日本借第一次世界大战之际在青岛与德国展开了一场"日德青岛之战"，日军占领青岛后，深入研究过青岛的日本人，于 1915—1916 年间，借用 1900 年德

① ［德］托尔斯藤·华纳：《近代青岛的城市规划与建设》，青岛档案馆编译，南京：东南大学出版社，2011 年，第 106 页。

图 4-6　嵩武中营西南向全貌（云志艺术馆提供）

占时期的地图绘制了一份《青岛在德占以前地形及初步都市计划一览图》①。图中重现了德占青岛前的状态，重新填写上的清军兵营与码头，除嵩武中营和栈桥的名称保持不变外，在 1897 年报告中的"广武砲隊""嵩武左营""骧武前营""嵩武右营""明兵营"几座兵营又分别有了广武中营、兵营衙门、嵩武前营、广武前营、工程局的新名称。

1. 嵩武中营、东营（Ostlagcr）

嵩武中营为清嵩武军一部。嵩武军成军于同治五年（1866 年），在河南巡抚李鹤年镇压捻军时期，由总兵张曜统带，后随左宗棠入宁夏，出嘉峪关，平定白彦虎。光绪十二年（1886 年）调防山东。1894 年中日甲午战争爆发后，随登州镇总兵章高元驰援辽东驻守盖平与日军鏖战，战后返回青岛口。

嵩武中营营盘位于今青岛市市南区红岛路与大学路两条道路合围以南的中国

① 青岛市城市建设档案馆提供。

海洋大学鱼山校区北部区域。这里地势高峻，背靠今青岛山，东依八关山，西临信号山，面向大衙门和青岛湾。环山观海的嵩武中营，是青岛口清军兵营中位置最佳，也是最东边的一处兵营。1897年德军占领青岛后，按地理方位将其称为"东营（Ostlager）"。另据日本人于1898年1月28日绘制的《青岛村附近略图》标示，德占初期，这里还是"占领军司令部"。德军在1902—1903年间将嵩武中营营墙、营门拆除，又于1903年至1909年将原有营房尽数拆除，分三期建造了"俾斯麦兵营（Bismarck Kaserne）"1 ~ 4号营房及配套附属建筑。拆卸下来的"嵩武中营"石刻匾额则存放于大衙门院内许多年。

记录历史的不只有文字，摄影更可将历史的一瞬定格。这些曾经的清军营房早已消失在了历史烟云里，今天只有借助老照片方可一窥其样貌，从人物与建筑比例关系中可以看出其规格。山坡高地上的嵩武中营营盘，平面布局为正方形，面向西南设营门，四周围以高墙，营内大小房屋建筑近70座。营门之外设带角台的、面积略小于兵营的操场，角台外侧立有兵营界碑石。

图 4-7　德占后嵩武中营东南向全貌

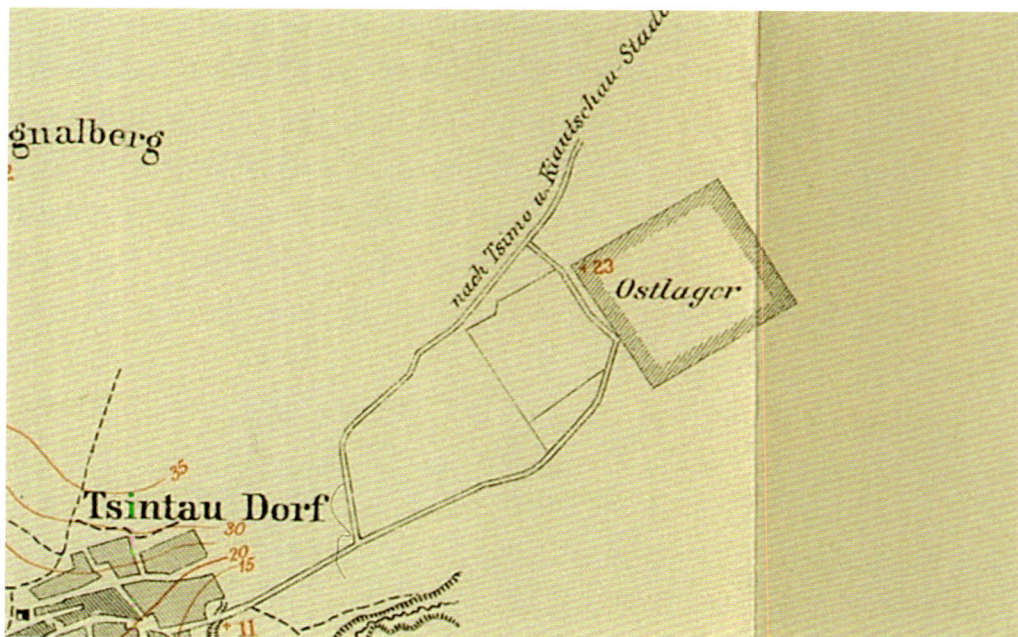

图 4-8 1898 年 9 月 2 日《拟建新城市的开发规划图》中的嵩武中营

以夯土筑墙在我国有着几千年的历史，如果再在夯土中添加上稻壳和米浆等，夯土墙便具有了很好的延展性，使其更加坚固。青岛口的几座兵营的营墙无一例外采用了夯土这一建筑材料。夯土墙垣单边边长约 120 米，高 4～5 米，剖面为下宽上窄的梯形。上部向内斜的外立面顶部设有雉堞墙，内立面设有两层环绕通道，下层通道用于兵员隐蔽调动。上层通道外侧设齐胸高的雉堞墙，用以保护守城兵士和对外射击。营墙于内四角各设有可供瞭望或架设火炮的墩台。

营门高约 6 米，宽约 9 米。与夯土营墙不同，营门以坚实的砖石砌筑。中部设高约 3.5 米、宽约 2.5 米的券式大门，内置方形木门。门楼建筑考究，外侧门楣上镶嵌"嵩武中营"石刻匾额，上部设砖砌雉堞墙。营门内外立面以细方石砌筑。除圈梁外，立面上通体遍布"X"形网格线（或为装饰线条，或为石材打制时的墨线），角柱上施以吉祥图案装饰，两侧设阶梯上登墙垣。内侧门楣之上高悬石刻"福"字，遮盖半个"福"字的是一面或许是被德军缴获、或许是清军仓皇撤离时遗留下来的黄龙旗。

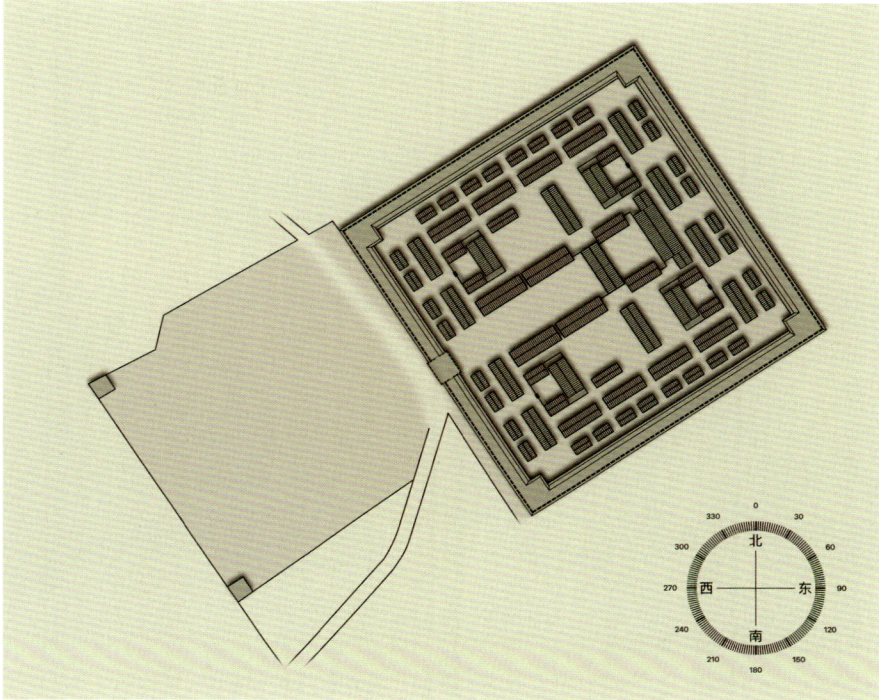

图 4-9 嵩武中营平面布局即朝向示意图

图 4-10 嵩武中营营门前立面铅笔画

图 4-11　嵩武中营营门后立面（历史照片与铅笔画合成）

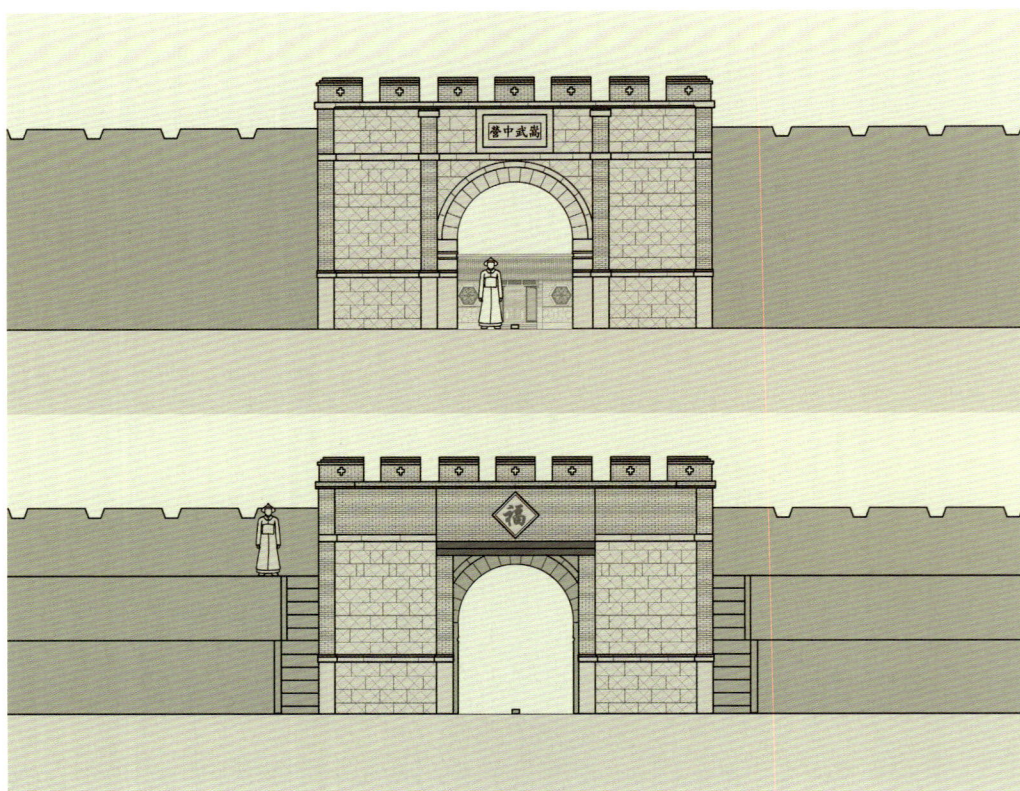

图 4-12　嵩武中营营门内外立面示意图

　　营墙围绕着的是一座小城池，一条中轴线贯通整个营盘，营门以及主要建筑都位于这条轴线上，其他房屋则前后、左右对称着层层向心围绕。靠近营墙的外圈是32栋小型房屋，向内第二圈是16栋中型房屋，第三圈是四栋各自独立的小型三合院。四栋合院合围着的是左右分列的四栋带檐廊的窄长建筑和中央操场，操场后是一座高大的四合院建筑。

　　嵩武中营营盘内这大大小小几十栋建筑，均为砖石木结构的硬山式建筑。外围的房屋，较大的可能用以存放守城枪械等装备或粮草。四栋带有两间厢房和院墙的合院建筑，应该是高级军官及其眷属的住宅。操场两侧四栋房屋则是士兵宿舍。操场后部正对着营门的是一座大四合院，这里无疑是该营最高级别指挥官的指挥部或住所。

图 4-13　嵩武中营内中央操场（杨明海先生提供）

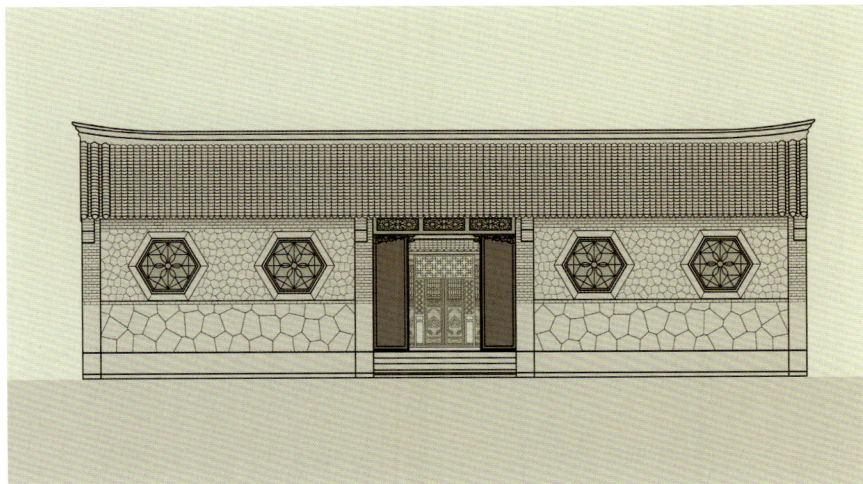

图 4-14　嵩武中营内大四合院门屋示意图

　　迄今还没发现 1897 年 11 月 14 日德军登陆和占领时的影像资料。可能性较大
的原因是当时从上海吴淞口仓促启程的迪德里希的舰队没有配备照相设备。现存德
占后最早的照片极有可能是在 1897 年 12 月 1 日，单维廉从上海领事馆带来的一架
照相机分别于嵩武中营内操场、和操场后大四合院庭院拍摄的合影。前者，辨识的
人物有单维廉（右二坐者）和夏辅礼（左三站立者）以及一挺马克沁机枪。后者，
通过小院大门看到的院内景象，不仅窗格、马克沁机枪与前者一样，甚至连檐柱上
被撕毁的楹联都完全一样。嵩武中营里还保持着清军撤退时的原貌。这两张照片为
确定这座兵营的建筑形态与位置关系提供了准确的依据。

图 4-15　嵩武中营内大四合院大门

图 4-16　嵩武中营内大四合院庭院内合影（云志艺术馆提供）

　　这栋被"城墙"和几十栋房屋围绕着的"四合五天井"①四合大院，高大宽阔，建筑等级较高。位于前列的是一栋坐于台基之上、面阔五间的倒座式门屋，明间开设主出入口，门上设花牙子雀替与额枋，门下设三级台阶。两侧次间两间和梢间两间外立面上各开设一面巨大的六角空窗，格心施以放射状木棂。屋面大面积施以小式板板瓦仰覆。接垂脊的两端改用了三垄大式、以筒瓦骑缝的仰合瓦。房上正脊为两端起翘的砖砌清水脊。门屋之后一左一右分立两侧的是两栋面阔三间的厢房，带有檐廊的厢房以石砌槛墙。左右两次间设"卍"字纹窗棂格支摘窗，屋面正脊及瓦作与门屋一致。

　　位于院落中心位置上的正房，面阔五间，明间与左右次间三间，凹收成廊，立檐柱四根，下设石鼓柱础，上置花牙子雀替。明间与"大衙门"正房近似，设格心为"龟背锦窗棂格"的"三关六扇门"。两次间设"龟背锦窗棂格六扇窗"。再外两侧的梢间外立面齐檐，檐下两端各设有石雕墀头，立面上各设支摘窗一面，窗子下部的"卍"字纹格已经被三扇玻璃窗取代。屋面在与门屋一致的基础上又增加了高耸的垂脊，正脊两端吻兽分立。檐椽上的"卍"字纹、墀头上的福寿纹、穿插枋上的荷花纹样、门窗上的龟背锦窗棂格，以及正房两端通往跨院的月亮门，这些元素处处显露着生活的气息。明间金柱上那"龙蟠虎踞生大将威风"的半副对联，又将房主人守疆固土的豪气跃然纸上。檐廊下明间使用的隔扇门与次间的槛窗，面阔五间的开间和各种装饰都显示着主人非同一般的地位。这栋形制与大衙门极其相似的建筑，是一座与大衙门建筑等级相当的高规格官方建筑，或许这里是大衙门建成之前官居武二品的总兵章高元的住所。

　　嵩武中营优越的位置、完善的建筑和齐备的功能，为青岛口清军各兵营之首。德占后"东营（Ostlager）"也成为后到来的非军事官员和神职人员的必到之处。因此，德国人才会多次将它记载于各种文书，它的照片也被多次用于明信片中。1897年12月3日，章高元被德军囚禁于德国军舰上长达半月之后被释放。允许离开青岛口的清军总兵章高元，于当晚在此兵营中度过了他在青岛的最后一夜。1898年1月7日，英文报刊《北华捷报》未署名记者："我去过东营（嵩武中营），医务人员住在那儿。楼房被三堵泥墙隔成三部分。右边住着内科医生，左边住的是负责照

------

　　① 四合五天井是一种较大型民居的建筑型式。这类民居是由四坊围合而成的四合院。四合五天井的院落中间由四坊围合成一个大天井，而四座坊的四个拐角处又自然围成四个小天井，形成大小五个天井，所以称为"四合五天井"。

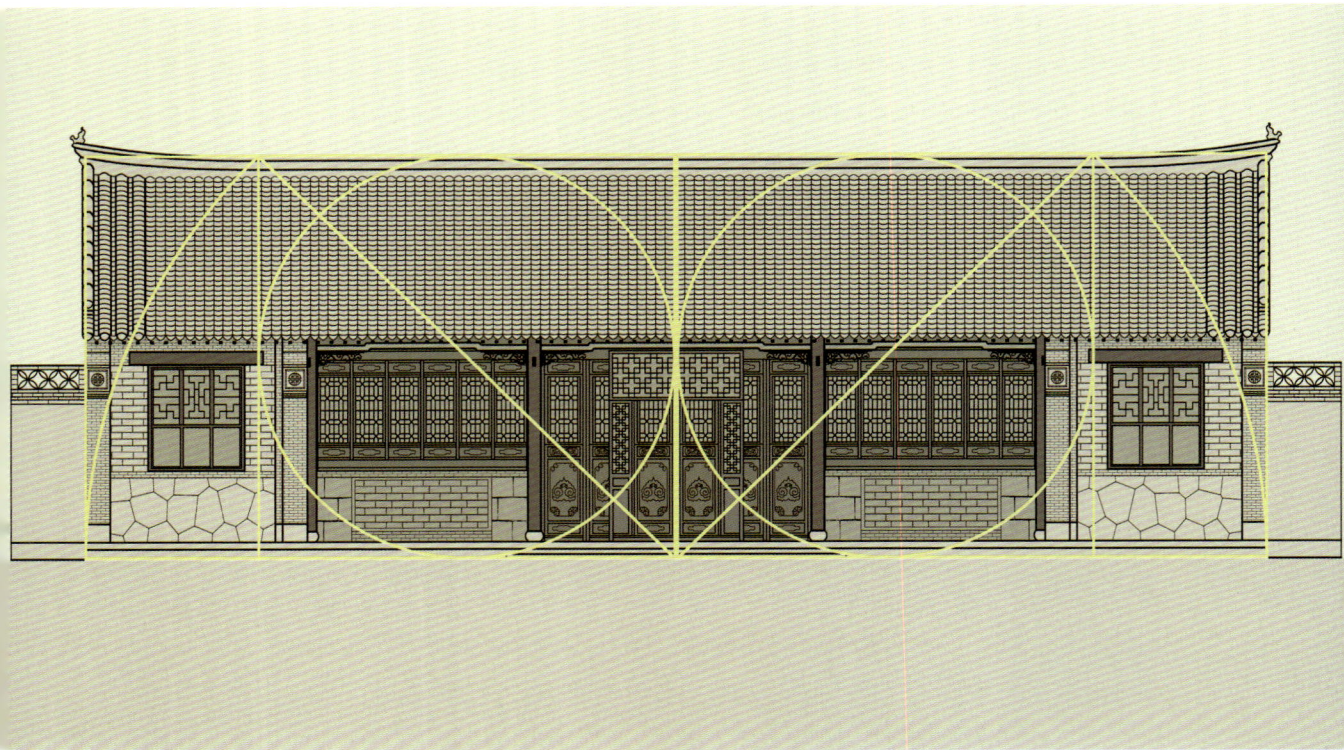

图 4-17　以历史照片和营造法式方圆图绘制的嵩武中营内大四合院正房示意图

料中国事务的官员（单维廉）①，有一小部分人员在中间占了更大的地方。"②

　　德占青岛初期，在德军兵营尚未建成之前，嵩武中营曾是德军司令部所在地、高级别官员暂住处和临时兵营。兵营中心上的这套"城中院"也因其优越的条件，在 1898 年 5 月—1899 年 12 月间，成为来青岛的普鲁士亲王阿尔伯特·威廉·海因里希（Albert Wilhelm Heinrich von PreuBen.）的临时官邸。1903 年，德军的俾斯麦

---

　　①"来自上海领事馆的翻译单维廉博士也于 1897 年 12 月 2 日到达（青岛）。令人惊异的是，就是这个单维廉，在青岛建设的最初 11 年中成了这一租借地管理中决定性的负责人物。海军军官身份的总督，名义上是军政管理的首长。一位民事专员负责办理民事管理事务，由于首位预定担任民事专员的人因病未到，所以自 1898—1900 年单维廉不仅担任首席翻译，而且也代理民事专员。1900 年行政管理高层做了重新安排。民事专员从 1900—1914 年由法学家、政府顾问奥托·京特（Otto Giinther）担任。单维廉改任'中国（人）事务专员'的头衔。但我要强调的是：1898 年至 1909 年 1 月青岛事实上的领导者既非总督也非民事专员，而是中国事务专员单维廉。"引自［德］马维立：《青岛特别高等学堂建校史的几点考证》。
　　②佚名：《胶州消息》，青岛市博物馆、中国第一历史档案馆、青岛市社会科学研究所编：《德国侵占胶州湾史料选编（1897—1898）》，济南：山东人民出版，1987 年，第 485 页。

兵营开始了建造，这座曾有中外军事高官出入、见证过"胶澳设防""胶州湾事件"的兵营也从此消失。

2. 广武炮队、炮兵营（Artillerie-Lager）、广武中营

广武军晚清时期由陈士杰创办，在镇压太平天国运动和晚清山东海防、治黄以及甲午中日战争中都发挥着重要作用。尹友波先生《广武军简史》主要观点如下。

广武军的前身是桂阳州泗洲寨的乡团，为曾任曾国藩幕僚的陈士杰于1854年创办。后陈士杰被曾国藩委以负责湖南南路防守重任，盖乡团为营勇，号"广武军"。1865年，广武军被裁撤。

1883年，中法战争爆发，山东为海疆要地，时任巡抚的陈士杰重建广武军，编成亲兵、前、后、左、右、中、副前、副中等八营据扎山东沿海各地，每营500人，下设管带一员，哨官五员。

1884年，陈士杰整饬广武军，编成楚勇中、前、左、右、后五营，副中营两哨，炮队左、右二营。步营每营正勇500名，主要装备为新式哈乞克斯洋枪和来福枪；炮营每营正勇250名，设管带1员，哨官2员，每营装备有马拉德国制造的克虏伯后膛炮[1]16门，炮弹车8辆，车夫40名，马120匹。1886年，山东巡抚陈士杰离职，广武军裁减，仅余前营，副中营两哨（后改为副中营），炮队左、右二营。

1892年，广武前营、广武副中营据扎青岛，参与修筑胶澳炮台。[2]

光绪十八年（1892）广武前营、广武副中营据扎青岛，参与修筑胶澳炮台。

1884年，广武军配备上了洋枪洋炮。新组建500人的两营炮队营配备有32门克虏伯火炮等"现代化"装备，对于广武军而言应该是一个质的飞跃，也是一个全新时期的开始。1892年，随章高元移防青岛口的炮队营，当是这两营炮队其中之一。在1897年7月4日的《各营官弁勇丁用过盐粮等银请销一摺》中记录有"青岛炮台防勇二百名"的人数。1897年11月，日本步兵第十九联队附陆军步兵中尉桥本仙作，在对青岛口侦查过后的报告中，同样记有"广武炮队和野炮兵一共二百人"。两相印证，至1897年时驻青岛口的清军炮队营为200人之众，仍是一支较强的武装力量。

---

① 克虏伯8 cm C73型架退火炮，口径78.5毫米，有效射程4.8千米。

② 尹友波：《广武军简史》，http://www.hngy.gov.cn/zwgk/zwdt/7478/7493/content_1443719.html，2015年12月2日。

图 4-18　广武炮队营南向全貌，远处为嵩武中营（云志艺术馆提供）

图 4-19　广武炮队营东南向全貌铅笔画
远处左侧建筑群为下青岛及大衙门，更远处为铁码头（青岛栈桥），右侧为上青岛

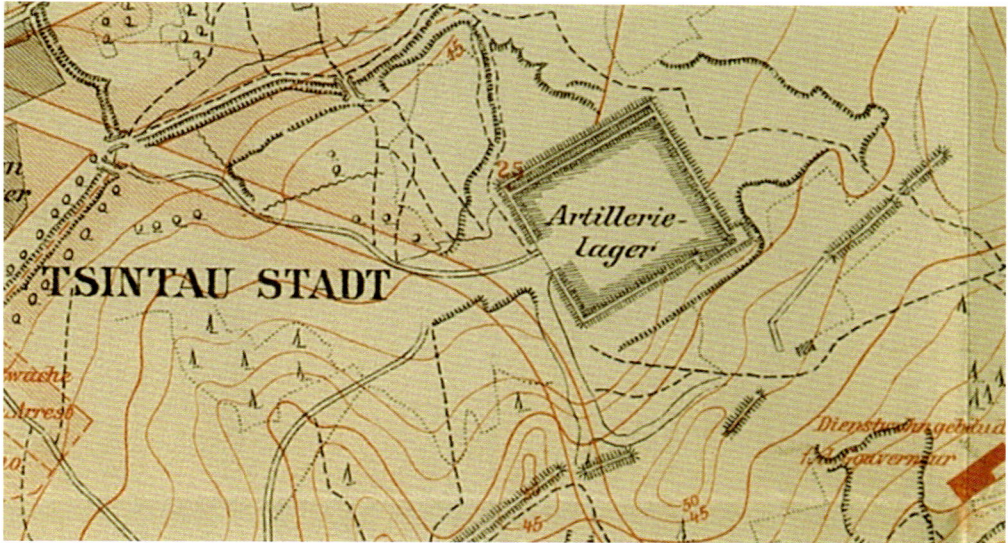

图 4-20　1898 年 9 月 2 日《拟建新城市的开发规划图》中的广武炮队营

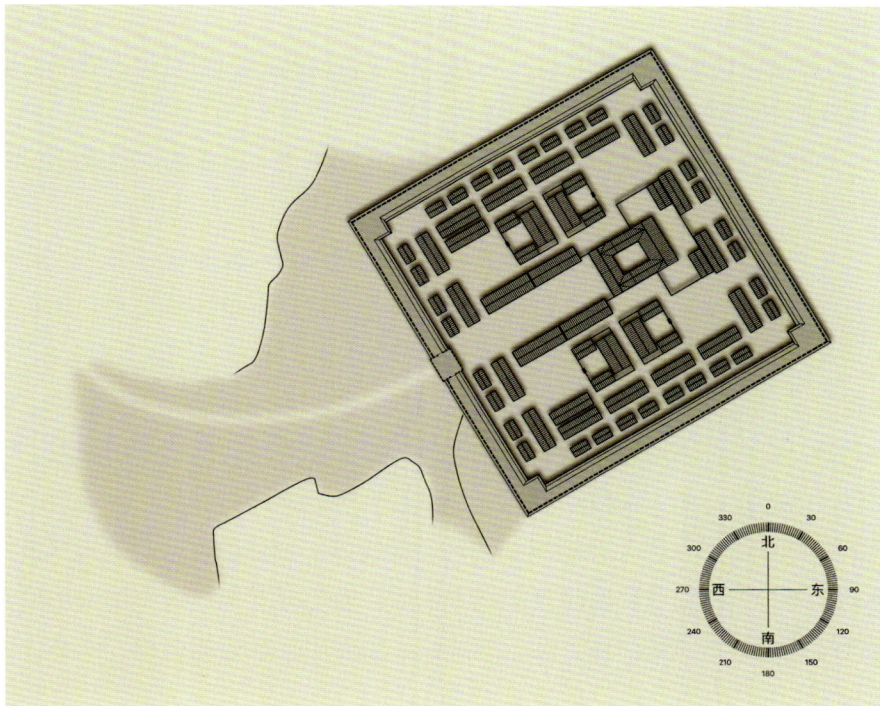

图 4-21　广武炮队营平面布局即朝向示意图

图 4-22　广武炮队营内西院里被德军劫掠的清军克虏伯火炮（杨明海先生提供）

　　位于今青岛市市南区鱼山路 5 号中国海洋大学鱼山校区六二楼所在位置的炮队营营盘，在历史记载中曾出现过"广武炮队"和"广武中营"两个名称。这座清军建造的兵营在德占胶澳后，营墙被德军逐步拆除，营门及营内建筑供德军使用。《近代青岛的城市规划与建设》和《一九二〇年贸易略论》中对德占青岛后的这座兵营分别有如下记载：

　　　　炮兵营房则保留了下来，在克拉拉山以北和青岛村东南。这是中国要塞中唯一一个可以地势防备炮舰直接轰击的要塞。[1]

　　　　衙门炮台西坡，原系中国营盘之旧迹，嗣后德人又在该处置一飞机棚舍，近已毁平推展，建造有住宿之中学校，共用二十二万八千元。该校之大，足供应学生四百五十人。民国十年（1921）七月间，一切均可完备。[2]

　　这座清军"炮队营"，其规模与嵩武中营一致，平面布局同为正方形，四周围以夯土高墙，营内大小房屋建筑数量相近。砖石砌筑的营门门楼面向西南，中部设券式大门，门外设操场。营门立面与角柱砌石上多处施以有健康长寿寓意的鹿、鹤和象征吉祥与升级的"戟"浮雕图案装饰。腰线以下更是以雕琢和拼接严格的八边形和四方形细石穿插砌筑。营门顶部设雉堞墙，内侧有阶梯通道与墙垣连通。与嵩武中营营门最大的不同是门楣上的石刻匾额，未使用某某营的名称，而是仅镌刻了

---

　　① ［德］托尔斯藤·华纳：《近代青岛的城市规划与建设》，青岛档案馆编译，南京：东南大学出版社，2011 年，第 108 页。

　　② ［日］大泷八郎：《一九二〇年贸易略论》，青岛市档案馆编：《帝国主义与胶海关》，北京：档案出版社，1986 年，第 304—305 页。

"营门"二字。这座设于青岛炮台山①后的兵营，由于前面山丘的遮挡，从青岛湾海面难以观测，是当时青岛口几座兵营最为隐蔽的一座，因此，在德占青岛口时未被列入德国军舰舰炮的攻击目标。

炮队营内建筑的格局因炮兵的特殊性与嵩武中营略有不同，营门两侧增加了炮车房和车马房，四栋建筑形式一样的小型三合院式建筑围聚于兵营的中轴线两侧。位于营盘中心位置上的大型四合院，门屋与正房为两面坡硬山式，而两座两面坡的厢房与前后门屋和正房搭连。这种中轴对称，屋面搭接，四周围合，内设游廊，外实内虚，中心形成一个"四水归堂""口"字形小天井的格局，与嵩武中营中心位置上四面厅厢各自独立的北方"四合五天井"四合院完全不同，体现的是具有江南风韵的"厅井式"合院建筑形式。门屋面阔五间，于明间、梢间立面上各开设八角空窗，格心施以三角状木窗棂。中部的主入口是一座两端各设吻兽的高门楼，也与其他几座兵营内庭门屋截然不同。

图 4-23　广武炮队营营门（云志艺术馆提供）

---

① 章高元驻防青岛口建成的唯一的"青岛炮台"即位于此山。

图 4-24　广武炮队营营门立面示意图

图 4-25　德军改造后的广武炮队营内宅及立面示意图

德占青岛后，将这座兵营称为"炮兵营（Artillerie-Lager）"。1897年11月19日至30日，总兵章高元曾被德军囚禁于这座广武炮队营中12天。另从德国人早期拍摄的照片上看，兵营院内中间东南处另有一座规模略小于营门的建筑物。营门以外东侧，还设有一处蓄水池。这些设施也都在德国占领青岛后消失，最终仅有营门门楼孤零零地留在原地，成为德军举行集会的背景板。在1915—1916年日占青岛早期绘制的《青岛在德占以前地形及初步都市计划一览图》上，这座兵营又有了"广武中营①"名称。1916年占领青岛的日本当局将此地规划为青岛日本中学校，在1919—1920年间将炮队营营门拆除，于1921年7月，建成为青岛日本中学校舍即今中国海洋大学鱼山路校区六二楼。

图 4-26　1912 年海因里希亲王第二次来青岛时的原清军炮队营营门
［裴林（Gerlinde Pehlken）女士提供］

The Tsingtao Japanese Middle School.　青岛日本中学校

图 4-27　1921 年在炮队营原址上建造的青岛日本中学校

① 见图 4-5。

3. 骧武前营、沙滩营（Strandlager）、嵩武前营

　　2003 年 11 月 10 日，在青岛市市南区泰安路铺设供热地下管道施工中，于泰安路 14 号金海大酒店门前路面下，出土了一块一面刻有"骧武前营"，另一面刻有"西南界"的条石。这块刻有铭文的界碑石的发现，将人们的思绪和视线引回到了清末。百余年前，驻防青岛的清军为界定这座紧邻大鲍岛村的兵营的范围，如同嵩武中营等兵营的习惯做法，也在骧武前营在营区边界的四角上竖立了界碑。德占胶澳早期，德军依旧将骧武前营作为临时兵营，并在正式的警察局大楼建成之前，在此设立了"大德巡捕衙门"，还在兵营东南建起了一座"华人监狱"。随着城市规划的展开，骧武前营原有建筑最终消失。如今，保存在青岛市博物馆里的这块界碑石，已经是骧武前营存世的唯一实物了。

图 4-28　青岛市博物馆馆藏
"骧武前营西南界"界碑石

图 4-29　百余年前嵩武中营西北角界碑石（云志艺术馆提供）

　　清军进驻青岛口后，1893 年 7 月 5 日《申报》载：

　　　　福润片：再，东省各防营遇有更换，营官员名均经随时具奏在案。兹驻防济阳、惠民等县管带、泰靖中营副将张文彩操防不甚得力，应即撤委。查有尽先都司朱康仁堪以接带。又管带嵩武军骧武前营记名总兵李福云前调赴胶州海口，兴筑台垒……奏奉朱批兵部知道，钦此。[1]

　　① 佚名：《光绪十九年五月十四日京报全录》，《申报》1893 年 7 月 5 日，第 13 版。

骧武前营营盘，位于今青岛市市南区宁阳路、肥城路、大沽路、泰安路一带。该营是一座骑兵营，其营盘与前面两座兵营同样呈方形，营门同样面向西南开设。营墙之外东侧是一条天然冲沟，东北侧是大鲍岛村，西北是海滩，西南远眺高地营。骧武前营是青岛口四座大型兵营中最北边的一座，选址于胶州湾东岸海边，而非口门（胶州湾口），应该有防守青岛口后背之意图。这座处于小高地上的兵营，与嵩武中营和炮队营的不同之处是这座兵营门前没有操场，营门前的大路的南端则是青岛口清军最大的"大演兵场（今青岛火车站与太平路海岸之间）"。推测，这一远远大于其他兵营门前操场的配置的兵营，或许与马队营的属性与训练相关。

图 4-30　大鲍岛村西部的骧武前营（红框）和骧武前营南部的气象台（蓝框）以及远处的广武前营（绿框）远眺

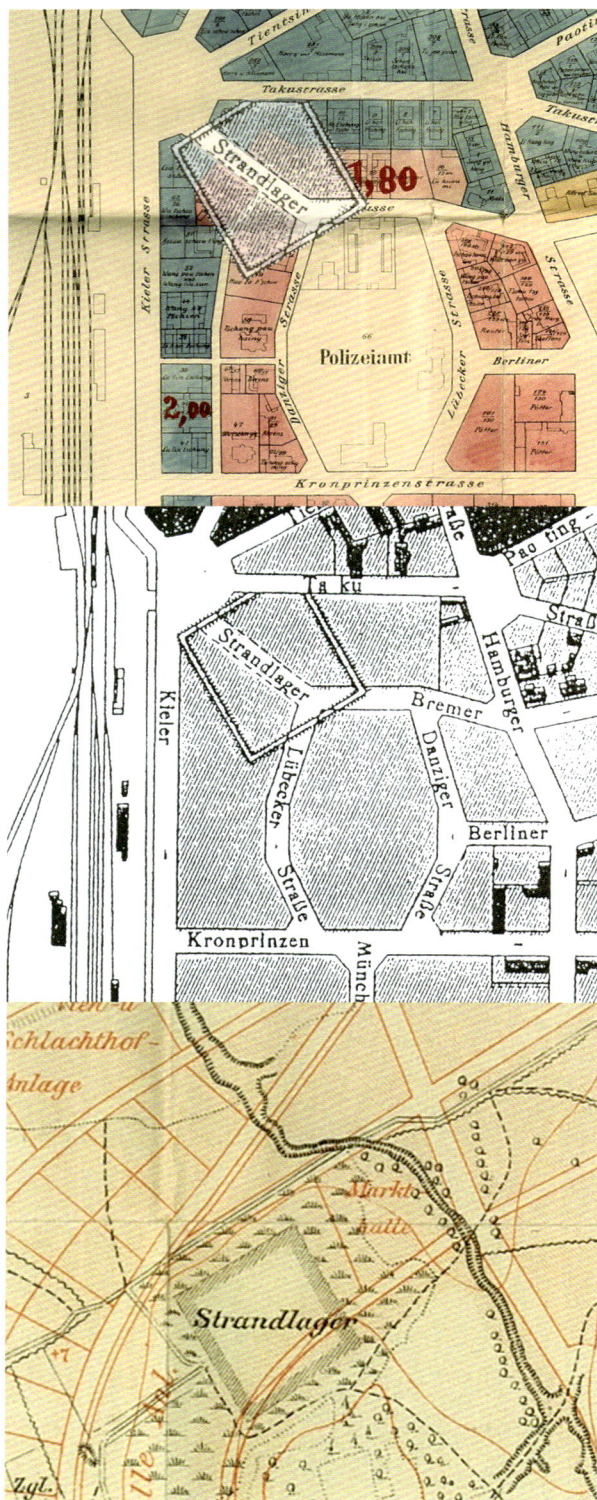

图 4-31　1898 年（下图）、1905 年（中图）与 1905、1914 年（上图）地图叠加后的骧武前
营位置图

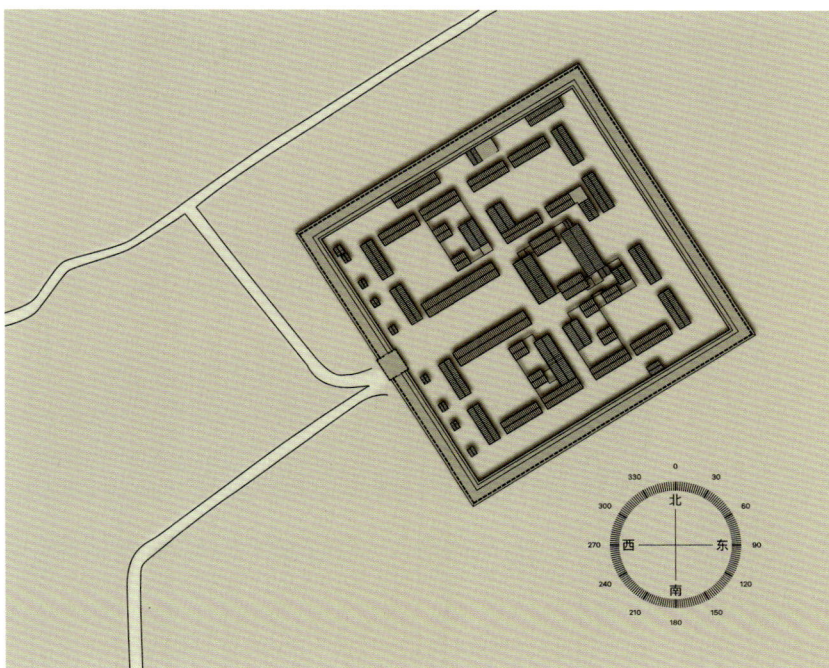

图 4-32　骧武前营平面布局及朝向示意图

图 4-33　德占后的骧武前营营门（云志艺术馆提供）

图 4-34　约 1901 年时的青岛火车站站房与东北方的骧武前营（框处）（李文彬先生提供）

　　因所处地势的原因，除营门外，骧武前营全貌照片和兵营内部的照片较为少见。骧武前营兵营营门前立面为石砌，两侧立面以及顶部雉堞墙则以砖砌。券门之上镶嵌"骧武前营"石刻匾额，两侧各设有颇具"欧式建筑风格"的通高方壁柱，两端角线之下各设石质"门簪"。其规模与形制与嵩武中营和炮队营一致，装饰性则大于其他兵营营门。营门上的砖砌雉堞墙局部坍塌，营门两侧的夯土营墙风化剥落，雉堞墙垛已荡然无存。兵营内庭门屋前设通宽檐廊，檐柱无雕花雀替，于明间设出入口，两侧四间次、梢间各设支摘窗。虽然同为五间的面阔，但较之嵩武中营和炮队营较为简陋。

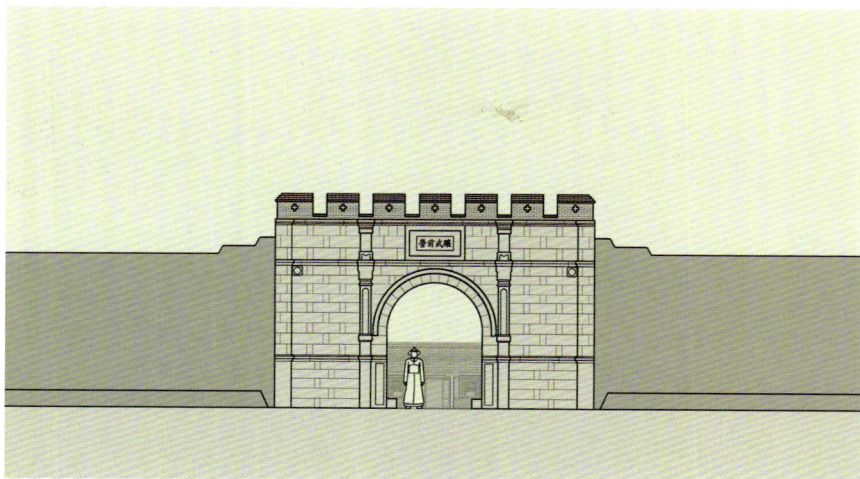

图 4-35　骧武前营营门示意图

Offiziersyamen des Strandlagers. Im Vordergrund erbeutete chinesische Trommeln, Trompeten, Waffen und Uniformstücke.
13

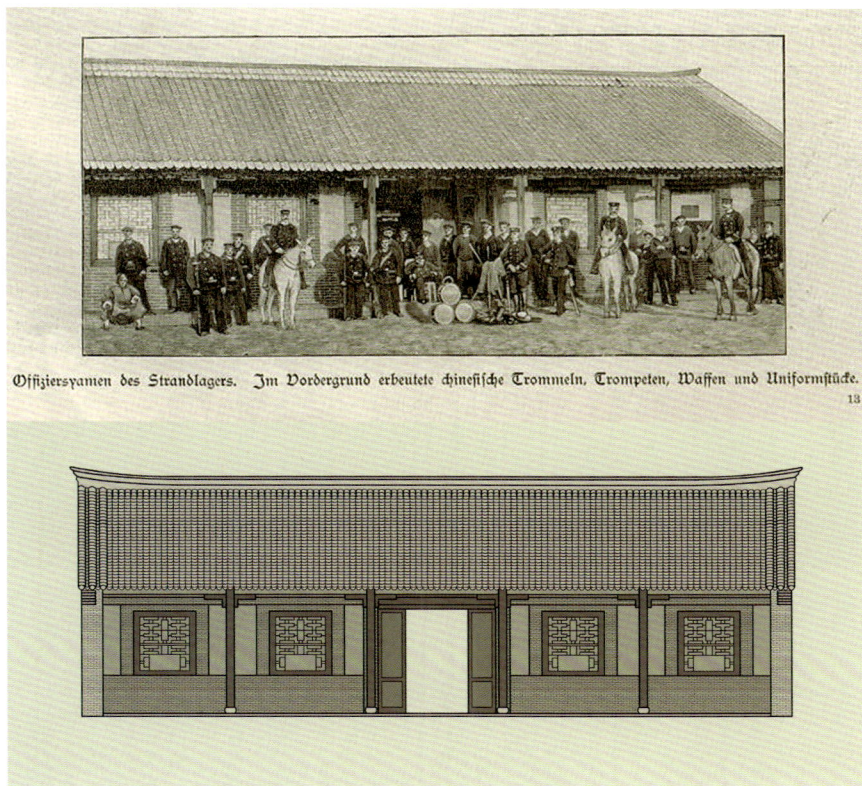

图 4-36　骧武前营内宅（上图）与示意图（下图）

　　德占青岛后，出于应急需要修葺了营墙，继续发挥其兵营的功能，并将这座兵营按其所处位置起名为"沙滩营房（Strandlager）"。《胶澳发展备忘录（1900年10月至1901年10月）》记载："因驻军迁入新兵营而腾出来的沙滩营房，已改为用于拘押华人刑事犯的监狱和警署及区公所"[1]。《胶澳发展备忘录（1906年10月至1907年10月）》记载："警察局的建筑增加了华人监狱。这个监狱代替了已变得破败不堪和已被拆除的旧海滨兵营"[2]。德军为了进行气象观测，1898年6月15日，在兵营以南高地上，建立了一个带有报时台的观象台站，并于9月2日在这里首次使用了报时信号球装置报时。1905年，因气象台站一带被用来建造警察公署，气象台站和报时球随即迁往了今观象山。

　　①《胶澳发展备忘录（1900年10月至1901年10月）》，青岛档案馆编：《青岛开埠十七年——〈胶澳发展备忘录〉全译》，北京：中国档案出版社，2007年，第154页。
　　②《胶澳发展备忘录（1906年10月至1907年10月）》，青岛档案馆编：《青岛开埠十七年——〈胶澳发展备忘录〉全译》，北京：中国档案出版社，2007年，第536页。

图 4-37 德占时期从今青岛市市南区济南路北京路口一带眺望骧武前营旧址西北面与1901—
1902 年建成的毛利公司货栈栈房（云志艺术馆提供）

图 4-38 "青岛的皇家警察局"——大德巡捕衙门拼接图，大图左边后部为今青岛市市南区广州
路 3 号，原德建青岛发电厂烟囱（李文彬先生提供）

图 4-39　1907 年于骧武前营南部新建的华人监狱（青岛城市建设文化交流协会提供）

图 4-40　1908 年的骧武前营、华人监狱、警察公寓、警察局远眺铅笔画

　　这座清军兵营的名称，在 1915—1916 年《青岛在德占以前地形及初步都市计划一览图》上，从"骧武前营"变成了"嵩武前营"[①]。究其原因，或许是笔误，也或许是驻防青岛口的清军进行过换防调动。

---

① 见图 4-5。

4. 嵩武右营、高地营（Höhenlager）、广武前营

今青岛市市南区嘉祥路、东平路、四川路和南面一条小巷合围范围内的青岛市海慈中医医疗集团西院区（青岛市第五人民医院）即为百余年前清军广武前营营盘所在地。1897年德占青岛前夕，在日本人的侦察报告中，将这座兵营记录为"嵩武右营"。在德占青岛后，这里又有了"高地营（Höhenlager）"之称。而在德占期间还另有"广武前营"这一中文名称。这座高地营同骧武前营一样，也是因所处地势的原因而没有全貌照片留存于世。今天，仅能借助几幅德占时期手绘地图和明信片一观大略。

图 4-41　广武前营旧址鸟瞰

图 4-42　今广武前营旧址西侧外墙

位于小泥洼村和大鲍岛村之间的这座兵营，紧邻胶州湾而建，东北、西北和西南一角建有高高的挡土墙。方形的营盘，面向西南开设营门。营门的规模要小于嵩武中营、炮队营和骧武前营，营墙也较为低矮。营门之内是一个小广场，两侧为士兵住房，中间为门屋面阔五间，明间设大门，次间、梢间各设"回字格心"的"三关六扇窗"内庭建筑。这座兵营较之于当时青岛口上的其他几座兵营而言，最显简陋，位置也欠佳。但在其他的几座兵营消失百年后的今天，这座兵营营盘基址保存得最为完整。

图 4-43　广武前营营门与内院

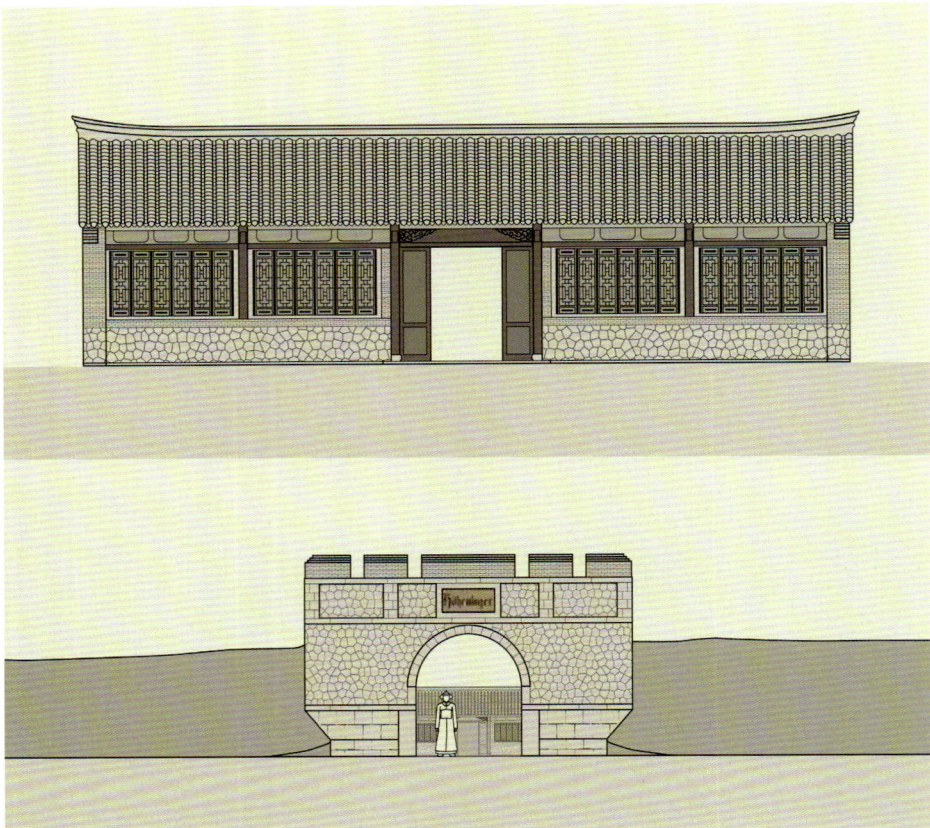

图 4-44　广武前营营门与内院示意图

《近代青岛的城市规划与建设》一书这样述及这座兵营：

德国统治时期得以保留的这座营房，位于对着胶州湾的一个起伏地带的高地上，海拔 20 米。在内锚地已有第二个码头，德国称之为阿克纳桥。[①]

紧邻兵营西北是一座由德国 F. H. 施密特公司（广包公司）于 1899 年建造的被称作阿克纳桥（Akona brücke）（图 4-46）的桁架式木结构码头。1906 年，总督府开始筹备将这处远离欧人区的营房改扩建成防疫站，并在拆除东南营墙后增筑了建筑。防疫站于 1908—1909 年建成，如遇疫情，便可从海上通过阿克纳桥到达防疫站。[②]1914 年日占青岛后，于 1915 年 1 月在此设立了有 100 张床位的避病院（传染病院），后于 1917—1918 年间建成了保存至今的这座医院大楼。

①［德］托尔斯藤·华纳：《近代青岛的城市规划与建设》，青岛档案馆编译，南京：东南大学出版社，2011 年，第 106 页。

②《胶澳发展备忘录（1908 年 10 月至 1909 年 10 月）》，青岛档案馆编：《青岛开埠十七年——〈胶澳发展备忘录〉全译》，北京：中国档案出版社，2007 年，第 684 页。

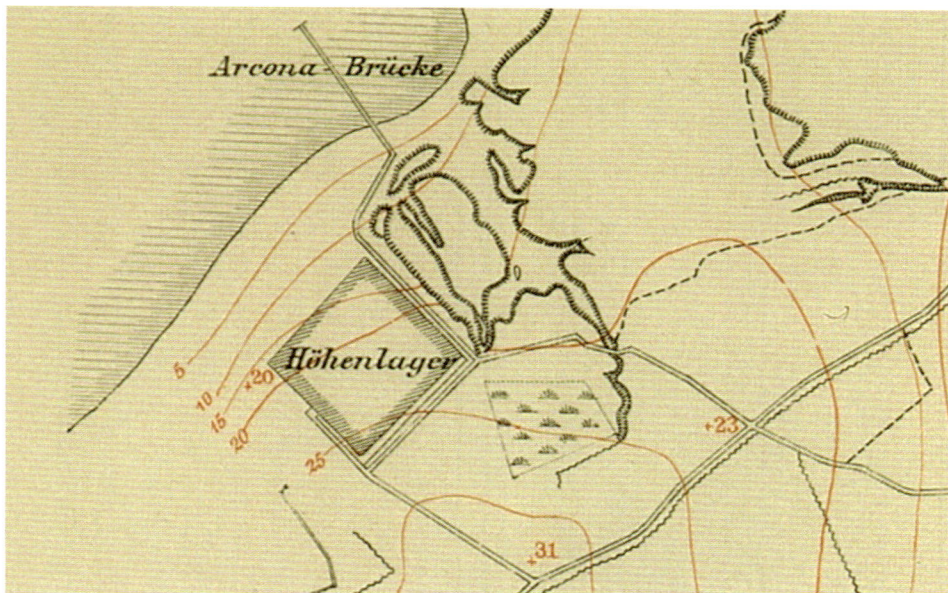

图 4-45　1898 年《拟建新城市的开发规划图》上的高地营（Höhenlager）与
阿克纳桥（Akona Brücke）

1899
Arcona brücke
Tsingtau.

图 4-46　F. H. 施密特公司（广包公司）1899 年建造的阿克纳桥

1898 年 1 月 26 日，千余人的德国第三海军营进驻青岛，下属各连队分别进驻几座原清军营房，自然也包括这处"高地营"。德国胶澳当局于 1913 年，出版了由时任德国皇家海军第三海军营中尉 C. Huguenin 编写的《第三海军营营史》（*Geschichte des III. Seebataillons*）一书。此书不仅记录了该营自成立至 1911 年的发展过程，还涉及了这一时期中德关系中诸多事件。其中第 112 页配有一幅带有"广武前营"匾额和三门清军火炮的照片，其德文图注大意为"三连花园里缴获的大炮"。显而易见，德军将清军兵营的匾额作为战利品放置于此陈列。虽然书中未说明这处"花园"的明确地点，但至少照片中的这块匾额，足以印证清军"广武前营"的存在。

Erbeutete Kanonen im Garten der 3. Kompagnie.

图 4-47 《第三海军营营史》"三连花园里缴获的大炮"图中的广武前营匾额

国立青岛大学《图书馆增刊》[①] 于 1931 年 6 月 15 日刊有《广武前营[②]石额记》一文：

> 石额为总兵章高元营堡旧匾，光绪十九年（1893 年）胶州协镇李仁
> 党立于青岛有深长之历史记载之价值也……（光绪）十七年（1891）五

[①] 国立青岛大学（中国海洋大学前身）于 1929 年 6 月开始筹备，1930 年 9 月 20 日成立。1931 年 2 月 24 日，《国立青岛大学周刊》创刊。5 月 14 日，《图书馆增刊》创刊。1932 年 9 月，国立青岛大学更名为国立山东大学。

[②] 国立青岛大学所在地为德军拆除了清军嵩武中营后建造的俾斯麦兵营旧址，此兵营在德占早期曾为德国第三海军营驻地之一。

月，李鸿章张曜简阅海军，并来胶州，查看港湾，见形势重要，乃奏调总兵章高元率嵩武军四营驻扎，并筑南海栈桥。有清营制，分前后左右，所谓"广武前营"即四营之一也。旧址在车站东^①，不知何时移至校门花园。^②

1930 年 9 月 20 日成立的国立青岛大学所在地初为清军兵营，后又成为德国驻青第三海军营驻地。这篇《广武前营石额记》将石额的存放地点明确在了曾经的第三海军营里。文中"校门花园"四字的情景描写又恰巧与《第三海军营史》中"三连花园"所呈现的情景相同。这两条信息成为确定这面广武前营匾额存放地的依据。而确定"广武前营营盘"位置的重要佐证，实则在德占胶澳后在 1901 年 5 月 25 日《青岛官报》的一则土地拍卖公告中即已存在。^③

图 4-48　1901 年 5 月 25 日《青岛官报》载："大德管理青岛地亩局为拍卖地亩事今据本国人偶司达（奥斯特）禀称欲买大包岛西广武前营北机器局西海崖第三块地一段共计二千九百四十七米打暂拟价洋一千零三十一元四角五分兹定于西历六月十二日十一点钟在局拍卖如有亦欲买者限于六月初五日投禀届期同赴。本局面议可也毋误特示。右论通知。大德一千九百一年五月二十四日告示。"

从该土地拍卖公告中所述地块的位置可以印证，"广武前营"即德国人所称的"高地营"。从"三连花园里缴获的大炮"图和《广武前营石额记》可以得知，广武前营的石刻匾额或许在兵营拆除后被德国人"移至校门花园里"。这座兵营名称上的变化，或许是先后两支部队在此驻防所致。"广武前营"是在 1892 年 9 月随章高元由烟台移防青岛口时首度进驻的四营中的一营；而"嵩武右营"则是在 1895 年 11 月再次回防青岛口时六营中的一营。日本人只是看到了 1897 年驻此的嵩武右

① 应为车站西。
② 佚名：《广武前营石额记》，《图书馆增刊》1931 年 6 月 15 日第 1 版。
③ 青岛市市南档案馆编译：《青岛官报（1900—1901）》（下册），南京：东南大学出版社，2021 年，第 166 页。

165

营，而不知在此之前的驻防情况。另外，从章高元在被德军逼迫撤出青岛后，给张汝梅和李鸿章的伤亡报告中也可以看到嵩武右营的存在。

5. 嵩武副中营

1896年，日本驻芝罘领事馆在《胶州湾视察》报告提到，设在青岛口以北的沧口"还有嵩武副中营一营"[①]。报告中的"东南三处有嵩武军三营"（指青岛口），与1897年日本间谍桥本仙作的侦察报告吻合。目前，仅有《胶州湾视察》报告一段孤文提到"嵩武副中营"，位于沧口的这处兵营还有待于更多史料的发掘和进一步的考证。

图4-49　1898年《李村、沙子口、塔埠头、沧口手绘图》中的沧口德军兵营
（马维力先生提供图）（左图）与1901年《青岛鸟瞰图》中的沧口（右图）

6. 嵩武左营、衙门营（Jamen Lager）、兵营衙门

嵩武左营位于今太平路9号青岛市人民会堂址。这处兵营因紧邻大衙门，在德占后被德国人称为"衙门营（Jamen Lager）"。因为其所处位置，它沦为了最先被改造的一座兵营。

---

① 徐畅先生译1896年1月29日至2月3日《胶州湾视察》。

图 4-50　1898 年大衙门旁的嵩武左营（云志艺术馆提供）

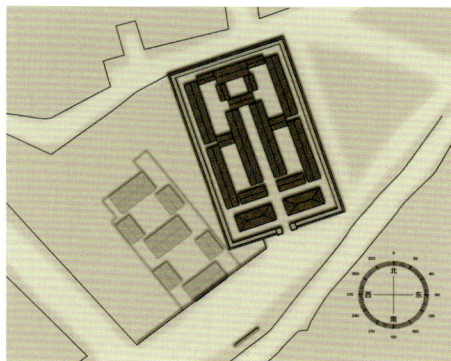

图 4-51　1897 年的嵩武左营平面布局及位置朝向图解

　　与大衙门仅一墙之隔，建有高大夯土围墙的嵩武左营兵营，是青岛口六座兵营中最小的一座，其建筑平面呈普通矩形。营门也与其他兵营西南开门的布置不同，开设在了东南。营门的建筑形制也与其他兵营的截然不同，砖石砌筑设有券门的高大营门不见了，取而代之的是犹如"阙门"一般的夯土营门。两座门垛上设有雉堞墙垛，而大门则以木为栏。毫无气势可言的嵩武左营营门与大衙门大门比肩而立，两组建筑群都面向东南，但两组建筑平面和立面并未取齐，而是各自朝向了不同角度。嵩武左营营墙的东南角竟然被大衙门围墙包裹其中，将原本就不算气派的兵营营门挤向了角落，使得大衙门与嵩武左营连为了一个别扭的整体。德占胶澳后，德国人保留了大衙门外墙，拆除了嵩武左营夯土营墙和营门，新建成了砖砌透空墙，并取直了大衙门与"衙门营"的外墙与街道。在大衙门和原左营之间开辟了一条通向"市场街"的道路，将原本连在一起的衙门和兵营分开。

　　不仅兵营的营门独特，营盘内部建筑也较其他兵营多有不同。兵营内的建筑沿中轴线左右布置，中央为通道，两侧为联排建筑，最深处为一处合院式建筑。与其他硬山式建筑不同，位于营门两侧是两座庑殿式建筑。

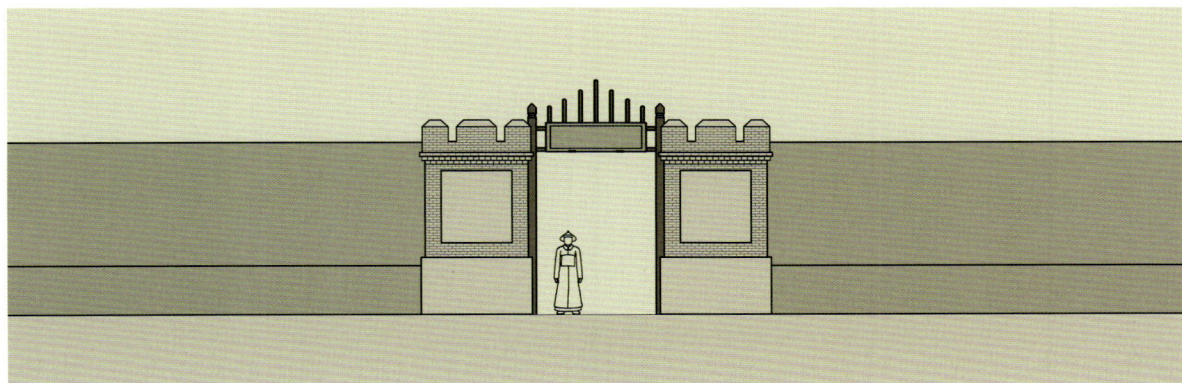

图 4-52　1897 年的嵩武左营营门示意图

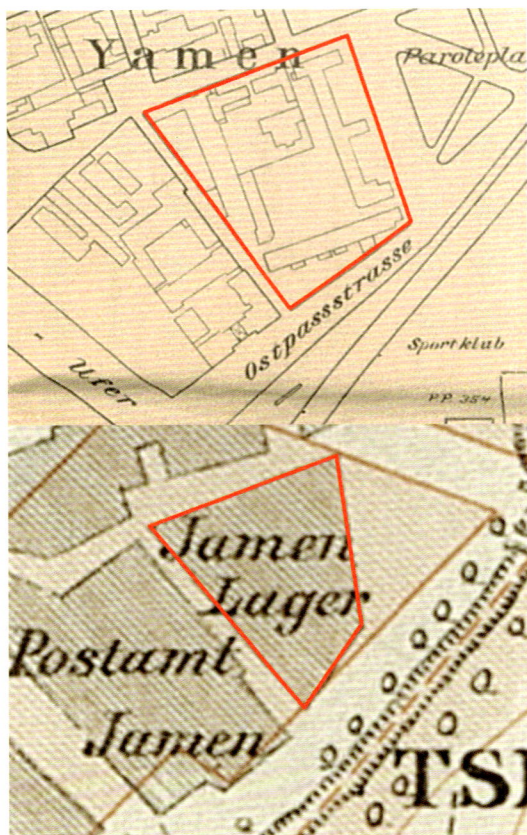

图 4-54　1898 年（下图）与 1914 年（上图）青岛地图上的嵩武左营

古代中国"溥天之下莫非王土"，皇权高于一切。建筑代表着身份和地位，等级则是借助尺度、样式、材料、装饰以及色彩等来体现。等级最高的是皇家与宗教建筑，皇家与官家、官家与民宅之间等级不可逾越。而区别建筑等级最为明显的则是屋面形式，从无等级的攒尖顶由下至上通常分为卷棚顶、硬山顶、悬山顶、单檐歇山顶、单檐庑殿顶、重檐歇山顶、重檐庑殿顶多个层级。

庑殿顶建筑屋面有一条正脊、四条垂脊（斜脊）和四面坡，又称为四阿殿、五脊殿，是一种等级较高的建筑形式。嵩武左营营盘中的这两座一模一样的庑殿顶建筑为石砌立面，东南立面开设四门一窗，正脊两端与垂脊底端起翘，无鸱吻、脊兽，四面屋面上以小式凹形板瓦仰覆。如此高规格的两座倒座建筑最大的可能是用于屯粮或用于存放军械的仓房。嵩武左兵营独特的营门、营墙和这两座庑殿式建筑在当时的青岛口也并非孤立地存在，与其同类的还有另一座兵营——水雷营营房。

7. 水雷营、明兵营、桥营（Brückenlager）、工程局

水雷营位于今太平路栈桥公园前兰山路、太平路、中山路路口交会处的三角街心花园一带。这座在日本人1897年的《清国胶州湾地区旅行报告》中被称为明兵营，被德国人称作桥营（Brückenlager）、在约1915—1916年日占时期绘制的《青岛在德占以前地形及初步都市计划一览图》中名为"工程局"的清军兵营，实际是清北洋海军在青岛口设立的"水雷营"。

图 4-53 德占青岛时清军嵩武左营东侧营墙外操场上的德军
［裴林（Gerlinde Pehlken）女士提供］

清北洋海军是清政府建立的四支海军中实力最强、规模最大的一支。自1888年成军，至甲午战争全军覆没之前，这支近代化海军舰队曾以近百艘的军舰、辅助舰、运输船和4 000余兵力的实力，位居世界第九、亚洲第一。水雷是当时重要的防御性武器，可布置于港口外、航道上阻止敌舰。北洋舰队中配备有8艘108吨的水雷艇。与水雷艇配套的水雷学堂、水雷局和水雷营也较早地在大沽口、旅顺、威海等地设立。

据《清史稿·兵志七》等史料记载，1881年至1897年间，在清北洋海军进行的海防建设中，与购置外国军舰同时进行的还有在中国北方沿海各要隘海口进行的船厂、船坞、码头、炮台、子药库、屯煤所等多地多处的与舰船驻泊、上煤、装弹等相配套的军事设施建设。

《清史稿·兵志七》载：

> （光绪）七年（1881），李鸿章在大沽口建船坞。九月，超勇、扬威二舰制成来华。鸿章乘赴旅顺，察看形势，筹备建筑船坞、炮垒。大沽设水雷营、水雷学堂。旅顺设水雷鱼雷营、挖泥船。威海设鱼雷局、机器厂，并设屯煤所。以丁汝昌统领北洋海军。定兵舰国旗质地章色之制。会同福建船政派学生赴欧洲肄业。①

《胶州湾烟台□水雷营设置其经费支途》记载：

> 敬禀者，案查胶州、烟台两处海口，于光绪十七年五月奏请建筑炮台，设立海防，奉经调派防营与工分办各在案，伏查海口炮台，为有事之时御敌而设，岸上专恃炮台，而水中尤倚水雷，□可相依为守无虞，敌船闯越，水陆兼备，其守始坚，环瀛诸□经营海疆，必水雷炮兼精，守称守御完固，北洋太古北塘山海关营口，旅顺，大连湾，威海卫七处海防均有已成之局，故胶州烟台两海口事同一律，宜各陈设水雷弁兵一营，各制下雷轮船一艘，所需购办雷器家具电线，自造各种水雷及下雷轮船舢板，建造营房电线池库屋□房，各项用款，应指捐项支办。②

李鸿章在第二次视察青岛口后，于1894年5月29日上奏《直隶总督李鸿章等奏折》云：

> 至胶州澳口……道员龚照玙又于青岛前建设大铁码头一座，现拟于铁码头后建造水雷营，紧扼口门……现办烟台、胶州两海口防务，事同一

---

① 《清史稿》卷一三六《兵志七·海军》，北京：中华书局，1977年，第4035页。
② 转引自青岛市档案馆编：《图说老青岛·建置篇》，青岛：青岛出版社，2018年，第114页。

律，宜各设水雷兵弁一营，各制下雷轮船一艘。[①]

青岛水雷营建设起步较晚，1894年5月还在"拟于建造"中。1897年时，临海而建的水雷营，平面布局似倒置的凸字，朝向略偏向东南，于东、南两侧各开设有与嵩武左营相似的"阙门"式营门。而两座营门皆以夯土筑成锥形高台，门上以木栅栏为障，门垛与营墙上无雉堞，其简陋的构造更显老旧。南门外即探入青岛湾中的大铁码头，东门外则设有一处操场，另有道路通往大衙门和西北的"大演兵场"。营内有建筑多栋，但其布局因史料稀缺迄今难考，唯有南门内东西两侧高过营墙的两座四面坡的"庑殿顶"式建筑明显可见。

图4-55 德占后的水雷营南营门

图4-56 从铁码头上看水雷营南营门铅笔画

① （清）李鸿章等：《直隶总督李鸿章等奏折》，青岛市档案馆、中国第一历史档案馆编：《胶州湾事件档案史料汇编》（上册），青岛：青岛出版社，2011年，第13—14页。

图 4-57　水雷营南营门东立面铅笔画

图 4-58　水雷营北面营墙铅笔画，前方为小青岛

　　如同嵩武左营内和清军弹药库的配置一样，水雷营里的这两栋檐高大约不低于3米，脊高不低于6米，从规格上看是一种较高的建筑。五脊四面坡屋面正脊两端与垂脊底端起翘，无鸱吻、脊兽，四面屋面上以小式凹形板瓦仰覆。檐下三层砖砌菱角牙子（俗称狼牙砖）叠涩出挑，四角檐头出挑。立面腰线之下槛墙以细方石砌筑，上部砖砌。此等规格的建筑，在北洋海军建造的威海刘公岛铁码头后部的陆岸上，也同样建有两座。这一现象似乎不是巧合，而像是一种重要建筑标准配置。这座被日本人称作"明兵营"的兵营与嵩武中营等兵营比较，不仅占地面积小，而且在形制和建筑形式以及坐落朝向上截然不同。青岛口六座兵营极有可能是不同时期的建筑，水雷营与嵩武左营这两座兵营似乎早于其他兵营建造。

Kasernenhof in Tsintau.

图 4-59　德占后水雷营内院两座四面坡式的主体建筑

水雷营遗留建筑

图 4-60　德占时期今中山路南端水雷营存留下来的两座主体建筑

　　明代为防倭寇侵袭，山东沿海设立了多处屯兵御敌的卫所。青岛口东有浮山所，西南有灵山卫，在卫所之间设立低于卫所编制的小规模军事哨卡也不无可能。成书于清雍正十三年（1735）的雍正《山东通志》中有"青岛口炮台"的标注。成书于乾隆五年（1740）的乾隆《莱州府志》中，有"青山口炮台"的标注。这些名称显然不是村庄名称，足以说明有驻军的存在。既然有炮台，也必然有部队。这两处兵营或许是明代遗留下来的，也或许是清代早、中期即已经存在的建筑。

1897 年，水雷营被占领青岛的德军称为"桥营"。德国海军出于对码头的急切需求，在占领后不久便拆除了水雷营的营墙和营门，拓展了码头后部的陆地空间，保留下继续使用的仅有这两座四面坡顶的主体建筑和水雷营码头。这两座建筑，最终在 1914 年日本占据青岛后消失，而水雷营码头则被保留了下来，直至 20 世纪 30 年代经过了一次华丽变身，成了今天的青岛栈桥。

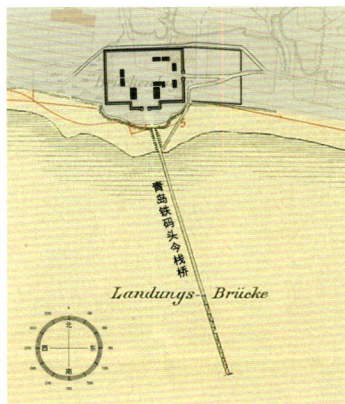

图 4-61　1898 年《拟建新城市的开发规划图》中的水雷营与铁码头及水雷营平面和主体建筑示意图

水雷营营房与水雷营码头，一个销声匿迹，一个后来誉冠中外。

8. 大铁码头、栈桥、登陆桥（Landungs-Brücke）、大栈桥

清北洋海军最早于 1881 年 9 月在天津大沽口设立的水雷学堂及水雷营，其后则是旅顺口鱼雷局与水雷营及其码头。1884 年设立营口水雷营，1887 年建造大连湾柳树屯水雷营海军铁码头，1890 年增建旅顺船厂铁码头，1891 年建造威海刘公岛铁码头、威海水雷营及其海军码头。最后一座，也是唯一没有按计划完工的铁码头便是这座始于 1892 年，停滞于 1897 年，在青岛口专为"下雷船"装卸水雷、军械和加装燃煤的大型海军专用水雷营铁码头。

图 4-62　德占后的水雷营远眺铅笔画

图 4-63　1901 年建成的威海刘公岛铁码头（云志艺术馆提供）

光绪二十年四月二十五日（1894 年 5 月 29 日）《直隶总督李鸿章等奏折》既已明确奏明了"龚照玙[1]于青岛前建设大铁码头一座"。时为直隶候补道、总办旅顺船坞工程、会办北洋沿海水陆营务处的龚照玙督造的青岛水雷营码头，时称"大铁码头"。在此码头之前"龚照玙负责督造威海刘公岛铁码头，墩柱用厚铁板钉成方形柱，直径四五尺，长五六丈，中灌水泥，直入海底，较之各处所设铁码头，工程尤巨"。该"丁"字形突堤式铁码头于 1891 年建成，并配设应用各项器具及厂库，是北洋海军舰船停泊之所，共有 42 对、84 个钢制墩柱，总长 205 米，宽 6.9 米，桥面铺设木板。

青岛的这座水雷营铁码头同为突堤式，由石砌引堤和钢架木面透空桥两部分组成，所使用的架桥钢材均来自始建于 1883 年的旅顺船厂，工程也由旅

图 4-64　龚照玙（1886 年）[2]

---

[1]　龚照玙（1840—1901），字鲁卿，安徽合肥人。1871 年，投身北洋制造局当差，由监生捐纳同知、知府、道员。1890 年，经李鸿章推荐，由直隶候补道调任旅顺船坞局任总办，兼会办北洋沿海水路营务处。龚照玙在中日甲午战争中乘"广济"轮逃往烟台，后被清廷逮捕、革职，判斩监候。1900 年八国联军入侵北京时被开释出狱，1901 年病亡。

[2]　姜鸣主编：《威宣渤海：清末醇亲王巡阅北洋海防》，北京：故宫出版社，2024 年，第 174 页。

顺船厂的中国技术人员承担。1894年，正当铁码头在青岛湾中徐徐延展时，中日甲午战争爆发，铁码头的建造工程暂时搁置。战事结束后，因战败的清政府在向日本支付了巨额战争赔款后财力不支，铁码头的建造进度缓慢。

码头建造，是一项在海中施工的土木工程，受季节和潮汐的制约。清军为吃水较浅的"下雷船"而专门建造的铁码头，桥体部分承重量不大。1897年11月14日，正常进行的建造工程被德国海军的突然入侵打断。在《胶澳租借始末电存（章高元与当道往来电）》与《胶澳发展备忘录（截止到1898年10月底）》两份史料里，中德双方从不同的角度记录下了德占时铁码头施工人员的情况：

> 二十四日（1897年11月18日），旅顺顾仲翁鉴：码头工已停，彼军近扎沧口附近。刘蔼翁赴烟回旅，一切细情当可面述。元。印。[1]

> 占领青岛时，那里正有一批修建栈桥的中国工人；他们不定居在青岛。[2]

由此看来，在德军占领青岛口后，随着章高元所部的撤退，实施铁码头建造的相关人员也随即撤离，青岛铁码头的建造也只能戛然而止。德军登陆时，被称为"登陆桥"或"青岛桥"的水雷营铁码头，其前部最大吃水还不足2米，似乎还并未建至预定的水深位置。这也致使德国海军除舰载小艇外，其他舰只均不能靠泊，往来于海上和陆地之间的人员及小型物资，只能通过小型船只接驳。出于应急需要，德国人对铁码头进行了加固和收尾。另据德占后资料记载：

> 1891年春派总兵章高元驻扎这里，建起了衙门，为其士兵修了四个兵营和栈桥，栈桥尚未完工。[3]

> 青岛的新历史开始于1891年……还建了栈桥，其钢铁结构是在当时还属于中国旅顺的中国工厂制造并运抵青岛的，由中国工程人员安装，这就是至今还在的青岛栈桥。[4]

---

①（清）章高元：《章高元致旅顺顾仲翁电》，青岛市档案馆、中国第一历史档案馆编：《胶州湾事件档案史料汇编》（上册），青岛：青岛出版社，2011年，第170页。

②《胶澳发展备忘录（截止到1898年10月底）》，青岛档案馆编：《青岛开埠十七年——〈胶澳发展备忘录〉全译》，北京：中国档案出版社，2007年，第19页。

③［德］海因里希·谋乐：《山东德邑村镇志》，青岛档案馆编：《胶澳租借地经济与社会发展——1897—1914年档案史料选编》，北京：中国文史出版社，2004年，第375页。

④［德］马维立：《单威廉与青岛土地法》，金山译，青岛：青岛出版社，2010年，第97页。

图 4-65　德占后在铁码头停靠的德军交通艇（杨明海先生提供）

　　在 1898 年 4 月 23 日出版的《伦敦新闻画报》上，刊登有特派画师梅尔顿·普莱尔绘制的德占青岛后德军使用铁码头的图，题为《中国问题——德国军舰在青岛胶州湾卸下物资》。此图虽为手绘，却也反映出了当时铁码头的真实状况。

　　德国人拍摄的照片和绘制的图纸显示，1898 年时的桥面上还竖立着两台建造施工用的大型吊装架，直至 1900—1901 年的青岛全景照片上，这些吊架才无踪影，但对桥墩水线部位的纵向加固仍在进行中。这说明虽然当时德国的工业技术远比清廷的先进，但受地域、天气、海况、材料、工具等条件的制约，德军无法在短期内完成未建工程。铁码头的主体应在 1899 年间完成，端部收尾和侧面加装防撞护木工程则进入了 1900 年。1901 年 5 月，船政局还曾对铁码头进行了一次封闭式的大修。至此，这座具有 28 孔桁架式钢结构透空桥的青岛铁码头被定格。

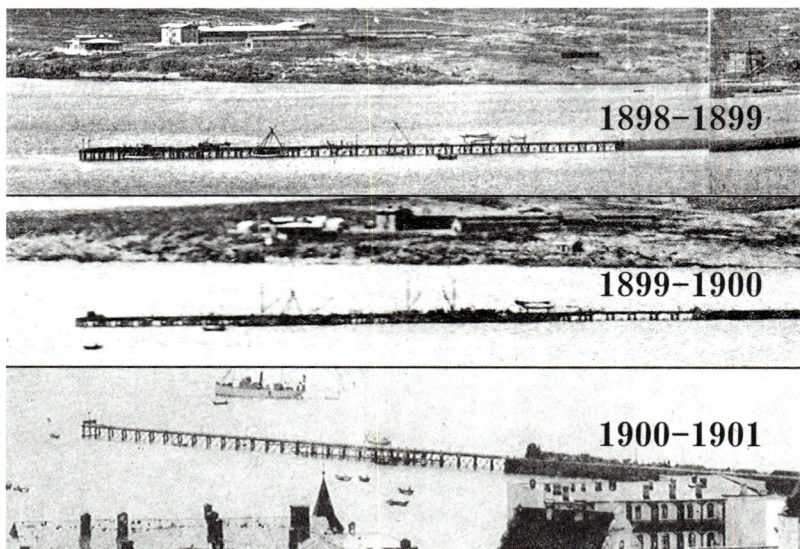

图 4-66　1898—1901 年的青岛铁码头

图 4-67　德占初期青岛铁码头远眺（右上）、德军绘制的青岛铁码头结构（左上）以及
建造吊具图（下）

　　青岛铁码头，按照之前清军的做法，可能与刘公岛等其他几座铁码头一样，同为"丁"字形。德占青岛后之所以没有再继续加长或者完成剩余部分的建造，可能是因为清廷停止了向已被德国占领下的青岛提供材料，也可能是德国在此前的调查勘测中发现前海区域水浅浪大，不适于围海筑港。

　　在《胶澳发展备忘录》中，自 1898 年 10 月带有比例尺的《拟建新城市开发规划图》到 1902 年 10 月—1903 年 10 月的《青岛与郊区地图》显示，铁码头为同样的长度。在 1898 年 10 月至 1909 年 10 月的《青岛全景照片》中，铁码头依然保持着 28 孔的相貌。定型于青岛湾中的青岛铁码头接岸石砌引堤长约 260 米，两侧设高约 0.9 米，栏杆为顶部开孔的木制栏柱穿以绳索连成的。水中长约 147 米的透空铁码头为 28 孔的桁架式钢结构，28 组墩柱外侧安装有保护桥墩和船舶的防撞护木，桥面上铺以木板和铁轨，安装有吊艇机和德式路灯，两侧各设木制舷梯一座。

Tsingtau. Landungsbrücke.

图 4-68　约 1901 年时的青岛铁码头

鱼雷、水雷是当时各国海军必备的攻防武器，水雷营不仅备受清军的重视，也为德国海军所看重。德军拆除了清军的水雷营，在加固货运铁码头的同时，也在勘探和筹划深水港的建设。1898年，在对小港的规划中，在其南岸做出了预留，并最终于1907—1908年间建成了称作"水雷库"的德军水雷营驻地。同清军水雷营一样，这座水雷营也同样建有一座结构为石墩钢梁的"丁"字形突堤式铁码头，桥上同样也安装有铁轨和吊装设备，为德军的鱼水雷艇上供煤、装卸弹药使用。

随着1901年和1904年胶州湾内中等水深的小港（大鲍岛码头）和深水港大港（俗称大码头）的建成，青岛铁码头的卸泊、运输功能逐渐减弱。1903年海图标注，桥头吃水小于2米并安装有左红右绿航标灯。

约1909年手绘的《青岛全图》上还出现与李鸿章奏折中名称一致的"铁码头"。1914年11月7日"日德青岛之战"德军战败。日本侵占青岛后的地图上，青岛铁码头首次公开出现了"青岛栈桥"名称。

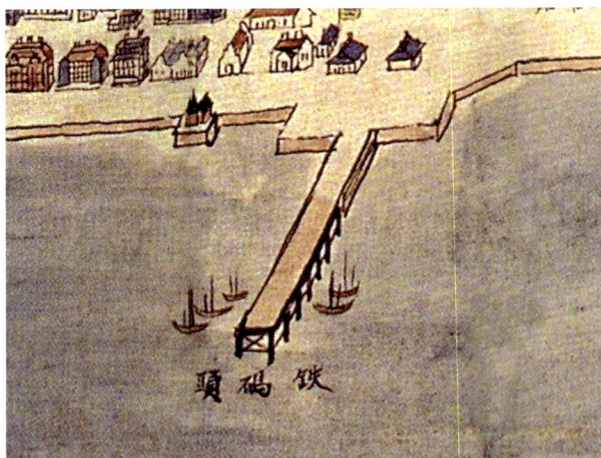

图4-69　约1909年手绘《青岛全图》上与李鸿章奏折中名称一致的"铁码头"

图4-70　1915年日本人绘制地图上的"青岛栈桥"

20世纪30年代初始，栈桥一带辟为供市民游玩的栈桥公园。此时栈桥钢结构部分，经30多年的海水侵蚀，已锈蚀严重，濒临坍塌，危及了游人的安全。

1930年4月25日《申报》中的《青岛当局之港务建设》记载：

（二）重建海军栈桥　查海军栈桥，系中外海军士官由前海登岸必经之路，亦为夏季游人纳凉游览之胜地。近来渐次失修，若遇大潮，即有倾塌之虞。公安局并出示禁止登临，其危险程度可想。为顾全国际荣誉及市民幸福起见，此重建栈桥之工程，实亦今日当务之急。现港务局亦拟计划重建。[①]

① 佚名：《青岛当局之港务建设》，《申报》1930年4月25日第7版。

六、长虹远引　飞阁回澜

1931年，青岛市市长胡若愚决定对栈桥进行改造。经"招商投标，拆坏重建"，最终栈桥改建工程由信利洋行中标承建。1931年8月20日—1932年10月，当局与信利洋行签订合同，对栈桥进行维修和改建。新栈桥的式样与结构则由青岛港务局工程部的德籍土木工程师弗·施诺克设计。工程整体拆除了锈蚀严重的铁码头，改建成了一段长146米，最窄处为7.85米，最宽处为11.5米，有34组墩柱、35孔的钢筋混凝土透空栈桥。为便于小型舟船靠泊，东西两侧各设两座系泊泊位和舷梯；为保护桥面不被来自下部的涌浪冲毁，桥面上设置了减压孔，两侧安装铁索护栏，石砌桥体两侧安装上了铁管护栏。在增筑的三角形岛堤上，以钢筋混凝土建造了一座碧瓦红墙、八角重檐攒尖顶中式亭阁——回澜阁。工程于1933年5月竣工。7月4日，《北洋画报》第20卷954期刊发了配有邝百辉拍摄的照片的《青岛南海长桥重修工竣定于七月一日行落成礼》的新闻报道。

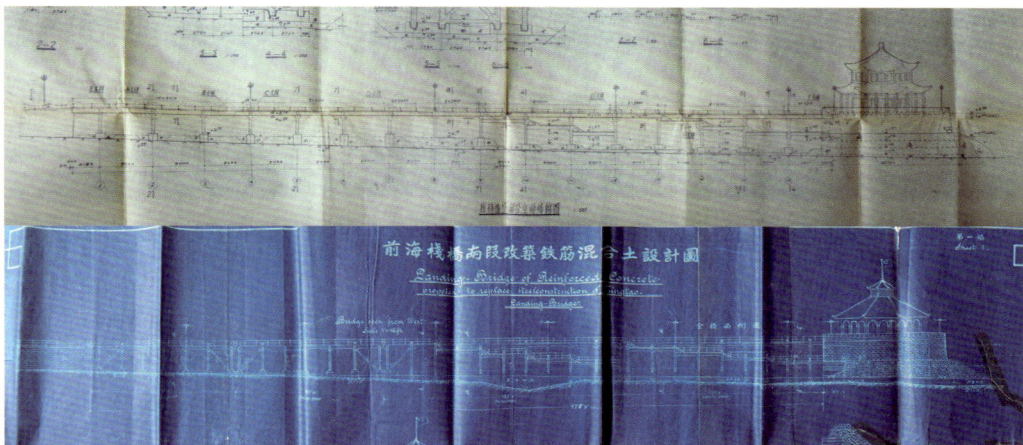

图4-71　1930年《前海栈桥南段改筑铁筋混合土设计图》（下图）与
1985年《栈桥透空部分立面结构图》（上图）

图4-72　改筑完成后的栈桥（杨明海先生提供）

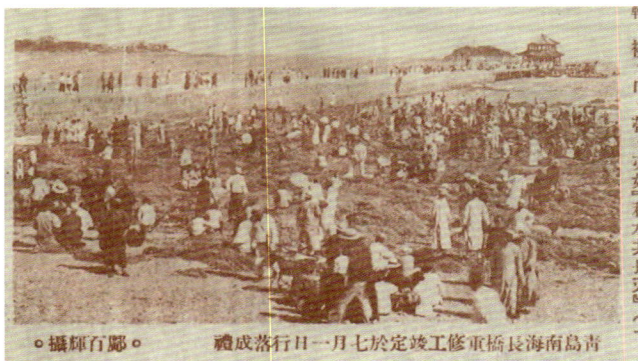

图 4-73 《北洋画报》刊发的邝百辉拍摄的《青岛南海长桥重修工竣定于七月一日行落成礼》

栈桥重修竣工后于回澜阁内立碑纪念，时任青岛市市长沈鸿烈为纪念碑撰文并题写了"回澜阁"匾额。1933 年 6 月 8 日，《青岛时报》《青岛民报》分别刊登了时任市长沈鸿烈赴栈桥查看和为工程竣工题写纪念碑文的消息。两份报纸分别以《本市新闻，沈市长为前海栈桥撰碑文，历述肇建之年月及重修之动机》和《沈市长亲树前海栈桥碑石，并亲撰重修前海栈桥记》为题，各自发布了一则大意相同的通讯。所载的沈鸿烈《重修前海栈桥记》云：

> 胶澳海湾，形如半玦环，市廛栉比，其西南蜿蜒入海，若长虹之下，饮于溟渤者，即所谓前海栈桥也，清光绪十九年，登州镇总兵章高元建，以供海军运输，长四百二十余公尺，广十公尺，中分南北两段，南段架钢敷木，北段则筑石为基，平面涂以水泥，旁亘铁索，其地初租于德，继据于日，逮民国十一年日人归我故地，始获接管，以时修葺，惟潮蚀日久，南段钢柱朽腐动摇时，虞倾圮，鸿烈驻军胶东有年，以斯桥为登陆要道，曾建议重修，适胡君若愚来长市政，锐意建设，爰令港务局祥度形势，拟具图案，将南段木桥易以铁石，展长二十公尺，并于桥之前端，增造三角形堤防，以杀悍湍，复构亭堤上，为邦人士游息之所，招商承修，计需费银二十五万八千元，由市府遴员监造，二十年九月始役，胡君旋于是冬去职，鸿烈继任后，督饬所司，赓续修治，至二十二年五月工竣，较前益阔且坚，溯斯桥创建之初，一荒僻岛岸耳，虽经德日管领，卒壳光复旧物，蔚成奥区，兹幸疆围粗安，鸠工庀材，重完建筑，去险就夷，得以政务余间，偕我邦人诸友，休憩于兹，凭阑延瞩，徜徉乎海山清旷之域，俯仰今昔，感何如也，尤冀有守土之责者，继自今岁时维护，永固丕基，俾宏利济壮观，砥柱中流屹立不朽，用述崖略，大书勒石，以谂来祀云。[1]

---

[1]《本市新闻，沈市长为前海栈桥撰碑文，历述肇建之年月及重修之动机》，《青岛时报》1936 年 6 月 8 日第 6 版。青岛文史研究者周林先生、盛显军先生提供。

图 4-74　回澜阁"重修前海栈桥记"碑（青岛文史研究者刘逸忱先生提供）

　　回澜阁原设计为一座层高两层的亭式建筑，为便于游客观赏海景，一层设计为敞开式，后在征得市民的意见后进行了重新设计，建成了我们今天看到的两层楼阁式。回澜阁建成后，吸引了全国各地人士前来观看。这座八角重檐绿琉璃瓦顶的回澜阁也成为中国建筑史上具有标志性意义的一处建筑。

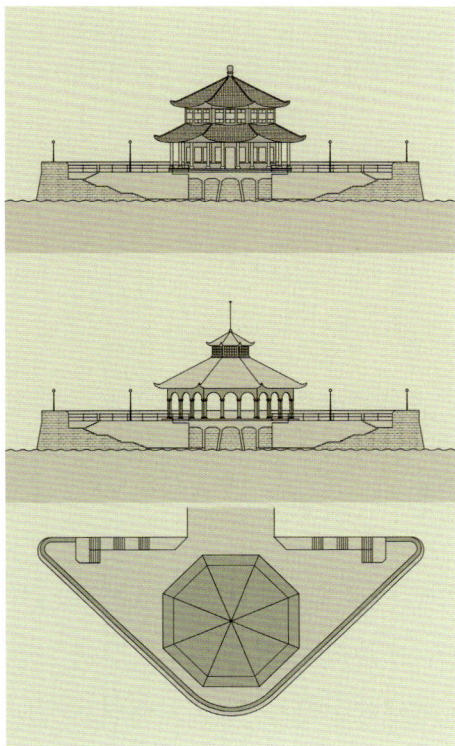

图 4-76　建成后的回澜阁

图 4-75　回澜阁平立面图解

图 4-77　1934 年 7 月天津《大公报》刊登郁达夫在回澜阁前的合影（青岛文史研究者刘逸忱先生提供）

1933 年 7 月 12 日至 15 日，"第十七届华北运动会"在青岛举行，栈桥一带成为水上项目的游泳赛场。

1934 年 7 月 3 日《申报》发表了钱醉竹《回澜阁》一文：

提起青岛的回澜阁，很有历史上的关系。当清季初创海军的时候，中国未尝无人，早就注意到这荒凉的胶州湾，是沿海的要港。无奈因为经费不够的缘故，所以仅仅由李鸿章，札调登州总兵章高元，率兵四营，移驻青岛。至今还有一个"老衙门"的遗迹，供我们凭吊。这老衙门，便是当初高总兵筚路蓝缕开创的军营。（在今回澜阁东一箭地）同时为便利我国海军上陆起见，便修建了一座栈桥；从中山路底的海岸起，一直伸展到海水深处，足有三十余丈长。宛若卧虹，风景很是不恶。中间经德日两国的修葺，益发雄伟壮美。每当夕阳初下，素魄流辉的时候，不少青年爱侣，携手微步；更有许多木屐儿，携着钓竿，临流垂钓。可惜钓得的鱼，起水便死，多数中看不中吃。好得鱼翁之意不在鱼，无非享受那天然美的风味罢了。

近来经市当局的整顿，大加刷新，不但栈桥的幅面加阔，两旁添设座桥；并且在栈桥南端，盖了一座美轮美奂的"回澜阁"，与对面的"小青岛"，对峙争雄，杰阁凌云，孤屿耸翠，人巧天工，各极其胜，真令人徘徊依恋不忍去。

然而一想到重重耻痕，历历艰危，又不禁代这壮美河山，发生害怕哩。[1]

1935 年，青岛市工务局曾计划在栈桥与中山路接壤处修建栈桥公园入口大门。建设项目包括于栈桥外端中轴线上设立一座高 8.35 米、宽 10.3 米、面阔三间的栈桥公园花牌楼，于海岸处桥头两侧各设立一座纪念亭，于栈桥西侧修建花园。但不知何故，这座带有斗拱和鸥吻的漂亮花牌楼和桥头堡式的纪念亭以及花园均未修建，仅停留在了图纸上。

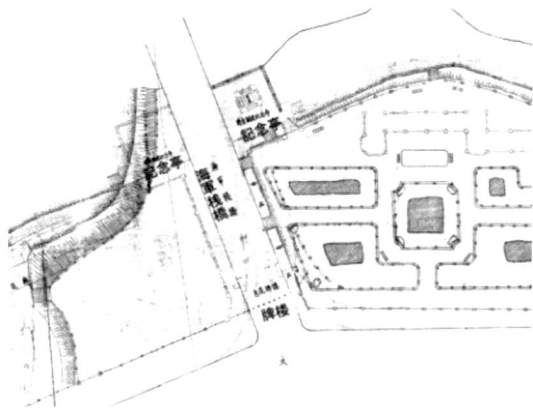

图 4-78　1935 年栈桥公园规划设计平面图

自回澜阁岛堤建成后，栈桥才由"I"形转变成了形同"T"的"↑"形状。这仿佛是在向栈桥的"丁"字形原状靠近，也似乎是为其画上了一个完美的句号。经

---

① 钱醉竹：《回澜阁》，《申报》1934 年 7 月 3 日第 20 版。

历华丽蜕变后，在 1936 年"青岛十景"评选中，青岛栈桥以"长虹远引，飞阁回澜"名列青岛十景之首。

图 4-79　1935 年设计但未建造的栈桥公园花牌楼设计图与花牌楼示意图

1937 年"七七事变"后日本大举全面侵华。1938 年 1 月 10 日，日本再次侵占青岛，日军也曾多次登上栈桥。1940 年，回澜阁内原重修纪念碑文被下面的《重修回澜阁记》所替代：

　　青岛栈桥，接山东路之南端，伸入前海。前清光绪间，提督章高元始建此桥，以为海军运输品之埠头。其后德人又为展筑深入海中，计长四百廿余公尺，宽十余公尺。分南北两部，南部钢架木面，北部石基灰面，铁索为栏。南部之端有小亭，初无名，水深可系小轮与恒，为海军登岸之所。与小青岛并列，水色山光，林木蓊清，映射于暮霭苍茫中，诚为一幅天然画图，久为海滨晚眺胜地，亦为青岛风景之一。南部钢架经潮汐荡击，蛤蛎侵蚀，日见腐损。于廿年经兹任胡市长若愚费资二十余万改修，南端之亭另为结构，奂（焕）然一新，名曰回澜阁。盖以潮汐平静，波涛不兴，砥柱中流，狂澜易挽，每当春夏之际，游人络绎不绝。事变之初兵灾之祸，虽未殃及此亭，而风雨剥蚀，椽堲凋落，建设后兴势不容缓。当今建设局鸠工庀材，重为修葺，于廿九年四月日竣工，兹者升平有象，海不扬波，旧地重光，市容生色。爰述崖略而为记。

中华民国廿九年四月

1945 年 8 月，抗日战争胜利，国民政府接收青岛后，民国海军和美国海军的小型船只也曾在栈桥靠泊。

1949 年 6 月 2 日，青岛解放。青岛市委、市政府多次拨款对栈桥、回澜阁及栈桥公园进行修缮和美化。栈桥开放为休闲娱乐之地，而回澜阁也曾作为展览馆、茶馆，甚至青岛图书馆的阅览室等被使用。

1952 年的档案资料显示，回澜阁内石碑上换刻"五爱"内容。根据 1949 年 9 月 29 日中国人民政治协商会议第一届全体会议通过的《共同纲领》，"五爱"初为"爱祖国、爱人民、爱劳动、爱科学、爱护公共财物"，后改为"爱祖国、爱人民、爱劳动、爱科学、爱社会主义"。1952 年，回澜阁内曾有改换碑文内容的记载，但不知何故而终未实施，致使栈桥回澜阁留下了一座无字碑。

1953 年，回澜阁曾被改名为中苏友好阁，牌匾由郭沫若书写。1958 年，改回回澜阁。牌匾由时任山东省委第一书记、中国书法家协会的创始人和第一届主席、著名书法家舒同题写。这块牌匾一直挂在今天栈桥回澜阁上。

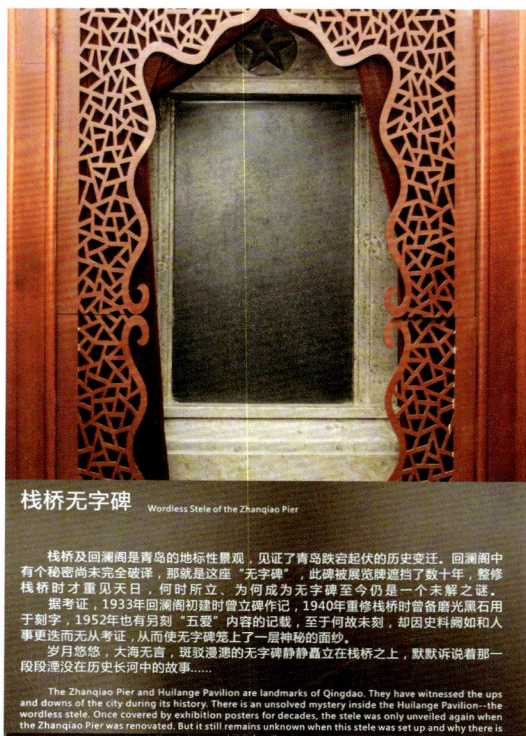

图 4-80　今回澜阁内的无字碑

1984 年 11 月 5 日—1985 年 4 月 28 日，因年久失修栈桥再次进行了大修。根据"在大修中基本保持原貌不变"的原则，青岛市政府投入巨资对久受海潮侵蚀严重的透空桥进行了历史上的第二次拆除重建，对引堤及回澜阁也进行了局部修复。

在长度不变的前提下，将原34组墩柱重建为16组墩柱。此次工程竣工后，栈桥变成了我们今天看到的17孔的透空栈桥。

图4-81　35孔（下图）与17孔（上图）的栈桥透空桥

今天，位于中山路南端、太平路12号的青岛栈桥，由北段连接陆地的石砌引堤、中段立于海中的透空桥和南端的岛堤以及回澜阁组成，全长440米，宽8～11.5米，从海岸边偏向东南探入青岛湾。引堤以花岩石砌筑外壁，内填沙石，坐于海湾中一处北宽南窄呈三角形的礁石区之上，透空桥与岛堤则深植沙泥区。平面呈等腰三角形、底边长约 74 米、底边中线长约 30.8 米（基座）的岛堤上，高 16 米、宽约 17 米的八角重檐攒尖顶的回澜阁身红柱赤，琉璃飞檐，处处展露着中华建筑之美。1982 年，青岛栈桥被列入首批国家级风景名胜区、首批国家级 AAAA 旅游景区。青岛栈桥现为省级文物保护单位，她与青岛湾中另一处标志性景观——小青岛同为青岛的标志和象征。

图 4-82　2007 年时的青岛栈桥与小青岛

图 4-83　2013 年 10 月大修中的青岛栈桥

5

第五章
筑台守海　砌垒护土

一、筑台守海

1892 年 8 月章高元率清军进驻青岛口时，正是青岛最为高湿炎热的季节。而在三个月过后，青岛即将入冬，大队人马面临的是收购土地，用以建造足用的营房以度过第一个寒冷的冬天。清军在青岛口鲜有记载的征地行为和标准，反映在了八年后德国人的记录中。德占胶澳初期，负责华人事务专员单维廉在制定土地法规时参照的便是章高元曾经的购地办法：

> 章总兵购买营房、住宅、打靶场，按照所购地块优劣，平均每大华亩（921 平方米，小亩或官亩 614 平方米）价格为 25 至 75 马克不等……据我所知，章总兵在购买官衙用地时付给一等地每亩 12.5 元大洋。今后德国政府也将以同样价格收购土地作为公产。[①]

清军进驻青岛口的头两年，正是大兴土木的高潮期。两年后的 1894 年，因中日甲午战争爆发，11 月，驻青守军整队赴辽援战。待 1895 年 11 月陆续重返后，各项工事方得以继续修建。至又一个两年后的 1897 年 11 月德国占领时，章高元进驻也仅刚满六年，而实际驻青岛口累计的时间也不过四年有余。短短的几年里，六座兵营、一座衙门、一座码头、一座弹药库、一道"城墙"和一座炮台等军事设施在章高元和龚照玙两位陆海统领的各司其职下拔地而起，业已接近胶澳设防蓝图的基本构想。如此建树，斐然中又似乎夹杂着少许超然，在青岛口发生着巨变的背后，隐约中有先前建筑的影子，章高元所作所为或许有一部分借助了前人的基础。

史料记载，清代历任山东巡抚共 152 人。其中，最有可能在 1891 年之前在青岛口派兵驻守和修筑炮台的是热心"洋务"的名臣丁宝桢。丁宝桢，同治五年（1866）署任，十一年（1872）再任，十三年（1874）三任。在 13 年的任职期间内，他曾"修水利以疏黄河，筑炮台以固海防"。"为防止日本对中国海疆之挑衅，在

[①] ［德］马维立：《单威廉与青岛土地法》，金山译，青岛：青岛出版社，2010 年，第 13—14 页。

烟台、威海、登州等处建筑炮台，以固海防。"而与丁宝桢交叉任职的还有另一位山东巡抚——文彬。文彬于1871年署任，1873年再署。

查阅这两位山东巡抚任职时期成书的同治《即墨县志》，其卷四《武备志·墩堡》明确记有"青岛口炮台在县境属胶州营"[1]一语。而在更早于这一时期的雍正《山东通志》、乾隆《莱州府志》已分别留有"青岛口炮台"和"青山口炮台"的记载。另在1897年日本间谍绘制的《青岛之图》(《青嶋之圖》)栈桥后部的水雷营被注明为"明兵营"。另有青岛湾东岸那座曾经被章高元忽视的旧炮台，现存的唐岛、古镇口、亭子兰三处炮台遗址，这些的存在足以见证青岛口及其周边沿海，早于1891年即已作为海防要塞存在的历史。而没有一座炮台是孤立存在的，在它的背后必然有弹药库、守军以及营房等军事设施。

二、万氏炮城

屯兵的兵营是建构军力的重要建筑，但也仅是基本的后勤基础设施。而由城墙、炮台和其他辅助设施构成的防御体系才是古代军事防御思想的具体体现，也是海岸防线的根本所在。以夯土、砖石筑墙构建一个封闭区域，形成一个具有防御性的障碍建筑，以保护城池内不受外敌的侵袭。"高筑墙，广积粮"，这一古代军事防御思想只有在城墙建造之后才得以实现。因而，古代中国小到兵营，大至城镇，广至长城，在城墙的建造上不遗余力。较大的都邑四周不仅设一道城墙，还建有内、外城垣和瓮城等。城墙在中国有着久远和宏伟的历史，而炮台则是冷兵器时代，随着火药应用于军事和火炮的产生而出现的军事工事。在百余年前的青岛口，青岛炮台以西、小青岛东侧的海岸上屹立着一座四边形的石砌建筑。这座四面设有雉堞墙的建筑，史料中多有"明炮台"之称。这座曾经位于今莱阳路8号中国海军博物馆以南百米开外的炮台，在德占青岛口后的早期影像中已有呈现。在1898年《自南向看占领之后的青岛手绘图》和1898年9月2日《拟建新城市的开发规划图》中分别以"老的石炮台（废墟）[Altes Steinfort(Ruine)]"和"炸药库（Dynamit）"予以了标注。

1897年11月，德占青岛后照片上的老炮台，外立面以不规则粗石砌筑，糯米灰浆勾缝，建筑平面为方形，坐落朝向较为端正，于南、西、北三面外墙上方各开设有三处垛口，券式主入口位于东侧偏南立面上，两侧各设垛口一个，时下已现颓势。德占后，因老炮台所在区域较为空旷，德军在敞开着的老炮台上加盖了一个攒尖式轻质天遮，改作了"炸药库（Dynamit）"。1914年，日据青岛后，日军的照相

---

[1] 同治《即墨县志》卷四《武备志·墩堡》，台北：成文出版社，1976年，第284页。

机也记录下了这个时期的青岛口老炮台。1922 年，班鹏志在《接收青岛纪念写真》中以《前海崖角之中国炮台遗址》为题留下了这座老炮台最后的影像。

图 5-1　德占后德军绘制的《自南向看占领之后的青岛》手绘图

图 5-2　1897 年德占后青岛口老炮台（云志艺术馆提供）

图 5-3 1906—1907 年青岛全景中被加顶后的老炮台

［引自《胶澳发展备忘录（1906 年 10 月至 1907 年 10 月）》］

关于这座炮台的身世，遍寻章高元守防青岛口时期史料也未见蛛丝马迹，想必它并非北洋海军在青岛口的海防要塞防御体系中的一部分，而是于 1891 年前即已存在的一座老炮台。无独有偶，在距青岛口以南海岸线上，至今仍有唐岛炮台、古镇口炮台、亭子兰炮台三座与其相似的老炮台遗存。据记载，这几座炮台均早于青岛建置前若干年，从它们身上或许可以搜寻到青岛口这座老炮台的踪影。

明太祖朱元璋为加强中央对地方军队的控制，创立了都司卫所制度。为抵御倭寇来自海上的袭扰，又沿东部沿海择要地，选重镇广设卫所驻军屯兵守卫海防。明洪武年间（1368—1398），青岛口以东的浮山所、西南的灵山卫等海防卫所相继设立，军队进驻。但随着朝代的更替，卫所制废除。清雍正十二年（1734）裁撤各卫所，浮山所改设巡检司，灵山卫划归即墨县管辖。

清雍正《山东通志》卷二〇《海疆志》载："设炮曰台，司烽曰墩，皆有堡房，系陆路汛兵守之。按东省沿海设立炮台，自明万历间防倭备辽，其比如栉。"[1]虽然卫所撤除，但海疆的防御并未完全停滞，清雍正时期在继承前朝既有的基础上又进行了调整、补充和发展，部分原有要塞的历史使命得以继续履行。

亭子兰炮台，位于青岛市黄岛区斋堂岛湾北岸，建于雍正四年（1726）。据雍正《山东通志》卷二〇《海疆志》记："亭子栏（兰）炮台（东三十五里至龙湾

---

① 雍正《山东通志》卷二〇《海疆志·墩台》，文渊阁《四库全书》影印本，台北：台湾商务印书馆，1990 年，第 370 页上栏。

192

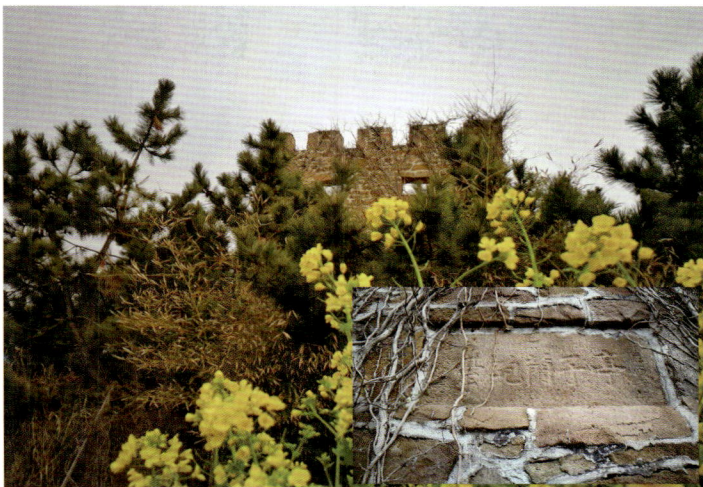

图 5-4　亭子兰炮台遗址（青岛文史研究者周林先生提供）

口墩旧设炮台又四十八里至古镇口）。"[1]

　　亭子兰炮台，位于青岛市黄岛区琅琊台南 2.5 千米处，占地面积约 40 平方米，为 1994 年复建，规模小于原建筑，炮台南立面镶嵌有上面刻着"亭子兰炮台，雍正丙午年，□□建造立"的匾额。这几个久经风侵雨蚀的古字，是亭子兰炮台的身份证明。

　　古镇口炮台位于青岛市黄岛区滨海街道西古镇营社区东南。据道光《增修胶志》和《灵山卫志》记载，古镇口炮台建于雍正四年（1726 年）。道光二十年（1840），胶州知州韩亚雄为防御海匪又进行过重新修筑。

图 5-5　古镇口炮台遗址

---

　　[1] 雍正《山东通志》卷二〇《海疆志·墩台》，文渊阁《四库全书》影印本，台北：台湾商务印书馆，1990 年，第 370 页上栏。

雍正《山东通志》卷二〇《海疆志》载：

> 古镇口在大珠山前海道，迤西其北岸多礁石，船不敢近。或有商船重载必停船洋中，用小船拨运，一遇东南风起则拔锚他徙，顷刻难停。设有巡检司弓兵可以哨守。①

> 古镇口炮台（胶州地方东八十里至大湾口墩，旧设炮台又东一十五里至唐岛）。②

雍正《山东通志》卷一六《兵防志》载：

> 古镇口外委千总一员、马兵贰名、步兵壹拾肆名。唐岛口外委把总一员、马兵贰名、步兵壹拾肆名。③

古镇口湾又称曹家溜，龙潭口，崔家潞。缩口圆形，面积19平方千米。北岸高地上的古镇口炮台，坐落略偏东南，占地面积约400平方米，建筑平面为倒"凸"字形，南侧突出实心体的炮位墩台一处，后部东、西、北三面合围成营墙，东南转角留有砖砌券式拱门入口，其余立面均以不规则粗石砌筑。外立面上原有砖砌雉堞墙，城内辅助建筑以及券门题额和炮台匾额已随着时光流逝而消失。陪伴古镇口炮台经过几百年风雨走到今天的还有东侧的一座相传建于明代的石砌单拱"老高桥"。

唐岛炮台位于青岛市黄岛区大湾村东、唐岛湾西岸。据清道光《胶州志》载，唐岛炮台建于清雍正四年（1726年），道光二十年（1840）重建。又据雍正《山东通志》卷二〇《海疆志》载：

> 唐岛属胶州，周围四五里上无居民，悬处海中。④

> 唐岛口炮台（东五十里至张头嘴墩，北三百二十里至即墨县女姑口墩，皆旧设炮台。又东五十里至青岛）。⑤

今位于灵山卫前、唐岛湾湾口北侧的唐岛，面积为0.07平方千米，相传因唐太宗亲自率领水师东征而得名。唐岛炮台的形制、规模与古镇口炮台基本一致。据史料记载，这两座炮台组成东西相向的"姊妹炮台"。1898年，德国占借胶澳后，灵

① 雍正《山东通志》卷二〇《海疆志·防汛》，文渊阁《四库全书》影印本，台北：台湾商务印书馆，1990年，第372页下栏。

② 雍正《山东通志》卷二〇《海疆志·墩台》，文渊阁《四库全书》影印本，台北：台湾商务印书馆，1990年，第370页上栏。

③ 雍正《山东通志》卷一六《兵防志·胶州营》，文渊阁《四库全书》影印本，台北：台湾商务印书馆，1990年，第208页下栏。

④ 雍正《山东通志》卷二〇《海疆志·北道》，文渊阁《四库全书》影印本，台北：台湾商务印书馆，1990年，第383页上栏。

⑤ 雍正《山东通志》卷二〇《海疆志·墩台》，文渊阁《四库全书》影印本，台北：台湾商务印书馆，1990年，第370页上栏。

山岛被德国人圈进了"租借地",成为租借地的西南界点。

雍正七年(1729)九月,浙江提督万际瑞以图文并茂的形式给雍正皇帝上奏,建议在登州镇管辖范围内的古镇口、唐岛、青岛等地沿海修筑炮台19座。这份附带炮台图样,并得到雍正朱批和肯定的奏折或许可以揭开青岛口及其周边这几座老炮台的身世之谜。

浙江提督臣万际瑞谨奏:

为奏明事。窃登州镇属沿海,应行修筑卫处炮台拾玖座,经前任镇臣黄元骧会同前抚臣陈世倌委员,先筑八角口炮台壹座,以为成式,续将龙口崖、马头嘴、丁字嘴、巉山、琅琊台等炮台伍处修筑完工,尚有未行修筑之芝罘岛、祭祈台、养鱼池、石岛、五垒岛、黄岛、黄龙庄、古镇口、唐岛、董家湾、青岛、龙汪口、三山口等炮台拾叁处。迨臣到任后,查看沿海炮台情形,验其已行修筑之八角口等陆处炮台,其炮城周围丈尺深阔俱,三面俱皆围墙,惟留一面垛口,若施放炮位止可以当一面,臣窃思炮台之设原以施炮为要,必须左右前俱有垛口,远打奸艘令其无可规避,方为利便,故不敢以前人之成见,而因循从事有负海防重务,是以将未修筑之炮台拾叁处,其炮城周围丈尺深阔以及营房等项俱照八角口图式建造,惟将炮台建出炮城之外,开留垛口三面,炮亭量宽匀盖三间,每间安放大炮壹位,使演炮之时可于左右前三面易为转动施放,如此一转移间,不特炮台之设得收实济,而于防御之际深为利益,然较其建造工程则一耳,今据各处炮台,虽称陆续建造将次告,皇上高厚深思无可报,称断不敢以海疆重务苟且完事,应俟各处炮台改修合一告竣之日,容新任镇臣题报绿,续修炮台系臣任内未了事件,理合据实奏明,并将前任镇臣黄元骧炮台图式及臣改移炮台图式一并呈览,伏乞皇上睿鉴。

施行联览,此炮台图式万际瑞者较黄元骧之式为佳,可令画一修理可也,卿再加酌量而行之。

雍正七年九月[①]

"万际瑞图式"不仅直观地描画出了"凸"字形和"口"字形两种炮台的式样,还以文字详细注明了炮城、炮台尺度及其炮台各建筑的功用。图式围墙外周围二十一丈的炮城,以清代一营造尺等于0.32米计算,约为67.2米;围墙高连垛口一丈七尺五寸,约为5.6米;墙基入地深四尺五寸,约为1.44米;宽七尺,约为2.24米;基上宽五尺五寸,约为1.76米;中腰宽五尺,约为1.6米;上宽四尺五寸,约

① 台北故宫博物院馆藏公开资料。

为 1.44 米；垛口傍马路宽三尺五寸，约为 1.12 米。炮位东西宽 1 丈七尺，约为 5.44 米；南北深 1 丈六尺，约为 5.12 米。

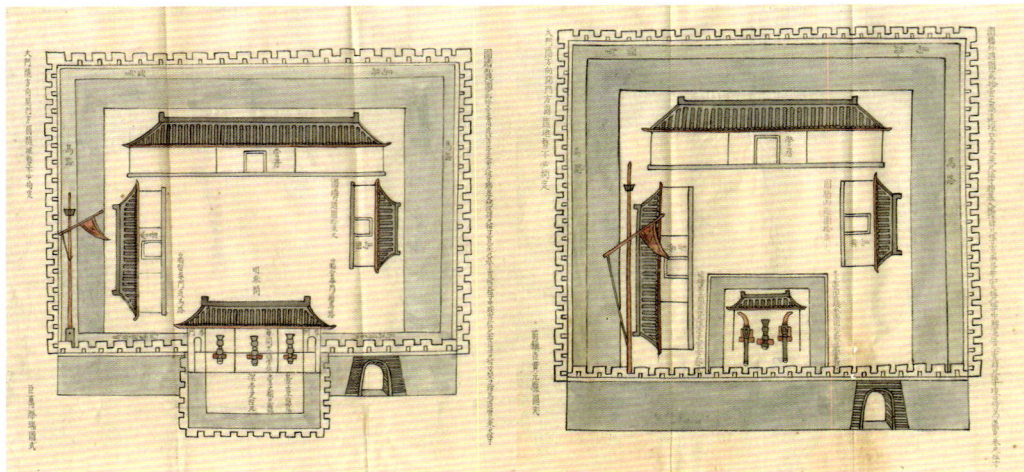

图 5-6　雍正七年（1729 年）万际瑞 "凸" 字形（左）与 "口" 字形（右）
炮台图式（台湾省故宫博物院馆藏公开资料）

今 18.6 米 ×18.6 米的古镇口炮台正方形炮城，遗存周长为 74.4 米，较 "万际瑞图式" 炮城（不含炮台）多出 7.2 米；而 6.75 米 ×5 米的古镇口炮台炮位东西南三边长为 16.5 米，较 "万际瑞图式" 炮台东西南三边 15.68 米仅多出 0.82 米。且两种炮台的样式，"凸" 字形与古镇口炮台和唐岛炮台完全一致，"口" 字形则与青岛口炮台相同。

雍正《山东通志》所载的 "青岛口炮台（东三十五里至野鸡台墩，又东三十里至石老人墩，皆旧设炮台。又南一十五里至董家湾）"[1]、《莱州府图》中的 "青岛口炮台"[2]、同治《即墨县志》"青岛口炮台，在县境属胶州营，董家口同"[3] 都在告诉我们在北洋水师关注胶澳之前，青岛口已有炮台存在。回溯影影绰绰的过往，展平皱皱叠叠的历史，认识了这几座老炮台，才能看清青岛口的 "新炮台"，它们的身形似乎也在从模糊中显现出来。

① 雍正《山东通志》卷二〇《海疆志·墩台》，文渊阁《四库全书》影印本，台北：台湾商务印书馆，1990 年，第 370 页下栏。

② 雍正《山东通志·舆图·莱州府图》，文渊阁《四库全书》影印本，台北：台湾商务印书馆，1990 年，第 24 页下栏。

③ 同治《即墨县志》卷四《武备志·墩堡》，台北：成文出版社，1976 年，第 284 页。

图 5-7　德占后的唐岛炮台（左）与今唐岛炮台遗址（右）①

三、西式炮台

　　1885 年中法战争中，因法军有北上从胶州北犯的企图，李鸿章为加强山东的防御，曾派丁汝昌与琅威理到胶州湾进行过详细勘察。事后就胶州湾布防，丁汝昌的文禀和琅威理的《布置胶澳说帖》都呈交到李鸿章手中。琅威理的说帖中附有图。这幅在胶州湾口外南北两岸、主要以青岛口为重点的具有 20 余座炮台的军事布置图解成为青岛第一份防御规划地图。

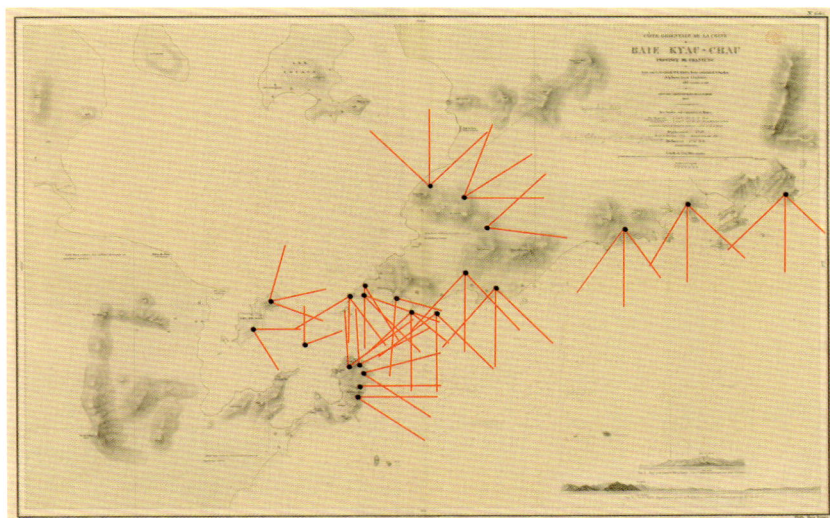

图 5-8　采用 1866 年英国皇家海军《山东省胶州湾的中国东部沿海图》标注的 1886 年琅威理
《布置胶澳说帖》中的炮台设想示意图

---

　　① 青岛市文物局编著：《青岛明清海防遗存调查研究》，青岛：中国海洋大学出版社，2017 年，第 132 页。

1886 年，李鸿章二次派员赴胶州湾调查，刘含芳与琅威理胶州之行后胶州湾设防也再被搁置。直至 1891 年 6 月 5 日，北洋水师校阅时李鸿章在他的首次胶州湾之行中，才看清了这里得天独厚的军事地位，也终于道出了"胶澳设防实为要图"的深切感悟。新的胶州湾防御设计在琅威理之前所作《布置胶澳说帖》的基础上进行了简化。然而，清军的军事调动和布置从未躲开过东边一双时刻窥视着清军动向的眼睛，为胶州湾制定的《胶州湾防御设计》《胶州湾防御工事着手顺序及添兵》《胶州湾北岸二炮台添置》《胶州湾防御设计变更》等详细计划无一遗漏地被日本人窃取。

清军《胶州湾防御设计》载：

> 敬禀者，窃查胶州海口，东接成山，西连海罳，南临大海，北拱登莱，为北洋之辅车，实东省之要害也，故必须设防使黑水洋迤北敌人无所驻足，旅烟威湾，无近敌之虞，登莱青齐，屏障之固，光绪十七年（1891）奉到扎行，会奏之案悉已敷陈，此次   等前往，会同章镇高元，复加履勘，该口内外山海形势，应设台垒巨炮水雷紧要诸端，合再缕陈，用备探择，伏查该口大势，堂局向东偏南，分为南北两岸，北岸青岛山高四十八丈，凭临大海，其势甚雄，此山设台，即能远击海面，又能捍卫外口，岛后山势向西，折伸而南，低岗起伏绵长七里，隔为外堂内澳中岗微高名曰坦岛，堪以筑台控击外口，再向南行，岗尽之处，名为团岛，又名王（玉）女岛，与南岸之黄鞍山尾，隔水对峙，为由堂入澳之内。[①]

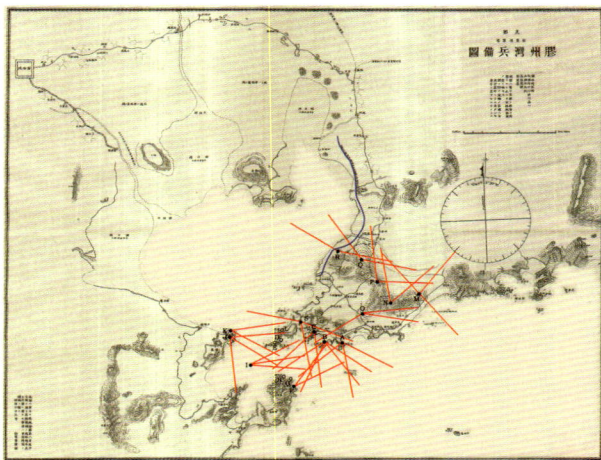

图 5-9　1890 年日本间谍按照抄录的《胶州湾防御设计》绘制的
《支那山东省军港胶州湾兵备图》中清军炮台布置设想

---

① 转引自青岛市档案馆编：《图说老青岛·建置篇》，青岛：青岛出版社，2018 年，第115 页。

图 5-10　采用 1890 年《支那山东省军港胶州湾兵备图》标注的
1897 年日本间谍记录下的青岛口炮台布置

　　1890 年，日本海军参谋部将从清军那里完整窃取了胶州湾防御计划，在借用英国人的《山东省胶州湾的中国东部沿海图》绘制的《支那山东省军港胶州湾兵备图》上，对胶州湾口外计划建造的 19 座炮台和一条军用铁路进行详细标画和配文。

　　地名：A. 王豆岛（太平角），B. 王践岛（汇泉角），C. 青岛，D. □□，E. 蓝石岛（游内山），F. 今高家屯东（薛家岛），G. 今南庄（薛家岛），H. 威林岬（薛家岛），I. 湾岩（薛家岛西），J. 北岭南（黄岛），K. 北岭东（黄岛），L. 潭岛（坦岛），M. 浮山东，N. 福山所山（浮山所山），O. 福山所（浮山所），P. 福山所北（浮山所北），Q. 夹岭沟，R. 水清沟，S. 约今青岛市公安局一带。

　　文注：本圖八重モ二英版海圖第八百五十七號二據ワ關スル事項八本部將校ノ牒報二據ル　明治二十三年　海軍參謀部（本图主要基于英国版海图第 857 号，其他陆地道路地名及军事配备等相关事项则基于总部将校军人的谍报。明治二十三年，海军参谋部）。

　　本圖八專ラ兵備ノ狀勢ラ觀察スル二止マワ水路航海用ノ責二任セス因二曰フ本地ノ兵備八今其計畫中二シテ未ターモ著手二至ラサルモノトス（军事配备情况限于观察的结果，主要用于海陆航海使用，当地的军事配备含有规划中或尚未着手实施的部分）。

　　原圖二□□彈藥及ヒ軍艦用石炭運輸ノ□□設置ヌル鐵道（根据原图所说，此为运输弹药和军舰用煤所设铁路）。（见图 1-15）

1892 年 8 月 2 日，《山东巡抚福润片》上奏：

　　上年五月北洋大臣直隶督臣李鸿章，会同前抚臣张曜查勘海口，奏请于胶州、烟台两处建筑炮台，所需经费将山东新海防捐裁应用，钦奉谕旨允准……并令会同统领嵩武军陕西汉中镇总兵孙金彪、登州镇总兵章高元，估计工费，次第兴办。该员等秉承李鸿章指示机宜，悉心经画，现已择定基址，将两处应筑炮台，分别兴工，需用大小炮位已向外洋订购……至购炮建台等事，亦令宣怀照旧会同孙金彪、章高元等妥为筹办……谨奏。

光绪十八年闰六月初十奉朱批：知道了。钦此。①

1982 年 11 月 17 日，山东巡抚福润再上折云：

尚书衔山东巡抚奴才福润跪奏。为东省（山东省）烟台、胶州海口现在兴筑炮台……②

山东巡抚的两个奏折明确了两地同时开建的炮台，烟台方面由孙金彪负责，青岛方面由章高元负责。青岛口年内先建造青岛炮台和坦岛炮台，再建造团岛炮台以及其他设施。

清军《胶州湾防御工事着手顺序及添兵》载：

敬再禀者，胶防北岸台工，前奏宪台饬调登州章镇高元，统领广武两营，嵩武两营通力合作，现在四营分凿青岛，坦岛之台基，石工最大，二月内其基可成，拟分队开凿团岛之台基，职道等伏查北岸之工告成有期，而南岸之工，不宜再缓，拟请俟团岛台基开定之后，可否饬派广武两营嵩武中营，分做北岸三台，抽派杨提督寿山，率所部嵩武前营，移扎南岸黄鞍山后，先做营房，再开黄鞍山大小台基，拟请添调嵩武两营，填扎南岸陈家岛黄岛两处，派杨提督为分统，均归章镇节制，分任南岸台工，随后陆续购辩炮位，雷器，自造水雷，俾三五年间大致可成，奏办巨工，有期藏事，此职道等管窥之见，不揣冒昧，是否有当，理合肃禀敬请训示施行……③

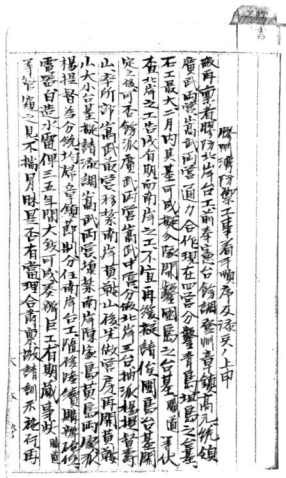

图 5-11 日本间谍抄录的《胶州湾防御工事着手顺序及添兵》④

①（清）福润：《山东巡抚福润片》，青岛市档案馆、中国第一历史档案馆编：《胶州湾事件档案史料汇编》（上册），青岛：青岛出版社，2011 年，第 10—11 页。

②（清）福润：《山东巡抚福润折》，青岛市档案馆、中国第一历史档案馆编：《胶州湾事件档案史料汇编》（上册），青岛：青岛出版社，2011 年，第 11 页。

③ 转引自青岛市档案馆编：《图说老青岛·建置篇》，青岛：青岛出版社，2018 年，第 115 页。

④ 青岛市档案馆编：《图说老青岛·建置篇》，青岛：青岛出版社，2018 年，第 116 页。

1894 年 5 月，北洋水师举行了第二次校阅。《海军大阅章程》记载：

> 十九日（5 月 23 日）（第十七日）上午展轮赴胶州。二十日（第十八
> 日）早晨抵胶州，看炮台基。[①]

李鸿章此番二次率队来胶州湾视察，就青岛口炮台整体建造计划又提出了在青
岛炮台、坦岛炮台大致就绪后再进行团岛炮台建造，并在团岛左边增建一座炮台。
5 月 29 日，李鸿章再上《直隶总督李鸿章等奏折》云：

> 至胶州澳口，原拟于北岸之青岛、坦岛、团岛各设炮台一座，臣等逐
> 处察勘，登州镇总兵章高元，承办各台基址已具，所拟安设炮位处所，尚
> 得形胜。惟团岛适当海口来路，一台尚嫌单薄，拟于岛左添筑炮台一座，
> 分置二十四生特[②] 长钢炮三尊、十二生特长快炮两尊，均用新式磨盘架，
> 四面环击。[③]

清军《胶州湾北岸二炮台添置》云：

> 扎饬事，照得胶州海口设防，北岸原议青岛坦岛团岛建筑炮台三
> 座，本年四月海军大阅本大臣亲临该处，周历查看，团岛地势扼要，一
> 台尚嫌单薄，应于迤左坡山岗，添设炮台一
> 座。应用廿四生特最长大炮三尊，配以满舰
> 三百六十度炮架；又十二生特长快炮两尊，
> 亦配满舰炮架，以资捍御。惟登州章镇所统
> 广武嵩武虽有四营，甫经办工，未办四台同
> 时并举。应饬章镇，将青岛、坦岛两度台
> 工，各派两营兼修。俟两台大致就绪，再由
> 该镇分派营队，接办团岛两台及长墙道路等
> 事，俾专工作而臻熟练除分行外，合行扎饬
> 即便查照此扎。[④]

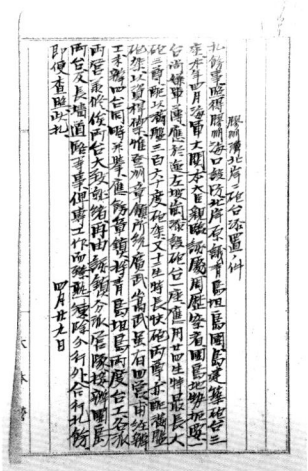

图 5-12　日本间谍抄录的《胶
州湾北岸二炮台添置》[⑤]

①《海军大阅章程》，张侠、杨志本、罗伟等编：《清末海军史料》，北京：海洋出版
社，1982 年，第 507 页。

② 生特：centimetre 音译，厘米。

③（清）李鸿章等：《直隶总督李鸿章等奏折》，青岛市档案馆、中国第一历史档案馆
编：《胶州湾事件档案史料汇编》（上册），青岛：青岛出版社，2011 年，第 14 页。

④ 转引自青岛市档案馆编：《图说老青岛·建置篇》，青岛：青岛出版社，2018 年，第
117 页。

⑤ 青岛市档案馆编：《图说老青岛·建置篇》，青岛：青岛出版社，2018 年，第 117 页。

清军《胶州湾防御设计变更》云：

> 敬禀者，窃查胶州海口北岸，登州章镇高元禀，炮台四座工程，职道
> 等会同复加察看，以青岛坦岛团岛三处三台，各得其势，控击北岸，均甚
> 合宜，而西顶一处，地居坦岛团岛之中，形势
> 内缩，设台无益，其工可省而三台工程之式，
> 用法各有不同，移步换形，末可胶执，惟查章
> 镇高元原禀，各台均依烟台崆岱山炮台之形，
> 未能尽合其用，等与该镇熟商，将其图样带回
> 旅顺，因势核改，求其适用，又查原禀经费，
> 三台每处银壹万四千五百两，一处一万五千
> 两，亦按归台笼统之数，并未分晰，工料之
> 宜，兼办之人，无式可凭，施用之宜，难求恰
> 当，且胶口荒岛，一无所有，必待外求，料价
> 工值并昂，与旅顺初年相仿，即如石灰一物，
> 本山有石，不宜煅灰……①

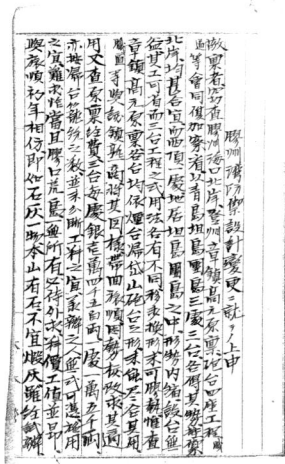

图 5-13　日本间谍抄录的《胶州
湾防御设计变更》②

1894 年 8 月 1 日，中日甲午战争爆发，青岛口驻军在总兵章高元的率领下全军驰援辽东战场，致使炮台建造等工程全面停工。战后，续建的势头在战败的阴影中已大大减弱，颓废与消沉一直蔓延到了德占青岛时的 1897 年的冬天。1898 年德占胶澳后，胶澳租借地胶海关税务司阿里文撰写的《一八九二至一九○一年报告》，以及《德国侵占胶州湾史料选编（1897—1898）》《中德关系史译文集》等都收录有占领者对这一段历史的观察与认知：

> 一八九二年，有一支中国警备队伍来到青岛后才开始有了变化。这支部
> 队由章高元少将率领来青岛建筑沿海炮台，但开工不久即爆发中日战争。③

> 明年即光绪二十一年乙未（1895），中、日和约成，章高元统率所部
> 重归莱胶，虽屯驻湾口附近，然中国政府以两年战役累遭败衄，且须出巨
> 额金资以偿日本，国库匮乏，司农仰屋，故炮台工程，一蹶不可复振，听

① 转引自青岛市档案馆编：《图说老青岛·建置篇》，青岛：青岛出版社，2018 年，第116 页。
② 青岛市档案馆编：《图说老青岛·建置篇》，青岛：青岛出版社，2018 年，第 116 页。
③［德］阿里文：《一八九二至一九○一年报告》，青岛市档案馆编：《帝国主义与胶海关》，北京：档案出版社，1986 年，第 47 页。

其中止而休焉。[①]

章高元把他的部队驻扎在半岛的东南端，北面即胶州湾。在那里他建兵营，铺电话线，开始修筑了3个炮台。修建炮台的工作进行得特别缓慢，到1897年，章只完成了一个炮台和另一个的一部分，因而，这个海湾仍然是基本上没有什么防御力量的。[②]

1896年中国在青岛建立海军基地，开始建筑海防要塞。不久德国占领青岛，他们发现以前的炮台阵地比较先进，建在伸向奥古斯特·维多利亚湾[③]的岬角西北部高地上的青岛炮台已经完工；台西镇西南高地的西奥瓦[④]炮台和团岛的云山炮台[⑤]已建成一半，德国完成了后期建筑。直到1907年，德国没有进行大的军事建设。[⑥]

回想清北洋水师在青岛口的军事防御设施建设，从炮台添置、设计变更，到青岛、坦岛、团岛、岛左（添筑一座）、西顶共五处地点的筛选，再到最终三座炮台的确定，北洋水师在反复的商讨中对炮台整体布置颇费了一番心思。互成掎角的三座海岸远控炮台，在阻击敌方登陆时既可独立作战，又可形成交叉火力。为填补炮台间的空档，清军又在炮台之间为广武炮队营的陆战野战炮设计了十几座小型炮垒。这套海防设施一旦建成，将会在远击海面敌舰和阻击近岸的登陆敌军方面发挥一定作用，使青岛口具备基本的防御能力。可直到1897年德国人占领青岛时，设有陆战野战炮炮垒的长墙虽已建成，但炮台则仅建成了"青岛炮台"一座。

1. 青岛炮台［2号、Tsingtau 炮台、ヤーメン砲臺（衙门炮台）］

前引"建在伸向奥古斯特·维多利亚湾的岬角西北部高地上的青岛炮台已经完工"一语，与1914年日德青岛之战后，德军战俘为日军绘制的《青岛及周边地区地图》（*Plan von Tsintau und Umgebung*）上的"青岛炮台（Tsingtau–Batt）"的标注，给出了这座位于今小鱼山西麓金口路社区、金口一路后山上炮台的准确定位。

[①] 佚名：《德人占据胶州纪略》，青岛市博物馆、中国第一历史档案馆、青岛市社会科学研究所编：《德国侵占胶州湾史料选编（1897—1898）》，济南：山东人民出版社，1987年，第492页。

[②] ［英］约翰·E. 施瑞克：《胶州湾战略地位的潜能与价值》，秋实译，刘善章、周荃主编：《中德关系史译文集》，青岛：青岛出版社，1992年，第71页。

[③] 今汇泉湾。德占初期称克拉湾，1901年改为奥古斯特·维多利亚湾。

[④] 西奥瓦炮台即小泥洼炮台。

[⑤] 云山炮台即游内山炮台。

[⑥] ［英］查理·B. 柏狄克：《20世纪亚洲大动荡的前兆——日德青岛之战的历史背景和青岛的防御情况》，崔言译，刘善章、周荃主编：《中德关系史译文集》，青岛：青岛出版社，1992年，第328—329页。

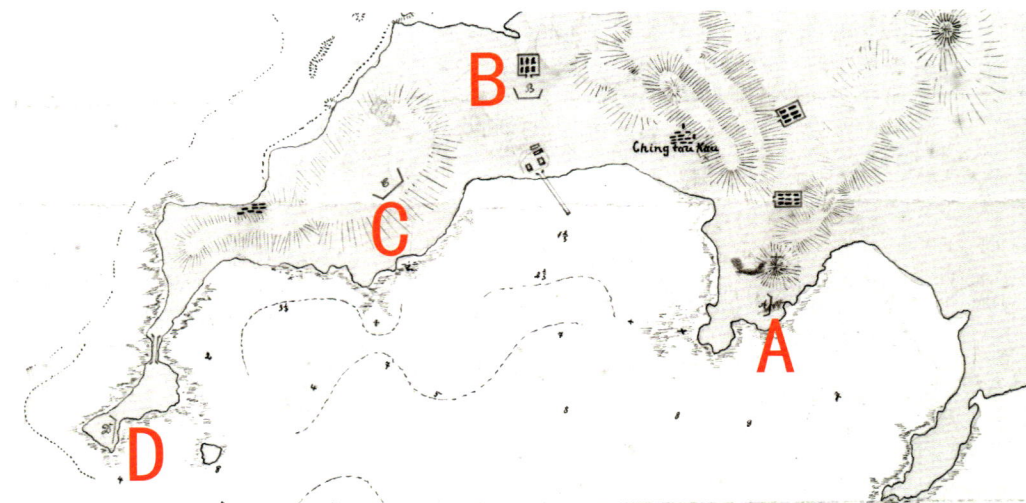

图 5-14　从 1895 年德国海军"伊伦娜（Irene）"号舰舰长德莱斯基于 10 月 15 日提交的
《关于胶州湾作为海军基地适宜性的报告》所附草图标注的炮台示意图
A. 青岛炮台；B. 骧武前营南炮台；C. 西顶炮台；D. 团岛炮台

　　青岛湾以东，今贮水山、青岛山、八关山、小鱼山和金口一路后山高高低低的
几座山岭，由北到南延绵不断连接成一条优美的弧线。而这段形如新月的弧线下端
则探身入海，凸成海岬，在入海后的延长线上，又镶嵌上了小青岛这颗明星。百余
年前的青岛炮台择 55 米[①]高的海岬西南 30~40 米处而建。炮台之南，面对黄海与今
汇泉湾，东面一条山沟之外的是海拔 60 米的今小鱼山，西面俯瞰着青岛湾和小青
岛，远处的团岛湾、胶州湾入口尽收眼底，身后西北方护卫下的便是青岛口、天后
宫、海关、衙门、军营和农商村镇。

　　位于今金口二路 36 号附近的这座"青岛炮台"，在《胶州湾防御设计》《胶
州湾防御工事着手顺序及添兵》中，无论是选址还是建造顺序始终都被放在首要的
位置上，章高元进驻青岛口后也首先对这座位于大衙门东南 400 余米的炮台进行了
倾力修筑。1897 年这座炮台也因其地位的显要，被日本人在《清国胶州湾地区旅行
报告》中标注为了 a 号炮台。1898 年后，德国人对这处海岬给予了"俾斯麦高地
（Bismarck Höhe）"之称，并在山坡的西面，面对大衙门（时为胶澳总督府）200 余
米处，设置了礼炮连（Salut-Batterig）。[②]1901 年，又为礼炮连建起 Baracken-Lager
营房。至此，这座海岬和这座不大的山头上，一南一北拥有了两座"炮台"。

　　清北洋海防炮台主要分为海岛炮台和海岸炮台两大类。除此之外，两类炮台中
还有明炮台和暗炮台之分，小型、中型、大型炮台之分，沙石、土石、砖石、混凝

----

　　① 1900 年《青岛林区图》（*KARTE des FORSTREVIERS TSINGTAU*）标高。
　　② 1898 年底《青岛全貌鸟瞰图》。

图 5-15　德占后拍摄的清军青岛炮台原貌

（图注：Kannonade bei Meereskü ste von Tsingtau 青岛海边的炮台。
老照片收藏家邹德怀先生提供）[1]

图 5-16　德军礼炮连（老照片收藏家邹德怀先生提供）

土炮台之分。按照常规，海岸炮垒对海一面及两侧筑有"U"形高掩体，后部敞开处为火炮弹药装填和退壳留出了充足的空间。在 1897 年 11 月德占青岛前已经完工的青岛炮台属于海岸明炮台。从老照片收藏家邹德怀先生提供的德占初期老照片上看，东高西低的缓坡上，有四个炮垒一字排列开来。炮台背后的山顶视界开阔，为瞭望和指挥留有了可用空间；后方山下的大衙门，又为指挥调动和后勤补给提供了保障。炮台周边无高大植物，消除了火炮发射时因树木阻碍而对自身造成伤害的隐患，这些自然条件都符合炮台选址的基本要求。

---

① 图注为青岛海边的炮台（Kannonade bei Meeresküste von Tsingtau）。

清北洋水师的旅顺口、大连湾等地的海防炮台，在建造时不仅已使用挖掘机、抽水机等当时先进的机械设备，而且应用了俗称为"得士土"的混凝土。青岛炮台作为北洋海防体系中建造最晚的炮台，其建筑材料和结构也应当是最新的。然而，这座炮台使用的却是青砖而非石材，与烟台同时期建造的两座炮台差距较大，整体显得"简陋"。清末力倡洋务运动的北洋海军，在海防炮台建设中既聘有洋员顾问，也应当有一套建造规范。青岛炮台这种粗糙和简陋的建造形式，不知是出于清军自身的原因，还是与当时的两位清军聘请的洋教员——德国人汉纳根和英国人琅威理有关。

德国人康斯坦丁·亚历山大·斯特凡·冯·汉纳根（Constantin Alexander Stephan von Hanneken，1854—1925）原为德国陆军大尉。1879年9月，他退伍后由中国驻柏林公使馆聘请来到天津，经面试和随后的火炮实射操作后，于12月3日，被李鸿章聘任为军事顾问。1880年2月，从担任大沽炮台修葺工程师开始，汉纳根走进了北洋水师，后经8年的时间，参与了旅顺口炮台、大连湾炮台和威海卫炮台的设计和建造。1886年，清廷曾赏汉纳根三品顶戴。1894年，汉纳根还曾以北洋水师总监的身份参与了中日甲午海战。[1]

汉纳根累计在中国生活了33年，其间曾几次到过青岛。汉纳根于青岛的记载不多，1893—1895年，其在华期间，也正是青岛口炮台建造时期。据记载1884年后，汉纳根有过一次胶州湾之行：

> 胶州湾距日本马关五百五十英里，距韩国釜山五百英里，青莱二州之门户，亦中国南北洋之要冲。然中国政府向弃置之而不顾，绝无经营海防者。光绪十年甲申（1884）中法一战而后，中国政府始恍然觉悟，知是地海防不可缓，以北洋大臣李文忠公之奏，乃命德国炮兵大尉汉纳根考察湾中形势。光绪十八年壬辰（1892），始决议建筑胶州青岛口炮台，编设预备兵队，特奏请山东登州镇总兵章高元，率所部广武、嵩武等军四营移驻胶州，创兴建炮台工程而为之监督焉。[2]

虽未寻得汉纳根与青岛口炮台的直接关联，但炮台的设计图样、建筑标准和火炮配置等是不应当绕过这位北洋水师洋员，北洋水师的军事顾问和炮台设计工程师的。他间接参与的可能性还是存在的。

英国人琅威理，1843年生于英国，英国海军上校，曾参与护送清政府在英国订

① 刘晋秋、刘悦：《李鸿章的军事顾问汉纳根传》，上海文汇出版社2011年，第23—123页。
② 《德人占据胶州湾纪略》，青岛市博物馆、中国第一历史档案馆、青岛市社会科学研究所编：《德国侵占胶州湾史料选编（1897—1898）》，济南：山东人民出版，1987年，第491—492页。

购军舰而多次来华，被清朝洋务派所关注，后经中国驻英公使郭嵩焘、中国海关驻伦敦办事处税务司金登干及英国海军上将古德向李鸿章的推荐，于1882年来华担任副提督衔北洋水师总查一职，负责北洋海军的组织、操练、教育及训练。1886年5月，醇亲王巡阅北洋，以琅威理训练有功，授其二等第三宝星并赏予提督衔。1890年6月，琅威理辞职回国。1894年甲午战争爆发后，清政府曾于11月13日命赫德传谕琅威理迅即来华，但琅威理在英国政府的阻挠下终未成行。琅威理自辞职后再未来中国。

琅威理在李鸿章的委派下于1886年随北洋水师提督丁汝昌在胶州湾实地考察。就胶州湾的防御布置，琅威理在详细地呈文的同时还附呈了炮台布置图。1886年7月16日《直隶总督李鸿章筹议胶澳公函》记载：

> 上年法、越衅起，法人屡次声计将由胶州进图北犯，曾奉旨饬东抚筹防，使其地洵称扼要。因饬水师统领丁汝昌同英总兵琅威理带铁舰、快船赴该处再行详细审度具复，前已函报在案……但照琅威理等筹画布置，该处须设炮台六座，分筑土垒数座，共需大小后膛炮约四十尊、大小雷艇十二只、鱼雷一百具、浮雷七十个、灯楼数座；另设船坞、机器厂、军械库、暂驻守台陆军六营。[①]

在琅威理所作的说贴附图中，青岛炮台被首度列入其中。自此，位于青岛口东岸海岬上的这处炮台，便未从几经变更的防御布置图上消失。清军始终对它倾注着莫大的期望，使它成为章高元首先开工和唯一建成一座炮台。这座炮台因其所处位置的重要，德占后同样也被德国人按德军的标准进行了重建，先后以2号和"青岛炮台（Tsingtau–Batt）"为名，列入了海防前线炮台之列。在1914年的日德青岛之战中被日本人称为"衙门炮台（ヤーメン砲臺）"的青岛炮台，于战争结束前夕被德军自行炸毁。时至今日，这座曾历经过第一次世界大战的炮台已踪迹全无，它所在的山头也成了青岛老城区里唯一的一座无名山头，对它的残迹的印象仅留存于当地老人们的记忆中。笔者几年前经多次实地寻访得知，青岛炮台最后残存的遗迹，已于20世纪80年代，在风镐和爆破的烟尘中完全消失，原址上建起了今金口二路36号一座楼高三层的居民楼。

---

① （清）李鸿章：《直隶总督李鸿章筹议胶澳公函》，青岛市档案馆、中国第一历史档案馆编：《胶州湾事件档案史料汇编》（上册），青岛：青岛出版社，2011年，第4页。

图 5-17　德军改建后的青岛炮台
（右侧建筑为 1909 年建成的德国海军军官俱乐部）
［引自《大正三年日德战史写真帖》］

图 5-18　与图 5-17 同视角看青岛炮台原址一带

　　2017 年 9 月，莱阳路 63 号挡土墙石壁因一场强降雨而局部脱落，一块刻有"炮台西北界碑"字样的石界碑意外暴露出来。石界碑安坐于底座中，刻有字迹的两面分别朝向西、北，而这两个方向也正是炮台区域的外侧方向。从状态上看，石界碑未经大的扰动，似乎仍在原位上保持着当年的姿态。百余年前在青岛炮台的四个角上应该各设有界碑，这块出土的界碑也许是四块界碑中仅存的一块。但从这块界碑与青岛炮台的距离上看，早年的青岛炮台所属地域非常广阔，区域内或许还有其他的炮台遗迹，在等待着重见天日的那一天。

图 5-19　深藏百余年的"炮台西北界碑"界碑

这块重见天日的界碑，是继泰安路上"骧武前营西南界碑"之后出土的第二块章高元驻防青岛口时期的军事遗存。

2. 团岛炮台、1 号（炮台）、游内山炮台

翻开老地图，青岛最西南、胶州湾口南岸岬角上，有一大一小，一扁一圆两座海岛。在 1866 年英国人绘制的"中国山东胶州湾图"中，大的一座海岛标注着"Yu-nui-san"（今团岛嘴、游内山）字样。在同治《即墨县志》中的《七乡村庄图》中，这个岬角被笼统的冠以"团岛"之名。在 1886 年（光绪十二年）刘含芳查勘胶州湾条陈中，称两座小岛分别为玉皇小岛、岗岛：

> 再行口内至青岛西角小梅坞，平岗七里，向西直伸，断续相连，直接玉皇小岛、岗岛，皆低岗如堤，而岛如埠；海外口内遥遥相见，无可遮蔽，故入口之船必须向西行，方进口内。而正西有黄岛，高十七八丈，与玉皇岛相对。[①]

在 1890 年《支那山东省军港胶州湾兵备图》坦岛标注为"潭岛"[②]，西边的大岛标注为"蓝石岛"，东边小岛标注为"埽岛"（今团岛鼻）（见图 1-15）。在德占胶澳后 1898 年的《胶州地区建筑物概览》（*Uebersichtskarte der Bauten im Kiautschou-Gebiet*）中，德国人给这里标注上了"游内山（YU-NI KAU）"。

游内山对岸三千米处是被称为"伊芙琳角"[③]的海角，也是胶州湾的入口，假如可以在它与游内山之间安装一扇大门的话，那么它俩就可以比喻为两座门枕石。团岛、游内山，扼控胶州湾。然而，就是这样重要的地理位置，百年前却没有一个

_____

①（清）刘含芳：《刘含芳查勘胶州湾条陈》，青岛市档案馆、中国第一历史档案馆编：《胶州湾事件档案史料汇编》（上册），青岛：青岛出版社，2011 年，第 5 页。

② 潭，同滩，沙滩之意。

③ 此地在不同时期增有伊芙琳角、挨勿林、威林岬、叶世克角多个名称，

正式的名字。

1899 年，德国人海因里希·谋乐在编撰《山东德邑村镇志》时无可奈何地写道："陆地尖部有一个游内山，这个名字无人知晓，因此找不到对应的汉字……"①

1901 年，德国人在制作《青岛及周边地区》（*Tsingtau und Umgebung*）图时，正式使用了"游内山（Yu nui-san）"这个名字。从 1903 年《青岛及周边地区》（*Tsingtau mit Umgebung*）图显示，这座岛呈东北至西南走向，中间低，两端高。岛上东北部面积较大，海拔 15 米的高地标注为"团岛（Tuan tau）"；西南部面积略小，海拔 17.5 米的高地为"游内山（Yu nuisan）"。团岛北部尖端，一条人造堤坝经过另一个小高地通向约 900 米外②的坦岛，东部紧紧依偎着的是一座高为 9.5 米的小海岛。从此，这座曾经拥有玉皇岛、王女岛、玉女山、玉牛山、云山等多个名字的海岛，终以"游内山""团岛"的名称固定了下来。

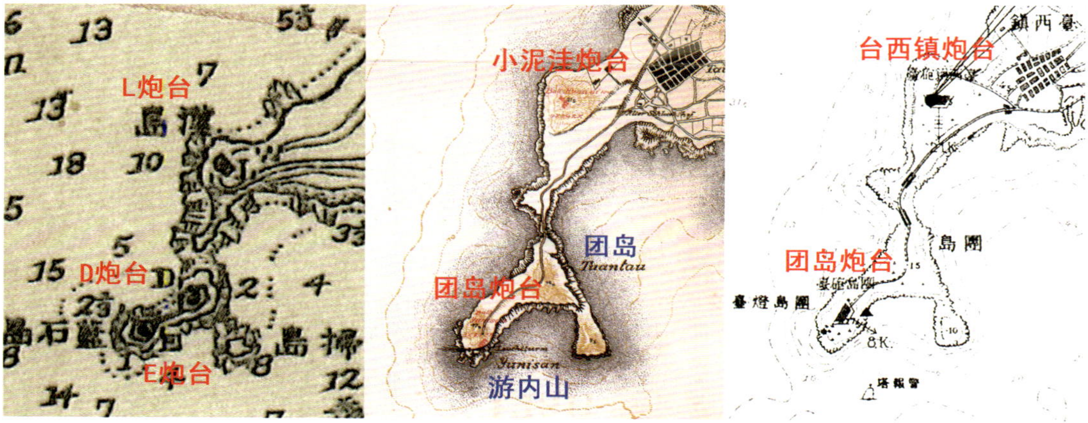

图 5-20　1890 年《支那山东省军港胶州湾兵备图》中计划建造的扑岛（坦岛）炮台（左图）、1914 年德国人地图上的小泥洼炮台（中图）、日本人地图上的台西镇炮台（右图）

团岛、游内山的东侧为团岛湾、青岛湾与广阔的黄海，它的西北侧是近 500 平方千米的胶州湾，正南与今为薛家岛窟窿山隔海相望。游内山对面的有陈家岛、凤凰山之称的窟窿山海岬，同样也曾被外人冠以伊芙琳角、挨勿林、威林岬、叶世克角等欧式名称。游内山与窟窿山这两处南北相距 3 000 余米、古称"淮子口"的海口便是胶州湾的入口。这里是从海上进出胶州湾的必经之处，也是扼守胶州湾的咽喉要冲。

3 000 余米的胶州湾口，是从今黄海（古称黑水洋）进入胶州湾的唯一通道。

---

①［德］海因里希·谋乐：《山东德邑村镇志》，青岛档案馆编：《胶澳租借地经济与社会发展——1897—1914 年档案史料选编》，北京：中国文史出版社，2004 年，第 376 页。

② 两最高点间的直线距离。

图 5-21　1905 年从今观海山顶眺望团岛，远处海岛左侧黑白相间塔状建筑物为 1900 年建成的
游内山灯塔，灯塔右侧高地即是游内山（团岛）炮台。

而口门之外，则是必须经过的青岛口。船舶由东向西入口后定要绕团岛而向北行驶，此时，团岛与正西的黄岛（古称齐伯山），又形成了第二道长约 4 000 米的水道。船舶只有在减速转向和经过两道狭窄的水道后方能进入宽不小于 23 千米的胶州湾，在这处天然的隘口设炮台意义重大，也因此 1894 年 5 月 29 日《直隶总督李鸿章等奏折》中提及"青岛、坦岛、团岛各设炮台一座……惟团岛适当海口来路，一台尚嫌单薄，拟于岛左添筑炮台一座……"[1] 清军的团岛炮台，虽然直到 1897 年底德占时还未建成，但在同年日本人的《清国胶州湾地区旅行报告》附图中已经被标注为了炮台"c"[2]。而标注的位置与 1898 年德军《琴岛》(*TSINTAU*)[3] 图相同，都是在海拔 15 米的"Tuan tau 团岛"上。不仅如此，一条连接团岛与坦岛的人工大坝出现在了 1895 年德国海军"伊伦娜（Irene）"号舰长德莱斯基（Erich von Dresky）[4] 上校侦查胶州湾后提交的《关于胶州湾作为海军基地适宜性的报告》草图中。这些均提供了章高元时期这座炮台确已开工的佐证。这条清军为建造团岛炮台而修筑的大

----

① （清）李鸿章等：《直隶总督李鸿章等奏折》，青岛市档案馆、中国第一历史档案馆编：《胶州湾事件档案史料汇编》（上册），青岛：青岛出版社，2011 年，第 13—14 页。

② 见图 1-26。

③ 1898 年 1 月 26 日，由于德国人的一个印刷错误，青岛被称为"青坦（Tsintan）"，从 1898 年 3 月 30 日始被称为"琴岛（Tsintau）"。

④ 德莱斯基（Erich von Dresky 1850–1918）德国海军中将。1894 年 11 月 –1896 年 5 月曾任"伊伦娜"号也译作"伊雷妮"号巡洋舰舰长。该舰 1895 年 10 月曾侦查过青岛。1898 年 12 月 3 日，该舰紧随 11 月 14 日占领青岛的三艘军舰之后而来，成为占领青岛的德国军舰之一。

坝，在德占胶澳后，在再次被德军用作重修团岛炮台施工通道的同时还被当作了污水排放管道的基座。

德占胶澳后，德国人也看到了这处战略要地。在1899年5月9日制定"胶澳地区防御工事建设计划"①时，或许是出于与李鸿章"一台尚嫌单薄，拟于岛左添筑炮台一座"的同样考虑，德国人做出了在团岛和游内山上各建造一座炮台的初步计划，但在后来实际建造中，最终放弃了团岛炮台，而选择了在17.5米高的游内山建造了"游内山炮台（Batt yunison）"，并将其列为1号海防炮台。1900年，于炮台南面建造了一座指引船只进出胶州湾的游内山灯塔。1903—1908年，一条从城区而来的污水管线，从炮台和灯塔的东侧入海。

3. 坦岛炮台、2b（炮台）、小泥洼炮台、台西镇炮台

坦岛，这个今天在老西镇人口中偶尔才能听到，在近代地图和各正式名录中查找不到的地名，百年前却颇为著名。坦岛一名早在1886年7月16日《直隶总督李鸿章筹议胶澳公函》中即有了记载：

> ……就琅威理所呈图内南岸陈家岛、北岸坦岛、西岸黄岛各处，分扎营垒。俟酌有余款，再行购炮筑台，逐渐经营。②

《琅威理布置胶澳说帖》云：

> 口门环抱，外口以陈家岛为南，青岛为北，偏东取准为八里，有以陈家岛为南，坦岛为北，取准约六里，为此口至狭处，内口以青〔黄〕岛为西，坦岛为东，取准为七里……口门外南岸陈家岛宜设炮台三座，一在张驼山，一在佐壁，一在凤凰山北岸；又宜设炮台二座，一在小梅洼，一在坦岛；内口西岸黄岛宜设炮台一座；均用三合土建筑。③

《胶州湾北岸二炮台添置》云：

> 将青岛坦岛两度台工，各派两营兼修……④

《胶州湾防御工事着手顺序及添兵》云：

> 坦岛之台基，石工最大，二月内其基可成，拟分队开凿团岛之台

①［德］约尔克·阿泰尔特：《青岛城市与军事要塞建设研究（1897—1914）》，青岛档案馆编译，青岛：青岛出版社，2011年，第114页。

②（清）李鸿章：《直隶总督李鸿章筹议胶澳公函》，青岛市档案馆、中国第一历史档案馆编：《胶州湾事件档案史料汇编》（上册），青岛：青岛出版社，2011年，第4页。

③［英］琅威理：《琅威理布置胶澳说帖》，青岛市档案馆、中国第一历史档案馆编：《胶州湾事件档案史料汇编》（上册），青岛：青岛出版社，2011年，第6页。

④青岛市档案馆编：《图说老青岛·建置篇》，青岛：青岛出版社，2018年，第117页。

基……①

1891 年 6 月 13 日《直隶总督李鸿章等奏折》云：

> 既进口转向北行，坦岛在东，黄岛在西，相距七里……②

1894 年 5 月 29 日《直隶总督李鸿章等奏折》云：

> ……原拟于北岸之青岛、坦岛、团岛各设炮台一座……③

历史记载中不仅屡屡提及坦岛这个地名，还将坦岛和青岛、团岛并列，这足以说明在章高元驻防青岛口前后，坦岛是一处独立的地点。坦岛、团岛发音太过相似，致使这两个地名时常混淆。而对这两处地理位置最为确切的定位则是出现在《胶州湾防御设计》："中岗微高名曰坦岛，堪以筑台控击外口，再向南行，岗尽之处，名为团岛，又名王（玉）女岛……"文中的位置描述，将坦岛定位在了后来称作"小泥洼炮台"，及今团岛三路以南的"台西镇炮台旧址"这里。

图 5-22　德占后小泥洼炮台远眺（中），下方为浮船坞组装场办公室、储煤仓库和在建的
16 000 吨浮船坞（云志艺术馆提供）

"坦岛"的位置在上海图书馆馆藏《胶州湾防御布置图》上予以了清晰的呈现。图中在"坦岛""小梅坞"与"西顶"之间的"平岗七里"四字更是与 1886 年 7

---

① 转引自青岛市档案馆编：《图说老青岛·建置篇》，青岛：青岛出版社，2018 年，第116 页。

②（清）李鸿章等：《直隶总督李鸿章等奏折》，青岛市档案馆、中国第一历史档案馆编：《胶州湾事件档案史料汇编》（上册），青岛：青岛出版社，2011 年，第 8 页。

③（清）李鸿章等：《直隶总督李鸿章等奏折》，青岛市档案馆、中国第一历史档案馆编：《胶州湾事件档案史料汇编》（上册），青岛：青岛出版社，2011 年，第 14 页。

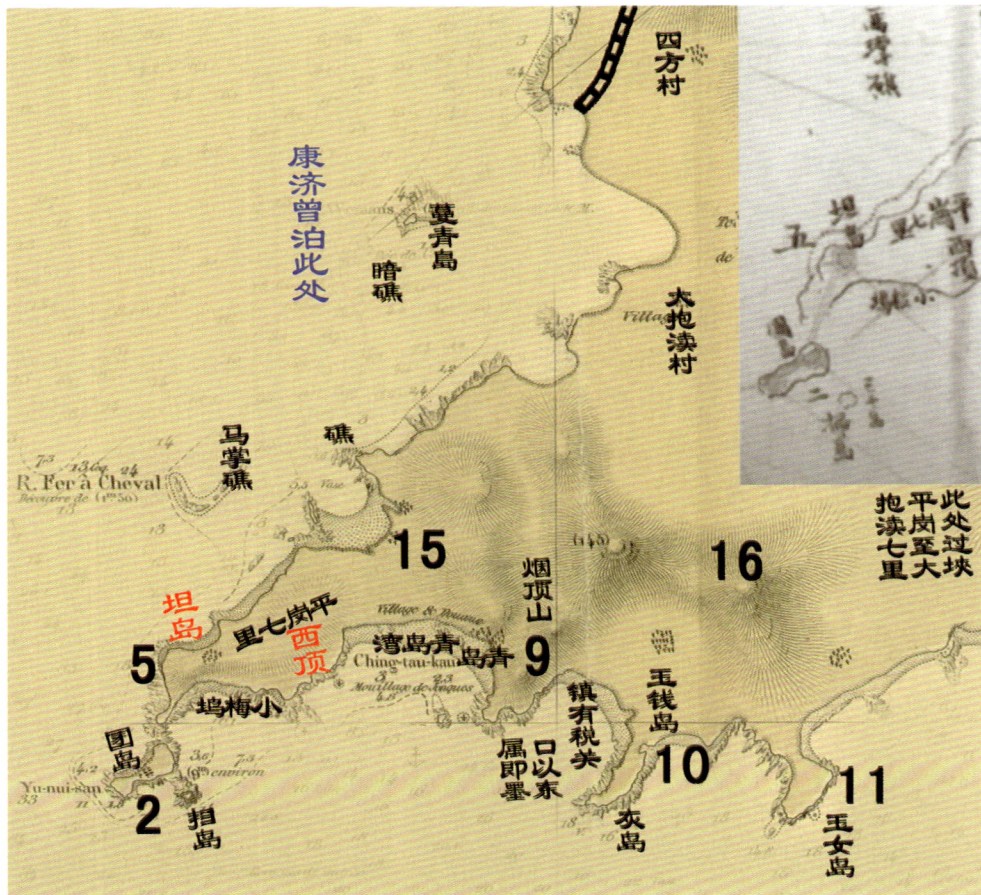

图 5-23　依据上海图书馆藏《胶州湾防御布置图》(左上)在 1866 年英国皇家海军《山东省胶州湾的中国东部沿海图》标注坦岛、西顶位置

月《刘含芳查勘胶州湾条陈》中的"青岛西角小梅坞,平岗七里,向西直伸,断续相连"的记述吻合。在地图中今汇泉湾处书写的"镇有税关,口以东属即墨"一语又与刘氏条陈中的"口东青岛,高四十七、八丈,有市有关,地属即墨"相契合。无疑,此图的绘制参照了"谨将刘含芳及丁汝昌、琅威理先后呈复图"所提到的图样。

坦岛是青岛最西端一处海拔 21.5 米高地,三角形的半岛南边有一条礁岩沙坝连接着团岛,东北与陆地相连,东、南面临团岛湾、青岛湾,西、北即为胶州湾,在此设立炮台即可控击胶州湾内外,又便于与陆上联系与获得补给,实为一处天然要地。在 1896 年 1 月 29 日—2 月 3 日,日本驻芝罘领事馆派人对胶州湾进行了所谓的巡视后称:"其西面海岸接续筑有炮台,但并无备炮,任其自然损毁。南边的山上炮台稍加修整,状况好于西面的炮台。"而这座炮台在 1897 年日本人桥本仙作的《清国胶州湾地区旅行报告》中却未有体现。

坦岛以东有自然村落小泥洼村。二者相邻，偶被混为一谈。在同治《即墨县志》中即已有“小泥洼”的标注。此地在其后的不同时期的不同记载中还曾出现过其他的名称，如《刘含芳查勘胶州湾条陈》中便写作“小梅坞”，琅威理在说贴中又称作“小梅洼”。而“小泥洼（Hsiau ni wa）”又以正式名称出现在了 1899 年德占胶澳后的《胶州地区建筑物概览图》上。

1901 年夏，胶澳督署（总督府）为建造青岛造船厂浮船坞而设立的第二个劳工区在靠近小泥洼村的海岸上开始了建设。不久后，小泥洼村消失，取而代之的“台西镇（Tai his tschen）”成为青岛口西边岬角上的新地标。当德国人在规划青岛的海防炮台时，临时给它的是“2b”这个编号。在坦岛建成炮台后，“小泥洼炮台（Batt Hsiau ni wa）”也随之出现，并沿用至日德青岛之战。而“台西镇炮台”的名字则是出现于 1914 年日本人的地图上的名称。另在研究日德青岛之战的英国人查理・B. 柏狄克笔下，它又有了一个“西奥瓦炮台”①的译名。

4. 西顶炮台

清《胶州湾防御设计变更》述：“而西顶一处，地居坦岛团岛之中，形势内缩，设台无益，其工可省。”此处“西顶”一语道出了清军在青岛、坦岛、团岛、岛左之后曾经还有第五座炮台的建造计划。然而，这座位于坦岛炮台和团岛炮台“之中”的炮台，因“位置偏后和经费紧缩”最终被取消或被暂缓建造。

文字记载中的青岛、坦岛、团岛三处炮台都有迹可循，唯有这处“其工可省”的西顶炮台扑朔迷离。其最可能是日本人桥本仙作在 1897 年的《清国胶州湾地区旅行报告》附图中标注的“b”点上的这处炮台②。这一地点在德占后德国人绘制的《自南向看 1897 年 11 月占领后不久之青岛》示意图中，又有一个“Fort（堡垒）”的标注③。而这个位置精确的测绘图则出现在了德占胶澳总督府 1898 年 9 月 2 日推出的第一份城市规划图、“1911 年东中国海山东德国保护区青岛海港图”以及日占当局借用 1900 年地图添绘的《青岛在德占以前地形及初步都市计划一览图》等地图中，并分别给予了“Chin. Batterie（中国炮台）”④、“Fort（proi.）（堡垒项目）”⑤、“Steinbrücke Alte Schanze（旧石桥）”⑥、“采石所旧堡”的图注。

---

①［英］查理・B. 柏狄克：《20 世纪亚洲大动荡的前兆——日德青岛之战的历史背景和青岛的防御概况力》，崔岩译，刘善章、周荃主编：《中德关系史译文集》青岛出版社 1992 年 12 月，第 328 页。

② 见图 5–20。

③ 见图 5–21。

④《琴岛》（*TSINTAU*）图。

⑤《琴岛》（*TSINTAU*）图。

⑥ 1898 年 9 月 2 日《拟建新城市的开发规划图》。

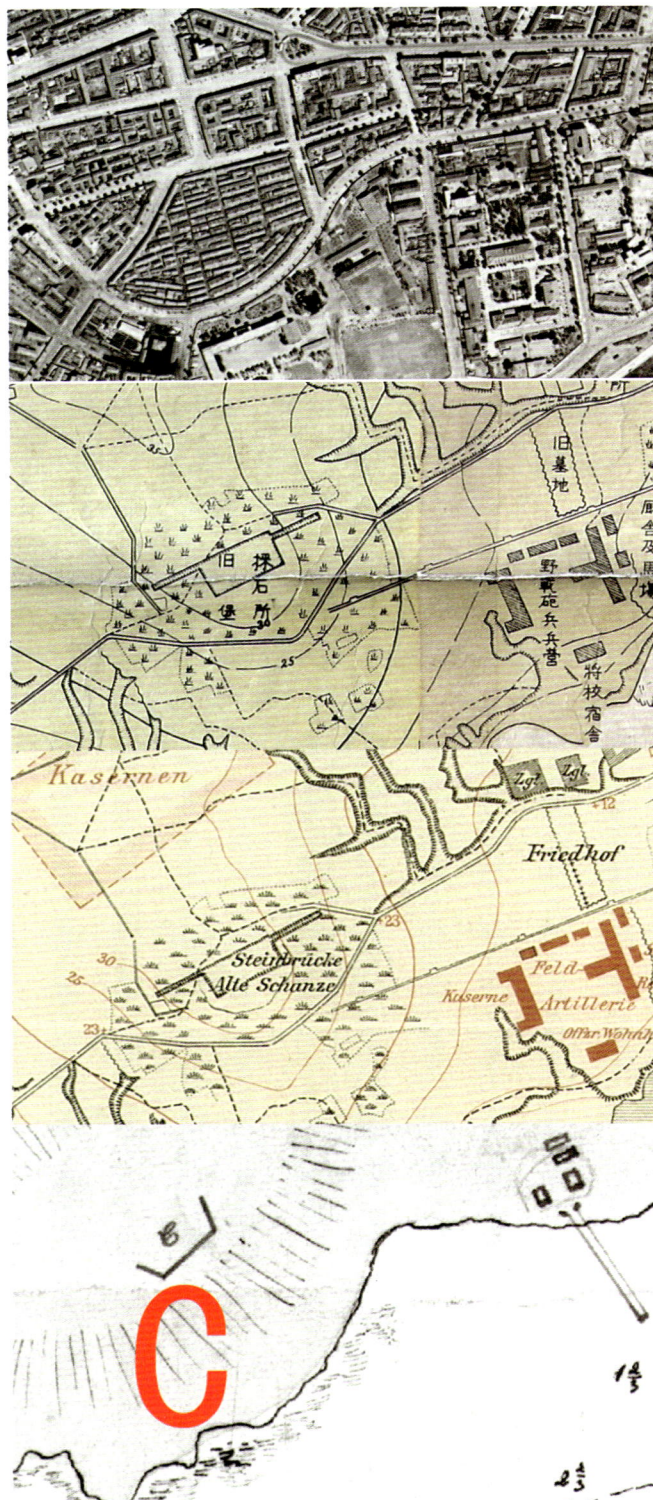

图 5-24　由下至上分别为 1895 年青岛地图上的炮台 C、1898 年 9 月 2 日第一份《青岛城市规划方案图》（局部）、1915 年添绘图、1966 年美国卫星拍摄的青岛西部照片（局部）

图 5-25 中描画的是一个呈 45° 角倾斜，外轮廓四边平行、后部有延长线的规整矩形图形。迹象表明，这里不是大自然的产物，而是人工所为。通常情况下，阻击来自海上的攻击和扼制舰船航行的海防炮台均设于居高临下、射界开阔的临海高地上。此地海拔 30 米，不仅是青岛口西部的一个制高点，还处在两段防御墙的接合部上，是当之无愧的"西顶"，在此设立炮台也不失为选择之一。或许"旧石桥""采石所旧堡"等备注是对 20 年前清军遗留下的这个未完石砌工程的模糊解释。

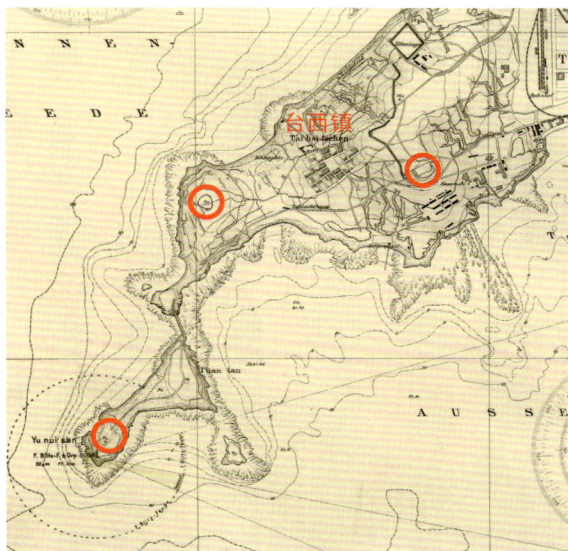

图 5-25　1903 年地图上的团岛（游内山）炮台（左下）、坦岛炮台（中）与西顶（石桥）炮台（右上）

西顶炮台踪影，终在上海图书馆馆藏清代《青岛防备布置图》中找到了。图中"西顶"即与 1897 年《清国胶州湾地区旅行报告》附图上的"b"炮台位置重合，又与 1898 年《青岛城市规划图》上的"旧石桥（Steinbrücke Alte Schanze）"吻合。

百余年前这里或许有一处炮台，或许是一个蓄水池，或许是其他的什么工事，但无论是什么，它都是一项未实现的意愿和永远消失了的记忆。这处被遗弃了的"基址"，在德占后未被德军重视。20 世纪 30 年代初，当时的青岛市政府为解决平民居住问题，在青岛的西部规划出了 10 处民众大院，这里建起了俗称为"挪庄"的"第七平民住所"。新名称覆盖了旧名字，唯一不变的是那 30 余米的高度和四面的缓坡。还是因地理位置和地形，这个高地后来又有了"西岭"的名字。西顶，因北洋水师而短暂留名；西岭，或许是一个老地名的更替。时光荏苒，章高元在青岛口所建的炮台早已风蚀散逸，所幸的是在青岛北方不远处的烟台，迄今仍有同期建造的岿岱山炮台和通伸岗炮台保存依旧，或许可以从这两座青岛口姊妹炮台的身上一探当年青岛口炮台的身形。

5.同根兄弟

烟台位于山东半岛东北部，濒临渤海、黄海，与辽东半岛遥遥相对。因明洪武三十一年（1398）为防倭寇，于今烟台山设烟墩台而得名，又有芝罘、东莱、莱州、登州之别名。烟台港于1861年8月22日开关征税，对外开放，1862年3月，东海关在此设立。清光绪年间又被纳入了北洋海防防御体系。

1891年5月23日—6月9日北洋水师首次校阅中的第二站即烟台。"五月初一日（6月7日），臣曜（山东巡抚张曜）即于胶州登陆，取道青州回省。臣鸿章（李鸿章）仍由海道于初二日（6月8日）北驶烟台，调阅汉中镇总兵孙金彪所部嵩武军四营陆操，整齐灵变，阵法纯熟，可称劲旅。"①校阅过后，《李鸿章奏烟台、胶州添筑炮台片》也于6月11日随即上呈：

再……是胶澳设防，实为要图。

……烟台水深口宽，尚无建置（台垒），实不足以壮声威。况威海既为海军屯驻口岸，烟台相距百余里，系威海防路，不容一隙之疏……臣等查烟台十里外，仅有通伸岗一台，距口门过远，虽置巨炮亦难遥击。唯岢岱山与崆峒、芝罘两岛鼎峙海门，天然关隘。岢岱山背山面海，尤为轮船进口必经之路，亟应先在岢岱筑炮台一座，并与东南相连之玉带山增筑炮台一座，以便策应。②

6月14日，内阁明发上谕："……奏拟在胶州、烟台各海口添筑炮台等语，著照所请，行该衙门知道。钦此。"此刻，青岛口和烟台的海防炮台建造方得落锤。

"表海风雄"——烟台岢岱山炮台（东炮台），位于今烟台滨海北路岢岱山上，临海而设。据相关介绍称，该炮台为西式炮台，始建于1891年，建成于1894年，由德国技师督造，建成后配备有克虏伯大炮，是李鸿章经营北洋海防20余年修建完成的炮台之一。海岬高地上的岢岱山炮台，面向东北，直面黄海。外设营墙护卫，营门与青岛口"炮队营"等营门形制极其相似。券式大门券边装饰有精美的二龙穿云石刻浮雕，券门上方镶嵌刻有"表海风雄"四字的石刻匾额。炮台为两层设计，上层设露天"凹"字形主炮垒3个、副炮垒2个，射界开阔，设210毫米口径主炮3门、120毫米口径副炮2门。下层为人员住室、库房等配套设施。内部设通道连通上下两层。

①（清）李鸿章：《李鸿章奏巡阅海军竣折》，张侠、杨志本、罗澍伟等编：《清末海军史料》，北京：海洋出版社，1982年，第275页。

②（清）李鸿章：《李鸿章奏烟台、胶州添筑炮台片》，张侠、杨志本、罗澍伟等编：《清末海军史料》，北京：海洋出版社，1982年，第276页。

图 5-26　东海关税务司公署旧址 ①

图 5-27　烟台峇岱山炮台旧址营门

①　东海关税务司公署旧址，位于烟台市芝罘区顺泰街 13 号，于 1992 年 6 月 12 日被列为第二批山东省文物保护单位。

图 5-28　烟台岿岱山炮台旧影（约 1900 年）

图 5-29　烟台岿岱山炮台全景沙盘

　　岿岱山炮台与青岛炮台均为 1891 年 6 月 14 日光绪皇帝允准后建造的炮台。《胶州湾防御设计变更》中的"章镇高元原禀，各台均依烟台岿岱山炮台之形，未能尽合其用"一语说明，此时这座炮台已具雏形，且已经超越了青岛口在建炮台的进度。

　　"威震罘山"——烟台通伸岗炮台（西炮台），位于今烟台市芝罘区西北。据《烟台百年大事记》记载，该炮台于 1876 年建成，1887 年增修。1899 年，北洋大臣李鸿章聘请德国技师监修，并引进德国的克虏伯大炮。通伸岗炮台的建造年代还有其他说法：一说为清代丁宝桢所建，另一说则为明代建造。威海文史学者隋东升先生在对这处炮台的多年考证后发表《清末烟台北洋海防炮台建设述略》一文，详述了该炮台的渊源与旧、新两个时期炮台建筑的成因：

　　　　烟台新炮台工程初步选址于岿岱山、玉带山两地，拟建两台，与胶州湾设防同期进行。

　　　　……但在炮台建设选址的实地勘察中，作为北洋炮台建设"总工"的

图 5-30　烟台通伸岗炮台（上图），地下掩体（下图）西南立面

汉纳根却有不同意见，"汉纳根力言'峇岱'筑台可御海船来路，应于后路老炮台（即通伸山岗旧炮台）边另筑一小台，用十五生炮可打塘口泊船处，"带"台无甚用。吾未登岸察勘，碍难悬定，望与少襄（孙金彪）细踏勘核复"。汉纳根曾主持设计建造了旅顺口、大连湾、威海卫的海陆防炮台，他的"力言"李鸿章等是绝对要考虑并采纳的……烟台清末新式炮台建设以新建峇岱山台，添建通伸岗新台为最终方案……[①]

图 5-31　烟台通伸岗炮台地下掩体主入口

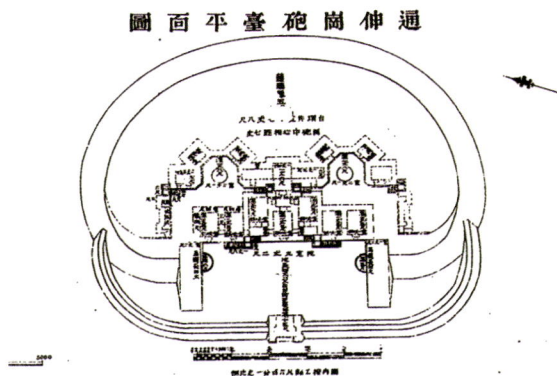

图 5-32　烟台通伸岗炮台平面图
（威海文史学者隋东升先生提供）

[①] 隋东升：《清末烟台北洋海防炮台建设述略》，大连市近代史研究所、旅顺日俄监狱旧址博物馆编：《大连近代史研究》（第15卷），辽宁人民出版社，2018年版，第65—66页。

1894 年 5 月 29 日的《李鸿章奏校阅海军事骏折》云:"至烟台海口,原拟于岿岱、玉带两山分建炮台,惟玉带山形势过露,易为敌乘,改于通伸岗旧炮台下建台一座。汉中镇总兵孙金彪,统带原驻海防之嵩武四营承办两台,现已竣工……"[1]

通伸岗炮台面北而立,由不同时期的建筑构成。处于山顶位置上的炮台为"通伸岗炮台新炮台",形制与归岱山炮台相同。上层设有石砌凹形炮垒两个,下层为人员住室、库房等配套设施。砖砌的营门、夯土的城墙、住室外墙上的"威震罘山"匾额以及遍布于炮台建筑立面上的"卍"字纹、"平升三级"等精美的中国传统石刻吉祥纹样,都在彰显着曾经的光华。

1886 年 1 月,旅顺船坞工程砌筑大坞坞壁。中方坚持用石,而时任旅顺工程局帮办的德国工程师善威则坚持用砖。围绕这一问题,双方争论了 4 个多月。旅顺工程局总办袁保龄以"砖坚必不如石"为由反对用砖。最终于 1886 年 4 月,在袁保龄的坚持下决定,"迅速派员前往山东石岛,采办条石和方石,趁夏秋南风之季运石来旅"[2]。北洋海防建设,北起旅顺口大坞、大连湾炮台,南至青岛口炮台,山东石岛所产的优质花岗岩,作为建筑首选石材一直沿用着。1893 年 7 月 22 日《申报》载:

图 5-33 旅顺大坞石壁

> 东海一隅土薄山多,取石甚便荣成石岛一带。所出之石更属坚固。从前,旅顺口大凌湾筑造炮台皆取石于此。今胶州青岛亦取此处之石筑炮台,雇船运载络绎如梭。[3]

6. 长墙

在军事要塞外围建造护城河和城墙,是塞防体系中普遍的。以海为屏,沿岸筑墙,也同样适宜于清朝的海防体系。1891 年,由李鸿章筹议开辟的青岛口海防工程同样也不例外,一贯的传统理念也顺其自然被引入,海防线上的青岛炮台、坦岛炮台、团岛炮台并不孤悬于海岬山岭,辅助和连接它们的还有一道就岸顺山,蜿蜒起伏的"长墙"。

《清史稿·兵志九·海防》载:

> (光绪)八年(1882),李鸿章于大沽、北塘炮台下埋伏水雷,大沽

① (清)李鸿章:《李鸿章奏校阅海军事竣折》,张侠、杨志本、罗澍伟等编:《清末海军史料》,北京:海洋出版社,1982 年,第 282 页。

②《旅顺大坞史》编委会编著:《旅顺大坞史(1880 年—1955 年)》,大连:大连出版,2017 年,第 41 页。

③ 佚名:《登州海市》,《申报》1893 年 7 月 22 日第 3 版。

口内设拦河木筏，山海关内外筑三合土大炮台一，土炮台二，濒海营墙，均仿炮台建筑。[①]

李秉衡《奏请将殉节道员戴宗骞事迹宣付史馆折》云：

> （光绪）十三年（1887），李鸿章檄调所部绥字四营，并饬兼统巩字四营移防威海。数年中，修筑海墙……[②]

《胶州湾北岸□炮台添置》云：

> 接办团岛两台及长墙……[③]

德占胶澳后，在胶澳督署（总督府）皇家翻译埃利希·米歇尔森于 1910 年 6 月 11 日的报告中也对长墙予以描述：

> 青岛的新历史开始于 1891 年……为了更好地防卫海岸，在防御阵地上堆起了带整平位置的高土坝，它沿着青岛海岸直到现在德华高等学校的位置。这条土坝也相当于今天的威廉皇帝海岸。[④]

青岛口海岸上这道断断续续类似于长城的"海墙"或"长墙"防御墙，虽无绵延不断的雉堞墙、烽燧和敌楼，但传统的城墙和长城防御理念还是在继承中得到了发展。这道似长龙盘卧的长墙，呈东西走向，绵延约 4.5 千米。它的平面形状中部内收、两翼前凸、翼尖再后缩，整体呈展翅欲飞状，东西两个翼尖上，各为青岛炮台和"西顶工事"，大衙门、各兵营、海关和村镇，都在那张开着的羽翼的护卫之下，唯有水雷营和铁码头（今栈桥）冲出长墙探身入海。或许是巧合，又或许是有意而为，青岛湾中的水雷营（今栈桥后部）恰巧位于长墙的中心位置上，长墙从这里分为了东西两大部分，向东西两个方向延展开来。而东西两段再一分为二：东段中部设立了青岛炮台，西段的中心则为西顶。

图 5-34　1898 年青岛湾东岸，今莱阳路海岸边长墙与炮垒

①《清史稿》卷一三八《兵志九·海防》，北京：中华书局，1977 年，第 4100 页。
②（清）李秉衡：《奏请将殉节道员戴宗骞事迹宣付史馆折》，戚其章辑校：《李秉衡集》，北京：中华书局，2013 年，第 323 页。
③转引自青岛市档案馆编：《图说老青岛·建置篇》，青岛：青岛出版社，2018 年，第 117 页。
④［德］马维立《单威廉与青岛土地法》，金山译，青岛：青岛出版社，2010 年，第 97 页。

图 5-35　西顶长墙远眺（今云南路、台西三路一带），前方建筑为 1901 年建成的台西镇

图 5-36　1898 年 3 月，青岛口大演兵场上，第三海军营和野战炮兵连的阅兵。前排左一着浅色制服者为第三海军营冯·洛索少校（Maj. v. Lossow），着深色制服者为冯·博斯中尉（Leutn. v. Bosse）（云志艺术馆提供）

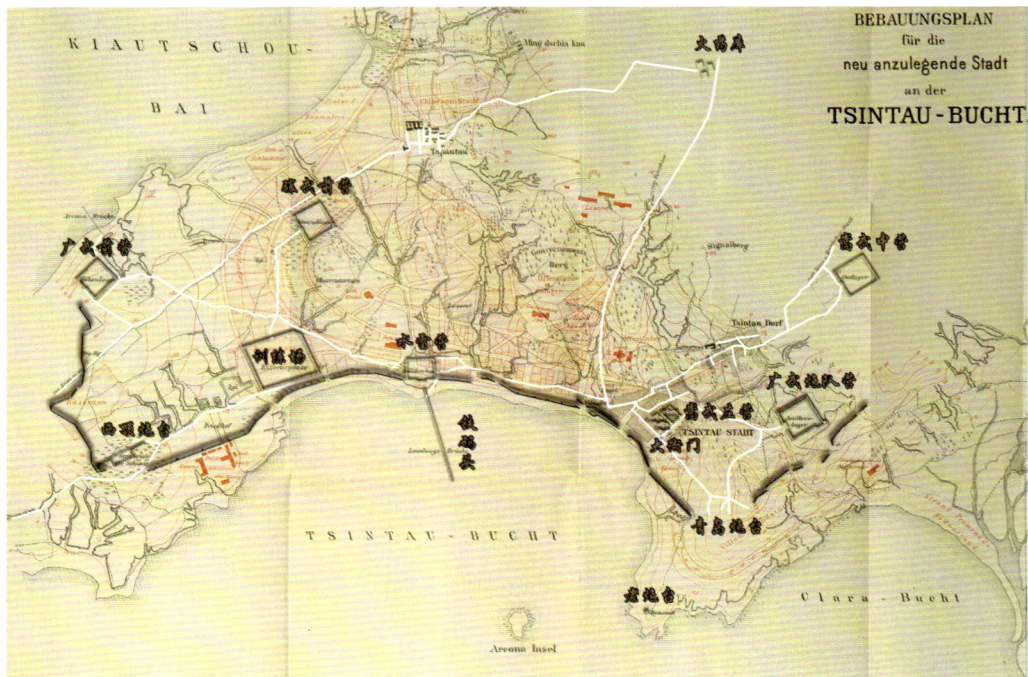

图 5-37　1898 年《拟建新城市的开发规划图》上的长墙及清军兵营等军事设施分布

　　东部长墙西段长约 1.2 千米，西起自今兰山路 1 号青岛音乐厅太平路口一带（水雷营东门）向东至江苏路口，由此转向东南经今山东省青岛市实验级中学校园过莱西路至今莱阳路 49～51 号一带止。

　　东部长墙东段，长约 0.6 千米。西起今金口二路 40-42 号刘知侠故居附近，向东北横穿今鱼山路，翻越小鱼山，过福山路至今八关山西坡而止。这两段长墙首尾不相接，之间长约 0.25 千米的无墙区域中是青岛炮台。

　　西部长墙东段，长约 1.1 千米。东起今河南路、兰山路、中山路、太平路花园（原水雷营西侧）向西过今河南路、郯城路、单县支路，穿青岛朝城路小学、青岛市第九人民医院直至单县路山东省青岛第一中学东校门附近止。

　　西部长墙西段长约 0.9 千米。东起今挪庄邮电支局一带向北，穿过今成武路、费县路、云南路转向西北至嘉祥路 76 号附近，再折向东南至西藏路、濮县路路口，沿濮县路向北直至滋阳路止。这两段长墙首尾也不相连，之间空出的长约 0.15 千米的无墙区域是为西顶上的工事留出的空间。

　　古代为更加有效地击退攻城敌军，较多地在城墙朝向城外一面的立面上，每隔一段即设有一处突出于墙面的墩台，从这里可以自上而下由侧面打击城下试图攀越城墙的敌军。这种突出于城墙外侧的墩台其平面有长方形和半圆形，因外形竖长如马面而被赋予了"马面"之名。青岛口长墙以夯土垒筑，较多地段借用了外低内高的自然地势，外侧高，内侧低，截面为梯形。这种结构形式能起到易守难攻的防御作用。而原本应该建在墙体外侧类似马面的墩台，在这里则被巧妙地设立在了长墙的内侧，变身成了清军炮队营架设小型轮式野战炮的炮垒。

1897 年，日本人桥本仙在对青岛口的防御部署进行过侦察后所作的报告中记有："炮兵有十六门七珊口径的克虏伯野战炮[①]……炮垒之间的联络，建稍坚固的高二米厚二米的土壁，炮垒间根据野战炮的配置，建造了十四个炮位。"[②] 另外，在1898 年 1 月 28 日，日本人绘制的《青岛村附近略图》中，自大衙门前海岸至水雷营间的长墙上标注出了"炮垒一、二、三"。

1897 年，德国海军将领迪德里希在其《1897 年 11 月 14 日占领青岛（胶澳地区）手记》记录如下：

> 预期不会遭遇这些人的强烈抵抗。唯一可能的是受到炮台 14 门 70 年代初制造的 8 厘米克虏伯大炮的轰击。

1897 年 11 月 16 日，清军总兵章高元在发给山东巡抚李秉衡的电报禀报称有 14 门火炮被德军劫获：

> 万急。济南大帅钧鉴：自德兵登岸后……并克鹿（克虏伯）炮十四尊，因仓卒不及驾马，被伊截留，将来进战实无把握。[③]

1897 年，青岛口海防线上 14 个火炮炮垒的火力配置由日、德、中三方军事人员从不同的角度记录在案。另有德占后德国人绘制和拍摄的当年的地图和照片显示，长墙后部的墩台式炮位不少于 14 处。水雷营东部长墙后有 6 个间距约 50 米的炮位，西部一段长墙上有间距约 100 米左右的炮位 4 个，这些炮位都略低于长墙，两侧均建有便于轮式炮车上下的坡道。

[①] 克虏伯 8 厘米、C73 架退火炮，78.5 毫米口径，有效射程 4.8 千米。

[②] ［日］桥本仙作：《清国胶州湾地方旅行报告》，1917 年，防卫省防卫研究所馆藏档案号：陆军省 - 雑 -M31-7-95。中文为徐畅先生翻译。

[③] （清）章高元：《登州镇总兵章高元致山东巡抚李秉衡电》，青岛市博物馆、中国第一历史档案馆、青岛市社会科学研究所编：《德国侵占胶州湾史料选编（1897—1898）》，济南：山东人民出版，1987 年，第 249—250 页。

图 5-38　1898 年大衙门南侧（今太平路海岸边）长墙与炮垒猜想图（历史照片合成）

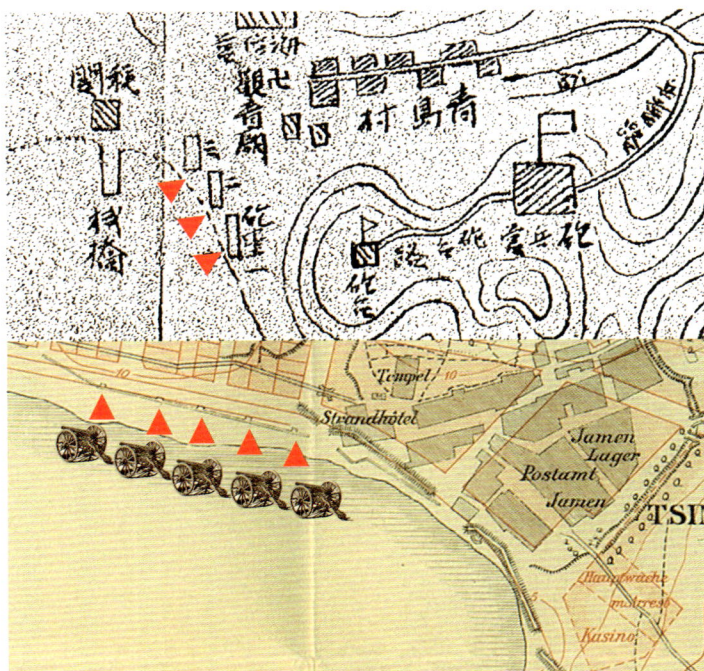

图 5-39　1898 年 1 月与 1898 年 8 月分别由日本人（上）和德国人（下）
绘制的炮垒与长墙猜想图

　　青岛口以东，从今小鱼山向东约3千米以内有今称为八关山、青岛山、太平山等多座高山，这些高度60～100米的山峦连绵起伏，或许清军将其作为了天然的屏障长墙，也或许他们认为已经超出了青岛口守卫区域。这道断断续续总长约4.5千米的人工长墙，东至今八关山西坡便戛然而止，未向前继续延长。青岛口以西，长墙唯独将团岛炮台远远地圈出了墙外，或许这是由于对通往突出一隅团岛的道路，不仅地势狭长、低矮、平缓，而且三面临海。位于长墙中心的水雷营和铁码头，距东西两向居高临下的青岛炮台和西顶各1300余米，在两高地之间各设置了不少于8座比肩而立的小型炮垒。这些先于大型炮台建成的炮垒，似乎并非三座永备炮台建成前的临时替代，而更像是主炮台之外的机动补充和远击近阻的组合。海防以船为本，无船即无海防。将陆军炮队营14门野战炮部署在海防线上，如遇战事，在大型敌舰大口径远程舰炮面前，这些陆战炮可发挥的作用和命运可想而知。

　　从清军的进驻，到德占后的撤出，在这短短的几年中，青岛口胶防营由最初的四营到七营陆、海军的规模（含驻沧口嵩武副中营一营），在经年的调遣、新募、裁撤中自始至终不变保留的是这支配备有新式火炮的炮兵部队。青岛口先建造野战炮长墙炮垒，后建大型火炮炮台。将陆战炮用于海防，或许是因为李鸿章还没将胶州湾看作海防重点而给予的支持不够，也或许是因为经费问题，抑或是在订购的岸炮未到来之前的权宜之计。这些迹象似乎给出了章高元在5年里只建成一座（大型）炮台的合理解释。在海岸边以夯土修筑的防御墙，或许又是一项还未来得及砌筑砖石墙砖的未完工程。然而，串联着青岛口东西两座炮台和十几座小型炮垒的这道貌似不可小觑的"火炮长墙"在1897年的一个冬日，被从海上而来的德国海军轻而易举地跨过。

四、火药房子

　　率队占领青岛口的德国巡洋舰分舰队司令、海军少将迪德里希在《1897年11月14日占领青岛（胶澳地区）手记》，说：

　　　　根据早先的侦察，尤其是由海军上校蔡厄在五月、在我到达前不久在旅途上进行的侦察表明，青岛周围有3000人的部队，其中一半驻扎在距海岸数公里的村庄中，而六个营房总共驻有1500人的部队。

　　　　这些人看来很少有作战准备，他们的枪，德式M/71型来复枪，部分地因生锈而不能用了。没发现有枪上刺刀，而操练仅限于队列训练、转弯和操枪动作。

　　　　而我们发现的14门8厘米克虏伯大炮，大概也是那个时候的。因为炮栓已经取出，我们难以判断其使用情况。从外表看它们保养得不坏。

当我们后来来到弹药库时，在其中仅发现了少数几个桶和木箱。正好有一个士兵试图用铁斧子在开一箱子。蔡厄上校从旁帮助他，而当箱盖弹开时，箱子一直到顶都装满了质量成问题的火药……

据总兵讲，炮兵营房中的弹药还相当多，尽管其保存状况与疏于维护的14门80毫米口径的克虏伯野战大炮相似……

清广武军自1884年便配备上了洋枪洋炮新式装备。青岛口广武军炮队营配备的则是德制口径为80毫米的克虏伯火炮和毛瑟枪，弹药自然也伴队而行，时称为火药局或火药房子的弹药库同样也随军而备。青岛口为一处海防要塞，青岛口防御以守防胶州湾，抵御来自海上的进攻为目的，其所有作战布置的重点全面对海，而将弹药库安置在了前沿阵地后部——时称"大鲍岛东山"一带，今观象山北麓胶州路、江苏路交界处。

德占后拍摄的照片显示，这处弹药库主要建筑为两座并列而立的四面坡式平房和一处四合院。窗小门窄的两座四面坡建筑与水雷营和嵩武左营内的两座建筑形式一致，应为弹药仓房。旁边一栋独立的带有门楼和翘脊的四合院，无疑是守卫居住用房。这一组小规模建筑群因所处位置较高，建筑顶部均安装上了避雷针。另从门前竖立有高架立杆分析，或许弹药库与衙门、兵营存在通讯联系。

图 5-40　1898 年 11 月至 1899 年初手绘青岛全图中的清军弹药库
（德国高级建筑师盖特·卡斯特博士提供）

图 5-41　德占后的清军火药库守卫营房及两座火药库北向全景铅笔画

图 5-42　德占后清军火药库守卫营房西向铅笔画

　　高坡上的两座库房建筑东西并列，坐南面北，背依今观象山。库房前东侧的守卫用房坐东面西。德占胶澳后对这一区域进行了改造和利用，先期拆除了东侧库房。德军于守卫用房北侧搭建临时木板建筑，并在弹药库西北山坳中（今市立医院西部院区）新建了第一座弹药库，于大鲍岛东山设立了"炮兵管理局（指挥部）（Artillerie-Verwaltung）"。在这一系列新建设施完备后，原清军的"火药房子"逐步消失。弹药库原址划为居住用地，建造有楼高两层的住宅一栋。1941年，弹药库原址建起了至今犹存的具有罗马风格的圣保罗教堂。

图 5-43　德占后清军火药库守卫营房远眺

图 5-44　德占后被德军改造后的清军火药库，远处带塔楼建筑为德军炮兵管理局

231

　　纵观清军在青岛口要塞的总体布置，位于南部最前沿的是长墙和三座炮台以及水雷营，其后是衙门、炮队营与嵩武中营，广武前营（嵩武右营）、骧武前营则安置在青岛口西部的胶州湾岸边，设在最后方纵深隐蔽处的则是弹药库，另于距青岛口以北15千米处的沧口设嵩武副中营。其防备意图显然是以御敌于胶州湾之外为重点，同时又可以控制胶州湾以内之敌。它和各兵营之间依然形成便于相互支援的关系，这一切符合军事防御布置的一般规则。

　　弹药库选址既具有一定高度和纵深，又避开了正面被侦察到的风险。虽然在战时既能免遭来自海上敌方炮火的打击，又可沿山路下行快速补给前线，但这一地点相对后海（胶州湾）则是毫无屏障可言的。1897年，对青岛口清军布防已经了如指掌的德国海军，在占领行动开始之前，即已派遣"柯莫兰"号[①]军舰驶进胶州湾，绕行到青岛口防御阵地的后侧面，在可以炮击该弹药库的位置上停泊后将舰炮瞄准了弹药库，同时舰上的"柯莫兰"分队也登陆实施了对弹药库的占领，切断了清军的后路，迫使清军最终妥协撤出青岛。

---

　　① "柯莫兰（Cormoran）"号，也译作"鸬鹚"号。

第六章
鸠占鹊巢　龙鹰易帜

一、众目睽睽胶州湾

自 1840 年鸦片战争后，清朝国门被列强们强行打开，清政府被迫与英、法、美、俄等国签订了割地、赔款的《南京条约》《天津条约》《北京条约》《瑷珲条约》等一系列不平等条约。中国东部的胶州湾也没躲过东西方列强们贪婪的目光。1866 年，英国皇家海军即已绘制出了《山东省胶州湾的中国东部沿海图》。俄国觊觎胶州湾这个天然不冻港的企图和实际行动早已有之。1896 年，俄国大臣会议主席维特[①]与李鸿章商议的《御敌相互援助条约》(《中俄密约》)中的第九条即胶州湾租借俄国 15 年的条款。

1896 年 10 月 29 日《申报》刊载《中俄约稿》云：

俄国前者曾助中国向日本索还辽东之地，中国亦许以额外利益。兹者，《字林西字[②]报》馆觅得《中俄约稿》，其文略曰：中国大皇帝因中日交战之后俄国大皇帝深助中国索取辽东，现在两国交界地方通商贸易，自宜两国互相裨益，和好永敦……九、亚西亚洲俄国并无海口可以常年不冻者。倘一旦兵事忽兴，俄国东海太平海等处兵船停泊颇不便利。中国深知其事，故准将山东省胶州湾赁与俄国，以十五年为期。此十五年之内，俄国所筑兵营、兵库、机器房、船坞俟期满后即由中国买回。惟目下尚无兵事，俄国不遽在胶州

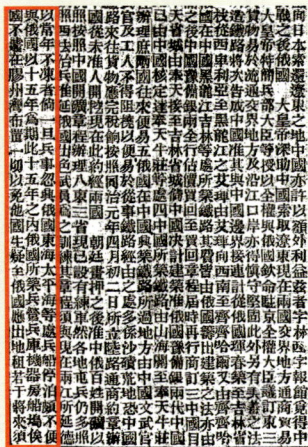

图 6-1　1896 年 10 月 29 日《申报》刊载的《中俄约稿》

---

① 维特伯爵是俄皇亚历山大三世和尼古拉二世时期的重臣，历任交通大臣、财政大臣、大臣委员会主席和第一任大臣会议主席，是俄国内政外交政策的制定者和实施者。

② "字"为衍文。

湾布置一切，以免他国生疑。至俄国应出地租若干，将来须另立专约。[①]

1897 年 5 月 14 日《北华捷报》（英文）刊文：

> 据称俄国船只仍在青岛，青岛向为一停泊帆船、舢板之港口，位于胶州湾入海处。[②]

1901 年 12 月 31 日，胶海关税务司阿里文（E. Ohlmer）《这个时期的回顾》述：

> 当时胶州湾由中国租与俄国，因后者（俄国）需要在冬季供舰队停泊之用。1895 年冬，又一艘俄国军舰访问青岛。翌年春天，有一批俄国舰队在青岛停泊数周。[③]

1861 年 9 月，清政府和德国于签订了《中德通商条约》，自此，德国军舰也被允许进入中国水域。"对于自 1871 年建立以来寻求确保在世界贸易中的地位的德意志帝国而言，则主要是出于在东亚建立基地的贸易政策，也出于（海军）供应补给方面的原因。1894 年'东亚巡洋舰分舰队'建立后，既需要为这些舰船储煤，也需要建造一座船坞用来维修。"[④] 而早在 1868—1872 年，普鲁士地理学家冯·李希特霍芬在胶州湾建立港口和殖民地城市的建议，正契合了德意志帝国的意图。

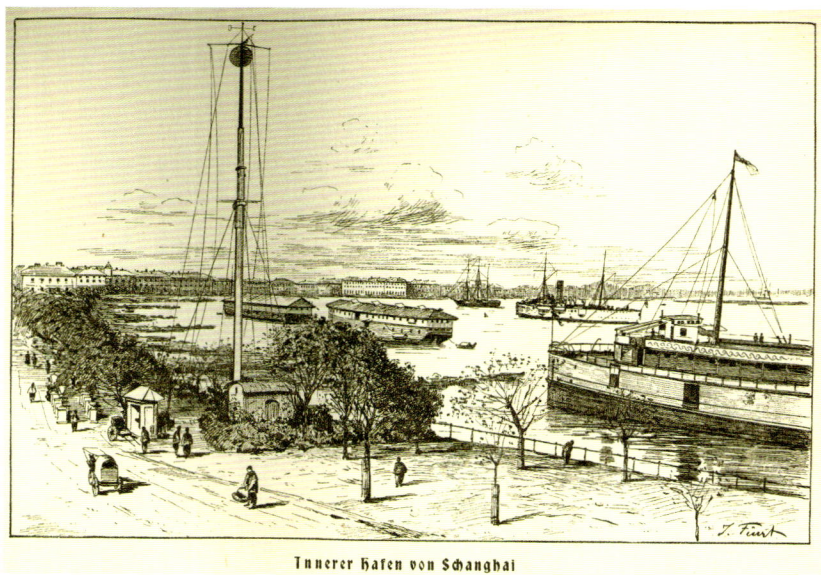

图 6-2 停泊于上海内港里的德国军舰［引自《胶州》（*Kiautschou*）］

① 佚名：《中俄约稿》，《申报》1896 年 10 月 29 日第 1 版。
② 青岛市博物馆、中国第一历史档案馆、青岛市社会科学研究所编：《德国侵占胶州湾史料选编（1897—1898）》，济南：山东人民出版，1987 年，第 26—27 页。
③ 青岛市档案馆编：《帝国主义与胶海关》，北京：档案出版社 1986 年，第 47—48 页。
④ ［德］托尔斯藤·华纳：《近代青岛的城市规划与建设》，青岛档案馆编译，南京：东南大学出版社，2011 年，第 70 页。

19 世纪末，德国有人认为，拥有海外殖民地、建立公海舰队可以获得经济利益和显示国力。1895 年 9 月 25 日，首任东亚巡洋舰分舰队司令、海军少将霍夫曼（Hoffmann）[①] 接到指示对山东的胶州湾和中国其他港口进行调查。1896 年夏，第二任东亚巡洋舰分舰队司令、海军少将阿尔弗莱德·冯·梯尔皮茨（Alfred von Tirpitz）在侦察过胶州湾后建议在此建港。德皇威廉二世批准了这个建议，并下令制订一个择机实施的军事占领计划。威廉二世在其回忆录中就占领胶州湾叙述如下：

> 建立煤炭基地主要是为了发展商业，采取的军事措施也只是为了保护贸易中心。因此，煤炭基地本身并不构成任何威胁，也没有进行军事冒险活动的基础。

> 虽然也考虑过其他地方，但经过仔细调查后，我们发现这些地方与中国的内地缺少联系，而且从商业和政治角度考虑没有发展前景，或已经被别的国家占领，因此并不适合做煤炭基地。阿尔弗雷德·冯·蒂尔皮茨当时是东亚海军巡洋舰队的队长，根据他的汇报和地质学专家斐迪南·冯·里希特霍芬的建议，最终我们决定在胶州湾建立基地。当问到为什么在这里建立基地时，斐迪南·冯·里希特霍芬画了一幅图，描述了山东未来的发展前景。

> 霍恩洛厄侯爵继续收集由占领青岛引发的一系列政治问题的相关资料，很多问题都需要认真考虑，尤其是关于是否干涉俄国计划的问题。霍恩洛厄侯爵获得了很多关于俄国占领胶州湾的情报，其中一些情报来自德意志帝国的东亚分部。我们从这些情报中了解到了胶州湾的抛锚地，以及它冬季不结冰的特点和在那里设立港口的美好前景。在与俄国人的交往中，我们获悉了中国分部的俄国军官的谈话内容，了解到俄国海军上将遵照俄国政府的命令，1896 年冬季已经在胶州湾抛锚，但他发现这个地方荒无人烟，生活孤寂，没有日本女伎陪伴，也没有茶室。这些都是俄国人冬季不可或缺的东西，因此，俄国海军决定离开这个地方。[②]

日本对清朝以及北洋水师的侦察更是由来已久。1884 年，山根武亮以绘制了《清国山东省即墨、胶州、胶州湾地图》。1890 年，日本海军参谋部已经绘制了《支那山东省军港胶州湾兵备图》。1896 年初，日本驻芝罘领事馆派人对胶州湾一带进行了所谓的"巡视"。1897 年，桥本仙作在《清国胶州湾地区旅行报告》中详细

[①] 德国首任东亚巡洋舰分舰队首任司令为海军少将霍夫曼，第二任为海军少将梯尔皮茨，第三任为海军少将奥托·冯·迪德里希。

[②] ［德］威廉二世：《德皇威廉二世回忆录》，赵娟丽译，北京：华文出版社，2019 年，第 90—93 页。

记录和标画了青岛口上各炮台、兵营的名称和位置。清军在青岛口的防御布置，在他们眼中已毫无秘密可言。

中日甲午战争后的 1896—1897 年，清廷对这处临古城胶州的大澳的军事价值有了新的认识，遭受重创的北洋水师把重建的希望转向了胶州湾。章高元从进驻时的踌躇满志，到陈师鞠旅的甲午参战，再到背负着兵挫地削的沮丧回到青岛，时间已走进了 1896 年。4 月 16 日，章总兵又奉上谕官复登州镇总兵之职。

1896 年 1 月 8 日《申报》刊文：

> 胶州之青岛地方前议兴修炮台，嗣因日人攻扑，章军门督兵北援，工程未竟。今拟兴工接办前者，中国允将此处借与俄人扰船守冻。兹闻俄兵舰已有十三艘前往该岛停泊矣。①

1896 年 10 月 14 日《申报》刊文：

> 胶州之青岛，地方系南、北洋扼要之冲。前曾创修炮台，惟工料过于精坚、采办不易，以致旷日持久，款项渐形支绌。嗣又适逢总办章军门有奉调北援一节，此工因是中止。今仍拟筹款兴修以竣，前工事俾垂成者，不至废于半途也。②

光绪二十二年二月二十日（1896 年 4 月 2 日）、四月二十二日（1896 年 6 月 3 日）《海云堂随记》分别记载：

> 吾邑劳山盛产水晶，有色白晶透者，有色暗而微紫者。往昔南船多来口采置。同治九年，顺兴、义兴集金共垦，远销至沪广，大者约银五十余两，中二十余，小者十余两不等。近年口上商家有倩工磨制为器皿、玩饰、印章者。甲午春（1894 年春），总镇③购巨晶镂雕精制为桌屏，钳金饰翠，光彩晶莹，价称千金，四月，北洋来口（青岛口）阅嵩武、广武各营操，□□□□□赞为"绝顶佳晶"。④

> ……本月总镇衙门（大衙门）修筑海防台工，由胶州钱庄垫借五千五百两投用，银价再落至每两一千零七十九文矣。⑤

---

① 佚名：《海客谈瀛》，《申报》1896 年 1 月 8 日第 2 版。
② 佚名：《东海烟波》，《申报》1896 年 10 月 14 日第 3 版。
③ 对章高元的尊称。
④（清）胡存约：《海云堂随记（摘录）》，青岛市博物馆、中国第一历史档案馆、青岛市社会科学研究所编：《德国侵占胶州湾史料选编（1897—1898）》，济南：山东人民出版社，1987 年，第 23 页。
⑤（清）胡存约：《海云堂随记（摘录）》，青岛市博物馆、中国第一历史档案馆、青岛市社会科学研究所编：《德国侵占胶州湾史料选编（1897—1898）》，济南：山东人民出版社，1987 年，第 23—24 页。

此时，清廷在支付给日本巨额的甲午战争赔款后，重启的青岛口军事要塞建设谈何容易，续建的经费首先成了问题。然而章高元在千金购置巨晶桌屏的同时，又将 5 500 两的建设经费转嫁于民间，这里反映出的是晚清官员的涣散与腐朽。

二、十字路口上的青岛

清光绪二十三年，丁酉年，公历 1897 年。是年《海云堂随记》记：

> 每届新正，群集天后庙，焚香祝祷……自元旦至元宵，日日人群络绎，杂耍、小场、大书、兆姑、梆柳、秧歌、江湖把式无所不有。[1]
>
> ……车马、旅店七……计六十五家，航载写船多由广洋、杂货木材诸店号兼业。[2]
>
> □□□□□□，出口以披猪、花生、生油、豆油、豆饼、白蜡、青梨等为最，进口以广洋杂货、细白棉布、棉纱、绸缎、糖、桐油、竹木材。本口去春瑞顺、协昌福、庆泰进细白棉纱二十七件……[3]

青岛口在这一年里经历过的风暴随着时光的流逝而平息，但历史记载会告诉我们曾经的波澜。正月里，青岛口上、下庄的居民逛庙会、看杂耍、听说书，依然沉浸在与往年一样的喜气与祥和中。春天里，青岛口上 65 家各色商号也在继续着以往的买卖。然而，平静的海面下却已是暗潮涌动。春夏时节的青岛口，驻军的归来带来了市井的繁荣。进入初秋，在胶州湾重建北洋水师新基地的筹划，也终于在官员们的喋喋争论后拟就，新任炮台工程总办也已受命，清朝北方海疆上一个新的、更大的海防要塞只待来年春天的到来。未曾想，青岛口命运的转折点也即将到来，似乎已近在眼前成果在这一刻一切即将化作了泡影。

1898 年，日本东邦协会杂志《外交报》第 168 期发文称：

> 明治（二十七年）（1894）春，演习北洋舰队并大阅沿海各要塞炮台戍卫等兵，李文忠公躬乘军舰，行大阅之礼，便道考察青岛胶州及即墨县各处形势，于是拟设船渠于湾内，并拟兴筑铁路，以辟湾内至山东内地之

---

① （清）胡存约：《海云堂随记（摘录）》，青岛市博物馆、中国第一历史档案馆、青岛市社会科学研究所编：《德国侵占胶州湾史料选编（1897—1898）》，济南：山东人民出版，1987 年，第 24 页。

② （清）胡存约：《海云堂随记（摘录）》青岛市博物馆、中国第一历史档案馆、青岛市社会科学研究所编：《德国侵占胶州湾史料选编（1897—1898）》，济南：山东人民出版，1987 年，第 25 页。

③ （清）胡存约：《海云堂随记（摘录）》，青岛市博物馆、中国第一历史档案馆、青岛市社会科学研究所编：《德国侵占胶州湾史料选编（1897—1898）》，济南：山东人民出版，1987 年，第 25 页。

图 6-3　1898 年青岛口全貌（青岛一战博物馆提供）

交通焉。①

实则在北洋水师 1894 年举行第二次校阅时，李鸿章就动过在胶州湾建造船坞和铁路的念头。此想法后因中日甲午战争爆发而搁浅。1895 年 4 月辽东半岛割让后，旅顺和威海两大北洋水师基地尽失。特别是在 1896 年 11 月清朝面对德国公开提出的胶州湾索求和得知德国预备强取的企图，以及 1897 年春获悉俄国也欲插足胶州湾后，朝廷慌了，续以订购舰艇和"拟建设船坞、屯扎兵轮，以资扼守，而杜觊觎"已迫在眉睫。于是，胶州湾新建北洋水师基地和船坞的设想再度被提起，胶州湾与青岛口又有了北洋道员王仁宝、山东府署道员蒋兆奎、东海关道员锡桐的身影。1897 年 4 月 1 日《申报》载：

（光绪二十三年二）月之十三日（1897 年 3 月 25 日），王观察由津来烟。闻系奉委赴胶州之青岛地方验看炮台。②

1897 年 6 月 19 日《申报》载：

二月秒时，锡道宪会同委员赴青岛地方阅视炮台、勘验船坞。事竣回省禀覆，已于上月二十九日（1897 年 5 月 23 日）回辕矣。③

1897 年 5 月 31 日，总署收山东巡抚李秉衡电：

前奉电示，以胶州系天然船澳，严冬不冰，大兵船可以停泊。属派道府大员会同登莱青道速往妥筹办理，确估经费，电候指拨，等因。当经派委蒋

①［日］佚名：《德人占据胶州湾记略》，青岛市博物馆、中国第一历史档案馆、青岛市社会科学研究所编：《德国侵占胶州湾史料选编（1897—1898）》，济南：山东人民出版，1987 年，第 492 页。
②佚名：《烟海春波》，《申报》1897 年 4 月 1 日第 2 版。
③佚名：《海客谈瀛》，《申报》1897 年 6 月 19 日第 2 版。

道兆奎会同北洋大臣所派王道仁宝、登州镇章高元、东海关锡道桐周历履勘兹。据该道等将详筹布置情形暨估需经费数目，绘具图折禀复前来。[①]

《外交报》第170期载：

至光绪二十三年（1897）春，俄又以其言诱中国曰：胶州湾者，山东咽喉要地也。其沿海防务，宜速整备，然贵国政府迟迟不行，岂无能力之乎？果尔，则毋若俄国代之，成其工事，以资贵国之总。中政府骤闻此言，憬然大悟，始决议谋再举胶州防务，拟先筑船渠而继建炮台，命直隶总督与山东巡抚会议定之，于是直隶以候补道王仁宝，山东以候补道锡桐各为查勘委员，会同派遣胶州，以查勘防务。寻以王、锡意见不恰，考查讨论，辗转费时，迟至华历八月，事始议决，从事开工，命山东候补道蒋兆奎为建筑胶州炮台工程总办，将俟光绪二十四年（1898）之春创始工程，不料计议虽定，而政府因循姑息，至大误其事机也。

当中国政府与胶州防务及山东铁路之事缓慢怠忽而不置意也，德皇以眈眈之目，狡狯之腕，与俄有所密议，故德国之潜窥中国之隙，实在光绪二十三年（1897）之秋云。[②]

1897年12月19日《申报》载：

日本某日报云：山东胶州湾前六年尚一片荒芜，人民寥落。北洋大臣李傅相（李鸿章）察得此处为北洋要隘形胜之地，宜屯重兵，遂奏请建炮台，开辟铁路，皇上允之，爰令登州镇总兵章镇军高元所统广武、嵩武各军从事工作。迨光绪二十年（1894）傅相亲临阅视，更拟就沿海创一船坞，以使修治战船，不料是年中日衅生，镇军奉檄出关，工作遂辍。洎乎和议既成，镇军仍率所部回胶，而败衄之余，无暇振兴工务。及今春俄人意欲代布置，北洋大臣闻之，丞派天津道王观察宝仁、烟海关道锡观察桐，赴胶州及青岛两处悉心勘验，熟筹建筑之法。二观察意见各异，几如筑室道谋。至九月，方渐渐议定由山东候补道蒋观察兆督工，定于明春重兴畚锸。不虞迩者，竟被德人所占云。[③]

1897年9月，在王仁宝、锡桐两位观察旷日的争辩中，北洋水师新基地重建

---

① "中央研究院"近代史研究所编印：《胶澳专档（光绪二十三年—民国元年）》，台北："中央研究院"近代史研究所，1991年，第1页上栏。

②《德人占据胶州湾纪略（续第168期）》，青岛市博物馆、中国第一历史档案馆、青岛市社会科学研究所编：《德国侵占胶州湾史料选编（1897—1898）》，济南：山东人民出版社，1987年，第493—494页。

③ 佚名：《译东报纪胶州事》，《申报》1897年12月19日第1版。

计划最终趋于一致，胶州炮台工程总办蒋兆奎也终于可以在"明春"履行督造之职了。11月，殊不知还未完全走出"东洋"阴影的清朝和李鸿章，其实早已被"西洋"的阴霾笼罩，拟于1898年春季开始实施的宏大计划也永远成空。

1897年的春夏，德国人为了寻找一个适合建造港口的地方，在枢密土木技监、基尔港口制造厂长乔治·弗朗裘斯（Georg Franzius）的带领下，沿着中国海岸在更多的地方进行了测量航行。在此期间，为了寻找适合成为德国海军基地的地点，除了中国北方的胶州湾和南方的厦门，德国人还对福州东北部的三沙湾以及位于上海和宁波之间的舟山岛进行了考察。[①]

胶州湾在德国人连续几年的调查中最终被锁定。1896年11月，德国曾公开向清朝提出了对胶州湾的索求。在遭拒一年后的1897年11月1日，山东省巨野县发生的两名德国传教士被杀的"巨野教案"，为德国占领胶州湾提供了借口，使得德国在中国"夺取一个舰队基地"的想法变为现实。

1897年11月7日，在上海吴淞口的德国东亚巡洋舰分舰队司令、海军少将奥托·冯·迪德里希收到了皇帝威廉二世发来的占领胶州湾的电报后，为了保证占领后的补给，他除了调动在上海的三艘军舰外还立即征调了几艘商用船只。而在德国国内，在是否以此种方式占领胶州湾这一问题上德国政府还在争论中。就在11月10日，迪德里希从上海启程北上之后，德国外交署和海军署的要员们已经基本说服了威廉二世收回成命，在获悉清政府准备完全接受德国就巨野教案所提出的要求后，德国政府在最后时刻试图撤销占领胶州湾的决定。

在德国政府内部，海军总司令和威廉二世所极力主张的、残暴的攫取领土行动受到了强烈反对。鉴于有可能与俄国或英国发生摩擦的情况，国务秘书蒂尔匹茨、首相霍恩洛厄以及年近花甲的元老霍尔施坦和艾林波不是态度谨慎就是坚决否定。他们也担心与中国发生严重对抗。在他们的建议下，皇帝威廉二世最终向迪德里希发了一个电报并且指出，如果中国完全接受了德国的要求，就立即停止占领行动。然而，迪德里希已经没有可能收到这个电报了（有线电报），因为他在一天前已经带领三艘军舰驶离了吴淞口。[②]

就在德国海军占领青岛口前18天的10月27日（光绪二十三年十月二十七日），时任兵部掌印给事中的高燮曾[③]给光绪帝奏报《德人垂涎胶澳宜尽早防范事》，提

---

①［德］托尔斯藤·华纳：《近代青岛的城市规划与建设》，青岛档案馆编译，南京：东南大学出版社，2011年，第71页。

②［德］余凯思：《在"模范殖民地"胶州湾的统治与抵抗——1897—1914年中国与德国的相互作用》，孙立新译，济南：山东大学出版社2005年，第105页。

③高燮曾，湖北孝昌人。

醒光绪帝德国人即将攻占青岛。然而，在 1897 年里围绕胶州湾，德国、日本这些明里暗里的抵近侦察和清朝官员的预警以及德国舰队行踪这些情况，都未引起清廷的重视。

三、鸠占鹊巢

1897 年 11 月 12 日上午 8 时 30 分，德国东亚巡洋舰分舰队 7 650 吨的大型巡洋舰"皇帝（Kaiser）"号旗舰、4 300 吨的小型巡洋舰"威廉亲王（Prinze Wilhelm）"号和 5 200 吨的小型巡洋舰"柯莫兰（Cormoran）"号三艘军舰，在青岛以东约 40 千米处的朝连岛[①]附近海域汇合，迪德里希向登陆部队下达了占领青岛口的命令。13 日 8 时 20 分，"皇帝"号、"威廉王子"号驶至青岛湾（今小青岛外锚地）锚泊，"柯莫兰"号驶至胶州湾马蹄礁附近锚泊。

图 6-4　"皇帝"号
［引自《胶州》（*Kiautschou*）］

图 6-5　"威廉亲王"号
［引自《胶州》（*Kiautschou*）］

图 6-6　"柯莫兰"号［引自《胶州》（*Kiautschou*）］

[①] 朝连岛，位于青岛市东南，距陆最近点约 31.4 千米，距青岛市区约 40 千米，是青岛地区离陆地最远的海岛。

14 日星期日，青岛口的市集日。早 7 点过后，借助上涨的海潮①，德军从铁码头（栈桥）登陆，占领了青岛口。守卫疆土的军兵在茫然中被缴械驱逐，总兵章高元在惊愕中悻悻离去，北洋大臣、清廷猝然惊醒为时已晚，在不知所措中放弃了抵抗。1898 年 3 月 6 日，德国迫使清政府签订条约，使胶州湾及其周边地区沦为了德国的"租借地"。"胶州湾事件"和《胶澳租借条约》被载入史册，青岛口从北洋海军的海防要塞与基地转换成了德国的海军基地和"模范殖民地"。

《普鲁士和皇家海军在东亚水域：在东亚的军事利益》一文记：

> 在星期日（11 月 14 日）实施占领。"皇帝"号和"威廉王子（威廉亲王）"号在青岛小海湾抛锚，为了掩护在这里栈桥边登陆的部队，此时，可莫兰（柯莫兰）号已经驶入胶州湾，航行至马蹄礁，为了从北部背后袭击中国部队，特别是占领军火库。由 30 名军官，77 个下级军官和 610 名士兵组成的登陆部队吃惊地发现，在陆地上竟然没有任何抵抗。但总人数在 1 600 到 2 000 人的中国部队应该更感到吃惊，当他们突然发现他们的军火库和仓库已经被我们的部队占领时……②

《青岛城市与军事要塞建设研究（1897—1914）》载：

> 而深感意外的中国军队指挥官章将军却在那里下令列队欢迎德国人的造访。有人把德国海军上将（少将）的公函转给他。在公函里告知了占领并命令章带领他的部队在 3 个小时内撤离到大约 15 公里以外的沧口。

> 面对正面停泊于青岛湾内战斗位置上的"凯撒（皇帝）"号、"威廉公主（威廉亲王）"号和侧面胶州湾内马蹄礁附近的"可莫兰（柯莫兰）"号德国军舰上的炮口，这位中国将领屈服了。11 点 30 分，他的军旗被降下；他的军队，大约 2 000 名士兵，也撤离了。

> 14 点 30 分，军事占领行动以在青岛升起德国军旗而宣告结束。③

关于在青岛口被占领的当天以及撤离期间，驻青清军和总兵章高元的遭遇，迄今虽尚未发现有详细的记述专文，但记有事发当天和后来多日里清廷内外以及登州镇总兵章高元与山东巡抚、天津督署、北京总署等其他地方府署之间的通报、指示

---

① 1897 年 11 月 14 日为农历十月二十日，（青岛口逢五碰十为集）凌晨 4 时为最低潮，上午 10 时为最高潮。青岛潮汐计算公式：农历十五之外 − 15×0.8（系数）+ 6 为第一个高潮时，再 +6 为第二个高潮时。

② ［德］米歇尔·萨雷天斯基：《普鲁士和皇家海军在东亚水域：在东亚的军事利益》，［德］汉斯－马丁·辛茨、［德］克里斯托夫·林德编著：《青岛——德国殖民地历史之中国篇（1897—1914）》，［德］贡杜拉·亨克尔、景岱灵译，青岛：青岛出版社，2011 年，第 91 页。

③ ［德］约尔克·阿泰尔特：《青岛城市与军事要塞建设研究（1897—1914）》，青岛档案馆编译，青岛：青岛出版社，2011 年，第 2 页。

往来详情的《胶澳专档（光绪二十三年—民国元年）》和《胶澳租借始末电存（章高元与当道往来电）》的存世，以及后来在此基础上整理的《德国侵占胶州湾史料选编》《胶州湾事件档案史料汇编》等书籍的出版，使得今天再来探究青岛口上的过往成为可能。《胶澳专档（光绪二十三年—民国元年）》系根据清总理各国事务衙门、外务部清档及外交部原档中之有关胶澳专案部分编纂而成。《胶澳租借始末电存（章高元与当道往来电）》由时任章高元文书的柳培荣辑录，1926 年刊行。这些不可多得的一手史料，使得远去模糊的景象逐渐清晰可辨。

1897 年 11 月 13 日，为第二天的占领行动做准备，迪德里希带领舰长和参谋部军官上岸实地侦察，与清军士兵进行了近距离交谈并查看了清军的枪支、火炮和弹药状况。[①]

同日，登州镇总兵章高元致北洋大臣王文韶和山东巡抚李秉衡电称：

> 本日下午四点钟到德国兵舰两艘，当即派员乘划往询，知仍为七月间奉总署谕令妥为接待之棣提督来此游历，自应遵照前谕，妥为保护，惟此次并奉有明文，合并奉闻。[②]

同日，登防营务处汪涵致山东巡抚电：

> ……至德兵在青岛登岸今午已得信，各营俱已准备严防。因未得确音，故未敢冒昧电陈，其军装、军火、银两等明日查明电复。[③]

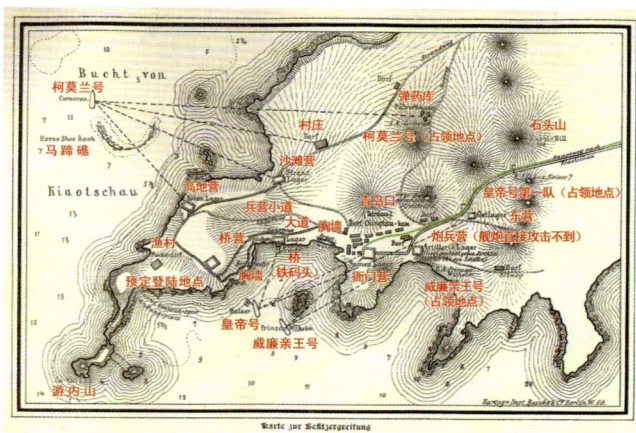

图 6-7　德军绘制的《占领（青岛口）地图》（*Karte zur Besitzergreifung*）

---

①［德］奥托·冯·迪德里希：《1897 年 11 月 14 日占领青岛（胶澳地区）手记》，夏树忱译，未刊稿。

②（清）章高元：《章高元致天津督罢和山东巡抚电》，青岛市档案馆，中国第一历史档案馆编：《胶州湾事件档案史料汇编》（上册）青岛：青岛出版社 2011 年，第。

③（清）汪涵：《登防营务处汪涵致山东巡抚李秉衡电》，青岛市博物馆、中国第一历史档案馆、青岛市社会科学研究所编：《德国侵占胶州湾史料选编（1897—1898）》，济南：山东人民出版，1987 年，第 244—245 页。

1897 年 11 月 14 日（十月二十日）。7—8 时，德军陆续从铁码头（今栈桥）登陆。

8 时，在今信号山顶设立了战地信号台。

8 时 15 分，占领了清军弹药库。

8 时 35 分，德军切断了大衙门与外部联系的有线电报线路。章高元接到德军通牒。

10 时，章高元面见迪德里希交涉失败，驻青清军开始从青岛口向四方村撤退。章高元与 20 名亲兵留在青岛等候朝廷指令。

12 时，德军重新接通青岛口被切断的有线电报线路并据为己用。

14 时，驻青清军全部撤离后，青岛口上升起德国海军的旗帜，同时德军"威廉亲王"号舰鸣放礼炮 21 响，宣告占领成功。

15 时，迪德里希在大衙门以明码向海军总司令发出"7 日的命令已执行，一切都平静。"的电文。[1]

而此时的登州镇总兵章高元，只能从胶州转收发电报，向天津督署王文韶和山东巡抚李秉衡汇报敌情和寻求指令。

> 急。天津钦宪、济南大帅钧鉴：二十日早七钟时，德国棣提督借巨野仇教一案，率领德兵纷纷上岸分布各山头。后送来照会，内开：胶州一地，限三点钟，将驻防兵勇全行退出女姑口、劳山以外，只允带大炮一事，其余军火炮位，概不准带，以四十八句钟退清为限，过此即当敌军办理等语。高元当以未奉本国公文，容即转电请示，口头答复。查棣提督兵轮，暂驻口外，历奉公文接待保护，现在事变起仓猝，我军兵单，究应如何办理？望速电示遵行。事机急迫，盼切祷切。高元叩。箇。印。[2]

> 再电：

> 急。天津钦宪、济南大帅钧鉴：今早德兵突然上岸，已密电禀陈。讵德兵登岸后，立即分据各隘，并挖沟架炮，密密布置。顷刻，该提督又逼退军，不容稍缓。高元亲往面见该提督。剀切告知，未奉本国公文，碍难擅离，反复争辩，伊坚执不允；并声称下午三点钟率队进营各等情。元欲战恐开兵端，欲退恐忝职守，再四思维，惟有暂将队伍拔出青岛，于附近青岛山后四方村一带扼要整军据守，以免彼此军队见面，滋生事端，转贻

---

① ［德］奥托·冯·迪德里希：《1897 年 11 月 14 日占领青岛（胶澳地区）手记》，夏树忱译。

② （清）章高元：《章高元致天津督署和山东巡抚电》，青岛市档案馆、中国第一历史档案馆编：《胶州湾事件档案史料汇编》（上册），青岛：青岛出版社，2011 年，第 163 页。

德人口实。元仍驻青岛，听候明谕，飞速至盼。高元。谨秉。①

章高元致李秉衡电：

千急。济南抚帅钧鉴：今早德兵突然上岸，元以向奉公文接待保护，未便擅阻。讵德兵登岸后，立即分据各隘，送来照会逼令退军并砍断电线（有线电报线）各情，已密派妥弁赴胶电禀。去后，该提督又逼退军，刻难缓待，各山口要地均已挖沟架炮，密密布置。元亲往面见该提督，凯陈未奉本国公文碍难擅离，反复争辩，伊坚执不允，并声称下午三点钟率队进营各等情。元欲战恐开兵端，欲退恐干职守，再四思维，暂将队伍拔出青岛附近青岛山后四方村一带，扼要据守，元仍驻青岛立候示遵行，飞速至盼。高元谨禀。印。②

千急。济南抚帅钧鉴：二十日早德国棠③提督率领德兵纷纷上岸，分布各山头，送来照会内开：胶州湾一地，限三点钟，将驻防兵勇，全行退出女姑口、劳山以外，只允带火枪一车，其余军火炮位，概不准带，以四十八点钟退清为限，过此即当敌军办理。现在砍断电缆，意在挟威霸据。此事变起仓卒，我军兵单，又未奉到本国公文，究应如何办理？望速核示遵行。再者，事由胶电禀，恐缓不济急，届期自应酌势办理，合并申明。高元叩。筱。印。④

11月15日（十月二十一日），清军暂驻四方村，章高元随队暂离青岛。

德军再次逼令清军从四方村后撤。

章高元称兵力不足、子弹缺乏。

山东巡抚李秉衡准备调驻登州夏辛西一军来青支援。

从上海驶来为德军运送补给物资的"龙门（Longmoon）"号（德国）货轮到达青岛口。⑤

同日，王文韶致总署电：

顷据章高元电称：今日八点钟，德国兵轮三艘进澳，探悉由上海来，

---

① （清）章高元：《章高元致天津督署和山东巡抚电》，青岛市档案馆、中国第一历史档案馆编：《胶州湾事件档案史料汇编》（上册），青岛：青岛出版社，2011年，第163—164页。

② （清）章高元：《登州镇总兵章高元致山东巡抚李秉衡电》，青岛市档案馆、中国第一历史档案馆编：《胶州湾事件档案史料汇编》（上册），青岛：青岛出版社，2011年，第77页。

③ 棠字误，应为棣，棣提督即迪德里希。此电与《胶澳租借始末电存（章高元与当道往来电）》文字上有出入。

④ （清）章高元：《登州镇总兵章高元致山东巡抚李秉衡电》，青岛市档案馆、中国第一历史档案馆编：《胶州湾事件档案史料汇编》（上册），青岛：青岛出版社，2011年，第78页。

⑤ ［德］奥托·冯·迪德里希：《1897年11月14日占领青岛（胶澳地区）手记》，夏树忱译。

一名开士（"皇帝"号），一名晚蔡司（"威廉亲王"号），一名康茂冷（"柯莫兰"号）。据称停泊数日即行，俟开轮再行电闻。①

王文韶来电：

急急。青岛章镇台急电悉。已电奏请旨。此事无理可讲，势难开仗，只好相机办理，候奉旨再达。②

李秉衡来电：

章军门鉴：哿电敬悉。德棣提督借端寻衅，断非口舌所能了，尊处四营务须坚论勿动。弟已电奏请旨，拟调夏庚堂统领所部各营开拔赴胶，并电万荣齐［斋］就曹州赶募五营，以厚兵力。俟奉旨，再行电闻。③

王文韶再电：

急。青岛章镇台：队伍驻青岛附近扼要据守。目前只好如此，已电奏矣。④

李秉衡再电：

急。青岛章军门鉴：电悉复，电叙明已电奏请旨，计已达览。德既挖沟架炮，构衅已成，非力战不可，贵军暂退四方村据守请战甚是。刻又电奏，候旨到，即行电达。⑤

章高元致王文韶和李秉衡电：

自德兵登岸后我军拔出四方村一带……二十一日，德兵二百余名至四方村驻军处所，声势汹汹，逼令再退，侮辱已甚，万难再忍……现在德兵轮口门内三艘，续来一艘，约兵二三千人。又探闻劳山前泊四艘……⑥

同日，总署致出使德国大臣许景澄电：

曹案东抚遵派臬道查办，知县摘顶，已获正凶四名，正拟电请达外部，适北洋电言，接登镇二十电：二十早，德提督率兵上岸，分布各山，

① "中央研究院"近代史研究所编印：《胶澳专档（光绪二十三年—民国元年），台北"中央研究院"近代史研究所，1991年，第6页下栏。
② （清）王文韶：《天津督署王文韶来电》，青岛市档案馆、中国第一历史档案馆编：《胶州湾事件档案史料汇编》（上册），青岛：青岛出版社，2011年，第164页。
③ （清）李秉衡：《山东巡抚李秉衡来电》，青岛市档案馆、中国第一历史档案馆编：《胶州湾事件档案史料汇编》（上册），青岛：青岛出版社，2011年，第164页。
④ （清）王文韶：《天津督署王文韶来电》，青岛市档案馆、中国第一历史档案馆编：《胶州湾事件档案史料汇编》（上册），青岛：青岛出版社，2011年，第165页。
⑤ （清）李秉衡：《山东巡抚李秉衡来电》，青岛市档案馆、中国第一历史档案馆编：《胶州湾事件档案史料汇编》（上册），青岛：青岛出版社，2011年，第164—165页。
⑥ （清）章高元：《章高元致天津督署和山东巡抚电》，青岛市档案馆、中国第一历史档案馆编：《胶州湾事件档案史料汇编》（上册），青岛：青岛出版社，2011年，第165页。

给登镇照会，胶湾一地，限三点钟将防兵尽退出劳山以外，准带火枪，其余火炮，概不准带，以四十八点钟为限，过此即整军办理，现已砍断电线云。①

11月16日，军机处指令章高元，不得先行开炮。

清军由四方村撤往沧口。

同日，章高元致李秉衡电：

　　……念一日德兵二百余人至四方村驻军处所，声势凶凶，逼令退兵，以理而论，元自应与伊力争不让，继思我军上月仅领半月子药，除常操已用外，子药皆已告罄……念二日元在岛内有请战之议，恐洋人于电线内暗漏消息……并克鹿伯炮十四尊，因仓卒不及驾马，被伊截留，将来进战实无把握……现在青岛电线德人砍断后，旋经修好，据为己用。②

军机处寄李秉衡电：

　　……德国占海口，蓄谋已久。此时特借巨野一案而起，度其情势，万无遽行开仗之理。惟有镇静严扎，任其恐吓，不为之动，断不可先行开炮，致衅自我开。③

章高元致王文韶、李秉衡电：

　　天津钦宪、济南大帅钧鉴：……全军忍辱，力顾大局，移向四方村以东十余里沧口附近地方严扎，以免衅自我开……青岛电线已为德人所据，只可由胶通电，合并声明。④

11月17日，德国巡洋舰分舰队第四艘军舰——2 370吨的小型巡洋舰"阿尔柯纳（Arcona）"号驶抵青岛口。

---

① 《总署致出使德国大臣许景澄电》，青岛市博物馆、中国第一历史档案馆、青岛市社会科学研究所编：《德国侵占胶州湾史料选编（1897—1898）》，济南：山东人民出版，1987年，第248—249页。

② （清）章高元：《登州镇总兵章高元致山东巡抚李秉衡电》，青岛市博物馆、中国第一历史档案馆、青岛市社会科学研究所编：《德国侵占胶州湾史料选编（1897—1898）》，济南：山东人民出版，1987年，第249—250页。

③ 《军机处寄山东巡抚李秉衡电旨》，青岛市博物馆、中国第一历史档案馆、青岛市社会科学研究所编：《德国侵占胶州湾史料选编（1897—1898）》，济南：山东人民出版，1987年，第250页。

④ （清）章高元：《章高元致天津督署和山东巡抚电》，青岛市档案馆、中国第一历史档案馆编：《胶州湾事件档案史料汇编》（上册），青岛：青岛出版社，2011年，第166页。

图 6-8 "阿尔柯纳"号)
[引自《胶州》(*Kiautschou*)]

清军撤离青岛口，暂驻沧口。

即墨县令许涵致李秉衡电：

本日亥刻接胶防章镇电称，万急。现德兵轮近澳突然上岸，意图霸据，我军移扎四方村，子药告罄，望速运顶好毛瑟子（德制毛瑟步枪子弹）到即墨，应否发给？并发若干？请速示。①

李秉衡来电：

胶州章军门鉴：奉电旨，添调招募各营均著照办，并须任其恐吓不为之动。足下务须整顿严扎以待，尚再退步，有干职守。②

李鸿章来电：

胶州章镇台鉴：汝不可轻离青岛地方，李抚已严劄，须查德人举动。密报。③

军机处寄北洋大臣王文韶电旨：

奉旨：王文韶电悉。敌情虽横，总不可轻起兵端，东省往事，前车可鉴，著该督电饬章高元等于现扎处所稳慎防守，不准妄动。（山东沿海各营，著暂归王文韶节制，李秉衡著专办拿匪讯供等事，以一事权。）海靖④

①（清）许涵：《即墨县令许涵敬致山东巡抚李秉衡电，青岛市博物馆、中国第一历史档案馆、青岛市社会科学研究所编：《德国侵占胶州湾史料选编（1897—1898）》，济南：山东人民出版，1987年，第54页。

②（清）李秉衡：《山东巡抚李秉衡来电》，青岛市档案馆、中国第一历史档案馆编：《胶州湾事件档案史料汇编》（上册），青岛：青岛出版社，2011年，第166页。

③（清）李秉衡：《北京中堂李鸿章来电》，青岛市档案馆、中国第一历史档案馆编：《胶州湾事件档案史料汇编》（上册），青岛：青岛出版社，2011年，第166页。

④冯·海靖（von Heyking），德国驻华公使。

尚未到京，俟过津时王文韶既邀与切实讲论。钦此。①

11月18日（十月二十四日），德军再逼暂驻于沧口的清军继续后撤。

夏辛西率十二营增援清军到达平度。

章高元致李秉衡电：

　　午后德总兵蔡恩［"皇帝"号舰长，海军上校蔡厄（Zeye）］随带翻译及洋兵数名前来行营，仍逼我远退……又探，青岛兵轮夜遣二艘出口，不知何往，天明乃回。②

章高元再致李秉衡：

　　……惟二十二日（11月16日）被德兵二百余人势迫退军，将我洋枪毁坏数十杆，全军愤怒已极，开衅既在眉睫。元力加镇定，万分无奈，始稍移严扎沧口附近，昨已电禀……又青岛座探报，二十三日午前，又来兵轮一艘，下兵数百人，合并电闻。③

章高元致王文韶电：

　　青岛电线（有线电报）为德人所据，已派勇往胶轮流传递电信，飞报敌人情形，今晨有德兵三四千人由沧口北至女姑口山查看地势，节节画图。又德轮一艘，开赴营岛上岸阅视……④

章高元致北京李鸿章电：

　　……惟德人于二十日早率兵登岸……不得已已将队伍拔出青岛山后四方村驻扎……二十一日德兵二百余人至四方村驻军处所，逼令再退……二十二日，德兵逼迫益急，将我军洋枪毁坏数十杆，并欲将全军毁尽……稍移向四方村以东十余里沧口附近地方严扎……现派勇往胶轮流递电信。二十三日德兵约三四千人赴沧口、女姑口画图，并张贴告示，意在霸占各口关卡……二十四日早，据青岛密探云：昨午续来兵舰一只（阿尔柯纳号），下兵数百人，并探闻澳内前后来船四只外，劳山前泊舰四艘，合并

①《军机处寄北洋大臣王文韶电旨》，青岛市博物馆、中国第一历史档案馆、青岛市社会科学研究所编：《德国侵占胶州湾史料选编（1897—1898）》，济南：山东人民出版，1987年，第253页。

②（清）章高元：《登州镇总兵章高元致山东巡抚李秉衡电》，青岛市博物馆、中国第一历史档案馆、青岛市社会科学研究所编：《德国侵占胶州湾史料选编（1897—1898）》，济南：山东人民出版，1987年，第255页。

③（清）章高元：《章高元致山东巡抚电》，青岛市档案馆、中国第一历史档案馆编：《胶州湾事件档案史料汇编》（上册），青岛：青岛出版社，2011年，第167页。

④（清）章高元：《章高元致天津督署电》，青岛市档案馆、中国第一历史档案馆编：《胶州湾事件档案史料汇编》（上册），青岛：青岛出版社，2011年，第167页。

电闻。①

同日，从旅顺而来的负责青岛铁码头的施工人员也撤离了青岛口。章高元致顾仲翁电：

> 旅顺顾仲翁鉴：码头（青岛铁码头）工已停，敝军近扎沧口附近。刘蔼荛赴烟回旅，一切细情当可面述。②

11月19日（十月二十五日），清军暂驻沧口。

德军逼章高元回到青岛口与迪德里希面议，并将章高元拘留于炮队营内。

德皇威廉二世决定派遣胞弟海因里希亲王率第二舰队来华。

章高元致李秉衡电：

> 二十五日巳刻③：德兵数百人整队来营，声称昨日令军退远不允，今日非退不行。元面与理论，置若罔闻，喝令将亲兵戈什所带洋枪、刀械，尽数抢去，并将办公处所严守，不放出入，立逼元许退军，元力与之争，誓以死守，伊见元坚持，逼元赴青岛见该提督面议。元思前奉切示，何敢再退，以取重戾；若不许以亲往面见，又恐众兵激变，启衅自我。窃维人臣以身许国，但能于大局有裨，性命复何所惜。况元受恩深重，尤当血诚图报，祸福不计，当即挺身带亲兵数人，随同前往，面与争辩，万望速赐核夺，或相机从权，或誓死不退，立候示遵，且敌人防守严密，恐此电设法送迟，望见电速示机宜，高元临行谨禀。④

同日，章高元致李鸿章、李秉衡电：

> 二十五日巳刻……祸福不计，当将统领、关防、营务、量饷、文牍各事宜，交长子维均经营。此子向与各营官弁均称和睦，尚有战时，必能督军攻击，绝无遗误。其镇守印信，交次子维衡携赴胶州，以固后路，而免军心涣散。元即挺身带亲兵数人，随同德兵前往，面与之争。⑤

北京总署来电：

---

①（清）章高元：《章高元致北京中堂李鸿章电》，青岛市档案馆、中国第一历史档案馆编：《胶州湾事件档案史料汇编》（上册），青岛：青岛出版社，2011年，第168—169页。

②（清）章高元：《章高元致旅顺顾仲翁电》，青岛市档案馆、中国第一历史档案馆编：《胶州湾事件档案史料汇编》（上册），青岛：青岛出版社，2011年，第170页。

③巳刻：9—11时。

④（清）章高元：《登州镇总兵章高元致山东巡抚李秉衡电》，青岛市博物馆、中国第一历史档案馆、青岛市社会科学研究所编：《德国侵占胶州湾史料选编（1897—1898）》，济南：山东人民出版，1987年，第256—257页。

⑤（清）章高元：《章高元致北京中堂和山东巡抚电》，青岛市档案馆、中国第一历史档案馆编：《胶州湾事件档案史料汇编》（上册），青岛：青岛出版社，2011年，第170页。

250

胶州速交章镇台鉴：可先用局码发电，俟密本札到，再行照办。总署二十四日酉刻[1]。[2]

李鸿章来电：

胶州章镇台：德船究共几只，有续到否？密探动静，详报。汝断不可远走，速复。[3]

章高元致王文韶、李鸿章电：

二十五日德员逼元一人上兵船，当未允从，经伊百端恫喝，誓死不移。伊见坚持不屈，亦遂罢歇，伊派兵把守甚严，意在拘留。[4]

章高元致李秉衡电：

二十五日申刻[5]元到青岛面见该提督，总以我军驻扎太近，万不准行，元申明邦交，不应如此无理，力与争论，伊一概不允。元暂住炮队营内，伊派兵扼守。[6]

北洋大臣王文韶致总署电：

未初[7]接章镇二十五午电称：……再，公所（青岛口大衙门）现洋人把守，恐设法送电迟滞，望见电加速示遵。刻即复电云：二十五午电悉。以身许国，忠勇可嘉。现在德使已回京，正在总署商讨，此案必不至彼此失和，目前事仍以相机从权为要，顾全大局，与节节退缩不同，朝廷亦所曲谅也。[8]

11月20日（十月二十六日），清军暂驻沧口，章高元仍被德军拘于炮队营内。德军经塔埠头进入胶州城。

章高元致王文韶、李鸿章、李秉衡电：

①酉刻：17—19时。

②《北京总署电》，青岛市档案馆、中国第一历史档案馆编：《胶州湾事件档案史料汇编》（上册），青岛：青岛出版社，2011年，第171页。

③（清）李鸿章：《北京中堂李鸿章来电》，青岛市档案馆、中国第一历史档案馆编：《胶州湾事件档案史料汇编》（上册），青岛：青岛出版社，2011年，第171页。

④（清）章高元：《章高元致天津督署和北京中堂电》，青岛市档案馆、中国第一历史档案馆编：《胶州湾事件档案史料汇编》（上册），青岛：青岛出版社，2011年，第172页。

⑤申刻：15—17时。

⑥（清）章高元：《登州镇总兵章高元致山东巡抚李秉衡电》，青岛市博物馆、中国第一历史档案馆、青岛市社会科学研究所编：《德国侵占胶州湾史料选编（1897—1898）》，济南：山东人民出版，1987年，第258页。

⑦未初：13时。

⑧（清）王文韶：《北洋大臣王文韶致总署电》，青岛市博物馆、中国第一历史档案馆、青岛市社会科学研究所编：《德国侵占胶州湾史料选编（1897—1898）》，济南：山东人民出版，1987年，第259页。

今早德舰二艘，载兵约数百人，驰赴胶州口登岸。[①]

军机处寄李秉衡电旨：

奉旨：李秉衡电悉。所陈各节，朝廷所稔知。其应争处在此，其难办处亦在此。洋人举动，全在势力，力不能胜，必受大亏，此战事所以当慎也。该省风气虽劲，然前数年用兵，亦节节退守（应指甲午战争），前车可鉴，著遵前旨，毋庸招募。夏辛酉（时办登州防务，1898 年，任登州镇总兵）各营，仍择要屯扎，以防深入。至将弁功罪，事定再议，不必渎陈。钦此。[②]

11 月 21 日（十月二十七日），清军暂驻沧口，章高元仍被拘。

朝廷命令章高元与德军据理力争，不得再退。

夏辛酉增援部队在平度待命。

李鸿章来电：

胶州章镇台：两电悉。旨令不可再退，两国并未失和，彼断不能加害，汝暂住炮队营，究在何处？彼虽派兵把守，出入可自由否？相机酌办，勿庸转报各处。[③]

王文韶致总署电：

……查青岛炮队营，既章镇原营（广武炮队营），惟即派兵把守，无异拘留。[④]

军机处寄北洋大臣王文韶电旨：

奉旨：王文韶电悉。著饬章高元据理辩论，不得再退。钦此。[⑤]

王文韶来电：

---

① （清）章高元：《章高元致天津督署、北京李中堂和山东巡抚电》，青岛市档案馆、中国第一历史档案馆编：《胶州湾事件档案史料汇编》（上册），青岛：青岛出版社，2011 年，第 173 页。

②《军机处寄山东巡抚李秉衡电旨》，青岛市博物馆、中国第一历史档案馆、青岛市社会科学研究所编：《德国侵占胶州湾史料选编（1897—1898）》，济南：山东人民出版，1987 年，第 259 页。

③ （清）李鸿章：《北京中堂李鸿章来电》，青岛市档案馆、中国第一历史档案馆编：《胶州湾事件档案史料汇编》（上册），青岛：青岛出版社，2011 年，第 174 页。

④ （清）王文韶：《北洋大臣王文韶致总署电》，青岛市博物馆、中国第一历史档案馆、青岛市社会科学研究所编：《德国侵占胶州湾史料选编（1897—1898）》，济南：山东人民出版，1987 年，第 260 页。

⑤《军机处寄北洋大臣王文韶电旨》，青岛市博物馆、中国第一历史档案馆、青岛市社会科学研究所编：《德国侵占胶州湾史料选编（1897—1898）》，济南：山东人民出版，1987 年，第 261 页。

胶州速送章镇台：……著饬章高元据理辩论，不得再退。钦此。①

11月22日（十月二十八日），清军暂驻沧口，章高元仍被拘。

总署照会德国驻华公使，要求释放章高元。

李鸿章来电：

胶州速送章镇台：沁电悉。俄兵船暂不来胶，现由总署与德使理论。②

章高元致李鸿章、李秉衡电：

……元到岛，力与德人争论三次，词未少屈，逼令允许退军，坚持不允。又逼上兵轮，元谓青岛是我军驻守之地，甘死此寸步不移。③

11月23日（十月二十九日），清军暂驻沧口，章高元仍被拘。

德国国内报刊报道了德国继续向青岛口投送军力的消息。

章高元致李鸿章、天津督署电：

……总之，德人猜忌多端，凡我军及各处防营或由探听或系传闻，一有移动信息，彼既意为开仗之意。元现留青岛，虽暂无以外之虞，而一味羁縻，敌心终不可测。元惟有谨遵宪示，坚持初志，执节不移，仍饬各营加意静守，请纾宪廑，俟有情形再行密报。④

11月24日（十一月初一日），清军暂驻沧口，章高元仍被拘。

王文韶来电：

胶州专送章镇台览：勘电悉。迭次争辩，继以怒骂，虽危犹安，不肯前抗（元）后卑，具见忠诚所结，天日鉴之。德使在总署开议，不久当有定居（局），望珍眠食，勿多发报为要。⑤

章高元致李鸿章、王文韶电：

奉旨：不可再退。元自应遵照，誓守不移……元在青岛炮队营居住，德兵把守出入不能自由，仅随身四五戈什服役，尚可密传消息。德兵于

① （清）王文韶：《天津督署王文韶来电》，青岛市档案馆、中国第一历史档案馆编：《胶州湾事件档案史料汇编》（上册），青岛：青岛出版社，2011年，第175页。
② （清）李鸿章：《北京中堂李鸿章来电》，青岛市档案馆、中国第一历史档案馆编：《胶州湾事件档案史料汇编》（上册），青岛：青岛出版社，2011年，第176页。
③ （清）章高元：《章高元致中堂李鸿章和山东巡抚电》，青岛市档案馆、中国第一历史档案馆编：《胶州湾事件档案史料汇编》（上册），青岛：青岛出版社，2011年，第176页。
④ （清）章高元：《章高元致中堂李鸿章和天津督署电》，青岛市档案馆、中国第一历史档案馆编：《胶州湾事件档案史料汇编》（上册），青岛：青岛出版社，2011年，第177页。
⑤ （清）王文韶：《天津督署王文韶来电》，青岛市档案馆、中国第一历史档案馆编：《胶州湾事件档案史料汇编》（上册），青岛：青岛出版社，2011年，第177页。

二十六日三百余人赴胶城，经宿始回，未至之高密……①

二十九日，德人夏翻译来见云云，已电饬胶州牧②备大车二十辆来岛，欲赴我军驻所，尽将我四营洋枪收去。③

王文韶致总署电：

据胶局电禀：德提督要大车二十辆，胶州罗牧④以一时车辆不齐答之。倾德提督又致州署电：无论大车、轿车何项车，本大臣定要二十辆。现在罗牧已派差便觅。等因，除电饬探明德兵究往何处迅速电复外，谨闻。⑤

11月25日（十一月初二日），清军暂驻沧口，章高元仍被拘。

德军再逼暂驻沧口的清军后撤。

章高元致王文韶、李鸿章、李秉衡电：

朔午后德员数人来见。据云，伊大队欲赴即墨、胶州一带布置一切，逼令我军退扎女姑口北七十余里，元坚持不允，伊百端威吓，元据理力争，誓死不移。伊云：昨日电令胶牧，备大车二十辆前往我军驻所，尽数将四营洋枪军械尽装载来岛，仍逼令远退等语。元答以我既不允，各营兵势必不从，若果激怒生事，曲在彼国，并非我国启衅，再三力争，伊即怏怏而去……

……又探胶牧业已备车行至中途，不知曾否奉请帅示，望赐核夺。⑥

许景澄致总署电：

……西本月二十三号德报述，德主昨在溪耳⑦派王弟⑧带甲船二、快船一赴华，拟西腊月十号行，并在克利得岛⑨调一舰已达红海，举动颇可疑。⑩

---

① （清）章高元：《章高元致北京中堂和天津督署电》，青岛市档案馆、中国第一历史档案馆编：《胶州湾事件档案史料汇编》（上册），青岛：青岛出版社，2011年，第178页。

② 州牧：古代治民之官尊称。

③ 青岛市档案馆 中国第一历史档案馆《胶州湾事件》档案史料汇编 青岛出版社2011年5月，第178页。

④ 胶州知州罗志伸。

⑤ "中央研究院"近代史研究所编印：《胶澳专档（光绪二十三年—民国元年）》，台北"中央研究院"近代史研究所，1991年，第23页下栏。

⑥ （清）章高元：《章高元致天津督署、北京李中堂和山东巡抚电》，青岛市档案馆、中国第一历史档案馆编：《胶州湾事件档案史料汇编》（上册），青岛：青岛出版社，2011年，第178页。

⑦ 德国基尔港。

⑧ 海因里希亲王。

⑨ 希腊克里特岛。

⑩ （清）许景澄：《出使德国大臣许景澄致总署电》，青岛市博物馆、中国第一历史档案馆、青岛市社会科学研究所编：《德国侵占胶州湾史料选编（1897—1898）》，济南：山东人民出版，1987年，第266页。

11月26日（十一月初三日），清军暂驻沧口，章高元仍被拘。

章高元致李鸿章、李秉衡电：

> 昨德人仍逼退军，元答以未奉谕旨，寸步不移。又欲胁元同往驻军处所，传令搜括洋枪，并退军远扎，元誓死不移。伊虽连日多方恐吓，我军严加防守，究未来一兵滋事。胶州军车二十辆已到赵村[1]，经卑军拦住，当令押车差人回胶禀明罗牧，申明利害，勿为敌人指使，未知终能阻拦否？望帅速饬该牧将车退回，以顾大局。[2]

11月27日（十一月初四日），清军暂驻沧口，章高元仍被拘。

德军前往即墨、女姑口。

章高元致李秉衡电：

> 初四日巳刻卑军确探德兵五百余人，自青岛结队前来，距我军驻扎处所二里许。元四营一律依傍东山，排成一字阵型，严整以待。该德兵在西山边对面扎住，相向莫敢前进，仅遣探马数骑往来驰骋。两军相持至未刻[3]，彼见我军严整无隙可乘，徐徐向北而去，我军赶派密探跟踪八里余，至仙家寨直扑即墨大路而行，其为进城无疑。另有洋人百名，前往女姑，未知何事，续探报闻。[4]

李秉衡来电：

> 胶州章军门鉴：冬电敬悉，具见足下苦心钦佩，惟枪械万不可为敌所有，此外尽可相机办理，弟必能相谅也。[5]

11月28日（十一月初五日），清军暂驻沧口，章高元仍被拘。

章高元致王文韶、李鸿章、李秉衡电：

> 本日巳刻确探，罗牧为德人备大车二十辆驰至青岛，专为来营搜载洋枪刀械……并探明胶牧已将衙署[6]搬空，专候德提督进城居住，以致阖城慌乱异常……又派人代德人赴岛绘各险隘地界细图，未查该牧是何意见，

---

[1] 今青岛市城阳区流亭街道赵村社区。

[2] （清）章高元：《高元致北京中堂李鸿章和山东巡抚电》，青岛市档案馆、中国第一历史档案馆编：《胶州湾事件档案史料汇编》（上册），青岛：青岛出版社，2011年，第179页。

[3] 未刻：13—15时。

[4] （清）章高元：《登州镇总兵章高元致山东巡抚李秉衡电》，青岛市博物馆、中国第一历史档案馆、青岛市社会科学研究所编：《德国侵占胶州湾史料选编（1897—1898）》，济南：山东人民出版，1987年，第268—269页。

[5] （清）李秉衡：《山东巡抚李秉衡来电》，青岛市档案馆、中国第一历史档案馆编：《胶州湾事件档案史料汇编》（上册），青岛：青岛出版社，2011年，第180页。

[6] 青岛口大衙门。

望赐核示办理。①

出使德国大臣吕海寰②致总署电：

> 伦敦电，德太子名海纳③而来者所统兵船，闻德廷有飞令赴华之说。
> 至胶州所踞之青岛炮台，颇有久踞不去之势云。④

11月29日（十一月初六日），清军暂驻沧口，章高元仍被拘。

章高元致王文韶电：

> 德兵初四日齐赴即墨，夜宿柳亭⑤。初五大队到南关驻扎，洋官五六
> 人入城。初六午后，又自青岛来兵二百余名，大车十数辆，即前胶牧所
> 备……又沧口、女姑、柳亭均住德兵设卡，四面棋布，我军围困在中。⑥

11月30日（十一月初七日），清军暂驻沧口，章高元被德军转拘于"威廉亲
王"号军舰上。

清廷决定放弃抵抗，命驻青清军全部撤往烟台。

李鸿章来电：

> 急。胶州速送章镇台览：本日奉旨，著章高元移扎烟台。务即知会德
> 提督勿再逼迫，容汝从容移扎。并容（酌）留妥人查探动静电报。⑦

12月1日（十一月初八日），清军暂驻沧口，章高元仍被拘押于"威廉亲王"
号舰上。

山东巡抚李秉衡被免职，张汝梅接任。

山东巡抚张汝梅来电：

> 胶州转章镇台：昨日承准总署电，奉旨：张汝梅现已接任事，章高元
> 一军著调扎烟台，归该抚调遣。钦此。应即迅速遵旨移扎，队伍须严整，

① （清）章高元：《章高元致天津督署、北京李中堂和山东巡抚电》，青岛市档案馆、
中国第一历史档案馆编：《胶州湾事件档案史料汇编》（上册），青岛：青岛出版社，2011年，
第181页。

② 吕海寰于1897年6月—1901年12月任驻德国兼驻荷兰公使。

③ 海因里希亲王。

④ （清）吕海寰：《出使德国大臣吕海寰致总署电》，青岛市博物馆、中国第一历史档
案馆、青岛市社会科学研究所编：《德国侵占胶州湾史料选编（1897—1898）》，济南：山东
人民出版，1987年，第269页。

⑤ 今流亭。

⑥ （清）章高元：《章高元致天津督署电》，青岛市档案馆、中国第一历史档案馆编：
《胶州湾事件档案史料汇编》（上册），青岛：青岛出版社，2011年，第183页。

⑦ （清）李鸿章：《北京中堂李鸿章来电》，青岛市档案馆、中国第一历史档案馆编：
《胶州湾事件档案史料汇编》（上册），青岛：青岛出版社，2011年，第183页。

所有军火炮位，毋稍遗失为要！①

王文韶来电：

急急，胶局设法密送章镇台：鱼电悉。阳电谕旨当已奉到，移营非主将督率不可，德人自无再留之理，拔营后沿途如遇德人，须约法三章，彼此礼让，不准妄动。至要！②

12月2日（十一月初九日），章高元仍被拘押于"威廉亲王"号。清军自沧口准备移往烟台时，德军突袭，向清军开枪，致清军伤亡。

胶防营务处孙宝璋致王文韶、李秉衡、张汝梅电：

……初八寅刻③，接总署电，奉旨：移扎烟台，并令知会德提督容汝回营整队移扎，等语。当即缮就照会送岛，正束装候信，德兵五六百人突自即墨来扑，临近连开排枪，我军未敢擅战，只得登法海寺东山严扎。④

同日，再电：

初九日章镇台随弁自岛逃回。据称，目见章镇被逼上船时⑤，争论不屈，继以怒骂，屡欲投海，均经德兵拦住。又夺获德兵之刀，逼令戕害，复欲自刎，德兵环跪夺刀，欲死无术。此为大臣志节所关，不敢壅于上文……无赖德人，一味凶横，情理置之不讲，遇车马即夺，遇弁勇便掳，即前送去照会，杳无音信，并将去差扣留未回，恃强蔑礼，至此已极。初八日，彼军来犯，卑军以为两国未有开仗明文，断无排炮轰击之理，不料敌人竟敢枪炮齐施，以致我军猝不及防，枪毙左营哨长赵先善一员，勇丁伤亡多名……

再，卑职当即移扎协埠寺⑥，距即墨十余里，拟即统平度整顿一切，再行赴烟，乞随时训示只遵。⑦

① （清）张汝梅：《山东巡抚张汝梅来电》，青岛市档案馆、中国第一历史档案馆编：《胶州湾事件档案史料汇编》（上册），青岛：青岛出版社，2011年，第184页。

② （清）王文韶：《天津督署王文韶来电》，青岛市档案馆、中国第一历史档案馆编：《胶州湾事件档案史料汇编》（上册），青岛：青岛出版社，2011年，第184页。

③ 寅刻：3—5时。

④ （清）孙宝璋：《胶防营务处孙宝璋致天津督署、北京中堂和山东巡抚电》，青岛市档案馆、中国第一历史档案馆编：《胶州湾事件档案史料汇编》（上册），青岛：青岛出版社，2011年，第185页。

⑤ 11月30日，章高元被德军拘押于德国军舰。

⑥ 位于今山东省平度市。

⑦ （清）孙宝璋：《胶防营务处孙宝璋致天津督署、北京中堂和山东巡抚电》，青岛市档案馆、中国第一历史档案馆编：《胶州湾事件档案史料汇编》（上册），青岛：青岛出版社，2011年，第185—186页。

12月3日（十一月初十日），德国巡洋舰分舰队第五艘军舰4300吨的小型巡洋舰"伊伦娜（Irene）"号驶抵青岛口。

图6-9　"伊伦娜"号[1]

图6-10　绘画明信片上的德国军舰（从左往右依次为"阿尔柯纳"号、"伊伦娜"号、"皇帝"号、"威廉亲王"号）

撤离青岛的清军暂驻平度，章高元自德军"威廉亲王"号上被释放并离开青岛。就释放章高元，德国海军司令官迪德里希在其占领手记中予以记录当时的德国报刊予以报道：

章总兵给总理衙门的电报获得了成功，第二天即11月30日，北京电令他撤至芝罘。他将此通道12月1日的一封信告知了我，在北京公使于12月3日证实了电文的正确性之后，他随后被释放，海军上校贝克尔，还陪他走了一段路。

1897年12月24日《北华捷报》报道：

目前德国占领下之胶州湾地区……

……中国的那个章总督已于12月3日自"威廉太子（威廉亲王）"号军舰中获得释放，晚九时，彼此互赠礼物，被释放之中国总兵一马在

———

[1]［德］盖特·卡斯特：《青岛鸟瞰图（1898—1912）》，青岛市档案馆编译，青岛：青岛出版社，2017年，第19页。

前，后面跟随他的士兵（均获释）。由我军一队人护送，在前由一队提灯手开路。到达东营时，总兵向我军陆军司令官告别，饮香槟酒，并对我方的款待表示感谢。翌晨，将军自其住地致函我军，对其在各方面所受盛情待遇再次表示衷心感谢。其后不久，又将其私人财物送还。①

12月3日，张汝梅电：

章军门鉴：电悉。贵军四营现需毛瑟枪若干枝？请示悉再行酌发。②

章军门营务处鉴：佳电悉，章军门被胁上船，彼断不敢加害，已据情电达总署，贵军且移赴烟台候旨可也。③

许景澄致北京总署电：

西腊月一号④，德报述海部拟调兵六百名运赴胶澳。⑤

12月4日（十一月十一日），章高元下午4时到达段村（青州）行营。胶州电报局被德军占据。

张汝梅致总署电：

顷接胶防营务处电禀：德兵于初七日午后逼胁章高元上船，各将弁以主将被掳，愤耻欲战，经该营务处遵旨力阻，初八日奉总署电，奉旨：饬将章营移扎烟台，并知会德提督容章高元回营，整队移扎，等因。⑥

孙宝璋致王文韶、李鸿章、张汝梅电：

窃卑职探章镇台于初十晚，德人送出青岛，夜宿港口，十一日可到行营。

一切情形俟章镇台到营后另行禀报。⑦

12月5日（十一月十二日），胶州电报局移至平度。

章高元致王文韶、李鸿章、张汝梅电：

①《胶州湾消息》，青岛市博物馆、中国第一历史档案馆、青岛市社会科学研究所编：《德国侵占胶州湾史料选编（1897—1898）》，济南：山东人民出版，1987年，第475—477页。

②（清）张汝梅：《山东巡抚张汝梅来电》，青岛市档案馆、中国第一历史档案馆编：《胶州湾事件档案史料汇编》（上册），青岛：青岛出版社，2011年，第186页。

③（清）张汝梅：《山东巡抚张汝梅来电》，青岛市档案馆、中国第一历史档案馆编：《胶州湾事件档案史料汇编》（上册），青岛：青岛出版社，2011年，第186页。

④1897年12月1日。

⑤（清）许景澄：《出使德国大臣许景澄致总署电》，青岛市博物馆、中国第一历史档案馆、青岛市社会科学研究所编：《德国侵占胶州湾史料选编（1897—1898）》，济南：山东人民出版，1987年，第273页。

⑥"中央研究院"近代史研究所编印：《胶澳专档（光绪二十三年—民国元年）》，台北"中央研究院"近代史研究所，1991年，第40页下栏。

⑦（清）孙宝璋：《胶防营务处孙宝璋致天津督署、北京中堂和山东巡抚电》，青岛市档案馆、中国第一历史档案馆编：《胶州湾事件档案史料汇编》（上册），青岛：青岛出版社，2011年，第186页。

高元于初十晚六点钟下船，九点由青岛起身，十一日下午四句钟到段村行营。元未出青岛时，初八德兵逼我军开炮，轰毙哨长一名，弁勇伤亡及车辆、军械、帐篷、粮米、家具等，业经卑军孙营务处将大概情形禀呈宪鉴，容再详查续报。又德兵横毙民人二名，合并附陈。[①]

李鸿章来电：

平度探交章镇：得悉生还，可喜。敌中情形及登船后相待如何？现分距即墨城却否？希详示。[②]

12月6日（十一月十三日），章高元致张汝梅电：

卑军已扎江山镇[③]，原拟稍加整顿即行赴烟，奏请量移较近与夏军联络，元候旨遵行。[④]

军机处寄张汝梅电：

奉旨：张汝梅电悉。现在正议教案尚未就绪，山东各军应稳扎勿动。著张汝梅严饬夏辛酉等镇静防守，毋得孟浪从事。钦此。[⑤]

12月7日（十一月十四日），张汝梅来电：

急。平度章军门鉴：文电悉，足下十一日回营，慰甚。德兵开炮我军伤亡若干名？炮位枪械军火等件失去若干？祈确切查明电复。[⑥]

章高元及其驻青清军全部撤出青岛口后，于1897年12月8日给王文韶、李鸿章和张汝梅发电报，汇报了德军在对其所部强行驱离袭击中，胶防营官兵和平民的伤亡与枪炮军械的损失情况。

人员伤亡：嵩武左营哨长、守备衔千总赵先善牺牲，嵩武左营吴孝思、嵩武中营许殿臣、嵩武右营冯右才、炮队营陈景玉4名士兵重伤，另有2名民工伤亡。

武器损失：毛瑟步枪58支，克虏伯野战炮14门。

① （清）章高元：《章高元致天津督署、北京中堂和山东巡抚电》，青岛市档案馆、中国第一历史档案馆编：《胶州湾事件档案史料汇编》（上册），青岛：青岛出版社，2011年，第187页。

② （清）李鸿章：《北京中堂李鸿章来电》，青岛市档案馆、中国第一历史档案馆编：《胶州湾事件档案史料汇编》（上册），青岛：青岛出版社，2011年，第188页。

③ 今山东省莱西市姜山镇。

④ （清）章高元：《章高元致山东巡抚电》，青岛市档案馆、中国第一历史档案馆编：《胶州湾事件档案史料汇编》（上册），青岛：青岛出版社，2011年，第189页。

⑤ 《军机处寄山东巡抚张汝梅电》，青岛市博物馆、中国第一历史档案馆、青岛市社会科学研究所编：《德国侵占胶州湾史料选编（1897—1898）》，济南：山东人民出版，1987年，第277页。

⑥ （清）张汝梅：《山东巡抚张汝梅来电》，青岛市档案馆、中国第一历史档案馆编：《胶州湾事件档案史料汇编》（上册），青岛：青岛出版社，2011年，第186页。

其他军事物资损失：帐篷 44 架，粮秣、锣鼓、锅碗、马匹、车辆等无数。

四、龙鹰易帜

从 1897 年 11 月 13 日，德国舰队的到来至同月的 30 日，仅 17 天，时年 54 岁的清二品武员、登州镇总兵章高元与同为 54 岁的德国东亚巡洋舰分舰队司令、海军少将迪德里希之间的较量就此完结。强敌环伺下的青岛口守军和清廷放弃了抵抗，缴械投降。一场一个国家对另一个国家一弹未发、令世人啧啧称奇的军事占领行动宣告结束。章高元这位曾在中法战争中台湾保卫战之沪尾[①]战役中面对法军名将孤拔身先士卒勇创敌阵，中日甲午战争中与日军名将乃木希典血战盖平反击日军的胶防营首领的离去，标志着清朝青岛口要塞与军港的最终丧失，北洋水师正在编织的摇篮被德国人击碎了。更具讽刺意味的是，拥有一座专为海防而新建的军事要塞和约 2 000 人的步炮兵守备部队，在首次面对外敌入侵时即被来自海上 700 人的部队驱逐。胶州湾事件也在清朝黄龙旗降下，德意志三色旗升起中尘埃落定，面对章高元的呜咽和孱弱的清廷，占领者开始了应急军事布置和永久性军港设施的建设。

图 6-11　占领青岛口绘画明信片——《1897 年 11 月 10 日占领胶州湾》
Besetzung der Kiautschou Bucht am 10. November 1897（日期标注有误）

---

① 今台湾省新北市淡水区。

图 6-12　从海湾往陆地方向看胶州湾可以看到青岛［引自《胶州》（*Kiautschou*）］

12月1日，主管占领地区华人事务的翻译官——单维廉[①]，从德国驻上海领事馆到达青岛。

图 6-13　百年前的上海德国领事馆

[①] 单维廉作为负责青岛地区华人事务专员，于胶澳临时官署——青岛口大衙门内办公长达8年之久，并制定出了《青岛土地法规》。

《北华捷报》刊登了一则书写于 1897 年 12 月 22 日来自青岛的书信消息：

青岛目前是一个非常活跃的市场，军舰上所有的木匠，都得到命令，要把炮台和衙门收拾好准备住人。每天早晨八点开始，木匠、刨工以及各种工人一直干到天黑，甚至深夜。裱糊匠和在地板上工作的人都很忙。毁坏的墙壁正在糊上干净的新纸。在正忙着干这种不习惯的活的我们的水手们当中，有许多中国工人。房间的地板弄好后，就安起火炉来，然后搬进家具来，整个房间就像一个大蚂蚁堆，然而却是有条有理。看到肮脏的中国人的窝棚，变成了欧洲人住的漂亮的住所真是妙极了。最大的房屋就是原来中国总兵的衙门，一大群房屋正被德国当局搬了进去。经过画着可怕的神话中的野兽①的大门通向大厅②，大厅两侧是卫兵室。大厅后面有一庭院③，院内正在为司令官装饰有宽阔房间的司令部和参谋人员住得舒适的边楼④。内院⑤也同样已经被海军首领占据。衙门还为电报人员提供地方，一个大厅已开放为中国人的办公室，带有无数的仆人和洗衣人住的房间以及一般军官住的私人住所。远处正在计划建一座医院⑥，还有用树和中国式花园装饰起来的庭院和花园。虽然大楼⑦是以宏伟规模安排的，仍能到处看到衰落。大量的脏土实在无法形容，而所有这一些都不得不送出，然后欧洲人才敢利用……

我去过东营，医务人员住在那儿。楼房被三堵泥墙隔成三部分。右边住着内科医生，左边住的是负责照料中国事务的官员（单威廉住处），有一小部分人员在中间占了更大的地方。⑧

---

① 照壁"贪"画。
② 大衙门门房。
③ 大衙门一进院。
④ 大衙门厢房。
⑤ 大衙门二进院。
⑥ 位于栈桥后部德军第一座临时野战医院。
⑦ 即大衙门。
⑧ 佚名：《胶州消息》，青岛市博物馆、中国第一历史档案馆、青岛市社会科学研究所编：《德国侵占胶州湾史料选编（1897—1898）》，济南：山东人民出版，1987 年，第 484—485 页。

图 6-14　德占后的大衙门（李文彬提供）

1897 年 12 月 31 日《北华捷报》载：

尽管我们以军事力量占领了胶州，德中之间的友谊并未破裂，这表现在：胶州德方与青岛及外界之电报交通，未予中断。十分明显，德、中双方政府均在力求和平解决目前困难。青岛行政管理方面的小官员仍然在职留任，身着红色雅致的长袍官服，寡言罕笑，一派官僚学究气，与住在一起的德国水兵及文职官员（电报技术人员）大相径庭……

…………

英国驱逐舰"无畏"号于 12 月 9 日抵达此间，11 日离港，在此以前，一艘小型英舰"阿尔吉林"号——我们的老朋友，自上海开来，现仍泊此间……"龙门"号由上海来此已经往返多次，带来大量的各类物资，如马匹、建筑木材，以及家具等生活用品。最近"忠实"号自香港开来，运来煤炭，今日记者见到以下物品正自"汕头"号卸往码头；上海制造的门窗、桌椅、哨兵站岗防风雨的木房，此类木房不久将以我国国旗颜色黑白红三色加以油漆。供兵营及马路使用的街灯，大容量的水壶，以及无数其他物品。这一切均表示我等在此将长期安居下来，生活上、军事上均使之趋于正规。中国的旧兵营，目前为我英勇海军驻地，见到所有士兵均忙于铺设地板，修建门窗。青岛衙门——前中国总兵所住之宽宏的地区，目前正在改建为我军司令及高级军官住宅；自卸货码头至仓库，沿路骡马、马车、人力运夫，满载各军营使用的物品络绎不绝于途。农村百姓来来往往，从事各种营生。①

图 6-15　物资堆积的青岛口

　　清朝失地、北洋水师要塞失守、青岛口大衙门易主，无论从哪个角度和哪个时代来看都是屈辱的。尤其是青岛口、胶州湾如此轻而易举地从手中失去，更让人难以相信这是真实存在的。是因为章高元早先已经得到了总署下达的接待即将来此游历德国人的通知？是每年有俄国军舰来此地越冬，对外国军舰习以为常？是德军到来后没有马上实施登陆的缓兵之计，使得清军完全放松了警惕？是清廷对几年前在"三国干预还辽"中的"友邦"毫无戒备？是清朝从上到下麻木？以夷制夷？……就此，野史评说、正史记载，不同的声音也是褒贬不一。成书于 1911 年《春冰室野乘》所载《章高元失青岛之遗闻》②一文与成书于 1926 年《胶澳租借始末电存（章高元与当道往来电）》大相径庭。在迪德里希的占领青岛手记出现之前，前两者各执一词。幸而后两者的相关记载基本一致，从而证明了《胶澳租借始末电存（章高元与当道往来电）》的真实。再则，1991 年《胶澳专档（光绪二十三年—民国元年）》的呈现，这三者之间的相互印证还原了历史。

　　章高元于 1912 年病逝于上海，卒年 71 岁。《春冰室野乘》《胶澳租借始末电存（章高元与当道往来电）》以及后来的《胶澳专档（光绪二十三年—民国元年）》和《1897 年 11 月 14 日占领青岛（胶澳地区）手记》他都未得见。这几份资料，最有价值的是的《胶澳租借始末电存（章高元与当道往来电）》和《1897 年 11 月

---

　　①　佚名：《胶州消息》，青岛市博物馆、中国第一历史档案馆、青岛市社会科学研究所编：《德国侵占胶州湾史料选编（1897—1898）》，济南：山东人民出版，1987 年，第 479—481 页。

　　②　（清）李孟符：《春冰室野乘》，上海：广智书局，第 120—121 页。

14日占领青岛（胶澳地区）手记》。前者在序言中写道："当时一切电谕，悉公面谕，而柳培荣手制之……"[1]后者有："在极好的天气、微微的东风和晴空之下，登陆部队登上了栈桥并布置在营房前的广场上……"身为章高元文书的柳培荣作为总兵的手眼、迪德里希作为德国占领军的首领，两位胶州湾事件的亲历者各自以本国文字分别写就的文献，从被占领和占领两个截然不同的角度记录下了青岛口海防要塞的命运转折点。

图 6-16　德占初期德国人拍摄并在柏林印制的青岛口下庄市场街上的"青岛：中国手推车（Tsingtau:Chines. Handkarren）"（上图）与"青岛的小吃摊（Garküche in Tsingtau）"（下图）明信片

图 6-17　1900 年青岛口铅笔画

---

[1] 柳培荣：《胶澳租借始末电存（章高元与当道往来电）·蓬山柳培荣序》，青岛市档案馆、中国第一历史档案馆编：《胶州湾事件档案史料汇编》（上册），青岛：青岛出版社，2011 年，第 162 页。

7

第七章
欧风袭来　柴天改物

一、欧风袭来

　　1897 年 11 月 14 日，德国东亚巡洋舰分舰队司令迪德里希率舰队占领青岛。为巩固其占领成果，德国亟须向东亚新占领地增派军事力量。同月 19 日，也就是在占领行动后的第六天，德意志皇帝兼普鲁士国王以及霍亨索伦家族首领弗里德里希·威廉·维克托·艾伯特·冯·霍亨索伦（Friedrich Wilhelm Viktor Albert von Hohenzollern，1859—1941，史称德皇威廉二世），旋即任命胞弟——普鲁士亲王阿尔伯特·威廉·海因里希（Albert Wilhelm Heinrich von PreuBen）为第二巡洋舰分舰队司令，又迅疾从驻基尔港的第一和驻威廉港的第二海军陆战营中抽调官兵，组建了一支专驻青岛的第三海军营。

图 7-1　德皇威廉二世（左立者）在海因里希亲王（右立者）前往中国临行前合影（引自德文版《海因里希亲王在胶澳（1898—1900）》）

S. M. S. „Deutschland" auf der Ausreise nach China passiert die Hochbrücke von Levensau im Kaiser Wilhelm-Kanal.

图 7-2　海因里希亲王乘坐的"德意志"号装甲巡洋舰在前往中国途中穿过威廉皇帝运河
（今基尔运河）［引自德文版《海因里希亲王在胶澳（1898—1900）》］

在第一次世界大战结束后，流亡荷兰的德意志第二帝国末代君主威廉二世在其回忆录中叙述了这一段历史：

从政治角度讲，胶州湾的归属问题已经解决。1897 年秋，圣言会传教士安治泰传来消息，称两名德意志帝国的天主教传教士在山东遇害。整个德意志帝国天主教，尤其是中央党的殖民者，要求采取激进措施处理这起事件。首相提议让我立即干涉此事。当时我正在洛塔林根进行冬季狩猎。我和霍恩洛厄－希灵斯菲斯特侯爵克洛德维希·卡尔·维克托在当地的一个城堡的小楼里商议措施。霍恩洛厄－希灵斯菲斯特侯爵克洛德维希·卡尔·维克托提议委托普鲁士的亨利亲王[①]处理这件事，亨利亲王奉海军中队的命令前去增强东亚地区的军事力量。当着首相的面，我将这个决定告诉了我的弟弟亨利。对此，首相和在场的其他绅士都很高兴，并将消息发给了外交部和正在旅途中的新任外交国务秘书伯恩哈德·冯·比洛。

1897 年 11 月，德意志帝国占领了胶州（青岛）。同年 12 月，亨利亲王乘坐"德意志"号和他的海军中队远渡重洋，来到东亚。后来，他担任了整个东亚地区的总指挥。1898 年 3 月 6 日，我们终于和中国签署了使用胶州湾的协议。同时，为了阻止俄国在东方的发展，英国殖民大臣约瑟

[①] 海因里希亲王。

夫·张伯伦向日本大使加藤友三郎提议缔结英日同盟。①

1897 年 12 月 15 日，海因里希亲王率领第二分舰队的一级装甲巡洋舰"德意志（Deutschland）"号和二级巡洋舰"格非昂（Gefion）"号②从基尔港起航。同一天，新组建的第三海军营 1 100 人的陆战部队，也乘坐北德劳埃德公司的"达姆施塔特（Darmstadt）"号运兵船，从威廉港启航，驰往青岛。就在德国武装增援的同时，身在北京的德国公使埃德蒙多·冯·海靖（Edmund Fridrich Gustav von Heyking）③，就条约的签署向清廷施加着压力。胶州湾的命运在被改变，青岛口也在面临着一场前所未有的转变。

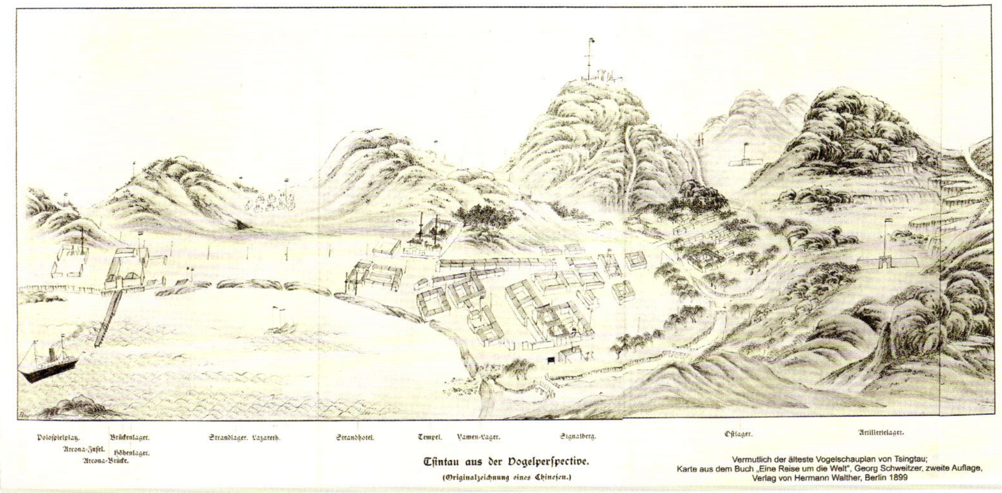

图 7-3　1898 年初青岛全貌鸟瞰图

图下注释由左向右、从上自下依次为：校场（今青岛火车站一带）、阿尔柯纳岛（今小青岛）、阿尔柯纳桥（今栈桥）、桥营（原水雷营）、高地营（原广武前营、嵩武右营，今第五人民医院）、野战医院（今湖北路浙江路一带）、海滩营（原骧武前营，今肥城路宁阳路一带）、海滨旅馆（原东海关分关）、天后宫、衙门兵营（原嵩武左营）、信号山、东营（原嵩武中营）、炮营（原炮队营）。从图中水雷营营墙和东营门还未拆除，大衙门与左营之间的衙门街还没开通，信号山上的棣德利碑还未落成来看，图画描绘的是青岛口 1898 年初的景象。

---

①［德］威廉二世：《德皇威廉二世回忆录》，赵娟丽译，北京：华文出版社，2019 年，第 97—99 页。

②"德意志"号，也译作"德国"号，为 7 320 吨一级装甲巡洋舰，第二分舰队旗舰。"格非昂"号，也译作"格希翁"号、"杰芬"号，为 4 200 吨二级巡洋舰。赴华途中，二舰在新加坡与该舰队另一艘 6 056 吨的"奥古斯塔皇后"号二级巡洋舰汇合，于 1898 年 5 月 5 日同时抵达青岛。

③埃德蒙多·冯·海靖，德意志第二帝国资深外交官，曾任驻华全权公使，并代表政府与清廷签署了《胶澳租借条约》。

1898 年 1 月 2 日，海靖在发往德国柏林的电报中称：

　　昨天过来几个谈判代表，他们称接到与我们签署合约的圣旨，承认我们所有的要求……①

1898 年 1 月 4 日，海靖赴清总理衙门内与恭亲王②进行会谈，会谈的结果是，清廷在恐吓和强压下的最终屈服。《德国公使夫人日记》记：

　　"尊贵的亲王和大臣们！我（海靖）在此谨以我至高无上的政府的名义向你们明白无误地宣布，胶州湾现在是德国的港口，将来也仍然是德国的港口。德国并不需要就此事实继续与你们谈判，因为当今世界不会有任何一个国家愿意为帮助中国重新夺回胶州而动一根指头，而中国自身软弱无能，根本就是一个扶不起的阿斗；既没有自己的军队，也没有自己的舰队。

　　…………

　　"但如果你们签署了我们向你们建议的要求并不过分的合约，那么欧洲人便会说，即便像德国这样强大的帝国也不得不考虑到中国的愿望，在不伤和气的前提下仅以租借的方式获取一小块土地，而把已经占领的大部分土地归还给中国人。

　　"在此关键时刻，我作为中国的好朋友建议你们选择这条道路。我收到了我的上司和皇帝措辞严厉的命令，所以这一刻也许就是你们可以自由做出决定的最后机会……"

　　…………

　　……于是中国人答应了我们的全部要求。不过他们在最后时刻还试图把租借期限由 99 年缩减为 50 年，埃德蒙多（海靖）没有同意。③

1898 年 1 月 26 日，第三海军营抵达青岛。27 日，恰逢德皇生日。为此，德军在大演兵场（今青岛火车站一带）举行了首次阅兵。该营进驻青岛后，下属的四个连队分别进驻几座原清军兵营。二月初，两个连队分别进驻即墨和胶州，替换下了先前占据这两地的迪德里希的海军登陆部队。

在第三海军营到达青岛的同日，远在德国的邮政总监收到了一封来自"青坦佛特（Tsintanfort）"通知青岛海军战地邮政所于当天开始营业的电报。之后，因为电报所名册中的印刷错误，青岛又有了"青坦（Tsintan）"之名；1898 年 3 月 30 日，

　　①［德］海靖夫人：《德国公使夫人日记》，秦俊峰译，福州：福建教育出版社，2012 年，第 131 页。
　　②恭亲王，爱新觉罗·奕䜣，道光帝第六子，清末政治家、洋务运动主要领导者。
　　③［德］海靖夫人：《德国公使夫人日记》，秦俊峰译，福州：福建教育出版社，2012 年，第 134—137 页。

又再次被改称为了"琴岛（Tsintau）"。德国人对新占领地区在经过了近两年的混称后，最终于 1899 年 10 月 12 日在海军部，国务秘书梯尔庇茨呈交给德国皇帝兼普鲁士国王威廉二世的《1899 年海军法令报第 XVIII——对胶澳保护区新城区的命名》被批准后，这个名字才确定下来"青岛（TSINGTAU）"。[①]

图 7-4　邮政街上的战地邮政所铅笔画，后部带塔楼建筑为 1900 年建成的青岛监狱。

1898 年 2 月 7 日，约 300 人的野战炮兵连随"克雷费尔特（Crefeld）"号轮船携带着野战炮、军用器械到达青岛。2 月 11 日，按照柏林的命令，驻军的管理和指挥权移交给了海军部。海军中校都沛禄（Oskar von Truppel）[②] 暂时接管了全部事务，直至首任胶澳总督、海军上校罗森达尔（Rosendahl）到任。

图 7-5　1898 年 2 月 7 日，德国炮兵部队在演兵场（今第六海水浴场后部至青岛火车站一带）举行的升旗仪式。（青岛一战博物馆提供）

① 参见图 1-28。
② 都沛禄，又译作托尔拍尔或都伯禄，1898 年 2 月以海军中校为胶澳德军司令，1987 年 6 月—1901 年任胶澳总督。

1898 年 3 月 6 日，清政府与德国以两国皇帝的名义签订了共三端十款的《中德胶澳租借条约》。之后又于 8 月 22 日，签订《租地合同》、于 10 月 6 日签订《潮平合同》和《边界合同》。条约签订后，原属即墨管辖的白沙河以南含崂山半部，约 540 平方千米的土地划归为德意志帝国治下，德国对山东胶州湾附近地区的"占领期"继而转入"租借期"。3 月 14 日德占当局于各处张贴《大德钦命督办德属胶州善后事宜大臣都》告示。

图 7-6　胶澳租借地区域图

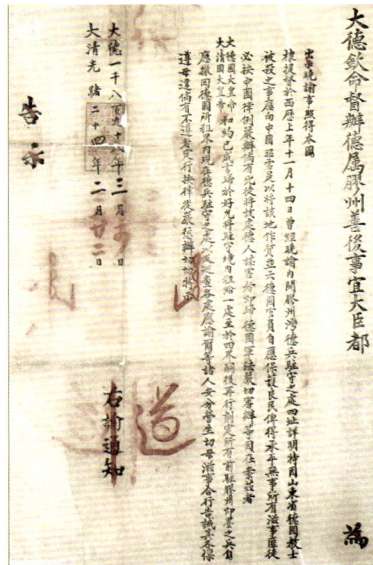

图 7-7　"租借胶澳"告示（引自 Ernst Von Hesse-Wartegg：*Schantung Und Deutsch-China: Von Kiautschou Ins Heilige Land Von China Und Vom Jangtsekiang Nach Peking Im Jahre 1898*，Leipizig：Verlag von J. J. Weber，1898）

　　1898 年 4 月 27 日，这一地区被宣布为德国的保护区，胶州湾东岸村镇——青岛口，被确立为德国在"胶澳租借地"的军事与行政管理中心所在地。在德军占领青岛的初期：

　　　　德国行政当局面临的第一项任务是，改造中国兵营的肮脏和让人难以
　　居住的房间，使之适于由海军将军迪德里希率领下占领（青岛）的 600 名
　　海军陆战队士兵居住。头几个月为维修旧营房、改善道路等项工作安排得
　　满满的……缺少经过培训的中国工人和必要的器材、门窗、桌椅、路灯、
　　炉灶，甚至连瓦都必须从上海运来。[①]

　　1898 年 4 月，首任胶澳总督罗森达尔上任，原清军的大衙门此时也已变为了"胶澳总督府"，在新的城市规划和建设开始之前依然保持着这一地区的中枢地位，大衙门周边条件较好的中国房子也被德国军方和先期到来的公司、洋行等占用。

图 7-8　1898 年青岛全貌鸟瞰图（德国高级建筑师盖特·卡斯特博士提供；另见［德］盖特·卡斯特：《青岛鸟瞰图 1898—1912》，青岛市档案馆编译，青岛：青岛出版社，2017 年，第 100—101 页）

原图图注：鸟瞰图的上缘对所绘的所有重要设施和建筑以拉丁字母书写的德文做了准确说明。从左向右分别是海湾入口、小泥洼村、高地兵营（原广武前营、嵩武右营）、训练场、胶州湾、桥头兵营（原水雷营）、通往外海的栈桥（原水雷营铁码头）、阿尔柯纳岛（小青岛）、沙滩兵营（骧武前营）、野战医院、报时球、大鲍岛村、中国海关、庙（箭头向下）、北（指北箭头向上）、火药库、孟家沟村、总兵衙门（总督府）、青岛（当时写作"TSINTAU"）、迪德里希石、有信号台的都沛禄山、总兵衙门、上青岛村、东大营以及通往沧口的电报线、东大营（原嵩武中营）、炮兵兵营（原炮队营）

────────────

　　① ［德］马维立：《单威廉与青岛土地法》，金山译，青岛：青岛出版社，2010 年，第 97—98 页。

二、下青岛官署大衙门

下青岛因相对完备的条件成为"租借地"的核心区域，大衙门的"中枢"地位也被德国人延续着。《青岛及其周边旅游指南（1906年）》一书中对早期大衙门有着如下叙述：

> 直到总督府办公大楼完工前①，老衙门中临时安置有各职能部门，在第一进院子中有民事和中国人专员的办公房间和见习译员的办公室及土地管理局的文书房，在第二进院子中有总督、司令部参谋长、土地局和副官的办公室，在南面的院子中有总督府出纳室和中国人书办。

德国学者华纳先生在《近代青岛的城市规划与建设》一书中对大衙门在德占前期的使用功能给予以下描述：

> 1899年第一个总督官邸完工前，老衙门不仅一直做总督官邸，而且是整个政府的工作地点。直到1906年总督府办公大楼完工前，德国行政当局的大部分机构都在这座中国大院中工作，后来改作法院办公建筑一直使用到1914年。在最初几年中，青岛的城市建设方案的所有重大决策都是在这里做出，总兵衙门这座中国大院综合建筑群，成为在中国的未来德国城市进行规划决策的地方。②

大衙门作为几任胶澳总督的"总督府"使用至1905年。在德占胶澳后的头几年里，胶澳地区各权力和决策机构向这里汇聚，一个新城市的规划在这里描画，一座新城区也以此为中心向外延展。进出这里的有高鼻深目的海军军官和行政官员，从闪烁着耀眼铜光的乐器中飘荡出的西洋音乐也在充实着这里的空间。

1898年4月16日《伦敦新闻画报》刊载：

> 周日，一艘战舰上的军乐队来到衙门里演奏，我好奇地观察那些中国人，他们听着对他们而言完全陌生的音乐，却显得饶有兴趣。总督与他的属员，以及在场的中国最高官员聊着天。——梅尔顿·普莱尔（本报特派画师）。③

通信联系无论对清军还是德军都是必不可少的，就在德占青岛之前几个月的1897年5月18日，人类第一次不使用导线而传递信号的无线电，由意大利人马可

---

① 1906年启用的总督府（胶澳督署）大楼在今青岛市市南区沂水路11号青岛市人大常委会办公楼。

② ［德］托尔斯藤·华纳：《近代青岛的城市规划与建设》，青岛档案馆编译，南京：东南大学出版社，2011年，第108页。

③ 万国报馆编著：《甲午：120年前的西方媒体观察》，北京：生活·读书·新知三联书店，2014年，第298页。见图3-50。

尼在英国布里斯托港试验成功，收发距离为 14.5 千米。在这个发明出现之前，有线电报是远距离通信的主要手段。除有线电报之外，当时还有借助日像仪[①]、通话仪和旗语来传递信息。

　　德国海军占领青岛当天在信号山上设立了一处战地信号台，之后，为便于占领区各兵营之间和指挥部与海上船只的通信联系，在大衙门、炮营、桥营、高地营和俾斯麦高地（今青岛市市南区金口路社区、金口一路、金口二路一带）上设立了多处信号站点和"十"字形船桅式样的信号旗杆。大衙门作为德军指挥部所在地，无疑成为信息收发的中心，大衙门门前东关街（Ostpass Strasse）宽阔的空间和高耸的大照壁，成为总督府信号台站的选址。德军占领青岛不久，为便于各处的通信联系，即在高大的大照壁的背面墙壁上凿洞架梁、立柱搭梯，搭建了一座供旗语信号兵使用的木结构高架平台。围有"X"桁架木栏的平台之上，先期竖立起了木柱旗杆，之后又加高并加装横木，依照军舰船桅的样式改成"十"字形旗杆和一个供信号兵值守的木制岗亭。旗杆顶端高悬着德军的"鹰旗"既能彰显对该地的占有，又为海上的舰只和陆上各高地、兵营提供位置识别。在 1899 年信号山上的信号台建成之前，德军在青岛口的通信联系以旗语的方式实现。

图 7-9　大衙门大照壁信号台上的旗语信号兵

　　[①] 日像仪为利用日光加以人工闪烁来传递摩斯密码的军用光学仪器。

　　德占时期，德军虽然对大衙门也进行过增建和改造，但对其主体建筑一直未有大的动作，青岛口翻天覆地的变化都发生在大衙门之外。1898 年，最先拆除并改建的是紧邻衙门的衙门兵营（原清军嵩武左营）原有营墙，在大衙门和左营之间开辟了一条道路，使原本连在一起的两个建筑群一分为二，并将原东关街更名为"衙门街（Yamen strasse）"。大衙门门屋梢间上原本漂亮的支摘木格窗则被改换装上了玻璃，屋顶上竖起几座高高烟囱，门屋两端与厢房之间的"露地"上增建了房屋。1906 年左右，又借用门屋南侧山墙接建了一栋与门屋规模相当、形式相似的另一座门屋。大照壁上的"贪"画也进行了几次重新描绘。于大衙门变迁的同时，下青岛的面貌也在发生着更大的改变。1899 年底，下青岛村的部分居民迁往了杨家村。1901 年秋至 1902 年，除大衙门等几栋主要建筑外，青岛口下庄原中国人的建筑物逐渐消失。

图 7-10　1898—1901 年（由下至上）青岛口下庄之变迁

对通信联系极其重视的德国人，在派遣第三海军营来青岛的同时还派来了一位电报员和一位线路维修保养员。邮政业务也在大衙门西侧的"邮政街"上的一座中国建筑里开办了起来[①]。大衙门里被德军截获的章高元的有线电报设备和在占领当天被他们破坏了的有线电报线路也被修复和利用。《胶澳发展备忘录（截止到 1898 年 10 月底）》记录道："1898 年 1 月 26 日，邮政代办处在青岛开始营业，电报则暂时与大清的内地线路相连接使用至 1900 年的 10 月"[②]。

三、青砖灰檐下的普鲁士亲王

1897 年 12 月 16 日，德国第二巡洋舰分舰队由基尔港出发赴华，随舰而来的普鲁士亲王阿尔伯特·威廉·海因里希（图 7–11），将以德意志帝国远东舰队司令的身份"访问"清廷。

普鲁士亲王海因里希是弗里德里希三世与英国维多利亚女王的女儿维多利亚的第三子威廉二世之弟。海因里希亲王 1862 年生于波兹坦，毕业于卡塞尔的弗里德里希中学。15 岁时，以海军少校的身份加入帝国海军。在接受海军军官培训期间，他进行了世界巡航，并指挥过各类军舰。

图 7–11 普鲁士亲王阿尔伯特·威廉·海因里希

1896 年 10 月 3 日，其兄威廉二世任命他为第一舰队第二分舰队司令。在首相霍恩洛厄侯爵的建议下，德皇将他派往东亚，并委派他指挥一支拥有 3 艘军舰的分舰队。海因里希亲王很高兴，因为他在之前的航行中就了解过亚洲，而且很喜欢那片大陆。

1897 年 12 月 15 日，即胶州湾被占领一个月后，海因里希亲王的旗舰"德意志"号由"格非昂"号护航，从基尔起航前往东亚。航行不时出现安全问题，因为"德意志"号的发动机常出故障，"格非昂"号好几次不得不充当拖船。从科伦坡也有两艘俄国轮船与之编队同行，以在必要时提供帮助。"德意志"号直到 1898 年 4 月才到达香港，并在此进坞修理，海因里希亲王则乘"格非昂"号继续前往上海。

也隶属于第二分舰队的"奥古斯塔皇后（Kaiserin Augusta）"号则从地中海出

---

① ［德］约阿希姆·昆德勒：《和家乡的联系：在胶州地区的德国邮政》，［德］汉斯 - 马丁·辛茨、［德］克里斯托夫·林德编著：《青岛——德国殖民地历史之中国篇（1897—1914）》，［德］贡杜拉·亨克尔、景岱灵译，青岛：青岛出版社，2011 年，第 157 页。

② 《胶澳发展备忘录（截止到 1898 年 10 月底）》，青岛档案馆编：《青岛开埠十七年——〈胶澳发展备忘录〉全译》，北京：中国档案出版社，2007 年，第 8 页。

发，并于 12 月 15 日抵达新加坡。①

1898 年 1 月 5 日，德皇威廉二世给正在来华途中的海因里希亲王发送电报称：

我很高兴地告诉你，刚刚签订了胶澳条约（胶澳租借条约）。总理衙门接受了我们所有与割让领土的有关条款，包括海湾附近的所有岛屿。上帝出人意料地保佑我们圆满完成了工作。②

1898 年 5 月 5 日，普鲁士亲王海因里希乘第二巡洋舰分队的"德意志"号，与护航舰"格非昂"号和在新加坡等候的"奥古斯塔皇后"号③汇合后一起抵达胶州湾。到达后，海因里希亲王接手了整个东亚舰队的指挥权，但他仅在军舰上担任象征性的职务。5 月 13 日，他在青岛同迪德里希短暂见面和进行交换后经海河到达天津，并参观了大沽口炮台。5 月 14 日，他乘火车前往北京，觐见了慈禧皇太后和光绪皇帝。④5 月 19 日，游览了长城。5 月 25 日上午 8 时离开北京。而迪德里希则奉德皇之命，于 5 月 18 日率"伊伦娜"号和"柯莫兰"号从青岛出发开赴菲律宾马尼拉湾。⑤

图 7-12　德国第二巡洋舰分舰队的"德意志"号、"格非昂"号、
"奥古斯塔皇后"号（从左往右）［引自《胶州》（*Kiautschou*）］

---

① Gerlinde Pehlken：*Rote Dächer am Gelben Meer：Oldenburger in Tsingtau während der Kolonialzei*，Oldenburg：Isensee Verlag，2019，p14.

② Gerlinde Pehlken：*Rote Dächer am Gelben Meer：Oldenburger in Tsingtau während der Kolonialzei*，Oldenburg：Isensee Verlag，2019，p14.

③"奥古斯塔皇后"号为 6 056 吨的二级巡洋舰。

④ Gerlinde Pehlken：*Rote Dächer am Gelben Meer：Oldenburger in Tsingtau während der Kolonialzei*，Oldenburg：Isensee Verlag，2019，p16.

⑤德国欲于 1898 年 4 月在菲律宾爆发的"美西战争"中获利，遂以"观摩"之名，先后分五批次派遣七艘军舰和一艘运兵船奔赴美国和西班牙在菲律宾争夺殖民地的海战战场。

Prinz Heinrich von Preußen bei der Einweihung des Diedrichsteins in Tsingtau am 14. 11. 1898.

图 7-13　海因里希亲王在迪德里希石碑落成仪式上（青岛一战博物馆提供）

回到青岛后的海因里希亲王提议建造"占领青岛纪念碑（迪德里希石）"。在了解了海军营士兵的现状和生活条件后，提议为他们以及巡洋舰舰队的士官及士兵提供一个消遣的"俱乐部［今湖北路 17 号，海军士兵俱乐部（水师饭店）旧址］"。[①] 他还为士兵成立了一个网球俱乐部，组织足球赛，推广台球和马球。他去过即墨和崂山，并鼓励士兵在该地区，特别是在崂山进行短途旅行。他从青岛去往上海，主持了"伊尔蒂斯纪念碑"[②] 揭幕仪式。他还曾以青岛为出发地去过符拉迪沃斯托克（海参崴）等地。

在德国国内，海因里希亲王的旅程受到了密切关注。Thorner 通讯社报道：

"德意志"号舰长 Plachte 海军上校和"格非昂"号舰长 Follenius 海军少校 8 号到达了符拉迪沃斯托克（海参崴）。巡洋舰队第二分舰队司令海军少将普鲁士亲王海因里希就在"德意志"号上……

1898 年 11 月 21 日，海因里希前往上海，在该地为"伊尔蒂斯"号遇难者纪念碑举行落成典礼。"伊尔蒂斯"号炮艇两年前在山东半岛沿海海域遭受台风袭击沉没，72 名水手、艇长和所有军官遇难。1898 年 11 月 24 日（14 日），他参加了为迪德里希（中文名棣德利）碑的落成典礼，以纪念海军少将迪德里希占领胶州湾。[③]

---

① ［德］贝麦、［德］克里格：《青岛及其周边旅游指南（1906 年）》，夏树忱译，未刊稿。

② 1896 年 6 月 23 日，在山东荣成镇铆岛外海域遭风暴触礁沉没的德国军舰。1898 年德商在上海外滩德国商会外建立的纪念碑。

③ Gerlinde Pehlken：*Rote Dächer am Gelben Meer：Oldenburger in Tsingtau während der Kolonialzei*，Oldenburg：Isensee Verlag，2019，p16.

　　1898 年 12 月，海因里希亲王的妻子伊伦娜（Irene）王妃，也经由香港转道来到青岛。在青期间她与海因里希一道参加了礼仪性活动，并检阅了以她的名字命名的"伊伦娜"号小型巡洋舰。1899 年 4 月 29 日，她乘皇家邮船返回国内。

　　海因里希亲王还曾于 1899 年 9 月 23 日在青岛主持了山东铁路的开工典礼，但也就是从此之后他的行迹便模糊了起来。

　　近年来，经德国学者裴琳女士多方查询后得到后续的信息："1899 年 12 月 17 日，海因里希亲王离开青岛去往了泰国。1900 年 1 月 4 日，再从新加坡乘帝国邮船"普鲁士（Preussen）"号前往热那亚，并从那里乘火车于（1900 年）2 月 13 日回到柏林。"就此理清了海因里希亲王的第一次东亚之行的行程。

　　德国学者德明礼（Philipp Demgenski）先生提供了 1900 年 2 月 13 日的德国《帝国公报》报道的海因里希亲王 1897 年从德国出发前往青岛和 1900 年回到柏林的消息，其大意为：今天（1900 年 2 月 13 日），在柏林，所有学校都取消了课程，原因是普鲁士王子亨利（海因里希亲王）从东亚远征归来。1897 年 12 月 16 日，他上了"德国"（"德意志"）号离开基尔……

　　1912 年，他再次访问了青岛，这次是因去东京参加日本天皇的葬礼。

　　奥尔登堡水手菲舍尔（Fischer）陪同海因里希亲王乘"格非昂"号从基尔一路到青岛并拍摄了很多照片。估计他一直在"格非昂"号上服役直到 1900 年 7 月，因为他的照片还显示了中国其他地区以及日本和俄罗斯的风景。[①]

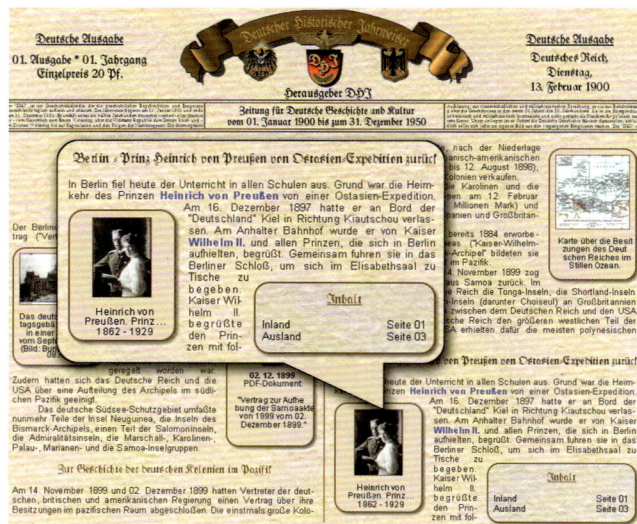

图 7-14　1900 年 2 月 13 日《帝国公报》，记有海因里希亲王回到柏林的消息（德明礼博士提供）

---

　　① Gerlinde Pehlken：*Rote Dächer am Gelben Meer*：*Oldenburger in Tsingtau während der Kolonialzei*，Oldenburg：Isensee Verlag，2019，pp19-20.

1912 年 9 月，海因里希亲王赴日本参加明治天皇葬礼。10 月，从日本乘巡洋舰"沙恩霍斯特"号再次来到青岛，在检阅了驻青德军部队和重游了崂山后回国。

海因里希亲王对风景优美的崂山是情有独钟，无论首次的长期居留还是第二次的短暂路过，崂山都是他青岛之行的必到之处。在今崂山南部一处名为"石屋"的山涧巨石上，海因里希亲王留下了他间隔 14 年的两次到此游览的记号"1898.1912. PRINZENBAD."。

1898 年，一位皇室亲王的首次青岛之行，受到了各方的密切关注。来自奥尔登堡，陪同海因里希亲王到青岛的水手菲舍尔用他所携带的照相设备对"亲王"的重要活动进行了记录。所拍摄的照片不仅限于青岛，

图 7-15 崂山"石屋"山下"1898.1912. PRINZENBAD."王子泉德文石刻（2010 年状态）（下图）与山上有以海因里希亲王夫人伊伦娜命名的旅馆（上图）

还有海因里希其他所到之处。菲舍尔将多幅照片用于明信片与书籍中。在今天可以查阅到的这些影像资料中，不乏海因里希在他的中式住所里与他人的合影照片，这也为判定他的临时"官邸"之所在提供了依据。

标注为"衙门内"的合影照片，实际拍摄于东营（原清军嵩武中营）海因里希亲王下榻的中式庭院。而就在海因里希亲王来青岛之前的头几个月里，这处院落曾有负责中国事务的官员单维廉[1]和一位内科医生以及医务人员几位重要人员暂住。从之前单威廉在这里的合影和之后海因里希亲王在此的合影照片上不难看出这处建筑的改动痕迹。或许是基于出入方便和室内采光的考虑，原来的大门被加宽，漂亮但织密的中式花格木窗也被改换成了方形玻璃窗。在另一幅来自德国某档案馆网站，标注为"海因里希亲王和妻子在青岛的合影（Prinz Heinrich und Gemahlin in Tsingtau vor dem Jamen）"的照片中，檐部原有的"滴水瓦"也被换成了"瓦当"。或许是出于防止雨水渗漏和保温等原因，建筑屋面瓦予以了重新铺设或局部的换装。

---

[1] 单维廉办公地点在大衙门内。他于 1900 年 9 月 15 日搬入位于今文登路的住宅。

BESUCH DER OESTERREICHISCHEN KORVETTE FRUNDSBERG
BEI PRINZ HEINRICH IN KIAUTSCHOU.

Lichtdruck Fay, Frankfurt a. M.

图 7-16　德占时期老明信片，原题："海因里希亲王于胶州接见奥地利海军官员克尔维特·弗伦茨贝格合影（Besugh Der Oesterreichischen Korvette Frundsberg Bei Prinz Heinrich in Kiautschou）"

（建筑物参见图 4-16）

　　海因里希亲王第一次在青岛期间的初期之所以会于此居住，与当时青岛的条件密切相关。1898年，青岛口的德军也驻扎于原清军各兵营，当局正忙于地区的测绘和城区规划，青岛口除了中式建筑外，还没有一座可供这位亲王居住的德国建筑。当时最宏伟、规格最高的建筑当属原清军总兵大衙门。按照清代"前衙后宅"的传统观念和迪德里希手记中的描述，大衙门后部的第二进院是章高元的内宅，适宜转用作亲王的住处。但在海因里希亲王到来的数月前，大衙门早已经充当起了"总督府"的角色，各个军事与行政部门也早已进驻，有限的几栋房屋也各有其主。一个人员混杂的办公环境，无论从舒适度和安保的角度来看，都不适合一位亲王居住。而在此不远，有着四面高大营墙拱卫和驻有军队的东营（嵩武中营）中的这处并不逊于大衙门的四合大院自然成为不二之选。这座背山面海的"城中院"因其优越的环境，为海因里希亲王夫妇提供了安全和舒适的居住条件，成为这位德国亲王的临时官邸。可以相信，海因里希亲王第一次来青岛期间，除后期临行前曾短暂居住于青岛湾中心位置、1899年9月1日投入运营并以他的名字命名的"海因里希亲王饭店"之外的大多时间里，都在这座中国兵营里起居。

　　出自德国某档案馆的两幅老照片"衙门"的标注在今天看来显然有误。无独有偶，《青岛及其周边旅游指南（1906年）》中对海因里希亲王在青岛的住处也留下了如下描述：

中国统治时的老衙门也还在，中国总兵将其用作行政管理建筑。它也作过头两任总督海军上校罗森达（Roserndahl）和叶世克（Jaeschke）的官邸，并在普鲁士亲王海因里希殿下担任巡洋舰分舰队司令于1898年到达青岛时用作临时下榻之处。从这个时候起老衙门重又得以改建和修缮。

出现"衙门"的说法，或许因为那时的德国人对中国衙门定义的不甚理解，或许因为这座建筑是在大衙门建成前曾经行使过衙门的职能。也或许这样表述根本就是错误。

东营（嵩武中营），这座清军在青岛口的兵营，从1903年逐消淡出历史。至1909年，德军在原址上陆续建成前后两排，平面呈"H"形，由四座大型营房以及由礼堂、军需品储藏室、军官楼等附属建筑组成的一座纯德式的"俾斯麦兵营"（位于今中国海洋大学鱼山校区），东营嵩武中营正式退出了历史舞台。

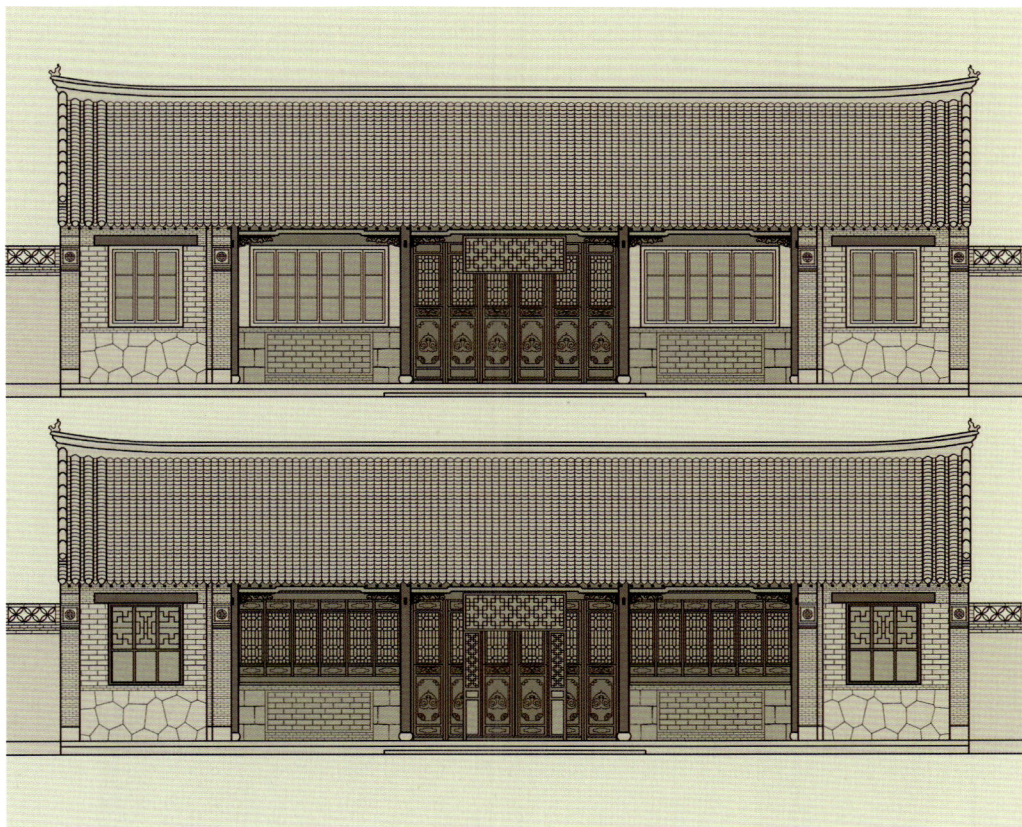

图 7-17　嵩武中营内小院上房原貌（下图）与改造后（上图）复原图

图 7-18 俯瞰东营（嵩武中营）内正在进行的弥撒（宗教活动）

图 7-19 百余年前上青岛被拆除前（下图）、被拆除后（中图）及今信号山与胶澳总督官邸旧
址远眺（上图）

四、上青岛官邸信号山

德占胶澳后，青岛口上庄和下庄被称为上青岛、下青岛。上青岛位于今信号山东南坡，东临东营（嵩武中营），是一个小山村。村中房屋与下青岛里的商铺建筑不同，多以居住房舍为主，村庄周围山坡上环绕着农田。1899 年 10 月，德占胶澳当局在将整个村庄收购后予以平毁。1907 年在原村落的后部，为胶澳总督建造了官邸，原村庄区域划为总督官邸绿地。

今青岛信号山海拔 98 米，面临青岛湾，是青岛市区海拔较高的临海山峰。从山顶极目远眺，栈桥、小青岛等前海风光与老城区里的红瓦绿树相映成趣，青岛美景一览无余。山顶三个高度不等的红色球状建筑物，象征我国古代用于传递信号的火炬。1933 年《青岛指南》记："旗信山在观象山东，旧名挂旂山，亦名信号山，为轮航入口传递信号之所。每届端午，士女采艾挹露，以此山为目的地。登山观海，较之观海山尤能远望，故轮航桅樯，虽隔数十里，亦可远远望到也。"[1]

1898 年 11 月 14 日，德国占领青岛一周年之日，由海因里希亲王提议建造的"占领青岛纪念碑"在信号山西南侧山腰处落成，并以迪德里希的名字命名为"迪德里希石"，将最初称为"都沛禄山"的信号山改名为了"迪德里希山"。1899 年，山顶上的旗语信号台站建成（俗称望海楼，现球状建筑物处）。1900 年，此山又有了"信号山（Signal-Berg）"以及"挂旗山"之名。

由工兵上尉缪勒（Müller，也译作米勒）设计的"迪德里希石"，分碑座和碑面两部分。碑座借用了天然岩石，而碑面则为花岗岩细方石人工砌筑，外框施以粗石装饰，整体呈券式。碑面上部刻有鹰徽、皇冠，之下为上旋双弧线状阴刻德文："他为皇帝、为帝国赢得了这片土地，这块岩石以他的名字命名为迪德里希石"。主碑下部岩壁上另刻有德文："1897 年 11 月 14 日，海军将军冯·迪德里希在这个地方占领了胶州地区。"并于其右侧附加中文碑刻一面，上书："伏维我大德国水师提督棣君德利，曾于光绪二十三年十月二十日因在此处而据胶域之土地。凡我同僚，实深钦佩，□任总督胶州文武事宜罗绅达。光绪岁次戊戌秋桂月八日榖旦（1898 年 9 月 23 日）"。

此碑建成后，此地也变成了"租借地"里欧洲人关注和拍照的"景点"，并频频出现在明信片和书籍中。"人们在半山腰上建了'迪德里希纪念碑'，这是为纪念占领胶澳地区一周年而建的。这座纪念碑对面（前面）有一个石头凿成的长凳子，供游人在登攀到信号山的路上稍事休息，并有兴趣去研究这块碑上的中文和德

---

[1] 魏镜:《青岛指南》青岛：平原书店，1933 年，第 8 页。

图 7-20　1898 年 11 月 14 日，信号山腰上正在进行的"迪德里希石"落成仪式与山顶正在建造
的信号台（下图）。1899 年，建成信号台后的信号山（上图）

文碑文。"[1]

1914 年 11 月，日德青岛之战后日本取代德国占领青岛后，日本占领军将此山改称为了"神尾山"，后又在这块石碑中心原德国鹰徽处纵向增刻上了"大正三年十一月七日（1914 年 11 月 7 日）"，此为日本占领青岛的日期。

六年后，日占青岛当局突然间关注起了这座石碑。日本外务省外交史料馆 1920 年 12 月 22 日《外国人对拆除（占领）纪念碑的看法》称：

我方于日中亲善之考虑，将建于青岛神尾山（今信号山）麓之占领纪念碑拆除。现看外国人就此事的反应，德国人皆对此表示赞成，其理由是：当初日德交战，两国之间情感大有所伤。尤其战后关系未见更近一层亲密，此时拆除占领纪念碑乃令德人点头称善。更所谓拆除之举亦于日中亲善有益，理当首肯。

英国人等对拆除之理由疑惑不解，可否之间多倾向于反对。太古洋行经理 Allman（英国人）所言如下，日本此次决定拆除纪念碑，吾等英人

---

①［德］贝麦、［德］克里格：《青岛及其周边旅游指南（1906 年）》，夏树忱译，未刊稿。

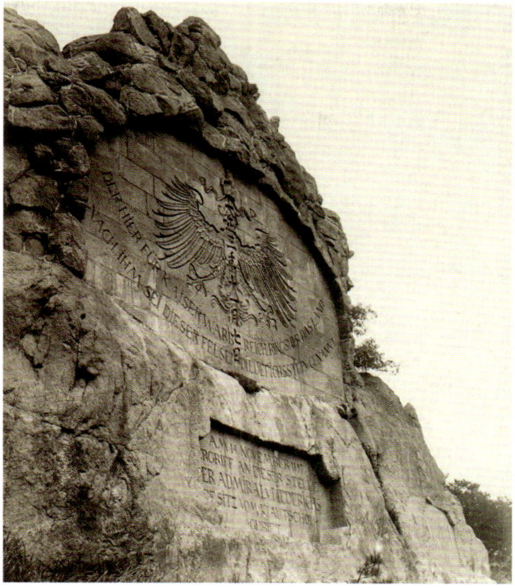

图 7-21 刻有德国、日本分别占领青岛日期的“迪德里希石”
引自：日文版《青岛并山东铁路沿线胜景写真》

将其理由理解为日方主张此为日中亲善之必要，只因中国人因纪念碑之缘故，对日本深怀敌意。”然此纪念碑诉说当初德意志人傲慢之行为与日本以正义打破德人之功绩，理当致力保存。

此外，美国人等皆以为此举尚可。传教士［斯奇芬斯（美国人）如左所说］。中国人因日占青岛而对日颇有不满。因此保持现状不做退让，反而对日本不利。此时拆除纪念碑于中国人消除对日之误解极为有利。眼下日本新锐政治家层出不穷，并主张归还青岛论。此次拆除定是依新锐政治家之论调，表日本之善意，扬归还青岛论之事实。届时青岛作为满足各

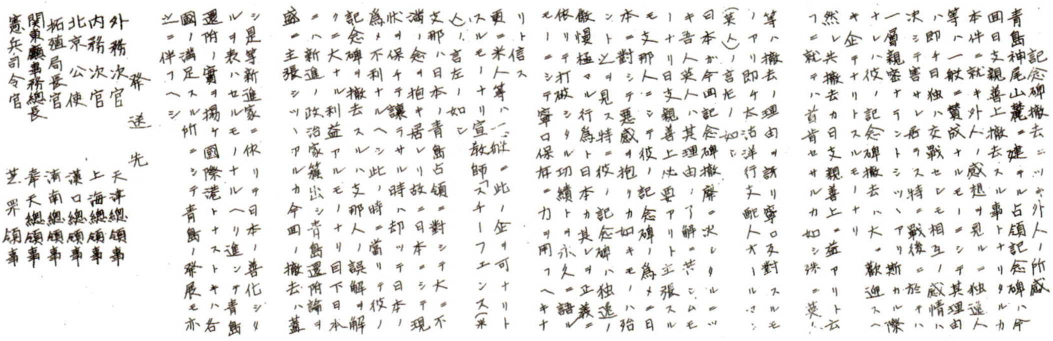

発送先
外務次官
内務次官
北京公使
拓殖局長官
関東廳事務總長
憲兵司令官
天津總領事
上海總領事
漢口總領事
済南總領事
奉天總領事
芝罘領事

图 7-22 1920 年 12 月 22 日，日占当局《外国人对拆除（占领）纪念碑的看法》

国所需之国际港湾，亦将随之发展下去。[①]

从此之后，这座曾被德国人和日本人频频摄入镜头的"纪念碑"，便从信号山上消失和逐渐淡出了记忆，仅存在于记载中。随着时光的流转，甚至其所在位置和最终去向也在传说中变得扑朔迷离。"迪德里希石"，是德国和日本刻在青岛历史上两道抹不去的刀痕。为探究和查明历史事实，2008 年 3 月 8 日，笔者借助当时仅有的一张老照片再次登山寻迹，方使其遗迹水落石出。"迪德里希石"今仅有碑座依稀可辨，岩体残壁上爆破痕迹明显，原德文碑装饰边框的右、下部尚存，残存的碑面上遗留有迪德里希（Diederichs）姓氏的末字母"S"，右侧中文碑残面上隐约可见"大"字。最大一块刻有"M14. NOV FF AN D MIR"的石碑残体卧于碑座前。这是带有"S"字母的德文碑的一部分，残文中的"14"即德国占领青岛的日期。经实地测量与借助历史照片推算，此碑天然岩石碑座高约 3 米，碑身高约 5 米，宽约 8 米，整体总约高 8.5 米，宽约 22 米。

从现场迹象上分析，对它的拆除过程应该是先将碑的主体拆除，再在碑座上打上钎孔、添上炸药将其爆破。从痕迹上看，此次拆除非个人所为，而是一次有组织、有计划的行动。关于此碑拆除的准确日期，至今还未找到相关史料，但与 1920 年日本人的那份报告契合度较高。曾有传说称此碑拆除后，日本人运送回国，存于某博物馆，但这一说法迄今还没有实物予以证实。

2019 年，在日本筑波大学攻读博士学位的徐畅博士从当地购得一本日本 1935 出版的《幕末·明治·大正——回顾八十年史》画册，其中在介绍靖国神社游就馆展览一节中有"迪德里希石"的照片，图题为"德意志之胶州湾占领纪念碑"，图注为"我军占领后将其取下，现陈列于游就馆当中"。[②]

此画册的发现印证了之前传说的真实性，但石碑主体的实物目前还仍无下落。有没有可能在 1945 年 5 月，美军对游就馆的轰炸中消失？

图 7-23　德意志之胶州湾占领纪念碑
（徐畅先生提供）

德占时期，就在"迪德里希石"落成之后不久，位于信号山山巅之上，用来对

---

① 徐畅先生译。
② ［日］大泽米造编辑：《幕末·明治·大正——回顾八十年史》（第十八辑），东京：东洋文化协会，1935 年，第 440 页。

海上来船进行识别和向胶澳督署（总督府）发送讯息的信号站房也建成了。站房前竖立着与衙门信号台相同式样的、悬挂着信标的船桅式信号杆。

《青岛及其周边旅游指南（1906年）》载：

> 三角形尖部向上是有一艘北方来的轮船到达；顶部向下是船自南方来。方形是指一艘帆船到达。红色信号旗是指定期邮轮到达。挂球是指一艘军舰到达。这些信号下的国旗是指船（舰）的国籍。

1899年完工的这栋层高两层、带有雉堞墙垛的石砌小型建筑，颇具欧洲山顶城堡的身形，又因它所在的高度和用途而被俗称为"望海楼"。《青岛及其周边旅游指南（1906年）》对此有着如下所述：

> 可以从信号台（海拔100米）非常清楚地环顾青岛、大港和小港、四方，以及依尔梯斯山（今太平山）、海因里希亲王山（今浮山）和崂山的美丽景色。信号台的平台和守卫室是不许进入的。

图7-24　信号山顶的信号台
（老明信片收藏家王学刚先生提供）

信号山不仅仅只有通信作用。德国人自1898年6月15日[①]起在今青岛市公安局以西设立气象站开始气象观测后，还在信号山上设立了气象观测分台，并将所获得的气象信息和警报用国际通用信号通知下达。

---

① 设立时间见《胶澳发展备忘录（截止到1998年10月底）》（青岛档案馆编：《青岛开埠十七年——〈《胶澳发展备忘录》全译〉》，北京：中国档案出版社，2007年，第15页）；设立地址与搬迁见《青岛官报》1905年2月28日。

图 7-25 1908—1909 年，信号山上的信号台、迪德里希石、无线电台及总督官邸

1905—1906 年，德军在信号山上为电报（有线电报）员建了一所小屋。1908 年前后，无线电电报引入青岛，德军又在山上增设了无线电台，架设起了通信天线等配套设施，并一直使用到 1914 年日德青岛之战德军投降。"11 月 3 日电厂停止运营后，只有位于信号山的无线电台尚可清晰接收外来信号。发出的最后信号则是在 11 月 7 日凌晨 2 点由'西江'号轮船接收的。到了凌晨 4 点，遵从总督的命令，将该电台付之一炬。"①

日占青岛后，这处被德军自行破坏了的无线电台未被日军修复续用，日军于坦岛"台西镇炮台"北侧新建了一座无线电台：

今年（1921）青岛当局准备在郊外设立一处无线电台，来代替一座已经拆毁的海军无线电台（原德海军）。新设的无线电台的详细情况如下：

名称：青岛无线电台

呼号：JAN

有效距离：五百英里

发射系统：音乐火花式

波长：六百米。②

信号山前，向阳、背风、面海的优越地势与环境，不仅被早年的青岛口村民选作了居住地，也被德国人看好。1898 年 9 月 2 日，随着首个城区规划图的公布，胶

---

①［德］约尔克·阿泰尔特：《青岛城市与军事要塞建设研究（1897—1914）》，青岛档案馆编译，青岛：青岛出版社，2011 年，第 75 页。

②［日］大泷八郎：《一九一二至一九二一年报告》，青岛市档案馆编：《帝国主义与胶海关》，北京：档案出版社，1986 年，第 169 页。

澳督署（总督府）开始了各项建设工程。其中，胶澳总督的居住用房首先列入了公务住房建筑中，但限于当时的条件，只能采取临时应急措施，在今小鱼山南麓为总督临时搭建了一座可拆解的木板房。1901—1902年，总督府放弃了原先将总督住宅和办公处所集合在一起的想法，选择信号山东南原青岛口上庄背后的小山丘作为胶澳总督官邸的建造地点。

图 7-26　奥古斯特·维多利亚湾的海岸上为胶澳总督搭建的临时官邸（青岛城市建设文化交流协会提供）

图 7-27　建造中的胶澳督署（总督府）大楼（青岛城市建设文化交流协会提供）

图 7-28　1905 年建成、1906 年 1 月启用的胶澳督署（总督府）大楼（青岛城市建设文化交流协会提供）

图 7-29　建造中的胶澳总督官邸

《胶澳发展备忘录（1901 年 10 月至 1902 年 10 月）》载：

　　　　位于总督府山下的总督府办公大楼，将需数年进行建设，该建筑之规模可以满足今后 10 年之需要。已放弃了开始时将总督的官邸也设计在内的意图，施工现场从地面考虑，一方面没有足够大的地方，另外也似乎不便于将办公室、会客室和居室都结合在一起。目前，计划在信号山的东南坡上建筑总督寓所；这一工程必须尽早实施，因为总督迄今一直还住在一幢所谓的瑞典木房[1] 中。[2]

　　　　1905 年 10 月前，已开始在信号山南麓为总督建造官邸，并已打好地基。[3]1906 年年末，总督官邸可以开始建造屋顶。[4]1907 年年末，新建总督住房可按规定交付使用。[5]

1907 年，由建筑师魏尔纳·拉查洛维茨设计的高 30 余米、建筑面积 4 083 平方米，主体二层，局部四层，外立面由粗犷的花岗石毛石叠砌，带有穿插起伏、错落有致折坡式屋顶的胶澳总督官邸建成。之后，都沛禄和麦维德两任胶澳总督曾在此居住。在主楼建成的同时，北侧一座单层的马厩也落成了。

---

　　① 一种可以拼装和拆卸的木制成品组装房。
　　②《胶澳发展备忘录（1901 年 10 月至 1902 年 10 月）》，青岛档案馆编：《青岛开埠十七年——〈胶澳发展备忘录〉全译》，北京：中国档案出版社，2007 年，第 207 页。
　　③《胶澳发展备忘录（1904 年 10 月至 1905 年 10 月）》，青岛档案馆编：《青岛开埠十七年——〈胶澳发展备忘录〉全译》，北京：中国档案出版社，2007 年，第 378 页。
　　④《胶澳发展备忘录（1905 年 10 月至 1906 年 10 月）》，青岛档案馆编：《青岛开埠十七年——〈胶澳发展备忘录〉全译》，北京：中国档案出版社，2007 年，第 445 页。
　　⑤《胶澳发展备忘录（1906 年 10 月至 1907 年 10 月）》，青岛档案馆编：《青岛开埠十七年——〈胶澳发展备忘录〉全译》，北京：中国档案出版社，2007 年，第 534 页。

图 7-30　1907 年建成后的胶澳总督官邸铅
笔画

图 7-31　胶澳总督官邸阳台上的建筑师魏尔
纳·拉查洛维茨（杨明海先生提供）

1914 年 11 月日本占领青岛后，这里改为日本青岛守备司令官官邸。1922 年 12 月，北洋政府收复青岛主权后，这里则为胶澳商埠督办官邸。1930 年，南京国民政府接管青岛后，官邸一度为市长官舍。1934 年，改为招待贵客之用的迎宾馆。1938 年 1 月，日本再次侵占青岛，将迎宾馆改为国际俱乐部。1945 年日本投降后，恢复为迎宾馆。1996 年，这座具德国威廉时期建筑式样与青年风格派结合的精品建筑，被列为全国重点文物保护单位。1999 年，设为近代建筑遗址类博物馆。今作为青岛德国总督楼旧址博物馆对外开放。

五、图划青岛

德国占领青岛后，在新城市规划开始实施之前，首先是要获得该地区的地形、地貌以及海洋水文等数据。1897—1898 年冬，缪勒上尉即已开始青岛地区的首批测绘工作，而系统的测绘分遣队则于 1898 年 5 月 16 日才到达。直到 1898 年夏，测绘分遣队才完成了整个未来城市的绘图工作。而 1898 年开始的三角测绘，即陆上和海上测绘，直到 1900 年 12 月才结束。[①] 在测量工作着手三个半月以后，于 1898 年 9 月 2 日第一次正式公布了新城市的"建设规划"（《拟于青岛湾畔新建城市的总体规划图》）[②]，将城市按照功能划分为不同区域。

图 7-32 中，位于青岛口下庄西侧一座山丘南侧[③]未来的胶澳督署（总督府）大楼的位置已经确定，周边的路网和街坊也以此为中心向外辐射延展开来。一座基督

---

① ［德］托尔斯藤·华纳：《近代青岛的城市规划与建设》，青岛档案馆编译，南京：东南大学出版社，2011 年，第 98 页。

② 即《胶澳发展备忘录（截止到 1898 年 10 月底）》附录 2《拟建新城市的开发规划图》。

③ 今观海山，德占时期称作"总督府山丘"。

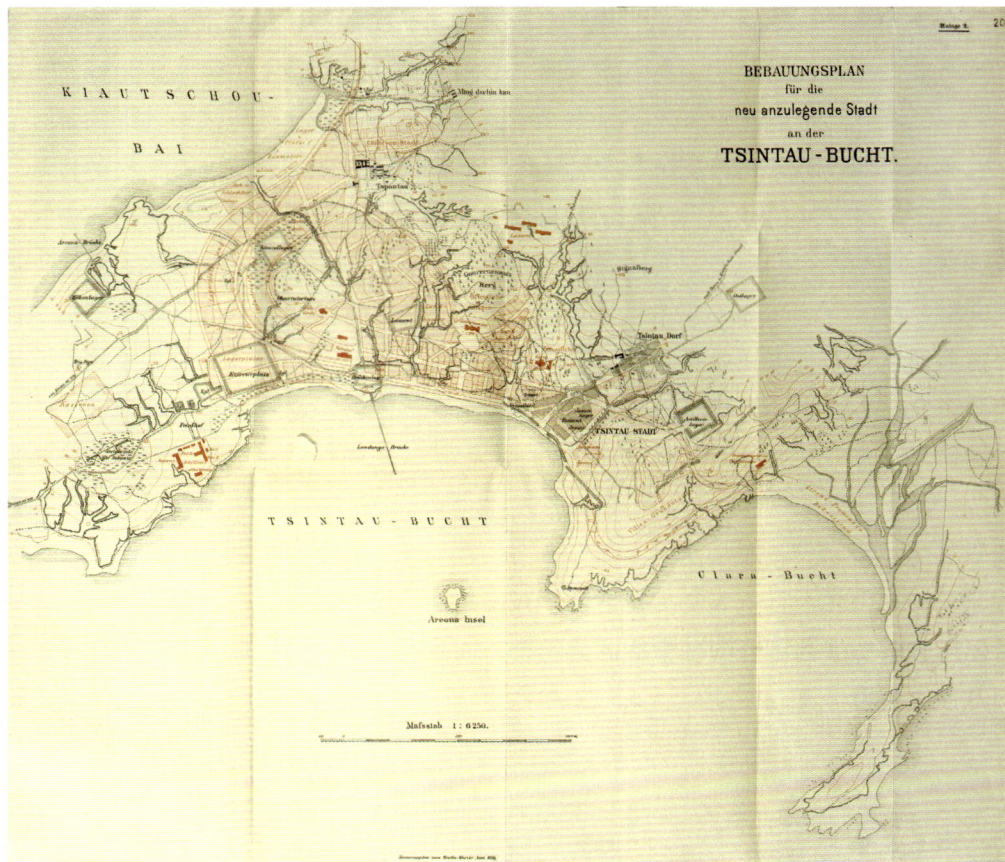

图 7-32 《拟建新城市的开发规划图》

[《胶澳发展备忘录（截止到 1898 年 10 月底）》附录 2，德国高级建筑师盖特·卡斯特博士提供]

教堂和一座天主教堂分列在大楼东西两侧，而一家医院则被放在了背后。城区西边，铁码头之后是一座火车站，一条铁路从这里划出一个大弧线弯向了北方的胶州湾东岸。火车站西南，德军第一座兵营——野战炮兵连新的营房建造地点已被确定了下来。

1898 年 9 月 2 日，新制定的《土地制度》也随着规划方案的推测出而颁布，胶澳督署（总督府）开始向私人销售地块。

从《胶澳行政——胶澳地区的土地、税收和关税政策》[①]中获知，胶澳督署（总督府）《购地条例》的制定，参照了之前总兵章高元采用的土地征购办法：

占领前该处清朝总兵为建营房、射击场、防御工事、房屋等征用土地时，为中国一大亩（面积为 921 平方米，小亩或政府规定的为 614 平方米）

---

①原青岛中德关系研究会秘书长、研究员夏树忱先生译海军枢密顾问、皇家胶澳地区名誉专员单维廉博士著《胶澳行政——胶澳地区的土地、税收和关税政策》。此文于 1911 年发表于耶拿古斯塔夫·菲舍尔出版社（Verlsg von Gustav Fischer）出版的《土地改革年鉴》中。

土地支付的地价介于 25 到 75 马克不等……中国总兵章高元在为政府用途购置土地时所付地价为：一等地每亩 37.5 块大洋，二等地每亩 25 块大洋，三等地 12.5 块大洋……

　　码头① 用于建欧式商业大厦、宾馆；第一条平行大街用于建欧式店铺；第二条平行街道以北的地方用于建别墅式住宅；栈桥营房② 以西的地方用于建仓库和货栈；大鲍岛地区建中国城区；海滨营房③ 以北用来建工厂、工业设施等。

同时，也制定出了各处的地价。1 000 平方米的最低地价将是：码头边为 250 大洋，（街）角位置为 275 大洋；在第一条平行街道处为 200 大洋，街角位置为 220 大洋；在第二条平行街道及其以北处为 125 大洋；栈桥营房以西为 150 大洋；大鲍岛中国城区为 175 大洋，街角处为 190 大洋。

随后开始了第一批土地拍卖。据 1898 年 10 月 31 日《东亚劳埃德报》的新闻报道：

　　10 月 3 日和随之开始的土地出售的第一天来了。青岛的整个商界都来到了这个地方；而且芝罘、上海和香港也都派来了买地者，唯独中国人悄无声息。但供出售的也是一块非常棒的地块。它从北边的总督府山丘④ 缓缓倾斜向南直延伸到大海边，因此可以在冬天完全防止凛冽的北风和东北风，而在夏天则可以让来自海上的凉爽的南风顺畅吹入。现场陈列的规划勾画出一座未来城市的清晰的面貌。政府大楼就稳固地坐落在总督府山丘的南坡⑤。一条从大楼引的出差不多完全是南北向的宽大街道直通向海边⑥，这条街道旁边顺序排列的是一些平行大街⑦……供出售的还有紧靠海边且还深入海的低的地区，东邻栈桥营房，北接中国演兵场⑧。这里在总体规划中规定为仓库、停泊处等……为防止对现有土地有碍健康的建房和利用，随着购买许可同时需要颁布一项建筑条例，它首先将阻止建超过二层到三层（相当于我国的三到四层——译者注）高的房屋，以保持这块

----

① 原清军水雷营码头（青岛铁码头），今栈桥。
② 原清军水雷营，今栈桥后部。
③ 原清军骧武前营（德称沙滩营），今青岛市市南区宁阳路、肥城路、大沽路、泰安路一带。
④ 今观海山。
⑤ 今观海山南的胶澳督署（总督府）旧址。
⑥ 略偏向西南的今青岛路。
⑦ 太平路、广西路、湖南路、沂水路。
⑧ 原清军大操场，今青岛火车站与太平路海岸之间平坦地带。

欧洲殖民地的别墅式风格，并规定，每块购得的建房土地欧洲人区建房最多许可占用土地55%的面积，中国人区[1]则最多许可占用土地面积的75%。[2]

然而，在接下来规划实施的开始阶段，初来此地的德国人所面临的窘境是缺少专业的建筑师和具有娴熟技能的工匠以及德式建筑材料。

青岛最早的工业是中国人以极大努力建成的砖瓦厂，几乎每家中国砖瓦厂都拥有数座砖窑；这些砖窑从小泥洼到小鲍岛，越过山岭一直延伸到扫帚滩一带。但现在德国公司建造了两座设施最先进的大环窑，一座在中国人城区附近紧靠渔船码头的地方，另一座在黄岛。在离位于海滩斜坡孟家沟村不远的地方，一座现代化的石灰窑以圆球状拔地而起。石灰的产量很大，乃至贫穷的中国人也用它粉刷房屋。所有这些设施加速了工程进展。人们几乎无法想象，就在不久之前，砖和石灰还要从上海运来。[3]

在《胶澳发展备忘录》中，德国人表露出了对房屋和建筑材料的迫切需求，青岛口原有的砖窑难以满足大规模建筑的需要，唯一的方法即尽早建立大型的和专业的砖瓦厂。1899年，德远洋行和捷成洋行两家配备有蒸汽机设备的大型砖瓦厂应运而生。德国人占领这块土地后的几年中，在从德国国内为招募派驻青岛的士兵中，除了有对年龄、身高、体格等兵员基本条件的要求之外，还附加了对泥瓦工、木工、陶工、玻璃工、画工、管道工、建筑工甚至于花匠等技能人员优先录取的规定。1898年10月11日，《临时性建设监督法规》生效。

在欧洲人城区的规定为，地皮面积的60%为建筑面积，临街建筑正面墙的高度限制在18米并且不能超过街道宽度，楼高为三层。别墅区应该建成一个"农庄式的建筑区"，建筑物周边应有较大的空地。最多允许占用30%~40%的边角地皮为建筑面积。地皮边界与街道最小距离为4米。楼高为两层。中国人城区住宅楼不能高于两层，建筑面积最多为地皮面积的75%。房间最小面积为5平方米，高度为2.7米。工人居住区允许有4平方米和2.5米的房间。住人的房间地面应高出临近建筑

[1] 华人区。
[2] ［德］单维廉：《胶澳行政——胶澳地区的土地、税收和关税政策》，夏树忱译，未刊稿。
[3] 《胶澳发展备忘录（1898年10月至1899年10月）》，青岛档案馆编：《青岛开埠十七年——〈胶澳发展备忘录〉全译》，北京：中国档案出版社，2007年，第65页。

或落水平面 15 厘米，这样就避免了出现地下室和半地下室的房间。[1]

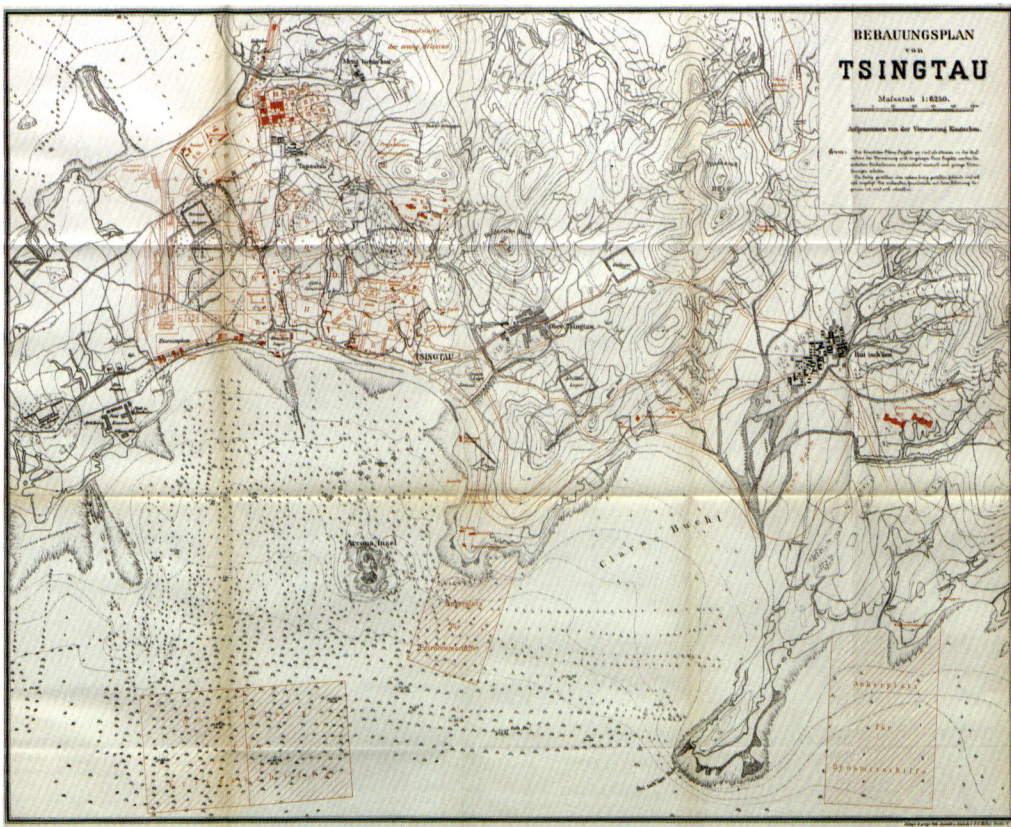

图 7-33　1899 年 10 月胶澳督署（总督府）推出修改后的《青岛市城市建设平面图》
（《胶澳发展备忘录（1898 年 10 月至 1899 年 10 月）》附录 6）。

　　主教安治泰对 1898 年第一份建设规划《拟于青岛湾畔新建城市的总体规划图》的抗议，导致对该计划的修改。在 1899 年的备忘录中，公布了一份经过修改的建设规划，修改后的规划为天主教堂提供了新的位置。天主教堂位于欧人区西北的一座山丘上，距原建设规划的位置有 350 米。1899—1902 年，这里建起天主教教会的

---

　　①［德］托斯顿·华纳：《殖民城市青岛的建设：土地制度，城市规划和开发》，［德］汉斯-马丁·辛茨、［德］克里斯托夫·林德编著《青岛——德国殖民地历史之中国篇（1897—1914）》，［德］贡杜拉·亨克尔、景岱灵译，青岛：青岛出版社，2011 年，第 108—110 页。

楼房①，并在 1931—1934 年间建成了天主教堂②。③

　　1899 年 10 月，德国胶澳督署（总督府）推出的修改后的规划中，火车站从铁码头后部向西移到了今青岛火车站的位置，站台也被取直。下青岛—火车站—大鲍岛这一三角形区域内的路网规划也已成型，青岛主城区最初的城市建设大致依照这个规划实施。而规划实施中的第一步是迁移这三角形区域内有的中国村民和拆除这一区域内的村庄。自 1899 年 10 月首先拆除上青岛村开始，至 1909 年最后拆除的杨家村为止，德国人收购并拆除了 9 座中国村庄：1899—1900 年拆除的上青岛村、大鲍岛村，1900—1901 年拆除的小泥洼村、孟家沟村、小鲍岛村、海泊村、会前村。1904—1905 年拆除的扫帚滩村，1908—1909 年拆除的杨家村④，以及 1901—1902 年下青岛除天后宫和大衙门外其他原有房屋建筑（见图 3-18）。

　　1898 年的第一个城市规划没有提及中国工人的住处。1899 年秋天才决定在台东镇建设新的工人居住区。台东镇显著的特征是街道的走向为西南—东北和东南—西北方向，这保证了太阳每天都能照射在每条街道和房屋的正面。8 米和 10 米的街道和很小体量的建筑群（25 米 ×25 米）形成了良好的通风和采光。⑤

　　就台东镇的命名，《山东德邑村镇志》中的如下所记：

　　　　这个小村镇的地方长老便建议使用"台东镇"这个名字。其含义是高地以东的集市。

　　　　这个小村镇位于凤台岭以东。凤是一种神话中的鸟。台是高地、土台，而岭则是丘陵之意。

　　　　从青岛看，首先是高地，然后是其东部的集市。镇是比较大的村庄集市。⑥

---

① 今浙江路 15 号天主教圣言会会馆旧址。
② 今浙江路 15 号圣弥厄尔教堂。
③［德］克里斯托夫·林德：《家乡的田园风光和殖民统治的要求：在青岛的建筑艺术》，［德］汉斯-马丁·辛茨、［德］克里斯托夫·林德编著：《青岛——德国殖民地历史之中国篇（1897—1914）》，［德］贡杜拉·亨克尔、景岱灵译，青岛：青岛出版社，2011 年，第 122 页。
④［德］托尔斯藤·华纳：《近代青岛的城市规划与建设》，青岛档案馆编译，南京：东南大学出版社，2011 年，第 116 页。
⑤［德］托斯顿·华纳：《殖民城市青岛的建设：土地制度，城市规划和开发》，［德］汉斯-马丁·辛茨、［德］克里斯托夫·林德编著：《青岛——德国殖民地历史之中国篇（1897—1914）》，［德］贡杜拉·亨克尔、景岱灵译，青岛：青岛出版社，2011 年，第 106-107 页。
⑥［德］海因里希·谋乐：《山东德邑村镇志》，青岛档案馆编：《胶澳租借地经济与社会发展——1897—1914 年档案史料选编》，北京：中国文史出版社，2004 年，第 380 页。

　　而用来作为位置参照的"风（凤）台岭"①则是今大连路、登州路交口处的高岗。而今，这处青岛老地名已经消失在了时光里。在台东镇产生后，以此为样板、以凤台岭为参照又于青岛的西角另建一镇——台西镇。

　　1901年，"在小泥洼，代替从前社会渣滓的棚屋，以台东镇为榜样，建设了一座有宽阔街道的新华人住宅区，并取名台西镇"②。

　　德国人划定的台东、台西两镇，主要安置参与港口、码头、船厂建设的中国劳工。在对这两处聚落的规划布局上，采用了违背中国人"背山面水和坐北朝南"传统观念的朝向布局，将台东镇设立在了一处高坡之上，台西镇则设在了西部高丘的西南坡，房屋的位置与街道走向，以东南、西北方向布局。而这种出于"形成了良好的通风和采光"的设计，实与青岛口上原清军嵩武中营、骧武前营等兵营的朝向完全一致。这如出一辙的设计或许是借鉴后的产物。

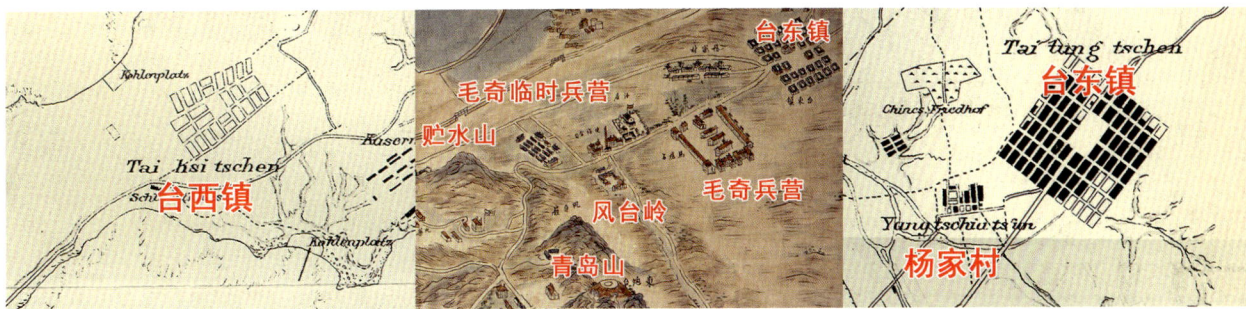

图7-34　1901—1902年青岛地图上的台东镇（右）与台西镇（左）及1909年地图上的
风（凤）台岭（中）

东炮台，今青岛山炮台；马房子，今毛奇兵营旧址；皮酒公司，今青岛啤酒厂

　　1900年6月14日，胶澳督署总督府颁布了《德属之境分为内外两界章程》，细化了"租借地"内的区划，将市区划为内界，其他则作为外界。又针对中国人在"内界"里划分了欧人区和华人区，并规定欧人区不允许华人建造房屋和居住；而在青岛所有区域里，欧洲人在房屋建造、居住和工厂等选址上则不受华洋分界的限制。

------

　　①在《青岛鸟瞰图》中标注为"风台岭"。
　　②《胶澳发展备忘录（1900年10月至1901年10月）》，青岛档案馆编：《青岛开埠十七年——〈胶澳发展备忘录〉全译》，北京：中国档案出版社，2007年，第127—128页。

图 7-35　1901 年《青岛及周边地区图》[《胶澳发展备忘录（1890 年 10 月至 1901 年 10 月）》
附录 2〕中的华洋分界线及内界九区

拟德属之境分为内外两界详细章程，逐一列左：

一、青岛附近等处作为内界，分为九区，即青岛、大鲍岛、小泥洼、孟家沟、小鲍岛、杨家村、台东镇、扫帚滩、会前等处。嗣后青岛内界推广地面，亦可随时加增，区数、边线均载画图。该图可于华务文案处过目，每区由专办中华事宜辅政司编订一册记载该区各事（内界现在只有青岛、大鲍岛、台东镇、台西镇）。

…………

十、青岛内界也划分为二，其界限如下：

起自，西边非大利街[①]，北边侯汉娄阿街[②]一线，由此顺溯小北山岭[③]，过挂旗山[④]至凤台岭[⑤]，再由此相沿各山岭至会前东山，以至海沿止，此界限内不准起盖华人居住房屋（即系不准起盖华式房屋），仅容西人雇用个人以及常雇等人在内界限数居住……如欲在青岛内界中起盖房屋，暂置佣人工匠等项者，必须先行禀报巡捕房查核准否。

大德一千九百年六月十四日

大清光绪二十六年五月十八日[⑥]

---

① 今中山路南段。
② 今德县路。
③ 今观海山。
④ 今信号山。
⑤ 大连路、登州路交口一带。
⑥ 青岛市档案馆重刊：《青岛全书》，青岛：青岛出版社，2014 年，第 11—17 页。

在 1898 年 11 月位于信号山上的"迪德里希碑"落成之后，一幅《青岛全貌鸟瞰图》又以手绘的形式描绘出了当时的青岛，并对 48 处重要地点进行了编号并标注了新的名称。有了精确的测绘图和写意的手绘图，原青岛口的村庄、兵营、训练场、码头、炮台和长墙等清军设施最后的身形可以按图索骥。第一座具有欧洲式样的房子和德国人砖瓦厂的出现，标志着德国建筑形式植入的开始，未来城市的轮廓可以从这里一窥大概。青岛建筑也从青砖灰瓦逐渐转变成红瓦白墙。

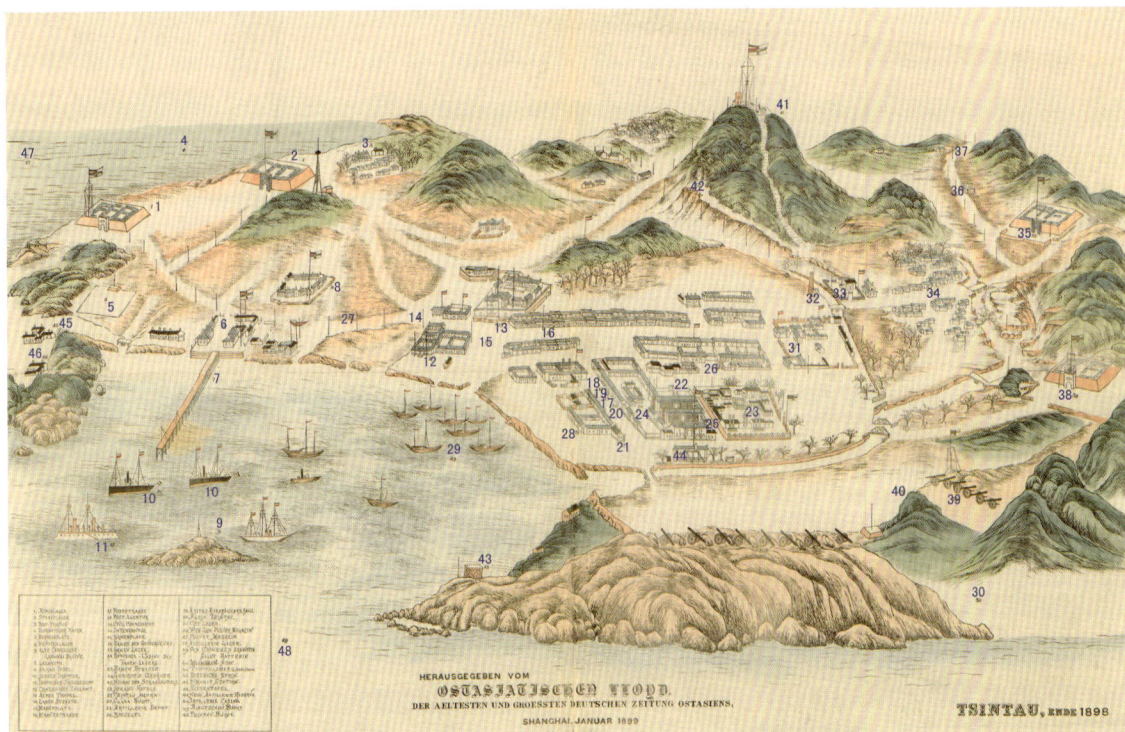

图 7-36　1898 年底青岛全貌鸟瞰图（1899 年 1 月，上海）（德国高级建筑师盖特·卡斯特博士提供，孙坚东女士翻译）。

1. 高地营（原广武前营、嵩武右营），2. 沙滩营（原骧武前营），3. 大鲍岛村，4. 内港，5. 练兵场，6. 桥营（原水雷营），7. 中国老登陆桥（原水雷营铁码头），8. 野战医院，9. 阿尔柯纳岛（小青岛），10. 捷成洋行轮船，11. 德国军舰，12. 中国海关，13. 古庙（天后宫），14. 长街，15. 市场，16. 市场街，17. 邮政街，18. 邮政局，19. 民事警察局，20. 军需部，21. 衙门广场，22. 总督衙门（大衙门），23. 衙门营（原嵩武左营），24. 衙门营军官俱乐部，25. 衙门街，26. 法庭，27. 新建的海滨旅馆，28. 沙滩旅馆，29. 青岛港，30. 克拉拉湾（今汇泉湾），31. 炮兵军械库，32. 砖瓦厂，33. 第一座欧洲房（弗格特住宅），34. 上青岛村，35. 东营（原嵩武中营），36. 通往弹药库的道路，37. 弹药库，38. 炮兵营（原炮队营），39. 礼炮连，40. 俾斯麦高地，41. 都沛禄山信号站，42. 棣德利碑，43. 炸药仓库，44. 照壁，45. 新炮兵营，46. 炮兵俱乐部，47. 胶州湾，48. 青岛湾

六、欧式元素植入

随着"大衙门"转变成胶澳督署（总督府），德国人的军、政、商等机构也以此为中心向这里集中，这一带最先借用原有条件因地制宜、就地取材而进行的房屋改建。原清军的总兵衙门、兵营和青岛口下庄街坊中的中式建筑，有的被直接利用，有的被改建，有的则被拆除，东西方建筑文化在这里融合。欧陆风开始在此兴起，一个多元化的城市风貌从这里开始呈现。德国人曾连续多年从不同的角度对这一带进行了全景式的拍摄，这些系统、连贯的老照片，真实记录下了一个蜕变的转化过程。今天，在百余年前的青岛中枢区域的今青岛市市南区太平路、大学路、龙口路、广西路、常州路一带，部分道路之下，叠压着的是昔日古老街道；道路的旁边，见证着那段历史的"青岛老清真寺""炮台局（亦称要塞建筑管理处或要塞工程局）"旧址、青岛监狱旧址等几栋早期建筑也依然存留。

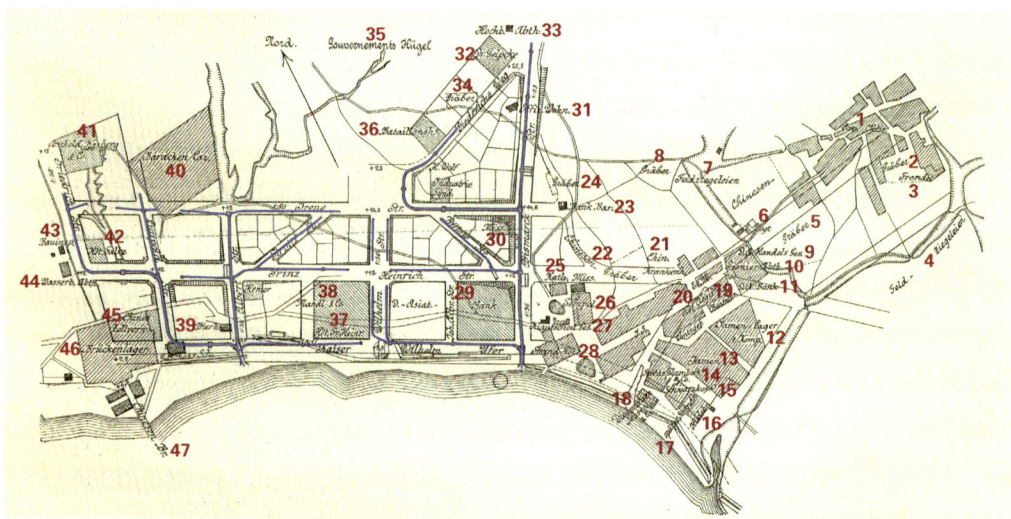

图7-37　1899年由德国工程师弗里茨·德雷克斯勒绘制的（青岛湾东侧）现状与规划及下水道图（蓝色线）（青岛文史学者王栋先生提供，德国学者德明礼博士翻译）

1.福音教会，2.墓地，3.特伦德尔饭店，4.砖瓦厂，5.墓地，6.弗格特，7.砖瓦厂，8.墓地，9.德华贸易公司，10.先遣营营地，11.德华银行（旧），12.衙门兵营1连，13.衙门，14.哈利洋行，15.顺和洋行，16.锡乐巴（住宅），17.海滨旅馆新址，18.捷成洋行，19.官员住宅，20.Aegir旅馆，21.华人医院，22.华人墓地，23.银行酒吧，24.墓地，25.天主教会，26.天后宫，27.罗达利洋行，28.海滨旅馆，29.德华银行（新），30.教会，31.军官住宅，32.格尔皮克（住宅），33.地上工程部，34.墓地，35.总督府丘，36.营长官邸，37.海因里希亲王饭店，38.曼德尔公司，39.啤酒馆，40.野战医院，41.瑞记洋行，42.法尔克饭店，43.建筑检查，44.供水部驻地，45.中国海关，46.桥营，47.中国桥

图 7-38　第一座欧式（德式）建筑弗格特住宅铅笔画（今龙口路广西路龙江路路口）

青岛"第一座欧洲房"是一个名为弗格特（Andreas Vogt）的商人为自己建造的住宅。德国高级建筑师盖特·卡斯特博士在《青岛鸟瞰图》一书中介绍如下：

> 第一座欧式建筑是 1898 年夏由木匠安德里亚斯·福格特（弗格特）在信号山脚下修建的，这块地皮是总督府分配给他的。他获准在 1898 年 10 月土地拍卖前建房，是因为他承诺除住房外，还将建一座蒸汽砖瓦厂，这对于规划建设这座海军城市意义重大。1898 年 10 月，铁路工程师刘易斯·魏勒与其夫人迁入这座房子。相邻的马厩房中临时安置有《德亚瞭望》编辑部。①

弗格特的这组建筑位于今龙口路、广西路、龙江路路口东侧，由居住用房和辅助房组成。1898 年时，阿里拉街（Alila Strasse，今龙口路）一带有一条起于今江苏路上端，下至今大学路的自然冲沟。两座主要建筑面向东南、相互以 90° 角分布在沟沿和沟底。砖瓦厂则设在了冲沟的对面，主要设施是两座工棚和一座烟囱，而两个窑口则是开在了沟壁上。种种迹象表明这是一座生产规模并不大的小型砖瓦厂。

在历史照片上，在弗格特的地块上主要有一座层高二层的两面坡硬山式建筑和一座屋面上有着高大老虎窗的一层单体建筑。先期建成是一层设有三门三窗、二层设有四门四窗的楼房建筑。一层或许是圈养马匹的马厩，二层或许是供马夫使用的居室。这栋带有外廊的建筑，因其建筑式样近似青岛口已有的中式建筑，冠名为第一座欧洲房似乎有些牵强。而后建成的层高一层、带阁楼的单体建筑，有着高、尖的屋顶和六个高大的老虎窗，在当时的青岛口首次呈现出异域风情，更加符合"第

---

①［德］盖特·卡斯特：《青岛鸟瞰图（1898—1912）》，青岛市档案馆编译，青岛：青岛出版社，2017 年。

一座欧洲房"的定义。这座建筑的主入口设在了东侧，一条规划中通往东营（原嵩武中营）的道路从南面房前经过。形似中式歇山顶的屋面使用的是与中国传统板瓦截然不同的板瓦。这座在砖瓦厂建成之后才建成的建筑，从时间顺序上推断，极有可能使用的是弗格特自己砖瓦厂生产的具有德国式样的建材。

1898 年，与弗格特住宅建成同期，在今江苏路 12 号"俾斯麦大街住宅旧址"[①]原址上有一栋以木板贴外立面、屋面覆以中式灰瓦的公务用房建成。在大衙门一侧的"衙门兵营（原清军嵩武左营）"里，一座平面呈"品"字形，平顶屋面上带有一圈欧式栏杆的建筑，也在这一时期替换掉了原有的三栋中式建筑。弗格特这座具有高、尖屋顶和砖石木结构，既有别于青岛口青砖翘脊的中式建筑，也有别于德国人其他带有应急色彩的临时板房，以全新的面貌出现，自然而然地摘得了青岛口第一座欧洲房的头衔。

图 7-39 以约拍摄于 1900 年照片制作的老明信片（老明信片收藏家王学刚先生提供）
图中近处建筑为于弗格特住宅同期建成的位于今江苏路 12 号的公务用房。原建筑于 1904—1905 年拆除后建造了"俾斯麦大街住宅旧址"建筑。照片远景建筑为 1899 年建成的第三海军营营长官邸

弗格特这组建筑，在胶澳督署（总督府）1898 年和 1899 年出台的两份规划图上均未有呈现，最早的现身则是在 1898 年底《青岛全貌鸟瞰》手绘图中。其后，《胶澳发展备忘录（1901 年 10 月至 1902 年 10 月）》附带地图才予以了标注。《胶澳发展备忘录（1904 年 10 月至 1905 年 10 月）》附录 1～2《青岛全景照片》上，砖瓦厂的工棚和烟囱消失。1908—1909 年，除马厩尚存外，弗格特的住宅已经消失。

---

① 今江苏路 12 号俾斯麦大街住宅旧址，建于 1904—1905 年，曾为李德顺住宅、三井洋行经理住宅、高芳先住宅、青岛市人民检察院等。

《胶澳发展备忘录（1898 年 10 月至 1899 年 10 月）》"饮水供应"一条记：

> 殖民地的饮水至今仍通过水井供应。在 1899 年大旱的日子里，特别是因为许多住宅就近的窑厂大量用水，致使个别地方的水井都曾暂时干涸，然而这个问题通过在适当地方开挖新井已得以解决。现在，由于已将上青岛华人村拆迁，也迁走了设在那里的砖瓦窑，并且下青岛村的部分居民迁往杨家村的工作按近期报告可于 1899 年底结束，因此可以期望，以后任何地方都不会缺乏饮水了。[1]

1898 年，当弗格特选择在下青岛北部边缘之外建造住宅和砖瓦厂时，虽然第一份规划还未出台，但他似乎已经预知到了这一区域日后将会发生的变化和时下胶澳督署（总督府）所需。而这处冲沟及其周边一定也存有经雨水常年冲积带来的制砖原材料，择址于此，就地取材，就地生产，就地使用，既暂时回避了规划中的不确定性，又便于近距离提供砖瓦制品。但随着青岛口建筑的增多和对建材需求量的加大，以及水资源的利用与分配等问题的出现，位于城市中心区域里的砖瓦厂也终将会消失。当初允许弗格特在此设厂，或许是胶澳督署（总督府）的一个应急措施。或许弗格特在选址上判断失误。1899 年在位于主城区之外大鲍岛北部的"德远"和"捷成"两座大型蒸汽砖瓦厂的相继建成投产，对弗格特砖瓦厂或许造成了颠覆性的冲击。弗格特在 1898 年夏季建造的这组建筑并非形单影只，在建造它的同时或稍后，在它的旁边也不乏其他建筑物的落成。今天，在距离这座曾经"第一座欧洲房"不远的常州路上仍有百年前德占早期建筑的遗存。

常州路，得名于 20 世纪 20—30 年代，在初称常州路时它还是一条全长约 300 米、东连今鱼山路、西接今太平路、呈"⌒"形的街道。今天的常州路则是隔着一个街坊，分别呈"L"形约 120 米和呈"U"形约 300 米东西并列、相邻却不相连的两段街道的统称。西部"U"形路段围绕着的常州路 21 ~ 25 号，现为青岛德国监狱旧址博物馆。位于馆区中心位置上的是 1900 年 11 月 1 日交付使用的青岛监狱旧址，它是德国胶澳督署（总督府）为关押被判徒刑或违法受到拘役的欧洲籍人犯而专门设立的，因而也有了"欧人监狱"之称。

这座位于当时下青岛最繁华的市场街中部，带阁楼和地下室的砖石木结构的监狱建筑，主楼南侧为三层监房，北侧为二层看守室。西侧带有锥形屋顶的红砖清水墙塔楼最引人注目，环绕圆塔的墙面上的叠错小条窗沿 47 级楼梯走势排布。建成初期，欧式风格的塔楼和中式传统灰瓦与翘脊在这里相会。

---

①《胶澳发展备忘录（1898 年 10 月至 1899 年 10 月》，青岛档案馆编：《青岛开埠十七年——〈胶澳发展备忘录〉全译》，北京：中国档案出版社，2007 年，第 57 页。

Alt-Tsingtau. Marktstrasse mit neuem Gefängniss. 11.3.05.

图 7-40　约拍摄于 1900 年照片制作的老明信片（老明信片收藏家王学刚先生提供）

图中近处建筑为于弗格特住宅同期建成的位于今江苏路 12 号的公务公寓。约 1904—1905 年，该
公寓建筑拆除后建造了今"俾斯麦大街住宅旧址"。照片远景建筑为 1899 年建成的第三海军营
营长官邸

　　青岛监狱占地面积 2 000 余平方米，除主楼建筑还另有马厩、浴室、伙房等辅助建筑。1914 年后，日军改青岛监狱为青岛守备军囚禁场。1922 年中国收回青岛主权后，改为青岛地方检察厅看守所和青岛地方法院看守所。1924 年，新建"廉"字和"耻"字监房。1931 年、1935 年各增建两座监房和一处工场，并将五座监房分别以"仁""义""礼""智""信"命名。1938 年日本第二次占领青岛后，看守所作为日本青岛海军囚禁厂、伪青岛地方法院看守所。1945 年日本投降后，恢复青岛地方法院看守所。1949 年新中国成立后至 1995 年，曾经作为青岛市人民法院看守所、青岛市公安局第一看守所使用，如今，这座看守所共有建筑 26 栋，建筑面积 8 000 余平方米。2006 年，被列为全国重点文物保护单位，2007 年 4 月设立为博物馆。[①]

　　今常州路东部"L"形路段半抱着的 7 ～ 9 号，现为炮台局（Fortifikation）旧址[②]和"青岛老清真寺"旧址。这里曾经是下青岛（青岛口下庄）东北角最后的一个街坊，它们曾与弗格特住宅隔沟而立、南北相邻。它们的前方，是清军嵩武左营一角营墙和空旷的操场，东侧是那条分隔着上、下青岛的天然冲沟，西侧则是连绵

———————————

　　① 赵春光：《历史的烙印——青岛德国监狱旧址博物馆陈列展览纪略》，北京：中国长安出版社 2008 年，第 9、12、16、29、43 页。

　　② 堡垒建筑术（Fortifikation）：一般说来就是防御工事（Befestigung）。但是，作为堡垒建筑术，也表示防御工事建筑艺术以及从工程技术上指导某个要塞建设的业务（引自《青岛城市与军事要塞建设研究》——要塞建筑术语释义）。在 1913 年 4 月 18 日《胶澳官报》，Fortifikation 被译为"炮台局"。笔者在 2009 年出版的《青岛德式建筑》一书中，因资料缺乏而使用了"要塞工程局"一称。在其他出版物中有"要塞建筑管理处""要塞筑城局"之称。

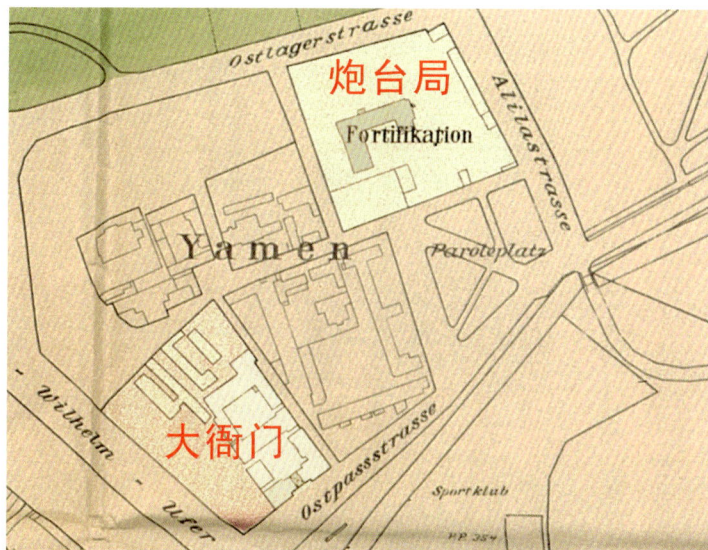

图 7-41 1914 年《青岛地籍图》上的大衙门与炮台局位置

至天后宫的多个商住街坊。根据 1910 年的老照片和 1914 年的《青岛地籍图》，在阿里拉大街（Alila Strasse，今龙口路）、东营大街（Ostlager Strasse，今龙口路至常州路广西路一段）转角以南清晰明确地标出了"Fortifikation"的名称。在 1913 年 4 月 18 日出版的《胶澳官报》中的德、中文对照中的"炮台局"则给出了当时对这座建筑的名称。而今在这两处院落中，四栋历经世事变迁的老房子还依然保存完整。虽然记载这两座平房和两座楼房的文献稀少，但从《胶澳发展备忘录》中的青岛全景照片和其他德占时期的老照片、老明信片中搜寻，也不难找到它们的身影，它们的历史脉络也并非完全无迹可寻。

常州路 9 号现为 1929 年设立的第一所清真寺所在地。据 1928 年《胶澳志》卷三《民社志三·宗教》记：

回教清真寺在广西路赁屋设寺，乃本区之回教徒于十六年所公组者。聘有阿衡一人主持教务，并设有回教义冢信徒六七百人云。[1]

1933 年《青岛指南》记：

回教，在华北各省，本极盛行，本市亦设有清真寺及回教义冢等，惟该教教徒，大抵世相沿袭，因此信徒无多，总计全市，不及千人。[2]

回教清真寺（华）常州路四号。[3]

---

[1] 民国《胶澳志》，青岛：胶澳商埠局，1928 年。第 71 页 a。
[2] 魏镜：《青岛指南》第六编《生活纪要》，青岛：平原书店，1933 年，第 11 页。
[3] 魏镜：《青岛指南》第六编《生活纪要》，青岛：平原书店，1933 年，第 15 页。

图 7-42　2013 年时的常州路 7 ~ 9 号全貌

　　2007 年，位于青岛市市北区同安路 579 号的新清真寺建成，常州路这里便成了老清真寺。由三座不同时期建筑合围成院的青岛老清真寺，院子西侧是一座当代钢混结构的四面坡两层楼房，而东侧平房和后部的楼房都是房龄已过百年的老房子了。临街平房山墙上的"P.S.1898"石刻，清晰标明着这座建筑的建造年份。老清真寺楼房的影像，最早出现在 1907—1908 年的照片中。

图 7-43　青岛老清真寺

图 7-44　老清真寺上的"P.S.1898"石刻

　　在德占青岛初期拍摄的下青岛照片中，这座平房所在地似乎还没有建筑物。而在之后的照片中，一座屋面平缓、山面近似中式悬山样式和屋脊上带有三座烟囱（或通风筒）的建筑在这里出现了。《1898年下青岛东北向全景》照片则显示它与弗格特先期建成的"马厩"同时存在。

图 7-45　炮台局 1900 年（下图）、1901 年（中图）、1907 年（上图）西北向全景
——老清真寺建造前后

图 7-46　下青岛 1898 年（下、中图）、1900 年（上图）东北向全景

　　老清真寺"P.S .1898"平房，在较长时间里被误认为是德国人早期的邮政所。然而在德占时期的"邮政街"和邮政所的位置得以确定后，这座房子的用途和建造者的信息，以及对"P.S"这两个缩写字母的解读，又重新回到了起点。

　　今天的"P.S .1898"平房，主入口设于临街山墙之下的东侧，门内走廊连通后部老清真寺楼房。现状与老照片比对，这面带有建造年份铭牌的山墙由原本的悬山式变为了两端高起望柱的三曲线硬山式。覆有红瓦的屋面不仅比原来高出了许多，屋面形式也由最初坡度较小的两面坡变成了大坡度的三面坡。这些显著的变化，较大的可能是在德占中期增建老清真寺楼房时所为。

图 7-47　"P.S. 1898" 平房（红）与炮台局平房（黄）建成前后比较（蓝色为早期德华银行）

　　老清真寺楼房楼高二层，带阁楼，半四坡屋面的建筑上覆红瓦，屋檐出挑，于转角和檐部施以红砖装饰。主入口设于前立面西侧，通向二层的楼梯则置于内部的东侧。其花岗石悬挑式的楼梯和铁艺扶手，券门和铁艺窗把手，都显露出浓郁的德式风格。这栋直到《胶澳发展备忘录（1907 年 10 月至 1908 年 10 月）》中才有所记载的建筑，显然是今常州路 "L" 形路段中四座现存老建筑中最晚建成的一栋。历史影像不仅给出了老清真寺 "P.S .1898" 平房和楼房在建成时间上的依据，也同时给出了东邻 7 号院里两座建筑的信息。

　　常州路 7 号院内东西坐落着炮台局平房和炮台局楼房两座老建筑。两幅德占初期由德国人拍摄的下青岛照片上，在炮台局平房的位置上的是一座两面坡硬山、半瓦半草屋面的中式平房。而在"P.S.1898"平房建成和弗格特仅建有马厩的另一幅照片中，出现了一座窄长的平房建筑。隐约可见的屋檐上搭设着的架板和杂乱的院子，似乎在昭示着这座平房还未告竣①。是年，在弗格特住宅建成后的照片中，围墙内的炮台局平房和院内的一切都归于了平静。

炮台局平房是一座窄长的、中部设抱厦②的两面坡硬山式建筑。同为两面坡硬山式的抱厦，面阔、进深各为一间。山墙下开设北向主入口，门内为门厅。镶嵌着玻璃的对开大门和门厅东西两面的廊窗，采用的是带有中式回纹的木制隔扇门和槛窗。

北立面中心位置上，突出于立面的抱厦采用的是欧式三角山墙门廊建筑形式。山墙下的主入口与北墙院门之间，以一座券式架廊连接。建筑整体以抱厦为中心向东西两翼展开，使建筑平面在整体上呈现"T"形。立面的东西两部分，东半部檐下开五个小横窗，西半部则开设了两面大窗和两扇入户门，使建筑在外观上出现了一种体量对称，立面形式不对称的奇特形态。③

南立面西半部与"P.S.1898"平房的北立面紧密相连，使得两座建筑在平面上结合成了"L"字形，东部另设次入口。1907—1908年，德国人自行拆掉了这座平房抱厦以西的全部和"P.S.1898"平房北立面的一部分，新建了今"老清真寺"楼房。现在的炮台局平房是原建筑中部和东部的完整保留。百余年中，虽历经过多次修缮，房前屋后也有所增建，但建筑主体始终未作改变，原有的部分建筑装饰也保留至今。

檐高2.6米的主体建筑为砖砌空心墙体，南立面房前以及次入口门前地面上铺设着一字排列着的十七八件中式雕花条石和以红黄两色为基调的陶瓷地砖。这些情况似乎在告诉后人这里曾经接檐搭建有一座檐廊，条石和地砖在檐下曾经肩负过散水石④的职责。室内屋顶完全不见中式传统建筑中的梁与架，梯形的木制天花板上带排气孔的铁艺垂花式吊灯座，展现的是异域风格。吊顶与屋脊之间的三角形空间，既起到了隔温的作用，还为当时所使用的油灯⑤产生的废气提供了排放通道，突显了别样的设计。墙壁上的中式如意纹木雕护墙板与德国式样的门窗把手同处一室，中西建筑元素混搭在这座平房里。木地板、空心墙和吊顶，都为建筑提供了最佳的隔热保温效果。

①见图7-56。
②抱厦房屋前面加出来的门廊，也指主建筑后面毗连着的小房子。
③见图7-52。
④散水石，防止雨水冲毁地面或渗入，在建筑周围铺面的保护措施。
⑤德占早期的灯具，基本是以燃烧时会产生较大烟尘的豆油作为燃料。随着物资的输入和发电厂的建成，逐步换用了煤油灯和电灯。

图 7-48　炮台局平房前的中式雕花条石与地砖

图 7-49　炮台局旧址平房室内改造后而结构未变的梯形天花板

图 7-50　炮台局旧址平房室内原有的梯形木构天花板与油灯吊灯座（青岛文史研究者郑淼先生提供）

这座从外观上看似普通的百年平房建筑，保存最完整的部位是位于北立面的抱厦。两道中式回纹木制隔扇门、中式盘长纹的门槛石、陶瓷地砖、门厅东西两侧墙上的回纹木制槛窗这些融合着中西建筑元素的部件都在这个狭小的空间里被完好地保留着。

图 7-51　在青岛的服役期结束于 1910 年 3 月 27 日复活节过后即将回国的德军官兵在炮台局平房抱厦前的合影（老照片收藏家邹德怀先生提供）

图 7-52　炮台局旧址平房北立面及抱厦图示

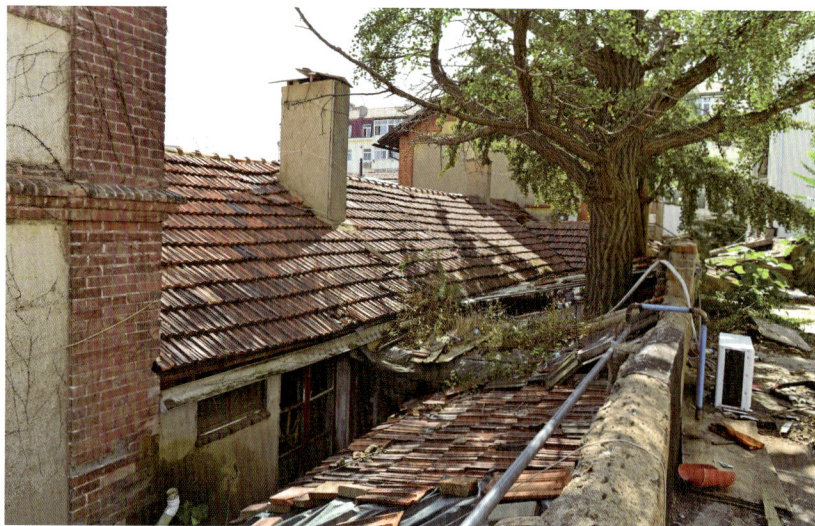

图 7-53　今日炮台局旧址平房北立面

图 7-54　2013 年保存完好的炮台局平房北立面抱厦雕花条石、地砖（下左图）与入户门（下右图）及抱厦山墙（上图）

图 7-55　保存完好的炮台局平房北立面抱厦东西两面槛窗

百余年前，下青岛西北的"总督府山丘"（今观海山）和信号山之间的高地，为眺望和拍摄当时青岛中心区域的北部提供了最佳的视点，因此这个区域及其北向景象频频出现在了照片上。而从东南高度较低、距离较远的今小鱼山方向看，建筑物的紧密和相互间的遮挡，使单座建筑物东南面的完整面貌难得一见。炮台局平房和弗格特住宅建成之后，在 1899 年夏，紧连着炮台局平房东山墙，一座带阁楼和地下室的欧式楼房——炮台局楼房也随之建成。

图 7-56　建造中的炮台局楼房

这座砖、石、木结构，楼高二层、带阁楼和地下室的炮台局楼房，屋面酷似中式歇山顶，出檐较大的屋面上铺装了中式灰瓦。建筑以花岗石砌基，外立面转角、腰线和门窗套施以青砖清水墙，其余部位皆作抹面浑水墙。砖青、瓦灰、墙白，成为这座建筑的色彩基调。建筑东侧也设有突出于立面的抱厦一处。通高的抱厦，面阔四间，一层南侧一间为房间窗户，其余3间则为廊窗。中间设主入口，门前设六级、以十余块带有中式吉祥图案的雕花条石搭建的台阶，门内铺设着与炮台局平房同款的陶瓷地砖，室内西南角设有壁炉。二层则为四间通宽的木构敞廊，四组方木柱支撑起顶部的木构镂空山花和抱厦屋面。今天炮台局楼房的主入口已经从东侧移至西侧，楼梯间为哥特式天花板。楼梯第一级踏步是与东入口相同的刻花条石，悬挑式石质楼梯曲折回旋通达二楼。楼梯栏杆与转角处的木栏柱柱身上，雕刻有精美的中式盘龙、祥云如意纹浮雕，柱头上安坐着木雕座狮一尊，而另一尊木雕座狮则安置在了二层栏柱柱头之上。

图 7-57　建成后的炮台局楼房东南立面铅笔画

图 7-58　炮台局南门与院墙图示

图 7-59　今炮台局旧址南门与
　　　　　楼房南立面

图 7-60　今炮台局旧址楼房东立面

　　这座集中、西建筑元素于一体的"炮台局楼房"，立身于当时的下青岛，与周边的环境倒也有几分的融合。其外形，在 1900 年以红砖建成的青岛监狱上再次得到了体现。这两座相距不远的建筑，除灰、红两色的差别外，建筑在外形上难分彼此。两座建筑在式样与风格上高度接近，应出自同一人的设计，建筑师有可能是 1898 年 2 月首位来到青岛的专业建筑师马克斯·科诺普夫。

　　尽管炮台局这组建筑是由德国人建造的，建筑中虽有德式的金属门窗把手和栏柱的使用，但同时也采用中式木雕的。建筑的屋面既有中式建筑的影子，又有临时性木构组装"瑞典木房"的相貌。具有这种类似或近似中式歇山式屋面形式的建筑在德占早期的有 1898 年建成的军官住宅、胶州旅馆，1899 年建成的总督临时官邸、山东铁路公司，1900 年建成的青岛监狱，等等。而在屋面上使用中式灰瓦以及将中式建筑装饰用于建筑物中的做法普遍，甚至于 1901 年建成的青岛火车站站房，竟然使用了中式的绿色琉璃瓦。这些在德占早期较为普遍的现象，主要还是缺少德国本土的专业设计师和建筑材料所致。出于对房屋建筑的应急的需要，就地取工取材。建造的过程虽然匆忙却也不失精细，建筑式样与装饰的意趣也并未因此而减弱。今天再看这些诸多依附在建筑实体上的艺术，见微知著，可见从建筑设计到工匠们的严谨与匠心。而蹊跷的是，一向被德国人重视的、设在屋檐下用来接收和排放雨水的落水管，在这座建筑上一直没有出现。

　　曾经占据着下青岛西北端最后一个街坊大半的炮台局，周圈围以院墙。北部院墙，正对炮台局平房中心上的抱厦开设院门一处。南部院墙，于炮台局楼房南立面前凹进两侧墙面深两间、阔五间，并于中部开大门一处，即今的常州路 7 号院门。凹进的院墙与门前那条不宽的街道，组合形成了一个个的小广场。那青、红两色的清水砖墙垛和券式门楣，延续着院内主体楼房的建筑形式和色彩基调。

图 7-61　炮台局旧址楼房东立面主入口雕
　　　　花石台阶

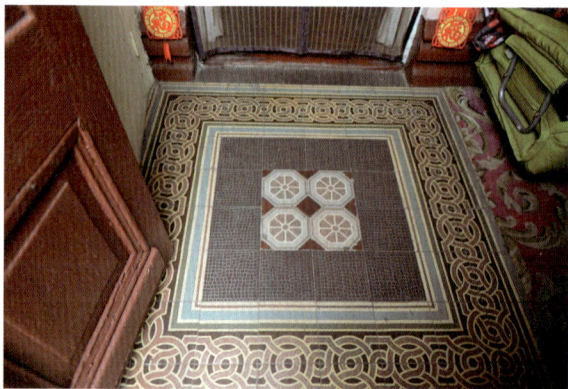

图 7-62　炮台局旧址楼房主入口地砖

　　围墙内三座高低不同的建筑的用途也在围墙之上有
所体现。大门东西两侧院墙，东部楼房之外为砖石木镂空
墙，而西部平房前后则为石基混水墙面。通透的镂空墙，
显露出的是轻松，折射出的是居住的功用和生活的气息。
严实稳重的实墙，呈现出的是规整，反映的则是公务的用
途和工作的特质。建筑设计，在这里符合着使用的功能，
官邸与公务建筑的结合，也在沿用着德国人"准备将总督
的住宅和办公处集合在一起的想法"。

　　大门前小广场西北一角，是一个以黑色火山岩铺面的
井台，台上是一眼设有排水槽的水井。不大的井口下是一
个远大于井口的蓄水空间和更往地下深入的另一口竖井，
井壁上则是一排锈迹斑斑用以攀附的铁制扶手。据居住于
此的居民讲，这口水井里的水是不适于饮用的咸水。而就
在这口水井的几米之外有一口井水可以供人饮用的甜水
井。离奇的是，该井还是一口完全被炮台局楼房覆盖着的
水井。该水井的井口位于大楼内低于建筑外部地面约 2 米
有余的地下室地面之上，因楼房的遮盖，从外部任何地方
都看不到它的存在。

　　炮台局旧址这一明一暗、一甜一咸，一高一低的两
口水井的身世今已难考。猜测室外的咸水井，较大可能是
德占之后为饮马等需要而开挖的；地下室里的甜水井，极
大可能是原下青岛民居中原有的日常使用井。在炮台局楼

图 7-63　炮台局旧址楼
房盘龙与狮形木雕栏柱

房的建造时，因其水可饮而未被填埋，只是拆除了原有建筑和上部井壁，降低了高度，与地下室地面取平。或许正是因为这被降至地面以下的原因，才有了这口井每当降雨量丰沛的季节出现井水冒溢的现象。值得庆幸的是，这座经常遭受渗水浸泡地下部分的老楼百年无恙。

在 1924 年的《青岛井户图》上，今常州路 7 号大门外的水井编号标注为"43号改换新盖"水井，而大楼地下室里的这口水井则未被收录其中。

今天，雕刻有中式吉祥纹样的角柱的常州路 7 号门牌的炮台局旧址老门楼，依然保留着中式传统建筑元素融合在青岛早期德式建筑上的痕迹。在它的西南百米开外，镶嵌有常州路 21 门牌的另一座石基清水、风格相似的老门楼也已经与它遥相守望了百余年。

1898 年 3 月 6 日德占胶澳。德意志帝国实现了多年来为确保在世界的地位而在东亚建立贸易基地的梦想，1894 年为此而建立的东亚巡洋舰分舰队也终于夺取了一处军港。在《胶澳租借条约》签订仅半年后的 9 月 2 日，德国即已急匆匆地将整个"租借地"向各国开放，使之成为贸易自由港。随着德国军、政、商各机构人员的接踵而至，青岛口下庄、大衙门及其周边原有房屋也被他们瓜分。在 1898 年的手绘图和规划图上，炮台局所在街坊里，炮兵军械库、先遣营、德华贸易公司和德华银行多个机构即已进驻（见图 7–38）。

胶澳督署（总督府）在进行未来城市规划的同时，军事防御也早早地被列入整体计划之中。1899—1908 年实施的第一个防御工事建设计划于 1899 年 5 月 9 日制定。"随着要塞建筑工程的启动，设立一个要塞建筑管理处成为必要之事。无论是在规划设计方面还是在实际施工方面，都离不开有经验的专业人员、工程师军官、壁垒工匠等。"[①] 炮台局设址，是在原有机构撤出后才进驻，还是初始即为该部门专门建造，现因史料的缺乏而无从知晓。但至少，1910 年的老照片和 1914 年地亩图，明确指出了它的存在。后者还在图上将老清真寺"P.S .1898 平房"和"老清真寺"楼房与炮台局的两座平、楼房四栋建筑作为一个整体标注上了"炮台局（Fortifikation）"。从德国人在青岛的实际做法来看，这处专司要塞防御工事设计与实施的炮台局，应当是德占胶澳当局较早设立的部门之一。在德占胶澳 17 年中，较大规模的军事防御规划也应当出自这个院落。

今天，历经三个世纪的常州路 7 ~ 9 号院，室内室外、墙上檐下依然存留着较多的历史的印记。房前屋后、地面台阶以及南部与人民会堂间壁墙基上，一种独特

①［德］约尔克·阿泰尔特：《青岛城市与军事要塞建设研究（1897—1914）》，青岛档案馆编译，青岛：青岛出版社，2011 年，第 111 页。

的花岗石雕花方柱分布其中。这是一种长 0.96 米、宽 0.32 米的花岗石方柱，四个立面各进行过粗石面和细石面处理，相邻的两个细石面上，又分别做"寿"字阳文和阴文线框浅浮雕。这些在建造时即被砌入其中的建筑构件，既诉说着它们的过往，又保守着它们的身世之谜。

图 7-64　炮台局旧址外墙转
　　　　　角上的雕花角柱

图 7-65　人民会堂西北间隔墙墙基上的雕花条石

　　走近这组老建筑，现存于院门两侧的 4 件和围墙内外转角上的 3 件[①]成对布置的石质角柱最为引人注目。如果稍加留意，在老清真寺"P.S. 1898"平房入口处的 2 件石构件，炮台局旧址楼房东入口以 10 余件石构件搭建的台阶、楼内楼梯第一级踏步，炮台局旧址平房北门下的 4 件石构件，南门前的 2 件石构件都可以找到。更为明显的是这座平房建筑前地面上那一字排开、排列整齐十七八件石构件。走出这两处老院子，老清真寺对面人民会堂间隔墙的墙基上，虽然没有一件完整的石构件留存，但从现存的多个残件上也能看出其数量的多寡。40 余件具有典型中国传统吉祥纹样、高规格的花岗石构件被德国人砌入。从材质、制作工期、砌筑时间上分析，这些花岗石构件不像是德占初期缺少基本建房条件的德国人为炮台局的建造而专门定制的，也不像来自普通的民房或商号货栈房屋，或许是取自 1898 年初最先改造的原清军左营（衙门营），或许来自章高元还未来得及建造的建筑物。德占后，德国人出于对房屋的应急的需要，将这些遭遗弃的精美建筑构件，铺垫在了庭院里、砌入房基和围墙中，用在了新建的德式建筑上。

　　这些奇特角柱，在清军青岛炮队营、骧武前营营门上可以找到相似的身影。再寻迹烟台两座与青岛口同时期建造、迄今保存完好的通伸岗炮台新台（西炮台新

――――――――――

　　①　此段院墙原内外四个墙角上各设一件，院墙东南角一件随院墙拆除而不存。

台）和峆岵山炮台（东炮台）旧址，其券门和立面腰线上，相同的身形还依然健在。存在于烟台、青岛两地的这些百余年刻就的带有龙纹、"福"字纹、"寿"字纹、"卍"字纹、盘长纹、串钱、八卦、人物、平升三级等多种吉祥纹的石构件，所贯穿的理念和起到作用是相同的。

样貌上，烟台通伸岗炮台新台下层主入口券门两侧，高 1.02 米、宽 0.41 米、深 0.27 米的角柱，从尺度到刻工，与青岛炮台局旧址上的石构件犹如一母所生的同胞兄弟（见图 5-29、图 5-30）。

材料上，同样选用北洋水师在北起旅顺口，南至青岛口的各个海防设施建造中所采用的石材。"东海一隅土薄山多，取石甚便荣成石岛一带。所出之石更属坚固。从前，旅顺口大凌湾筑造炮台皆取石于此。今胶州青岛亦取此处之石筑炮台，雇船运载络绎如梭。"[1]

作用上，青岛的这些花岗石角柱，极大可能是为筹建中的团岛炮台和坦岛炮台而定制的，而且它们有可能是在采石场制作完成后再运抵青岛口的预制件。

常州路上这种集中使用于建筑基础部位的花岗石角柱，从其所在建筑的建造年份和所在位置上来看，符合"在 1898 年秋天，土地制度《德国青岛地区购地条例》和《建筑公安条例》生效前——即在有计划地建设城市之前，只有几栋并且很简陋的德式建筑物直接建在衙门附近"[2]的记载。这些原本属于清朝海防炮台上的建筑构件，或许被德国人当作战利品，或许被当作建筑废料，被砌入了德式的炮台局建筑上用于装饰。在德占早期，德国人要想在短期内将纯粹的德国建筑形式移植过来还是有一段路要走的。又由于其建筑活动中中国工匠的参与，中式建筑元素和建材附加于新建建筑之上就不足为奇了，青岛口于是出现了具有德式建筑式样与中式建筑特征的中西合璧式、两种文化融合的奇特建筑形式。在曾经的

图 7-66　1899 年建成的炮台局雕龙木栏柱与今沂水路 3 号格尔皮克·科尼希别墅雕龙石柱

① 佚名：《登州海市》，《申报》1893 年 7 月 22 日第 3 版。
② ［德］克里斯托夫·林德：《家乡的田园风光和殖民统治的要求：在青岛的建筑艺术》，［德］汉斯 - 马丁·辛茨、［德］克里斯托夫·林德编著：《青岛——德国殖民地历史之中国篇（1897—1914）》，［德］贡杜拉·亨克尔、景岱灵译，青岛：青岛出版社，2011 年，第 115—116 页。

第一座德式建筑消失后，这组建筑无可争议地位居青岛现存最早德式建筑之列。历史造就了这三座独特的建筑。

然而，这种独特的多元融合建筑形式，不仅没有随着建筑条件的改善而终止，反而在后来的德式建筑被刻意运用，形成了有别于他处的青岛德式建筑。从1898年起，青岛口由一座清朝海防要塞开始转向了一座具有欧洲风格的军港要塞和商港城市。

图 7-67　1906 年建成的"伯恩尼克住宅"客厅内雕龙房梁

8

第八章
胶澳东岸巨港初现

一、青岛口老港

依青岛天后宫现存 1865 年 "天后圣母 – 重修天后宫石碑" 募捐戏楼碑记中的记载，青岛开创于乾隆年间的 1765 年前后；到 1865 年时，青岛口已呈 "旅客商人鳞集" 之景象。又据《海云堂随记》记，到德占青岛前时，青岛口 "北为牛庄，西为安东卫、石白所、胶州、海州，南则江淮闽浙广粤，再北为高丽各处[①]，贸易悉通"，已具 "航运通达" "往来极盛" 之况。[②] 广泛的海上航运贸易也带动着青岛口陆上的商贸，从即墨、平度、金口、海阳来此赁屋经营以及当地人经营的车马店、旅店等各类商铺已达 65 家。青岛口贸易的繁盛，吸引着的不仅仅是商人的目光，清廷也看到了那闪着 "银" 光的关税。同治初年，清政府在山东烟台设立东海关后，也不失时机地在青岛口设立了东海关分关。至少，青岛口在清同治时期即已成为中国北方海岸线上的一座贸易港。

古代中国以木造船，传统木帆船在尺度、吨位、吃水上都远不及西方的铁制船舶。然而，其也正因为型小体轻，不需要任何设施，在岸边的滩涂就可以停靠。德占之前停靠青岛口的木帆船，借高潮抢滩，待海水落潮后直接坐滩。柔软可塑的沙滩既不会损坏船体又可保持船身的稳定。在船尾搭一块桥板即可实现船员和货物的上下。这种装卸方式不仅有青岛口船民在使用，也被占据青岛的德国人所借鉴。在 1901 年中等水深的青岛小港建成之前和 1903 年开工的浮船坞组装现场都能看到几条被拆去了桅杆的木帆船并联在一起组成的临时 "驳船"。德占胶澳后，这种适合于中国帆船 "坐滩搭桥板" 的停靠方式不仅没有消失反而得到了发挥，一种以花岗石砌筑的 "斜壁式码头" 出现在了小港的东岸和小港南岸的太平港以及深水港——

[①] 牛庄，今辽宁省海城市南部；安东卫、石白所在山东省今日照市；海州，今连云港市；高丽，今朝鲜半岛。

[②]（清）胡存约：《海云堂随记（摘录）》，青岛市博物馆、中国第一历史档案馆、青岛市社会科学研究所编：《德国侵占胶州湾史料选编（1897—1898）》，济南：山东人民出版，1987 年，第 22 页。

图 8-1　青岛湾不同时期的木帆船

青岛湾里的中国木帆船与传统的装卸方式（左图），德占后专为接驳货物而去掉桅杆的中国木帆
船（中图），1906 年后青岛湾里停靠的木帆船（右图）

青岛大港里。

　　有渔航者祈福的天后宫，有商贾交易的市场，有海关、邮局，又有 1892 年进驻的大队兵马以及守备衙门、兵营、炮台和军用码头（铁码头）的青岛口，德占前既是山东沿海一座传统的商贸港，也是一座海防要塞。1897 年德占后，曾帆影点点的青岛湾里锚泊着更多的是来自德国的铁甲战舰和高桅货轮，从舷梯上走下来的是高鼻深目的欧罗巴人，从货舱卸下来的是青岛口未曾贩运过的货物。一座老港在发生着改变，一个由清朝缔造的海防要塞，逐渐变成了一座欧风浓重的海港城市。

　　《胶澳发展备忘录》是德国占胶澳后由胶澳督署（总督府）编制的年度报告。1898—1913 年，先用备忘录，后以年鉴的形式，以 10 月作为一个年度节点，每年印制一册，系统记录了各年度内的政策、措施以及实施情况。在第一册开篇语中，确立了经济利益的攫取和建立海军基地的目的，毫不掩饰地表明了其殖民计划：

　　　　1898 年 3 月 6 日，随着割让胶澳地区的德中条约之签订，对该地区的现行占领状态也宣告结束。

　　　　从此，有计划地组织和管理活动才能在立法机构批给资金资助下，在这一新开辟的保护区内开展起来。

　　　　胶澳地区海军当局所采取的一切措施都首先着眼于经济方面。在不损害该地区作为舰队基地的军事上的重要作用前提下，对这一地区的未来具有决定意义的是：首先把它发展为一个商业殖民地，即发展成为德国商团

在东亚开发广阔销售市场的重要基地。[1]

随之而来的是1898年9月2日土地法[2]的颁布与城市规划[3]的出台以及建设部门的成立和职责的划分。《近代青岛的城市规划与建设》载：青岛的建设管理局分为三个部门，第一部门负责建港，第二部门负责道路和给水工程，第三个部门负责房屋建设。[4]

以建立舰队基地为前提，建造一个可供德国东亚巡洋舰分舰队的舰艇和德国商船队停泊、补给与维修的海港被放在了前列。

1898年4月23日《伦敦新闻画报》上，特派画师梅尔顿·普莱尔用画笔和文字记录下了青岛铁码头上物资转运的情况：

> 青岛并不是每一天都风平浪静，能让人们随时卸载物资和弹药。狂风大作时，海上和岸上的通讯既艰难又危险。但只要风速正常，码头和防波堤上就会熙熙攘攘，青岛的最后一个将军（章高元）还没来得及结束他启动的防波堤修建工程，工程就停止了。物资先从小船上被卸下来，就像插图上的样子，然后中国苦力们用五花八门的方法搬走它们。搬运两三个欧

---

①《胶澳发展备忘录（截止到1898年10月底）》，青岛档案馆编：《青岛开埠十七年——〈胶澳发展备忘录〉全译》，北京：中国档案出版社，2007年，第3页。

② 1898年9月2日颁布《德国青岛地区购地条例》。

③ 1898年9月2日，绘制出《拟建新城市的开发规划图》。该规划方案问世后，遭到诸多非议。1899年10月，经修改后的“青岛市城市建设平面图”再度推出，青岛的城市布局就此产生。

④［德］托尔斯藤·华纳：《近代青岛的城市规划与建设》，青岛档案馆编译，南京：东南大学出版社，2011年，第104页。

图 8-2　德国军舰在青岛胶州湾（青岛铁码头）卸下物资

洲工人轻松抬走的货物往往需要六个甚至八个中国苦力，而且他们还需要边走边歇脚，有时还因不堪重负而倒下。苦力、货物、弹药，构成了一团乱糟糟的场面。[1]

德国人在面对由海运而来的生活物资、建筑材料以及军火和一向停泊小型木制帆船、舢板的青岛口老港和唯一的一座铁码头时，也只得以接驳转运的方式使物资上岸。虽然码头如此的重要和短缺，但水深不足的青岛铁码头对德国人来说使用价值并不大，他们仅仅将码头两侧加装上了防撞木，并进行了桥体加固后当作一般码头使用。铁码头后部的水雷营或许因阻碍运输而成为德国人首先拆除的场所，沿海岸向两侧延伸的防御长墙也或许因此而被推平。面对突降的变局和日增的繁忙，青岛口这处老港已显得力不从心，德国人对深水港的需要已迫在眉睫。

《东亚劳埃德报》1898 年 9 月 19 日刊出的一条报道，对青岛口老港准备建设的新城市的总体规划做出了更为详细的说明：

……意图是把城市首先建在冲着称为青岛前海的南侧，然后设想扩大，使城市从该处穿过向外突出的岬角沿天然道路继续扩展到港口内侧，在该处建大型货栈和库房、船坞、造船厂等，如果这些设施在港口建成后可以在几年内做到的话。中国城区规定在欧人城区之西，并规划成，在该处栖身的手工业者和工人无须费力便可到达其工作地点港口和欧人城区，但欧人城区却不会因（与之）相邻而受到打扰。[2]

---

[1] 万国报馆编著：《甲午：120 年前的西方媒体观察》，北京：生活·读书·新知三联书店，2014 年，第 299 页。

[2] [德] 单维廉：《胶澳行正——胶澳地区的土地、税收和关税政策》，夏树忱译，未刊稿。

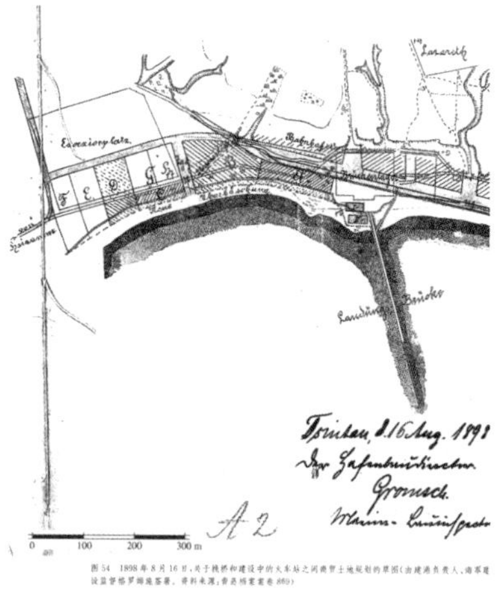

图 8-3　1898 年 8 月 16 日由建港负责人格罗姆施签署的关于栈桥和建设中的火车站之间（青岛湾西侧）商贸土地规划草图（引自《近代青岛的城市规划与建设》）

　　1899 年 5 月底，在铁码头西边海岸，为野战炮连建造的兵营[①] 建成并投入使用。按照规划，铁码头西侧设立了一个商贸区，自 1899 年信义洋行、捷成洋行率先建房后至 1901 年，礼和、哈利、德威、顺和等多家洋行也相继在此聚集，青岛第一条洋行街形成。一条从青岛站分出的专供洋行仓库装运货物的铁路支线从干线上划出一个大大的弧线穿插进入洋行区，直抵原清军水雷营西北角。洋行区的背后，火车站、胶海关和一家由中国商人柴瑞舟出资建造、租给德国人经营的车站饭店也在这一期间建成。

　　铁码头东侧沿岸，海因里希亲王饭店（今泛海名人酒店址）和山东铁路公司的楼房于 1899 年建成。1900 年 6 月 1 日，专司监控船舶交通、管理灯塔和航海标志以及行使港口管理权的船政局成立，其办公用房设在了铁码头的后部（今青岛音乐厅址）。同年，德华银行青岛分行大楼建成后，银行业务也从炮台局与衙门营之间的一座中式四合院中迁至新大楼。紧随其后的是 1900—1901 年建成的中和饭店（原青岛日报社址）。1902 年，矿务公司的办公楼在铁路公司东边建成。青岛湾海岸此时有了一个德国名字——威廉皇帝海岸（Kaiser Wilhelm Ufer，今太平路）。同时，东起天后宫，西至今鱼台路一段的海岸护堤也已经开始修建。1903 年，为放置总督叶世克纪念碑[②] 而设在大堤中部向前突出的半圆部分建成，则标志着这条 440 米长，斜面东端 20°、西端 30°[③] 两端坡度不同的岸堤工程的全面完工。而早在 1899 年即已开掘建造的两条宽大的雨水下水道入海口，也嵌入了大堤岸壁。

————————————

　　[①] 1909 年 7 月，这座德军在青岛建造的首座兵营改建成了青岛的首座大学——青岛特别高等专门学堂（德华大学）。

　　[②] 叶世克，时任第二任胶澳总督。1901 年病亡于青岛。

　　[③] 江苏路、安徽路，两处雨水下水道排放口顶部测量数据。

图 8-4　位于水雷营东侧的船政局（港务局）大楼（德国高级建筑师盖特·卡斯特博士提供）

在 1901 年胶海关大楼建成前，胶海关曾在此办公

图 8-5　初期的德华银行远眺

图 8-6　初期的德华银行大门（李文彬先生提供）

图 8-7　海岸护堤建造前的青岛湾海岸与新建德华银行
［引自《胶澳发展备忘录（1899 年 10 月至 1900 年 10 月）》］

　　威廉皇帝海岸（今太平路）北边新建的第二条东西走向大街，以海因里希亲王大街冠名（今广西路）。1898 年秋季，主教安治泰任命巴尔泰尔斯（白明德）为牧师。同时，一座简易的天主教堂爱道院也在天后宫大殿的后面找到了暂时的安置之地，并一直使用到 1902 年 ①。同年，在弗里德里希大街（今中山路）路口，一家以"胶州"为名的旅馆建成。1899 年圣诞前夜，一所供军队和平民团体做礼拜的基督教堂，在临时天主教堂后部不远处启用。1901 年，在这处小教堂的北侧，总督府小学校建成。同年，胶州旅馆对面工程总局及局长的楼房建成了。紧邻 1900 年竣工的驳船公司南侧大楼的是 1901 年建造的胶澳皇家邮政局大楼。而大楼以东祥福洋行地产公司公寓楼已于前一年建成。1900 年，在临时总督府背后临近法庭建造了一座专用于羁押欧洲籍人犯的青岛监狱（欧人监狱）……自 1898 年开始，一批从未有过的新兴行业和稀奇古怪的异样建筑出现在青岛老港口的后岸上。

图 8-8　天后宫、天主教堂与罗达利洋行办公临时板房远眺（引自德国联邦档案馆）

---

　　① 由建筑师弗里茨·德雷克斯勒绘制的《（青岛湾东侧）现状与规划图—25 天主教会》。

图 8-9　天后宫背后的天主教堂及教堂内景

在青岛湾东岸，1898 年 10 月建起了一座加工木材和制造家具的锯木厂（今莱西路一带）。1900 年，胶澳督署（总督府）修理厂和官办锯木厂也在此建成，青岛的船舶修造业也从这个海岸边萌发。同年，为便于人员在停泊在前海锚地里的船只与胶澳督署（总督府）（大衙门）之间人员上陆与登舰，在今莱西路西岸建造了一座前部结构与清军铁码头完全不同的钢、石结构的五墩五跨、简支梁结构的突堤式码头——"衙门桥"①，这是青岛湾的第二座码头。10 月 17 日《青岛官报》刊发告白称："衙门桥已修好，将移交用于公共交通，这座桥原则上只用于人员交通。如特殊情况下使用该桥，需获得船政局的许可。"②

1903 年 10 月至 1904 年，为取代之前在青岛湾中的阿尔柯纳岛（今小青岛）上临时使用的红色灯标而开工修建一座周身通白，安装有间歇式红色灯光的灯塔（小青岛灯塔）。

1903 年一位到访青岛的英国人对青岛的色彩予以了描述：

> 从海上靠近青岛时给笔者留下的印象，是在闪光的沙岸上形成的小玩具房的汇集——干净而新鲜，由红色的砖瓦和白色的石膏构成，散落在相当大的地面上，没有任何的规划……有绿色和红色房顶的建筑物角的塔楼强化了这种印象。③

---

① 《胶澳发展备忘录（1899 年 10 月至 1900 年 10 月）》，青岛档案馆编：《青岛开埠十七年——〈胶澳发展备忘录〉全译》，北京：中国档案出版社，2007 年，第 103 页。

② 青岛市市南档案馆编译：《青岛官报（1900—1901）》，南京：东南大学出版社，2021 年，第 239 页

③ ［德］托尔斯藤·华纳：《近代青岛的城市规划与建设》，青岛档案馆编译，南京：东南大学出版社，2011 年，第 132 页。

青岛湾虽因水深不足，又易受夏季东南风的影响而不宜建港，但背山面海的地理环境却是建造城市的理想地址。几年后，以青岛口海岸为起点，港口、码头、铁路、船厂；电厂、通讯、邮政；水文、地质、气象；洋行、海关、银行；兵营、堡垒、炮台、住宅、学校、教会、旅馆、医院和给排水系统等等，出现在了青岛口的海岸边、山坡上。首先从这里开始兴起的定位在"柏林郊区风格"而非"大都市化"的欧式城区也在向汇泉湾、团岛湾沿岸和北部的胶州湾东岸延展。

1908 年和 1910 年两度访问青岛的德国工厂联合会第一秘书帕凯特感觉到，在欧人区，使人想起了"基尔和柏林郊区风格，由绿色的刺槐包围，大多为砖红色新德意志风格的白色别墅和出租公寓大街"。

欧人区的多数屋顶符合"家乡的屋顶类型"，都由红色屋顶构成，但个别使用中国瓦。也有使用瓦楞铁皮的。[①]

较早规划和建设的一条南起铁码头、北至小港的大街——今中山路，将新老港口连接起来。这条全长千余米的大街，以今德县路为界分为南北两段，南段名为弗里德里希大街，北段叫作山东路。大街自开辟之日起，即将港口、商贸、餐饮、娱乐等百业凝聚成体。在此后的百年中，鳞次栉比的老商铺，更为之锦添盛名，使之成为青岛时尚的繁华街里。从弗里德里希大街到中山路是一条历史走廊，从欧式建筑到传统里院[②]，建筑风格迥异，风貌独特。中西方文化相汇融合赋予了大街奇异的风貌。百余年来，中山路已然成为青岛不在地理位置上的"中轴线"。

二、老港里的新式机器厂

1903 年德文杂志刊发有青岛造船厂创始人弗兰兹·奥斯特[③]的介绍：

弗兰兹·奥斯特（Franz Oster）是德国一家机械厂和青岛造船厂的创始人，在德国年轻"殖民地"胶澳的企业家中，他所表现出的卓著和热情名列第一。这个 34 岁的男子来自辛贝格，他最初是一个锁匠和铁匠，因此去过欧洲的许多国家闯荡。奥斯特曾作为海军的一名枪炮手前往东亚，在 1896 年服役结束后仍一直留在那里。在青岛，他在自己培训的中国工人的

---

① ［德］托尔斯藤·华纳：《近代青岛的城市规划与建设》，青岛档案馆编译，南京：东南大学出版社，2011 年，第 202 页。

② 古代中国在城市规划中曾施行"里坊制"，街、坊、里、巷为惯常布局。"里"是城镇构成中的基层单位，一个个里组成了城，而里之中则是最基础的构成细胞——"院"。由于历史的原因，青岛的民居建筑——里院在传统风格中还融合了欧式建筑元素，呈现着浓重的地方特色。

③ 弗兰兹·奥斯特，中译名偶司达，1869 年 1 月 19 日生于德国北莱茵巴特洪内夫附近的辛贝格。

帮助下建立了一个工厂，很快就发展成为一家蓬勃发展的企业。现在奥斯特已经雇用了 200 名工人。去年 10 月，在他工厂建造的第一艘汽船下水了。

1899 年春季，曾与普鲁士亲王海因里希[1]同在海军"沃尔斯"（SMS Worth）舰服役且擅长机械与钢结构技艺的弗兰兹·奥斯特（Franz Oster），带着一封由亲王写给当时的总督罗森达尔上校的亲笔信从香港来到了青岛，并获准在青岛开设一家小型的锻造和机器厂。在德国波恩大学地理学院教授马维立[2]（Wilhelm Matzat）博士在 2009 年撰写的《第一个来青岛的飞行员——奥斯特（1869—1933）》[3]中较为详细地记述了奥斯特在青岛的第一家机器厂、第一家船厂和引入第一架飞机的经过：

> 奥斯特于 1899 年 3 月 11 日携带所有设备抵达青岛。曼德尔公司（Mandl Co.）和上海总领事克纳佩博士（Dr. Knappe）分别为他给布申多夫（Buschendorff）和锡乐巴（Hildebrand）写了推荐信。这两封推荐信使得弗兰兹在青岛得到隆重的欢迎。布申多夫更允许他在自己的土地上搭建板房。在殖民地还没有几个人认识弗兰兹的时候，他车间里从早到晚的机器声已经昭示了青岛工业时代的来临。
>
> 由于建筑法规的问题，奥斯特不得不在 1899 年 7 月将他的车间迁到别处，天主教圣言会出资为他在栈桥营房（Brückenlager）的后面修建了新的车间（奥斯特是天主教徒）。在那里，他组装起了一台蒸汽机，这也是青岛的第一台蒸汽机。[4]

从马维立的记述和其他相关史料看，奥斯特的工厂在青岛曾三易其址。1899 年 3 月，信义洋行（H. Mandel & Co.）的布申多夫在他的地块中为奥斯特提供了首个落脚点。布申多夫的地块位于青岛湾洋行区的西北角上，这里背靠将来的火车站，面临青岛湾，门前有海滩，具备设立工厂尤其是船厂的必需条件。同年 7 月，奥斯特的车间搬迁到了离布申多夫地块不远的"桥营（原清军水雷营）的后面"。这里，原有的铁码头和两侧的滩涂，更加符合一个船厂应有的条件。栈桥营房在德占初期，外围营墙即被德国人拆除了，"桥营"这个名称也仅在早期使用。在 1898 年 9 月 2 日和 1899 年 10 月，由胶澳督署（总督府）先后发布的两个青岛规划图中，对栈桥营房的范围仍有标画和加了德文标注，并已在营门外西侧与铁码头接岸处做出

---

[1] 海因里希 1880 年进入德国海军服役，曾任"沃尔斯"舰舰长。

[2] 1930 年 10 月 19 日—2016 年 10 月 21 日，马维立在青岛生活期间，在青岛龙山路居住并与奥斯特为邻。

[3] 《第一个来青岛的飞行员——奥斯特（1869—1933）》一文节译为《第一个在西镇开办工厂的德国人》收入《台西镇·一种日常化的青岛平民生活》一书。

[4] ［德］马维立：《第一个在西镇开办工厂的德国人》，金山译，青岛市市南区政协编：《台西镇·一种日常化的青岛平民生活》，济南：山东画报出版社，第 165 页。

了建造两座建筑的规划。1901 年的照片显示，这两座板房建筑已经建成。结合其建筑特质、位置以及马维立的叙述，这两座明显带有临时性的板房较大的可能就是奥斯特工厂的车间用房。1901 年，随着这家私人工厂规模的扩大，奥斯特又在胶州湾东岸购买了新的地块，建造了新的厂房和住宅。

图 8-10 青岛北滩（Nordstand von Tsingtau）布申多夫地块老照片，奥斯特的工厂最早大约即设在此区域内〔收藏家汉斯·克里斯托夫（Henz Christof）先生提供〕

图 8-11 铁码头后部的两座临时板房，推测可能此处为奥斯特搬迁至"桥营的后面修建了新的车间"后的第二处厂址

1901年,《青岛官报》刊登了一则奥斯特购买地块的告示:

大德管理青岛地亩局为拍卖地亩事。今据本国人偶司达(奥斯特)禀欲买大包岛(大鲍岛)西广武前营北机器局(疑为发电厂)西海崖第三块地一段,共计二千九百四十七米打,暂拟价洋一千零三十一元四角五分。兹定于西历六月十二日十一点钟在局拍卖,如有亦买者,限于六月初五日投票届期同赴本局面议可也。毋误特示。右论通知。大德一千九百一年五月二十四日告示。

官报左侧的德文部分在地块的位置描述上与中文告示有所不同,没有提及广武前营这处坐标,只是说明了奥斯特要在小港和阿尔柯纳桥之间买两块地。

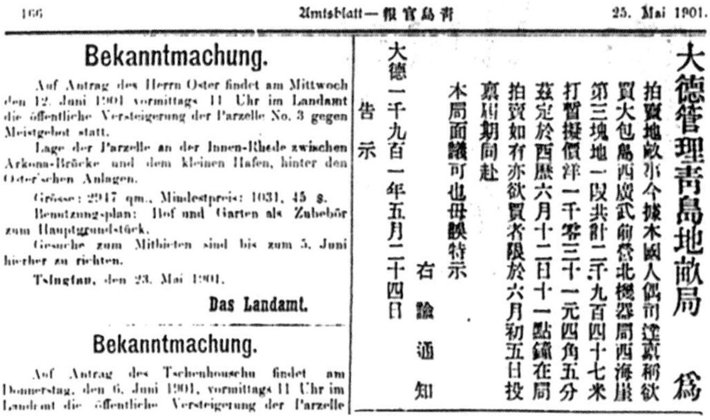
166 Amtsblatt—青島官報 25. Mai 1901.

Bekanntmachung.

Auf Antrag des Herrn Oster findet am Mittwoch den 12. Juni 1901 vormittags 11 Uhr im Landamt die öffentliche Versteigerung der Parzelle No. 3 gegen Meistgebot statt.

Lage der Parzelle an der Innen-Rhede zwischen Arkona-Brücke und dem kleinen Hafen, hinter den Oster'schen Anlagen.

Grösse: 2947 qm., Mindestpreis: 1031, 45 $.

Benutzung-plan: Hof und Garten als Zubehör zum Hauptgrundstück.

Gesuche zum Mitbieten sind bis zum 5. Juni hierher zu richten.

Tsingtau, den 23. Mai 1901.

Das Landamt.

Bekanntmachung.

Auf Antrag des Tschenhouschu findet am Donnerstag, den 6. Juni 1901, vormittags 11 Uhr im Landamt die öffentliche Versteigerung der Parzelle

大德管理青島地畝局 爲

拍賣地畝示今據本國人偶司達稟稱欲買大包島西廣武前營北機器局西海崖第三塊地一段共計二千九百四十七米打暫擬價洋一千零三十一元四角五分茲定於西歷六月十二日十一點鐘在局拍賣如有亦欲買者限於六月初五日投稟屆期同赴本局面議可也毋誤特示

右諭通知

大德一千九百一年五月二十四日

告示

图8-12 1901年《青岛官报》刊登奥斯特购买地块公告

1901年夏天,他在内港(胶州湾)购买了一块更大的土地。同时,奥斯特还委托工程师赫尔曼·鲁腾贝格(Hermann Rutenberg)为自己建造了一栋漂亮的别墅。"这座别墅集建筑美学、原创性和丰富的想法于一身,这在青岛是前所未有的。""车间分布在长方形的基地上,两座车间分别为30米×10米和30米×12米见方,瞭望还有一座新的房子。"扩建的部分已经完工,而机器车间也可以重新布局,能够容纳更大的蒸汽机、锅炉设备、一部分木工刨台和车床。1901年8月,奥斯特完成了一套铸铁设备,这套设备带有三个金属熔炉和两个铁熔炉,跟其他设备一样,它们也是奥斯特自己在车间里打造组装的。到了1901年夏天,这里已经有260名中国工人,其中许多骨干在香港和上海就已经追随他工作了。①

1901年8月,奥斯特在其购置的"西海崖第三块地"(今广州路1号)上成立

①[德]马维立:《第一个在西镇开办工厂的德国人》,金山译,青岛市市南区政协编:《台西镇·一种日常化的青岛平民生活》,济南:山东画报出版社,2010年,第165页。

了一家铸铁与机器工厂。呈矩形的地块前部平坦，后部为高崖，长约 75 米，宽约 60 米，占地面积约 4 500 平方余米。工厂大门面向东北。东南一墙之隔的是 1900 年设立的临时电厂，该电厂于 1903 年由初始的"装有两台各为 30 马力、最大为 40 有效马力可抽出管式锅炉的可移动高压膨胀式蒸汽机，两台蒸汽机各带动一部相应功率的单相交流发电机"，扩容成具有"安装两台连在一起的双火道管式锅炉、两台垂直式复合蒸汽机（正常情况下功率为 200 至 250 有效马力）、两部直接与这些蒸汽机联结的发电机"的青岛发电厂（今广州路 3 号）。这座新电厂[①] 于 1903 年 7 月投产，1904 年 1 月 1 日由总督府接管。

图 8-13　奥斯特别墅及工厂东北向视角（今广州路 1 号址）铅笔画

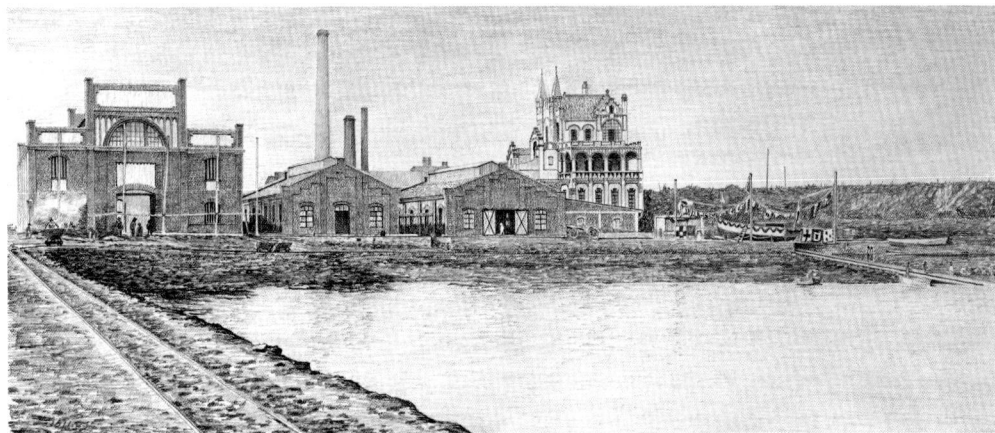

图 8-14　1902 年的奥斯特别墅及工厂西北向视角（今四川路与广州路口）铅笔画

---

① 1898 年已在今天津路、河南路路口一带建有一座小型燃煤发电厂。

胶州湾东岸、大鲍岛湾南部的这处地块平均海拔为 6 米，平坦的厂区背后西南向边缘是一处大致呈东南至西北走势、最高点海拔为 19 米的天然崖壁。1906 年，胶澳督署在崖壁上空旷的区域设立了一座屠宰场[①]（今观城路 65 号）。奥斯特在规划建厂的同时，也将他的别墅一并考虑在内，在厂区（地块）南角的高地上建造了他的别墅，使他在家中即可以俯瞰下方的工厂。

图 8-15　初建时的奥斯特别墅铅笔画

奥斯特别墅初建成时，东北向主入口前设有两段长阶梯，阶梯前设有弧形马车道。建筑主体楼高两层，一侧带有一层裙楼，所以别墅从东北向呈现的是一座二层楼，而从西北向看则是一栋三层、带阁楼的楼房。简明的混水墙立面上，垂直与水平向线角和窗楣与门楣皆施以清水砖砌。东北向的主立面一层与二层各设有一处下部为拱券式，上部为阶梯山墙的入口。二层上部高起两座带有雉堞墙的高尖塔楼，使得这座建筑具有了欧洲中世纪城堡的样子。西北一层裙楼立面开设四连窗，顶部则为主体建筑的一层的一侧提供的一个大露台。别墅建成后不久，这处露台又抬高了一层，增建的二层立面是一处由 7 根廊柱支撑的三面连拱敞廊。

这座富有繁复装饰、令人有些眼花缭乱的别墅，主立面上面向东北的主入口以及侧面朝向西北有高大敞廊和露台。在青岛的冬季里，一面要抵御凛冽的东北风，一面还要迎击着极寒的西北风。建在海边高地上完全不顾及地理环境的奥斯特别墅，自建造之始便受着风雨的洗礼。鲁腾贝格为奥斯特设计的这座"集建筑美学、原创性和丰富的想法于一身"，在青岛前所未有和非同一般的别墅到 1912 年再看时，原本建筑样貌竟然变得平庸，一座平淡无奇的德式建筑唯有从围墙上才能依稀

---

①［德］托尔斯藤·华纳：《近代青岛的城市规划与建设》，青岛档案馆编译，南京：东南大学出版社，2011 年，第 123 页。

看出曾经的别致。如此彻底的改变发生在 1910—1912 年，别墅两座城堡式的塔楼不见了，西北立面高耸的山墙不见了，曾经的券式门窗变成了小方窗，马车道和阶梯没有了踪影，大露台和券式敞廊也消失了，取而代之的是东北立面主入口门上一座四四方方的阳台。

图 8-16　奥斯特别墅前后变化

奥斯特拥有维修船舶的小型机器制造能力的工厂先期建有两座厂房、船台和滑道，工厂建立后经营得不错。1903 年，他又在工厂北侧边缘上建造了第三座也是最大的一座厂房。在工厂设施和设备逐步完善中，奥斯特也开启了他的造船工程。

奥斯特是铸造的行家，从德华银行的大门、栅栏、扶手等铁艺作品便可知其手艺的高超。他从 1902 年 2 月开始建造一艘完全由自己设计的蒸汽艇。现在船体已经完工：16 米长，3 米宽，2.8 米深。包括机器和锅炉在内的所有部件全部在他的车间完成。1902 年夏天，这艘蒸汽小艇就应该下水了。[①]

图 8-17　奥斯特和他的工人与雇员在新船下水前的合影
（右上角肖像及合影照前排右二戴礼帽穿礼服者为奥斯特）

----

① ［德］马维立：《第一个在西镇开办工厂的德国人》，金山译，青岛市市南区政协编：《台西镇·一种日常化的青岛平民生活》，济南：山东画报出版社，2010 年，第 165—166 页。

虽然奥斯特建造的仅是一艘 16 米长的小型船舶，但在当时就胶澳督署而言却具有非凡的意义。对于这艘新船的下水，德占胶澳当局也引以为傲地将其收录于时年的《胶澳发展备忘录》中：

> 例如机器制造厂和造船所就是这样的企业，其厂主数年前在保护区的一幢木板房——它同时兼做工厂办公室和居室——里起步开张。由于精明强干，目前已发展成为一家颇负众望的公司，它所生产的保护区第一艘汽艇现在正要下水，该艇的所有部件，包括机器、锅炉和螺丝都是在这个殖民地制造的。①

> 奥斯特也从事轮船维修，并为港口建设提供了第一艘开掘船。他的下一个目标是建造一个小船坞。奥斯特在 1902 年刊登的广告上称自己的工厂提供的服务有：锻造、锅炉制造、铜器锻造、白铁加工、机器制造、钢铁结构、艺术与建筑金属加工。②

图 8-18　奥斯特船厂远眺［引自《胶澳发展备忘录（1900 年 10 月至 1901 年 10 月）》］

曾经有过锁、铁匠经历，日后又热衷于机械的奥斯特，自工厂选址伊始冥冥之中似乎有较大的不稳定性。1901 年，在选定大鲍岛湾西南一隅作为厂址时，总督府为吃水浅的驳船和海船靠泊而建造的青岛小港工程已经开工年余，此时他所购地块已经处在小港规划的红线以外。1900 年，胶澳督署（总督府）官方船厂建立后，即要求航运和轮船公司把船舶的检查和维修交由官方船厂而不是交给奥斯特的工厂，这无疑对奥斯特的经营造成了压力。1901 年小港建成后，他的工厂则更是被圈在了港外，完全失去了港湾的庇护。1904 年，一墙之隔的青岛电灯（发电）厂新建的冷却海水泵站和输水管线堤坝（在今菏泽四路）从他的大门前经过，探出海岸 250 余米，这又进一步缩小了奥斯特工厂的海岸线。1907 年 5 月，奥斯特还在他的船厂里接待过来青岛访问的山东巡抚杨士骧。1909 年，奥斯特将设备、工具和材料卖给了

----

① 《胶澳发展备忘录（1901 年 10 月至 1902 年 10 月）》，青岛档案馆编：《青岛开埠十七年——〈胶澳发展备忘录〉全译》，北京：中国档案出版社，2007 年，第 184 页。
② ［德］马维立：《第一个在西镇开办工厂的德国人》，金山译，青岛市市南区政协编：《台西镇·一种日常化的青岛平民生活》，济南：山东画报出版社，2010 年，第 166 页。

胶澳督署（总督府）的青岛造船厂，而他的厂房并没让当局产生兴趣。最终在 1910 年奥斯特在官方粗暴地排挤下关闭了工厂，次年只身回德国学习飞机驾驶技术。在青岛几年中的这些一连串的变故，或许是导致奥斯特别墅发生彻底改变的原因。

图 8-19　跑马场上的奥斯特与青岛第一架飞机

1912 年 7 月，奥斯特从德国带着一架鸠形单翼飞机（Rumpler Taube）[1]再次来到了青岛，并以跑马场[2]为机场进行了试飞和飞行表演，其飞行路线覆盖了青岛城区、大港甚至崂山，青岛的上空第一次出现了飞机的身影。随后奥斯特还在青岛设立了民间飞机制造工厂和机库，也曾成立过"德人飞行爱好者俱乐部"。

1913 年，奥斯特将戴姆勒公司[3]制造的 10/25 PS 旅行车带入青岛，并成为当时该公司在中国首家汽车销售部门负责人。因而，"梅赛德斯－奔驰公司"将这年作为进入中国的起始时间，并于 2013 年 9 月 22 日，在梅赛德斯－奔驰（北京）中心举行了"戴姆勒在华百年庆典"。

1914 年 8 月，日德青岛之战爆发后，总督迈尔·瓦德克让奥斯特进行侦察飞行，观察逼近的日军。奥斯特和他的飞机加入了德国海军步兵第三大队飞行小队，他那架 70 马力（合 735.5 瓦）的麦尔茨艾德斯式旧飞机被军方买下并改装成了侦察机。他先后进行了三次尝试，但都未能升空。每次尝试，飞机都只能在空中维持几秒钟，落到地面后受损，所以每次尝试后飞机都要进行维修。8 月 27 日，第三次维修后的飞机在试飞中完全被损毁而无法使用。德军战败后，奥斯特不仅失去了他的工

①鸠形单翼飞机有"德意志帝国之翼"之称。
②今汇泉广场。
③戴姆勒公司（Daimler AG）由戈特利布·戴姆勒于 1886 年成立，总部位于德国斯图加特。1926 年 6 月 29 日，与奔驰公司合并，成立戴姆勒－奔驰公司（Daimler-Benz），从此生产的汽车以"梅赛德斯－奔驰（Mercedes-Benz）"为品牌。

图 8-20 1902—1903 年建成的沧口缫丝厂，1913 年后改为华新纱厂，1966 年后改为青岛第九
棉纺织厂［引自《胶澳发展备忘录（1904 年 10 月至 1905 年 10 月）》］

厂和别墅，而且作为战俘被关押于日本习志野战俘营[①]。1920 年底，获释后的奥斯特返回青岛与家人团聚，重操旧业继续从事机械工厂经营。1925 年在担任"沧口华新纱厂[②]"机械师顾问期间，为抗北伐军东征，还曾负责整修过青岛要塞，1933 年 7月 19 日病逝于青岛。

图 8-21 青岛发电所与东和公司仓库

1914 年 11 月 7 日日德青岛之战后，日军以照片的形式将这里收录进《日独战役青岛名所写真帖》中，并注文：

飞机制造所，所内有半成品飞机，风车为制造飞机而建成。（飛行機
製造所，所內には半成の飛行機あり風車は飛行機製造の為めに建設とた

---

① 习志野战俘营为 1914 年为收容 4 700 多名德军战俘以及同盟军战俘而在日本设立的板东、福冈等 12 座收容所之一，位于日本东京湾北岸城市千叶县西北部。

② 1902—1903 年，德国人在沧口附近大村河旁建立了一座德华丝绸工业公司——沧口缫丝厂，后因经营不善于 1913 年由周学熙买下改为华新纱厂。工厂历经磨难，终于 1922 年全面投产。1936 年时该厂已成为华北地区最大的纺织印染联合企业。1966 年 6 月 15 日纱厂改为国营企业，定名为国营青岛第九棉纺织厂。

るものなり。）①

在 1918 年的《青岛写真案内》中，这里又成了"新隆洋行出张所仓库"②，曾经的一座船厂从此再也与船无关。20 世纪 20 年代初期，西海岸新开辟了四川路，曾经的奥斯特工厂从此便与海岸分离。30—40 年代中期，今四川路以西开始了持续的填海造地并新辟出了一条西江路，使曾经的奥斯特船厂远离了海岸。至 80 年代初在被一座八层居民楼取代之前，这里一直作为电业局职工宿舍和某商业单位的库房使用。

1927 年，时居于龙山路 3 号③的奥斯特④还接受奉系军阀张宗昌在青岛的山东第四兵工厂⑤之聘，为其"山东空军"⑥设计和制造了一架飞机。

图 8-22　1927 年奥斯特在山东第四兵工厂车间内
他设计、制造的飞机前的合影（王栋先生提供）

该型机由山东第四兵工厂聘请的德籍工程师弗朗茨·奥斯特设计，由德国卡斯帕公司提供技术支持，除了发动机、仪表以外全部采用中国自己的材料。该机的座舱设计比较特别，前后纵列双座舱里各有一对并列座位，可以乘坐 4 人。1927 年 4 月开始制造，12 月 16 日完工，12 月 15 日该机运到济南，由于机身重量超过了设计值，所以没有飞行员敢于试飞，直到 1928 年 4 月北伐军攻克济南的时候该机依然被遗弃在机场，后下落不明。

性能数据：乘员：4 人，长度：8 米，翼展：12 米，高度：不详，空重：不详，最大起飞重量：不详，发动机：一台"赛马"型直列六缸液冷活塞发动机，单台 230 马力。最大飞行速度：不详，最大航程：不详。⑦

就此事，与马维立⑧有着忘年之交的青岛文史学者王栋先生，提供了一份 2004

① ［日］三船秋香编辑：《日独战役青岛名所写真贴》，青岛：三船写真馆，1915 年。
② ［日］阿部鉁二监辑：《青岛写真案内》，青岛：青岛写真案内发行所，1918 年。
③ 1936 年后改为龙山路 12 号。
④ ［德］马维立：《第一个在西镇开办工厂的德国人》，金山译，青岛市市南区政协编：《台西镇·一种日常化的青岛平民生活》，济南：山东画报出版社，第 165 页。
⑤ 1925 年，在青岛原德军水雷枪械修理所（水雷库）旧址建立山东第四兵工厂（今四八零八工厂），员工 400 余名，拥有设备 80 余台，以造枪为主，月产各种枪支 185 支。
⑥ 山东空军全称为直鲁联军航空队。
⑦ 2019 年 7 月 12 日，"顾氏造船厂厂长"引陈应明撰文发表的《"三不知将军"张宗昌的空军，直鲁联军航空司令部所有的那些飞机们——山东第四兵工厂"奥斯特"教练机》一文。
⑧ 时年，马维立先生与奥斯特同在青岛为邻。

年 11 月 22 日马维立博士的一封来信,信中马维立博士在介绍奥斯特的同时也提到了 1927 年他曾在青岛建造飞机一事,随信另附有一幅奥斯特与机身上书涂写有"山东第四兵工厂造"字样的照片:

> 1927 年,山东军阀张宗昌让奥斯特建造一架飞机。他在青岛的兵工厂里开始了建造。在他完成这些工作后,飞机通过省内铁路运至济南。中国飞行员发现奥斯特的飞机太重了,而且无法起飞。奥斯特肯定有些计算上的错误。

这一年,58 岁的奥斯特在离他 13 年前的"奥斯特船厂"百米开外的山东第四兵工厂设计制造的这架飞机,虽然最终因设计上的缺陷无法升空而不了了之,但这或许是青岛本土飞机制造的首次尝试。

三、胶州湾新港

在截止时间为 1898 年 10 月,由胶澳督署(总督府)编印的第一份《胶澳发展备忘录》中的"建港"一条有如下记述:

> 拥有适用的港口设施是大力发展胶澳地区经济的先决条件。
>
> 为了能不断地对胶澳地区施加必要的决定性影响,总督府必须在占有租借地通往内地的通道的同时,拥有一个港口,必须修建诸如防波堤和码头之类的水上建筑。把整个港口的经营、为码头岸壁配备轨道和起重设备、港口的照明及电力供应、制造煤炭的装卸设备等等都委托给私人企业,是必需的和可行的,他们会比官方更迅速地满足向他们提出的一些特别要求,其费用也更低。
>
> 港口地址选定在胶州湾内部。一条有足够深度的水道保证船只可以随时顺畅地驶入要兴建的港口,海港以女儿礁①至陆地的防波堤为界。
>
> 制定建港方案需要做广泛的准备工作。除水位及气象观测以及大量的土地测量测绘和水深测量外,还特别要花费很多时间进行大量钻探。因为在岩层厚度不等的现有冲积层下显露的是岩石,而为避免进行大范围的爆破,设计时也需要准确了解岩石的高度变化。在两个月的雨季使这些准备工作几乎完全陷入停顿之后,现在又全力以赴地开展了起来。而且可望于明年春天完成建港图纸。这期间一部分建港所需设备已经向胶澳地区发

---

① 女儿礁(Fraueni),位于大港北端,在同治《即墨县志》中的《七乡村庄图》上这里被标注为"蔓青岛"。推测,在德国人对青岛进行地名统计时,或许因"蔓"与德语中对有一定身份女士的称呼"Damen(达蔓)"谐音,故翻译成了"女儿礁"一名。而"嫚"或"大嫚"至今在青岛仍然是对年轻女孩的别称。

运。1899 年春季，调查准备工作一结束，大部分建港工作即可开始。①

胶州湾对于德国而言并不陌生，早在占领青岛 30 多年前，德国地理学家李希霍芬已经有了在胶州湾建立港口和殖民地城市的建议。而对胶州湾的实地调查，则是在先于迪德里希占领青岛之前弗朗裴斯的一次海军远征中。随后，弗朗裴斯以德国基尔港为范本，把在胶州湾建造港口的设想提交给了海军部。

1896 年夏天，刚刚被任命为东亚舰队司令的阿尔弗莱德·梯尔皮茨（Alfred von Tirpitz）访问了胶州湾，以便亲自进行考察。梯尔皮茨也支持李希霍芬的论点，建议在这个海湾建港。皇帝批准这个建议并且下令制定一个军事占领的计划。②

胶州湾于 1897 年初在基尔港（Kiel）港口建设总监乔治·弗朗求斯（Georg Franzius）所带领的一次海军远征中被选定为德国海军基地在东亚的合适地点。③

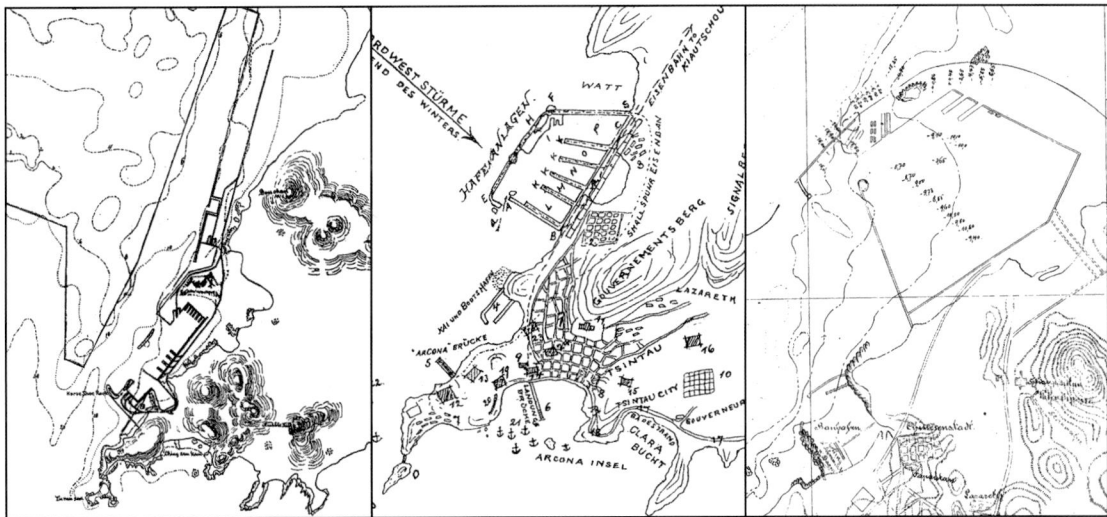

图 8-23　1897 年弗朗裴斯给帝国海军部提交的《胶州湾港口及其铁路支线方案》（左），1899 年 3 月《胶州湾内港方案》（中），1899 年春《青岛及其周边概貌草图》（右）（引自：《近代青岛的城市规划与建设》）

①《胶澳发展备忘录（截止到 1898 年 10 月底）》，青岛档案馆编：《青岛开埠十七年——〈胶澳发展备忘录〉全译》，北京：中国档案出版社，2007 年，第 12 页。

②［德］汉斯-马丁·辛茨《综述展览中的各个主题》，［德］汉斯-马丁·辛茨、［德］克里斯托夫·林德编著：《青岛——德国殖民地历史之中国篇（1897—1914）》，［德］贡杜拉·亨克尔、景岱灵译，青岛：青岛出版社，2011 年，第 23 页。

③［德］托斯顿·华纳：《殖民城市青岛的建设：土地制度、城市规划和开发》，［德］汉斯-马丁·辛茨、［德］克里斯托夫·林德编著：《青岛——德国殖民地历史之中国篇（1897—1914）》，［德］贡杜拉·亨克尔、景岱灵译，青岛：青岛出版社，2011 年，第 103 页。

1898 年德占胶澳后，德国人对胶州湾内拟建港湾水域进行了全面和细致的实地勘查，青岛港的设计方案，经几番修改后最终在 1900 年被确定了下来。在 1898—1902 年的城市规划中，于 1898 年 5 月 16 日同测绘分遣队一道到达青岛、曾在东普鲁士的但泽、威廉港工作和曾任基尔造船厂建造监督的海军建设总监格罗姆施（Gromsch）成为青岛港口建造方案设计的关键人物。当局于 1899 年在小港北侧设立了青岛港建港处。德国学者华纳先生在其《近代青岛的城市规划与建设》一书中如是说：

图 8-24　1899 年于小港北侧设立的青岛港建港处（裴林女士提供）

直到 1902 年秋，格罗姆施一直领导建设管理部门，因而可以被视为制订青岛建设规划最重要的决策者……作为格罗姆施的继任尤里乌斯·罗尔曼（Jul–ius Rollmann），自 1902 年 11 月 6 日起接管建设管理部门的领导，只参与了港口区的建设决策，也为此利用了格罗姆施任职期间建设部门的前期调研成果。[①]

1898 年 9 月 2 日，在有关购置土地的规定颁布、拟建新城区西部海岸（胶州湾东岸）新建港口尚在规划中时，总督府对外宣布将整个"租借地"开放为贸易自由港。同年，在深水港青岛大港建设之前，为抵御西北风侵袭在女儿礁和其西南的一个暗礁两点之间建造了围港石坝。

1898 年底，在位于大港港区南侧的大鲍岛湾，为吃水浅的中小型船舶靠泊而建造的中等水深的青岛小港工程开工。同年的 9 月 23 日，除建港工程外，另一个开工的重大项目还有山东铁路青岛至胶州段的建造工程。铁路与港口的工程的结合计

_____

①［德］托尔斯藤·华纳：《近代青岛的城市规划与建设》，青岛档案馆编译，南京：东南大学出版社，2011 年，第 104—105 页。

划进度为，当铁路由潍县修到青岛港并交付营运时，港口应能为若干艘大船提供有防护的装卸泊位。

1899年4月7日，依据自由港发展经营需求，德国与清政府签订了《青岛设关税办法》。7月1日，设立了由德国人实际管控的胶海关。

图8-25　1901年落成于今青岛市市南区兰山路上、悬挂着在青岛独此一面黄龙旗的胶海关

1899年6月14日，拥有基本资金5 400万马克的山东铁路公司成立。

公司的任务是：规划的铁路在5年之内，青岛至潍县段在3年内建成并付诸营运。这条铁路全长450公里，青岛—潍县段长180公里。铁路建成后，可将山东省北部最重要的煤炭产地和青岛与济南府之间最重要的城镇都密切连接起来。铁路为单线，采用标准轨距1.435米……①

图8-26　山东铁路公司

①《胶澳发展备忘录（1898年10月至1899年10月）》，青岛档案馆编：《青岛开埠十七年——〈胶澳发展备忘录〉全译》，北京：中国档案出版社，2007年，第39页。

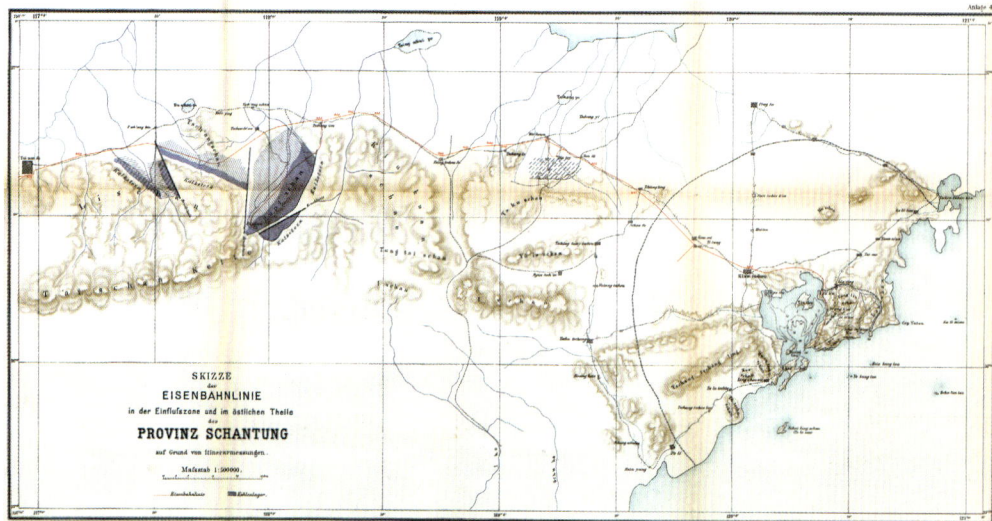

图 8-27　青岛—济南府铁路线草图［《胶澳发展备忘录（1889 年 10 月至 1900 年 10 月）》附录 4］

1899 年 10 月 10 日，拥有 1 200 万马克创办资金的山东矿业公司建立。矿业公司的目标是：

　　　　利用它所接手的那些宝贵的前期准备工作，立即在三个方面按计划在山东开展了矿山建设工作。

　　　　1. 确定 30 华里地带内现有大矿的范围及其开采价值。

　　　　2. 根据探明的矿藏按期向政府申请矿山所有权。

　　　　3. 结束潍县矿区的探矿工程。[①]

Direktion der Schantung-Bergbau-Gesellschaft in Tsingtau

图 8-28　带有德国矿业标志的山东矿业公司

至此，德占胶澳当局做好了港口、铁路、煤矿系统性的规划，做足了为将山东腹地高品质煤炭输运至青岛港的联动准备，并最终于 1904 年建成了大、小两座用途不同的新式港口。

1. 小港、大鲍岛桥

胶州湾内青岛新港的建港从大鲍岛湾开启，"大鲍岛湾""小港"，也首次出现在了《胶澳发展备忘录（1898 年 10 月至 1899 年 10 月）》中。大鲍岛湾是一处面

---

①《胶澳发展备忘录（1899 年 10 月至 1900 年 10 月）》，青岛档案馆编：《青岛开埠十七年——〈胶澳发展备忘录〉全译》，北京：中国档案出版社，2007 年，第 91 页。

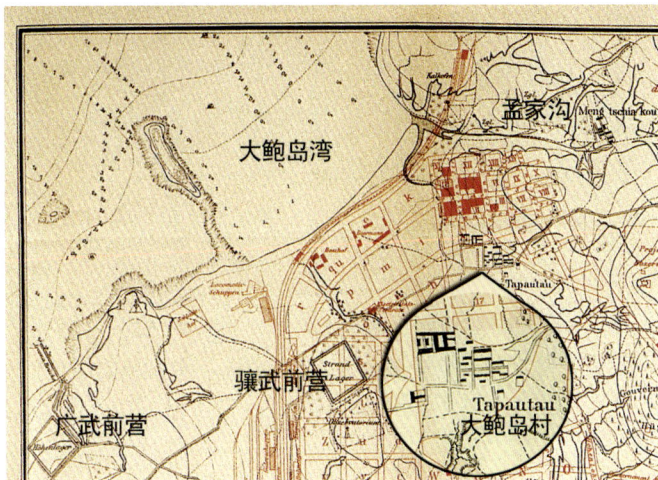

图 8-29 1898 年（小图）、1899 年（大图）上的大鲍岛、大鲍岛湾及大鲍岛村

对胶州湾的天然海湾，东北和东南两面呈直角的海岸与西南的一座"鲍岛"组合出一个"U"形湾区。海湾与岸边的村庄因这座小海岛而得名。因这里的自然条件和北邻拟建的青岛大港的位置，德国人将整个海湾规划为吃水浅的驳船和海船靠泊的青岛小港。

《山东德邑村镇志》载：

2. 大鲍岛，这个村庄位于胶州湾青岛的北面。在这个村庄的整个区域上建立了新的中国人城。老村庄已被全部收购，破烂茅棚在 1900 年冬被拆除。

…………

有王姓和于姓居民 680 人，和所有住在岸边的居民一样，都是渔民和农民。在村中有一座带学校的祠堂和一座建得很好的中国官员庄园。这个地方称为大鲍岛，以区别于小鲍岛。

3. 小鲍岛

它在大鲍岛的北边。小是大小之意，有 530 位居民。一片由山东柞木组成的漂亮的墓地小树林装点着这个地方。村庄于 1901 年被全部收购，老房子将被拆除。在大、小鲍岛之间的是孟家沟（村）……①

关于鲍岛，在 1933 年《青岛指南》记载，其面积为 0.009 平方千米的，略小于青岛湾中 0.012 平方千米的青岛（今小青岛）。这座呈条状、略带弯曲的鲍岛上

_____

① ［德］海因里希·谋乐编：《山东德邑村镇志》，青岛档案馆编：《胶澳租借地经济与社会发展——1897—1914 年档案史料选编》，北京：中国文史出版社，2004 年，第 373—375 页，第 375—376 页。

圆下尖，身形似鱼，呈东南—西北走向的小岛，在德占后 1900 年、1903 年的青岛港口图中长约 250 米，最宽处约 50 米，小岛东南近岸约 200 米，与陆地之间有一段高潮时淹没、低潮时显露的连陆礁盘。这处自然天成的堤坝，在小港防波堤建造中被直接利用，最终成为西防波堤的主体。

《胶澳发展备忘录（1898 年 10 月至 1899 年 10 月）》载，大鲍岛湾北部，由海岸岬角至小港口、呈东西走向的北防波堤和借助鲍岛由北端至小港口、呈南北走向的西防波堤的北段正在建造，同时在建的还有一座与 1900 年在青岛湾东岸建成的石砌桥墩和钢制桥架"衙门桥"结构相同，被称为小港大鲍岛桥（Dabaodao-Brücke am Kleinen Hafen）[①] 的"大鲍岛码头"，并在码头上还铺设了一条连通大港和山东铁路的支线铁路。

图 8-30　（1899—1900 年，大鲍岛湾里建造中的青岛小港和大鲍岛码头（下图）
与建成后配备有铁轨、蒸汽机和手动吊车的大鲍岛码头（上图）

①　魏镜：《青岛指南》第一编《总论》，青岛：平原书店，1933 年，第 8—9 页。

《胶澳发展备忘录（1899 年 10 月至 1900 年 10 月）》对小港大鲍岛桥描述如下：

铁质栈桥，1 根桥墩在岸上、8 根桥墩立于水中，该桥长 160 米，宽 12.4 米，桥上铺有 3 根标准轨距的铁轨以及道岔，至本报告年度结束时已大体修好，可望不久即交付使用。

同样，山东铁路的支线已接近铺好，可以在本年度结束后不久投入使用，但暂时只用于铁路建设本身，以便把栈桥上卸下的铁轨及其他铁路器材运到这个路段或车站去。[①]

1901 年春季里的大鲍岛码头，吃水 4—5 米的轮船和各种舢板已经可以在此停靠了。在由鲍岛至奥斯特船厂的防波堤建成后，曾经的大鲍岛湾变成了一座方形港池的青岛小港。

1901 年 10 月 7 日交付使用的小港栈桥（大鲍岛码头），加快了运往内地和保护区的笨重物资的卸货。在亨宝轮船公司的定期班轮停泊在外锚地，利用驳船和舢板到海滩及青岛老栈桥装卸货物时，停于港外的大船的货物则借助驳船运向新建的小港栈桥，在那里由装在桥上的蒸汽和手动吊车卸下，可将货物直接转装到火车车厢里。

过去分布在沿海一带的小帆船和舢板的货运都被吸引到小港，这种货运也很活跃。大帆船仍然驶往塔埠头，但是一旦有了时间和资金，为小港和毗连区域必需的设施准备妥当，则在关闭塔埠头码头后，大帆船的交通也会被吸引到小港来。[②]

具有中等水深的青岛小港的建成，以及配备有 1.5 吨、2.5 吨蒸汽机和 4 吨、15 吨手动起重设备的大鲍岛码头的启用，完全改变了之前先将吃水较深的大型货轮锚泊于胶州湾再由舢板将所载物资驳运上岸的方式，从根本上解决了既烦琐又充满危险的海上作业问题。

1898—1901 年，德占胶澳当局出于对人员上岸、物资输入和建港的急切需要，着手进行必要的海岸码头建造。除大鲍岛码头外，还分别于 1899 年在胶州湾高地营（原清军广武前营）海岸建造了阿尔柯纳桥（Arcona-Brücke）码头，1899—1900 年在青岛大港围海大坝北端的女儿礁（港岛）建造了港岛桥（Brücke der Hafeninsel）码头[③]，1900 年在青岛湾中建造了衙门桥（Yamen Brk）码头，1900—1901 年在团

---

①《胶澳发展备忘录（1899 年 10 月至 1900 年 10 月）》，青岛档案馆编：《青岛开埠十七年——〈胶澳发展备忘录〉全译》，北京：中国档案出版社，2007 年，第 103 页。

②《胶澳发展备忘录（1901 年 10 月至 1902 年 10 月）》，青岛档案馆编：《青岛开埠十七年——〈胶澳发展备忘录〉全译》，北京：中国档案出版社，2007 年，第 190 页。

③德占早期地图上的"FRAUENI（女儿礁）"和"Hafen Insel（港岛）"标注。

岛湾中建造了莱因 – 威斯特法伦煤业辛迪加煤桥（Kohlenbrücke des Rhein-Westf. Kohlensyndikats）码头以及伊尔蒂斯山采石场临时码头和位于奥古斯特。维多利亚湾西部的总督桥（Gouverneursbrücke）。在这一期间还加固了清军遗留下来的青岛桥（Tsingtau Brk）——青岛铁码头。

1899
Arcona brücke
Tsingtau.

1899/1900
Brücke an der Hafeninsel
Tsingtau.

图 8-31　1899 年建造的阿尔柯纳桥（Arcona-Brücke）（上图）和 1899—1900 年建于大港北大堤"女儿礁"的港岛桥（Brücke der Hafeninsel）（下图）（青岛城市建设文化交流协会提供）

图 8-32　建成后的衙门桥（云志艺术馆提供）（上图）与《青岛林区图》
[《胶澳发展备忘录（1899 年 10 月至 1900 年 10 月）》附录 3]中的衙门桥（下图）

图 8-33　衙门桥全貌铅笔画（上图）和 1900—1901 年在今八大峡海岸一带建造的莱因－威斯
特法伦煤业辛迪加煤桥（下图）（青岛城市建设文化交流协会提供）

　　青岛小港里的这座由德国汉堡阿尔托纳区 F. H. 施密特公司（广包公司）建造的长 160 米，钢架石墩，九墩八跨，配备吊车三台的大鲍岛码头，与同时期在青岛湾 [1] 中建成的五墩五跨、长约 160 米的"衙门桥"码头和由清军建造长 350 米的青岛铁码头同为后部石砌、前部钢制的突堤式码头。而阿尔柯纳桥、莱因－威斯特法伦煤业辛迪加煤桥、港岛桥则为结构相对简陋的桁架式。三座石砌铁码头中，长度最长和用时最久的都是青岛铁码头。这两座与青岛铁码头相似的码头的建造时间，之所以大大短于青岛铁码头，除长度变短导致工程量减小和桥墩的形式不同之外，最主要的还是德国人采用的是在预先制造上的模块化。《胶澳发展备忘录》记载：

　　　　……全面桥梁都是采用一致的、形状尽可能相同的设计，分为 1、2、

　　　3、4、5、10、15、20、25 和 30 米等型号，宽度超过 30 米的桥梁要分筑

　　　桥墩来延长其长度……这些桥梁都是在德国制造的。它们在工厂里被购妥

　　———————————

　　[1] 德国人称青岛湾为"外港"，胶州湾为"内港"。

以后，为运输方便起见都拆卸分运，一部分通过铁路，一部分通过水路运抵装船港口，再从那里装运启航。[1]

在桥梁部件由德国运来青岛的时间里，桥墩可以按照标准尺度同时建造，部件到达后即可组合装配。而清军使用的是逐步递进的打桩建桥方式。

随着小港的建成，港口管理部门和港口配套设施也逐步完善。1901 年 10 月，胶海关于小港东北角设立了大鲍岛分卡和验货场，从此以后，这座位于原小港一路上的胶海关分卡办公楼以北的区域，被俗称为"海关后"。

1903 年 4 月 1 日，在小港口与大鲍岛码头，启用了红色和绿色航标灯。在距离小港口门正西 1 200 米处的马蹄礁（Hufeisen-Riff）西端，建造了高 12.2 米、装有白色光闪灯的马蹄礁灯塔。这座灯塔与胶州湾口 1900 年 12 月 1 日启用的带有雾号装置（雾笛）和灯光高出水平零度线 35 米、通高 33 米的游内山（团岛西南小半岛）灯塔遥相呼应。每当夜幕降临后，闪烁着的灯光，引导着各型船只进出胶州湾、小港。

1904 年，在小港西防波堤南端向西延伸处，新近建成的青岛发电厂在这里建造了一座抽取冷却水的海水泵站。

1905—1906 年，小港西防波堤再次向前延伸，建造了由发电厂海水泵站至小港口方向一段 350 米长的"L"形防波堤，并在堤坝合围区内填海造地，形成了一片人工填海地。包裹于其中的鲍岛，也从此被填土掩埋。德国人计划在这片土地上建造另一条铁路支线。同在这一时期，小港东岸、大鲍岛码头以南向港内推进了百余米建成了斜壁式岸壁后，自然海岸线消失，使得刚建成不久的大鲍岛码头"缩短"成一座"五墩五跨"的码头。

1907—1908 年，德国海军在小港西岸人工填海地的北部，设立了一座有军官宿舍、士兵宿舍和由防爆墙环卫着的水雷库及枪械修理厂，小港北岸的大鲍岛码头也成为德国海军鱼水雷艇的常驻码头。20 年后，紧邻德军水雷库南侧的一处时称"太平港或太平湾"[2] 里建成了青岛首座，也是当时国内八大船坞之一且华北最大的"青岛船坞"。

2. 小港南岸上的发电厂

为港口和码头设备、照明提供电力的计划早在 1898 年即已做出。1899 年已经建成了一个小型的临时发电中心。1900 年计划，1901 年实施建造一座更大的电厂，临时用电则由两台最大 40 马力蒸汽机带动的两部单相交流发电机提供。

---

① 《胶澳发展备忘录（1900 年 10 月至 1901 年 10 月）》，青岛档案馆编：《青岛开埠十七年——〈胶澳发展备忘录〉全译》，北京：中国档案出版社，2007 年，第 165 页。

② 青岛档案馆编：《青岛地图通鉴》，济南：山东省地图出版社，2002 年，第 78 页。

1903年7月，位于今青岛市市南区广州路3号，与奥斯特船厂一墙之隔的新发电厂（图8-34）建成启用。

a. Elektrizitätswerk.

图8-34　1903年建成的青岛发电厂［引自《胶澳发展备忘录（1903年10月至1904年10月）》］

1904年1月1日总督府接管了发电厂，除向市区供电外，电厂还准备在1905年扩大一倍，以便可向浮船坞和造船厂以及码头和码头一带地区供电，为此已经开始了电缆的铺设。

发电厂年输电量，1905 年为 639 800 千瓦时，1906 年约为 800 000 千瓦时，完全担负了青岛造船厂浮船坞的用电。

3. 大港、大码头

《胶澳发展备忘录（1900 年 10 月至 1901 年 10 月）》载：

> 随着 1901 年的结束，在港口工程中（指大港），堆石坝已全部完工，堤坝临海一侧呈弓形封闭大港，临陆一侧将包围着港区。[1]

展开这一年的地图，在青岛口背后西北海岸上，一南一北、一方一圆两条钳形线条正在从规划中的红色逐渐变成实际存在的黑色。此刻，南部方形的小港港池已经建成，北部自 1898 年开始添筑的大港防波坝工程，历时三年、用石料 477 600 立方米，建成总长度为 5 569 米后开始了港内码头的建造。

石材是修筑铁路和建造港口的基础材料，面对修筑大、小两座港口巨大的石料需求量，胶澳督署（总督府）自 1898 年开始分别在沧口以北、毛奇山（Moltke Berg）[2] 以南的今大连路山坳、俾斯麦山（Bismarck Berg）[3] 北麓和伊尔蒂斯山（Iltis

---

[1]《胶澳发展备忘录（1900 年 10 月至 1901 年 10 月）》，青岛档案馆编：《青岛开埠十七年——〈胶澳发展备忘录〉全译》，北京：中国档案出版社，2007 年，第 150 页。

[2] 今贮水山。

[3] 今青岛山。

图 8-35　1901 年建造中的大港围坝［引自《胶澳发展备忘录（1900 年 10 月至 1901 年 10 月）》］

图 8-36　小鲍岛附近的采石场（Steinbruch bei Hiaupautau）与窄轨小火车

Berg）^① 东南端的两处地点开辟了多处采石场。为运送石料，又建造了连接采石场和港区的简易窄轨铁路野战铁路，并配备了专用小火车。

　　毛奇山南侧采石场位于小鲍岛村东南，今大连路的中部，这处采石场因地处小鲍岛，故又称"小鲍岛采石场"。开采出的石材以一条窄的施工便轨铁路运送至施工场地。这条窄轨铁路以采石场为起点，经小鲍岛村（今青岛市市北区辽宁路儿童公园大门一带）沿今乐陵路至大港一路段高路基铁路涵洞后从普集路转而沿海岸直抵今青岛市市北区馆陶路、堂邑路口一带。

图 8-37　今小鲍岛采石场旧址

① 今太平山。

1901 年，在小港工程完工后，这个终点退缩至大港一号码头南侧的建设港（Bauhafen）后岸。1906 年，德军在采石场北侧的炮兵仓库建成后（位于今青岛大学市北附属中学大连路校区），将普集路、乐陵路至采石场一段改建成了与山东铁路干线相连的标准铁路。

俾斯麦山采石场位于今广饶路中上部西侧，从采石场出发的窄轨铁路线绕经延安一路、穿过青岛啤酒厂一路下行，过华阳路后经大港一路段高路基铁路涵洞抵达普集路一带海岸。1904 年后，这条临时窄轨铁路并没有因大港的开港而撤除，至少在 1911 年的青岛地图上还有它的影子。这也说明了在青岛大港随后的完善中，青岛山采石场一直是主要的石材供应地。从小鲍岛采石场、俾斯麦山采石场出发的这两条窄轨铁路线的起点与终点的直线距离虽不遥远，但因水道山（今观象山）、大鲍岛东山（上海路、武定路一带）的阻隔，两条线路均须从山岭尽头的今普集路地段绕行并下穿山东铁路。因此，在"S"形的今青海路段高路基上[①]，为这两条简易窄轨铁路和杨家村河入海而修筑了三处涵洞。

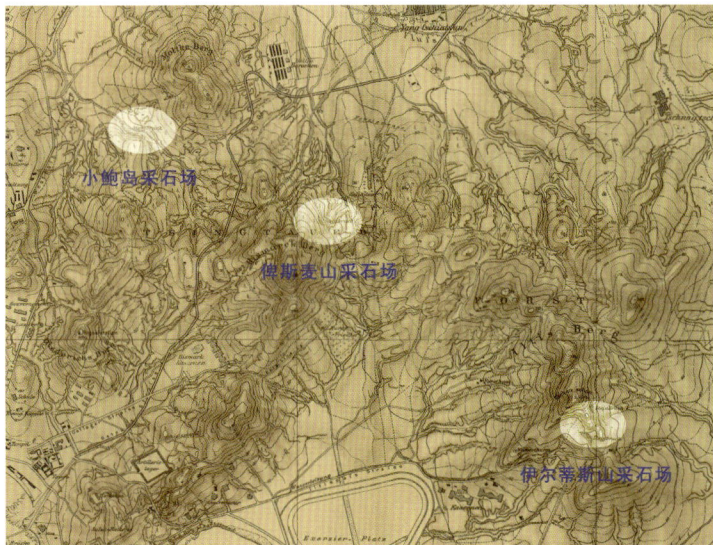

图 8-38 《1903 年青岛及周边地区图》上的三处采石场

伊尔蒂斯山采石场不仅距离港区路途遥远而且还有山丘阻隔，从这里运送石料成本太高。因此专门修筑了今佛涛路、太平角一路通往海岸一路下行的一条窄轨铁路和临时码头，石料在临时码头装船后，绕经汇泉湾、青岛湾、团岛由海路运转到大港海域施工现场，直接投入海中进行挡浪坝的水下基础填筑。

1901 年，在小港开通了航运业务的同时，大港那巨大的石坝围堤工程也已经完

---

① 青海路段铁路在 20 世纪 30 年代的铁路改道后拆除。

工，码头的建造随即开工。从上海购置的大型蒸汽挖泥机和 1899 年自德国运来的先期用于小港疏浚的两台蒸汽挖泥船，于 1901 年 11 月 16 日投入到了大港的疏浚作业中。为更准确地掌握港区地质状况，沿码头、岸壁一线进行了间隔 10 米地下的钻探。1902 年 10 月 1 日，已向海床打入桩基，并以铁格固定再加注混凝土和砂石的方式建造了 260 米的码头、岸壁。1902—1903 年，大港建成了第一个泊位，预计在 1903 年的夏季，大型远洋轮可以停靠。1903—1904 年，一号码头顶端，安装有自记式潮位计，用于测量海拔基点的验潮站小屋建成并投入使用。港区东部的扫帚滩半岛上建造了两个底面积均为 360 平方米的巨大的圆柱体储油罐。

图 8-39　日本画册中的 1901 年大港开工仪式

图 8-40　建造中的大港一号码头

1904 年 3 月 6 日，与五年前《胶澳租借条约》签订的同日，大港一号码头建成，铁路也铺设到了码头，大港开港。4 月，港务局从青岛湾迁入大港。8 月，在一、二号码头之间建造了一座供中小型船舶停靠的钢制浮码头。6 月 1 日，山东铁路全线修通，并开通了青岛大港连通济南的铁路线。而早在 1901 年 4 月 8 日第一列从青岛开往胶州的定期火车开出。9 月，位于山东潍县的坊子煤矿开始掘井。1902 年 6 月 1 日开通了到潍县的铁路。[①] 至此，总督府基本实现了港口、煤矿和铁路陆港连通的预期。青岛大港的开港、山东铁路的开通不仅对船舶航运产生着影响，也使青岛与内地的往来运输方式发生了改变。《胶澳发展备忘录（1903 年 10 月至 1904 年 10 月）》记载：

> 大港码头的建成自然促使整个航运事业发生了根本性改变。它被用作锚地、货栈和为海船装卸货物的场所。除了需要专门货场的大宗货物（如煤等）的船舶外，所有船舶都在码头停泊……
>
> 还在港口交付运营的当月（1904 年 3 月），首批大宗稻米就运来青岛（以前是经由北方的中国港口转运的）并在码头直接转运到 188 节铁路车皮中，然后作为首批大宗运输货物通过刚刚通车到济南府的山东铁路继续转运。嗣后有多批大宗货物运往内地；运输始终很通畅。[②]

1906—1907 年间，在一号和二号码头根部，为中国帆船停靠而建造了带有阶梯的石砌斜壁式码头。

图 8-41 约 1910 年青岛全图中的青岛大、小港状态图
［德国高级建筑师盖特·卡斯特（Gert Kaster）博士提供］

---

① 《胶澳发展备忘录（1903 年 10 月至 1904 年 10 月）》，青岛档案馆编：《青岛开埠十七年——〈胶澳发展备忘录〉全译》，北京：中国档案出版社，2007 年，第 290 页。
② 《胶澳发展备忘录（1903 年 10 月至 1904 年 10 月）》，青岛档案馆编：《青岛开埠十七年〈胶澳发展备忘录〉全译》，北京：中国档案出版社，2007 年，第 290 页。

1907—1908 年间，于二号码头北部建成一座油码头，以及为英国亚细亚火油公司（Asiatic Peroleum Co. LD）、美孚煤油公司（Standard Oil Co.）等公司建造了对华北供应石油的储油罐。1908 年 7 月 24 日，英国油轮"埃帕雷奇（Appalachee）"号从美国旧金山开来，成为在新建油码头停靠的第一艘油轮。

图 8-42　1910—1912 年从陆上透过建设港看大港（上图）和从海上看建设港（今中港）（下图）

在青岛大港的建设中，打桩、疏浚都由港口机械专用船舶承担。1902—1903 年，为停放安置打桩、挖泥船和运送泥沙的泥驳等建港必备船只，于大港一号码头之外，专门建造了一座具有 300 米长码头、水深为 -3 米的建设港（Bauhafen）。这座小型港湾约自德占中期的 1907 年至日占初期的 1918 年间进行了扩建，1914 年日占后称为"船渠港"，约 1940 年后称为"工务港"。1943 年第六号码头竣工后，自防波堤端部至小港北防波堤统称为中港。

4. 大港里的青岛造船厂

1898 年，《胶澳发展备忘录（截止到 1898 年 10 月底）》在"船厂"一条中明确提出：

对商船队和舰队来说，能够修理各种船只的船厂设施是港口必不可少的重要组成部分。由于船厂的各车间也修理和改装建工机械，另外还对

未来修筑铁路和制造各种工业设备具有极为重要的意义，所以，人们希望
能尽快建起船厂。考虑到私人公司比国家机构能更迅速、更经济地满足第
三者私人委托商所提出的各种商务和技术上的要求，已经与一些大公司就
准备修建和经营船厂的承包问题进行了洽谈。建造船厂所需港区地段应供
有关公司多年长期使用。为使该公司从一开始就有一定工作可做，使其能
按合同规定的工资和材料价格对驻东亚基地的全部军舰进行修理工作，为
此，它应能负责建造最大舰船所需要的设备和工厂设施，并准备好军舰所
需的舰船装备。只有在建港的前期工作全面结束并且设计方案提出以后，
才能进行下一步的谈判工作。①

1898 年 10 月，早于青岛湾里奥斯特的私人机器厂开办之前，在青岛湾的东岸，
今莱阳路 10 号一带，一座锯木厂和一套具有可以将小船拖拽上岸的维修设施已并
肩而设了。自此，海岸边这条设有 116 米长倾斜滑轨的船舶拖曳滑道②，铺设出了青
岛通向机械船舶维修与建造的通道。1900 年，总督府正式将其确立为"总督府修理
厂"。

图 8-43　青岛湾东岸的锯木厂和总督府修理厂
［引自《胶澳发展备忘录（1900 年 10 月至 1901 年 10 月）》］

1901 年，拥有锻造车间、木工车间、轮机车间、材料仓库等厂房和德国人、中
国人共百余名工人的总督府修理厂，已经具备了锻制小型船用零部件、修补木制船
体和汽轮机维修的基本能力。然而，面对着厂区外平均不足 1 米的水深和东亚巡洋
舰分舰队的大型军舰，这些设施显然是杯水车薪。这显然不是德国人的终极目标。
暂且蜗居于此的总督府修理厂，在时间的流转中等待着。

①《胶澳发展备忘录（截止到 1998 年 10 月）》，青岛档案馆编：《青岛开埠十七年——
〈胶澳发展备忘录〉全译》，北京：中国档案出版社，2007 年，第 12—13 页。
②《胶澳发展备忘录（1899 年 10 月至 1900 年 10 月）》，青岛档案馆编：《青岛开埠
十七年——〈胶澳发展备忘录〉全译》，北京：中国档案出版社，2007 年，第 103 页。

图 8-44　位于青岛湾东岸的总督府修理厂轮机和铸锻车间
［ 引自《胶澳发展备忘录（1900 年 10 月至 1901 年 10 月）》］

　　1904 年，随着青岛大港的建成，港湾西部水深 5 ~ 10 米的"总督府修理厂"港池以及千余米长的码头、岸壁也在逐步完善。在 1200 米长的 2 号码头建成后，货轮泊位数增加到了 15 个。1904 年 2 月 8 日至 1905 年 9 月 5 日，为争夺朝鲜半岛和中国东北，日俄战争在中国旅顺口爆发。1904 年 8 月 11 日，排水量 12 900 吨的俄国"察列维奇（皇太子）"号装甲舰逃来青岛港，该船厂曾对该舰的战损部位进行过维修。1905 年 3 月，青岛港还曾接收过从旅顺口撤离的，载有约 700 人的 3 艘俄国轮船。也在同一时期，青岛发电厂的电力也输送到了大港码头及大港入口之外的马蹄礁上，指引船舶进出的航标灯和灯塔也已经建成。1906 年 10 月前，临近扫帚滩半岛油库西侧的岸壁，被确定用于建造一座石油码头。1907 年 8 月 1 日，油港启用。1908 年，石油码头建成。至此，除船厂之外，大港的客货运码头拥有了一号、二号码头、一座浮桥和一座石油码头。自 1905 年 1 月起，总督府船坞工艺厂即已开始向大港搬迁。1907 年 4 月 1 日，迁入大港新厂址的船厂所有车间和库房都已投入使用。从此，一个拥有 16 000 吨举力浮船坞和 150 吨门座式起重机的大型舰船修造厂出现在了青岛。曾以"总督府机修厂""总督府船坞工艺厂""青岛水师工务局"为名的工厂也从此更名为了"青岛造船厂"①。

① 1899 年 10 月—1900 年 10 月，总督府修理厂。1901 年 10 月—1902 年 10 月至 1906 年 10 月，总督府机修厂。1901 年 10 月—1902 年 10 月与 1905 年 10 月—1906 年 10 月，总督府船坞工艺厂。1906 年 10 月至 1912 年，青岛造船厂。

图 8-45　位于今甘肃路一带的青岛造船厂学徒宿舍（左图）与带有青岛船坞工艺厂
标志的中国工人培训手册（右图）［引自 F. H. 施密特公司（广包公司）工程相册与
德国联邦档案馆资料库网站］

　　青岛造船厂自开办之初即开始招收和培训中国工人。1902 年 4 月，再次从山东
省招收了 80 名学徒工；1903 年 10 月，又招收了大约 100 名学徒；1906 年 12 月有
工人 1 117 名；1908 年 9 月有工人 1 441 名；1909 年 6 月人数最多时高达 1759 人。
学徒期为 4 年的工人除了在一位会说汉语的德国师傅的指导下接受工厂全部工序的
专业培训外，还学习德语、写字和算术。1908 年 8 月，在可以眺望船厂全貌的大港
东岸上，由公共食堂、学校和 26 个独立小院组成的学徒宿舍建成投入使用。学徒
居住区的外形符合建筑条例要求，是典型的德国造型。单栋住房覆盖有高大结实的
斜屋顶，而在空间结构上，则使用了中国传统的建筑方式。[①]

　　建成后的青岛造船厂，拥有办公大楼、在修船只官兵营房、给排水设施、中
国工人饭棚、锻铁车间、锻铜车间、制帆车间、通过转盘与最重要的车间相连的铁
路、模型棚、索具库、巡洋舰队仓库、油库，曾设在游内山半岛的煤库也搬迁至
此，以及一座 16 000 吨级船台和 150 吨岸上吊车，尤其是在 16 000 吨级浮船坞投
入使用后其修造船的能力大大增强。至 1914 年共建造舰船近 40 艘，修理大小舰船
约 500 艘。

---

　　① ［德］托尔斯藤·华纳：《近代青岛的城市规划与建设》，青岛档案馆编译，南京：
东南大学出版社，2011 年，第 206 页。

1906/7
Verwaltungsgebäude der Tsingtauer Werft
Tsingtau.

图8-46　青岛造船厂办公楼（左），械车间内景（中），机械车间外貌（右）
（青岛城市建设文化交流协会提供）

5.青岛造船厂里的浮船坞

船坞是从在江、河、海岸边四面筑壁，一面留口的"船坑"演变而来的，随着船舶修造业的发展，船坞已经是船舶修造不可或缺的必备设施和一个船厂重要的一部分。船坞主要分为干船坞、浮船坞和注水船坞。干船坞是建造于岸边陆地上的地穴式砖石建筑物，与大海或江河之间以一道闸门相隔。在坞内注水、坞闸开启后，船舶便可自由进出。待关闭坞门，排干坞内海水后，船舶即可坐墩于坞内地面上，从而实现对船舶水下部分检修和船舶建造。浮船坞则为漂浮于水面之上的钢铁人造物。当呈"U"形的浮船坞两端及底部的浮箱内注水后，浮船坞整体半沉于水，船舶可从敞开的两端自由进出。待浮箱内的水排空后，浮船坞连同所载船舶一同浮起，使船舶完全离水，以实现维修的目的。

另有一种可使船只上岸、下水的是船舶修造设施是斜拉式或重力式船台，曾经仅适用于小型船只的这种设施。随着时代的发展和技术的进步，今天在某些中型船舶的维修与建造中也得到应用。

晚清政府，在为"自强""求富"而推行的洋务运动中，开始学习和引进西方的科学与技术，兴办中国军工企业。在从欧洲购进军舰的同时也在中国南北方沿海建造船坞，先后于1865年建成江南机器总局船坞，1866年建成福建马尾船政，1867年建成天津机器局船坞，1880年建成大沽船坞，1890年建成旅顺大坞，等等。

94 青岛造船厂机械车间 Maschinenbauwerkstatt der Tsingtauer Werft Tsingtau.
1906/7

1895 年 4 月中日甲午战争结束，在北洋水师全军覆没、基地尽失后，李鸿章又再次提出了在胶州湾重建北洋海军基地和建造船坞的设想。

图 8-47　清北洋水师 1890 年建成的旅顺船坞（上）与德占青岛后拍摄的青岛地区民间船坞（下）

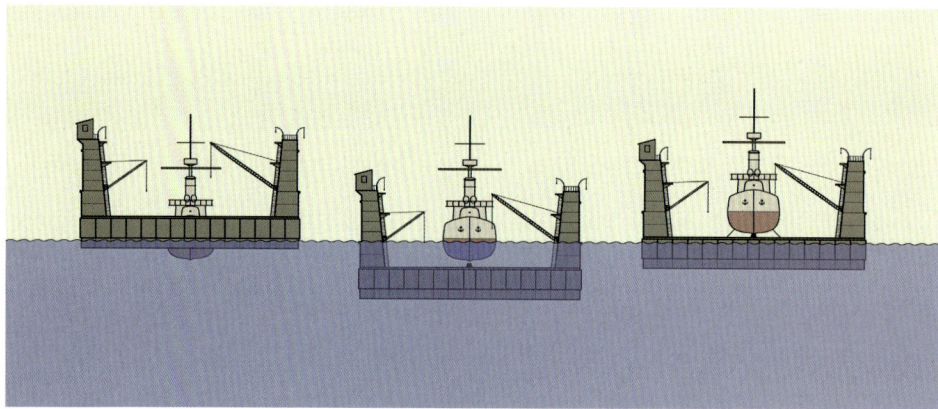

图 8-48　浮船坞（1905 年建成的青岛造船厂 16 000 吨举力浮船坞）示意图

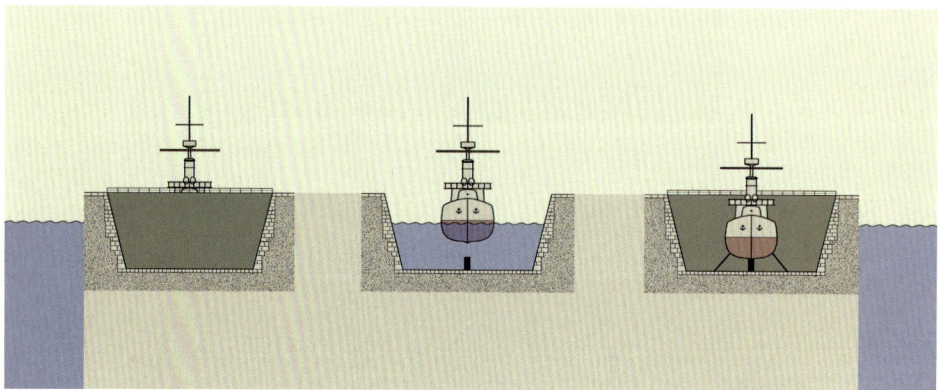

图 8-49　干船坞（1934 年建成的万吨级青岛船坞）示意图

　　德占胶澳后，在将胶州湾"作为舰队基地的军事上的重要作用前提下"，在规划和建造军港时，胶澳督署（总督府）首先为维修东亚巡洋舰分舰队的军舰制定了一个建造船厂的计划，并在规划新船厂的同时，已将浮船坞和起重机这两项重要设备考虑在内。《胶澳发展备忘录（1901 年 10 月至 1902 年 10 月）》记载，1901 年 10 月—1902 年 10 月，已向国内一家公司订购了一座可以容纳得下德国在东亚最大船舶的钢制浮船坞。而这家私人造船厂在接到订单后也着手开始了浮船坞的建造。计划于 1904 年在青岛建成的浮船坞的首批货物，也已经于 1902 年 10 月以前开始了从德国向青岛的起运。就此，德国好希望小屋（Gute Hoffnungshütte）公司和斯特克兰德（Sterkrade）工厂，与百余年前的青岛联系在了一起。

　　位于德国重工业之都鲁尔地区奥伯豪森简称为曼恩（GHH）的好希望小屋（Gute Hoffnungshütte）[①]公司其前身为圣安东尼炼铁厂（St. Antony ironworks）。这

　　① 裴琳（Gerlinde Pehlken）女士对"好希望小屋"这个独特公司名称由来的分析大意为：Ruhr（鲁尔）是一条小河，Hütte 是小房子。1810 年，一个德国人找到在鲁尔地区储量丰富的矿区并建造了一座房子，因那时候人们很贫苦，所以他们起名"好希望"。

家创立于 1758 年公司，为当时德国的第一大重工业企业。1808 年，在合并"Gute Hoffnung"和"Neue Essen"两家炼铁厂后更名为 Gute Hoffnungshütte（GHH）。

1982 年，该公司出版的《200 年的斯特克兰德 1782—1982》（*200 JAHRE GUTE HOFFNUNG IN STERKRADE 1782—1982*）一书中记载了德占时期青岛造船厂浮船坞的建造。总督府之所以选择该公司，正如《胶澳发展备忘录》中所记，是因为这是"一家享有盛名的公司"。然而，如此负有盛名的浮船坞建造公司的名字却在官方的备忘录中从未提及。侧面的发现则出现在参与过胶澳督署大楼等建筑项目的德国汉堡阿尔托纳区 F. H. 施密特公司（广包公司）记录中。

《胶澳发展备忘录（1902 年 10 月至 1903 年 10 月）》记载：

> 已开工建造浮船坞建造的组装场地。这个组装场地位于港外台西镇处。在（德国）国内订购的浮船坞已基本建成，第一批建造器材已用货船运抵青岛。[①]

《胶澳发展备忘录（1903 年 10 月至 1904 年 10 月）》记载：

> 组装大型浮船坞和建造船坞沉入位置的工作已进行到可使船坞于 1905 年春投入使用的程度。[②]

> 造船厂用的浮船坞工程已于 1903 年 11 月开工，这项工程在本报告年度结束时已进展到包括保险甲板在内的船坞建造已基本完工，预计到 1905 年春天便可投入使用。船坞由紧密相连的五部分组成，总长度 125 米，载重量 16 000 吨。船坞所有的机器都是电动的。[③]

青岛造船厂的这座 16 000 吨举力的浮船坞，在德国斯特克兰德（Sterkrade）工厂完成设计和部件制造后，越洋海运至青岛组装完成。胶澳当局将浮船坞的组装场地，选定在了远离在建港区约 4 千米处的今青岛市市南区团岛三路、四路、五路合围区域一带（今污水处理厂以东）。百年余前台西镇西岸小泥洼炮台（今台西镇炮台旧址）以北的这一区域，还是一处西向胶州湾、背靠小泥洼村，纵向 250 余米，横向 100 余米的海滩。这片略倾斜且广阔的沙泥滩涂，为自重不菲的浮船坞组装提供了适宜的场所；离岸 40 米水深即达 2 米，200 米水深达 4 米、400 米水深达 10 米的海湾，为远涉重洋而来的浮船坞分段部件的上岸和长 125 米、宽 39 米的

---

① 《胶澳发展备忘录（1902 年 10 月—1903 年 10 月）》，青岛档案馆编：《青岛开埠十七年——〈胶澳发展备忘录〉全译》，北京：中国档案出版社，2007 年，第 251 页。

② 《胶澳发展备忘录（1903 年 10 月至 1904 年 10 月）》，青岛档案馆编：《青岛开埠十七年——〈胶澳发展备忘录〉全译》，北京：中国档案出版社，2007 年，第 271 页。

③ 《胶澳发展备忘录（1903 年 10 月至 1904 年 10 月）》，青岛档案馆编：《青岛开埠十七年——〈胶澳发展备忘录〉全译》，北京：中国档案出版社，2007 年，第 283 页

图 8-50　1903 年《青岛及郊区地图》[《胶澳发展备忘录（1902 年 10 月至 1903 年 10 月）》附录 13] 中的台西镇前的煤炭仓库（Kohlenplatz）和浮船坞建造场地

巨型浮船坞的下水提供了理想的条件。组装场地东部，1901 年夏季建成的第二个劳工居住区——台西镇[①]和 1902 年已建成的莱因 - 威斯特法伦煤业辛迪煤炭仓库（Kohlenschuppen des Rhein.-Westf. Kohlensyndikats）近在咫尺。就近设置能源仓储和劳动力居住地，胶澳当局似乎将在浮船坞组装中可以预见的问题逐一解决。与此同时，位于青岛大港内浮船坞固定的停泊码头建造以及 150 吨起重机的安装也在同步进行着。在浮船坞建成下水并停靠在了大港内青岛造船厂既定泊位上后，这个临时组装场回归了往日的平静，仅有浮船坞建设办公室被保存了下来，直至 1976 年终因年久残旧而拆除。1979 年，四八零八厂在今团岛三 7 号原浮船坞建设办公室原址建起了一座六层的职工宿舍楼。

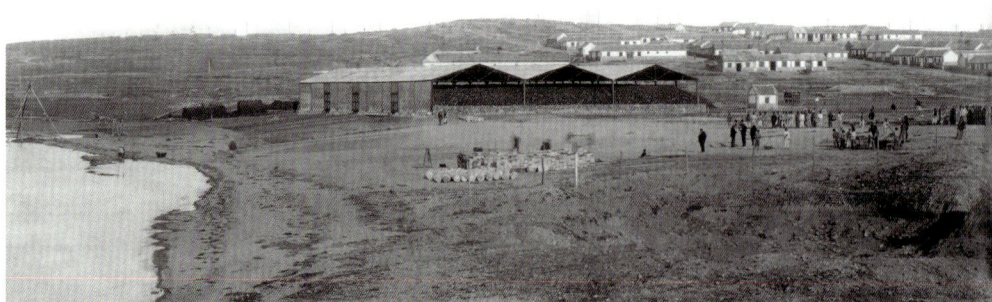

图 8-51　台西镇前的煤炭仓库（Kohlenplatz）和筹备中的浮船坞建造场地（云志艺术馆提供）

---

① 第一个劳工居住区为 1899 年 10 月新建的台东镇。

1903
Baubüreau und Materialienmagazin
der Gute Hoffnungshütte
(Bau des Schwimmdocks)
Tsingtau.

图 8-52　好希望小屋建设办公室、物资仓库（浮船坞）青岛城市建设文化交流协会提供

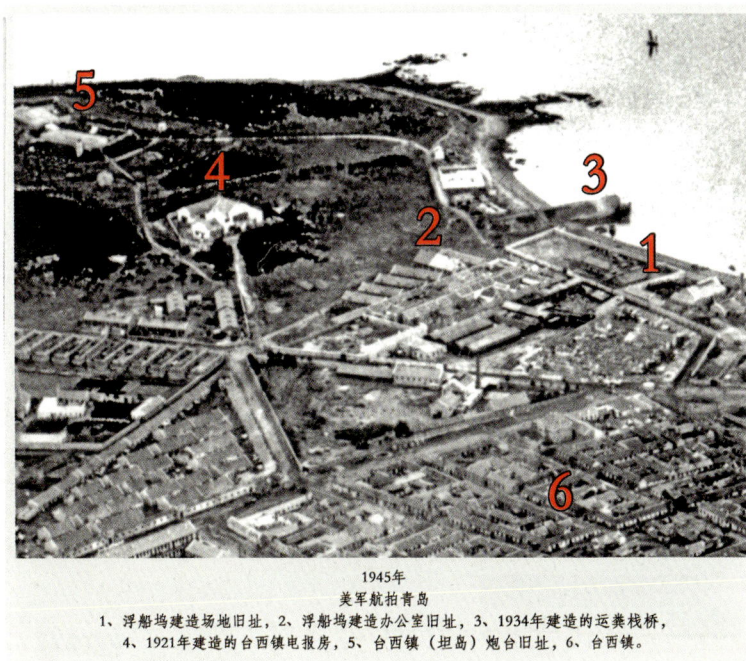

1945年
美军航拍青岛
1、浮船坞建造场地旧址，2、浮船坞建造办公室旧址，3、1934年建造的运粪栈桥，
4、1921年建造的台西镇电报房，5、台西镇（坦岛）炮台旧址，6、台西镇。

图 8-53　1945 年台西镇一带航照片

图 8-54　台西镇前的浮船坞建造（云志艺术馆提供）

图 8-55　台西镇海滩上正在卸岸的浮船坞钢板（云志艺术馆提供）

图 8-56　台西镇海滩上正在建造中的浮船坞（云志艺术馆提供）

《胶澳发展备忘录（1904 年 10 月至 1905 年 10 月）》记载：

至于船坞下沉地点，在 1905 年 4 月已疏浚到规定深度（-16 米），浮船坞的 12 个浮筒沉坠已于 6 月和 7 月装好。（1905 年）

8 月 23 日，这座 16 000 吨的浮船坞下水。现在已被锚定在固定位置，正经开始进行作业。

150 吨的大型吊车已安装完毕。[①]

图 8-57　浮船坞下水

Das Dock im Hafen von Tsingtau
war eine wesentliche Komponente
des Marinestützpunktes.

图 8-58　青岛造船厂 16 000 吨浮船坞母港
［收藏家汉斯·克利斯托夫（Henz Christof）先生提供］

①《胶澳发展备忘录（1904 年 10 月至 1905 年 10 月）》，青岛档案馆编：《青岛开埠十七年——〈胶澳发展备忘录〉全译》，北京：中国档案出版社，2007 年，第 375—376 页。

自拥有了可以吊装舰炮与机械的 150 吨门座式起重机和对舰船进行坞修的 16 000 吨浮船坞，青岛造船厂才名副其实地成为一座修造船厂，青岛第一家真正意义上的船厂就此诞生。仅 1907 年 10 月—1908 年 10 月，经青岛造船厂浮船坞检修过的各型船舶已达 25 艘之多。

图 8-59　1907 年 10 月山东巡抚杨士骧参观青岛造船厂及浮船坞，前排着棉袍者为杨士骧，二排着德国海军军装者为都沛禄（杨明海先生提供）

1907 年 5 月，时署理直隶总督兼北洋大臣、山东巡抚杨士骧①"巡视"青岛，总督都沛禄亲自接待并陪同参观了青岛造船厂和浮船坞以及奥斯特造船厂。此次青岛之行，胶澳督署（总督府）充分向清朝展示了青岛造船的能力。显然，杨士骧对舰船怀有浓厚的兴趣，参观船厂极大的可能性是怀揣着清朝的购造舰计划而进行的考察。此番的实地巡视，或许给清廷吃下了一颗定心丸，从而催生出了清朝海军座舰——"舞凤"舰。

---

　　① 杨士骧，安徽泗州人。光绪十二年（1886）进士，曾任翰林院庶吉士、翰林编修、直隶按察使、江西布政使。光绪三十年（1904），任山东巡抚。光绪三十三年（1907），署理直隶总督兼北洋大臣，次年实授。在山东巡抚任内，重建山东省修志局，主持完成了宣统《山东通志》的编纂。

图 8-60 1907 年 10 月山东巡抚杨士骧在奥斯特船厂大车间西门外的合影
中前者为杨士骧，右一为奥斯特（青岛老明信片收藏家王学刚先生提供）

杨士骧在青期间还赴崂山游览，宿华严寺，并书《崂山听韩太初琴》五言古诗一首，又于华严寺门内石壁刻："大清光绪龙飞三十有三年三月二十四日（1907 年 5 月 6 日），山东巡抚杨士骧巡视青胶，道经即墨，登劳山，宿于华严寺题名，子毓琨。同来者潘延祖、萧应椿、余则达、祁颂威、李德顺、刘传枢、张镒、陈庆龢、李先荣、胡宝善、于焌驹、刘晋、黎树贵、洪乐笙、沈保儒，凡十五人。"

图 8-61 华严寺杨士骧宿住石刻

6. 青岛造船厂与"舞凤"军舰

1910年6月11日,胶澳督署(总督府)皇家翻译埃利希·米歇尔森[1]博士在其所作《青岛发展回顾》报告中说:

> 随着16 000吨浮船坞、巨大的装有全部现代技术辅助设施的车间、一台起重能力达150吨的吊车和一条几乎长达百米码头(指突堤式浮船坞专用码头)的建成投产,青岛船厂成了远东同类船舶乃至小型船舶,如炮艇、游艇、拖船等的建造基地。现在船厂正在为中国政府建造一艘游艇("舞凤"舰)。[2]

图8-62　青岛造船厂150吨起重机铅笔画

青岛造船厂自建厂以来所建造的第12艘船,是在1910年初接受清政府筹办海军处的委托,而设计建造的一艘220吨、名为"舞凤"的海军专用座舰。

图8-63　建造中与建成后的舞凤舰

①埃利希·米歇尔森,接任单维廉任胶澳督署(总督府)首席翻译官。
②[德]马维立:《单威廉与青岛土地法》,金山译,青岛:青岛出版社,2010年,第104页。

"海军部嘱本厂自行裁度，绘成船图寄览，即蒙海军大臣嘉许"，由清海军部向德国定制的这艘军用舰艇特殊之处是，它的建造地不在德国，而是在德国在华租借地。在获得清政府的首个订单后，青岛造船厂很快提交了设计方案，在得到清海军部大臣载洵[①]的嘉许后，"舞凤"舰进入了建造环节。1911年9月，胶澳督署（总督府）翻译官弗里德里希·谋乐在编辑《青岛全书》中对这艘清政府的海军座舰予以了不尽其详的记述：

> 在本厂为十二次所造之新船。该船之形，实为当今之新式，美而且丽。当其海军部嘱本厂自行裁度，绘成船图寄览，即蒙海军大臣嘉许，令本厂承造于一千九百年[②]十二月间竣工交收矣。该船纯系钢制身长三十八米打，宽五米打八十森的米打，高三米打，排水力二百二十吨，速力每点钟十五塞买[③]十分之一，即系四十五海里有奇。机器两架，共马力六百匹。初与中国海军部订合同时，仅应十四塞买。该船有保火险屋五间，船面之木均用上等洋槐，所有船中搭配之什物皆生铜。船之前身有饭厅一间，橱与汽炉并各种餐具。船之后身亦有完善房间。前后各舱皆有将弁、兵丁所住之屋。其方便之法实如人意。及过暑天，则备有电灯、风扇。舵楼之上，有放大电光之机器。机器屋有转膛汽筒三个。该汽筒与基址均系生铁，汽柱用擦光铜所作，摆轴系属铜作，为生铁匠所造。摆翅有三均，系生铜为之。有冷水水缸一，安于机器舱之外。有水管船锅二，该锅供正、副汽管之用。船上设有风扇一柄，以生造作锅炉所用之风。此"舞凤"船之情形也。[④]

《海军实纪·购舰篇》[⑤]载：

> "舞凤"航海炮舰
>
> 宣统三年（1911），由青岛德国船厂造。船身长一百二十四尺，舷宽二十尺，排水量二百吨，吃水七尺，每小时速率行九海里；三脱汽立机一副，烟管汽锅一座，实马力三百匹；配马氏六密里五炮二门；载煤量三吨，载淡水七吨；全船配员二十六员名。[⑥]

①　爱新觉罗·载洵，满洲镶白旗人，醇亲王奕譞第六子，光绪帝之弟。1909年，任筹办海军大臣，并赴欧美考察海军。次年授海军部大臣。
②　原文"一千九百年"当误，应为一千九百一十年。
③　塞买，节，航海中的距离单位。航速1节等于每小时行驶1海里（约1.852千米）。
④　［德］弗里德里希·谋乐《青岛全书》，青岛市档案馆重刊，青岛：青岛出版社，2014年，第238—239页。
⑤　《海军实纪》为池仲祐编于1918年。
⑥　池仲祐：《购舰篇》，张侠、杨志本、罗澍伟等编：《清末海军史料》，北京：海洋出版社，1982年，第173页。

此舰取名"舞凤",取腾飞、上升之意。舰长 38 米,型宽 5.8 米,型深 3 米,排水量 220 吨,动力为 2 台 600 马力蒸汽机。该舰设计航速为 14 节,艏艉甲板共安装有象征意义大于实际意义的 4 门 47 毫米口径机关炮。虽为海军座舰,但火力配备较弱,反而漂亮的飞舰艏、船首像、斜伸出舰艏的斜桅、高耸的桅杆以及生活设施成为重点。"舞凤"舰为钢制船体,甲板、驾驶室等舱内饰则选用了黄铜与进口槐木,舰员舱室除安装有电灯外还装有电风扇。"舞凤"舰虽称为"舰",实则仅有"艇"的体量。后来实际上也的确成为一艘可以进入浅水的炮艇。

1910 年 12 月,"舞凤"舰在青岛顺利下水,航试测得航速超过 15 节,超出了合同要求,遂由清政府海军升旗接收,江南水师学堂驾驶班第四届毕业,曾留学英国格林尼治海军学校的海军协参领王传炯(字仲遴,安徽无为人)受命担任首任舰长,全舰编制 26 人。

新入役的"舞凤"舰,被编入长江舰队名下,但为了方便海军大臣调用、乘坐起见,主要驻泊在北方港口。体型娇小,外观秀美的"舞凤"的诞生,并不仅仅是中国海军在座舰方面零的突破,更重要的是由这种主要是大国海军才有装备的军舰,昭示出想要壮大海军的勃勃雄心。[1]

1911 年 10 月,武昌起义爆发。11 月 12 日,烟台的同盟会员武装举义,推举"舞凤"舰舰长管带王传炯为司令。

1917 年 7 月 21 日,驻泊在上海的"舞凤"舰,加入由孙中山领导的护法运动,成为护法 7 舰之一,主要用作政府高级官员坐舰。

1924 年,隶属广东海军的"舞凤"舰更名为"武丰"号。

1937 年 9 月,芳龄廿七的"舞凤"舰在珠江口执行驻守任务时被日本飞机炸沉于磨刀门。

7. 东去南迁剞劂沉浮

从 1898 年到 1914 年,经青岛造船厂修造过的各型舰船为数众多。1912 年时有报载:"胶州湾内一切设备靡不尽善尽美。筑港之费计一千二百万元,所筑码头之侧有浮船坞一所长一百二十密达、宽三十九密达、可容万千吨以上之船十二只。据一千九百十二年调查,有船七百五十余。只其登录吨数为一百二十万吨云。"1914 年 7 月 28 日,第一次世界大战爆发。8 月 23 日,日本正式对德宣战,日、英联军向驻青德军发起进攻打响了"日德青岛之战"。11 月 7 日德军战败投降,觊觎青岛已久的日本借机占领了青岛。

---

[1] 陈悦:《皇家体面——清末海军"舞凤""联鲸"号专用座舰》,《现代舰船》(B 版)2011 年第 3 期,第 55 页。

战时的青岛造船厂，转而进行火炮底座、钢板掩体以及水雷抛射器等军需品的生产制造，这自然成为日军炮击的目标。

1914 年 10 月 31 日起（日军）实施全面的轰炸和炮击，6 点 25 分，第一批榴弹炮落到船厂，击中了油库，烧毁了软硬木仓库和连接城市的电话线。同一天，德国方面也发布命令，坚决摧毁所有尚未受到损坏的设施。首先是炸掉浮船坞和 150 吨起重机。[①]

德占胶澳当局花费约 200 万马克建造的，仅使用了 9 年的浮船坞被德军自沉于它的母港中。日德青岛之战后期，德军为阻挡日舰进港和青岛港不被日军使用，在自沉浮船坞的同时还在港口自沉军舰来阻塞青岛。战争结束后，日军在《青岛开城规约》中规定："所有的官方财产、舰艇和船只以及相关物件原封不动交付给日本军。"1917 年 3 月 28 日，日本人又堂而皇之地把一次劫掠写入《一九一六年贸易论略》中：

The fire of Ship Building Yard.
災 火 の 所 船 造
所船造大 ιは起な突大め弾砲我

图 8-64　日军炮火击中青岛造船厂与德军自沉的浮船坞

機重起噸十五百の據船港大鳴青るたし懐白

图 8-65　倾倒于海中的 150 吨起重机

①［德］约尔克·阿泰尔特：《青岛城市与军事要塞建设研究（1897—1914）》，青岛档案馆编译，青岛：青岛出版社，2011 年，第 72 页。

青岛将陷时轰沉之浮水船坞，海军当事已于客秋设法起出，本年七月四日当牵往佐世保之军港。①

1915年秋，日军将浮船坞和150吨起重机打捞出水，起重机未彻底损坏，经1915—1916年的修复，恢复了原有功能，作为战利品，归入海军省管理。1917年7月4日，这座16 000吨的浮船坞，在日本军舰"富士"号的拖曳下跨越黄海，劫运到了日本佐世保军港。而修复后的起重机则留在被日军改为"海军防备队修理工场"的原青岛造船厂续用。

图8-66　被日军改为"海军防备队修理工场"的青岛造船厂
（引自约1916年《青岛并山东铁路沿线胜景写真》）

从2015年8月日本吉田正、吉田明兄弟（Tad & Aki）的《青岛物语——续篇（口述史）》和他们查询的三菱重工业株式会社造船所史料中得到了这座浮船坞最终归宿的信息：

大正七年（1918）10月15日从海军省借用的浮船坞（第三船坞）被军舰富士拖航到了神户。

从海军省作为借用日德战争的战利品16 000吨的浮船坞在第五岸壁停泊抛锚，大正八年（1919）2月举行的开渠式后，进一步增强了船舶的维修能力。

神户造船厂关于"16 000吨的浮船坞"：

从海军借用来的该船坞，在昭和二十九年（1954）6月，我司从国家购入，归入我司所有。之后，随着船舶的修理、改造工程量的减少，谋求

①［日］立花政树：《一九一六年贸易论略》，青岛市档案馆编：《帝国主义与胶海关》，北京：档案出版社，1986年，第268页。

图 8-67　在黄海拖行中的"青岛的浮船坞"（左图）与神户造船厂里停靠标有 16 000 吨浮船坞
（16 000 TON FLOATING DOCK）的青岛造船厂浮船坞（右图）

生产体制的革新，昭和六十三年（1988）1 月 25 日举行的引退的祭神仪式，
2 月上旬从我所离岸，广岛县江田岛转航，做了解体处理。

　　根据这个回复我们可以得知"青岛的浮船坞"在新三菱神户造船厂
（今三菱重工业株式会社造船所）作为长达 70 年大多船舶修理使用的"浮
船坞"，最后用祭祀神事的引退仪式的方式赞美它的功绩。[①]

　　在浮船坞被日本劫走后，青岛失去了对中大型船舶进行小修和坞修以及建造中
型船舶的能力，一切又回到了原点，而再次拥有如此能力时，已是近 20 年过后了。
这座与德国人的青岛造船厂里漂浮于水上的钢制浮船坞用途相同，但结构截然不同
的船坞，是一座在海边陆地上的石砌阶梯式干船坞。船坞即将"再现"于青岛时，
犹如久旱后的甘霖般地受到了航运业以及各界的关注。当时《青岛时报》派专人采
访和专门报道。1933 年 2 月 23 日，一条《东北海军在太平湾建造船坞》的消息在
青岛传播开来：

　　当德人初占胶州湾时，为实现其以青岛为海军根据地之计划，首先于
大港间建造大规模之船坞，费洋六百余万，需时历二年始告竣工。其经营
计划，煞费苦心。三十人使机即能举起三万吨之汽船，极尽灵巧之妙。其
后日人攻占青岛，竟将船坞全部拖返日本，现青岛虽为重要海港，但无船
坞之设备，致轮船往来，遇有损坏，极感不便，尤以驻青之东北海军各船
有所修理益感困难。市长兼海军司令沈鸿烈有鉴及此，特与海军兵工厂厂
长高凤华计划在小港、太平湾间建造一便利实用之船坞。记者特于昨日上
午赴海军工厂访晤厂长高凤华氏，叩以建造之现行状况，据高氏对记者谈
话如下：高氏谈，谓青岛港内缺少船坞之设备，不仅海军各舰感受不便，
实则往来轮船遇有损坏尤感困难，且建设船坞与繁荣市面亦有綦切之关

---

①［日］Tad & Aki：《青岛物语——续篇（口述史）》，2015 年，未刊稿。

图8-68　海军工厂厂长高凤华（右一）、副厂长王超（右二）与参与青岛船坞及坞门建造的相关人士在小港建造青岛船坞坞门工厂内150吨吊车上的合影

系，故沈市长在二年前即有此项计划，嗣因经费关系，迄今未能实现。迨至去岁，沈氏为应实际之需要，经竭力筹划，遂决定于太平湾建造船坞。当由高氏出示船坞详图并详加说明。船坞之长度为四百八十尺，上宽为七十五尺，下宽为五十九尺，四五千吨之船可入坞修理。全部工程需洋廿六万元，大部由上海馥记承包。全部机器约需洋六万余元，系由海军工厂自行购制。已于年前十二月初旬动工，预定本年九月完成。将来港务之设备益臻完善，航行香港之船舶益感便利，而青市商业亦将因船坞实现，而益趋发展云。①

同时"启建青岛市船坞"，作为1933年的重要事项编录于《青岛市政府行政纪要》：

青市向有华北唯一良港之称，胶澳之内，深逾三四丈，严冬不冻，德日管理时代，辟马路，设市廛，建筑码头，敷设胶济铁路，水陆之交通称便，因此商贾云集，遂致荒僻渔村，一跃而为东方名港，出入船舶，与日俱增。惜收回而后，历任当轴，对市政虽极力设施，而港务迄少注意，至未能有长足进步。自沈市长莅任后，深知胶澳港务，为青市命脉所系，故即启建第五码头，以应航务上之需要。又以华北一带，能供船舶修理者，仅有大沽船坞，且亦规模狭小，设备简陋，加之白河淤塞日甚，吃水逾十尺以上之船，既不能驶入修理，尤为天然缺陷。致使航业界对于华北航行，每生戒意。一旦遇有窒碍，势非北赴大连，南下沪渎，不能修理，实为本港设备上之一大遗憾。乃于二十一年（1932）冬，择定本市菏泽四

①佚名：《东北海军在太平湾建造船坞》，《青岛时报》1933年2月23日第6版。

路公地，启建船坞，以谋航商之便利，业于本年一月，正式动工，预计二十三年（1934）秋季，可以全部完竣，兹将其建筑计划，摘录如下。

船坞基础，就基成岩石凿成，旁砌劳山花岗石。坞底宽五十九英尺，由坞壁第三层石起，每高四十七英寸，向外展宽一英尺，五次共计向外展宽五英尺，均成垂直线，以便支撑船边之用。又坞闸门共有两道：第一道至坞首，长四百八十英尺；第二道至坞首，长三百五十六英尺。木垫以上，水深二十三英尺，较大船边，可将闸门移至第一道；较小船边，可将闸门移至第二道；容水量即小，一切经费，当然随之减少。又船坞左右及前端，设便道六处，自底部第三层石壁起，梯步共为三十七级，每级高一英尺，宽九英尺至十英尺不等，倾斜约成五十度。同时虽有多数工人上下，并不觉拥挤。坞端左右设滑道二，配以滑车，绞盘，以便搬运材料。又坞底中部略长，向左右倾斜，周围设明水沟一道，积水泄于沟，由此再流入抽水坑内，使坞底常能保持清洁与干爽。两道闸门之内，各设舵坑一个，以便拆船舵之用。又船底中央垫木座，用铁筋洋灰造成，当中设直梁一道，由坞首至坞尾，使百数十垫木，联为一体，比较用生铁座，可以安全而耐久。又左右设滑动垫木各十一道，下铺铁轨，由坞底至坞面，安置滑车四备，当船舶龙骨将落垫木时，仅在坞面用人力将绳索向左右移动，该滑车即可紧贴船底，毋须派人下水垫木也。

船坞机器，共有两部，系规定用英国维克斯厂所造，式样如轮船之螺旋推进器，每部进口，二十二英寸；每分钟共能抽水五万加仑。〔约八十二吨余〕使坞内所容水量，可于三小时内，完全抽尽。又设电动机二部，均直连于抽水机，每分钟九百七十七转，马力各二百四。又另外备有七英寸小抽水机一部，以为临时排拽漏水之用，此等机器，俱装在地面以下铁筋洋灰房内，占地极小，且使管理亦极易为力也。[1]

1934 年，青岛史上第二座船坞，也是首座干船坞——青岛船坞在位于小港的海军工厂一侧的太平湾里建成。工程由曾承建南京中山陵等大型土木工程的上海馥记营造厂承接。馥记营造厂总经理陶桂林邀请了上海协泰洋行顾问、挪威工程师穆勒完成了设计，计算造价 26 万银圆。而船坞坞门则交由青岛海军工厂建造。青岛船坞于 1931 年 12 月 27 日开工兴建，1934 年 4 月 13 竣工，同年 10 月 20 日下午 2 时许于船坞内举行了落成典礼。

---

[1] 青岛市政府秘书处编印：《青岛市政府行政纪要》第七编《港务》，青岛：青岛市政府秘书处，1933 年，第 3—4 页。

图 8-69　1934 年《导光》第 2 卷第 30 期刊发的《青岛船坞落成礼
（青岛市船坞落成典礼摄影之二）》（青岛文史研究者周林先生提供）

　　青岛船坞在逾期半年后历时 4 年建成，1934 年 3 月 5 日、4 月 13 日，时任青岛市市长兼东北海军第三舰队司令的沈鸿烈及馥记营造厂分别为青岛船坞竣工题词和做记，并刻石镶嵌于坞壁之上：

　　中华民国廿三年三月五日

　　泱泱表海，舫运是资。艨艟云萃，刳剡咸宜。爰辟斯坞，利济修治。

　　鸠工勒石，永奠丕基。

　　沈鸿烈题

建造单位及竣工日期纪念碑碑文：

　　中华民国廿一年十二月廿七日兴工

　　中华民国廿三年四月十三日竣工

　　上海馥记营造厂承造

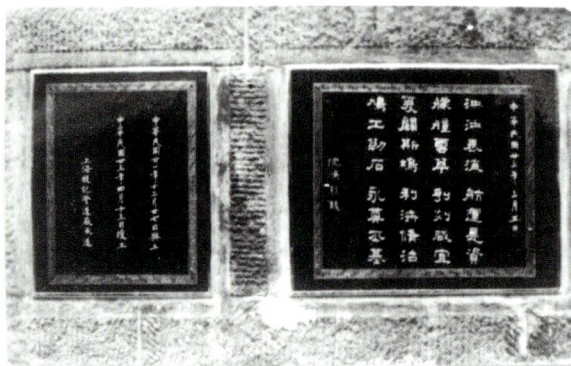

图 8-70　青岛船坞竣工纪念碑

从沈氏文中可感受到青岛船坞的分量。尤其是含有挖空、刮削之意的"刳刿"两字，在此更是寓意修、造，青岛船坞之于青岛的举足轻重的地位。

1935 年 1 月，一个负责青岛船坞的营业与管理，以徐国杰为主任，聘有上海技师和配备多名当地工人的"青岛船坞管理处"在菏泽四路 14 号设立。

> 本坞为青岛市公产，于民国二十四年一月（1935 年 1 月），设立青岛船坞管理处，掌理营业暨管理事宜，隶属于青岛市港务局，兹将暂行组织简则，摘记如下：……①

1936 年 6 月，该管理处辑沿革、建筑计划、工程经过、组织现状、营业概况、船舶进坞一览表、船坞工程摘要以及船坞平面图、照片等图文编印刊发《青岛船坞管理处要览》一册，就青岛船坞的建造动机、过程与建成后显著的实际价值予以了详述。

四、工程过程

甲、围筑土坝：

围筑土坝，为船坞工程之第一步工作，该坝计长三百七十余英尺，宽十六英尺，式作扇形，两旁密打美松木桩，上下首用螺丝拉引，以防外决，木桩入土二三十英尺不等，视底部石层之高下而定，中填黄土，频填频击，惟坞旁之地，原系砂质，渗漏甚多，为便于工作起见，特置抽水机一架，向外抽泄，全坝计用美松②三十二万余英尺，

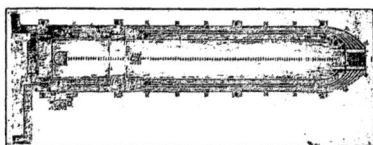

图 8-71 《青岛船坞管理处要览》目录

自民国二十一年十二月九日起动工，预计翌年二月中旬筑竣，嗣以所用木料，本市缺乏现货，而上海方面，又因"一·二八"战事③发生，市面萧条，金价不定，木商惮於定货，不得已遂改向欧美购运，一再辗转，费时殊多，加以冬春之交，天气严寒，滴水成冰，工作效率，因之大减，虽会积极赶筑，而结果仍迟至翌年四月十三日始克全部完竣。

---

① 青岛船坞管理处编：《青岛船坞管理处要览》，青岛：青岛船坞管理处，1936 年，第 5 页。

② 美国松木。

③ "一·二八"战事，即 1932 年 1 月 28 日晚日本发动的进攻上海中国守军的事件，又称"一·二八"淞沪抗战。

乙、挖运土石：

挖运土石，为船坞工程之第二步工作，本坞底基及墙背，除尾段二百余英尺，为坚硬砂土，载重能力，每平方英寸，能达一千磅外，余均为固有岩石，极为坚固，平均下掘二十二英尺，宽八十英尺，连同坞口左右两耳，长约五百八十余英尺，于民国二十二年四月兴工，昼夜分班进行，计用人工五万三千七百余工，如遇石层，则施放炸药，惟陷裂靡定，每较图样所规定者，溢出甚多，掘出土石，系用轻便铁道，借锅炉汽力，又车运出，原定五个月完工，嗣以夏季多雨，阻碍进行，故迟至二十二年十二月二十八日，始克告竣。

丙、砌石和泥：

砌石及捣和水泥，为船坞工程之第三步工作，本坞计长五百五十二英尺，上缘宽一百零一英尺，下底宽六十英尺，深三十三英尺五寸，在本市水平线下十三英尺八英寸，外口西部，伸出二十英尺，岸壁宽一百六十英尺，备坞门旁泊，闸门两道，左右各设门墩，并筑梯步，以供上下，每道门墩之内，分筑出水管各一，第一道门墩所设之水管，高宽各五英尺，第二道门墩所设之水管，高宽各四英尺，门墩墙内，更设有进水管一道，宽三英尺，高五英尺，底与水平线，坞底正中，建筑铁筋混凝土垫墩，计一百只，各盖新加坡硬木及美松，每墩可载重五十吨，又分设大小舵坑两处，各自坞底下量十英尺，坞壁下部为梯步式，计十级，上部则为短墙梯进，凡四级，尾为弧形，止于引送锚链之斜坡，坞周分筑缆桩二十二只，绞盘九只，全坞石料，均用劳山花岗石堆砌，石之底背，捣注一二四混凝土，少者一英尺，多着六七英尺不等，砌缝处则灌以洋灰砂浆，故石块与原有岩石，已结成整个，坚实无比，总计所用石料，约计十五万二千余立方英尺，水泥一万五千五百余桶，人工五万五千八百余工，石料之内，有三万五千余立方英尺，为五立方尺至二十立方尺之大石，多至于门墩及外口浪击处，此项巨大石工之建筑，在吾国犹系处女作也，开工日期，系民国二十二年九月三日，初时进行较速，续因转入冬令，昼短夜长，每日工作时间渐少，效率遂减，二十三年一月，又以天气严寒，不能和拌水泥，曾停工两月，三月初开工后，所做工作，多系堆砌较大石块，运置殊难，虽曾十分谨慎，然自劳山起运，舟车更易，终难免有碎角裂边不甚适度之处，为求精美起见，自应重行开打，择要更换，以是进行稍缓，於二十三年九月十七日竣工。

丁、拆除土坝：

拆除土坝，为船坞工程之最后工作，先将坝身之土挖去，次第解退螺丝，终则起拔椿木，于是本坞工程，遂告完竣。[①]

全部由中国工人完成的这项巨大的石工工程，为当时国内此类建筑的处女作，曾名列国内八大船坞之一，号称华北之最。上海英文报纸《字林西报》特别撰文，报道了青岛船坞的建成；英国出版的供世界造船界、航运界参考的权威杂志——《船舶年鉴》，其时刊有青岛船坞（TSINGTAODOCK）简况，认为该船坞"是中国唯一自己投资建造的船坞，质量设计均为优良"。1934年4月建成的青岛船坞，与1933年5月改、增建的"青岛栈桥及回澜阁"，1933年7月建成的"青岛市体育场"[②]，1936年6月竣工的大港第五码头[③]，同为20世纪30年代青岛重大建筑。青岛船坞的建成也似乎终于圆了李鸿章和北洋水师曾拟于1898年由中国人自己在胶州湾建造船坞的梦想。直至79年后，在2013年3月出版的《中国造船通史》中，青岛船坞仍保有好评：

坞长157米，宽29米，其深度在高潮时为8米，低潮时为5米。该坞坞底、坞壁全用崂山花岗岩石，石坞之底背捣注0.3到2米的混凝土，使外表石块与原有岩石结成整体，非常坚实。[④]

青岛船坞整体使用的是青岛崂山花岗石建造，而所用水泥则是来自当时在中国水泥业占有重要地位、成立于光绪十五年（1889）的唐山细绵土厂，即1905年更名为"唐山启新洋灰有限公司"的大型民族工业企业。

这座集当时中国大型民族企业与中国人智慧之大成的青岛船坞建成、启用后定名为"青岛船坞"。从此，一座万吨级船坞静卧于胶州湾东岸，让一座海港城市摆脱了多年"有鸟无巢"的窘境，使青岛成为中国北方海岸线上一处重要的舰船修造基地。在1935年1月11日，营业的首日，首次进坞的是第三舰队的"永翔"舰，随后，"海圻""海琛""肇和""同安""定海""靖海""汇利""江春"等其他主力舰也相继进坞维修。青岛船坞还承担起了时有"中华海上王"之称的中国三大民营航运企业之一的"政记公司"商船的就近坞修等维修，以及华北一带沿海日商轮船公司等外国商船的修理业务。1935年，在青岛船坞一侧又建造5000吨级船台

① 青岛船坞管理处编：《青岛船坞管理处要览》，青岛：青岛船坞管理处，1936年，第3—5页。

② 今天泰体育场，曾名青岛市体育场、青岛市第一体育场。

③《青岛大港第五码头建造工事概要图》记：1932年7月起工，1936年6月竣工。码头建成后改称第三码头。1935年10月，青岛市市长沈鸿烈题写《创建青岛市大港第三码头记》。见图8-72。

④ 席龙飞：《中国造船通史》，北京：海洋出版社，2013年，第452页。

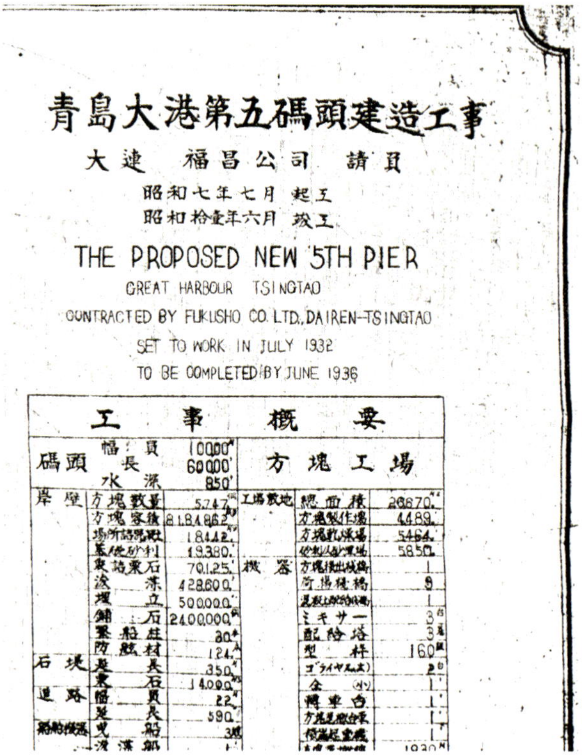

青島大港第五碼頭建造工事

大連 福昌公司 請負

昭和七年七月 起工

昭和拾壹年六月 竣工

THE PROPOSED NEW 5TH PIER

GREAT HARBOUR TSINGTAO

CONTRACTED BY FUKUSHO CO. LTD., DAIREN-TSINGTAO

SET TO WORK IN JULY 1932

TO BE COMPLETED BY JUNE 1936

工事概要					
碼頭	幅員	100.00'	方塊工場		
	長	600.00'			
	水深	8.50'			
岸壁	方塊數量	5,747	工場敷地	總面積	26,870.
	方塊容積	81,848.62		方塊製作場	4,489.
	場所詰混凝土	18,442.		方塊乾燥場	5,464.
	基礎砂利	19,380.		砂利入砂置場	5,850.
	裏詰栗石	70,125.	機器	方塊積出機械	1
	浚渫	428,600.		荷揚機械	9
	埋立	500,000.		[illegible]	1
	鋪石	2,400,000		ミキサー	3
	繋船柱	30		配給塔	3
	防舷材	124.		型枠	160
石堤	延長	350.		ゴライヤス(大)	2
	裏石	14,000.		仝(小)	1
道路	幅員	22.		轉車台	1
	延長	590.		方塊運搬台車	1
船舶機器	曳船	3		荷揚起重機	1
	浚渫船	1		[illegible]	1920

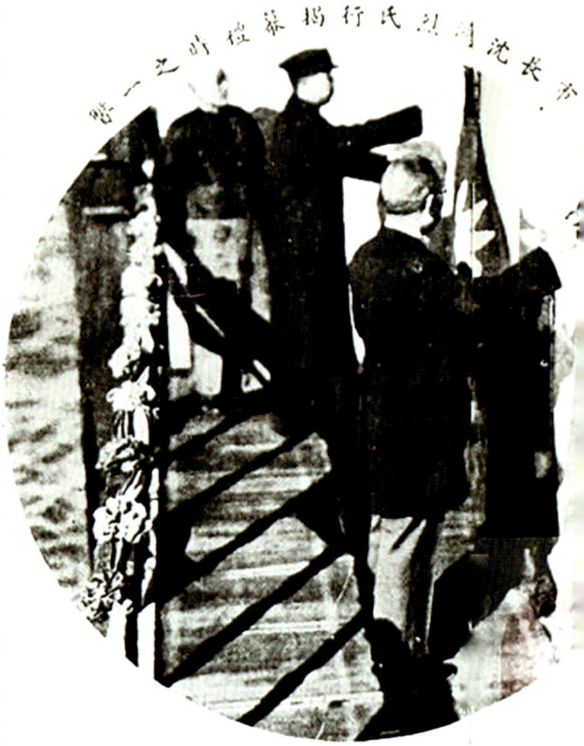

图 8-72 《青岛大港第五码头建造工事概要图》(左图)与竣工揭幕仪式及时任青岛市市长沈鸿烈撰写的《创建青岛市大港第三码头记》(右图)

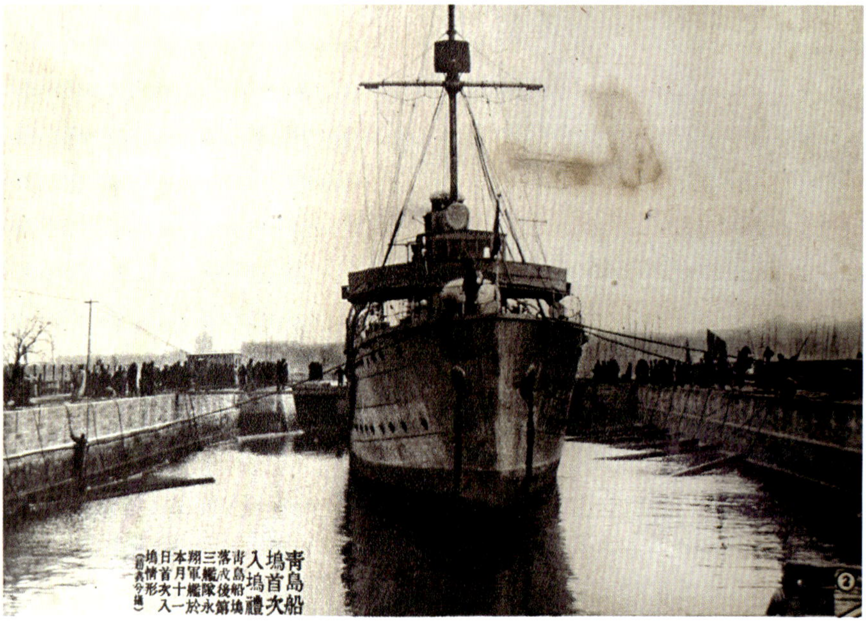

图 8-73 1935 年《申报》图画特刊 第 88 期刊发的《青岛船坞首次入坞礼——青岛船坞落成后舰队永翔军舰于本月十一日首次入坞情形》

一座，青岛周边的军舰商船不必再北上天津、南下上海等地远途奔修了。

1933年12月出版的《青岛指南·实业纪要》"铁工厂"条排在前三位的分别是："四方机厂①（华），修理并制造机车桥梁……海军工厂（华），修造船舶军械及一切机器……港务局铁厂（华），修理船舶机件……"②海军工厂在铁工厂中青岛市排名第二，仅次于四方机厂。在1934年拥有了万吨级青岛船坞后，海军工厂得到了质的提升，与四方机厂并驾，同居青岛机械工业前列。

1935年1月11日开始营业的青岛船坞，在至1936年6月《青岛船坞管理处要览》刊出时短短的一年半里，因其进坞手续简便，中外军民船舶接踵而至，其所获业务充盈，应接不暇。

> ……故自二十四年一月十一日起，开始营业以来，请求入坞修理之船舶，此出彼入，几无空闲，其中以岁修与大修者居多，是以每艘寄坞之日期较长，而工作亦异常繁忙，意国海军QUARTO旗舰、法国海军AMIRAL-CHARNER巡洋舰，美国海军扫海舰、驱逐舰、潜水艇及我

---

① 四方机厂前身为德占胶澳后于1899年6月成立的山东铁路公司。
② 魏镜：《青岛指南》第三编《实业纪要》，青岛：平原书店，1933年，第43页。

国最大之中华商轮，均先后入坞修理，其他中外船舶，由本处承修者，已有数十余艘，以国籍言，则有中英美日法意荷兰等国，以种类言，则有巡洋舰、炮舰、驱逐舰、扫海舰、潜水艇、巡船、靶船、商船、浚渫船、拖船、驳船等类，均能按照定约之先后，依次排定坞期，毫无延误，兹将进坞船舶，列表于后。[①]

图 8-74 《青岛船坞管理处要览》
插图

图 8-75　1936 年时的青岛船坞坞门

建造青岛船坞，是一项汇聚了市政、港口、航运、建筑、机械、电力等多部门的合力而完成的巨大建筑工程。参建各方，也依各自介入的时间，做出了不同的时间记录。

1932 年 12 月 9 日，起工（《青岛船坞管理处记》）。

1932 年 12 月 27 日，兴工（《馥记营造厂竣工碑记》）。

1933 年 1 月，动工（1937 年《青岛概要记》）。

1933 年 4 月，兴工（青岛船坞管理处《挖运土石记》）。

1933 年 9 月 3 日，开工（青岛船坞管理处《砌石和泥记》）。

1934 年 4 月 13 日，竣工（《馥记营造厂竣工碑记》）。

1934 年 9 月 17 日，竣工（青岛船坞管理处《砌石和泥记》）。

① 青岛船坞管理处编：《青岛船坞管理处要览》，青岛：青岛船坞管理处，1936 年，第 11 页。

1935 年 1 月，设立管理处、营业《青岛船坞管理处记》。

1937 年 7 月 7 日抗日战争全面爆发后，为不使这些重要工业设施资敌，当局对青岛船坞予以了局部损毁，将四方机厂、海军工厂等重要工厂南迁或西移至重庆万县、株洲、洛阳、西安等地。同时，大港内，在 20 世纪 30 年代初即已成为"东北海军"驻泊地和"中国海军仓库（Chinese Naval Depot）"、曾为青岛船坞建造了浮动式船坞闸门的原"青岛造船厂"及遗留下来的 150 吨起重机也在日本第二次占领青岛之前消失。依时局推测，这座工厂可能同四方机厂、海军工厂一样撤离了青岛，迁移至他乡。

图 8-76　海军青岛造船所的美赠一号浮船坞

1938 年 1 月 10 日日本第二次侵占青岛后，修复了青岛船坞，并于 11 月 7 日在此建立起由蒲贺船渠株式会社、竹内造船所、市河造船铁工所、大洋海事工业所四家日本企业合并而成的"青岛工厂"，主要业务依然是船舶修造和矿山机械制造。1945 年 8 月，日本无条件投降后，南迁的工厂重归故里，青岛海军工厂也从此更名为"海军青岛造船所"。该所除修理中外军舰外还兼造地雷、手榴弹及枪支等。1947 年 4 月 30 日，该造船所接受了美国人的"美赠第一号浮船坞"。这座以青岛大港为驻泊地，"总长 119 米，坞宽 25.6 米，内宽 19.5 米，坞深 5.8 米。载重量2 800 吨，排水量 2 800 吨，可容纳 4 000 吨级船舶坞修"[1]的浮船坞成为青岛史上第三座船坞和第二座浮船坞。海军青岛造船所在 1947 至 1948 年 7 月前共修理舰艇167 艘，商船 185 艘。1948 年 9 月，该所将这座美国制造的浮船坞迁往了"海军厦门造船所"。12 月底，海军青岛造船所携重要设备与资料迁往了台湾高雄左营，将青岛船坞浮动式船坞闸门拖至小港外，凿沉于胶州湾。

----

① 席龙飞:《中国造船通史》，北京：海洋出版社，2013 年，第 453 页。

四、海面上有光闪耀

指示航线、引船进港的航标设施与航运、港口、码头密不可分。德占胶澳当局在对青岛港的规划设计中即已将各种航标列入。1900 年 6 月 1 日成立的、以海军军官为主管的港务局，其职责便是监控船舶交通、管理灯塔和航海标志等港口管理。德国人急需在朝连岛上安装近陆灯标和在游内山上安装港口灯标，而在这两者中最为迫切的是游内山上建造航标灯塔。

1. 游内山灯塔

游内山，是胶州湾口的团岛西南尖角的名称，它东临团岛湾，南面薛家岛，西望黄岛，背靠胶州湾，这里是胶州湾的门户，是船舶进出胶州湾的拐点。海拔 17.5 米的游内山毫无异议地被德国人首选为了"港口灯标"的设置地点。

游内山灯塔也称团岛灯塔，位于游内山最南端的海岸边，而半岛的最高点则留给了游内山炮台。灯光高出平均海面 35 米的灯塔，底座为八边形，塔身为圆锥形，通体以花岗岩石砌筑，顶部叠错出挑的灯台之上设金属制成的圆柱形、盔顶灯笼，上置风向标。计划 1899 年 12 月建成的灯塔，直到从德国运来的信号灯和照明器械完成安装后的 1900 年 12 月 1 日才正式启用。[①] 航标灯初期均采用气体火焰发光设备，后改为弧光电灯。一组联闪光灯可照射 16 海里。在进港航道方向上，照射角为 12°；向北有闪光灯，照射角为 30°；向南有二次闪光灯，照射角为 278°。在朝向陆地的一侧有 40° 暗角。1905—1906 年，灯塔上安装了一台在雾天由电力驱动鸣响、向船只报警使其安全通过的汽雾笛（海牛）[②]。

1914 年，日德青岛之战爆发。在日军向德军发出最后通牒后，"工兵（德军）拆除炸毁了游内山上的灯塔及其附属建筑物，以便为游内山炮台腾出射击区"[③]。"1914 年 9 月 13 日，灯塔被炸药送上了空中……"[④]。而这座灯塔在总督府计划修筑游内山炮台时，冥冥之中即已注定了它的短命。"对于此时尚未架设起来的灯塔，人们也从一开始就制定了配备爆破装置的计划，以便在紧急情况下毁掉灯塔，使敌

---

① 《胶澳发展备忘录（1899 年 10 月至 1900 年 10 月）》，青岛档案馆编：《青岛开埠十七年——〈胶澳发展备忘录〉全译》，北京：中国档案出版社，2007 年，第 103 页。

② 汽雾笛的发声似牛低沉，故俗称"海牛"。

③ ［德］约尔克·阿泰尔特：《青岛城市与军事要塞建设研究（1897—1914）》，青岛档案馆编译，青岛：青岛出版社，2011 年，第 157 页。

④ ［德］卫礼贤：《德国孔夫子的中国日志：卫礼贤博士一战青岛亲历记》，秦俊峰译，福州：福建教育出版社 2012 年 9 月，第 21 页。

人无法利用它作为向陆地射击的标志。"①

（日占后）在相当长的一段时间内，这座灯塔由于原有设备全部损毁，不堪修复，所以暂时采用在旗杆上安装一支临时灯光的办法。1919 年 8 月新建一座灯塔，该处装有一盏固定的三级亮度的屈射光线灯，可在十五海里外看见灯光。新灯塔的构造是全部石砌的，高五十英尺（15.24 米），一座八角形的建筑，并装有内燃机带动的警报器（汽雾笛），它在雾天时每隔三十秒钟发出警报哨声三秒钟。②

图 8-77　1914 年前从团岛湾远眺游内山（团岛）及灯塔，
右侧平缓之处为游内山（团岛）炮台（李文彬先生提供）

图 8-78　今日游内山（团岛）灯塔

---

①［德］约尔克·阿泰尔特：《青岛城市与军事要塞建设研究（1897—1914）》，青岛档案馆编译，青岛：青岛出版社，2011 年，第 106 页。

②［日］大沈八郎：《一九一二至一九二一年报告》，青岛市档案馆编：《帝国主义与胶海关》，北京：档案出版社，第 166 页。

2. 马蹄礁灯塔

马蹄礁灯塔因建造在"马蹄礁"而得名。马蹄礁是胶州湾东岸"大鲍岛湾"西侧海中、小港口正西方向一处呈"U"形、低潮时露出海面、高潮时没于水下的天然礁盘。马蹄礁东西跨度约540米，南北约360米，距"鲍岛（包岛）"约800米，最东端距1903年4月1日小港口启用的红色和绿色驶近叠标灯仅约670米，距大港口灯标约1 850米，距大港主航道700～800米。横亘于小港出口正面的马蹄礁使得进出小港的船只必须绕行，进出大港的船只也要转向和谨慎航行。因此，给小港入口设置航标灯已势在必行。

早在1897年春夏之际，德国枢密土木技监、基尔港口制造厂长乔治·弗朗裴斯对胶州湾进行了秘密调查，在呈报给帝国海军部的《胶州湾港口及其铁路支线方案》中弗朗裴斯提出了配有设想图的建议：以马蹄礁作为港口西南部的终点，从岸上建造一条直抵马蹄礁的大坝。而在德占胶澳后，他的建议未被采纳，这或许是胶澳总督府出于对建造工期、造价和工程量等方面考虑的结果。

1903年4月，"马蹄礁：涂有白色和绿色水平色带高12.2米的灯塔，可见距离为5海里的白色间歇光，作为大港进港的转向标，示出一个20度宽的红色扇形带"[1]。连通基础通体以花岗石砌筑且无人值守的马蹄礁灯塔建成。在莱因霍尔茨（Reinholz）绘制的设计图上，灯塔基座高4.2米，塔身高8米，灯笼3.1米，总高15.3米，内设两段铁制直梯。

图8-79　马蹄礁灯塔设计图（左）、1903年的马蹄礁灯塔（中）、今日马蹄礁灯塔（右）

---

①《胶澳发展备忘录（1903年10月至1904年10月）》，青岛档案馆编：《青岛开埠十七年——〈胶澳发展备忘录〉全译》，北京：中国档案出版社，2007年，第292页。

3. 朝连岛灯塔

朝连岛[1]，位于青岛东南30海里处的海中，面积0.281平方千米。这座被德国人称为"Tscha-Iien-tau"的海岛，曾经是德国"胶澳租借地"最东端的海上界点，海轮到此，即视为进入青岛。故，海拔71米的朝连岛成为安设"近陆灯标"的不二之选，在此设立的灯标成为由海上而来的船只看到的青岛的第一个导航标志。

图 8-80 朝连岛

1898年12月，德军即已"在朝连岛上安装了一个视距为10海里的临时灯标"[2]。1900—1901年增加了"通过鸣炮的方法发出雾号"[3]的报警装置。在此之后的几年里，因地处偏远、崖壁陡峭又无淡水，德军将主要精力投在了建造灯塔守护人住房、灯标基座、提升重物的滑道以及一个40米长、平均3米高的拦水坝等基础设施上，致使灯塔的建造延后至1902年才开始实施。普罗布斯特（Probst）绘制的灯塔建筑图已完成，而从德国国内订购的灯标设备，直到1903年3月才运送上岛，致使灯塔1903年10月方得启用。

《胶澳发展备忘录（1902年10月至1903年10月）》载：

朝连岛灯塔已于（1903年）10月初交付使用。由灰色砂岩筑成的灯塔自地面至圆拱顶部边缘高15米。

灯是煤油白炽灯，满潮时灯光高出水面79.5米，在无云的黑夜中，可

---

[1] 魏镜《青岛指南》第一编《总论》中称为"搭连岛"（青岛：平原书店，第8页）。
[2]《胶澳发展备忘录（1898年10月至1899年10月）》，青岛档案馆编：《青岛开埠十七年——〈胶澳发展备忘录〉全译》，北京：中国档案出版社，2007年，第51页。
[3]《胶澳发展备忘录（1900年10月至1901年10月）》，青岛档案馆编：《青岛开埠十七年——〈胶澳发展备忘录〉全译》，北京：中国档案出版社，2007年，第153页。

在 21 海里远处看到灯光。灯标是可全向看到的白色急闪光灯。[①]

《胶澳发展备忘录（1903 年 10 月至 1904 年 10 月）》载：

> 潮连岛灯塔：一级灯，灯光可见距离为 21 海里，每 10 秒钟短暂闪光一次。[②]

德占时期出版的《青岛及其周边旅游指南（1906 年）》一书对朝连岛及其灯塔做有如下描述：

> 朝连岛在青岛以东 50 公里的黄海中；只有在极晴朗的天气方可看到它。它是保护区最东边的部分。这是一座覆盖有野草和灌木、长 1.5 公里、海拔 71 米高的花岗岩片麻岩岩石岛。1903 年 10 月在其高处建了一座相当大的建筑连同 15 米高的灯塔，它在高潮水位以上 80 米。白色的煤油白炽光灯可以达到 21 海里的视距，每五秒闪一次光。

图 8-81 1902 年设计图（左图）与 1903 年建成的朝连岛灯塔（右图）

朝连岛灯塔与守护人员住房建筑为整体式设计，建筑面积约 330 平方米，平面为矩形，花岗石砌筑，地面一层，底部设半地下室。对称式的守护人员住房为坡面红瓦，南北立面各高起两面山墙，墙体厚度 0.5 米，南、北、西三面分设出入口，南侧为主入口，设木制敞廊，西侧入口设漂亮的花岗石卷式敞廊。八角、15 米高的灯塔及塔楼出入口设于北侧，上部为圆柱状金属灯笼。

在游内山灯塔和马蹄礁灯塔两座港口灯标启用之后，这座处于青岛外海的朝连岛近陆灯标的启用，以及胶州湾航道响哨浮标、柱状浮标和锥形浮标等航道标志的建成和发挥作用，预示着青岛大港开港日期的临近。然而，这座德国人倾力建造的灯塔仅使用了 10 年便易主。1914 年 8 月，日德青岛之战爆发之初，岛上德军在自

---

① 《胶澳发展备忘录（1902 年 10 月至 1903 年 10 月）》，青岛档案馆编：《青岛开埠十七年——〈胶澳发展备忘录〉全译》，北京：中国档案出版社，2007 年，第 229 页。
② 《胶澳发展备忘录（1903 年 10 月至 1904 年 10 月）》，青岛档案馆编：《青岛开埠十七年——〈胶澳发展备忘录〉全译》，北京：中国档案出版社，2007 年，第 292 页。

图 8-82　今日朝涟岛灯塔

毁了灯塔设备和部分建筑物后撤往了青岛。日占青岛后，日军对灯塔及房屋建筑进行了修复和局部增建。时至今日，塔高 12.8 米、海拔 80 米、照射距离 24 海里的朝连岛灯塔虽几经修缮与更新，但主体建筑原貌基本未变，也在继续履行着它的职责。

4. 小青岛灯塔

小青岛海拔 17 米，位于青岛湾东侧，距岸 370 余米。岛上一座高 15.5 米的白色灯塔，形态秀美（坐标 36° 03′ 11″ N，120° 10′ 07″ E）。今小青岛翠绿簇拥，蔚蓝环绕，与一旁黄顶红墙的栈桥回澜阁遥相呼应，是青岛的标志和象征。1936 年小青岛以"琴屿飘灯"之名列入青岛十景之一。2006 年，经国务院批准，小青岛灯塔被认定为全国重点文物保护单位。

百年前青岛湾里虽不见大港码头上的高桅巨轮，但往来于"外锚地"和"衙门桥""青岛桥"之间的小艇也是络绎不绝。1903 年设计师莱因霍尔茨（Reinholz）绘制完成了阿尔柯纳岛（小青岛）灯塔的设计图。同年，"在阿尔柯纳岛上正在修建一座间歇式红色灯光灯塔，以取代目前临时使用的红色灯光灯塔"[1]。1904 年，"阿尔柯纳岛：用白色石灰石砌成的高 12.5 米[2]的灯塔，红色灯光，可见距离为 4

①《胶澳发展备忘录（1902 年 10 月至 1903 年 10 月）》，青岛档案馆编：《青岛开埠十七年——〈胶澳发展备忘录〉全译》，北京：中国档案出版社，2007 年，第 229 页。因灯塔上的灯器需从德国运来，小青岛临时灯标于 1900 年 12 月 1 日，与游内山灯塔灯器同时运到。同时安装，同时启用。

② 阿尔柯纳岛灯塔设计图标注，塔身高 8.55 米，灯笼 3.10 米高，连同基座总高为 12.5 米。

图 8-83　今日小青岛

海里的间歇灯光"①。至此，德占胶澳当局完成了青岛内外海四座灯塔的建造。阿尔柯纳岛灯塔设计图标明，八边形的石砌塔身高 8.55 米，北侧开券式门，塔身四面开设条窗，裙部、胸部出线角，檐部周圈起 0.7 米雉堞墙充作围栏，塔内设有 30 级石制螺旋楼梯和一部金属直梯，灯台之上为高 3.1 米的钢与玻璃制造的盔顶灯笼。

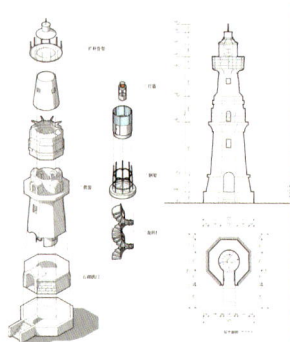

图 8-84　小青岛灯塔 2022 年测绘图与灯塔原设计图

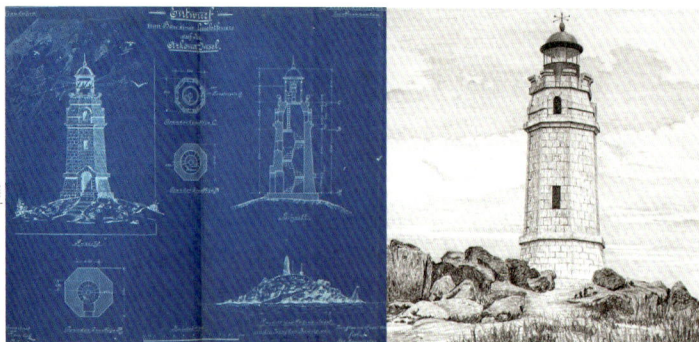

图 8-85　1904 年建造的小青岛灯塔铅笔画

　　1907—1908 年，德国人又在距青岛最近点 14.8 千米、海拔 120.0 米、面积 0.155 5 平方千米的大公岛顶部设立了一座光距为 4 海里的红色信号灯柱。也就在这

---

　　①《胶澳发展备忘录（1903 年 10 月至 1904 年 10 月）》，青岛档案馆编：《青岛开埠十七年——〈胶澳发展备忘录〉全译》，北京：中国档案出版社，2007 年，第 292 页。

同一时期撤掉了阿尔柯纳岛灯塔原来的间歇红光灯标，拆除了盔顶灯笼，将其改装成了一具"凸"字形的灯架，并将灯换成了 2 个上下悬挂的绿色信号灯。[①] 这种具有奇特外观的敞开式灯标灯塔一直使用至日占青岛后的 1918 年。

图 8-86　1899—1900 年的小青岛及临时灯标（左下图），德占后期更换灯标后的小青岛灯（左上图）与 1907 年 6 月由船舶工程师柏克曼绘制的大公岛灯塔设计图（右图）

1914 年日占青岛后，小青岛更名为"加藤岛"，塔下南侧新建了一座值守房。1919 年，当局在游内山上新建了一座灯塔。或许也在这一时期，在小青岛灯塔灯台之上增建了与游内山灯塔相像的钢制塔身，抬升了灯高，将原本 8.55 米的塔身加高了约 6 米。

这座灯塔装有一盏乙炔汽灯，每三秒钟闪光一次，天气晴朗时，可在十五海里外看到灯光。一九二一年十二月，这盏灯光改为红光，每五秒闪光一次，亦可在十五海里外看到灯光，这台新的照明设备采用五级亮度的屈射光线灯。[②]

---

①《胶澳发展备忘录（1907 年 10 月至 1908 年 10 月）》，青岛档案馆编：《青岛开埠十七年——〈胶澳发展备忘录〉全译》，北京：中国档案出版社，2007 年，第 583 页。

②［日］大泷八郎：《一九一二至一九二一年报告》，青岛市档案馆编：《帝国主义与胶海关》，北京：档案出版社，第 166—167 页。

1939年，面向主要城市发行的"都市地理丛书"之《青岛》记载：

    小青岛，在市区南部的青岛湾内，适当前海栈桥的东面，与市政府隔海相对。距陆约一海里。这可以说是青岛市的一个特殊标帜，凡是从海外进口的轮船，当他们将驶近青岛海岸时，第一眼便能望见小青岛。它的样子，真有点像德国在威廉皇帝时的陆军帽，全岛下面和海水相接，划成一条平直的水线。上部却是半圆的隆起，在正中建着一座灯塔，这正和德国军帽上的一个柱状帽徽一般……

    小青岛上的灯塔，是青岛湾内海船夜航的唯一目标，那塔形是一个六角形[1]的立体建筑，白天里是很显明的白色，从极远的海面便能望见。到晚上，塔顶上有自动明灭的红灯，指引着海面上的船只……[2]

日本第二次占领青岛期间，于1940年在小青岛东侧修筑起了一道377米长、与陆地相接的防波堤。从此，青岛湾里的这座小岛被改变成了陆连岛。

五、火车从青岛湾发出

1898年9月，铁路青岛站已描画在了第一份城市规划图上。山东铁路的起点，按照当时的设想被放在了靠近铁码头（今栈桥）后部，临近原清军水雷营西北角的一个位置上。从此起始的铁路先向西，绕经规划中的洋行区后又以一个大的弧形再转向北部的港口方向。

    随着从胶州的双侧施工便开始了土方工程作业。由于开工时普鲁士海因里希亲王殿下正好在远东，而且他始终对德国铁路和矿山企业怀有极大兴趣，所以1899年9月23日在中国地方高官和众多节庆观众在场的情况下，举行了隆重的庆祝活动。他为工程破土动工。[3]

1899年10月，经修改后的第二版城市规划，铁路起始段后缩、取直，火车站也调整到了原清军那处平坦的大操场上，即今天青岛火车站所在位置，洋行区的铁路也变成了一条支线。

---

① 实为八边形。
② 倪锡英：《青岛》，南京：南京出版社，2012年，第61—62页。
③ 夏树忱译：《山东铁路建设史（1904年）》，未刊稿。

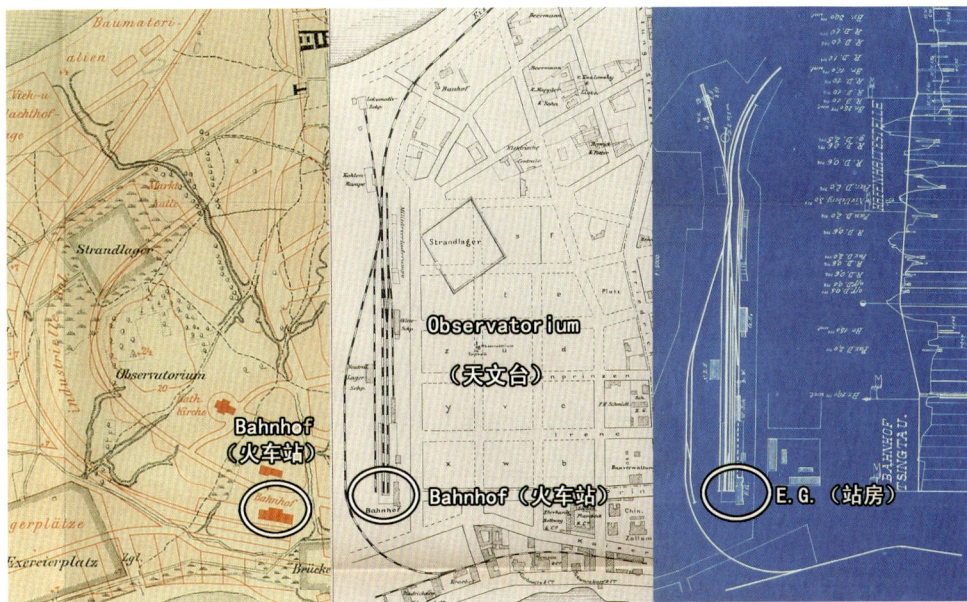

图 8-87　青岛火车站位置图

左：1898 年规划图局部；中：1901 年建筑现状图局部；右：约 1904 年山东铁路蓝图局部

　　这条铁路建成单线铁路，使用 1.435 米的标准轨距。青岛到济南府的主线从青岛出发，然后在租借地内沿着海边并围绕胶州湾，以向南开口的弧形，跨过汇入胶州湾的各河流尤其是什家河和大沽河，到达古老的中国城市胶州（74 公里）。铁路线从这里穿过平原跨过墨水河和胶河到达高密（100 公里），并在跨过类似前两条河但流向北直隶湾（渤海湾）的河流后，在丈岭（128 公里）到达山脉的余脉。跨过源自山脉的大河潍河和云河，铁路进入山脉东坡的山脚前。穿过潍县煤田（坊子地区），经 183 公里后到达潍县，这是山东省的首个大城市，有十万人口。然后向西沿着山脉的北缘，擦过著名的城市青州府，随后经其他人口众多的地方如周村和龙山，到达济南府。支线是在张店由主线引出，在孝妇河谷经淄川擦过围绕这个山谷坡地的重要煤田到达博山……

　　因此，在 394.174 公里长的干线上总共设了 56 个车站，即 9 个大车站、7 个小车站、32 个停车点和 8 个无配线的停车站，在 39.2 公里长的支线上设了 2 个车站和 2 个无配线停车站。[1]

　　铁路站房，除了遵循德国造型的青岛火车站外，其他 63 个车站均以中西合璧的建筑风格建设。建筑中的中国建筑造型仅限于屋顶结构，并用

────────────

① 夏树忱译：《山东铁路建设史（1904 年）》，未刊稿。

了就地取材的顶瓦、带造型的檐瓦和装有龙头的脊瓦。①

1901年，在青岛湾海岸后200余米处，由建设和运营领导人及政府建筑师锡乐巴（海茵里希·希尔德勃兰德，Heinrich Hildebrandt）设计的山东铁路起点火车站——青岛火车站及站房建成。这座建筑平面为矩形，占地面积918平方米的青岛火车站站房，为砖石木钢结构，由钟楼、候车厅和行李房三部分组成。作为建筑主体的层高二层、带阁楼的候车厅高约15米，立面设计融合了当时在德国国内流行的文艺复兴风格手法，东立面中部高大的山墙突出了下部三连券式门主入口。屋面设计采用了局部变坡的中式屋面和中式黄绿色的琉璃瓦，但烟囱和老虎窗则又是德式建筑风格。候车厅东南转角高起一座高度近35米，坡度陡峭，造型类似欧洲乡村教堂的四面钟表楼。候车厅北侧为层高一层的行李房。

图8-88　1901年建成的青岛火车站站房铅笔画

与山东铁路同时进行的还有铁路通信一项。《胶澳发展备忘录（1900年10月至1901年10月）》载：

铁路电讯设施同时也在计划建设中。1901年10月线路已通到潍县。全部所需材料——经过化学防腐预处理的木质电线杆、安于铁支架钩上的瓷绝缘子、4毫米粗镀锡铁丝、带色抄写机和最新的、帝国电讯管理部门所使用的最新型号摩尔斯接收机和电池、线路入导塔架等等，都已从德国购妥并运来山东。在定购建筑和施工材料方面，以及在架设电报线路和建造车站时，山东铁路公司都得到了帝国电讯管理部门的协助。电讯现已通

①［德］托尔斯藤·华纳：《近代青岛的城市规划与建设》，青岛档案馆编译，南京：东南大学出版社，2011年，第46页。

达全部车站和停车点。操纵这些设备的中国人员都已在位于青岛的铁路学校中受过足够训练。①

斗转星移，1991年8月青岛火车站及站房在使用了90年后，历经了一次大规模的扩容改造，在"原样、前移、放大"原则下，车站站房的仿建工程于1993年竣工。

青岛火车站站房建成的同年，对面，一座由中国商人柴瑞舟出资建造的"车站饭店"告竣。这座饭店位于火车站东南侧，建筑面积约2 200平方米，楼高三层，平面为中设合院的菱形布局。西北转角处设计有八角形、上部高耸冠状的塔楼，塔楼两侧和东西两个转角起巴洛克式山墙，红瓦坡面屋顶上附着老虎窗。塔楼与西北的火车站钟楼遥相呼应，互为借景，勾勒出了西城区优雅、别致的景观。1901年建成的这个时段，也使它成为"欧人区"以外，较早建成的"里院"建筑之一。饭店建成后曾出租给了德国人经营，首位经营者是保尔·里希特，1907年是约瑟夫·杜尔德，后来是玛特维希。建筑主入口位于面向车站的西北角，其上设有曲折阳台，栏杆上装饰有属于晚期哥特式的"鱼鳔纹"花纹，这也是德国新文艺复兴建筑中常用的装饰图案。《德国建筑艺术在中国》中认为，车站旅馆（饭店）看上去像是典型的南德地区楼房。自20世纪50年代转为铁路职员公寓的车站饭店在2001年的某日，因长久闲置而失火，几近坍塌的建筑在随后的原样修复中，除西、北两侧外立面外其他受损的老旧部分以新材料进行了重建。

图8-89　2000年重建前的车站饭店外观与内院

①《胶澳发展备忘录（1900年10月至1901年10月）》，青岛档案馆编：《青岛开埠十七年——〈胶澳发展备忘录〉全译》，北京：中国档案出版社，2007年，第166页。

图 8-90　1908 年的青岛火车站、车站饭店及洋行区铅笔画

1. 铁路大港站

按照 1898 年的规划："火车站要尽可能建在商业区和青岛湾海岸附近。铁路线从车站开始，充分利用地形的低处，穿过确定为工业区和仓库区的市区，然后沿胶州湾东海岸北行，在那里港口的铁路支线可以很方便地与之衔接"[1]。北出青岛站后，沿海岸边蜿蜒游走的铁路线绕过丘陵，遇河架桥，低洼地段则垫高路基，始终将弯道角度和水平高差控制在适合火车运行的范围之内，故在今莘县路、冠县路、新疆路等地出现了高于地面的高路基铁路和下穿涵洞式铁路并存的立体交通形式。

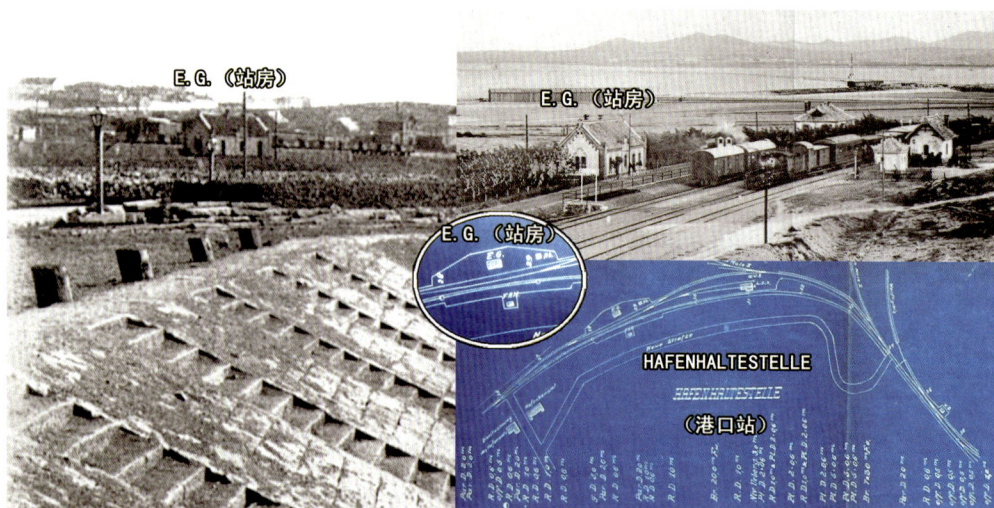

图 8-91　大港火车站初建
右下图：约 1904 年山东铁路蓝图局部；
右上图：1907 年的港口火车站；左图：1906 年从大港远眺港口火车站。

---

[1]《胶澳发展备忘录（截止到 1898 年 10 月底）》，青岛档案馆编：《青岛开埠十七年——〈胶澳发展备忘录〉全译》，北京：中国档案出版社，2007 年，第 13 页。

1901 年，青岛站大港码头段之内，除青岛湾洋行区的支线外还建成了一条连接小港大鲍岛码头的铁路支线。1904 年，在一号码头建成的同时，码头上连接铁路干线的铁路支线也铺设完工。同年，高路基的大港段铁路又在其西侧增建了缓缓下坡并入大港码头的支线。同时，在这一高一低的两段铁路中间另增建了一段终点是一座疑似机车车库建筑的短短的支线。据《胶澳发展备忘录（1903 年 10 月至 1904 年 10 月）》"山东铁路公司为大港建了一个'大港'火车站"[1] 的记载和 1904 年前后的老照片与"港区图"，位于大港段铁路西侧的港口站（Hafenhaltestelle）站房在此时出现了。这项源起于 1900—1901 年的在"青岛港港区内建造一个港口专用车站"的计划，也终于在大港开港之年得以完成，第一座大港火车站也在此时诞生。

1903—1904 年初建时的大港站，从设立于铁路西侧的位置和港口站"港口火车站（Hafenbahnhof）"名称上来看，设立的初衷似乎并非客运站，而是为货运列车在此转、并线而设立的一处调度站。当然，当火车在此停站时，随车而行的乘客也可以从此上下。在随后的几年里，随着大港其他几座码头和码头上铁路的完善，这个"港口火车站"也逐渐减弱了货运列车转线的作用而向着客运站方向转型。1906 年为便于人员的通行，车站南侧增建了今商河路至新疆路的步行涵洞。1911—1914 年，在这坐北出青岛站第一站以南，一座全新的、完全不同于山东铁路其他几十座火车站具有中式屋顶、欧式立面风格的大港火车站建成。

图 8-92 1911 年左右建成的第二代大港火车站正面

①《胶澳发展备忘录（1903 年 10 月至 1904 年 10 月）》，青岛档案馆编：《青岛开埠十七年——〈胶澳发展备忘录〉全译》，北京：中国档案出版社，2007 年，第 308 页。

　　大港火车站（Bahnhof Großer Hafen）站房建筑面积 978 平方米，砖石结构，楼高二层，顶部设有阁楼。站外设小广场，主入口为券式门，周边镶嵌花岗石。除候车室外还设有售票房、行包房、站长室等。站房内侧檐下，设一座德制铸花双面时钟（另有一面置于室内，实为三面钟，2015 年移至胶济铁路陈列馆陈列）。车站前后两端分设信号房。今大港站南侧一座保存完整的信号房，为青岛现存体量最小的德式单体建筑。大港火车站为胶济铁路第一站。因距离青岛站较近，随着近年来铁路列车的提速，这座火车站已停止使用。

图 8-93　保存至今的大港站信号房

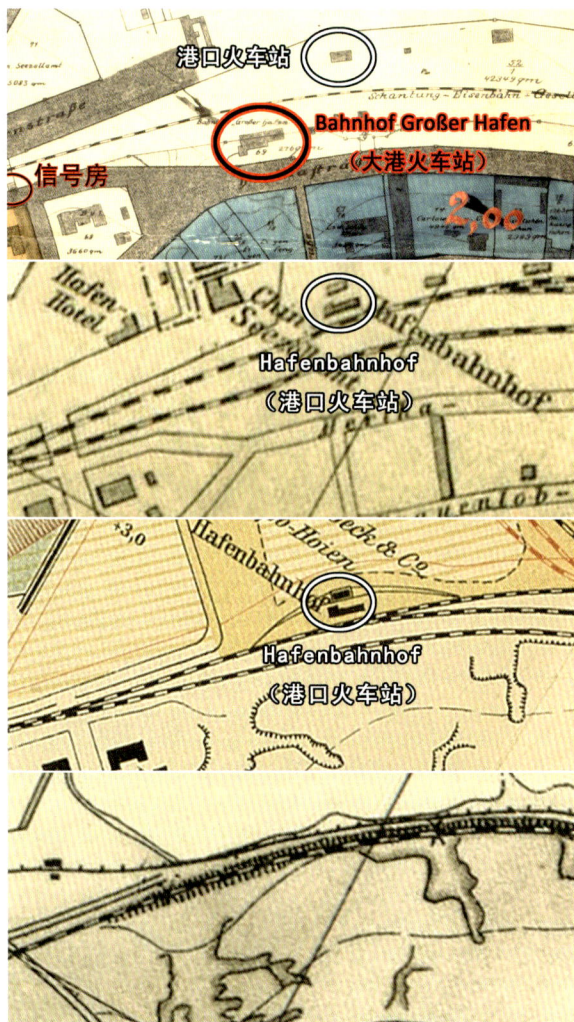

图 8-94　大港火车站演变

自下而上：1903 年青岛地图局部，1904 年港口图局部、1911 年青岛地图局部，1914 年青岛港口区地价图局部铁路出大港站后不远即沿今普集路一侧向东而去。百年前今青海路以北地段还是一片高潮时会被海水漫淹的滩涂地带。为避开此滩涂，铁路沿今普集路东端南侧的高地继续延伸，从青海路、大港一路、孟庄路，划出一道 S 形曲线后通往四方方向。1916 年，今青岛市市北区青海路以北区域首次出现了街区的规划；20 年代后这一带出现了街道；30 年代初，这段铁路被取直而跨过了这片滩涂。这段曾建有三处涵洞的 S 形高路基铁路也从此消失，仅孟庄路少部分保留至今。

图 8-95 上图：从观象山上远眺建成后的今普集路、青海路路口处的"山东铁路"高路基与铁路桥，以及下穿铁路桥，经今乐陵路通向弹药库（今大连路）的便轨铁路。沿铁路白色建筑为礼和洋行禽蛋加工厂，即今商河路 4 号青岛罐头食品厂；近处深色建筑为 1909 年建成的第四座污水泵站，即今乐陵路泵站

下图：从商河路、乐陵路口向东拍摄的正在建造中的今青海路、大港一路一带"山东铁路"高路基，远处为杨家村，跨线而过的小火车行驶在大港至今广饶路青岛山东麓采石场的运石简易窄轨铁路

图 8-96　礼和洋行禽蛋加工厂厂房旧址

图 8-97　今普集路东端原"山东铁路"路基遗存

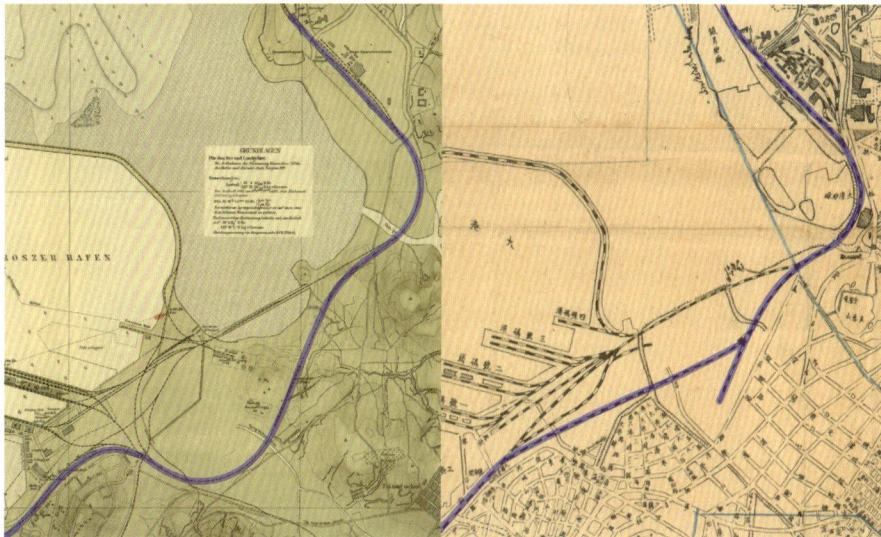

图 8-98　采用 1911 年（左）、1941 年（右）地图标注的青海路段铁路改道前后示意图

2. 大港旁的四方铁路工厂

1899 年 6 月 14 日"山东铁路公司"成立后，德占胶澳当局立即开始了在德国国内的机车、车厢、钢轨等铁路设备和材料的定制，同时在山东境内也着手筑路的测量以及设立机车组装工厂的准备工作。按照计划，全线首批所需车辆共计：机车 24 部、二、三等客车车厢 65 节、行李车厢 10 节。1899—1903 年的《胶澳发展备忘录》对早期的工程进展予以了细致的记录。

1900 年 11 月底，运抵青岛 6 台机车和 170 节车厢。

1901 年 10 月，运抵青岛 17 部机车、7 部煤水车、4 节二等旅客车厢、24 节三等旅客车厢、10 节行李车、62 节带棚货车、90 节平板车、94 节运煤车、15 节牲畜车、5 节锅炉车、10 节带盖石灰车、40 节铁路员工车、8 辆手摇车。

> 因为所有这些车辆在装船运输时都必须拆卸成零件，尽可能包装成便于搬运的箱子或货件，所以一开始就计划好要建设一些工场，可使这些部件在山东重新安装起来，使之能够运转。[1]

机车车辆以及铁路桥梁等大型部件的运输和安装，采用了与浮船坞同样的方式——将散件运抵青岛后再进行组装。为此而专门建造了铁路工厂，青岛有史以来的第一家大型机械工厂诞生。

图 8-99 德占胶澳后在山东进行铁路测量，图中前排中立者经后人确认为郝永春先生

---

①《胶澳发展备忘录（1900 年 10 月至 1901 年 10 月）》，青岛档案馆编：《青岛开埠十七年——〈胶澳发展备忘录〉全译》，北京：中国档案出版社，2007 年，第 167 页。

　　车辆的安装工作在临时设于青岛和胶州（为在塔埠头卸下的车辆而建）的工厂中。将来要在距青岛7千米的调车场就近地方建造一个占地12.5公顷的能担负全部车辆装配任务的总厂。它将拥有能完成一切此类规模的大厂所能胜任的工种的车间和所必需的工具和机械设备。

　　1901年，青岛附近四方的铁路大修厂的厂房建筑已经全部竣工，锅炉已安装完毕，机器亦开始安装，不久即将投产。

　　机车车辆已大批开出。至1902年10月底已在外边安装好的有22台机车、28节客车厢、10节行李车、213节货车和245节煤车。

　　"为确保山东铁路如期通车，全线所需余下之路轨、枕木、路闸和小铁件以及尚缺之桥梁部件将于1903年底运来。全部机车车辆如数运抵现场。

　　"修理厂的建设和机器的安装已完工并投入使用。"①

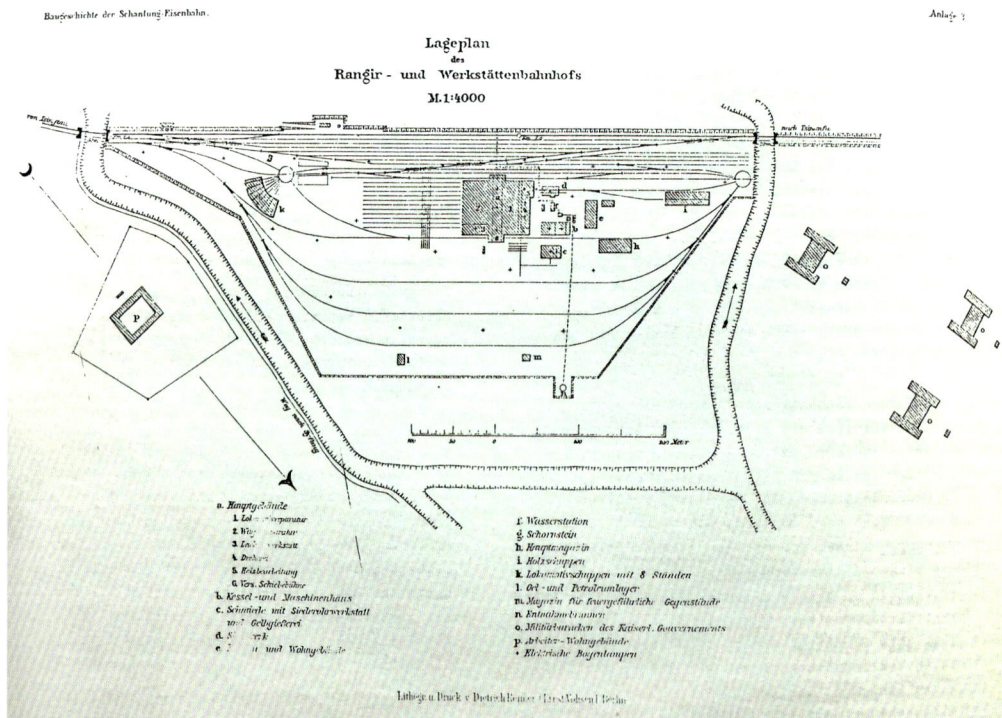

图8-100　德占时期山东铁路四方铁路工厂平面图

①《胶澳发展备忘录（1902年10月至1903年10月）》，青岛档案馆编：《青岛开埠十七年——〈胶澳发展备忘录〉全译》，北京：中国档案出版社，2007年，第226页。

图 8-101　山东铁路四方铁路工厂（铁路右）与四方火车站（铁路左）
（引自《日独战役青岛名所写真贴》）

图 8-102　山东铁路四方铁路工厂车间
（云志艺术馆提供）

图 8-103　1938 年的四方铁路工厂车间

图 8-104　2009 年的山东铁路四方铁路工厂与美孚煤油公司德式铁路桥

　　据《四方机车车辆厂志》记，占地 12.5 公顷的铁路四方工厂建有办公大楼、仓库、动力室、机车库、水塔、组装旋床、锅炉厂房、油漆和锻冶厂房、室内迁车台和锯木厂等。工厂有德国人 14 人，中国工人 270 人。至 1914 年 11 月共有设备 250 台。共组装机车 23 台、客车 23 辆、货车 624 辆，在胶济线上运行的机车 49 台、客车 118 辆、货车 1 148 辆，由四方工厂和津浦铁路济南工厂修理。

六、观四时气象

青岛大港开港，山东铁路开通。在胶澳督署（总督府）"雄心勃勃"的港口计划中，1904 年是关键年份。胶澳当局制定的建港方案是完整的一揽子计划，除码头、灯标、铁路、机车、发电厂等设施外，水文和气象观测这些与航海息息相关的探测也在其列。1898 年 6 月，一座带报时装置的临时气象台站，在今青岛市公安局西侧与泗水路一带高地上架设了起来。

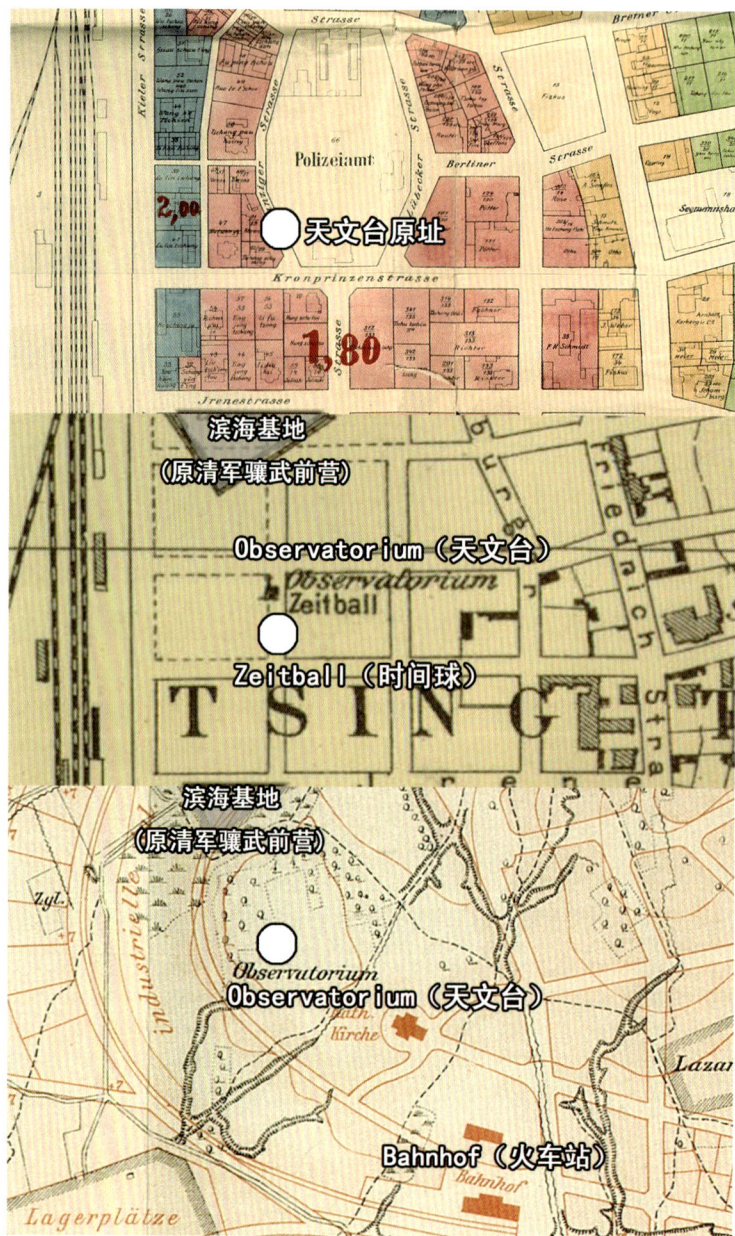

图 8-105　1898 年 6 月设立的气象台与报时球位置

下图，1898 年青岛规划图局部；中图，1903 年青岛地图局部；上图，1914 年青岛地图局部

1898 年出版的第一份《胶澳发展备忘录（截止到 1898 年 10 月底）》载：

　　6 月初开始了测深。为了进行天文观测，在滨海基地①的一个山丘上建立了一个观象台。天文测时现已做到可转播上海的经度。设立了一座报时台。1898 年 9 月 2 日首次降落了报时信号球……气象站于 1898 年 6 月 15 日起开始了观测工作。青岛的气象观测包括气压、气温、空气湿度、降水量、风力和阴晴等。拟扩大这些观测的范围，并在沙子口、李村、女姑口和信号山设立气象观测分台。②

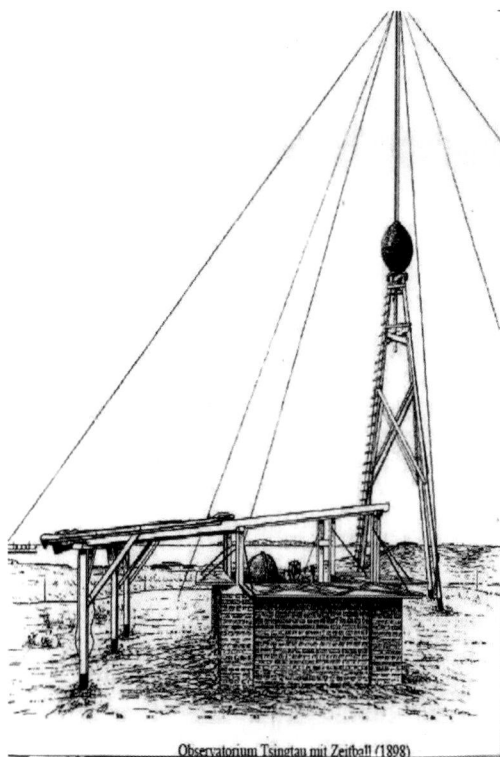

图 8-106　1898 年滨海基地山丘上的报时球

图中左侧可见栈桥头，中间远处为今薛家岛，右侧为西岭（裴林女士提供）

原图注带时间球的青岛气象台（1898）[Observatorium Tsingtau mit Zeitball（1898）]

　　1899 年 10 月，胶澳督署（总督府）推出了经修改后的第二版城市规划，在海拔 76.8 米，这个更利于气象观测的今观象山山顶的西侧，规划出了"计划气象台（ Projektirtes Observatorium ）"的位置。

　　1904 年 5 月，临时气象台一带开始建造警察公署大楼，气象台迁往新址的准备

---

①"滨海基地"即原清军骧武前营，德占后也有"沙滩营"译名。

②《胶澳发展备忘录（截止到 1898 年 10 月底）》，青岛档案馆编：《青岛开埠十七年——〈胶澳发展备忘录〉全译》，北京：中国档案出版社，2007 年，第 15 页。

也就此开始。

1905年，建造气象台原定地点因被1901年建成的自来水蓄水池所占用，一座带有中式屋面的气象台建筑在观象山顶中部建成。5月1日，天文钟、气象仪器、电动扳时球等各种仪器设备在新气象台站上启用。

图8-107　1905年观象山上启用的报时球（下左）和气站（下右）
与1912年新建的天文观象台大楼（上中）

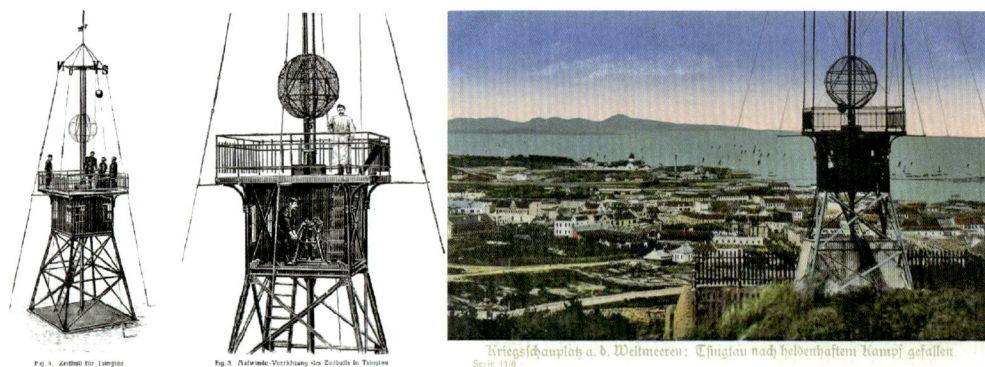

图8-108　1905年5月1日启用、毁于1914年日德青岛之战的报时球

1908年，胶澳督署（总督府）开始了将气台扩建为天文－观象台的计划。1910—1911年，来自汉诺威的建筑师海因里希·舒备德在建设部长卡尔·施特拉塞尔的协助下，在这个或许只是为他准备的"天文台山（Observationsvberg）"山巅，淋漓尽致地释放出了创作激情。"1912年1月，利用德国海外海军协会捐款建造的

图 8-109　胶澳观象台建造纪念碑

天文－气象观象台大楼投入使用。"[1]

　　现为青岛市市级文物保护单位的胶澳观象台旧址，建筑平面呈矩形，主体三层，塔楼七层，高 21.6 米，窗户采取扁长形窄窗。顶部设有城堡式垛口，建筑立面全部采用花岗岩蘑菇石砌筑。另建有圆顶天文观测室两座。建筑以两层屋顶平台式塔楼为构图中心，其造型依山就势，具有浓重的欧洲中世纪城堡建筑风格。主入口设于北面，门厅内立有一块石碑。碑文大意："远离家乡的德国人，在这陌生的海边筑起了观象台。它向船只预告：老天何时变脸，风暴何时止息。它是贴家的助手，更是德国人民向世界发出的问候。"观象台当时的任务，除了为驻青德国海军以及航运业预报风暴、天气情况和报时外，还对地震、地磁等进行监测。

　　在德占胶澳后的头几年里，德国人的对外电报联系，一直使用的是清朝的有线电报系统，为完全摆脱清朝对陆地上的电报线路的控制，自 1900 年开始敷设青岛至芝罘、青岛至上海的两条电报海底电缆。

　　《胶澳发展备忘录（1898 年 10 月至 1899 年 10 月）》载：

　　　　在电报往来方面，青岛目前还是依靠暂时设在这里的中华帝国电报公司的电报站；这家中国电报公司拥有中国的全部陆上电报线路，并负责青岛的华人及外国人的电报往来事宜。[2]

――――――――――

①《胶澳年鉴（1911 年）》，青岛档案馆编：《青岛开埠十七年——〈胶澳发展备忘录〉全译》，北京：中国档案出版社，2007 年，第 712 页。

②《胶澳发展备忘录（1898 年 10 月至 1899 年 10 月）》，青岛档案馆编：《青岛开埠十七年——〈胶澳发展备忘录〉全译》，北京：中国档案出版社，2007 年，第 38 页。

《胶澳发展备忘录(1899年10月至1900年10月)》载:

由于数量不多的电报线路被各国机关和分舰队极为频繁地使用着,总督府只能得到很少的来自北方的消息,然而,当时那里的事态发展对于总督府应采取的态度来说是至关重要的。不受中国大陆电报线路左右,直接把青岛与国际海底电缆网联结起来的必要性,这时就突出地显露出来了。[①]

通过敷设芝罘至青岛和青岛至上海的德国电缆使电报通讯有了重大改善。这样以来,殖民地现在就能直接与大型海底电报线相联接,从而不依赖于中国的陆上线路。本报告年度的情况足以表明,在政治动乱的情势下,陆上线路是多么不可靠;现在更加强烈地希望摆脱它。1900年10月5日,德国青岛电报局开业。[②]

1900年8月与第一条海底电缆敷设同时完成的还有一座在"克拉拉湾(Klara Bucht)"[③]东岸建成的电缆房(Kabelhaus)。1901年1月,另一条海底电缆从这里连接到了上海。为防止船舶下锚对海底电缆的损坏,在1903年的青岛地图上,专为此做出了说明:"不允许在这里进行锚固(Diesseits der Deckpeilungen darf nicht geankert werden)",并在电报房后部和今小鱼山上两个方向上设立了四处可在海上以交叉定位、确定水下电缆位置的"信标(Bake)"。1903—1904年在海滩附近,电报房西侧建成了一座沙滩宾馆。另从一组来自网络的老照片看,约在1905年以后,海底电缆似乎又连线进了位于青岛湾后岸——1901年建成的"胶澳皇家邮政局"。

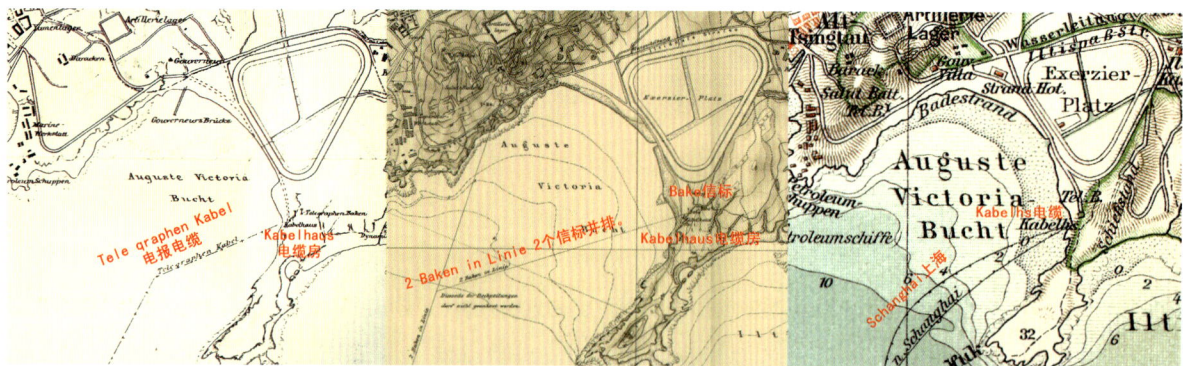

图8-110 1901年(左)、1903年(中)、1908年(右)青岛地图上的海底电缆位置

①《胶澳发展备忘录(1899年10月至1900年10月)》,青岛档案馆编:《青岛开埠十七年——〈胶澳发展备忘录〉全译》,北京:中国档案出版社,2007年,第77页。

②《胶澳发展备忘录(1899年10月至1900年10月)》,青岛档案馆编:《青岛开埠十七年——〈胶澳发展备忘录〉全译》,北京:中国档案出版社,2007年,第85页。

③ 克拉拉湾,今汇泉湾,1898年德占胶澳初期名为克拉拉湾,1899—1900年改称为奥古斯特·维多利亚湾(Auguste Victoriz Bucht)。

图 8-111　1905 年左右在青岛湾、汇泉湾中的海底电缆敷设

七、引向山顶的水道

　　清末的青岛口，三面环海，山峦起伏，山上植被稀疏，山间沟壑遍布，雨季里山水暴涨，枯水时山溪断流、沟壑见底，是一个水资源贫乏的地方。以大衙门为中心的市镇区域，离最近的杨家村河不仅远在 3 千米之外，而且还有山丘阻隔其间。口上分散于各处的村庄、兵营日常用水依仗的是各自就近开凿的水井、蓄水池和山涧溪流。1898 年德占胶澳后，一座城市逐步从图纸的勾画中走下来，人口数量也在增长着。建筑项目的纷纷开工，致使个别地方的水井暂时干涸。寻找和开辟安全卫生的新水源和建立水厂、蓄水水库已迫在眉睫。有资料记载：

　　　　1897 年青岛被占领时，德国军队在中国兵营和青岛村找到了几眼砌筑的浅井，经清理加盖后来提取饮用水，此外还打了几眼新井，因此，饮用水问题基本解决。[①]

（1898年）6月8日降了一场大雨，断断续续延续了36个小时，几乎所有可行的道路以及干涸的沟渠都变成了小溪和河流，给交通带来了很大不便。例如，一周前进行过基线测量的海泊河谷，经过这场大雨，变成了约20米宽、半米至一米深的河流。雨后过了两天，积水就基本上都流走了。[②]

图8-112　清军炮队营外的蓄水池（右下）

为寻找符合卫生要求的优质饮用水，德国人在对青岛进行了全方位的调查后，给出的结论是：

由于降水迅速流失，高处的土层又薄，造成了这一地区饮水供应困难。然而在对一些地方进行了实地测量之后，成功地打出了可供饮用的水井，并有望通过钻井得到充足的水。如果这一愿望不能实现，则可利用山势修筑蓄水池设法补救。[③]

打算从一个也叫海泊的村庄附近的海泊河床的底部取水。为此目的，横穿河谷打了50口汲水井，它们与一共用虹吸管相连，将水引入一口集水井。三台水泵从集水井汲水，将水送入野战医院后面高地上的贮水池

①［德］托尔斯藤·华纳：《近代青岛的城市规划与建设》，青岛档案馆编译，南京：东南大学出版社，2011年，第172页。

②《胶澳发展备忘录（截止到1898年10月底）》，青岛档案馆编：《青岛开埠十七年——〈胶澳发展备忘录〉全译》，北京：中国档案出版社，2007年，第15—16页。

③《胶澳发展备忘录（截止到1898年10月底）》，青岛档案馆编：《青岛开埠十七年——〈胶澳发展备忘录〉全译》，北京：中国档案出版社，2007年，第13页。

中。贮水池是混凝土制成的水箱，其大部分嵌在山岩中。将在新建兵营后
面的高地上建一个同样结构的补偿贮水池。[①]

图 8-113　观象山山顶贮水池（左）与内部德制原装管道和阀门（右）

　　1901 年 9 月，在迁走了村
民、拆除了村庄后的、距离中心
区域 4.2 千米的海泊村，青岛第
一座自来水厂——海泊河水厂建
成投产。从海泊河谷抽取出的地
下水，通过地下水管道输送到海
拔 79 米的今观象山山顶的贮水
池中，然后以自然压差再从这里
用自来水管向新建市区供水。

　　随着城区快速增长的人口
带来的用水量的加大，海泊河水
厂和观象山贮水池已力所不及。
1904 年，筹建闫家山李村河水厂
作为老水厂补充的准备工作已着

图 8-114　1901 年始建、1906 年扩建的海泊河水厂
（青岛城市建设文化交流协会提供）

手进行。1907 年，新水厂建成了储水塔和技师宿舍。1908 年 12 月底，安装有三台
输送量为每小时 125 立方米水泵的第二座水厂建成，从 7 口砾石过滤井抽取出的地
下水，经 12 千米长的铸铁压力管线被输送到海拔 83 米的毛奇山（今贮水山）上以
钢筋混凝土修筑的、库容量为 2 000 立方米的双室式蓄水池中。

　　① 《胶澳发展备忘录（1899 年 10 月至 1900 年 10 月）》，青岛档案馆编：《青岛开埠
十七年——〈胶澳发展备忘录〉全译》，北京：中国档案出版社，2007 年，第 106 页。

图 8-115　闫家山李村河水厂

图 8-116　贮水山蓄水池

德占时期投资建立的水厂和敷设的自来水管网，主要集中在"欧人区"里，而邻近的"华人区"则是因近水楼台而得月，对规模逐年扩大的城市更是杯水车薪，至 1924 年，在青岛老城区里，北起利津路，东到佛涛路，西至台西镇炮台区域内的日用水井和以备不时之需的"专备救急"井编号从 1 排到了第 100 号。

图 8-117　1924 年安装于太平路上的第 51 号太平井井盖

八、通往海边的暗渠

德占胶澳当局按照德国建城的做法在对青岛进行规划时，也将下水道系统一并引入。与城市街道建设同步进行的下水道工程主要交由自开始到 1911 年间参与了多项青岛城建项目的 F. H. 施密特公司（广包公司）修建。根据道路规划和地势，也为便于欧人区街道在雨季里的通行，首先在欧人区修建了一条经由阿尔伯特大街（今安徽路）入海，一条经由俾斯麦大街（今江苏路）入海的两条雨水排水系统，在紧邻欧人区的大鲍岛华人区修建了一条经由小港入海的雨水排水系统。[①] 近年，德国学者华纳先生在所著《近代青岛的城市规划与建设》一书中对这项工程予以了客观的阐述：

① 参见图 7-38。

　　……青岛搞了三种不同的下水道系统，这最终应归于规划的失败。最
初建了所谓的"分离系统"的下水道，由雨水和污水管道构成，而后来在
港口区建了成本便宜的"混合系统"，雨水和污水同一管道流出。由于建
下水道造成的高昂费用，之后多年仍有争论，并导致"建造过于大手大脚
和花钱多"的批评。

　　…………

　　……1898年10月开工建设后，根据该雨季的最大水量确定了下水
道的种类和尺寸，由此造成尺寸明显过大。麦克尔称其为"一个怪物"。
1898—1899年冬，数百中国劳工就居住在建设中的2米高的下水道里，并
且能"在里面根据其习惯安排得舒舒服服"。

　　…………

　　仓促规划的问题在随后的几年逐步显现，这种"明显过大的下水道"，
在每一年的9月到次年的5月的几乎无雨的季节里都是干涸的。因为这段
时间没有水流入下水道，曾不止一次地被用来排放厨房和洗澡等生活污
水。一旦在沉沙井中积有腐烂物质，该处就会散发出很大的令人不舒服的
气味。因此，麦克尔建议，除了定期用海水冲洗管道外，也要缩小雨水下
水道的横截面，同时还应该在隧道里铺设供水、煤气、电话、供电管线及
污水下水道等……

　　这种尺寸过大的下水道，对青岛来说，只有在罕见的暴雨情况下才能
证明其优越性。①

图8-118　F.H.施密特公司（广包公司）旧址
（今青岛市市南区湖南路39号，青岛城市建设文化交流协会提供）

――――――――
　　①［德］托尔斯藤·华纳：《近代青岛的城市规划与建设》，青岛档案馆编译，南京：
东南大学出版社，2011年，第165—167页。

图8-119　建成后的今安徽路、江苏路下段雨水下水道

1901年，或许是采纳了麦克尔的建议，由 F. H. 施密特公司（广包公司）在威廉皇帝海岸（今栈桥西侧太平路海岸）为哈利洋行建造的一座抽取海水、冲刷下水道的海水泵站建成。至 20 世纪 70 年代前后，在这座青岛最小的带有塔楼的德式单体建筑前，仍能看到水罐车在"U"形管下接装海水，并在街道上打开下水道"古力盖"进行灌洗的情景。

1901
Seewasserpumpstation Sietas Plambeck & Co.
Tsingtau.

图 8-120　哈利洋行于 1901 年在栈桥西侧建造的海水泵站（青岛城市建设文化交流协会提供）

德占胶澳当局先期以不切实际的想法规划的尺度和工程量超大、辐射范围又较小的雨水下水道网的建设，在质疑中终止。因而，随后的雨水下水道转而改用了小口径的蛋形和圆形陶管。德语将"下水道（Kanalisation）"与地面之间连通的竖井称为"古力（Gully）"。因此，竖井井盖在青岛拥有了"古力"和"古力盖"这两个特有的地方名称。1914 年前，用于封闭井口，直径在 0.6 ~ 0.8 米不等，且大多带有德文铭文的铸铁"古力盖"，其主要生产厂为 Halberg、Rud. Boecking & Co、HALBERGHUETTE、Sohalker Gruben Huette verein Gelsenkircehn、船坞工艺厂（青岛造船厂）等几家。至 1906 年，已建成街道古力井 1 050 口，1909 年达到 1 481 口。下水道总长度约 34 188 米，而且还在继续增加中。在这几年，还铺设了 14 千米的人行道路沿石、雨水排水口以及手推车导轨石。时至今日，青岛街道上已很少见到这种德式"古力盖"和车轨石了，仅在青岛博物馆里有实物保存。

新城区里"编织"的道路网越来越大，街道两旁的房屋建筑也在逐渐增多，生活污水也将在商住建筑的投入使用之后而增多，欧人区里的污水下水道系统也开始了修建。"通过大口径的下水道使雨水完全分流。粪便和污水目前依然用去年备忘

图 8-121　青岛德式"古力盖"

录所述的方法排放。目前正计划将使之与雨水分流，通过专门的下水道系统直接排入海中，海水因潮汐关系不断地大量更新，所以不会形成污染。这项工程正处在准备过程中。"[1]

1901 年 10 月，德占胶澳总督府城建管理局以欧人区为重点编制了修建污水排水道系统规划。1902 年进行了工程招标。1903 年开始修建。预计 1906 年完成的工程，直到 1908 年才基本告成。而大鲍岛华人区在相当长的一段时间里除 3 座公共厕所外采用的是以桶装粪便的做法。

为使欧人区前的海滩（青岛湾）不受污染，1904—1905 年于城区西部靠近小港的最低点建造了 A 号污水总泵站（今广州路泵站），于大衙门以南海边建造了 B 号辅助泵站（今太平路泵站）。欧人区里的生活污水，先通过有自然落差的地下管道汇集到 B 号泵站集水池，沉淀加压后由地下压力管线输送到总泵站，随后再次加压抬升水位后经地下管线排放进大海。出于卫生的考虑，污水排放点选在了胶州湾口游内山最南端的岬角上，湾口强劲的潮汐水流将污物冲碎、分散，使之达到完全"无害"的程度。出于同样的原因，德占当局将另一个每天都会产生大量污水的污染大户——屠宰场[2]设立在污水总站一旁，以便泵站在排放城市污水的同时也将屠宰场的污水同时排放。

①《胶澳发展备忘录（1900 年 10 月至 1901 年 10 月）》，青岛档案馆编：《青岛开埠十七年——〈胶澳发展备忘录〉全译》，北京：中国档案出版社，2007 年，第 149 页。
②屠宰场旧址位于今观城路 65 号，1903—1906 年建造。曾是青岛最早的肉类食品加工企业，主要生产设施有大、小牲畜屠宰间，冷库，水塔，等等，现仅办公楼保存。

图 8-122　A 号污水总泵站铅笔画（今第一泵站——广州路泵站）

1903/8
Schmutzwasserkanalisation
Pumpstation B
Tsingtau.

图 8-123　B 号辅助泵站（今第三泵站——太平路泵站）

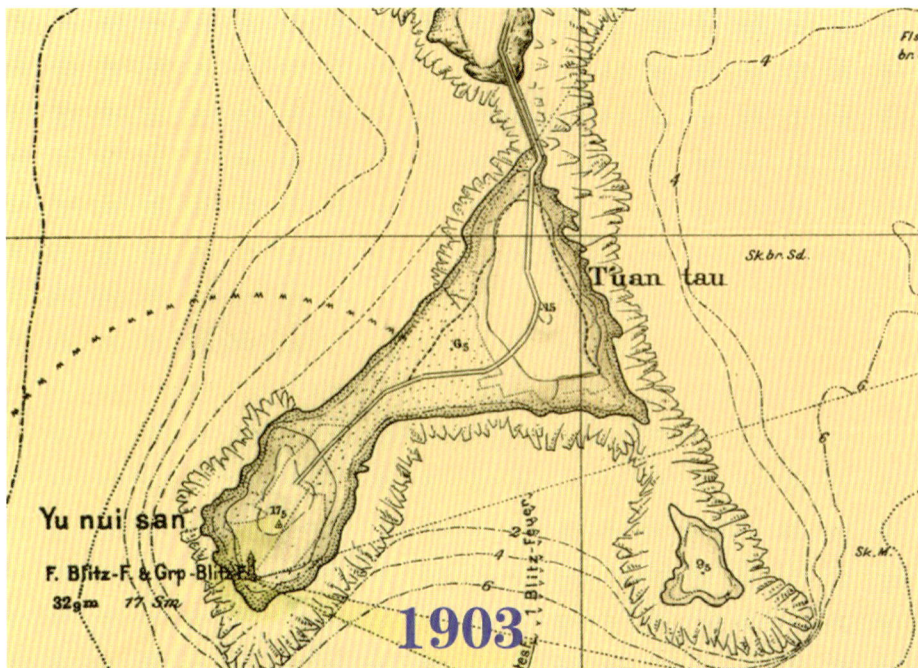

图 8-124　1903 年青岛地图上借清军连岛大坝修建的团岛污水管道及其走向图

图 8-125　德国人借清军坦岛（远景）与团岛（近景）连岛大坝修建的污水输海管道

1908 年在奥古斯特·维多利亚海湾南部海边为后部欧人别墅区建造了一座污水泵站（今南海路泵站）。德国人认为别墅区里所产生的污水有限，排放进当年亚洲最大海水浴场附近不会造成污染。又因这里离主城区较远，它成为一座与污水管网不相连的独立的第三座泵站。1909 年又在大港以东建成了第四座污水泵站，即今乐陵路泵站，周边街区的污水经这里沉淀后加压输送至总泵站后再入海。

图 8-126　奥古斯特·维多利亚海湾污水泵站（左二建筑）及风力抽水站（云志艺术馆提供）

图 8-127　奥古斯特·维多利亚海湾污水下水道终端

德占当局不遗余力修建污水下水道，广州路总泵站至团岛游内山排放终端段的污水管路遇沟架桥、过海建坝。将团岛北端，清军遗留的连接团岛、坦岛的连岛大坝，改造成一座既可通行，又可架设污水管道的大坝。于屠宰场西侧的沟壑（今青岛市市南区观城路与东平路之间）上修筑起了一座具有 12 孔连拱、跨距约 80 米、宽 2.5 米的石砌高架渠。这座形如古罗马引水渠的设施，在 1933 年《青岛市工务局二十二年份工务纪要》的《青岛市市内桥梁表》中被详细记载："四川路东平路交点，穹形，孔数：12，建筑材料：石料，桥面长（公尺）：214.00，桥面宽（公尺）：2.50，桥梁构造：铁栏，建筑时期：德管时期。"[1]

图 8-128　总督府屠宰场铅笔画（今青岛市市南区观城路 65 号址）

图 8-129　污水输送渠铅笔画（今青岛市市南区观城路、四川路、东平路一带）

---

①《青岛市市内桥梁表》，青岛市工务局编印：《青岛市工务局二十二年份工务纪要》，青岛：青岛市工务局，1933 年。

第九章
红瓦下的青岛要塞

一、尖顶的兵营

没有军事保护，商业殖民地就无法发展；而若无经济后勤的支持，驻军也无法扩大其行动范围，这便是德国在青岛大力投入的动因。自 1897 年 11 月 14 日德军占领青岛后，更多的德国军队接踵而至，青岛口原有的清军兵营和民房既不适合德国人的习惯，也不能满足需求。在随后的几年里，德占胶澳当局在青岛、四方、沧口和沙子口等地相继建造了兵营、野战医院等一系列军事设施。

1. 野战炮兵营（neue artillcriekaserne）

"为野战炮连所建造的营房已经完工，并自 1899 年 5 月底进驻"[①]，写在《胶澳发展备忘录（1898 年 10 月至 1899 年 10 月）》里的寥寥几笔，记录下了德军在青岛的第一座兵营建成和启用的时间。最早出现在 1898 年 9 月 2 日规划图上的这处营房，是为安置前一年 2 月份进驻青岛的野战炮兵连而建造的。营区中心是一个大操场，西侧最大的营房（Kaserne）建筑平面呈"工"字形，楼高两层，带地下室，东、北两侧建有停放炮车的库房、马厩、食堂等楼高一层的辅助用房。这座设有炮兵俱乐部（artillcriekasino）的新炮兵营（neue artillcriekaserne）[②]的建成，标志着驻青德军住用原清军兵营状态的结束和德式兵营建造的开始。1903 年，野战炮兵营在进行了局部的小型房屋增建后，直至 1909 年再未有大的改变。然而，正如德国学者华纳在《近代青岛的城市规划与建设》中所述，这座由胶澳总督府于青岛湾西岸建造的兵营，在规划上出现了失误：

---

①《胶澳发展备忘录（1898 年 10 月至 1899 年 10 月）》，青岛档案馆编：《青岛开埠十七年——〈胶澳发展备忘录〉全译》，北京：中国档案出版社，2007 年，第 53 页。

②［德］盖特·卡斯特：《青岛鸟瞰图（1898—1912）》，青岛市档案馆编译，青岛：青岛出版社，2017 年，第 110 页，图 31《青岛鸟瞰图》（1899）。

图 9-1　1899 年初建时的野战炮兵营［裴林（Gerlinde Pehlken）女士提供］

图 9-2　1901 年后的野战炮兵营（老明信片收藏家王学刚先生提供）

　　按青岛第一份规划，要尽可能将所有"驻军设施"建在欧人区西南方，即靠近原中国的高地营房处。作为青岛的第一座兵营，在这里修建了"野战炮兵"营房建筑。在这第一份建设规划中，还载入为另一兵营预留的地块，位于野战炮兵阵地西北几百米处。然而，半岛端的这个地块有一个很大的不利之处，即士兵在通过至青岛周边地区的工事的路上，不得不穿过欧人区。另外，这个地点对免受外国军舰的射击很可能也起不到很大作用。无论如何，这里除了野战炮兵营房（其建筑自 1909 年起成为新建的德华青岛特别高等专门学堂）外，再没有建造其他驻军设施。此后几年里总督府开工兴建了依尔蒂斯、俾斯麦和毛奇等三个大型兵营建筑群，这三处兵营坐落在青岛的东边和北边。而德华青岛特别高等专门学堂却在短期内把自己建成了德华文化关系的中心。①

总督府于 1899 年即已开办了学生人数已达 50 名的华人学校②。1905 年，在台东镇和法海寺试办中国初级学校的尝试成功后，德国人认为有必要建立一所较大的华人学校，开办高等学校的想法由此变为德国在华的文化政策。"海军当局打算，完全遵照来自帝国议会的许多建议的精神，把青岛逐步发展成为传播欧洲文化的基地"③。1906 年后进行的是学校结构与组织结构的制定以及与清政府的合作交涉。1909 年 7 月野战炮兵营腾空后，这里的建筑物改建为适合青岛特别高等专门学堂使用的房屋。④1909 年 10 月 25 日⑤，这所中德合办的、德方称德华大学（Deutsch-Chinesische Hochschule）的大学以"德华青岛特别高等专门学堂"的名义正式开办。11 月 1 日，格奥尔格·凯贝尔（Gerorg Keiper）被任命为校长，清廷学部委派的官员蒋楷任总学监。

图 9-3　德占时期的德华青岛特别高等专门学堂

①［德］托尔斯藤·华纳：《近代青岛的城市规划与建设》，青岛档案馆编译，南京：东南大学出版社，2011 年，第 123 页。

②《胶澳发展备忘录（1898 年 10 月至 1899 年 10 月）》，青岛档案馆编：《青岛开埠十七年——〈胶澳发展备忘录〉全译》，北京：中国档案出版社，2007 年，第 43 页。

③《胶澳发展备忘录（1906 年 10 月至 1907 年 10 月）》，青岛档案馆编：《青岛开埠十七年——〈胶澳发展备忘录〉全译》，北京：中国档案出版社，2007 年，第 478 页。

④《胶澳发展备忘录（1908 年 10 月至 1909 年 10 月）》，青岛档案馆编：《青岛开埠十七年——〈胶澳发展备忘录〉全译》，北京：中国档案出版社，2007 年，第 689 页。

⑤《胶澳发展备忘录（1908 年 10 月至 1909 年 10 月）》，青岛档案馆编：《青岛开埠十七年——〈胶澳发展备忘录〉全译》，北京：中国档案出版社，2007 年，第 638、703 页。

　　这所开学当年有 63 名学生的大学在随后的几年里以容纳 250 名学生为目标，制定了修建校舍设施计划，逐步地扩建。1910—1913 年，建造了大教学楼、礼堂、图书馆和译书局大楼、德国教师的宿舍楼、两座可分别容纳 125 名学生的宿舍楼及附设的中国教师住房等建筑，1899 年建造的野战炮兵营除最大的那座营房建筑外其他建筑也逐步被新校舍所取代。到 1913 年，分别于夏天和秋天启用的主教学楼、大礼堂以及第二幢宿舍楼的建成后，学校日常的学生已接近计划容纳数量。

　　德华青岛特别高等专门学堂占地面积 40 093.53 平方米，校园一直延展至海边。建筑群以校园南部，平面呈 "L" 形的教学楼为重点，主教学楼楼高三层，长约 80 米、高约 17 米、钢木砖石混合结构。长边为连接教室的单面走廊，斜坡屋面，高凸的中部楼体有着复折式屋顶，正面檐口正中起山花，下为主入口，并用石材做重点装饰；檐口亦选用粗石线脚，体现建筑的庄重、典雅。大礼堂和图书馆设在教学楼东翼的后侧，内部上方设计一个半圆形吊顶。建筑特点最为突出的是礼堂前的圆顶山墙，其青年艺术派风格与建造期略早的青岛福音堂十分相像，外墙的花岗石扶壁增强了楼体的塑性感。后部的二层楼房，建筑立面采取德国建筑厚重、严肃的格调，下部为巨石勒脚。两栋学生宿舍，均为二层建筑，各带有一内院。1914 年秋季，已有 300 多名学生在此就读。学校除引入西方课程外，还并行教授中国传统课程。初级阶段为时六年，所教课程为德语、历史、地理、数学（分为算术、代数、几何）逻辑学、生物学、物理学、化学和绘画课。同时教授的中国课程是古籍、历史、地理、伦理和文学。高级阶段所教学科由国政学、医学、科技学和农林学几类构成。

图 9-4　日占后的原野战炮兵营营房西立面（左）及今营房旧址东立面（右）

430

1914年，德华青岛特别高等专门学堂制定了新的扩建计划，并准备通过扩建校舍达到招生500人的规模，然而这一雄心勃勃的梦想被日本人打碎，未能毕业的学生转往上海同济德文医工学堂。日德青岛之战后，占领青岛的日军关闭了这所学堂，将其改作日本青岛守备军山东铁道管理部驻地。1922年12月中国政府收回青岛主权后，设胶济铁路管理局于此。

2. 边防分遣队营房

1898年3月，德军占领了青岛以东的沙子口。1899年，为驻沙子口的边防特遣队和驻李村、沧口的分遣队建造了营房。1901年夏，又在青岛以北的四方村为海军陆战队第二分队建造了四座平面布局为"H"字形的"四方兵营"。1903年，曾经驻扎在上海的德国东亚步兵团一营也换防至四方驻扎。此后第三海军营的一个连队继续驻扎在此。

图9-5　沙子口营房

图9-6　四方营房

3. 伊尔蒂斯兵营（Iltis Kaserne）

《胶澳发展备忘录（1898年10月至1899年10月）》记载：

> 为安置第三海军营，选择了伊尔梯斯山[①]南坡和通往伊尔梯斯山大路以东的一块地方建造了营房，那里卫生条件好，邻近浴场和靶场。已计划立即建造两座营房，每座营房连同其附属建筑可安置一个连。每个面积约为60平方米的宽敞的营房房间安置10人。工作正在加速进行，如情况许可，将提前完工，可望在1900年雨季到来之前入住。[②]

《胶澳发展备忘录（1899年10月至1900年10月）》记载：

> 营房地址位于克拉拉海湾，可以很好地眺望大海。规定每座营房可容

---

① 今太平山。

② 《胶澳发展备忘录（1898年10月—1899年10月）》，青岛档案馆编：《青岛开埠十七年——〈胶澳发展备忘录〉全译》，北京：中国档案出版社，2007年，第53页。

b. Kasernen am Iltis-Berg.

图 9-7　伊尔蒂斯兵营［引自《胶澳发展备忘录（1899 年 10 月至 1900 年 10 月）》附录 7］

纳包括一名军官、数名军士及在内的整个作战连的全体士兵，自身长 110 米，每座营房都面向大海。在设计居住空间时，人们首先考虑的是，要比国内同类建筑的规格高于一半以上。面向大海（朝南）的各个房间都设有宽大的露天阳台，而朝北的那一面，因为冬季常刮风沙，也都修建了走廊。楼房除地下室外都设有可供人住的底层和二层。楼房的外壁使用了磨光的花岗石料以突出局部。除了这两座士兵楼，还有两座综合楼，其中设有餐厅、士兵和军士厨房，以及其他所需的杂务房间。[①]

华纳《近代青岛的城市规划与建设》记载：

（1899 年建设规则）在伊尔梯斯兵营以南的干地上，已经规定建一座带马球场的赛马场，后来也用作军事训练……按此规划，这里的中国村庄会前村已经确定拆除，计划中的道路走向也不再考虑保留这座中国村庄。[②]

1900 年，完成了兵营的第一期工程。1901 年 4 月，营房连同其附属建筑竣工。

---

①《胶澳发展备忘录（1899 年 10 月至 1900 年 10 月）》，青岛档案馆编：《青岛开埠十七年——〈胶澳发展备忘录〉全译》，北京：中国档案出版社，2007 年，第 105 页。

②［德］托尔斯藤·华纳：《近代青岛的城市规划与建设》，青岛档案馆编译，南京：东南大学出版社，2011 年，第 127—128 页。

1905 年 6 月，新一座蒸汽洗衣房建成并投入使用。1909 年 9 月初，建造了军械修理车间和职员宿舍。

4. 俾斯麦兵营（Bismarck Kaserne）

今青岛山，以 128 米[①]的海拔为市区西部最高山头。清军驻防青岛口时期，在此山南麓建有嵩武中营与炮队营。德军占领青岛后，将嵩武中营称为"东营房（Ostlager）"，并将其司令部设于此。德占胶澳后，德国人以普鲁士首相兼外交大臣奥托·爱德华·利奥波德·冯·俾斯麦（Otto Eduard Leopold von Bismarck）[②]之名将此山命名为"俾斯麦山（Bismarck Berg）"，于山上建造俾斯麦山炮台，在山下嵩武中营原址建俾斯麦兵营。

图 9-8　1896 年，受慈禧太后派遣访问俄国、德国、荷兰、比利时等八个国家的李鸿章在德国首相府邸与俾斯麦的合影（云志艺术馆提供）

---

① 1866 年地图标高 145，德占时期地图标高 132。

② 奥托·爱德华·利奥波德·冯·俾斯麦（1815—1898），德意志帝国首任首相（1871 年—1890），人称"铁血宰相"（Eiserner Kanzler；"铁"指武器，"血"指战争）、"德国的建筑师"及"德国的领航员"。

位于今鱼山路 5 号中国海洋大学鱼山路校区内北部的 "俾斯麦兵营旧址" 由汉堡阿尔托纳区 F. H. 施密特公司（广包公司）施工建造。《胶澳发展备忘录》记载：

> 计划为另一连队在以前东大营所在地建一兵营，以改善一部分士兵的居住条件，目前他们还居住在华人房子里。[①]

> 为了给驻军创造更加卫生的住房，本年度在俾斯麦山脚下，首先修建可容纳两个连队的营房，来取代中国老兵营（东大营）。建营位置极好，风景如画，可以眺望大海和珠山山脉。

> 兵营建筑里有专门的盥洗室，也设有冲水厕所。在东亚还是第一次大规模地修建这种设施。

> 1903 年夏季，整个兵营可以交付使用，因而，就又可以腾出一处卫生条件极差的旧式中国兵营——炮营。[②]

造价 75 万马克，由洛塔尔·马尔克斯任工程指导的俾斯麦兵营是在原清兵嵩武中营原址上建造的。建筑群由四座营房、一座礼堂组成。自 1903 年开始先后分两期至 1909 年春全部完工。四座营房分前后两排，平面分别呈 "H" 形，与礼堂建筑围成一练兵场。主楼楼高三层，地下一层，为砖木钢混合结构。1903—1906 年先期完工的 I、II 号两座营房正面高起的带有鹰徽花岗石浮雕的阶梯式山墙及新哥特式的装饰为当时德国兵营建筑的通例。1906—1909 年建造的 III、IV 号营房则放弃了这一奢靡的外形结构。营房建筑为花岗石砌基、黄墙、拱券窗套，南面设敞廊，入

图 9-9　1903—1906 年建造的俾斯麦兵营 I、II 号营房（青岛城市建设文化交流协会提供）

图 9-10　1906—1909 年，III、IV 号营房建成后的俾斯麦兵营全貌

---

① 《胶澳发展备忘录（1900 年 10 月至 1901 年 10 月）》，青岛档案馆编：《青岛开埠十七年——〈胶澳发展备忘录〉全译》，北京：中国档案出版社，2007 年，第 156 页。

② 《胶澳发展备忘录（1901 年 10 月至 1902 年 10 月）》，青岛档案馆编：《青岛开埠十七年——〈胶澳发展备忘录〉全译》，北京：中国档案出版社，2007 年，第 206 页。

口处设壁柱，红瓦屋顶。二层敞廊立柱柱头上的螺旋纹饰有些独特，在这里，西方建筑中常见的爱奥尼上旋的螺纹柱一改往日的传统，变成了下旋。这组富有哥特式高直风格的建筑在设计艺术、施工方面都显示着较高的水平，是德国在青岛的典型建筑之一。

1914 年 11 月，日本占领青岛后，俾斯麦兵营被改名为"胶州湾万年兵营（膠州灣タルマスヒ兵營）"。1921 年 10 月，日本人提议在此开办一所"青岛商科大学"。1922 年 12 月 10 日，青岛主权回归后开始筹办。1923 年 9 月，因日方的经济及资金问题，筹办中的青岛商科大学流产。

图 9-11　筹建时的青岛商科大学

1924 年 8 月 21 日，私立青岛大学在此成立，并于 10 月 25 日举行了开学典礼。

1930 年 9 月 20 日，私立青岛大学改为国立青岛大学，并于 21 日举行了开学典礼。

1932 年 9 月 2 日，国民政府行政院会议议决，将国立青岛大学更名为国立山东大学。

1937 年"七七事变"后，抗日战争全面爆发。"12 月 5 日，国立山东大学请准迁皖，定于本日在安庆市安徽大学校址开学。不久又迁至四川万县。"校园再度沦为日本侵略军兵营，直至 1945 年抗战胜利。

1946 年 8 月，国立山东大学复校。

1951 年 3 月，国立山东大学改为山东大学。

1958 年 10 月山东大学受命迁往济南，仅海洋、水产和正筹建的地矿三系留在青岛，前两者在随后组成了山东海洋学院，即今天的中国海洋大学。[①]

---

① 详见王元忠主编：《青岛海洋大学大事记》，青岛：青岛海洋大学出版社，1999 年。

5. 毛奇山临时兵营（Moltke-Kasernen）

今北峰高 78 米、南峰高 83 米的贮水山，因形似马鞍，昔有"马鞍山"之称。德占胶澳后，当局以为了统一德国，于 1870 年 7 月至 1871 年 5 月，在与法兰西第二帝国的普法战争中立下战功的普鲁士王国总参谋长毛奇（Helmuth von Moltke）之名将此山命名为"毛奇山（Moltke Berg）"。1908 年，于山上修筑了为城市供水的蓄水池。1914 年日德青岛之战时，于山北坡修筑了两座临时炮台。日占青岛后，日本人将此山改称为"若鹤山"，并于西坡建神社，故此山又有了"大庙山"之称。

1901 年，毛奇山东麓，遥对着杨家村和新建台东镇的东面山坡上[①]，德军骑兵部队一座拥有军官宿舍、辅助用房和三纵四横营房的临时兵营在这里建成。同年，为其修通了至城区的汽车路。随后，兵营至台东镇一段汽车路也于 12 月 1 日告竣（今登州路一段）。[②]

[①] 在今青岛市市北区登州路 38 号青岛大学松山校区。

[②]《胶澳发展备忘录（1900 年 10 月至 1901 年 10 月）》，青岛档案馆编:《青岛开埠十七年——〈胶澳发展备忘录〉全译》，北京：中国档案出版社，2007 年，第 154 页。

图 9-12 毛奇山临时兵营，远处烟筒高耸处为 1903 年建成的青岛日耳曼尼亚啤酒股份有限公司，
其后为 1908 年后建成的毛奇兵营（云志艺术馆提供）

6. 毛奇兵营（Moltke-Kasernen）

1900 年义和团运动时期，驻青德军曾派遣骑兵部队进驻胶州和高密。1906 年德占胶澳当局着手为这支骑兵部队撤回青岛做准备，1907 年 10 月，建筑师舒备德开始承担起建造兵营的施工与监管工作。《胶澳租借地发展备忘录》1905—1909 年几个年度计划总结"为第五连和野战炮兵连建兵营"一项分别记载：

> 在台东镇西南为从高密撤回的第三海军营第五连（骑兵连）建造了一座厩房，一个带武器修造车间的鞍具锻造间。正开始建造一个驯马场、一座小房间宿舍楼和一幢办公楼。已开始准备建造一座士兵营房。计划为野战营扩大营房，因旧的临时性营房已不敷需要。[1]

> 除先前建造的第三海军营第五（骑兵）连的圈棚和带枪械师工场的马蹄铁锻造间外，马匹训练场宿舍楼、管理楼以及火炮库和车辆库等现今也

---

[1]《胶澳发展备忘录（1905 年 10 月至 1906 年 10 月）》，青岛档案馆编：《青岛开埠十七年——〈胶澳发展备忘录〉全译》，北京：中国档案出版社，2007 年，第 445 页。

已建成。一号兵营已经施工，二号正在备料中。野战炮兵的马、骡圈已经
设计完毕，1907 年内就能动工修建。[①]

在为骑兵第五连和海军第三营的炮兵中队盖好营房后，紧接着又建设
了一幢卫戍楼，这座楼在 1908 年 7 月建成。[②]

为安置第海军三营的第五骑兵连和野战炮兵连而建造的全部设施（包
括附属设施，道路和操场等）已于本报告年度内建造完毕并交付使用。为
第二座鞍具铸造间和一座简易厩房所需的房舍正在施工建筑中。[③]

图 9-13　远眺毛奇兵营

位于台东镇西南的毛奇兵营距毛奇山临时兵营不远（见图 7-34），而在两座兵
营中间的则是 1903 年建成的青岛日耳曼尼亚啤酒股份有限公司（Germania Brauerei
Akt.–Ges.,Tsingtau）"，即今青岛市市北区登州路 56 号青岛啤酒厂的前身。兵营采
用了左右对称的 E 形的平面布局，中轴线上设礼堂、修造车间、车库等，中轴线
两侧各设一个驯马场，兵营东西两端则是两座长长的马厩，两个驯马场以南各建有

---

①《胶澳发展备忘录（1906 年 10 月至 1907 年 10 月）》，青岛档案馆编：《青岛开埠
十七年——〈胶澳发展备忘录〉全译》，北京：中国档案出版社，2007 年，第 535 页。

②《胶澳发展备忘录（1907 年 10 月至 1908 年 10 月）》，青岛档案馆编：《青岛开埠
十七年——〈胶澳发展备忘录〉全译》，北京：中国档案出版社，2007 年，第 606 页。

③《胶澳发展备忘录（1908 年 10 月至 1909 年 10 月）》，青岛档案馆编：《青岛开埠
十七年——〈胶澳发展备忘录〉全译》，北京：中国档案出版社，2007 年，第 689 页。

"凹"字形营房一座。毛奇兵营在建筑立面上一改伊尔蒂斯兵营和俾斯麦兵营上的装饰风格，甚至连德国兵营标志性阶梯状山墙也不见了踪影。

1914年11月7日，德军在观象山上向日军挂起白旗投降后，日军和德军代表在毛奇兵营举行了日军战胜受降仪式。日占青岛后，毛奇山被日本人改名为若鹤山，毛奇兵营则被改称为了若鹤兵营。

二、圆角的堡垒

《青岛城市与军事要塞建设研究（1897—1914）》记载：

> 在注明日期为1899年5月9日的那一天，胶澳总督府向海军部提交了它为胶澳租借地制定的第一个防御工事建设计划。该报告于1899年6月20日到达帝国海军部，并被直接上呈给国务秘书梯尔庇茨……出于这个原因，总督府也迫切希望派遣早已请求得到的专业人员前来指导施工……这就是必须使现在准备建造的防御设施一方面能够阻挡进攻者的舰队"强行进入海湾，另一方面也能够打退同时进行的、无攻坚炮兵配合的登陆行动"。[1]

德军或许为巩固轻而易举在中国取得的"租界地"和舰队基地，以及出于防备假想敌——清朝军队的反攻，开始了对青岛的"加固"。德占胶澳当局采取了与李鸿章在布置胶澳防御时只设海防要塞，不设陆防御不同的做法，早早地便着手了海陆两个方面的军事防御计划制定。德占胶澳地区的东部、北部和西北部三个方向上，崂山及余脉、白沙河与广阔的胶州湾，为该地区提供了天然屏障，唯有德国人占领青岛时登陆的南部那漫长的海岸和胶州湾口南岸让他们最不放心，而青岛湾沿岸又是德国人主要的居住区、商业区和军政中枢。故，如同章高元一样，以守卫青岛口、胶州湾为主的海防炮台建设成为德军防御的重要方向。

1899年5月9日，军事工程师缪勒（Müller）提交的这个分为1899—1903年、1904—1908年两个阶段实施的《经测绘部门测量的胶州港口周围地区草图》（*Planskizze des Geländes um den Hafen in Kiautschou Nach den Aufnahmen des Vermessung-Departments*）防御工事建设计划中，东起今太平角，西至胶州湾口，北到胶州湾东岸分别设置1号游内山炮台、2号青岛炮台、3号汇泉角炮台、4号伊芙琳角（Cap Evelyn）炮台、5号伊芙琳角东（今窟窿山象头）炮台、6号团岛炮台、7号依尔梯斯角（今太平角）炮台、8号依尔梯斯山南炮台、9号黄岛炮台、10号

---

[1]［德］约尔克·阿泰尔特：《青岛城市与军事要塞建设研究（1897—1914）》，青岛档案馆编译，青岛：青岛出版社，2011年，第105页。

今太平角公园炮台、11 号依尔梯斯山东炮台、12 号水清沟（孤山）炮台、13 号北岭山共 13 座针对海上和陆地的防御炮台，并将 1、2、3、4 号炮台的建造列入第一阶段计划。作为海防炮台的补充，计划在 1 号游内山炮台至伊芙琳角西 2a 炮台、3 号汇泉角炮台至 4 号伊芙琳角炮台之间设置两道阻止舰船进入胶州湾的水雷封锁线。

缪勒的这个用炮台将青岛和胶州湾口严密包围起来的防御计划，对火炮的配置有以下要求。

1 号游内山炮台，配备 2 门 280 毫米口径 L／40 或 L／35 型号加农炮，安装于装甲旋转塔内。

2 号青岛炮台，配备 4 门 240 毫米口径 L/35 型号加农炮，附设装甲护盾。

3 号汇泉角炮台，配备 4 门 150 毫米口径 L/35 型号加农炮，附设装甲护盾。

4 号伊芙琳角炮台，配备 4 门 150 毫米口径 L/35 型号加农炮，附设装甲护盾。

5 号伊芙琳角东炮台，配备 2 门 280 毫米口径 L/40 或 L/35 型号加农炮，安装于装甲旋转塔内

6 号团岛炮台，配备 4 门 150 毫米口径 L/35 型号加农炮，附设装甲护盖。

7 号依尔梯斯角（太平角）炮台，配备 4 门 240 毫米口径 L/35 型号加农炮，附设装甲护盾。

8 号依尔梯斯山南炮台（太平山南炮台），配备 4 门 280 毫米口径 L/12 型号榴弹炮。

9 号黄岛炮台，配备 4 门 150 毫米口径加农炮，附设装甲护盖。

1899 年 7 月 1 日，缪勒又提出了一个在大框架不变的前提下撤销 2 号青岛炮台，增加 2a 伊芙琳角西炮台（今窟窿山西北角）、2b 小泥洼（今台西镇炮台旧址）炮台和在 7 号依尔梯斯角炮台增加一座炮台，将 12 号水清沟（孤山）炮台移至湖岛共建造 15 座炮台的《胶州南部租借地区草图》（*Skizze des südlichen Pachgebietes Kiautschou*）调整方案。就新方案重新制定了依主次轻重分为 1899—1903 年、1904—1908 年、1909—1911 年三个阶段的实施计划，将 3 号汇泉角炮台、4 号伊芙琳角炮台和 6 号团岛炮台放在了第一阶段建造之列，2a、5、7、8、10、11、12、13 号炮台建造列入第二阶段，1、2b、9 号和 7 号一旁无编号的炮台建造则为第三阶段工程。在年内首先开始建造的 3 号和 4 号两座海防炮台中，位于汇泉角上的 3 号炮台"由于其'对内和对外的巨大作用'而得到了率先建设"。1899 年开工建造这两座炮台，1900 年完成了建造。

1900 年 5 月 4 日《南部地区草图》（*Skizze des südlichen Pachgebietes*）报告，再次对炮台设置进行了调整。除撤销 2a 号炮台和在 7 号一旁增加 2 号炮台外，12 号炮台又重回水清沟（孤山），其余炮台未做更改。年内，开始建造 1 号和 2 号陆

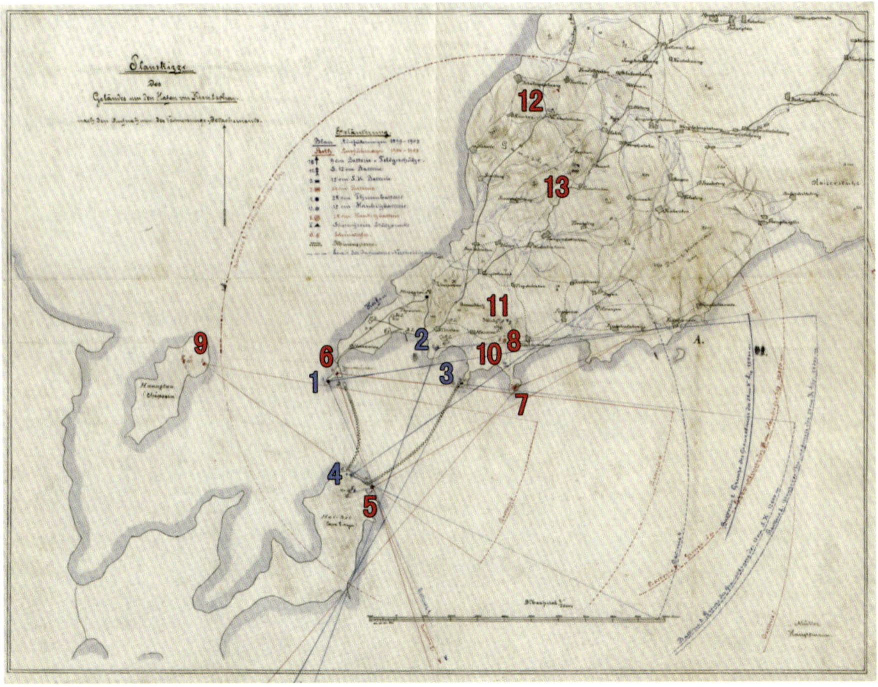

图 9-14　1899 年 5 月 9 日《经测绘部门测量的胶州港口周围地区草图》

（德国联邦档案馆弗莱堡军事档案室 RM36908，裴林女士提供）

防工事，在伊芙琳角安装 1 架探照灯，同时开始筹办胶州湾口水雷封锁线。

1901 年 9 月 11 日《沿海在建工事位置概述》（*Übersicht-über die Lage der Fertigen,im Bau begriffenen Küstenbefestigungen*）上，青岛南部及胶州湾口海岸上拟建的炮台有 1 号游内山炮台，4 号、5 号叶世克角（Kap Jaeschke）[①] 炮台，6 号团岛炮台，2b 号小泥洼炮台，3 号汇泉角炮台，依尔梯斯角 2、7、8 号三座炮台，青岛炮台也再次提上了计划。

1901 年完成 1、2 号步兵工事的建造，开始建造 1、2 号炮台。

1902 年继续 1、2 号炮台建造，开始建造 10、11 号炮台。

1903 年完成 1、2 号炮台和 3 号步兵工事的建造以及水雷封锁线的布置，开始了 5 号炮台的建造。

《青岛城市与军事要塞建设研究（1897—1914）》记载：

至 1903 年 2 月，海防工事的建设已进展到下列程度：

a）在汇泉角（海防 3 号——汇泉角炮台）

---

① 德占胶澳当局为纪念 1901 年 1 月 27 日在青岛去世的第二任胶澳总督叶世克（Jaeschke），于 1901—1902 年间将"伊芙琳角（Cap Evelyn）"改称为了"叶世克角（Kap Jaeschke）"。

本年度已完成了把 3 门 150 毫米口径 L／40 型号速射加农炮分别安装到 3 座炮塔中的工作，也把 2 门 240 毫米口径 L／35 型号加农炮安装到了基轴炮架上，预计到 1903 年 8 月完成安装从中国缴获的火炮的工作。[①]

b）在炮兵仓库西南方的 400 米处（海防 2 号——青岛炮台）

完成了为 12 门 120 毫米口径攻坚火炮筑造掩体的准备工作，把两门 150 毫米口径 L/40 型号速射加农炮安装到了带装甲保护盖的基轴炮架上，从中国缴获的两门 150 毫米口径 L/35 型号加农炮也已经可以进行射击了。

c）在台西镇的西部高地上（海防 2b 号——小泥洼炮台，今台西镇炮台旧址）

是年 9 月，已把 4 门 210 毫米口径 L／35 型号加农炮安装到基轴炮架上，从中国缴获的火炮也已布置到位。[②]

德军在炮台规划时就有针对性地划分出了对海的"海防前线炮台"和对陆的"陆防前线炮台"两类，几座配有可作 360° 旋转重炮的大型海防炮台，在计划当初即设计成可在战时兼顾陆地方向的海陆两用炮台。

1. 海防汇泉角炮台

1933 年《青岛指南》记载：

（二）会泉垒，为德租青岛后之最大防御工程，因其在会泉岬南端，故名会泉炮台。由上而下，共有大炮五尊，现皆毁废。垒下为德兵营房，系由山腰盘坠（隧）道一条，直达海口，坠（隧）左盘室数十间，如锯齿栉比，其工程之浩，真可可使见者□舌。我国接收后，虽废垒犹存，已无军事上之功用，徒供游览者一扩眼界而已。[③]

汇泉角炮台是德国人在青岛建成的第一座海防炮台，炮台上配备的 3 门 150 毫米口径速射加农炮和 2 门 240 毫米口径加农炮，直至 1914 年 8 月日德青岛之战爆发时也未作更换。日占青岛后汇泉角炮台再未作为炮台使用。20 世纪 30 年代初此处辟为"炮台公园"向公众开放，并于园内高处建观澜亭一座，亭内留碑刻两方。

① "预计到 1903 年 8 月完成安装从中国缴获的火炮的工作"一语指 1900 年八国联军镇压义和团攻占北京时期，德军从天津大沽炮台掠夺至胶澳租借地一事。
② ［德］约尔克·阿泰尔特：《青岛城市与军事要塞建设研究（1897—1914）》，青岛档案馆编译，青岛：青岛出版社，2011 年，第 113—114 页
③ 魏镜：《青岛指南》第五编《游览纪要》，青岛：平原书店，1933 年，第 6 页。

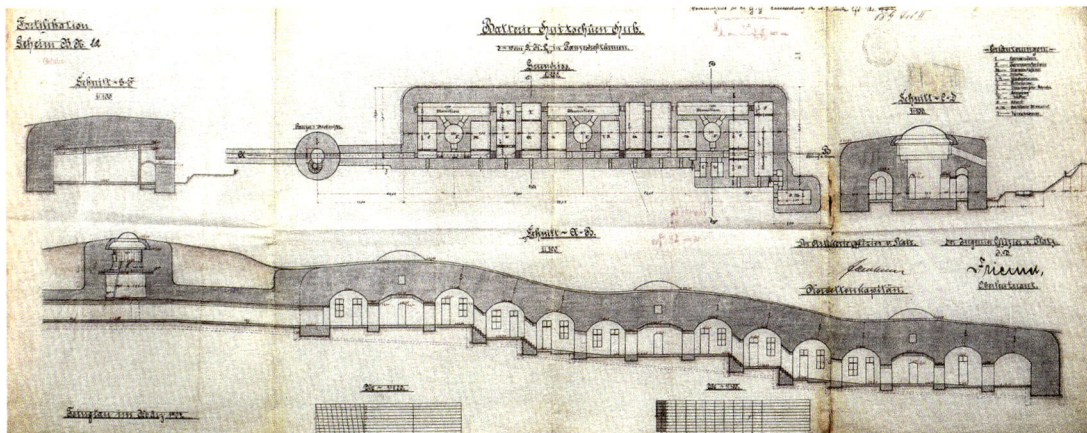

图 9-15　汇泉角炮台设计图（引自《山东档案精品集》）

图 9-16　建造中的汇泉角炮台（左图）与附属（守卫）建筑（右图）

图 9-17　日占后的汇泉角炮台及德军遗留的三门 150 毫米加农炮（左图）与 20 世纪 30 年代炮台公园及观澜亭（右图）

其《观澜亭记》云：

　　青岛，山东之门户也。岛之东岗屿起伏，中有广场数里，绿草如茵。其南海波荡漾，板屋栉比，间以小亭盖士女游泳所也。迤广场东南数百步，有小山伸海中，曰汇泉岬。其上林木丛翠，德人所筑炮台在焉。德昔强据胶澳，太平、浮、湛数山百余里，遍建要塞。汇泉为湛水支脉，然胶之人不得历其上者，廿有余年矣。华府之会还我疆土，森严壁垒之地，一易而为登临凭吊之区。而汇泉胜处，尤为游临所萃。己巳（1929）冬，余受命来长是邦，观政之余，纵览海峤，循太平、浮、湛而南登其巅。水石冲激，洪波望其东，薛岛崎其南，诚天然形胜也。及观德人构筑之伟，窃叹穷十年之力，耗亿万之资，方自谓金汤之固，世莫与京。曾几何时，而物归故主，巨工宏址，徒留折戟沉沙之感，供后人吊古之资而已。信乎，疆域变还之故，兵力固可恃，而未可恃也。顾岬临荒野，无庐舍以避风雨，长夏烈日，游者尤以为苦。爰命工选材，筑亭其上。亭据山脊，海之澎湃汹涌，与岛屿相吞吐。风雨晦明，沐日浴月，汪洋恣肆之势奔赴眼底。额曰观澜，纪其实也。夫德人经营青岛之烈，已成过去之历史，亦如海水滔滔，东逝不复返矣。今者，山川如旧，风物依然，此邦之人宜如何观感、淬励？守祖宗尺寸之业，念光复旧物之功，思有以保持而恢美之！然则斯亭之筑，又宁仅资登临供游憩而已哉？庐陵醉翁之亭，意不在酒，后之来者，其有感于斯文。

中华民国十九年（1930）二月陇右[①]马福祥[②]记[③]

2. 海防 Tsingtau 炮台、青岛炮台、2 号炮台、ヤーメン砲臺（衙门炮台）

　　青岛炮台与小泥洼炮台是紧随汇泉角炮台之后建成的第二批海防炮台。"青岛炮台"是清军驻守青岛口时期建成的唯一的一座炮台。德占胶澳后，德军不仅仍将这里选作海防炮台基址，而且还沿用了章高元时期炮台的原有名称，这座炮台自1914 年时又被日本人称作"衙门炮台（ヤーメン砲臺）"。

　　1901 年 8 月，军事工程师缪勒设计了东西排列、配备四门火炮以混凝土浇筑方式建造的青岛炮台。

---

① 陇右，指陇山以西、黄河以东地区。

② 马福祥（1876—1932），字云亭，甘肃河州（今甘肃临夏）人，曾任宁夏护军使、绥远都统、绥区防务总司令、国民党政府军事委员会委员、蒙藏委员会委员长等职。1929 年 11 月—1930 年 3 月，任青岛特别市市长。

③ 马福祥：《观澜亭记》，马福祥：《青岛安庆留别手书稿》，吴海鹰主编：《回族典藏全书》第 135 册，兰州：甘肃文化出版社；兰州：甘肃人民出版社，2008 年，第 149—155 页；丁明俊：《马福祥传》，银川：宁夏人民出版社，第 109—110 页。

1903 年 2 月，高 35 米的青岛炮台完成了两门面向东南、射角为 120°、口径为 150 毫米的 L/35 型号加农炮，两门射角为 240°、口径为 150 毫米的 L/40 型号速射加农炮的安装，北部弹药库、后部山顶指挥所的建造，以及用从章高元手里劫获的野战炮建造掩体的准备工作。

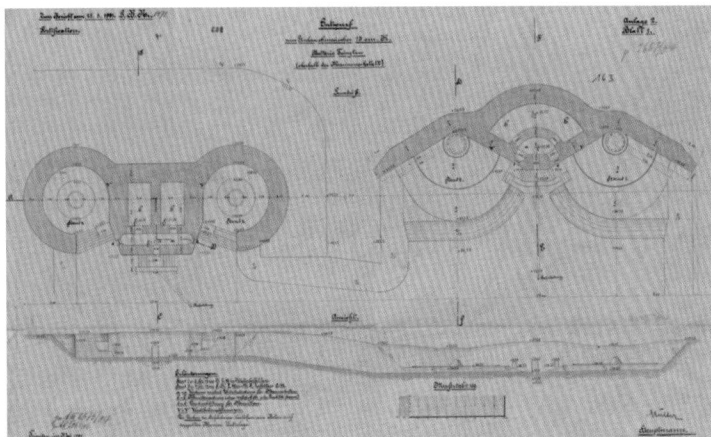

图 9-18　1901 年 8 月 28 日《青岛炮台设计图》
（出自德国联邦档案馆弗赖堡军事档案室 RM3/6908）

1914 年日德青岛之战时，青岛炮台是因处在 5 座海防炮台中部的突出位置，成为海岸防御指挥部所在地。德军在炮台附近一处具有高度抗炮击的岩洞内，以地下电缆的方式对其他炮台进行中央远距离指挥。《青岛城市与军事要塞建设研究（1897—1914）》中《青岛要塞建设和陷落的思考》一节记：

青岛炮台，裸露在外的青岛炮台是由在 1900 年战争中从中国缴获来的不同制式的火炮装配而成的。其中有两门 150 毫米口径 L/40 型号速射加农炮、两门 150 毫米口径 L/35 型号加农炮。这些火炮外带保护板，其弹药则被储存在抗炮击的库房内……在包围期间，青岛炮台多次受到来自海上的炮火袭击，但没有一门火炮被击中。

从该炮台被加高的阵地上，人们不仅可以观察到外部的水雷封锁线，而且在对炮架稍作改动之后，也可以对陆地防线发挥作用。[1]

而 1914 年时的青岛炮台的实际情况正如查理·B.柏狄克在《20 世纪亚洲大动荡的前兆——日德青岛之战的历史背景和青岛的防御情况》中所述：

旧青岛炮台放置露天 4 门不同型号的 15 厘米火炮，它们按 1914 年的

①［德］约尔克·阿泰尔特：《青岛城市与军事要塞建设研究（1897—1914）》，青岛档案馆编译，青岛：青岛出版社，2011 年，第 186 页。

图 9-19　德军建成的青岛炮台（下）与 1914 年日占青岛后衙门炮台（青岛炮台）上正在拆除
的德军火炮（上）（网友提供）

标准都已陈旧不堪。[1]

青岛炮台在 1914 年的日德青岛之战中是所有炮台中遭受日军炮火攻击最轻的
一座。战争结束后，日军拍摄的被德军自行炸毁的炮台照片显示，这座规模不大的
海岸炮台上设有两组四个炮位和火炮。而火炮应当还是德军 1903 年安装后再也未
予以更新的旧炮。这座经清军和德军建造与改建、在 1914 年日本军"攻城炮兵之
射击"图上注明为"衙门炮台（ヤーメン砲臺）"的炮台，在被拆除了火炮及其他
金属部件后，废弃在山头上任凭风吹雨打。

①［英］查理·B. 柏狄克：《20 世纪亚洲大动荡的前兆——日德青岛之战的历史背景和
青岛的防御情况》，刘善章、周荃主编：《中德关系史译文集》，青岛：青岛出版社，1992
年，第 71 页。

3.海防小泥洼炮台、2b 炮台、台西镇炮台和游内山炮台（团岛炮台）

海拔 21.5 米的小泥洼炮台，曾是章高元驻防青岛时期尚处在建造中的"坦岛炮台"。此处设炮台，胶州湾口及其内外海域尽在炮口之下。德军在重建时，借用了炮台东邻尚未拆除的小泥洼村 [1] 之名将其命名为"小泥洼炮台"。外围筑有土墙的炮台，分为两个作战单元，每单元上设火炮 2 门，掩体的结构和构造与汇泉角一样，同为混凝土浇筑。炮台上的 4 门 210 毫米口径 L／35 型号加农炮中有 3 门是德军于 1900 年从清军大沽炮台掠夺来的克虏伯 210 毫米口径加农炮。

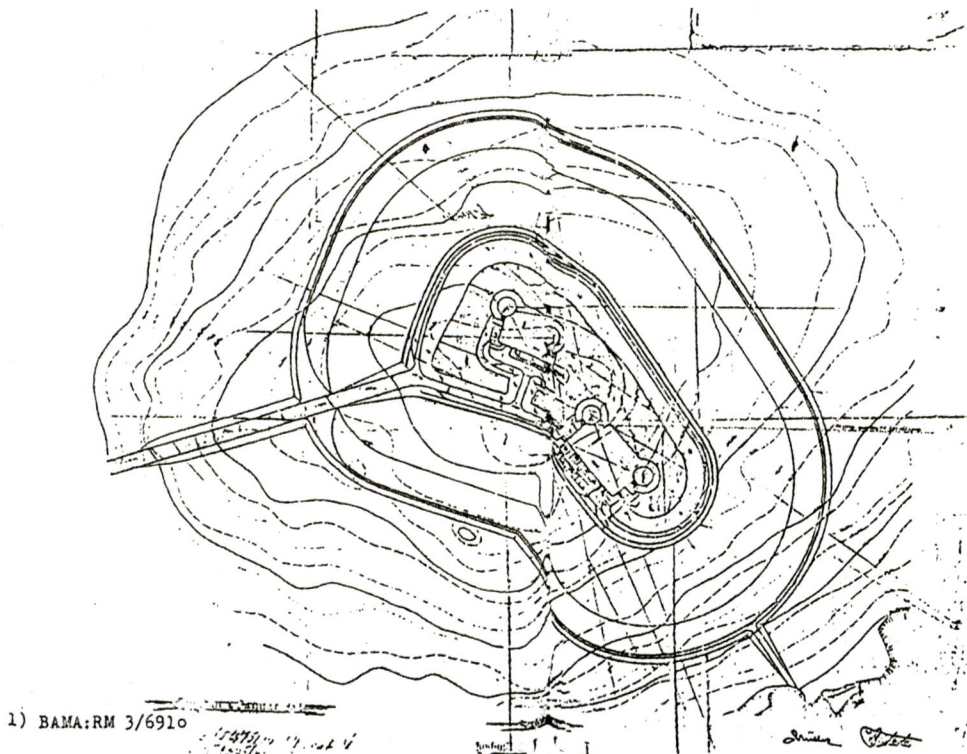

图 9-20　小泥洼炮台平面设计图 [2]

1903 年 10 月 8 日，在第一阶段炮台建造计划完成后，驻胶澳德军在青岛举行了一场假想的遭受"黄种人国家"海军舰队从海上发起突袭的军事演习。作为假想敌一方演习的有"汉萨（Hansa）"号、"俾斯麦侯爵（Fürst Bismarck）"号、"忒提斯号（Thetis）"号、"白尾鹰（Seeadle）"号、"秃鹰（Bussard）"号 5 艘轻、重巡洋舰。

---

[1] 小泥洼村于 1900—1901 年拆除。
[2]［德］约尔克·阿泰尔特：《青岛城市与军事要塞建设研究（1897—1914）》，青岛市档案馆编译，青岛：青岛出版社，2011 年，第 188 页。

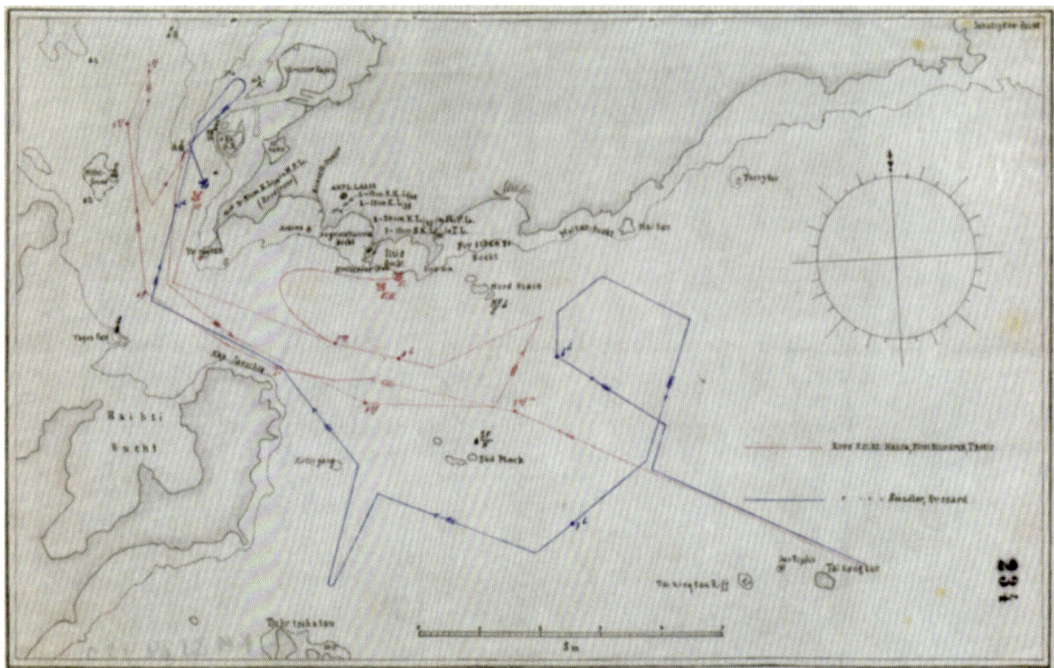

图 9-21　1903 年 10 月 8 日海上进攻青岛演习图
（德国联邦档案馆弗莱堡军事档案室 RM36908）

6 时 2 分，"汉萨"号旗舰向大约在 5 000 米处的小泥洼开火了。在轰击 1 个小时和紧接着进行的近距离作战后，堡垒被视为"丧失战斗力"。

7 时 45 分—8 时 15 分，汇泉角炮台和青岛炮台经历了类似的攻击，直到 3 门 150 毫米口径塔式舰炮把汇泉角的 240 毫米口径榴弹炮炮台和青岛炮台守军彻底被击溃为止，突然袭击被判定为胜利。

海军中将盖斯勒（Geissler）得出结论：

　　进攻演习的目的已达到，即加强巡洋舰舰队战舰炮兵的训练，帮助青岛守备军积累应对此类突发事件的经验。演习使人们认识到，在目前的状况下，即使对于力量并不十分强大的敌人来说，要深入内锚地、摧毁港口设施等，也是轻而易举的，而目前的防御工事所能提供的保护却远远不够，根本无法使巡洋舰舰队得到一个哪怕是有限的安全据点。但在另一方面，它也证明了皇家总督府所建议的扩建防御工事措施——首先是计划在叶世克角和游内山半岛建造工事，以及在两者之间着手布置水雷封锁线是正确的。[1]

①［德］约尔克·阿泰尔特：《青岛城市与军事要塞建设研究（1897—1914）》，青岛档案馆编译，青岛：青岛出版社，2011 年，第 121 页。

德军在对第一阶段设立的海防工事进行实战能力的检验和评估后，几座炮台的不尽如人意催促着一座规模更大、配备火炮口径最大的海防炮台——俾斯麦山南炮台的建造。

这座被德国人称为"小泥洼炮台"的炮台在1914年日本军的《攻城炮兵之射击》图上，被注上了"台西镇炮（台臺西鎮砲臺）"。而在英国人查理·B.柏狄克撰写的《20世纪亚洲大动荡的前兆——日德青岛之战的历史背景和青岛的防御概况》一文中，它另有"西奥瓦炮台"之名：

> 旧青岛炮台放置露天4门不同型号的15厘米火炮，它们按1914年的标准都已陈旧不堪。旧西奥瓦炮台的4门老式21厘米火炮也是如此。[1]

图9-22　建造中的小泥洼炮台（网友提供）

小泥洼炮台、西奥瓦炮台、台西镇炮台，无论名称怎样变更，这座曾被清北洋水师、德国人关注的海防炮台到1914年日德青岛之战时的实际情况如同青岛炮台一样，其建在曾经名曰坦岛的炮台上的几门火炮，随着德军的战败由德军工兵悉数炸毁。

---

[1]［英］查理·B.柏狄克：《20世纪亚洲大动荡的前兆——日德青岛之战的历史背景和青岛的防御概况》，崔岩译，刘善章、周荃主编：《中德关系史译文集》，青岛：青岛出版社，1992年，第329页。

图 9-23　1914 年德军自毁后的小泥洼炮台

图 9-24　2010 年 2 月发掘的小泥洼炮台北部附属（守卫）建筑

1914年日德青岛之战时，游内山炮台的命运也是同样的。

游内山炮台，这里所涉及的是一个露天阻击炮台，装配有4门88毫米口径L/30型号速射加农炮，炮身带防护板。其弹药和操作人员都被安置在抗炮击的掩体内。[①]

8月15日，在日军向德军发出最后通牒和德军制定防御计划后，因炮台前方的灯塔阻挡了射界，德军自行炸毁了游内山灯塔，又在战争结束前将游内山炮台的火炮全部炸毁，而日占青岛后游内山炮台也未受启用。这处曾被清朝北洋水师和德军极为重视的海防炮台，在日德青岛之战中发挥了轻微的作用之后便从团岛上消失了。

图9-25　德军自毁后的游内山炮台[②]

4. 俾斯麦山炮台

早于1903年10月演习之前的2月27日，德军即已确定了在俾斯麦山（今青岛山）上建造重炮阵地的计划，演习中暴露出的不足更是加速了俾斯麦山南炮台的建造。《青岛城市与军事要塞建设研究（1897—1914）》记载：

为了进一步完善海陆防御工事，总督府决定把部署重型榴弹炮当作最紧迫的任务，这些榴弹炮既可以对海上，也可以对陆地发挥作用。俾斯麦

---

① ［德］约尔克·阿泰尔特：《青岛城市与军事要塞建设研究（1897—1914）》，青岛档案馆编译，青岛：青岛出版社，2011年，第190页。

② 参谋本部编纂：《大正三年日独战史写真帖》，东京：东京偕行社，1916年，第六十四幅。

山则被选择为安装榴弹炮的合适地点。"从这里出发，可以最便捷地对南部的海上进军路线，北部和东部的陆地进军路线实施炮火打击……"①

高 132 米②的俾斯麦山是北起贮水山、西至小青岛那个月牙形山脉中最高的一座，背后的凤台岭（今登州路大连路路口一带）、贮水山（毛奇山），前面的八关山、小鱼山以及西北的"衙门山"、小青岛都委身在它之下。从山顶极目远眺，海岸线上的太平湾、汇泉湾、青岛湾、团岛湾一览无遗。南方的黄海、南岸的薛家岛、西南的黄岛和西部的胶州湾尽收眼底。地处德军防区中心部位上的俾斯麦山，以无可替代的位置和高度决定了它的重要性，成为一座天然的炮台基址。装备有 4 门超大口径重炮的俾斯麦山炮台成为德占胶澳地区的炮台之首。

1904 年，缪勒提交了规模最大、结构最复杂也是配置最完备的一项军事建筑建造计划——俾斯麦山南炮台和位于山顶第二指挥台的设计图。

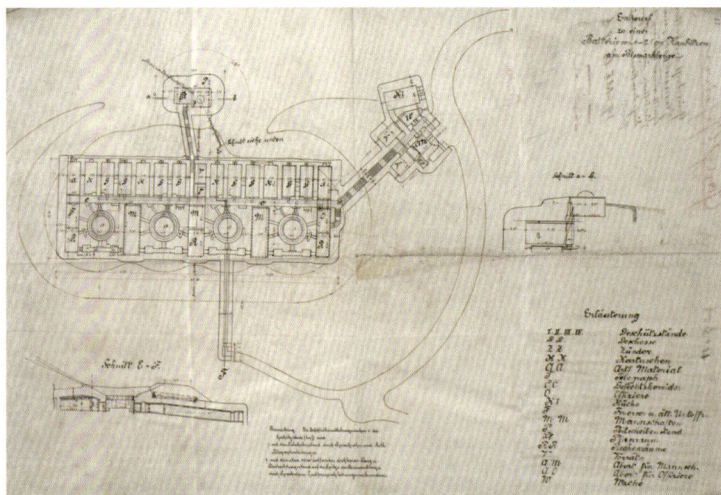

图 9-26　1904 年的俾斯麦山炮台设计图

1905 年，正在进行建造的俾斯麦山榴弹炮炮台，共配备 4 门 280 毫米口径榴弹炮，其竣工日期预定为 1905 年夏天……

1906 年 6 月 18 日，被安装在俾斯麦山上的 280 毫米口径榴弹炮举行了试射。该炮的装配工作是在克虏伯厂装配师巴雷（Barray）的指导下进行的。③

---

①［德］约尔克·阿泰尔特：《青岛城市与军事要塞建设研究（1897—1914）》，青岛档案馆编译，青岛：青岛出版社，2011 年，第 115 页。

②德占时期地图俾斯麦山标高 132 米，俾斯麦山南炮台标高 103 米。今青岛山标高为 128 米。

③［德］约尔克·阿泰尔特：《青岛城市与军事要塞建设研究（1897—1914）》，青岛档案馆编译，青岛：青岛出版社，2011 年，第 125 页。

1907 年前后，德军又在俾斯麦山北部建造了"陆防前线第Ⅻ（12）号炮台"。从此，俾斯麦山成为青岛唯一拥有海防和陆防炮台的山头，两座炮台也有了南北炮台之称。

俾斯麦山南炮台（位于今青岛山炮台遗址公园），由位于山腰处主炮台和山顶的第二指挥台组成，炮台上配备的 280 毫米口径 L/12 型号、射程 10~11 千米的榴弹炮，用于对青岛对岸和胶州及其水下 10 米的地方实施中远程打击。炮台上暴露在外部的除两处混凝土浇筑的圆顶出入口外，仅有 4 门榴弹炮的炮管和圆形钢制装甲炮塔，以及前方掩体上的铸铁装甲旋转塔，其余部分则深藏于地下，隐蔽性极强。为防止来自南方海上的侦查和炮击，炮塔前方筑有高掩体。炮手射击时无须目测瞄准目标，而是遵照指挥部指示的方位坐标从掩体后以仰角发射。

图 9-27 俾斯麦山南炮台地面格局与地下结构原设计示意图

图 9-28 1905 年经今大学路向俾斯麦山炮台运送中的 280 毫米榴弹炮

1904 年俾斯麦山炮台设计图、俾斯麦山炮位设计图显示，炮台地堡长 63.8 米，宽 23.8 米，占地面积 1 518.44 平方米，建筑为主体三层、局部五层的多层结构，占主要位置的是 4 个圆形炮位。地堡设有两个出入口，主入口设在西南，一条长 17 米、宽 1.5 米、有着四段 30 级台阶的通道，连通中央通道。主入口附近为后勤区，设有锅炉房、发电机房、厨房等辅助用房 6 间。次出入口位于炮台地堡的北侧，一条长 17.3 米、宽 0.95 米的斜坡通道通往地堡内部。

地堡最上层暴露在地面上的铸铁装甲旋转塔，分为塔台和值更室两层。连同框架重约 160 余吨的铸

图 9-29　俾斯麦山南炮台主入口（上）与后来增开的新入口（下）

铁装甲旋转塔，是在德国分段铸造后运抵青岛以螺栓锁紧装配完成建造的。塔座为带倒角的立方体，上置可旋转的球形塔冠，下部有一个安装滚珠轴承的旋转操控台，转动手轮可轻松灵活地使其做 360° 转动。士兵通过装有钢制的滑板的狭小瞭望孔对外部情况进行观察，并以电话或喊话与指挥部联系。旋转塔塔座南侧和西侧立面上，各设有两个向外凸出的弧形定向射击孔，可供四个士兵同时值守。一条近乎垂直的铁质扶梯连通下层的"计划处"，再下方是一个蓄水池，以此来提供地堡内部的日常用水，一侧是一条"之"字形通道连通中层的作战区。

地堡中层的作战区，连接主出入口并贯穿东西的中央通道。中央通道中部设电报室，南侧设东西排列房间 15 间，北侧设 4 间房间和 4 个直径为 6.6 米的圆形炮座竖井，最北侧为次通道及通往外部的次出入口。在炮位之间的是士兵住室，每座炮室南侧设有两间弹药库，弹药库隔壁为弹壳存放库。主入口、中央通道、弹药库以及各炮位之间设有输弹道轨，弹药可由主入口方便输送到各弹药库，各弹药库更可使用轨道方便地将弹药输送到炮位上。在地堡西北角是军官住室，共有两层 7 个房间。

图 9-30　铸铁装甲旋转塔外部（左）、内部（右）及地下弹药库（下）

　　炮台还另设有第二指挥台。该工事位于俾斯麦山（今青岛山）的最高处，地下两层，由铸铁瞭望指挥塔台与值更室和一间小辅助房间组成。山顶北部山腰处面向东北的即俾斯麦山北炮台，这座编号为陆防第XⅡ（12）号的炮台，由两个"U"形石砌炮位、弹药库和设在东南侧的观察指挥所组成。"位于已经提到的 280 毫米口径榴弹炮炮台左侧的是坐落在俾斯麦山上的 12 号炮台。2 门 210 毫米口径 L30 型号火炮原本被搁置在炮兵仓库里，只是在战争爆发前夕（日德青岛之战），才把它们装备起来，以便加强陆防前线的力量。它们被安装在可防射击的胸墙之后，但未装配可防碎片的护罩。弹药储备室也是用混凝土浇筑的。"其规模之宏大，结构之复杂，功能之齐全，堪称当时亚洲军事要塞建筑之典型。

　　从 1914 年，从日德青岛之战结束后日军拍摄的照片中看，炮位平面为西侧无围挡的直倒角矩形，所配备火炮的射向为东北方，此处可控扼浮山、台东、四方等陆上目标。炮台东侧设有一个小型的观察指挥台。

臺砲南山クルマスビ 八十五第

图 9-31　日军占领后的俾斯麦炮台 [1]

图 9-32　1914 年日军占领后的俾斯麦山北炮台（引自 1915 年《震天動地大戰争寫眞帖》）

1914 年 7 月 28 日，第一次世界大战爆发。

1914 年 8 月 23 日，日本正式对德国宣战。9 月 28 日，日英联军开始了对驻守青岛的德军从海上的第一次攻击。10 月 31 日，俾斯麦山炮台遭日军炮火重创。11 月 7 日早晨 6 时 30 分，日军在松树林的掩护下，爬上了俾斯麦山炮台的斜坡。这

---

① 参谋本部编纂：《大正三年日独战史写真帖》，东京：东京偕行社，1916 年，第八十五幅。

时重炮在近距内已经起不到任何作用，守卫俾斯麦山的德军在炸毁了 4 门 280 毫米榴弹炮后向日军投降。同日，守青德军在观象山上挂起了白旗。

1914 年 11 月 7 日，日德青岛之战最终以德军的战败而告终。这次战争给青岛人民造成了极大的灾难：青岛人口大量减少，工商业停顿半年之久。日占青岛后，俾斯麦山炮台未再作为炮台续用。1933 年 7 月，德国 6 000 吨级"科隆（Cologne）"号巡洋舰来青岛进行了一战败北后为期 10 天的首次访问。几名舰员在炮台旧址上的合影显示，4 个炮座洞开的炮台还依旧保持着战败时的状态。此后的一个不知晓的年份，这几个圆形竖井则被封顶至今。今青岛山炮台遗址作为第一次世界大战亚洲战场遗址之一，经修复后作为青岛一战遗址博物馆一部分，于 1997 年 11 月 14 日对外开放。

三、青岛壁垒

德军在青岛建造的海防炮台从 1899 年初步计划的 9 座，到 1909 年最终缩减为了游内山炮台、小泥洼炮台、青岛炮台、俾斯麦山炮台和汇泉角炮台 5 座海防炮台。青岛炮台、游内山炮台设计为带有混凝土掩体的明炮台。小泥洼、汇泉角、俾斯麦山炮台，则是以混凝土浇筑的顶部带有装甲防盾、观察孔，内设弹药库和士兵住所的暗炮台。1914 年日德青岛之战时，德军在青岛炮台设立了海防炮台指挥部。在陆地防御方面，战前建成的南起小湛山北至海泊河的 1 ~ 5 号 5 个步兵堡垒，伊尔提斯山（今太平山）东、北永备炮台，台东镇炮台，等炮台，加之战时新增的临时炮台，其陆防炮台在日德青岛之战中"可以支配的炮台最终达到 34 座"。[1]

图 9-33　在 1972 年青岛航拍照片上截取的 1914 年炮台堡垒布防图标注的 1 ~ 5 号步兵堡垒及防御壕位置示意图

①［德］约尔克·阿泰尔特：《青岛城市与军事要塞建设研究（1897—1914）》，青岛档案馆编译，青岛：青岛出版社，2011 年，第 157—162 页。

图 9-34　中央堡垒（3 号步兵堡垒）及防御壕

图 9-35　1914 年日军占领后的"伊尔提斯山"南炮台
（引自 1915 年《震天動地大戰争寫眞帖》）及今炮台遗迹。

图 9-36　1914 年日军占领后的"伊尔提斯山"北炮台上部
（引自 1915 年《震天動地大戰争寫眞帖》）（左图）及今炮台遗址下部（右图）

图 9-37　1914 年日军占领后拍摄的"伊尔提斯山"东炮台及今炮台遗迹内部

图 9-38　1914 年日军占领后拍摄的"毛奇山"临时炮位及炮台

The Cannons on the luggage-van.

砲農加の上車貨
に共と砲は車貨ら即 ,りたと止防な出進の軍我と置装な砲農加に上車貨く如の斯め爲の慓防面方岸海翼左其は敵 ——
りなのしるだと獲歯の圍旅寺法淨我」

图 9-39　日军占领后拍摄的德军"铁路"炮台（引自《日独战役青岛名所写真》）

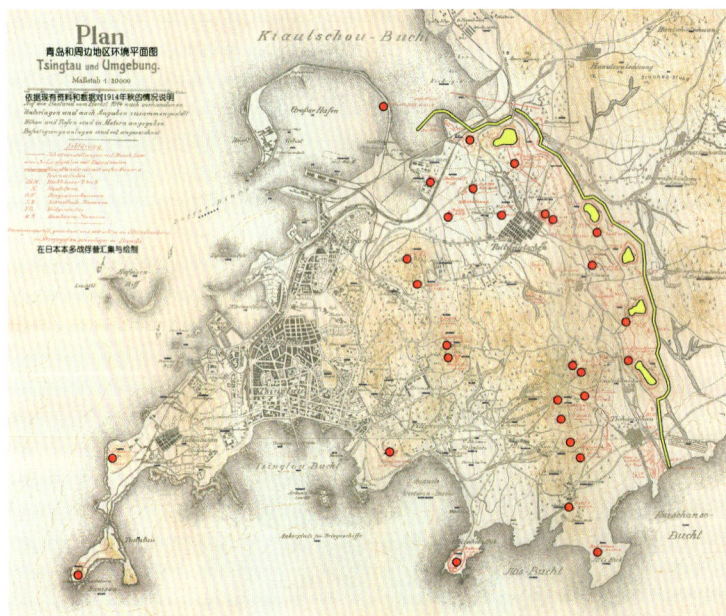

图 9-40　日德青岛之战后，德军战俘在日本本多战俘营中汇集、绘制的《1914 年防御工事
情况说明》[*Tsingtau 1897—1914* 附图，日德青岛之战研究者艾里希（Erich）先生提供]

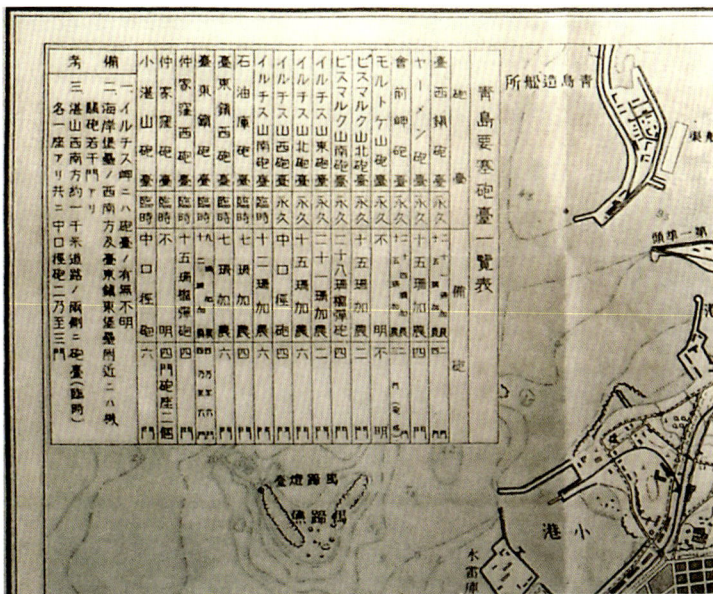

图 9-41　1914 年 10 月 25 日《青岛要塞陆正面之防备》（十月二十五日）（局部）

1914 年 10 月 25 日，日军参谋本部编纂的《大正三年日独战史》中《青岛要塞陆正面之防备》（十月二十五日）中《青岛要塞炮台一览表》载：

　　台西镇永备炮台，21 厘米加农炮 2 门，15 厘米加农炮 4 门（臺西镇砲臺永久，二十一珊加農二門，十五珊加農四門）。

　　衙门炮台，永备，15 厘米加农炮 4 门（ヤーメン砲臺永久，十五珊加農四門）。

　　会前岬永备炮台，24 厘米加农炮 2 门，15 厘米加农炮 3 门（會前岬砲臺永久，二十四珊加農二門，十五珊加農三門）。

　　毛奇山炮台，不明（モルトケ永久，不明）。

　　俾斯麦山北永备炮台，15 厘米加农炮 2 门（ビスマルク山北砲台永久，十五珊加農二門）。

　　俾斯麦山南永备炮台，28 厘米榴弹炮 4 门（ビスマルク山南砲台永久，二十八珊榴彈砲四門）。

　　伊尔蒂斯山东永备炮台，21 厘米加农炮 2 门（イルチス山東砲台永久，二十一珊加農二門）。

　　伊尔蒂斯山北永备炮台，15 厘米加农炮 6 门（イルチス山北砲台永久，十五珊加農六門）。

　　伊尔蒂斯山西永备炮台，中口径炮 4 门（イルチス山西砲台永久，中口徑砲四門）。

伊尔蒂斯山南临时炮台，12厘米加农炮6门（イルチス山南砲台临时，十二珊加農六門）。

石油库临时炮台，7厘米加农炮4门（石油庫砲台临时，七珊加農四門）。

台东镇西临时炮台，7厘米加农炮6门（臺東鎮西砲台临时，七珊加農六門）。

台东镇临时炮台，9厘米加农炮4至6门，21厘米加农炮4至6门（臺東鎮砲台临时，九珊加農四乃至六門，十二珊加農四乃至六門）。

仲家洼西临时炮台，15厘米榴弹炮4门（仲家窪西砲台临时，十五珊榴彈砲四門）。

仲家洼临时炮台，口径不明，有4门火炮炮座2处（仲家窪砲台临时，不明，四門砲座二個）。

小湛山临时炮台，中口径炮6门（小湛山砲台临时，中口径砲六門）。[1]

各种口径的火炮共70多门。

《大正三年日独战史写真贴》记载的堡垒有1号小湛山堡垒（小湛山堡壘），2号小湛山北堡垒（小湛山北堡壘），3号中央堡垒（中央堡壘），4号台东镇东堡垒（臺東鎮東堡壘）、台东镇堡垒（臺東鎮堡壘），5号海岸堡垒（海岸堡壘）。

炮台有仲家洼炮台（仲家窪砲臺）、台东镇炮台（臺東鎮砲臺）、萬年山南炮台（ビスマルク山南砲臺）、萬年山北炮台（ビスマルク山北砲臺）、会前岬炮台（會前岬砲臺）、若鹤山炮台（モルトケ山砲臺）、衙门炮台（ヤーメン砲臺）、台西镇炮台（臺西鎮砲臺）、团岛炮台（團島砲台）、旭山（イルチス山）［炮台］。[2]

日德青岛之战中及日占青岛后，日军都对德军参战的军舰和炮台进行了统计。1914年9月11日，日本博文馆发行的《陆海军用胶州湾青岛详图》中德国东洋舰队配置如下。

装甲巡洋舰二艘："沙恩霍斯特"号，排水量11 600吨；旗舰"格奈森瑙"号，排水量11 600吨。两艘巡洋舰均为1906年下水，配备210毫米口径舰炮8门、150毫米口径舰炮6门88毫米口径舰炮18门、450毫米口径鱼雷发射管4支。

巡洋舰三艘："莱比锡"号，排水量3 200吨；"埃姆登"号，排水量3 544吨；

---

[1]［日］参谋本部编纂：《大正三年日独战史》（上卷），东京：东京偕行社，1916年，插图第十一。中文由徐畅先生译。

[2]［日］参谋本部编纂：《大正三年日独战史写真帖》，东京：东京偕行社，1916年。

"纽伦贝格"号，排水量 3 396 吨。三艘巡洋舰为同一级别，均配备 105 毫米口径舰炮 10 门，机关枪 4 挺，450 毫米鱼雷发射管 2 支。

炮舰四艘："猛虎"号、"猞猁"号、"美洲虎"号、"鸡貂号"号。四艘均为"鸡貂"炮舰，除"鸡貂"号配备 88 毫米口径舰炮 4 门、37 毫米口径机枪 6 挺外，后其余三舰均配备 105 毫米口径舰炮 2 门、37 毫米口径机枪 6 挺。

河用炮舰二艘："祖国"号、"青岛"号。

驱逐舰一艘。

四、弹药与水雷库

1900 年 6 月初，德军为储存分舰队军舰所需的弹药，在大鲍岛东山原清军弹药库以北不远处深 10 米的山坳里开始建造新的炮兵仓库（今青岛市市南区胶州路 1 号青岛市市立医院本部）。弹药库长约 30 米，占地 3 000 平方米，计划建造 4 座大小一样、高度为 3.70 米的库房建筑。年内，"第一座军火库已经建成，其他三座也开始施工"[①]。

图 9-42　位于大鲍岛东山山坳（今青岛市市立医院本部）里的德军炮兵仓库

①［德］约尔克·阿泰尔特：《青岛城市与军事要塞建设研究（1897—1914）》，青岛档案馆编译，青岛：青岛出版社，2011 年，第 17—18 页。

图 9-43 "俾斯麦炮台下的英军，参加青岛围攻
战的英军在开城后于俾斯麦炮台下旧德国兵工厂
扎营"（日占青岛后拍摄的小鲍岛南侧、青岛山
　　　北部山坳里的德军炮兵仓库）

图 9-44　位于大鲍岛东山（今青岛 37 中南校
区一带）的炮兵管理局铅笔画

1901 年，除余下的三座弹药库房外，还在山脊上为炮兵部队建造了办公和居住大楼[1]。

1906 年，炮兵仓库搬迁到了靠近"毛奇山南侧采石场"的山坳里，建成了长 80 米，分上、下两层的军械库，并铺设了一条连通大港的标准轨距铁路。

1907—1908 年，德军在小港西岸建造了一座与清军在青岛湾里设立的"水雷营"具有同样作用的水雷库及枪械修理厂，以便于鱼水雷艇装载，也建造了一座长约 70 米、宽约 6 米、如清军"大铁码头"一样的"T"形铁码头，并铺设有与仓库相连的轻轨。1908—1909 年，为充分利用小港西部填海后的地皮，

图 9-45　水雷库东北向远眺

于水雷库以南设立了一处货场；而为便于舢板、帆船在中等水位时抵近货场，开挖了一条平面呈"L"形，三面为斜壁岸壁，专供中国木帆船使用的，被称为"太平港或太平湾"的港中港。

---

① 炮兵管理局（Artillerie-Verwaltung），在今青岛市市北区济阳路 7 号青岛市教育科学研究院内。

464

图 9-46　水雷库西南向远眺

图 9-47　1908 年建造中的水雷库卫兵宿舍

（青岛城市建设文化交流协会提供）

　　多年前，致力于青岛早期历史研究的马维立曾提供了德占后期水雷库相关人员的信息："水雷库的房子里存放地雷和水雷。有军事人员在那里工作，但不住在里面。1913 年水雷库的主管是住在广西路的海军军官博特克（Boethke）。"

　　据日本国立公文书馆藏大正三年十一月十三日（1914 年 11 月 13 日）《青岛临时要港部设置的相关调查》（《青島臨時要港部設置ニ関スル調査》）记载，在 1914 年日德青岛之战，日英联军于 11 月 7 日战胜德国占领青岛后的第 6 天，日军即刻对水雷库进行了详细的调查，并将此改作了日本海军防备队的驻地。此次调查中，日本人以文字和简图，记录下了这座德军水雷库终结时的样貌。

　　防备队调查概要（山本第一舰队参谋）。

　　第一：位置，青岛小港西侧人工填海地如图所示。

　　第二：框架内的建筑物排列现状和内部情况（附图参照）。

　　（1）大门

　　（2）厅舍，为二层建筑，在一层的中央为走廊，两侧皆为房间（8 间）属于各个办公室如放置桌子和柜子等，其中还有两个金属柜子。楼上则是德军官兵居住的地方如寝室、餐厅、接待室、浴室、凉台等五个房间。

　　阁楼通常为西洋建筑的形式，大概是放置一些杂物之用。该建筑的地下室里只有两个铁皮箱子，上面印有"s.m.s Leipzig Tsingtau（巡洋舰莱比锡—青岛）和 s.m.s Nurnberg Shanghai（巡洋舰纽伦堡—上海）"等字样，除此之外再没有其他东西了。

　　（3）卫兵房舍，属于二层建筑。建筑的大门位于建筑的一个角上。在卫兵住所里面的二楼上有较大的四间房舍，每间房设立都设置了二十张单人床具，但阁楼上没有放置杂物，只能看到一个浴盆。在楼下的外面还有用链环固定物件的场所。

Mag1 为弹药库，处于严密的闭锁状态，从外面不能看见内部的任何情况。黑暗需要使用内部的照明灯，如在库房外部的上面安置一个照明灯，灯光为斜着安装在墙壁上并将光线照进去。库房四周均被土墙包围。

Mag2 与 mag1 相邻，仅有一个四周土墙竣工的位置，像是另一个弹药库，可能为德军计划增建的一部分吧。

Mag3 为一个平房建筑，在房间内部有钢丝绳、钢缆等贮藏物。在该仓库的一端还有库员办公室和寝室等三个房间。

Mag4 则分成数个区域，其中在东南端的房间为检查室兼办公室，里面设置有各种检查器材。作为办公室则放置了桌子和柜子等。其他仓库则是德军的航海巡逻用的各类器材（组装式），如航海的浮漂、浮漂用的旗子等数量很大，还有四枚鱼雷头，但在其头部已经被德军破坏了。

Mag5 为修理工厂的铸造、锻打、木工等工作场所。在各个房间外面可以看见不同的牌子。以上的详细情况可以询问获原技术大尉。

Mag6 为消防用水泵器材仓库、涂料室等。

Mag7 从窗外可以看到有几个黑色的大箱子，上面印有"MD"等白色字母，大概是放置的火药。

Mag8 为火药库。

Mag9 为链环锁住无法进入，看不到内部。

Mag10 有链环锁住入口处，似乎是火药库房。根据那里的"菲尔纳特"专用拖鞋？来判断，这里可能是个危险品仓库或是操作危险品的工作间。

B1 的平房建筑有数个房间分割成不同仓库，但库房内存放的器材很少，只有数个二、三种类的浮漂及其他标记有"格奈森诺"字样的长六米、直径一.五米的圆形筒状物（用途不明）两个，同时还可以看到外面还有二三个大型箱子。

B2 在入口处打开门之后，位于走廊的地方有二三个被德军遗弃的"西门子·哈尔斯克"制造的"欧姆仪表"。其他房间都被锁住无法进入。可以断定这里是存放各种仪器仪表的工作场所。

突出的栈桥（丁字形码头），在桥的顶端位置设有一架小型铁制吊杆。

附记：所有建筑物中除了 B1 之外，全部为砖瓦构造的建筑物。

为此，所有这些德军布雷队的专用设施要全部转移到我日本海军使用，相信这是最便利的事情。将数量较多的原德军兵员及时迁移到收容所之后，再将卫兵房舍及仓库进行略微改造交付日军使用。或者在附近适当地征用部分房屋作为兵舍和住宅使用，也可在台西镇的德华大学附近配置兵舍、设置新的机械工厂等。在平时（非战时）也可充作兵舍。[1]

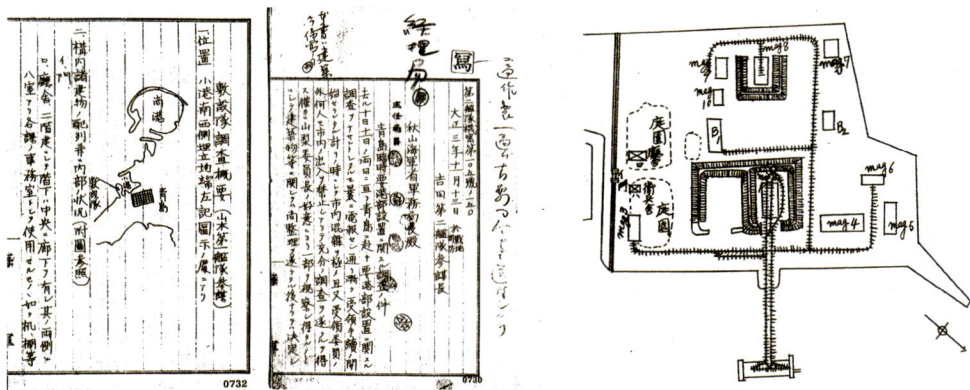

图 9-48　《青岛临时要港部设置的相关调查》（部分）及其中的日占水雷库草图

图 9-49　日占青岛后在原德军水雷库设立的海军防备队（云志艺术馆提供）

1922 年 12 月，中国收回青岛主权。1925 年，奉系军阀在"防备队"原址上开办了"山东第四兵工厂"。1927 年，改为"青岛海军铁工厂"。1931 年，在作为"青岛海军工厂"的同时，据同年 7 月青岛市港务局编印的《港政纪要》附图显示，还以"洋灰方块工厂"的名义参与了青岛大港新码头的建造。1938 年，日本第二次占领青岛后，改为"浦贺船渠株式会社青岛工厂"。1945 年日本投降后，改名为"海

---

[1]《青岛临时要港部设置二関スル调查》，1914 年，日本国立公文书馆藏，档案号：海军省－公文备考－T10-121-2665。中文为青岛一战史学者衣琳先生译。

军青岛造船所"。1949年6月2日青岛解放，这座工厂回到人民怀抱，厂名变更为"青岛市军管会工矿部青岛造船厂"。1950年，改名为"中央重工业部船舶工业局青岛造船厂"。同年，朝鲜战争爆发后，为了更好地完成海上巡逻任务，海军向军委提出了利用现有条件建造小型巡逻艇的报告。1951年春，青岛造船厂接受了海军下达的任务，在历经了四个半月的不懈努力后，于秋季成功建造出了人民海军的第一艘排水量为43吨的巡逻艇。

橋棧港小島青

The Junk Harbour. Tsingtao.
潒小島青

图9-50 20世纪30—40年代的原德军水雷库铁码头（"丁"字码头）

据萧劲光[1]回忆记：

开始我们把这个任务交给了江南造船厂。由于设计时定的参数不对，稳定性不够，开始造出来的两条。一下水就翻掉了。一九五一年春天，我们又把这个任务交给了青岛造船厂[2]，并委派修造部长林真亲自领导这项工程。几个月后，便造出了一艘四十吨的巡逻艇。在这期间，我正在青岛出席海军首届政治工作会议。朱德同志也在青岛。我向他汇报了我们自行设计制造巡逻艇的情况。他听了非常高兴，积极支持，说：这样搞很好，解决了执行巡逻任务的需要，还可以摸索经验，把我们自己的造船业搞起来。[3]

图 9-51　1951 年在青岛为人民海军建造的首艘 43 吨巡逻艇

图 9-52　从小青岛灯塔上眺望今日青岛湾

[1] 萧劲光，时任中国人民解放军海军司令员。
[2] 中央重工业部船舶工业局青岛造船厂，即今青岛前进船厂。
[3] 肖劲光：《肖劲光回忆录（续集）》，北京：解放军出版社，1989 年，第 94 页。

　　1952 年 2 月 14 日，萧劲光司令员就海军自行造船一事又向毛泽东主席进行了汇报：

　　　　我们说，江南厂，还有其他一些造船厂，都可以造。去年青岛造船厂已经造出了几艘小艇，今年打算让江南厂再试制几条大一点的。

　　　　毛主席连声说，很好，很好。先造小艇，来得快，花钱不多，还可以积累经验，把我们自己的造船工业逐步搞起来。①

　　这个从德建水雷库及枪械厂基础上发展起来的船厂终于成为新中国海军事业的骨干力量，写下了祖国海防建设的新篇章。

　　如今，青岛口已被红瓦绿树和高楼大厦所环拥，长虹远引、琴屿飘灯点缀下婀娜多姿的青岛湾里停靠着的是人民海军的舰艇。曾经屈辱的历史早已远去，革故鼎新、励精图治，青岛，正在张开双臂拥抱灿烂的明天！

---

　　① 肖劲光：《肖劲光回忆录（续集）》，北京：解放军出版社，1989 年，第 97 页。

附录 1897年11月14日占领青岛（胶澳地区）手记（节选）

译者说明

本报告主标题为 *Die Besetzung von Tsingtau am 14.XI 1897*，副标题为 *Eigenhändiger Bericht des Admirals Otto v. Diederichs*。

此文译出已有 15 年了，虽有许多人阅读并引用，却一直未正式刊出。

当年，我在翻阅并整理青岛市档案馆自德国联邦档案馆军事馆复制的相关案卷时，在编号为 RM3-11938 的一卷档案中，发现了直接指挥占领胶澳地区的德国东亚巡洋舰分舰队司令冯·迪德里希（von Diederichs）写给德国海军部的有关占领胶澳情况的报告；其后附有他更详细的"占领手记"。比较二者，基本内容差不多，但手记记载的内容更多，涉及面更广。于是决定将手记译出来。

这份手记分为手稿和整理稿：前者是手写的，十分潦草，难以辨认，一星期才能认出一页；后来找到了整理稿，翻译速度才快了许多。全文译完用了近两个月。

从手记中可以看出德国占领胶澳地区的全过程：为什么要在中国占有一块"殖民地"；选择占领地的前前后后和德海军内部的不同意见；实施占领前的策划和千方百计向中方寻衅；德国海军部和外交部在占领方式方法上的分歧；占领过程和对章高元的评价；占领后的种种举措。

译出后，很多人认为颇有参考价值，因为此前并没有更准确的有关资料。虽然此文显然有德国人自我吹嘘和贬低中方的成分，但仍然陈述了许多不为人知的情况：如清李鸿章等人对德欲占领胶澳不认同的态度，德国为实施占领进行挑衅和寻找借口的强盗嘴脸与无赖行径，章高元的士兵对被迫放弃胶澳地区的不满和对敌的抗击，等等。

本想在找到中方相关记载后将译文与之对照，一并发表，但一直未果。也许中方许多亲历者，尤其是章高元等，因为丢掉胶澳是耻辱，难于启口；也许是清政府高层为掩盖自己的软弱和对帝国主义列强的屈从，未做详细记载。总之，至今尚未发现有这方面的第一手中文资料。

今天，在《胶澳门户青岛口》一书中，宾久放弃了手记前后与青岛无关的两小段，完整保留了与青岛相关的全部内容，引用的《胶澳专档（光绪二十三年—民国元年）》与《胶澳租借始末电存（章高元与当道往来电）》两份史料，从当时清政府的角度来了解"胶州湾事件"。就此事件，虽然这两份史料不像迪德里希手记记录的那般详细，但也起到了两相对照和还原历史的作用。选配的三幅图片，又给单纯的译文增添了可读性。

夏树忱

二〇二二年六月

1897年11月14日占领青岛手记（节选）

——海军中将奥托·冯·迪德里希亲自提交的报告
（约1906年8月于巴登－巴登）

1897年4月1日，我被任命为巡洋舰分舰队司令，4月10日我夫人连同儿子从亚历山大港回到家中。（略）

自从在艾林波伯爵（Graf Eulenburg）率领普鲁士使团到东亚以来，德国政府在中国争得一个商业殖民地或一个舰队基地的努力从未停止过，尤其是关键的海军当局曾多次、但始终未能达到这个目的。

德国似乎在1870年前便已着手夺取胶州湾。另外，冯·李希特霍芬男爵（Freiherr von

图附录-1　奥托·冯·迪德里希

Richthofen）于19世纪60年代已指出了这个海湾的价值，而俾斯麦侯爵（Fürst Bismarck）也可能有了夺取胶州湾的想法。但谁又知道，有多少港口所在地被来自不同方面的人作为合适的殖民地点没完没了地叫卖给当局，并且如何一而再、再而三地使我们的调查无果而终，使得这样一些公认的看法未受到明显重视？

中日（甲午）战争起了一个新的推动作用。俄国和法国因为他们在（迫使日本）归还辽东半岛中的调停作用从中国获得了很有价值的让步，而与这两个国家联合支持中国的德国却受到了冷遇，尽管德国与这个天朝大国的贸易远大于那两个强大的邻居。东亚巡洋舰分舰队司令、海军少将霍夫曼（Hoffmann）1895年在其一系列报告中指出，现在正是向中国要求一个可作为舰队基地的德国租借地的有利时机。曾在扩建舰队的斗争中对于基地问题相当漫不经心的海军总司令部，这个时候立即着手研究这个想法，并因皇帝的积极态度也开始了外交谈判和考察。

分舰队司令霍夫曼把厦门视为合适地点，但引起了很大顾虑。于是，当我1895年秋担任总司令部参谋长时，这个问题便被提了出来。我们把我们手头所有的地图、航海手册和考察报告统统研究了一遍，并广泛征求了具有重要判断能力的人的

意见，以找到一个比厦门更合适的港口。厦门地处南方，被大山所隔绝，没有适于活跃内地商贸的腹地，且自从台湾由日本占领以后贸易跌落。另外，其具有是通商口岸。厦门作为舰队基地的提议遭到了各方面的反对。

因此又有人提出了三处看似较有利的地方：在扬子江入海口处的舟山群岛、胶州湾和福州以北深入内陆的三沙湾（Samsahbucht）。舰队司令霍夫曼受命对这些港口做进一步调查。位于中国大动脉长江入海口前的岛屿的引人注目的优势，首先将希望寄予舟山群岛。但问题是，在这条航路上英国有优先权。帝国海军部国务秘书海军上将霍尔曼（Admiral Hollmann）支持霍夫曼占据厦门的意图，而他人对这种观点分歧迫使将占领厦门完全搁置起来。

分舰队司令霍夫曼 1895 年 9 月 25 日接到电报指示对山东的胶州湾和其他港口以及南边的地方进行调查。

9 月 25 日致霍夫曼的电报：

按照外交部的通知，作为可能要在中国取得的舰队基地，只能考虑不属通商口岸的港口。请对胶州湾和其他山东港口以及汕头附近的南澳厅（岛）进行调查。

海军司令

9 月 30 日霍夫曼发出的电报：

经去冬调查后，山东各港口均不适用。也许威海卫是个例外，但难于守卫。

10 月 2 日，重复对上述地方进行调查的电令。

10 月 16 日霍夫曼发自芝罘的电报：

"伊雷妮"号［舰长为海军上校德莱斯基（Dresky）］证实胶州不适用。南澳完全不合适，紧急，请坚持厦门。

同一天，10 月 16 日，我反问：

为什么胶州不适用？难道是专用地图 XI 86 有误？

10 月 18 日霍夫曼随后回答：

地图无误。作为大型运输船队的停泊地很好，但位置偏僻。相反水面宽阔，岸边分段结构不好。可能的陆上设施远离泊场，偏僻。经济上毫无意义。军事位置不利。需要花费巨大代价。已开工的中国要塞处于破败状态。

他在回答中根据从前的调查认为，所有的山东港口除威海卫外均不适用。而根据命令进行进一步紧急调查也不能使他改变观点。厦门是唯一值得争取的目标。他以如此消极的观点描述胶州湾，看来总司令部需要再次将努力转向舟山群岛。霍夫曼对山东贸易情况的评价尤其不佳，并且很正确地说，夺取没有经济腹地的一个舰队基地可以说几乎是一个冒险。人们可能会同意他的观点，但他片面且固执地力争厦门却阻止了对胶州湾的唾手可得。当时我们就已经有可能占领青岛，因为那时的德国驻北京公使冯·申克（von Schenk）先生1895年11月2日就曾电告过他。

1）为报对Moilin（名称不详，译者注）教会的洗劫之仇，可以将占领一港口作为交换条件，然而此港口不能是通商口岸。因为霍夫曼的所爱厦门是通商口岸，所以当时一切都停了下来。这次错过了有利的时机。

2）申克的电报说：

如果要找一个并非通商口岸的合适煤基地，则我将考虑占领而不用把Moilin作为交换条件。

3）根据要详细调查舟山群岛的一再指示，霍夫曼于11月23日对定海和岱山做了有利的电报报告。

我们的外交部，在这件事上显然不是很热心或机灵的。这一点分舰队司令霍夫曼的各报告已谈到过。

霍夫曼在其1895年11月12日的报告中将其经验概括如下：

从给我的命令和驻北京公使馆给我的通知中我得出以下诸点认识：

1. 努力获取中国沿海一个地方，即使是一个岛屿，作为我们在中国利益的基地（总司令部的观点）。

2. 这样一种获取将被视为与中国历来主张的陆地占有状况不受侵犯性的理论不一致，因而与此想法相冲突（外交部的观点）。

3. 为提高我们在东亚的声望，我们希望通过正当防卫的方式，在迫使中国接受我们提出的合理要求时显示我们的坚毅。

4. 我们不希望使中国的中央政府不满，因为我们希望从与总理衙门举行的悬而未决的谈判中得到贸易好处（提供贷款、修铁路权）。

5. 因此长期强占是不适宜的，因为人们将视为他人提供这样一种先例为耻辱。

6. 任何方式的正当防卫，为避免他人敏感，都将事先通知其他国家。

7. 通商口岸被视为是不可触及的。

当然很难期待这些互相矛盾的观点对陛下军舰带来有利的作为。

相反，皇帝部分地会由于分舰队司令霍夫曼的报告对海军的意图做有利考虑。人们相信会通过派出新的领导人促进此事。正好没有固定指挥权的海军少将冯·梯尔庇茨被确定为霍夫曼的继任者，而通过在埃及的有力行动获得信任的冯·海靖（von Heyking）先生替换了驻北京的冯·申克先生。

这期间，分舰队司令霍夫曼本人还曾乘其旗舰到过胶州湾，并与舰长冯·德莱斯基（von Dresky）持有相同观点，认为此地不适用。他认为此地对军事和航海都不利，并且在经济上也毫无意义。但他强调派专家对各备选地方进行评价的必要性。

根据霍夫曼的报告，海军司令部获得了皇帝陛下对占领舟山群岛的支持，并报告说，必要时也可以考虑占领厦门，但事先要继续对更合适地方进行调查。

在柏林，海军司令部的部门负责人海军上校冯·黑灵根（von Heeringen）一直热心继续后续研究和调查，一再指出了胶州湾的优势。

因此，当我 1896 年 9 月底离开司令部时问题就出现了。我后来听说，1896 年 11 月底，与中国政府交涉出现困难时，就打算要占领胶州湾，而且巡洋舰分舰队已经收到了准备的命令。为什么当时未实施占领，我不知道。但我想把这个过程的一部分归因于外交部对决定的行动不同意。因为当我被任命接替冯·梯尔庇茨时，我与外交部国务秘书冯·玛沙尔（von Marschall）有一次会谈，以了解外交意图。冯·玛沙尔先生大致告诉我："我们只是等待着海军有关合适位置的最终态度，只是舟山群岛排除在外。也许并不缺少干预的理由，因为与中国始终有分歧。"我立即回答道，如果必须把舟山排除，则只能考虑胶州湾。1896 年底分舰队司令梯尔庇茨的一份报告，反驳了在前些时候分舰队司令霍夫曼有关这个地方种种不利的说明，而给司令部的有利的氛围提供了新的支持——这一点我是从巡洋舰分舰队的案卷中才了解的。冯·玛沙尔先生的这种态度给我留下了一个内部有人对海军愿望持抵触情绪的印象。后来在我直接向海军司令冯·克诺尔报告时，我对这种印象谈了一些自己的看法。我大致说："我确信，外交部在陛下命令的压力下将支持我们。"

于是我以利用一切机会去做决定了的事的决心上路了。其间，分舰队司令霍夫曼的建议也起了作用（舰队司令梯尔庇茨应该重复了此建议）——为了从技术上评价各港口位置的利弊，派了枢密土木技监弗朗裴斯（Franzius）到中国。

中国人对我首先发现的竹竿所预言的好运，如我所愿，应该是反对其自己祖国的。我暂时从这个有利的命运中还什么也没有看到，因为我们的轮船不得不在香港停上整整一周，而即使是在"山顶"的"奥斯汀山宾馆"中也是闷热难熬。这座对旅客很好的、有益于健康且特别值得一住的宾馆，次年成了一座兵营。

6 月 10 日我们到达了上海的锚地吴淞。在到达我的司令部的第一时间我就已感觉到，我后来的下属，以一种可能部分是由于野心和猜忌产生的妒忌的眼神在旗舰的甲板上看着我。按照传统，应该派巡洋舰分舰队的一艘军舰到香港迎接我，因为已经通知了我将乘"普鲁士"号到达。但甚至是在吴淞都没有船来迎接我。我不得不乘北德劳埃德公司的交通船到上海，并从宾馆进行联系，可能这也是个吉祥的情况，因为我在宾馆找到了对我友好的枢密土木技监弗朗裴斯，他向我详细介绍了他的调查结果。而他也认为胶州湾是建立一个德国海军基地的最适宜的地方。他也讲述了，我们驻北京公使是如何正在尽力促成这件事以及精力充沛且机敏的冯·海靖夫人（后来以《他未曾收到的那些书信》的作者而闻名于社交圈）是如何准备把事情做到尽善尽美，以得到摆脱使她败兴的北京的一个好的结局。这些通报加强了我想尽早与冯·海靖会谈的想法。

根据传令官的报告，我可以推断出在我到达吴淞时，巡洋舰"皇帝"号指挥官异乎寻常违背勤务常例情况的原因。舰长蔡厄（Zeye）参与草拟有关与枢密土木技监弗朗裘斯协调进行港口位置调查的报告，并且很显然会本能地将此文件以他的名义发出。为了方便，我决定移住舰上，直到6月13日。

在随后调查几个最适宜作为殖民地的停泊地时，也到了山东东南的地方，以便在"依尔梯斯"号的墓地（海难死亡舰员）装一个由上海的商人加勒尔斯捐赠的锻铁大门。

威海卫还驻有日本驻军，其指挥官是一名旅团长，欢迎我们的到来并为我们参观毁坏的工事而提供了马匹。他们给了我一匹纯种的脾气温顺的小马，这匹马是由阿拉伯马与日本本地种的杂交种培育的。这匹极好的坐骑与所有的马一样难于驾驭，以致我们得到一个日本人对待马相当不好的印象。中国的工事设施留给人的印象，好像它们的设置只是根据贪婪的大炮供应商和好利的中国官员的主意，把范围做得尽可能大，却不考虑一定的防卫计划。为了保卫如此展开的而彼此独立排列的工事，无论如何都需要有比当时中国部队更多更好。我们在威海卫待了两天半。

在继续向芝罘航行中，我们遇到了英国大型巡洋舰"不朽"号舰长奇切斯特（Chichester）。一年后，我在马尼拉与其有过不那么愉快的交往。我相信，日本人或者一位受信任的英国人，报道了我们到芝罘前曾到过威海卫，而且这位热诚为其祖国服务的舰长会报告我们的意图。这次他来得太晚了。

我在这次调查航行中未涉足胶州湾，以免过早暴露我们的意图。我从芝罘提议见冯·海靖先生，而他随后盛情邀请我到北京公使馆去。我与我的随行人员（冯·阿蒙、我的儿子弗里茨等）则欣然接受了这次好客的邀请。在一次有关局势的谈话中，公使抱怨对分舰队司令部的意图不能充分了解，因而与我的前任产生了一些误解。他对舰队司令梯尔庇茨的意图和观点了解不够，往往使外交行动陷入错误的轨道（即以厦门，现以胶州湾为目标），而且需要一些时间来扭转它。然后还就占领胶州湾所需的准备工作进行了会谈，尤其是针对修改在公使馆起草的给老百姓公告的草稿和确定最初提供译员、器材、帐篷和牵引马匹，以及经费来源的步骤等进行了会谈。我后来把致中国将军（总兵）要求其交出胶州湾的信函的草稿寄给公使馆让其译成中文。

拜会总理衙门给我留下了与中国的外交来往不甚愉快的印象。面部表情呆滞的五至六位先生围着一张桌子坐在一间房间内。这个房间的大小大概相当于我国一条铁路支线上乘三等车的一个候车室。在三位中国高官中，引人注意的是李鸿章的高大有力的身影。他的面部表情在所有中国高官中显得沉着冷静，在谈判过程中透露出智慧和气质。此外，他也是中方唯一说话的人。译员的重述使得谈判慢腾腾，像熟悉城市一般。只有公使谈到在华北为德国军舰提供船坞的话题，才引起我注意。至于李鸿章提到的香港问题，我可以用距离远和英国军舰在该处有优先权来反驳。李声称，中国要自己在胶州湾修船坞。对公使问准备何时修建时，他回答说"不久"。这显然是不真实的，而且几天后我也从在赤塔（Tschita）直隶总督王文韶处得到了此事不真实的确证。王说，我们大概有意于在胶州湾准备安全的停泊地，但没谈到修建船坞的事，而且也缺钱。但李鸿章的态度表明，德国不能指望中国自愿腾出一个合适港口。

对我而言，有价值的是冯·海靖先生告知早先在总理衙门的谈判中出现的意外事件。冯·海靖先生插话说，我们待在这里，把胶州湾用作我国军舰的庇护地一事已取得了俄国同意时，李鸿章跳了起来说："这是什么话？！俄国完全不该对胶澳地区说三道四，它在这件事上毫无权利！"这告诉我，俄国在胶澳争优先权，签订所谓的"中国条约"（《中俄密约》）是失实的。

北京，当年和今天一样，紧闭的紫禁城在很大程度上诱惑着不熟悉者和少见者，给人造成一个巨大的坚固野战防御兵营的印象。绝大部分建筑，尤其是满城内的，看起来是宽敞的和权宜性的。主要交通道路的肮脏程度是难以描述的。这些道路，部分路基高3～4米，路面宽约5米，穿过多为一层的成排房屋。这些房屋距路堤基底约10米。当时正逢雨季，路本身就是一摊泥浆，骑马通过这些路十分费力。路边上是中国驮夫和苦力走的窄道，宽度仅够下脚和站稳，不能逗留。两侧为路堤基底，在基底和房屋之间是一条3～6米宽的闪光的污水带，可以将其视为连续的小水坑或没有坡度的天然下水道，容纳着从各房屋中流出的垃圾废物，发出会把人熏的头昏眼花的臭味。猪和穿着花衣的小孩滚在其中。在这个季节，其他道路看来差不多一样脏。因此，冯·海靖夫人满有权利说，她问自己，如果人们不幸陷入这种境地，是否有勇气继续生活下去？在干燥季节，这些污物会变成粉尘，而后会进入住宅和居民的所有开放地点。而且尽管从前的政府为保持干净做过许多事，甚至下水道系统已经存在了数百年，但如所有公用设施一样，这些下水道系统也已败落，而且为维持拨出的资金用在了其他地方或在半道上便已被截留了。可能有一项命令规定满洲高官每年检查一次保持下水道畅通。进行这项检查时，使一个人在城市中心当着集中起来的显贵的面，下到下水道中完成穿过下水道的工作。然后这些被委派的人坐上他们的轿子赶到城墙处的出口，并在该处欣赏。这个人当着他们的面又钻了出来。在进出口之间有何种关系，并无高官问及此事，但这个下水道大概是存在的，（八国联军）英国的援军在 1901 年首次通过穿过城墙下的这个下水道进入了北京。

在天津我还曾参观了中国政府在白河（海河）边答应为德国辟的一块很好的"租借地"，这个地区不久之后交由德国政府托管。然而在同驻津领事磋商时，我不能不相信，很难期望从天津得到对胶州湾行动的支持。仅从交通情况来看便难以给予支持。参观大沽炮台使我认识到它是一个相当实用的现代武器防御工事，尽管其有点杂乱。这里的驻军给我留下了比中国其他部队都好的印象，但指望他们会有突出的作为，那就未免痴人说梦了。炮台的指挥官对作战充满自信：日本人不敢攻击其炮台，他们很清楚他们面对的是谁。他们将胆怯地绕过这座炮台向北京进军。

经过各种调查后，在逗留结束时我向柏林报告，若不考虑损及德意志帝国的声誉，值得首先把胶州湾作为殖民地，前提是取得通往煤矿区铁路的筑路特权，尽可能将其与北京—汉口铁路衔接，并且必须立即以最大努力夺取基地。

我还友好地会见了一位德国人，他在宾馆自我介绍是一家科隆航运公司的特派代表，并负有为工商企业做准备工作的使命。但这位先生由于我们夺取基地努力的摇摆不定而变得拿不定主意，究竟是该在中国南方还是在北方寻找连结点。他表明的普遍看法是，我们对胶州湾的了解一点也不比厦门多。我只能让他去找公使，但告诫他不要过分相信公众意见，并把这种情况作为我们资本对于海外投资原本不强的事业心是多么容易被吓退的例子，报告给国内。对朝鲜（仁川和汉城）的短暂访问使我相信，即使那里的肮脏程度没有中国许多地方那么严重，但人民和政府的愚蠢比其宗主国更甚。俄国和日本的影响正在互争高下。当俄国人首先在力争控制（朝鲜）王宫时，日本人则正在开发商贸和航运企业。这个观察使我产生了一个想法，我们手中握有一张可以左右俄国努力的牌，使它在中国倾向于我们的愿望。

考虑到舰员的培养和体现德国的利益，我用两个月带领分舰队航行到函馆和横滨。在这段时间内我从总司令部收到一项命令，只有在得到俄国舰队司令的许可后方可驶往胶州湾。这种无理要求使人惊异，因为俄国的分舰队司令在当时的指挥官海军少将阿列克谢耶夫被召回后军衔低于我，并且按照李鸿章的说法，俄国人在胶州湾没有任何优先权。但因为我不能反对这项命令，而且已决定不去问俄国舰队司令他无权批准的事，所以我不得不暂时放弃计划中对胶州湾访问。

此后不久我从一封私人信件中得到了对此命令的说明。从此信中看出：皇帝同外交部国务秘书毕洛夫（Bülow）和大批随员在彼得堡，并在该处谈及在中国建基地的问题。在一次与沙皇谈判中，沙皇在私下谈话中对皇帝说俄国在胶州有"停泊权"，但除了德国外不会将其权利转让给任何其他国家。德国只能等着采取进一步措施，直到俄国找到一个更好的地方。皇帝后来想必是答应了俄国人。看样子有人向沙皇做了假的报告，以误导我们的皇帝。迄今在国际法中不存在所谓的"停泊权"。俄国在胶州湾起码可以要求这样的权利，因为根据英国与中国（签订）的条约，所有国家的军舰都有权在中国任何海湾停泊。

这些阴谋诡计的策划者和实施者是当时俄国驻北京的公使康德·卡西尼（Conte Cassini）。这个人在日俄战争期间担任驻华盛顿的大使。他也许不得不具有一位外交官通常有的异乎寻常的厚颜。显然他在其算计中并非很幸运。

对以上的补充如下。

1906：后来俄国把这个人作为与会代表派往了阿尔赫西拉斯城（Algeciras）！

1908：1908年11月13日（俄国）《新时代》的一篇文章透露了俄国的观点。按照在德国国会中有关在《每日电讯》发表的皇帝谈话的激烈话语，这篇文章写道："对我们而言，如果德国的对外政策掌握在不懂得将其情感隐藏起来的坦诚的皇帝手中，那是最为有利的。同一位自视为极其狡猾并在决定性关头表明自己意图的政治家打交道是十分愉快的。更难的是与一个不是由一些只知道皮毛的人而是专家组成的负责任的部打交道的过程。"

1908：《柏林日报》在其11月14日的第582期上写道："对我们而言，如果在德国一切如故那就好得多。"

我要花很多时间来了解胶州湾，以便按照个人的观点对占领进行大致的准备工作。早在日本时我已向总司令部申请秋天在该处进行射击演习。为此，我提出了种种可能的理由。随后电报通知批准我实施（1897年10月14日）。

10月20日我到达吴淞，以便在上海与公使冯·海靖会面。海靖已获准对中国沿海直至广州进行旅行参观，并向我寻求一艘军舰用于这次航行。我答应提供"威廉亲王（Prinz Wilhelm）"号供他使用。但因为由其夫人陪同的冯·海靖先生要先看一下汉口和该处的德国租界地，然后要拜会两江总督张之洞，所以为这次航行提供给他一艘吃水浅的"柯莫兰（Comoran）"号。我本人留在吴淞，"皇帝"号舰长兼分舰队参谋长以及我的副官海军上尉冯·阿蒙（von Ammon）则与其随行。

（驻上海）总领事施梯伯尔博士（Dr. Stübel）邀请我搬入已空了的客房。数月住在旧式装甲舰的"地窖住宅"中的每个人都明白，搬入这诱人和舒适的领馆楼我是多么高兴。

我们围坐在桌旁谈话时和早上骑乘散步时往往谈及胶州湾问题。也许因此，10月26日总领事把卡尔洛维茨公司（礼和洋行）的莱奈尔（Reyner）先生引荐给我。这个公司让人考察过山东。在谈话中，我提到了我们随后将在胶州湾举行射击演习的意图。我们的看法是，这个海湾有前途，必须试着为德国赢得开采山东煤矿的（权利）。我表示了担忧：在经过前几个月中报纸上有关山东和胶州湾的许多讨论后，在该处大量购置土地的事可能已难以做成了，并且强调了了解是否已经出现这种情况的重要性，而如果还可以自己做主，则要立即为德国在沿海取得最重要一块土地。莱奈尔先生悄悄地向我吐露说，他的公司要争得开采煤矿并修建一条从矿区到胶州湾铁路的开发权。

这家公司的行动表明，大公司的联系是多么广。毫无疑问，这些谋求只能在我们将以这种或那种方式得到胶州湾的可靠的期待中进行。蔡厄和弗朗裘斯的报告以及在外交和领事圈中的谈话都会使人产生这种期待。事实上，在英国人的报纸上当时就已刊出了一些文章，它们以引人注目的方式谈论着山东和胶州湾的问题。

按我的愿望，如果这个人不怕他的上司，则他原本可乘供我使用的旗舰与一位受信任的中国买办同行。这个人应了解土地占有情况，而且如果方便，立即购置土地。为此我可以从自己的经费中提供 10 000 马克供其使用。这笔钱将来由国家偿还，以防止任何投机。

第二天，即 1897 年 10 月 27 日，总领事与莱奈尔先生一起来到我这里，并且建议，让已经对山东省进行过一次考察旅行的卡尔洛维茨公司（礼和洋行）一位叫施米特（Schmidt）的先生代替那位中国人进行侦察。我表示愿意（临行时）给予他有关所考虑的海岸带位置的秘密指示。我另外起草了一份协议。以下是协议行文：

> 鉴于在中国的各德国公司正致力于联合开采山东省的煤矿，在胶州湾取得一出口口岸，并且考虑到欧洲各国的报纸和代理人对这个海湾日益增长的关注，确定适于建港湾畔的地产是否已落入外人之手或用于投机目的，对于德意志帝国来说是恰当的。如果德国公司能成功地将必要的开发权搞到手，则德国海军将会有意为其目的在该处投资。但弄明白适于建港的海岸地段的土地占有情况，并且随后占有它，或者将其交给若能以协议形式日后以合适价格再接过来的这样的人的手中，总的来说是值得的。
>
> 卡尔洛维茨公司自告奋勇以不引人注意的方式进行必要的调查，并且尽可能地立即购置巡洋舰分舰队司令告诉他的海岸地段或者确保对这个地段的优先购买权。由于除了通商口岸外只能获得隶属于中国的土地，因此必须把这种土地占有转到一假定的人名下。卡尔洛维茨公司答应，从以这种方式获得的地区中，把它为海军投资所需的土地以成本价——垫款加适当利息——在两年期限内移交给德国海军国库。如果德国国库不接受获得

的土地，则签字的巡洋舰分舰队司令海军少将有义务用 10 000 马克对被购
买的土地按为上述国库规定的条件接收。卡尔洛维茨公司的代表莱奈尔先
生有责任对此协议保密，并且即使是对主管调查的人员也不得告知其消息
的来源。

1897 年 10 月 28 日现役海军少将（签字）

卡尔洛维茨公司有义务按此协议把购得的土地在两年内以成本价提供给海军国
库使用。

我当时真的担心，在我们的意图因皇帝陛下访问俄国暴露之后，很可能俄国、
法国或英国方面会阻止我们实施私人购买土地的意图。

但不久发生的情况使我们所有的准备成为多余。10 月 31 日在"皇帝"号舰上
我收到了在武昌的"柯莫兰"号舰舰长的电报，一艘挂有德国旗帜的小汽船的军官
和艇员在登陆地点遭遇了一群乌合之众投来的石块，公使冯·海靖将为处理这件事
留在武昌。我立即建议，作为对冒犯德国国旗的补偿要求，对肇事者惩戒性惩罚，
要由总督道歉，由吴淞口炮台为德国国旗鸣放 21 响礼炮。特别提出这后一项要求，
我是想避免这件事由湖广总督张之洞插手，因为吴淞炮台不在他管辖的省中。但此
事必须经过北京的中央政府来处理。这样我们便赢得了时间。如果我们的公使能迫
使中国政府而非一个省当局赔罪的话，这必然会有助于德国威望的提高。从与公使
来往的电报中我得到一个印象，他很想很快就地处理这件事，以能结束在吴淞的无
谓逗留。

这天上午我收到一封电报。海军司令作为对我（299）号早期报告的答复，在
电报中秘密通知我，俄国已放弃了对胶州湾的要求，但只有在它确保了在（中国）
北方找到其他港口之后，才会将其转让给德国。在这之前，（德国）强行占领（胶
州湾）是不适宜的（就是说柏林仍处于卡西尼的连篇谎话影响之下）。

因此我于 11 月 2 日发了一封电报给海军司令并询问，是否可利用武昌事件通
过赔偿要求达到我们的其他目标。但因与国内联系困难，这个询问 3 日早晨才通过
电报发出。

注：（11 月）2 日下午 6 时我得到的公使处以下询问："由道台登船送交总督对
阁下的书面道歉够吗？要总督本人到场会有很大困难，由这里的炮台或军舰而不是
吴淞的鸣礼炮，按我的看法，显然就是对我们的赔罪，已对肇事者进行了惩处。柏
林回答说，我与阁下就赔罪方式应取得一致，而如果出乎意料不得不使用武力，则
事先要征求柏林方面的意见。"

我于 3 日晨发出了答复："建议达到在吴淞鸣礼炮的目的，拖住北京政府，以
便利用此事件达到我们的目的。为此宜提高要求。我等待柏林的命令。"

之后公使答复说，他将在我所期待的柏林的指示到达后再提出要求，并请求尽可能加快。

对我的电报一直到 5 日下午尚无答复，我的希望完全落到柏林的有力支持上。下午快 5 时时来了公使的通报。通报说："鲁南的德国天主教传教士打电报来：一位传教士被杀，另一位失踪，住宅遭劫。"除了对这种罪行愤怒还夹杂有一种快感和满足感。终于可以对中国当局采取惩罚，使其停止对基督徒骇人听闻的迫害了。我在立即发给海军司令的电文中加了询问，"要为此利用'柯莫兰'事件的赔偿要求吗？根据我电报的意思由第三者书面确认。"后一句话的意思是，把公文格式改作惯用德语：我请求对这封电报进行书面确认。此外我担心，1897 年 11 月 3 日的那封电报可能有意无意地被外国线路拦截了。尽管整个通信是以密码写的，根据经验不能排除这样的干扰。

我现已不再怀疑以我所希望的想法来跟踪这件事，我们现在可以谴责中国政府：在面对日本的逼迫时你们不值得我们的外交支持。你们给予了英国、俄国、法国一个接一个的开发权，你们煽动了反对我们的人民，在武昌使受误导的群众自然对我们的军官大喊大叫并侮辱我们的旗帜，对此不是给予迅速赔偿，而紧接着犯了抢劫和杀害那些受到条约保护的信仰基督教义的无辜传道者的新罪行。

为了引起公使对进一步（采取）步骤的重要性和前景的重视，我同时打电报给他，说在接到他的有关（传教士）被杀的通报后，"我立即于星期二（1897 年 11 月 2 日）向柏林请示，可否要求高额赔偿。迄今未得到答复。您的关于传教士被杀的电报收悉"。

5 小时之后，我因被告知海靖先生的电报显然在线路上与我的错过而感到失望："鉴于昨天的山东电报，为了办理这里的事情，我今天下午将通过道台转达赔偿要求、总督书面道歉——在吴淞口鸣放礼炮，惩罚肇事者，限期 24 小时（答复）。要求一经满足，按我的意见，'柯莫兰'号即可开航。"

之后不久我得知，冯·海靖先生向总督解释，他也以我的名义接受这些要求。这个程序对我来说与柏林的指令和我表达的观点似乎不大一致，因此我打电报给海军司令提出不满。公使的行为使我更坚持了自己的观点，他受到要从武昌脱身和到华南考察的愿望的左右。

我达到占领胶州湾的意图的希望减小了，但我仍然为实施对该地可能必要的军事占领做着各种准备工作，只要在吴淞口的停泊地可以做到。因为参谋长和我的副官已与公使随行到汉口，只有副官策佩林在我身旁。但那二人在 11 月 8 日乘一客轮返回。

我们的情绪由于 11 月 8 日早上 9 时收到的海军总司令的命令十分高昂，命令说:"可以利用这一系列事件来达到其他目的。因此告知公使,同意您提出苛刻的赔偿要求,电告(我)达成的要求。"公使不得不根据我们的考虑于第二天早晨到达。我已为此起草了我建议的赔偿要求,主要内容如下。

1. 惩治参与杀害者和抢劫者。

2. 撤销巡抚的职务并罢黜他担任公职的资格(将其削职为民)。

3. 赔偿暴乱给德意志帝国造成的损失。

4. 确保此类事件不再发生。

第三点和第四点要求因文字未定,故仍有可能由柏林的主管当局来确定最终范围。

中午 12 时由海军总司令发来的电报则造就了一个全新的形势。电文称:

> 将整个分舰队迅速驶向胶州湾,占领该地合适的地点和村庄,并从该处以您认为合适的方式获得赔偿。对您航行的目的地保密。
>
> 告知驶离(时间)和电报地址,给回执。
>
> ——皇帝兼国王威廉

皇帝在这道命令中委托我负责实施这次行动。是否我对冯·海靖先生处理武昌事件的抱怨对此决定起了作用,不得而知。但无论如何我明白,现在只能与我们的公使尽可能紧密合作,以达到对德国最好的结果并在随后实施我的步骤。

但另一点则要求进一步权衡。电报命令立即使整个分舰队驶往胶州湾。但"依雷妮(Irene)"号还在香港,而"阿尔柯纳(Arkona)"号则在上海的船坞中修理。因此我手边只有"皇帝"号、"威廉亲王"号和"柯莫兰"号。对于"柯莫兰"号,在收到传教士被杀的消息后,我已经停止了对它在坞进行修理,并在上海待命。我毫不怀疑,在其他国家普遍猜忌下只有以极迅速的行动和保密来期待成功,并决心放弃等"依雷妮"号和"阿尔柯纳"号全部入列的想法。尽管如所谈到的,已在柏林和在"皇帝"号上辛勤地做了前期和各项准备工作,但在最后时刻仍有大量工作要做。

留下的军舰也不得不做了精心安排。必须招聘中文和德文翻译人员,还有把公告译成当地语言的书办,并将其安排到船上。在面对中国人的敌意和出现电报中断情况时,应去租赁用于同上海联系的轮船,购置乘骑和驮马,购置陆上冬季装备以及其他物资。而这一切应在最多 48 小时后办好或做好准备,同时严格保密。

反之,从后一方面看,我真的到处说过在胶州湾进行射击演习的意图,这一点很幸运。即使是此前几天与英国舰队司令 Buller 在驻(上海)总领事馆一起吃饭时仍说利用胶州湾进行射击演习,而这位熟悉中国沿海的和蔼的先生还让我了解了他的想法。当时我尚未预感到,这些信息对我是多么重要和有价值。

在总领事馆施梯伯尔博士先生（Stübel）和其他官员考虑周到的鼎力相助下，得以成功地把一切都安排就绪（对产生的困难，也许我将在另外的地方对处于相似境地的战友们详述）。

至于小的问题我只想在这里谈一件事，这是我本人遇到的。就在接到至高无上的陛下的命令后，我立即在晚上对总领事馆进行了拜访。趁着涨潮，我们（海军上尉冯·阿蒙和我）乘一艘小汽艇本该晚上八时就能到达。因半路上机器出了故障，小艇随波逐流，直到午夜1时左右才到了总领事馆前。我们不断地大声喊叫才叫来一只舢板（中国租船），把我们带到了陆地。而小汽船最终顺流靠上了一艘轮船，轮船逆流推动它。但领事馆楼内的人都睡了，直到来了一位仆人。整个晚上就这样过去了。直到第二天早上喝咖啡时我才可能从施梯伯尔博士处了解那些重要的事。

11月9日中午，我乘"皇帝"号随着落潮回吴淞口，并委托总领事和"阿尔柯纳"号舰长海军上校伯施太恩（Bestern）结束"柯莫兰"号与公使采取的步骤，到达锚地已经是4时左右。（给巡洋舰分舰队的至高无上命令的电报通知，包含有外交部敦促公使返回北京的内容。）

下午冯·海靖先生与其夫人和翻译克勒普斯（Krebs）登上旗舰。我从上海一起带的邮件中也有给冯·海靖夫人的信件。当我与公使坐在前舱时，她正在后舱读她的信。

很快就首先要采取的步骤达成了一致。因为我不能缺少军舰，公使只得乘下一班货船回天津，然而他很热心地把他的通晓中文的公使馆翻译克莱普斯交给我。

关于赔偿要求，他（公使）提出以下几点。

1. 惩治和罢免有过失的中国官员。

2. 向传教士道歉。

3. 为传教士建教堂。

4. 在教堂上挂（大清国）皇家保护牌。

我觉得这些要求是不够的，因为我们必须考虑到英国的，而且更多的是法国和俄国等敌方的诡计，因为其他国家中没有一个——包括美国和日本在内——乐于看到德国在沿海有一块殖民地。这一点我无疑是清楚的，尽管彼此给予了外交保证。中国政府主要是听英国和俄国驻北京代表的主意的。中国政府也许会立即同意这些赔偿要求，但可能会提出理由来剥夺我们进军胶州湾或保持占领它的权利。

我拿出了我起草的要求，基本上是前边所提到的四点。公使表示赞同，并认为，在第二点，严惩始终敌视外国的巡抚李秉衡将会产生很好影响。但之后他请我把我起草的记录拿给他。他走到后舱他夫人处，低声同她说了一会儿然后返回来，说他完全同意。

公使然后与他夫人到上海去。这一夜被用来向各军舰签发出航命令，第二天用来添加给养和煤。11月10日晚上9时40分，我乘坐"皇帝"号离开了吴淞锚地。应我的请求，商人施米特放弃了有意安排的经陆路到山东的旅行，并经其公司同意乘旗舰出发。我预先就认定了，通过他了解中国的情况，并可以让他本人标下我们难以购置的土地，对我具有很大价值。甚至是这家相关的公司，我也不许可冒无意疏忽的风险而泄露我们的意图。为尽可能少地引起怀疑，"威廉亲王"号和"柯莫兰"号在第二天上午才离开锚地，并且不久在胶州湾前与"皇帝"号会合。规定了南边的三沙湾作为后两艘舰的目的地。

公使改变旅行的事可以很容易用谋杀使政治局势变得严重来解释。在上海，除了总领事外只有各舰的舰长露面。但为租赁轮船而进行的谈判，尽管处处小心，消息还是传出去了，并引起了猜测，导致10日下午一位英国记者向公使提出了我们的军舰是否将占领胶州湾的问题，这增加了我面临干扰的担忧。

海军上校蔡厄10日还在上海，下午他带着公使把占领胶州湾推迟到11月16日的请求回来，因为冯·海靖先生不能比这更早回到北京，而且他要在北京利用中国人的措手不及迅速地得到所要求的赔偿让步。

第二天早上，海军上尉冯·阿蒙向我报告说，担任参谋长职务的海军上校蔡厄考虑，占领只能在15日实施，因为14日是星期天。对于两种苛求我只能以面临我们的"好"朋友、驻北京的各国公使的阴谋诡计的危险来回答和强调，不容失去这个时机。

我们借到潮连岛的极好天气下的航行之机，最终拟定了致老百姓公告的文字和致中国总兵的要求交出胶州湾的最后通牒。被雇来改正中文行文的中国文办未表现出丝毫的惊讶和激动，而是以认真和令人愉快的态度完成了其任务。照理说这原本该引起一种爱国行为的。中国缮写员表现出的态度差不多，他是受委托来复写文件的。

12日8时30分后，"威廉亲王"号和"柯莫兰"号到达"皇帝"号身边。这天晚上，在一次与三舰舰长举行的会议上商量了最后的措施，并向登陆部队发出了命令。11月13日8时20分，"皇帝"号、"威廉亲王"号和"柯莫兰"号在青岛锚地，就是现在的阿尔柯纳岛（今小青岛）处抛锚。

根据早先的侦察，尤其是由海军上校蔡厄在五月、在我到达前不久在旅途上进行的侦察表明，青岛周围有3 000人的部队，其中一半驻扎在距海岸数千米的村庄中，而六个营房总共驻有1 500人的部队。

这些人看来很少有作战准备，他们的枪——德式M/71型来复枪部分因生锈而不能用了。没发现有枪上刺刀，而操练仅限于队列训练、转弯和操枪动作。

　　预计不会遭遇这些人的强烈抵抗。唯一可能的是受到炮台 14 门 70 年代初制造的 80 毫米口径克虏伯大炮的轰击。我 1879 年在芝罘看到过士兵在一名德国教官施奈尔（Schnell）上尉指导下使用这种或类似大炮最多射到 1 000 ~ 1 500 米。这些大炮还在蔡厄上校在场情况下被用来鸣放礼炮。它们一起装设在一个兵营中，看来保养良好，而且看来是用马牵引的。

　　兵营是方形的，围有 2 ~ 4 米高的厚厚的土墙和壕沟，并由厚厚的木门锁闭。

　　看来我只需阻止把大炮从兵营拉出来，务必控制住伸延几千米的地方（3~4 平方千米）就行。蔡厄上校那时按英国海图绘制了地形草图，现在就只好以它作为底图用了。

　　我们在到达后立即受到了驻守青岛口（在英国地图上被称作青岛）中国总兵的一位使者的迎接。在冲着锚地的山坡上我们看到一长列士兵在行进。我们怀疑，这是不是偶然，或者让我们了解驻军的实力。我随舰长和参谋部的其他几位军官登陆，以侦察地形。蔡厄上校是领队，他从前的侦察与现在看到的相吻合，中国人只是在内湾（青岛湾）把大桥（栈桥）加长了。在桥营（水雷营）只住有很少几个工人。因为第二天的高潮也会在一大早落潮，所以我选择了栈桥作为登陆场。这样，相对于原来的地图，不仅登陆本身变得特别容易，而且登陆部队和小艇也省去了绕远，不费力了。

　　在炮兵营房我们看到士兵训练回来。其中一个士兵很顺从地让我们把他的枪从肩上取下。枪没有很好擦拭而且生锈了。这个士兵，当蔡厄上校对他喊了几声口令，他虽然稍有迟疑，但基本还是做对了时，显然很自豪，按旧的德国教范做了几个操枪动作而且很逗乐。我们认为这可能与（18 世纪）70 年代末由德国教官施奈尔在芝罘的培训有关。

　　而我们发现的 14 门 80 毫米口径克虏伯大炮，大概也是那个时候的。因为炮栓已经取出，我们难以判断其使用情况。从外表看它们保养得不坏。

　　当我们后来来到弹药库时，在其中仅发现了少数几个桶和木箱。正好有一个士兵试图用铁斧子在开一箱子。蔡厄上校从旁帮助他。箱盖弹开了，装满了质量成问题的火药。我想，这个士兵原本想以大量的弹药储备给我们一个吓人一跳的印象，结果适得其反。在这些参观后，如看了一场滑稽戏一样，便着手为第二天的占领做准备了。下午蔡厄上校再次同登陆部队的指挥官来到陆地上，向他们传达有关布置和任务。

　　1897 年 11 月 14 日的占领：

　　在极好的天气、微微的东风和晴空之下，登陆部队登上了栈桥并布置在营房前的广场上。该处少数几个好奇观看的中国人热心帮忙。当我 7 时之后不久登上陆地

Landungsmanöver S. M. S. „Deutschland" bei der Landungsbrücke von Tsingtau.

图附录 –2　德国"德意志"号军舰（远处军舰）官兵在青岛登陆桥（铁码头）
一带进行的登陆演习

图附录 –3　1898 年从大衙门远眺青岛铁码头

时，我觉得在陡峭山上安装信号台设施对于派遣的军人是十分重要的。因此我通过翻译雇用周围站着的中国工人。用了几个格罗申（德国 10 芬尼的硬币），这些人便用快得简直让我们跟不上的速度把旗杆和信号器运到了直到现在还为主信号台使用的山顶上。8 时之后不久，信号官策佩林伯爵（Graf Zeppelin）就在这里建立了一个信号台，它可与各阵地联系，而我则稍稍在其下，在一易于从参谋部了解情况的地方观看各营地和军舰。

中国老百姓很平静，丝毫未表示出往往使人厌烦的好奇。

8 时，指挥着整个登陆部队的蔡厄上校，在普鲁士进行曲的乐声中，从桥头营地穿过小村庄，带领各部队进入阵地。

中国士兵在各营地前进行着操练。

也许登陆开始时一位很快跑掉的警察（清军士兵）从桥营向总兵章高元做了有关事态的报告。是否他相信这是一次善意的演习或者感到无力抵抗，将永远是个谜。面对早在我们从上海启航时就已经沸沸扬扬的传言，几乎使人难以置信，竟没有电报透消息给驻青岛的指挥官，而这位总兵的态度，以中国人善作假象的习惯，似乎与这样一种看法配合得相当好。

我的计划是，在占领所有控制兵营和弹药库并切断电报线路后，要求衙门中的总兵将其部队撤离青岛。我的副官海军上尉冯·阿蒙受此委托（前往衙门）。有一排水兵随行以保护他，因为翻译和其他了解中国人的人员解释说，在欧洲人感到神秘莫测的中国人的思想世界和道德中，并不排除会危及送达要求的人的生命的情况。

当冯·阿蒙随着他的一排人到达衙门兵营的广场上时，他在该处操练的士兵中发现了总兵。在登陆部队到来时中国人持枪立正，然后开入毗邻的营房中。迎接后总兵还问道，是否我可以应他之邀请赴第二天为我举行的宴会。海军上尉冯·阿蒙回答说，请他稍候，我会立即发给他一封回函。因为我们的部队布置尚需要一些时间，所以他的处境很难。他 8 时 15 分发信号询问，是否允许他转交这封信。但这个时候我仅通过信号收到了"柯莫兰"小队占领弹药库的消息。晚一点才占领其余地方，特别是能控制炮兵营地连同其大炮的地方，而且 8 时 45 分切断电报线路的信号报告才到达。这样章总兵与其上司的联络被切断，而且在中国官员害怕担负责任情况下我想已完全控制了他。

8 时 35 分，冯·阿蒙上尉把以中文写成的包含有要求和相应告示的函件交给了他（布告见附录）。阿蒙通过皇家翻译克莱普斯告诉他，我将在信号山等待答复。在收到信时，总兵表现出震惊的脸色。他和他的随从退入衙门，而阿蒙向我报告，他的随从人员撤回到其炮兵营房的阵地上。

巡逻队把布告张贴到村中对老百姓来说显眼的地方。几个好奇的老百姓来了，但大部分居民很害怕，躲在他们的茅屋中。

我们紧张地等待着局势的发展。过了一会儿三个骑兵来到小丘上。他们送来了请我到衙门会谈的邀请。我拒绝了他人决定下的与我进行所希望的口头谈判的邀请。

10 时左右，总兵与几位随从骑马出现了。他下马之后，受到了礼貌的接待。由他通过翻译并伴以中文详述进行的谈判，目的首先在于促使我放弃我的要求，直到总兵收到其皇帝的命令。当他对立即实施德国皇帝命令的必要性提出异议时，他试图提出推迟腾出营房的期限。理由是，他的士兵连同家用器具不可能很快搬出，因为他们大部分已住在这里多年而且还有家眷也在这里。他以令人可怜的表情指出，无论如何他将会为此事掉脑袋。他希望为此得到通融，但他搞错了。但一种非常为难的感情——必须强硬地对待一个无助的意志薄弱者，在整个谈判中控制了我。我试图以目前基于德国的利益坚持我的要求是多么必要，中国人因其迄今的藐视德国的要求和其最近对传教士的罪恶行径要受到狠狠惩罚，和其他国家尤其是英国人在鸦片问题上曾如何毫无顾忌地对中国采取过行动为理由，来安抚我这种羞耻感。但我还是对章总兵表达了我的遗憾，迫于情势不能对其愿望让步。至于他本人我试着安慰他并向他建议，在我们的保护下留在青岛。我让他决定保留一个 20 人的卫队。我试着通过暗示让他更容易接受这样一个想法，其士兵那些不能立即随身带走的私人物品他可以保管。经过几次反复地说明，章总兵似乎从这个建议中看到了在其上司面前为自己辩护的途径并与其随从走了。作为翻译和了解这个国家并陪伴我的这两位先生——翻译克莱普斯和卡尔洛罗茨公司的商人施米特先生认为，章总兵会服毒自杀，以逃避耻辱和肯定的死刑判决。

然后，在经过了约半小时后，当从衙门再次来的一位骑兵跳下马时，我周围的人猜测，他们会带来章总兵死亡的消息。但第二位总兵 [①] 还想试着要我放弃我的要求。他很快发现他的努力没有结果，同时我们也看到已经有士兵、妇女和孩子们打好包裹急急忙忙从营门出来。随第二位总兵来了一个略懂英文的中国报务员担任翻译。当他转身告别时，我想到，电报线路对我们向柏林报告很有用。我们尽管有自己的报务员，却不熟悉相邻台站的呼叫，也许不能使用它。因此我让我的副官试着通过高额薪金诱使这位中国报务员为我们服务。经过几分钟商谈后，海军上尉带着消息回来，这个人留下来为我们服务，要求保证月薪 30 块银圆。

命令通过信号发送进营房并使电报线路恢复。这时已经 12 时了。一位懂电报业务的士官随警卫被派进衙门，以监督中国报务员，同时对他下达了严格的命令：不得进入衙门内部，因为该处尚住有总兵家眷——我要保护这位我认为因此事激动且沮丧的总兵。后来我听说，他回到衙门，借酒浇愁。而其后来（我们还要提到）的态度使得我们对他失去了任何尊重。

我自己先到衙门，以监督命令的实施和等待着占领各营房。在为自己安排下榻之所之前，我们的人必须从住房中清除的垃圾非常多，臭味刺鼻。据总兵讲，炮兵营房中的弹药还相当多，尽管其保存状况与疏于维护的 14 门 80 毫米口径的克房伯野战大炮相似。

下午 2 时之后不久，来自炮兵营地和东大营的我们的士兵便一起集中在东大营中。我还做了一个简短的讲话。在讲话中我希望，德国的统治和文化将会在这里找到一个落脚地。德国旗帜被升起，"威廉亲王"号巡洋舰鸣放了 21 响礼炮。

当我 3 时左右回到衙门时，我看到报务员在电报机旁工作，而且得到了正好电流又接通的消息并收到了一份来自上海的电报。我等着并收到了一份相当长的密码电报，同时电告我来自芝罘的第二封电报将到达。我读不出密码电报，因为密码簿在船上，但从以双重途径来发送上推断出必然有重要内容。为不耽误时间，我已明

---

① "第二位总兵"，或为总兵章高元的副将，或为章高元的谈判代表。

码发电给海军总司令询问："7 日的命令已执行。一切都平静。衙门中的这封电报在修好线路后立即发出。容回到船上后再做详细报告。"

收到的两份电报译码后是以下命令：

> 对至高无上的（皇帝）7 日的命令稍做变动，将公告和占领中国地区推迟到中国对赔偿要求的答复到达和不令人满意止。在任何情况下，即使已经完成占领，在得到赔偿前，权且将其看作是抵押。不能行使主权。告诉您本人以下情况：俄国政府已经补充提出了对胶州湾的优先权，就此尚在谈判中。

海军上将〔克斯特尔（Köster）〕

我电告了这天的情况和收到以上命令，并补充："告示已公布，是占据，但非强占。不可能再收回。"驻东京和北京的公使馆同时收到了占领（胶州湾）的电报通知，已向（中国）沿海外国海军的司令以及香港总督发出了书面通知，并补充说：迄今有关利用胶州湾的有效规定，在没有新通知前依旧保持有效。

现在，一种可理解的紧张笼罩着我们，隐约的外交上的紧张——在国内，将会把我们的成功贬低到何种程度呢？！在 11 月 19 日海军总司令的一封电报才打消了我们心中令人不安的疑虑。我们译出的这封电报说：

> 祝贺占领和提出（赔偿）要求。很好。公告生效。（巡洋舰）"奥古斯塔皇后"号去了。补给品随后。

海军上将

（略）

我任命海军上校蔡厄担任军事长官并使登陆部队隶属他指挥。他把他的司令部安置在东大营中。

11 月 15 日上午，为与上海联络和供应驻军而租的船"龙门（Longmoon）"号在船长舒尔茨（Schulz）率领下，带着另两位中文翻译（中国人）、几匹乘马和用于首批设施的器材到达锚地。夜里下起了雨并且刮起了大风，下午则起了风暴。在这种情况下不可能像 14 日那样进行登陆。

成队到处抢劫的中国士兵不得不被我们的巡逻队解除武装。总兵章高元声称要留在青岛，并要帮助处理政治情况。第二天早上我得知，他已经把住有其家眷的衙门后院腾了出来。当我随后拜访他时，他请求允许他去看望驻扎在我们区域外的他的部队。我直截了当对他说，他将不能再回来。他承认这一点，我让他走了。青岛相当一部分老百姓这时同样扛着大包小包撤走，这可以结束预期的动乱时期。在从 14—16 日发出的一系列电报中，即使是从比较近的上海发出的，也没有收到所需要的回执，所以不得不考虑存在对我们联络的恶意干扰。因此，急于为电报往来继续租用船只。尽管英国公使禁止挂有英国旗的船只停靠青岛，我们不久还是成功地包租了相应的德国船。

同时派出了"柯莫兰"号和"威廉亲王"号，到（胶州）湾内的一些地方张贴布告。

为了调查（胶州）湾内的东北部分和短时间占领胶州城，我随一天前（11月17日）中午1时从上海来的"阿尔柯纳"号（舰长为伯克尔）和"柯莫兰"号〔舰长为海军少校布鲁撒蒂斯（Brussatis）〕进到海湾内部。这里的水很浅，我们乘小船都到不了大鲍岛海关站。为我们在船上当领水人的一位渔民竟完全无用，他全身发抖并因害怕而哭泣。我们只好尽可能快地将其送到他小船上的同伴中——他将会讲述美好的海盗的故事。

11月14日来了柏林的第一份电报，它赞同我们的行动并使我免除了某些担忧。这是由海军代理总司令发来的，电文说：

祝贺占领（胶州湾），提出的要求很好，布告就这样。"奥古斯塔女皇"号就到，补给随后到。

海军上将

通过在无云的天空中费力方可弄懂的探照灯信号，我于晚上得到了（驻芝罘）领事棱茨（Lenz）自芝罘转来的一封电报。电报说，总兵章高元请求增兵并且在距青岛30里处构筑工事。晚上11时，海军上校蔡厄使用同一方法让人向我报告，他在距青岛以北约18千米处对胶州湾内部一个地方沧口进行侦察时遇到了这位总兵及其随从。这位总兵自己说要待在那里。由于有芝罘的电报他想明天逮捕这位总兵。根据这个消息我决定于黎明时返回青岛，并通过探照灯信号请蔡厄海军上校于早上到我舰上来。为此，我所熟悉的长官蔡厄海军上校的好战情绪感染了我。为便于外交谈判和使老百姓平静下来，要避免流血冲突，或尽可能避免粗暴的行动。我一再重复了这种意义上的命令。尽管我收到报告说，已正确地把信号传给了军事长官（蔡厄），但他还是一大早就到沧口去了，没有到我这里来。而当军舰到达青岛前海时，下午他与总兵及其约50人的随从到了青岛。

在沧口东北几千米处也侦察到有中国部队的兵营。估计该处有1 200～1 600人，也许只有估计人数的一半多。

如我当初到达上海时一样，我再次觉察到一种无言的对抗。由于柏林的政治形势不明朗，这种对抗对我们的努力可能会变得很有害。这次我只要求由于"成功"而飘飘然的舰长蔡厄因受命进行磋商而早早出发，因为我不想让他和他的军官失去从这几天紧张行动中获得的欢乐。

11月19日，我将军舰泊于青岛前海，因为在蔡厄长官的营房中保留的警戒很弱。这天用"柯莫兰"号领港探求通往胶州城之路。对造成 1900 年义和团"动乱"期间令人非常遗憾的灾难危险的盲目乐观，显然也存在于登陆部队中。它来源于过度夸张的优越感，轻视对手，结果把往往是很大的成功变成了可耻的失败。为了抓住一位无用的、名义上的中国总兵，岸上的这个基地几乎没让人防卫。即使我现在可以认为中国人没有公开反抗或攻击我们的部队人员，但我们确实不知道，他们在多大程度上会受到与我们"保持友好的"北京政府的代表的挑唆，而且无论如何都必须记住他们的狡诈。

11 月 20 日，我与约 200 人动身去胶州城，在几经努力之后，未遇抵抗便进了胶州城。那里没驻有部队，只有一个很差的警察队。但如大多中国县城一样，有着双层高大厚重的城墙，并有护城壕沟。在我威胁要对实施反抗者严加惩罚之后，知州表示愿为满足我们眼下的需求效劳。只要他作为中国官员可做到的，他后来也都以理智的、值得赞许的方式表示了对我们的支持。他指示把一座空庙（孔庙）作为过夜下榻之处，并且答应在付款后供应粮食和燃料。但他或者是低估了我们的需求，或者是遇到了困难。因为在这座轻型结构的庙宇大殿中，在多阳光的白天之后，夜里刺骨的严寒下，供应的这些物资不够用。因此，我们的人员靠庙院中很旺的篝火来度过寒夜，为此部分地用了旧椽子和树皮充作烤火柴。一位老庙祝一直忙碌到大清早，用一个大黄铜壶煮的水来泡茶。只有很少人睡了觉。军官住在大殿中，那里立有神像。我穿着大衣裹在尽可能厚的被中躺在冷炕上，冻得发抖，睡了断断续续的短觉。一位年轻的军官听说中国的神也会显灵，他在一位身着华丽绸衣的神像旁徒然地寻求入睡，最终他剥下了这位凶神的衣服，然后裹着彩色的绸衣睡着了。在经过早上打扮之后，中国神重又穿上了夺目的华装，而这位军官则可以精神抖擞地从事他当日的工作了。

我们在夜里布置了严格的警戒，因为中国人的奸诈我不信任他们。但一切都很安然。1900 年的义和团"动乱"证明，这些安全措施并非完全没道理。事实上，一个有组织的、有勇气的团伙可以在一条弯曲的窄胡同中进行突然袭击。居民在我们到达时，冷冷地看着我们。但知州的年龄和体弱多病大概阻碍了其进取心。第二天早晨，在部队开拔时，知州与随从在外城门为我们送别，尽管这时才五时。此时他交给我一封红信。翻译将其内容视为一种下级官员对高级官员的一般礼节性表示。当我要求至少翻译一下内容时，信是用这些话开头的："你的愚弟罗拜上"等等。一位中国知州太爷这样向其官方上司说。是否我们在德国大体上也要这么做呢？！——这位谦逊的罗将来作为德国和中国利益间的特别机灵的和恰当的中介人是合适的。

由于我没有足够的兵力留作驻军，只能再次告诫这位"愚弟"得体地维持良好秩序，然后在航路很坏的新的困难下返回青岛。

在这里我们得到了轮船"龙门"号运来的其他器材、电报机、防风灯、木板、给养、暖气片、被子等物资，可以有力地推进这块"殖民地"的建立。

下午海军总司令电告，"德国"号巡洋舰由海因利希亲王亲率前来增援分舰队，这使我非常高兴，其使命是尽可能快地为殖民地租下需要的所有土地，这一直以来也是我的努力所在。但翻译克莱普斯（Krebs）和分舰队军事法庭法学家、法律顾问伏里驰（Fritsch）的努力，由于村民和地保的拖拉和不信任而收效甚少。

这道命令给我提了醒，从领事圈子中寻求支持。随后于 11 月 25 日把上海总领事施梯伯尔（Stübel）先生调给我用，他于 12 月 1 日与翻译单维廉博士（Dr. Schrameier）一同到达。尤其是单维廉稳健而专业的工作，迅速而令人满意地办好了已经进行的谋求土地优先购买权的事宜。在与单维廉的深入谈话中我们现在已就未来制定土地所有者的权利及其赋税等进行了商谈，而我的目标是阻止土地投机并把土地的升值交由国家和基层市镇来管。我在基尔担任造船厂厂长时通过对相邻地块竞价取得的经验大大帮助了我。

各舰已被派出，以便在临时所占地区（约为现租借地区 30 倍大），只要从沿海岸出发一天行军路程可到达的地方，都挂上（德国）旗帜和张贴布告。没有遇到居民的任何麻烦。

相反，章总兵及其部队的举止则始终是使人讨厌的。这位总兵请求许可并得以向其士兵发一封信，以便他们从我们所要求的地方撤出去。但侦察一再表明，他们的营地依旧在沧口东北原来的地方。后来情况说明，即使是在这里，这位值得尊敬的章总兵也一再伪装地和狡猾地通过所提到的这封信，命令他的部队等待他返回营地。在我们知道此事之前，使之顺从我们的指示并以武力将中国部队从我们占领的地方赶出去，我们认为是对的。因为驻芝罘领事棱茨（Lenz）电告我们，副总兵孙已派人去增援总兵章高元。

来自"皇帝"号、"威廉亲王"号和"阿尔柯纳"号的登陆部队构成了一个 350 人的进军纵队。这支纵队也要开拔到即墨城和胶州城，在该处散发我们的布告。

由于由胶州城的知州答应征调的运输工具未到，开拔延误了两天，而且也只从青岛及其周围搞到很少一部分所需的牲口和车辆。对于一支按军事概念为战争进军准备行军的部队来说，缺了很多东西。但我们必须严肃地向中国人表明，如果我们要用武力对付他们，以蔡厄上校为首的军官们会由于欲望而奋勇直前的。

11 月 27 日早晨部队开拔了，而就在街道第一个陡坡处（东兵营后），用章总兵的一匹骡子拉的一辆运输车便发生了不幸。因为驾车人，一位海军一级下士不熟悉驾驭牲口，这匹难以驾驭的牲口惊了，驾车者被碾伤，大腿骨折。这是一个不好的开头，于是不得不丢下行李车走并且就这样行进。我稍稍晚些骑马跟着并在沧口前赶上了部队。

我想尽可能避免流血，并确信，中国人会在我们靠近时撤走，如同他们在青岛所做的一样。但我担心我们的人"条顿人的发狂"，尤其是那些年轻军官们，他们想着在第一个回合建立功绩。但当我们登上从其后侦察的低矮陡峭的山岭时，我们却什么也没有发现，只看到远处正在撤回的士兵。在蔡厄上校令其部队跟上中国人时，我返回了青岛。

海军上校贝克尔（Becker）受托代理蔡厄长官。他搬进了东大营，章总兵正是被拘禁在这里一座军官房子中的。我们在青岛的局势并非完全无忧。

我们人员的约 1/3 参加了蔡厄上校的进军，其中大多数为登陆训练的士兵。有关章总兵中国部队的意图和动向不明。不排除他们绕道打回青岛的可能性。俄国驻北京的代表始终都对我们抱敌视态度，估计法国的态度必然是一样的。如我从可靠方面所得知的，一位从天津到上海的俄国上校就我们对青岛采取的行动公开表示："他搭乘了一列破车。"这位先生对我们的意图肯定与其法语一样不怎么好。在其影响和出主意下中国人会做出大胆的一步。因此领事棱茨从芝罘一再电告我们各地部队增援青岛的可能。

所以，为不完全中断值勤，即使是舰上可能缺人，也要向陆地派遣，主要是向东大营，而且在警报制度上特别考虑到了通过军舰对登陆者的支持。

由于同蔡厄的特遣部队的联络不畅，不安全性增加了。电报员一再不听使唤并且征兆是，他处于敌方的控制下。将"柯莫兰"号舰尽可能远地派往胶州湾内北部，以便通过探照灯和进军信号与特遣队保持联络。但无云的天空和明亮的月光往往使联络中断。

花了大价钱雇用的一位中国送信人，曾一度以极短时间送了一封信给蔡厄上校并带回了情报。第二次他则精疲力竭且抱怨地跑了回来，因为他被四处抢劫的中国士兵抢劫一空且受到了虐待。

由于劳累和寒冷以及宿营地设施不足，并由于整个局势不明朗，紧张不安的情况已在登陆的部队中多次显露出来。

11 月 29 日领事棱茨第二次电告，在胶州外围集中了大批来自外省的部队，据称是为了维持秩序。

11 月 30 日早晨 6 时左右，代理长官从东大营发出了给分舰队司令的紧急信号。由于天黑无法看清陆地地势，小艇紧急加以武装，配备了轻型大炮对着陆地，而剩下可供使用的人员则随时准备好下船。但到达陆地时一切静悄悄，而派出的小艇没有立即返回，因此据推断，为了准确侦察，这位军官到了距离半小时路程的东大营。随后在天刚破晓后不久通过旗语便已确定，无须援助。

此前晚上营房的一个哨兵发现，看守章总兵的小房子的院子中燃起了信号篝火，而同时从营房后高地上看到了灯笼的闪光。虽然不知道在中国的某个地方使用这种信号烟火表达的意思，但很显然，这是在总兵与其朋友或在野外的部下之间进行联络信号，尽管章总兵否认，说他院子中的灯光是自然之所需。

无论如何还是使人警惕的。为加强警戒，告诫了站岗者。11 月早上，一个哨兵从黑暗中看到一堆人朝兵营走来，当那堆人对他的警告不理睬时，他向营房发出警报，中国士兵显然在营房干些什么。但在第一次警告枪响时，人群被驱散了，而按照村子中长老可信的陈述，这是些无危险的工人，他们每天从附近的村子到青岛来做工。

迄今仍许可章总兵从青岛的一家中国饭馆给自己弄吃的。头一夜的事件引起了我们严密的监视，并在早上送给他的米饭中发现了四封信。一封信是 11 月 29 日来自部队的负责人，包含有蔡厄部队详细活动的情报，并报告说中国部队已撤往法海寺。第二封信来自李鸿章，他与我们这位章总兵是同乡。李告诉章，外交谈判正在顺利进行，告诫他要有耐心。山东巡抚李秉衡的一封电报，他们翻译给我，内容为，总兵应保持冷静，必须根据具体情况行事。还有一封私信，交给了章总兵手中，但同时告诉他，将把他带上船，以防止欺诈。

当他被带上"威廉亲王"号时，他演出了一出可笑的、绝望的滑稽戏。他威胁说要跳海，却没有实施的勇气。当我在船上探访他，批评他的愚蠢而不得体的举止时，他抱怨说，他将为此事掉脑袋，并请求发一份电报给总理衙门，请总理衙门下令腾出所占地区。这事被允许了。当我把李鸿章、巡抚的电报拿给他看时，他非常激动并说不。电报让他保持镇静，并说，他应在青岛坚守他的阵地，这样就不会使他为难了。当我对电文中的这个矛盾质问翻译时，他在再次审阅了电文后说，这可能是根据总兵陈述的意思读的！这只是诸多中国两面派情况之一。我们承认翻译克莱普斯是当时德国外交使团中中文最好和最博学的。

章总兵给总理衙门的电报获得了成功，第二天即 11 月 30 日，北京电令他撤至芝罘。他将此通过 12 月 1 日的一封信告知了我。在德国驻北京公使于 12 月 3 日证实了电文的正确性之后，他被释放，海军上校贝克尔还陪他走了一段路。

之后过了一段时间，友人寄给了我一份周刊。这份周刊以令人难以置信的夸夸其谈的方式描述说，章面对德国舰队司令表现得是如何勇敢和骄傲。他给德国人留下了何等令人敬畏的印象，通过连带的陈述说明，舰队司令以荣誉卫队（仪仗队）伴送他，讲得活灵活现。舰队司令和荣誉卫队骑着马并戴着巴伐利亚的盔缨头盔！

12 月 3 日，"依雷妮"号从香港到达青岛，这样整个分舰队就在这里会齐了。

通过信号和信将中国人撤到法海寺的消息通知了到即墨去的蔡厄舰长。他决定放弃计划第二天继续进军胶州城，以便完全驱逐出原青岛的清军。他12月1日回到流亭并扎营在崂山脚下。在我们的人到达之前，中国人已携带行装向北方撤去。抓住这些人并将其解除武装的努力导致了冲突，造成中方三人死亡和多人受伤。我方无人受伤。这次动武会干扰和延迟我们与中国进行的谈判并为第三国的介入提供了可趁之机。这有违于我所做的指示，显然出自年轻军官们的那种可以理解和宝贵的求战的喜悦，但根据人道则必须完全严加限制。

这个时候电报联络又出现了诸多问题，这主要是由于胶州城电报官员的恶意和贪婪。在蔡厄上校与其部队几天之后于12月9日开入胶州城后这个问题才得以解决。

有过失的官员虽然破坏了机器并逃走了，但我们成功地在几小时后将就着又使电台恢复了工作。但之后不久，胶州及其邻台（沿上海和北京方向）间的联络又中断了，也许是逃走的报务人员所为。这就不得不寻求以邮政方式与公使馆进行联络，以消除由下级报务人员对军事的或外交的业务来往造成的短时间的干扰。12月6日从即墨通过巡逻队和信使发现，中国部队已完全离开了我们要求的地区。因此分遣队返回。

电报联络的破坏性中断是否由于我们针对章总兵及其人员的严厉行动，值得怀疑，从时间上它们恰好同时发生。并且不畅的联络在这非常敏感的时刻，干扰了与北京公使馆的联络。通过海靖夫人的书信我得知，总理衙门最初的拒绝态度，已转化为同意不懈努力的和平调停。清政府这种快速的观念转变除了认识到无助和不能从我们的对手特别是俄国得到期待的支持（俄国现在企图得到一块殖民地）外，如可从公使的电报推测的，我们对中国驻军的紧逼加速了它改变主意。一份12月8日以信使送达胶州的，也可能是12月6日从北京发出的电报说：

> 已经口头上答应了全部要求，以及占领可以一直延续到完全满足这些要求……即将书面签署，中国人表示愿意举行有关转让舰队基地的谈判，并请求阁下避免采取战争措施。

海靖（签字）

12月12日来了对12月10日（电报）的进一步通报：

> 我已得到满足我们全部要求的承诺以及将让予我们港口。因此，现在正在寻求一种形式，以便能在保持中国政府自行决定的面子。因此请尽可能避免会引起中国人不安的一切举措。我们的目标是，在整个行动后成为中国的最好朋友。

海靖（签字）

但柏林最高当局以及我反对的蔡厄上校的狂热且放肆的行动，会葬送占领地区老百姓对我们良好意图的信任。蔡厄上校违背我的特别指示在对待俘虏及其财产中非常任意和毫无顾忌。海军上尉普尔（Pohl）指挥下的部队根据其观察受到了这种有害的影响。

在占领青岛后，我紧接着就向在中国沿海驻扎的英国、俄国、法国和美国的分舰队司令以及香港总督就我们采取的步骤做了正式通报，并指出，对外国船只的法律状态将不会因此有什么改变。

对德国的行动，报刊上起初一般都公认是合理的和值得称道的，尤其是英国的舆论，把对诡计多端且始终支吾其词的中国当局的果断的行动强调为值得英国当局效仿。然而，不久便在特别是英国人主办的日本报纸上出现了对德国破坏和约和背信弃义的指责。而俄国方面的评论却变得友好了。可从中得出结论，俄国渴望从中国得到一个满意的补偿，而英国则变得有醋意了。出现了英国军舰威胁活动的传言。首先是12月18日英国巡洋舰"无畏"号到了青岛前海。军官和军校学生显然是在侦察这个地方，以了解我们的前景和意图。当这艘军舰11时离开锚地时，英国小型巡洋舰"阿尔及利亚"号到达，并停留了数日。在这期间，此舰与芝罘、长崎和上海进行了活跃的电报联络。二者都继续航行到芝罘去了，这是一次就英国惯例而言十分引人注目的冬季航行。12时，我们知道，英国巡洋舰"达夫妮"号到达旅顺港并搜索了这个港口，随后便传出了俄国人占领该处的流言。这些流言来得太早，但显示了英国军舰引人注目活动的缘由。

为也对海湾南岸实施占领，下午1时派了一支部队沿此路向胶州进发。一位在办理运输工具时懒散且不顺从的地保和同样来自他村子的几个车夫之后被拘押了几天。这些车夫对部队的头头提出了非分的要求，他们不得不在军营干活来偿还他们多得的报酬。当地保被释放而我警告他将来要顺从时，我没法阻止他叩头，并难以使他站起来。在其他已经接触过的中国人身上，我从未看到过这样低三下四的样子。

目前主要的工作仍是为我们已经登陆的部队建临时住房，并为安置已宣布登陆的部队——1 155名步兵和303名带野战炮的炮兵做准备。采购是很困难的，因为上海只能提供很少东西，而这很少的东西并非都很好而且很贵。也不能期望把工匠都招来。虽然就近找到了几个工具不全的工匠和泥瓦工，但他们只能在监督下做一些合适的工作。好一些的上海中国工匠要价太过分。总会计署（的审计）和基督教抑制贪婪的愿望，都要求拒绝这样的敲诈企图。机械人员、水手和水兵最终不得不参与所有工作。辅助工、苦力全都够数。除了脏之外，很突出的是他们的依附性。尽管有一军官冯·比布拉（von Bibra）友善和周到地照料工人，但仍有雇主居间去雇用他们。这些雇主靠抽取这些挣钱不易的无业者一定比例的佣金生活。我们控制这些不法行为的努力是徒劳的。例如，附近一个渔村的人通过其地保诉苦说他们得不到工作，因为不支付超额的费用雇主就不许可他们得到工作。我建议他们直接去找冯·比布拉少尉或在工人分队中负责的任何一位下级军官。但没有人来，相反我们却发现，那个村子的人都在雇主的工人队伍中。也许狡猾的雇主在那些单纯的人面前胡说了些什么，说他们——那些对老百姓"友好"的雇主，如果不在支付工资时保护工人和瞪大眼睛看着的话，工人们从那些可恶的德国人手中会拿到假钱或拿到钱太少。前不久便在一内地省份发生过一例中国人因无知与轻信遭受欺骗的事。在那里，有一个自称的代理人向农民销售将来建设的汉口—天津铁路的工作分配单，一块银圆一张。后来人们报名去工作时，他们却惊愕地被告知，这些所谓的工作分配单是从一本英文《圣经》上撕下的一页纸。

清除了中国人留下的简易建筑棚屋中的烂泥后，在屋里装上了灯并空出一些地方，装上了窗户，安上了炉子和柜子，准备了铺位，即安装了吊床架，或者于建筑太薄之处架起木板床，铺上地板，在相当硬的岩石中挖凿出厕所水沟，净化日后用的水井并加上盖子，改建马厩并加以扩大，再密封各处屋顶。此外，还改善了道路，装设照明设施并安装电报机。特别是进行了水上测量，考虑设立浮标和建造登陆小桥。从这些不全面的大概列举中可看到多方面工作的紧迫性。也可从中看出，一艘军舰配备的人员所具有的知识是多么广博，技能多么完备，一切知识都用上了，即使不是巧匠也可满足暂时的需求。对一位德国目击者来说，最令人惊奇的是，大家普遍主动参与工作的热情和不懈努力，以及承受困难和长期劳顿的快乐。

圣诞节就这么到来了。尽管棚屋尚未完工，而且寒风刺骨，我们也以德国方式在陆地上愉快和无拘无束地欢度了这个节日。长在胶州湾山坡上的矮小的松树虽然只提供了聊以充数的圣诞树，而且贮备的灯也只许可省着用，但来自东京、长崎和神户德国租界的和始终对我们的军舰人员十分慷慨的上海的德国人，寄来大量的捐赠品，温暖了我们大家的心，并唤起了相应的节日气氛和欢乐。而此时从长崎为我们运来了在东京制作的合用和便宜的冬季大衣。代理公使冯·特罗依特勒（von Treutler）先生在迅速供应这些物资方面，为我们人员的福利立下了功劳。就是说，在来自西北方蒙古的暴风雪呼啸地刮过青岛时，我们的人身着短大衣坚强地站在陆地上站岗值勤。

12月30日，"奥古斯塔皇后"号［舰长为海军上校克尔奈（Kollner）］作为来自故乡的首批增援部队泊于青岛前海，而同样到达的海军上校冯·施陶本劳赫（von Staubenrauch）于次日担任陆地指挥官，海军上校蔡厄返回"皇帝"号舰。于是对于战争狂热带来麻烦的担心便不复存在了。尽管如此，如迄今的情况那样，对与中国分歧的处理也不会顺手，外交斗争的激烈情况通过报纸文章显示了出来。对德国人充满敌意的这些文章主要刊登在日本报刊上，它们同时代表了英国的及日本的利益。这如同在 12 月中提到的，从冬眠中惊醒的英国分舰队在舰队司令布勒（Buller）率领下在中国北部集结，而不可信的谣言不久便出现在大连的一个海湾，后来又在旅顺口附近，不久又出现在朝鲜的巨文岛和济州岛，接着又出现在舟山群岛。这显然是针对俄国意图的一着妙棋。俄国正在将其手伸向旅顺口并得到了中国政府的认可，它让五艘军舰在该处越冬，而其余的则停在附近的长崎。

我们必须对传播不确定谣言和日本可能进行的军备给予重视。因为我们既无军舰也无军官可进行必要的侦察，我们只能借助于公使馆和领事馆的帮助，他们随时准备向我们提供消息。但几个月后我们发现，我们的若干询问并未到达询问地，而很可能在电报线路中"丢失"了。尽管从总理衙门得到了表面的帮助，中国人仍又制造了麻烦。12 月 30 日，公使电告，我们的传教士又受到威胁并被迫出逃。电报询问我们，能否采取示威行动。我决定占领胶州和即墨县城，这次行动应在陆地部队到达后立即进行。对两地官员住处实施了警告性鸣枪。从两地紧急传来撤除包围部队的请求，但此请求遭到我方拒绝。我方一直保持着高压态势。1898 年 1 月 3 日，我已经得到来自公使的消息，我致胶州知州的电报已经由总理衙门立即送给了他。电报中我威胁他，说要对中国人更狠一些，如果中国人不顺从的话。于是对方进一步让步。迫害传教士的那位总兵被撤职了，这个事件解决了。施加压力后会很快达到预想的效果，说明用强制手段来达到我们的目的还是必要的。

1 月 8 日，我们向胶州派出了 2 名军官和 92 名士兵，向即墨派出了 1 名军官和 50 名士兵。10 日，公使发电报来说："占领两座县城对于迄今有关修铁路权和开矿权细节的谈判有极好作用。"我还可以举一例，来看看中国对老百姓告示的风格。这个告示是胶州知州为我们的人员受商人的欺诈引起投诉而颁布的，告示的译文为：

属下胶州知州布告！

在我先已与他们就此达成一致之后，现在德国官员（文官的职衔在中国高于武官的职衔，士兵则备受人藐视，他们是从老百姓的败类中招募的）和部队住在胶州城（为了他们的面子用了这种粉饰的空洞言辞）。由于该国法纪严明，因而其士兵保持安宁，绝无胡作非为，故中国老百姓无须有丝毫怀疑和恐惧，而应一如既往从事自己日常的生意。如果德国部队想采购任何种类食品和其他东西，应与他们公平交易，不得抬高价钱，以免产生争执。因此我颁布这项布告晓谕辖下全体百姓，以便你们大家平静且在服从地在法律之下继续生活和不致轻率酿成事端。如果德国士兵希望购买食品和及各种用具，则你们只能要求公平价格，不得有意哄抬价格。如果有人胆敢违抗，则他将随时承担后果并将严惩不贷，绝不宽容。

一体周知和遵照执行！

这是一个软弱政府的用词花哨得夸夸其谈的表达方式！

1月14日，英国旗舰"百人队长"号驶入胶州湾使我们经历了一次小小的意外。这位在整个（中国）沿海都受到高度评价的可爱的舰队司令布勒（Buller），想亲自来看一看我们的所作所为。他利用了他即将调任的机会，以符合他的骑士般的性格做这样的个人告别。而且他还带了一大批在巨文岛猎获的野鸡作为礼物。就我们非常单调的伙食而言，这一点受到了高度评价。很遗憾在"百人队长"到达之际我正好在陆地上，快到晚上才回来，而该舰已返回锚地。我不想使这次受到欢迎且在如此友好的形式下进行的访问得不到回访，于是尽可能快地登上英国军舰。但舷梯已经占用；我沿舷梯攀到高处，在该处既没有发现下级军官也没有发现岗哨。只在通往船舱的路上我才被要求停住然后通报。即使是在有着连续几百年经验组织得如此之好的英国海军勤务中，而且无论是在英国基地还是在中国基地有着如此严格纪律的军舰上出现这种短时间的麻痹大意，危急情况下都会酿成大祸。这种情况是把果敢寄予希望，并将成功押在这种希望身上。

吵吵嚷嚷的中国新年即将来临。连续多日的节庆期间没有苦力干活。外交谈判在这个时期达到一个临界点，总的形势前途暗淡。在我们驻北京公使的一封电报中写道："这里的局势因俄英冲突尖锐化……此外中国政府前天发表了一份向我们承诺保护传教士的圣旨，与前承诺文字大为不同，我提出了强烈抗议……今天广州领事馆来电，新教传教士遭到抢劫并受了伤……"

1898年1月19日，芝罘领事棱茨来电说，按流传的谣言有人要袭击我们青岛及其附近的岗哨。因此加了双岗，我命令我们的人员随身携带武器，即使是到工地去也要携带，并对胶州和即墨驻军提出告诫。

第二天，即1月20日，驻上海总领事通知我，在距即墨以北几十千米的平度城，中国部队可能集结。这个消息与先前来自芝罘的消息一致。上海的消息来源是日本驻沪总领事馆，他们在青岛有谍报人员。我认为后者是完全可信的。我从未怀疑过，其他国家也会出钱在青岛长期雇用中国探子或谍报人员。几个中国人由于搞阴谋活动和捣乱而不得不被驱逐出去。在过年的这些天我自己偶然在高地营区附近看到两个中国人，他们是骑马来的。他们穿着当地不常见的体面服装。他们下了马并对营地和附近忙碌的士兵们观察了一会儿，然后也许因为他们看到有人注意他们，便又骑上马向他们来的北方走了。我认为他们是中国官员或军官，但没有理由留住他们，因为他们没犯法。但我们派了一位中国翻译到平度进行侦察。等待他回来要在三天之后，而且对他的报告还得存疑，但目前并没有别的办法看清局势。

1月22日该是春节开始的日子。21日晚，很晚从登陆部队指挥部送来了报告，称一位中国翻译在一家鸦片馆中听到一场谈话。据谈话说，一位扮作苦力的中国高级军官对青岛的营地进行了侦察（这件事很可能来自前述我观察到的情况）。在平度约18个兵营驻有近10 000名士兵，此外在胶州和即墨两城还有扮作农民和工人的士兵。在中国新年（春节）期间他们要袭击驻这两个城市的特遣队，然后可能对青岛采取行动。作为对其在节日期间工作的补偿，士兵们已经提前放了三天假。以后的各个夜晚将用于战斗行动。

如同来自北京、芝罘和上海的电报的真实性一样，这个密报的真实性目前难以得到确认。表面上彼此孤立的这么多报警消息汇聚一起，都需要注意和谨慎。毫无疑问，中国的春节非常适于进行袭击，因为在这个时期所有街道都很嘈杂和全是爆竹声，而且在人群拥挤之下闹事不会引人注目。新月下夜里的黑暗同样有利于这样的袭击。黄种人的狡诈和反复无常是尽人皆知的，中国政府的两面派亦然。对中国人来说，在陆地部队到达之前对（德国人）采取袭击行动可能显得更好。

我决定，无论如何要确保我的特遣队免遭意外。午夜时分还把指挥官们召集到一起，在海军少校布鲁萨提斯（Brussatis）率领下，把一支配有两挺机枪的200人的部队派到即墨去。这支部队早上7时开拔，只携带了有限的行李，这样在晚上前便到达了相距50千米的地方。三小时后应有全副行李和辎重的100人跟进出发。海军少校帕斯陶（Pastau）接到命令，与胶州驻军一起立即撤至即墨，行军的理由是一起庆祝皇帝的生日。

后来为即墨和青岛的对外联络和住户配备了警戒。"柯莫兰"号舰接受了附近海岸帆船交通的警戒任务。为加强青岛营地的警戒只留下尽可能少的舰员。在这种情况下我收到了陆军部队已于22日到达香港的消息。他们26日到达青岛，受到热烈欢迎。我打电报给驻北京的公使：

> 在平度，据多方消息称聚集了几千人的中国部队，因此我把特遣部队从胶州集结到即墨城。1月26日，1 100名步兵到达。我意在重新和更坚定地占领胶州城。请通知总理衙门，部队将集结于被占领区附近，将越过迄今我所承诺的边界。因此，中国政府以将部队从平度撤走为宜。

根据我所能观察到的，我的部下把我的这些防卫措施认为是多余的或至少是很过分的。我出色的副官在指挥官们聚齐后很晚才度完假回到舰上，这一点从他一反往常的习惯，在起草必要的命令时马马虎虎可以看出来。我接着让他给布鲁撒提斯少校本人起草了命令。作为我对当时局势理解的证明，我让他在命令中写道：

> 我委托阁下，天一破晓着即带领200人，其中130人来自"皇帝"号，70人来自"威廉亲王"号，以及两挺机枪（每艘一挺），迅即赶赴即墨。
>
> 所有人员每人除携带武器和180发子弹外，只许可携带一天口粮、一床毛

毯、一双轻靴和一双长筒袜。尽可能加速行军，当天赶到即墨。登陆部队指挥部得到命令，除了拉机枪的牲口外，在 7 时前，至少要安排四匹乘马和必要数目的骡子在栈桥营地；但即使缺少乘马也不得延误出发。所缺的马匹由登陆部队指挥部事后送去。弹药、毛毯和食品的补给应尽可能快地由登陆部队司令部事后送去；无论如何要尽早，在明天可到达即墨。帕斯陶海军少校也要从胶州带 100 人去即墨，您接手指挥全部舰上下去的人员。您可从该处侦察，在我们地区或在其附近是否有中国部队。把在我们区域中遇到的中国部队赶出边界。

如果侦察（证实）有大量中国部队存在，其意图可能是攻击我们阵地，帕斯陶海军少校要把您率领下的所有人员撤回青岛。如果直至 24 日一早侦察未见什么可疑情况，则应率领 200 名"皇帝"号舰人员和 100 名"威廉亲王"号舰人员连同四挺机枪留在即墨。然后阁下带领其余人员返回青岛。

我希望每天收到一份有关即墨局势的报告。到规定地点报告的一位信使将一起从这里出发。登陆部队的指挥部得到同样的命令。

全体人员在即墨将驻扎在原有的城墙内。目前应特别注意防止被袭击。要借助县政府尽可能严地检查对外交通。为此，劝令屋主挂出牌子，标明房中人员的年龄和情况为宜。期待明天看到阁下的第一份报告。

冯·迪德里希（签字）

今天，在义和团起义造成了多国的重大牺牲之后，某些人将会改变对我采取的措施的看法，无论如何我都会始终在相同处境下以同一认识行事。按 1900 年的经验，如果当时我们觉得来自中方的攻击可能比今天要小得多，那我也不会使交付给我的士兵遭受可能的无谓伤亡。另一方面，在经受了冬季严寒情况下出乎意料的急行军、在宿营地不足和给养困难的即墨的十分劳顿的军官和士兵中，对有关命令的必要性出现与负责的舰队司令不同的认识，是可以解释的。然而这种简单的看法不久就受到了小的挑战。

在到即墨的行军途中，我们的士兵未遇到中国兵，到处都是一片寂静。按农民的说法，可能有 2 000 ~ 3 000 人驻扎在胶州以北大约 5 里处。但这些说法大多来源于传说，不足信，而即墨的地方官员对这么近处有中国军队竟然一无所知。因此，那些代表其政府利益而且惯于盲目听信其前任的种种说法的官员们的保证，其可信度远不如农民的废话。

1 月 24 日，海军少校布鲁萨提斯报告说，应他的请求即墨县令下令搜索周围 30 ~ 40 里的村子和城市本身有无士兵，什么也没有发现（1 里约相当于 9/10 千米；

但里据走过路所需时间而定。因此同一条路是根据上下坡走过它的时间而测得的）。两位军官骑马向北走了约 25 里进行侦察，也没有看到什么可疑之处。前边提到的警报传言当然不会因很少可信的调查而被驳倒，必须耐心等待要发生的不寻常情况。

在得到刚才的报告后几小时，第二份报告就带来了我们一位哨兵在即墨城门前被杀的消息。这不得不严加干预。为了我们的尊严和我们的安全，要求对此罪行给予快速赔偿，但不应因过分的暴力行为为中国人提供使北京谈判复杂化的借口。因此我下达了命令：

> 地方长官要负责抓获杀人犯；要将其置于监督下并告诉他：如果罪犯不在本命令公告后三日内抓捕归案并在之后两日以杀人罪被判决的话，即墨县要在 8 天内缴纳 10 000 两银子（当时一两相当于 2.60 金马克）的特别费。

> 我们坚决要求，知县将罪犯按中国习惯判处死刑并按中国方式实施惩罚。如果杀人犯被抓住而县令违背我们的意愿拒绝判决和实施惩罚，则我将送他进战争法庭进行惩罚并应迅速向我报告。如果继续对我们的人员进行袭击，则我们将把若干德高望重的人扣作人质并带到这里来。

杀人者在两天后被抓获并供认了罪行。按照县令的说法他是一个名声不好的手艺人，制作牛角日用器并在城门内开有一家铺子，这位被杀的水兵就在其门前站岗。杀人动机不明。起初这个人说是纯个人原因的，如侮辱了他的父亲，偷了他铺子的东西，等等。后来，他又撤回了这种说法并拒绝提供其他信息。他显然是从后边用一把很锋利的大刀砍了牺牲者的脖子。这个人也提供了相应的木刻刀。站岗者还用他的枪开了火，但似乎是无目标的，肯定未伤人。

使人疑惑的是，这样的罪行原本是否可完全通过采取谨慎的措施避免。我当时的印象是，我部下的过分的优越和安全感肯定多少与此事件有关。我曾下令对所有不安全的岗哨加派双岗。也还有第二个人持枪站在城门上方，他听到枪响从城门顶跑下来通过关闭的城门到达死者之前也只需几分钟；他却完全没有看见攻击者。

县令很快进行了判决，但执行死刑却需要济南府总督（原文如此，应为巡抚，译者注）的批准。巡抚借口说，没有北京的授权不能判决。我将此事电告公使，并于 1 月 31 日得到答复：

> 总理衙门拒绝在借口下处罚即墨城被抓的杀人犯，同样对部队在平度的集结做了答复。（这个拒绝使人怀疑，因为中国政府向来都是急匆匆地大声声明来驳回无理的指责。）直截了当地拒绝了有关我们（修筑）到沂州府的铁路和对山东进行经济开发的优先权的要求。如果吓唬中国人并无

论如何使之确信，在满足我们的要求之前免谈撤出胶州和即墨一事，这倒是很值得的。

我立即让布鲁萨提斯少校进行军法审判。

这期间过分的小心引起了一些无关紧要的新的不安。1月25日早晨，天很暗，海岸边响起了枪声，而由军舰以探照灯对海岸进行了突然的搜索。经询问后才知道，栈桥营地的岗哨向对他走来且不回答口令也不站住的人开了枪。据中方的说法，这些人是担水的，约20人，他们是在岩石间登陆的。几个伤者第二天在距青岛几千米的岸边的棚屋中被发现，他们拒绝医生救助。这件事也没有完全搞清楚，似乎是岗哨因一天前即墨杀人消息而神经紧张所致。

同一天从即墨传来了发现五箱100支老式步枪的消息，这些枪是在靠近我们士兵宿营地一座房子的围墙内发现的。县令解释说，是一位商人购置了这些枪用来对付盗匪的。这并非不可能，但也无法证实。最终还在附近的一个小港口地沧口拦住了几个船工，他们在岸边以手枪射击并把大炮和武器装到他们的帆船上。他们说，这些武器是对付海盗的。这总还是可信的。之后就放他们走了。

2月2日，即墨的水兵应由来自（德国）国内的海军士兵换防。为使原有驻军满意，使对他们的战友犯罪的赔偿得到实现，2月1日，军事法庭开庭审判杀人犯，我骑马到即墨，以能立即批准这个毫无疑问的判决。但当我到达目的地时已经是晚上，不得不把执行判决推迟到次日。

县令在拜会我时，应受刑杀人犯的恳求，请求对此人砍头，因为枪毙有违这个国家的风俗习惯，而他在这样一种行刑情况下不能保证平静。我很乐于看到实施由中国法庭判决的行刑。我告诉这个很质朴的老人，他的要求违背德国的法律；但为了遵从他的意愿，如果这次行刑到早上7时前由中国当局进行，我现在会许可他砍头。过了这个时间将按军事法庭的要求来做。

由中国当局行刑给老百姓留下更深的印象。它说明，是自己的政府来谴责对我们的人员阴险的杀害，并让杀害者受到惩罚，因为它没有力量防止其臣民这样行动的后果，中国政府将永远不会为其臣民承担责任。因此，我也废除了早先对这个事件的军法处理。

杀人犯在行刑场上当着聚集的士兵和县令的面由一位中国刽子手砍下了头。在场的并不多的中国人阴沉沉地注视着。

从我们的翻译克莱普斯先生偶然听到的中国官员的说明中可以知道，这位动作很熟练的刽子手来自省城济南府。刽子手的上司巡抚已经考虑到了对我们要求让步的必要性。

按计划，1898年1月26日第Ⅲ海军营的1 100名官兵在冯·洛索夫（von

Lossow）少校率领下乘"达姆施塔特"号轮船到达青岛。

尽管卸下的器材很少（小木艇和驳船共 33 只），但这些官兵连同行李和弹药直到下午 4 时才都到岸上。装载的物品从 28 日才开始卸，这是皇帝的生日和 27 日全天在严寒中刮着少有的强烈沙暴的缘故。尽管有这些暴风天气，为纪念这个日子，还是在演兵场（后来的火车站）举行了德国部队的首次阅兵。

即墨和胶州两城从二月初由海军营士兵占领，登陆部队撤回舰上。对这两座城市的强化占领给中国政府施加了进一步压力。按照公使新的通报，中国政府尚始终顽固地拒绝我们的要求。

1898 年 2 月 7 日，"克雷费尔特（Crefeld）"号轮船载着装备有野炮和许多器材以及驻军用各种用具的水兵炮连到达。在卸货完毕后，2 月 11 日，按来自柏林的命令，驻军的管理和指挥移交给帝国海军部。中校衔的轻型护卫舰舰长都沛禄（Oskar von Truppel）接手管理，直到被任命为首任总督的海军上校罗森达尔（Rosendahl）到任。

（这个时期胶州地区的局势，我在 1898 年 2 月 15 日致海军总司令的报告中叙述过了。）

在与中国签订了为期 99 年的租借条约后，1898 年 4 月 27 日胶州地区被宣布为德国的保护区。

附录：占领胶州的布告，1897 年 11 月 14 日于胶州
布告
我，巡洋舰分舰队司令，海军少将冯·迪德里希，布告如下：
我奉至高无上的德意志皇帝陛下的命令，占领了以下标界的胶州湾和附属岛屿：
1. 西边以从海岸始越过东山（Pimple-u.Pinnacle Range，参见英国海军地图 1255）到西距胶州湾高潮时所达水面的最西点 18 里，从该处由南至北直到塔埠头（大坡屯子）关卡的纬度平行线，然后到胶河和大沽河的汇合点一线为界。
2. 北边以从胶河和大沽河汇合口沿东西向直到海岸和崂山湾中心一线为界。
3. 东边以从北界穿过崂山湾中心到关帝庙岛和朝连岛一线为界。
4. 南边以从潮连岛到笛罗山（陀螺山，今灵山岛）的南端并从该处到海岸与西界交点一线为界。
之所以如此，是为了得到满足赔偿要求的保证，这些要求是因为德国传教士在山东被杀而不得不向中国政府提出的。
因此我要求全体居民，不分阶层、性别和年龄，如往常一样平静地经营其生意，不为煽动者所散布的恶意流言所惑。德国始终是中国的好朋友，这一点已为在中日战争中为保护中国而进行的干预所证明。这次占领完全不应视为针对中国的敌对行为。德国当局将保护友好公民的经商和交通，并维护安宁和秩序，但将对不法之徒按现行中国法律予以严惩。如果有无耻之徒侵犯这里的德国人，则他们将受到德国战争法的严惩。因此我再次告诫所有人等，服从德国人的保护统治，不因无谓的反抗而引起麻烦。

在德国部队占领地方的中国当局和官员应照常工作，认真有序地履行其职责。

望全体周知遵照执行。

附：原中文德国布告：

大德国东洋舰队司令长官代为出示晓谕事：照得本大臣奉本国大皇帝谕旨，领兵登陆，收并胶州湾一带及海岸附近群岛等地全部占领，钦遵照办。特将所占应守备之地域境界，开列于下：

一、自东山起至胶州湾涨潮时水面十八里之处，由此折北至大坡屯子税卡，至由此至岸上胶州大沽二河汇流处东，由此汇流至劳山湾中央之处。

一、东方一线，由北方至劳山湾中央，自此而南，由关帝庙岛岸以至炸连岛等处（按劳山湾虽曰小湾亦华船出入繁盛之要津也）。

一、南方一线，由炸连岛至笛罗山岛南端，北至与海岸西界相连之处，以上所载界内皆归大德帝国所占领据守。查此次山东省谋杀教士一案，德国应请中国为之昭雪，故特将上载为质，为此出示晓谕青岛口等处地方各色商民人等知悉。自示之后，其各安分营生，毋得轻信匪徒谣言煽惑。中德素敦睦谊，当前年中日失和交战之际，我德实尽力为中国救援，足以明交好之心。此次我兵队虽经上陆，必不与中国为仇，尔等毋得猜疑避忌。本大臣并命官员保护尔等良民，使各得安然无事。倘有匪徒敢滋事端，立即按照中国律例，从严究办；倘对德人行凶加害，则照德国军法严惩，决不宽恕。本提督大臣再三敦劝尔等务宜凛遵，凡对德人不得抗拒，倘自不量力，故意抗违，尔等不独无益，反以招祸。至若德国占领地域之内，中国各厅署一切华官，应照旧奉职守分，勤慎从公。从此以后，如有华民控诉事件，应一概禀经德国巡抚批准，不得擅自接受，其各凛遵毋违，切切特示。

大德国一千八百九十七年十一月十五日

大清国光绪二十三年十月二十一日

（略）

（夏树忱译自德国联邦档案馆军事馆案卷 RM3–11938）

主要参考文献

一、古籍类

万历《即墨志》，万历十一年（1583）刻本。

（明）王士性撰：《广志绎》，吕景琳点校，北京：中华书局，1981年。

雍正《山东通志》，文渊阁《四库全书》影印本，台北：台湾商务印书馆，1990年。

乾隆《即墨县志》，北京：中国和平出版社，2005年。

乾隆《莱州府志》，南京：凤凰出版社，2004年。

道光《重修胶州志》，台北：成文出版社，1976年。

同治《即墨县志》，台北：成文出版社，1976年。

（清）郭嵩焘：《郭嵩焘日记》第一卷，长沙：湖南人民出版社，1981年。

戚其章辑校：《李秉衡集》，北京：中华书局，2013年。

（清）李孟符：《春冰室野乘》，上海：广智书局，1911年。

二、史料汇编类

柳培荣辑：《胶澳租借始末电存（章高元与当道往来电）》，北平：文殿阁书店，1933年。

青岛市博物馆、中国第一历史档案馆、青岛市社会科学研究所编：《德国侵占胶州湾史料选编（1897—1898）》，济南：山东人民出版，1987年。

青岛市档案馆编：《帝国主义与胶海关》，北京：档案出版社，1986年。

青岛市档案馆编：《胶澳商埠档案史料选编（一）》，青岛：青岛出版社，2013年。

青岛市档案馆编：《胶澳租借地经济与社会发展——1897—1914年档案史料选编》，北京：中国文史出版社，2004年。

青岛市档案馆编：《青岛开埠十七年——〈胶澳发展备忘录〉全译》，北京：中国档案出版社，2007年。

青岛市档案馆、中国第一历史档案馆编：《胶州湾事件档案史料汇编》（上册），青岛：青岛出版社，2011 年。

青岛市档案馆、中国第一历史档案馆编：《胶州湾事件档案史料汇编》（下册），青岛：青岛出版社，2011 年。

青岛市档案局编：《山东档案精品集·青岛卷》，济南：山东人民出版社，2015 年。

王瀛洲辑：《清代名人轶事》，上海：交通书馆，1917 年。

张侠、杨志本、罗伟等编：《清末海军史料》，北京：海洋出版社，1982 年。

"中央研究院"近代史研究所编印：《胶澳专档（光绪二十三年—民国元年）》，台北："中央研究院"近代史研究所，1991 年。

三、其他中文专著类

《清史稿》，北京：中华书局，1977 年。

班鹏志：《接收青岛纪念写真》，上海：商务印书馆，1924 年。

《旅顺大坞史》编委会编著：《旅顺大坞史（1880 年—1955 年）》，大连：大连出版，2017 年。

刘善章、周荃主编：《中德关系史译文集》，青岛：青岛出版社，1992 年。

［德］华纳：《德国建筑艺术在中国——建筑文化移植》，柏林：Ernst & Sohn，1994 年。

梁思成：《清式营造则例》，北京：清华大学出版社，2006 年。林乾：《清代衙门图说》，北京：中华书局，2006 年。

刘晋秋、刘悦：《李鸿章的军事顾问汉纳根传》，上海：文汇出版社，2011 年。

［德］谋乐辑：《青岛全书》，青岛：青岛出版社，2014 年。

倪锡英：《青岛》，南京：南京出版社，2012 年。

戚其章：《习史思辩录》，北京：中华书局，2013 年。

青岛市档案馆编：《青岛地图通鉴》，济南：山东省地图出版社，2002 年。

青岛市档案馆编：《图说老青岛·建置篇》，青岛：青岛出版社，2018 年。

青岛市市南区政协编：《台西镇·一种日常化的青岛平民生活》，济南：山东画报出版社，2010 年。

青岛市文物局编著：《青岛明清海防遗存调查研究》，青岛：中国海洋大学出版社，2017 年。

寿杨宾编著：《青岛海港史（近代部分）》，北京：人民交通出版社，1986 年。

四方机车车辆厂史志编纂委员会编：《四方机车车辆厂志（1900—1993）》，济南：山东画报出版社，1996 年。

王元忠主编：《青岛海洋大学大事记》，青岛：青岛海洋大学出版社，1999 年。

万国报馆编著：《甲午：120 年前的西方媒体观察》，北京：生活·读书·新知三联书店，2014 年。

魏镜：《青岛指南》，青岛：平原书店，1933 年。

席龙飞：《中国造船通史》，北京：海洋出版社，2013 年。

肖劲光：《肖劲光回忆录（续集）》，北京：解放军出版社，1989 年。

赵春光主编：《历史的烙印——青岛德国监狱旧址博物馆陈列展览纪略》，北京：中国长安出版社，2008 年。

赵琪修，袁荣叟等纂：《胶澳志》，青岛：胶澳商埠局，1928 年。

周宗颐编撰：《崂山太清宫志校注》，寿杨宾校注，青岛：中国海洋大学出版社，2017 年。

《中国海洋文化》编委会编：《中国海洋文化·山东卷》，北京：海洋出版社，2016 年。

四、外文译著类

［德］奥托·冯·迪德里希：《1897 年 11 月 14 日占领青岛（胶澳地区）手记》，夏树忱译，未刊稿。

［德］保罗·戈德曼：《1898 年的夏日：一个德国记者的中国观察》，吴伟栗译，北京：人民文学出版社，2022 年。

［德］贝麦、［德］克里格：《青岛及其周边旅游指南（1906 年）》，夏树忱译，未刊稿。

［德］伯恩德·艾弗森：《建筑理论：从文艺复兴至今》，唐韵等译，北京：北京美术摄影出版社，2018 年。

［德］费迪南·冯·李希霍芬：《山东及其门户胶州，青岛市档案馆编译，青岛：青岛出版社，2014 年。

［德］盖特·卡斯特：《青岛鸟瞰图（1898—1912）》，青岛市档案馆编译，青岛：青岛出版社，2017 年。

［德］海靖夫人：《德国公使夫人日记》，秦俊峰译，福州：福建教育出版社，2012 年。

［德］汉斯－马丁·辛茨、［德］克里斯托夫·林德编著：《青岛——德国殖民地历史之中国篇（1897—1914）》，［德］贡杜拉·亨克尔、景岱灵译，青岛：青岛出版社，2011 年。

［德］马维立：《单威廉与青岛土地法》，金山译，青岛：青岛出版社，2010 年。

［德］单维廉：《胶澳行政——胶澳地区的土地、税收和关税政策》，夏树忱

译，未刊稿。

〔德〕托尔斯藤·华纳:《近代青岛的城市规划与建设》,青岛档案馆编译,南京:东南大学出版社,2011年。

〔德〕卫礼贤:《德国孔夫子的中国日志:卫礼贤博士一战青岛亲历记》,秦俊峰译,福州:福建教育出版社,2012年。

〔德〕威廉二世:《德皇威廉二世回忆录》,赵娟丽译,北京:华文出版社,2019年。

〔德〕余凯思:《在"模范殖民地"胶州湾的统治与抵抗——1897—1914年中国与德国的相互作用》,孙立新译,济南:山东大学出版社,2005年。

五、外文专著类

〔日〕阿部鉁二监辑:《青岛写真案内》,青岛:青岛写真案内发行所,1918年。

〔日〕参谋本部编纂:《大正三年日独战史》,东京:东京偕行社,1916年。

〔日〕参谋本部编纂:《大正三年日独战史写真帖》,东京:东京偕行社,1916年。

〔日〕大泽米造编辑:《幕末·明治·大正:回顾八十年史》(第十八辑),东京:东洋文化协会,1935年。

〔日〕青岛铁道管理部编著:《青岛并山东铁道沿线胜景写真》,青岛:青岛铁道管理部,出版时间不详。

〔日〕三船秋香编辑:《日独战役青岛名所写真贴》,青岛:三船写真馆,1915年。

Gerlinde Pehlken：*Rote Dächer am Gelben Meer：Oldenburger in Tsingtau während der Kolonialzei*,Oldenburg：Isensee Verlag,2019.

六、文章类

傅守礼:《老衙门(上)》,《青岛早报》2003年10月7日A24版。

绍贤:《青岛总兵衙门记》,《青岛公报》1948年8月2日。

后记：以史为鉴　向海图强

　　青岛地区历史悠久，距今 7 000 多年前，就有远古居民在这里生活。青岛紧邻中国北方一处旧有胶澳之称的天然海湾——胶州湾，自古便港口众多的胶州湾以一流的条件，成为华北最大和最好的港口。明清时期，胶州湾再从一个商埠海港步入中国北方海疆防御的队列。湾口东侧，位于旧有青岛口之称的青岛，也因其临湾的地位，至少自明代初叶即已形成小型贸易港口。清代，随着世界格局的改变，胶州湾的地位日趋凸显，处于其咽喉部位上的青岛口，继而又成为扼守"胶澳"的海防要隘。1891 年 6 月 14 日，清廷内阁明发上谕议决胶澳设防，拉开了青岛历史上一次有计划和大规模海防要塞建设的帷幕，青岛口原有的航运港贸中又加入了军用物资的舶来运往，码头、兵营和炮台等多种塞防设施也日趋完备。作为从海上进入中国市场的门户，胶州湾在近代也在招致列强们的觊觎。1897 年 11 月 14 日，德国派东亚巡洋舰分舰队占领了青岛；1898 年 3 月 6 日，德国又迫使清政府签订了为期 99 年的《胶澳租借条约》。

　　清军的设防和驻军拉开了青岛地区城市化、近代化的序幕，青岛地区有规划的城市建设则始于德国将青岛口作为其"租借地首府"之后。自 1898 年 9 月开始的城市规划，即已确立了军港与商埠并重的发展方向。德国人设想着把胶州湾和青岛建成他们在东亚的海军基地、掠夺中国资源的桥头堡，在国际上向其他列强展示一个彰显其国家地位与实力的"模范殖民地"。然而，在 17 年后的 1914 年，德国人的梦想被日本人打碎，青岛被另一个早已对山东，乃至全中国垂涎已久的盗贼所占据。日占青岛后，日本人按照自己的需要，在一定范围内和一定程度上对城市进行增建。1922 年中国恢复行使青岛主权后至 1937 年的 15 年间，青岛城市又有了一次较大范围的扩建。1938 年，青岛第二次被日本占领。1945 年抗战胜利后，青岛由民国政府接收。这一时期，青岛城市变化不大。1949 年 6 月 2 日，青岛解放，这座自 1891 年即已被清北洋水师确定为海防要塞的美丽的海滨城市，至此进入了一个新纪元。自 1957 年 8 月 4 日，周恩来总理受毛泽东主席委托，在海军司令员萧劲光陪同下于青岛海上进行首次检阅后，60 多年来，人民海军进行过多次海上阅兵。2009年 4 月 23 日，人民海军成立 60 周年之际，青岛奥帆赛场海面上又迎来了一次规模宏大的海上阅兵。蔚蓝色的大海上，涂装着黑色、灰色和蓝白相间迷彩色的各型舰艇劈波斩浪从眼前驶过，炮口高昂，军旗猎猎，低沉而有力的轰鸣从水下传来，震荡着舰身，继而传递至我站立着的甲板。此时，不仅大海在震动，同时被震撼和感动着的还有笔者和在场每个人的心灵。

　　生于斯、长于斯，与海、与船相伴一甲子。幼年时，趴在外婆的窗台上眺望窗外，火车站的钟表楼、栈桥和青岛湾里的小青岛灯塔……眼见的一切都是那么的自然，感觉身边的所有似乎向来就该如此，也并没太在意她的别样。当带上画本和相机走入其中细细审视她的妩媚、记录她的万种风情时，才发现在红瓦绿树掩映下的她还有着一段曲折的历史，由此激发出了对青岛城市历史探寻的极大兴趣和对历史渊源的不懈追寻。捧画本或握相机的手是不容颤抖的，但我还是会时常抖动，因为青岛得天独厚的山海景色和风格各异的建筑时刻在打动着我。随着年龄的增长，当走近海港和码头上的舰船、站在岸边眺望海面上的航船和漫步于老城区时，远处海面上传来的船笛声和身旁街道上那略带咸味的海雾，还有那老马牙石路都在时时诉说着沧桑、质朴、诗意的青岛。于是乎，探究历史，成为日常；追本溯源，成为方向。港城是青岛的特质，胶州湾是青岛的母亲湾，船舶、港口、码头与青岛相生相伴，百多年的城市史同时也是一部围绕着港口的兴立与守护史，将着眼点停留在此，去寻觅她曾经的足迹。从时间轴上选取了 1897 年这个时间点，以这个改变青岛历史轨迹的年份为坐标，来探考它以及它前后那如烟的往事。

　　此番所辑文图的基础来自数十年里收藏的史书、典籍和日积月累十多万字的读书笔记以及对青岛、烟威、旅顺等地的见闻与实地考察。文稿的主体则基于青岛市档案馆副馆长周兆利先生、青岛市城市建设档案馆孔繁生先生、青岛收藏家李文彬先生等朋友们提供的资料：由中国第一历史档案馆与青岛市档案馆编的《胶州湾事件档案史料汇编》，青岛市档案馆编的《青岛开埠十七年——〈胶澳发展备忘录〉全译》，万历《即墨志》，乾隆、光绪《即墨县志》，等多部书籍；1898—1913 年德占胶澳期间《胶澳发展备忘录》（*Denkschrift betreffend die Entwicklung des Kiautschou-Gebiets*）等这一时期与后世出版的多种外文书籍与画报附图。志云艺术馆馆长刘云志先生、青岛一战遗址博物馆卢均先生等朋友提供的老照片，老明信片珍稀藏品，则是图稿的支撑。原青岛中德关系研究会秘书长夏树忱研究员提供了亲手翻译的百余年前由德国占领军司令书写的《1897 年 11 月 14 日占领青岛（胶澳地区）手记》汉译史料。远在德国专事青岛历史与建筑研究的高级建筑师盖特·卡斯特（Gert Kaster）博士及夫人孙坚东女士、学者裴林（Gerlinde Pehlken）女士等多位德国友人也在提供图片、联系英国大英图书馆、德国联邦档案馆调取资料以及翻译上给予了帮助。在日文史料方面，徐畅博士从日本京都大学图书馆等查询史料，并翻译成中文，给予我大力的帮助。上海、大连、烟台、威海、青岛等地多位地方史研究学者、朋友及网友们更是不吝赐教。在此，向为这份冗赘书稿的撰写与出版提供了无私帮助的众位老师、专家和朋友们表示由衷的感谢！同时也向给予鼎力支持的中国海洋大学出版社领导和编辑表示衷心的感谢！

历史遗存，凹凸中承载着曾经；历史图文，页面上记录着过去；历史建筑，风蚀中独具着的是风情。岁月有痕，历史留影，记录历史的不仅有文字，图片也在为人们提供着大量精确和真实的历史信息。在图文辨识与解读的同时，也能知悉建筑多过程的历程。经年的累积，收集的资料渐已丰富，零散的点也在逐渐连接成线，但城市初期的状态仍因时间的久远有些已经变得模糊。建筑是看得见的历史，基于考证的需要，借助历史图片，以画笔来触及历史，用鼠标和键盘来复原淡去了的青岛历史风貌，旨在清晰固化曾经的旧影，让消失的建筑和消失的风景在笔下重现，并最大限度地还原历史和保留原始信息。以画笔临绘青岛的肇始之初既是一次还原历史之旅也是一次时光穿越之行，对一砖一瓦的绘制犹如在建造这座建筑，而对一草一木的添加又仿佛回到彼时彼刻。老照片无言，却在讲述着昨天的故事。

"红瓦绿树，碧海蓝天"是青岛这座海滨城市的亮丽名片，红瓦串联起的是绮丽纷呈的城市天际线，碧海中还有对于青岛意义非凡的胶州湾。多元文化在这座海滨城市里得以相互借鉴与融合，刻在它身上的印记，承载着曲折的历史。以档案史料为依据，一点一点走进老青岛、一层一层剥开包裹着的故事，历史深处的沉睡被唤醒。探考青岛过往是许多对这座城市富有感情的"青岛人"共同心愿，寻求事实之路还很漫长，也永远在路上。在此，一位"老青岛"将多年收集与整理的老青岛一瞥奉献给青岛，献给热爱和关注家乡的人们！鉴于本人学识的浅陋及视野的狭促，失当之处敬请诸多方家指正。

青岛，因港而生；青岛，因湾而兴！以史为鉴，向海图强，祝愿朝气蓬勃的青岛更加欣欣向荣、蒸蒸日上！

袁宾久
二〇二五年四月